Linke/Hau
Internationales Zivilverfahrensrecht

Internationales Zivilverfahrensrecht

Begründet von

Prof. Dr. Hartmut Linke †

Richter am Oberlandesgericht
und Honorarprofessor an der
Ruhr-Universität Bochum

Ab der 5. Auflage fortgeführt und neu bearbeitet
von

Prof. Dr. Wolfgang Hau

o. Professor
an der Universität Passau

*6. völlig neu bearbeitete
und erweiterte Auflage*

2015

ottoschmidt

Zitierempfehlung:
Linke/Hau, IZVR, 6. Aufl. 2015, Rz. …

Bibliografische Information
der Deutschen Nationalbibliothek

Die Deutsche Nationalbibliothek verzeichnet diese
Publikation in der Deutschen Nationalbibliografie;
detaillierte bibliografische Daten sind im Internet
über http://dnb.d-nb.de abrufbar.

Verlag Dr. Otto Schmidt KG
Gustav-Heinemann-Ufer 58, 50968 Köln
Tel. 02 21/9 37 38-01, Fax 02 21/9 37 38-943
info@otto-schmidt.de
www.otto-schmidt.de

ISBN 978-3-504-65312-5

©2015 by Verlag Dr. Otto Schmidt KG, Köln

Das verwendete Papier ist aus chlorfrei gebleichten
Rohstoffen hergestellt, holz- und säurefrei, alterungs-
beständig und umweltfreundlich.

Einbandgestaltung: Jan P. Lichtenford, Mettmann
Satz: WMTP, Birkenau
Druck und Verarbeitung: Betz, Darmstadt
Printed in Germany

Vorwort

Die Neuauflage steht vor allem im Zeichen der sog. Brüssel Ia-Verordnung: Sie ist seit Januar 2015 anzuwenden, bringt bedeutsame Neuerungen und wird in den nächsten Jahren das wichtigste Instrument im innereuropäischen grenzüberschreitenden Rechtsverkehr in Zivil- und Handelssachen sein. Aber auch im Übrigen haben Rechtsetzung und Rechtsprechung auf nationaler, europäischer und internationaler Ebene in den vier Jahren, die seit der Vorauflage vergangen sind, einiges vorgelegt, was in das Werk aufgenommen werden musste, damit es das geltende Internationale Zivilverfahrensrecht akkurat wiedergibt. Hinzu kommt eine Vielzahl von Beiträgen aus der deutschen und ausländischen Rechtswissenschaft, die das IZVR systematisieren und voranbringen.

Angesichts der dynamischen Entfaltung des Rechtsgebiets hat es mir der Verlag dankenswerterweise ermöglicht, den Umfang des Werks deutlich zu erweitern. Ein guter Teil des hinzugewonnenen Raums wurde natürlich für das Nachtragen der neueren Entwicklungen benötigt. Im Übrigen aber habe ich mich bemüht, nicht einfach zusätzliche Einzelfragen zu behandeln, sondern vor allem die Verständlichkeit des Textes zu verbessern, also Hintergründe und Zusammenhänge zu erläutern sowie Beispiele einzufügen. Es würde mich freuen, wenn die Leser meinen Eindruck teilen, dass sich der Band inzwischen von einem Grundriss zu einem veritablen Lehrbuch gemausert hat.

Unverändert bleibt die Zielrichtung der Darstellung, die Hartmut Linke vorgegeben hat: Sie soll Studierenden, (Nachwuchs-)Wissenschaftlern und Praktikern eine verlässliche Orientierung mit weiterführenden Hinweisen bieten. Es geht hier nicht um Vollständigkeit, die selbst Kommentare und große Handbücher kaum noch verbürgen können, sondern darum, die Prinzipien und Strukturen des Internationalen Zivilverfahrensrechts herauszuarbeiten. Die Ausführungen sollen ohne kollisions- oder völkerrechtliche Vorkenntnisse verständlich sein und doch den Facettenreichtum eines praktisch wie wissenschaftlich gleichermaßen faszinierenden Rechtsgebiets verdeutlichen.

Mein herzlicher Dank gilt Frau Dr. Claudia Mayer, LL.M. (Chicago), die das gesamte Manuskript kritisch gelesen, manchen guten Rat beigesteuert und sich um die Überarbeitung der Register verdient gemacht hat. Zu danken habe ich auch den Lektoren des Verlags, die ihre Autoren wirklich vorbildlich unterstützen. Kritik und Anregungen aus der Leserschaft sind selbstverständlich stets willkommen (Kontaktdaten unter www.uni-passau.de/hau).

Passau, im Januar 2015   Wolfgang Hau

Inhaltsübersicht

Inhaltsverzeichnis

§ 1 Einführung

§ 2 Allgemeine Lehren

§ 3 Völkerrechtliche Rahmenbedingungen

§ 4 Grundlagen der internationalen Zuständigkeit

§ 5 Einzelne gesetzliche Gerichtsstände

§ 6 Gerichtsstandsvereinbarung und rügelose Einlassung

§ 7 Kompetenzkonflikte und Verfahrenskoordination

§ 8 Ausländische und auslandsansässige Verfahrensbeteiligte

§ 9 Ermittlung und Anwendung ausländischen Rechts

§ 10 Internationales Beweisrecht

§ 12 Anerkennung ausländischer Entscheidungen

§ 13 Anerkennungshindernisse

§ 14 Vollstreckbarerklärung und Vollstreckung

§ 15 Einstweiliger Rechtsschutz

Abkürzungsverzeichnis

a.A.	anderer Ansicht
ABl.	Amtsblatt der Europäischen Union (zuvor: der Europäischen Gemeinschaft)
Abs.	Absatz
AcP	Archiv für die civilistische Praxis
ADR	Alternative Dispute Resolution
ADR-RL	Richtlinie 2013/11/EU vom 21.5.2013 über die alternative Streitbeilegung in Verbraucherangelegenheiten
AdWirkG	Gesetz über Wirkungen der Annahme als Kind nach ausländischem Recht
a.E.	am Ende
AEUV	Vertrag über die Arbeitsweise der Europäischen Union
a.F.	alte Fassung
AG	Aktiengesellschaft; Die Aktiengesellschaft (Zeitschrift); Amtsgericht
AGB	Allgemeine Geschäftsbedingung(en)
AJP	Aktuelle Juristische Praxis/Pratique Juridique Actuelle
Alt.	Alternative
Anh.	Anhang
Anm.	Anmerkung
AnwBl	Anwaltsblatt
arg.	argumentum
Art.	Artikel
Aufl.	Auflage
AUG	Gesetz zur Geltendmachung von Unterhaltsansprüchen im Verkehr mit ausländischen Staaten (Auslandsunterhaltsgesetz)
AusfG	Ausführungsgesetz
AVAG	Gesetz zur Ausführung zwischenstaatlicher Anerkennungs- und Vollstreckungsverträge in Zivil- und Handelssachen
AWD	Außenwirtschaftsdienst des Betriebs-Beraters
Az.	Aktenzeichen
BAG	Bundesarbeitsgericht
BAnz.	Bundesanzeiger
BayObLG	Bayerisches Oberstes Landesgericht
BayObLGZ	Bayerisches Oberstes Landesgericht, Entscheidungssammlung in Zivilsachen
BB	Betriebs-Berater
Bd.	Band
BeckRS	Beck-Rechtsprechung
BerDGVR	Berichte der Deutschen Gesellschaft für Völkerrecht
BGB	Bürgerliches Gesetzbuch

BGBl.	Bundesgesetzblatt
BGH	Bundesgerichtshof
BGHZ	Entscheidungen des Bundesgerichtshofes in Zivilsachen
BKR	Zeitschrift für Bank- und Kapitalmarktrecht
Brüssel I-VO	Verordnung Nr. 44/2001 vom 22.12.2000 über die gerichtliche Zuständigkeit und die Anerkennung und Vollstreckung von Entscheidungen in Zivil- und Handelssachen
Brüssel Ia-VO	Verordnung Nr. 1215/2012 vom 12.12.2012 über die gerichtliche Zuständigkeit und die Anerkennung und Vollstreckung von Entscheidungen in Zivil- und Handelssachen
Brüssel II-VO	Verordnung Nr. 1347/2000 vom 29.5.2000 über die Zuständigkeit und die Anerkennung und Vollstreckung von Entscheidungen in Ehesachen und in Verfahren betreffend die elterliche Verantwortung für die gemeinsamen Kinder der Ehegatten
Brüssel IIa-VO	Verordnung Nr. 2201/2003 vom 27.11.2003 über die Zuständigkeit und die Anerkennung und Vollstreckung von Entscheidungen in Ehesachen und in Verfahren betreffend die elterliche Verantwortung und zur Aufhebung der Verordnung Nr. 1347/2000
Bsp.	Beispiel
BT-Drucks.	Drucksachen des Deutschen Bundestages
BVerfG	Bundesverfassungsgericht
BVerfGE	Entscheidungen des Bundesverfassungsgerichts
bzw.	beziehungsweise
CC	Code civil, Codice civile
CIEC	Commission Internationale de l'Etat Civil (Internationale Zivilstandskommission)
CISG	Convention on the International Sale of Goods (Wiener UN-Übereinkommen über Verträge über den internationalen Warenkauf vom 11.4.1980)
CJQ	Civil Justice Quarterly
CMLR	Common Market Law Reports
CMR	Übereinkommen über den Beförderungsvertrag im internationalen Straßengüterverkehr vom 19.5.1956
COM	Dokument der EU-Kommission
DAJV	Zeitschrift der Deutsch-Amerikanischen Juristen-Vereinigung
DB	Der Betrieb
DEuFamR	Deutsches und Europäisches Familienrecht
DGVZ	Deutsche Gerichtsvollzieher-Zeitung
d.h.	das heißt
DRiZ	Deutsche Richterzeitung
DZWiR	Deutsche Zeitschrift für Wirtschafts- und Insolvenzrecht

ecolex	Fachzeitschrift für Wirtschaftsrecht
EG	Europäische Gemeinschaft(en)
EGBGB	Einführungsgesetz zum Bürgerlichen Gesetzbuch
EGGVG	Einführungsgesetz zum Gerichtsverfassungsgesetz
EGInsO	Einführungsgesetz zur Insolvenzordnung
EGMR	Europäischer Gerichtshof für Menschenrechte
EGV	Vertrag zur Gründung der Europäischen Gemeinschaft vom 25.3.1957
EheGVO	s. Brüssel IIa-VO
Einl.	Einleitung
EJN	Europäisches Justitielles Netz in Zivil- und Handelssachen
ELF	European Legal Forum
EMRK	Europäische Menschenrechtskonvention (Konvention zum Schutze der Menschenrechte und Grundfreiheiten)
EPG	Einheitliche Patentgericht
Erasmus L.Rev.	Erasmus Law Review
EU	Europäische Union
EuBagatellVO	EG-Verordnung Nr. 861/2007 vom 11.7.2007 zur Einführung eines europäischen Verfahrens für geringfügige Forderungen
EuBewVO	Verordnung Nr. 1206/2001 vom 28.5.2001 über die Zusammenarbeit zwischen den Gerichten der Mitgliedstaaten auf dem Gebiet der Beweisaufnahme in Zivil- oder Handelssachen
EuEheVO	s. Brüssel IIa-VO
EuErbVO	Verordnung Nr. 650/2012 vom 4.7.2012 über die Zuständigkeit, das anzuwendende Recht, die Anerkennung und Vollstreckung von Entscheidungen und die Annahme und Vollstreckung öffentlicher Urkunden in Erbsachen sowie zur Einführung eines Europäischen Nachlasszeugnisses
EuGH	Gerichtshof der Europäischen Union
EuGHE	Sammlung der Rechtsprechung des Gerichtshofes und des Gerichts Erster Instanz der Europäischen Gemeinschaften
EuGRZ	Europäische Grundrechte-Zeitschrift
EuGV(V)O	s. Brüssel I-VO
EuGVÜ	Brüsseler EWG-Übereinkommen vom 27.9.1968 über die gerichtliche Zuständigkeit und die Vollstreckung gerichtlicher Entscheidungen in Zivil- und Handelssachen
EuInsVO	Verordnung Nr. 1346/2000 vom 19.5.2000 über Insolvenzverfahren

EuKontPfänd-VO	Verordnung Nr. 655/2014 vom 15.5.2014 zur Einführung eines Europäischen Beschlusses zur vorläufigen Kontenpfändung im Hinblick auf die Erleichterung der grenzüberschreitenden Eintreibung von Forderungen in Zivil- und Handelssachen
EuLF	The European Legal Forum
EuMahnVO	Verordnung Nr. 1896/2006 vom 12.12.2006 zur Einführung eines Europäischen Mahnverfahrens
EuNÜ	Europäisches Niederlassungsübereinkommen vom 13.12.1955
EuR	Europarecht (Zeitschrift)
EuUntVO	Verordnung Nr. 4/2009 vom 18.12.2008 über die Zuständigkeit, das anwendbare Recht, die Anerkennung und Vollstreckung von Entscheidungen und die Zusammenarbeit in Unterhaltssachen
EUV	Vertrag über die Europäische Union vom 13.12.2007
euvr	Zeitschrift für Europäisches Unternehmens- und Verbraucherrecht
EuVTVO	Verordnung Nr. 805/2004 vom 21.4.2004 zur Einführung eines europäischen Vollstreckungstitels für unbestrittene Forderungen
EuZ	Zeitschrift für Europarecht
EuZustVO 2000	Verordnung Nr. 1348/2000 vom 29.5.2000 über die Zustellung gerichtlicher und außergerichtlicher Schriftstücke in Zivil- oder Handelssachen in den Mitgliedstaaten
EuZustVO 2007	Verordnung Nr. 1393/2007 vom 13.11.2007 über die Zustellung gerichtlicher und außergerichtlicher Schriftstücke in Zivil- oder Handelssachen in den Mitgliedstaaten („Zustellung von Schriftstücken") und zur Aufhebung der Verordnung Nr. 1348/2000
EuZPR	Europäisches Zivilprozessrecht
EuZVO	s. EuZustVO
EuZVR	Europäisches Zivilverfahrensrecht
EuZW	Europäische Zeitschrift für Wirtschaftsrecht
EWG	Europäische Wirtschaftsgemeinschaft
EWiR	Entscheidungen zum Wirtschaftsrecht
EWR	Europäischer Wirtschaftsraum
EWS	Europäisches Wirtschafts- und Steuerrecht
f./ff.	folgende
FamFG	Gesetz über das Verfahren in Familiensachen und in den Angelegenheiten der freiwilligen Gerichtsbarkeit
FamRÄndG	Gesetz zur Vereinheitlichung und Änderung familienrechtlicher Vorschriften (Familienrechtsänderungsgesetz)
FamRBint	Der Familien-Rechts-Berater international
FamRZ	Zeitschrift für das gesamte Familienrecht
FernUSG	Gesetz zum Schutz der Teilnehmer am Fernunterricht

FF	Forum Familienrecht
FG	Festgabe
FGG	Gesetz über die Angelegenheiten der freiwilligen Gerichtsbarkeit
FGG-RG	Gesetz zur Reform des Verfahrens in Familiensachen und in den Angelegenheiten der freiwilligen Gerichtsbarkeit
Fn.	Fußnote
FPR	Familie Partnerschaft Recht
FS	Festschrift; Liber amicorum
FuR	Familie und Recht
GG	Grundgesetz für die Bundesrepublik Deutschland
GKG	Gerichtskostengesetz
GmbH	Gesellschaft mit beschränkter Haftung
GPR	Zeitschrift für Gemeinschaftsprivatrecht
GRUR	Gewerblicher Rechtsschutz und Urheberrecht
GRUR Int.	Gewerblicher Rechtsschutz und Urheberrecht Internationaler Teil
GRUR-Prax.	Gewerblicher Rechtsschutz und Urheberrecht – Praxis im Immaterialgüter- und Wettbewerbsrecht
GRUR-RR	Gewerblicher Rechtsschutz und Urheberrecht Rechtsprechungs-Report
GS	Gedächtnisschrift
GVG	Gerichtsverfassungsgesetz
HAdoptÜ	Haager Übereinkommen über den Schutz von Kindern und die Zusammenarbeit auf dem Gebiet der internationalen Adoption vom 23.5.1993
HBÜ	Haager Übereinkommen über die Beweisaufnahme im Ausland in Zivil- und Handelssachen vom 18.3.1970
HErwSÜ	Haager Übereinkommen über den internationalen Schutz von Erwachsenen vom 13.1.2000
HErwSÜAG	Gesetz vom 17.3.2007 zur Ausführung des Haager Übereinkommens über den internationalen Schutz von Erwachsenen vom 13.1.2000
HGÜ	Haager Übereinkommen über Gerichtsstandsvereinbarungen vom 30.6.2005
HKEntfÜ	Haager Übereinkommen über die zivilrechtlichen Aspekte internationaler Kindesentführung vom 25.10.1980
h.L.	herrschende Lehre
h.M.	herrschende Meinung
Hrsg.	Herausgeber
Hs.	Halbsatz
HUntP 2007	Haager Protokoll über das auf Unterhaltspflichten anzuwendende Recht vom 23.11.2007

HUntVÜ 1958	Haager Übereinkommen über die Anerkennung und Vollstreckung von Entscheidungen auf dem Gebiet der Unterhaltspflicht gegenüber Kindern vom 15.4.1958
HUntVÜ 1973	Haager Übereinkommen über die Anerkennung und Vollstreckung von Unterhaltsentscheidungen vom 2.10.1973
HUntVÜ 2007	Haager Übereinkommen über die Durchsetzung von Kindesunterhalt und anderer Formen des Familienunterhalts vom 23.11.2007
HZPÜ	Haager Übereinkommen über den Zivilprozeß vom 1.3.1954
HZÜ	Haager Übereinkommen über die Zustellung gerichtlicher und außergerichtlicher Schriftstücke im Ausland in Zivil- oder Handelssachen vom 15.11.1965
ICLQ	International & Comparative Law Quarterly
IGH	Internationaler Gerichtshof
IHR	Internationales Handelsrecht – Zeitschrift für das Recht des internationalen Warenkaufs und -vertriebs
IJPL	International Journal of Procedural Law
InsO	Insolvenzordnung
IntErbRVG	Internationales Erbrechtsverfahrensgesetz
IntFamRVG	Gesetz zur Aus- und Durchführung bestimmter Rechtsinstrumente auf dem Gebiet des internationalen Familienrechts
IPG	Gutachten zum internationalen und ausländischen Privatrecht
IPR	Internationales Privatrecht
IPRax	Praxis des Internationalen Privat- und Verfahrensrechts
IPRG	(schweizerisches) Bundesgesetz über das Internationale Privatrecht
IPRspr	Die deutsche Rechtsprechung auf dem Gebiete des internationalen Privatrechts
i.S.	im Sinne
i.V.m.	in Verbindung mit
IZPR	Internationales Zivilprozessrecht
IZVR	Internationales Zivilverfahrensrecht
JA	Juristische Arbeitsblätter
JbJZivRWiss	Jahrbuch Junger Zivilrechtswissenschaftler
JBl	Juristische Blätter
JböffR	Jahrbuch öffentliches Recht
JLS	Generaldirektion für Justiz (Justice, Liberté, Sécurité)
JN	(österreichische) Jurisdiktionsnorm
JPIL	Journal of Private International Law
JR	Juristische Rundschau
JURA	Juristische Ausbildung

JurBüro	Das Juristische Büro
JuS	Juristische Schulung
JVEG	Justizvergütungs- und -entschädigungsgesetz
JW	Juristische Wochenschrift
JZ	Juristenzeitung
KG	Kammergericht; Kommanditgesellschaft
KOM	Dokument der EU-Kommission
KonsularG	Konsulargesetz
krit.	kritisch(e/er)
KSÜ	Haager Übereinkommen über die Zuständigkeit, das anzuwendende Recht, die Anerkennung, Vollstreckung und Zusammenarbeit auf dem Gebiet der elterlichen Verantwortung und der Maßnahmen zum Schutz von Kindern (Haager Kinderschutzübereinkommen) vom 19.10.1996
KTS	Zeitschrift für Insolvenzrecht
KultGSchG	Gesetz zum Schutz deutschen Kulturgutes gegen Abwanderung
LAG	Landesarbeitsgericht
LeXonomica	Revija za pravo in ekonomijo
LG	Landgericht
lit.	litera
LM	Lindenmaier/Möhring (Hrsg.), Nachschlagewerk des BGH in Zivilsachen
LMK	Kommentierte BGH-Rechtsprechung Lindenmaier-Möhring
LS	Leitsatz
LugÜ 1988	Luganer Übereinkommen über die gerichtliche Zuständigkeit und die Vollstreckung gerichtlicher Entscheidungen in Zivil- und Handelssachen vom 16.9.1988
LugÜ 2007	Luganer Übereinkommen über die gerichtliche Zuständigkeit und die Vollstreckung gerichtlicher Entscheidungen in Zivil- und Handelssachen vom 30.10. 007
MDR	Monatsschrift für Deutsches Recht
MediationsG	Mediationsgesetz
Mediations-RL	Richtlinie 2008/52/EG vom 21.5.2008 über bestimmte Aspekte der Mediation in Zivil- und Handelssachen
MittBayNot	Mitteilungen des Bayerischen Notarvereins, der Notarkasse und der Landesnotarkammer Bayern
m. (w.) Nachw.	mit (weiteren) Nachweisen
MSA	Haager Übereinkommen über die Zuständigkeit der Behörden und das anzuwendende Recht auf dem Gebiet des Schutzes von Minderjährigen (Haager Minderjährigenschutzabkommen) vom 5.10.1961

n.F.	neue Fassung
NILR	Netherlands International Law Review
NIPR	Nederlands Internationaal Privaatrecht
NJOZ	Neue Juristische Online-Zeitschrift
NJW	Neue Juristische Wochenschrift
NJW-RR	NJW-Rechtsprechungs-Report Zivilrecht
NotBZ	Zeitschrift für die notarielle Beratungs- und Beurkundungspraxis
Nr.	Nummer
NVwZ	Neue Zeitschrift für Verwaltungsrecht
NZA	Neue Zeitschrift für Arbeitsrecht
NZFam	Neue Zeitschrift für Familienrecht
NZI	Neue Zeitschrift für das Recht der Insolvenz und Sanierung
NZM	Neue Zeitschrift für Miet- und Wohnungsrecht
ODR-VO	Verordnung Nr. 524/2013 vom 21.5.2013 über die Online-Streitbeilegung in Verbraucherangelegenheiten
ÖJZ	Österreichische Juristen-Zeitung
(österr.) RZ	Österreichische Richterzeitung
OLG	Oberlandesgericht
OLGR	OLGReport
PKH	Prozesskostenhilfe
PKH-RL	Prozesskostenhilfe-Richtlinie (Richtlinie 2003/8/EG vom 27.1.2003 zur Verbesserung des Zugangs zum Recht bei Streitsachen mit grenzüberschreitendem Bezug durch Festlegung gemeinsamer Mindestvorschriften für die Prozesskostenhilfe)
ProdHaftG	Produkthaftungsgesetz
PStG	Personenstandsgesetz
RabelsZ	Rabels Zeitschrift für ausländisches und internationales Privatrecht
RDIPP	Rivista di diritto internazionale privato e processuale
RdTW	Recht der Transportwirtschaft
Rev. crit.	Revue critique de droit international privé
RG	Reichsgericht
RGBl.	Reichsgesetzblatt
RGZ	Entscheidungen des Reichsgerichts in Zivilsachen
RIW	Recht der internationalen Wirtschaft
RL	Richtlinie
Rom I-VO	Verordnung Nr. 593/2008 vom 17.6.2008 über das auf vertragliche Schuldverhältnisse anzuwendende Recht
Rom II-VO	Verordnung Nr. 864/2007 vom 11.7.2007 über das auf außervertragliche Schuldverhältnisse anzuwendende Recht

Rom III-VO	Verordnung Nr. 1259/2010 vom 20.12.2010 zur Durchführung einer Verstärkten Zusammenarbeit im Bereich des auf die Ehescheidung und Trennung ohne Auflösung des Ehebandes anzuwendenden Rechts
Rpfleger	Der Deutsche Rechtspfleger
RPflG	Rechtspflegergesetz
Rs.	Rechtssache
Rz.	Randziffer
S.	Satz; Seite
s.	siehe
SchiedsVZ	Zeitschrift für Schiedsverfahren
SJZ	Schweizerische Juristen-Zeitung
sog.	sogenannt
SorgeRÜ	Luxemburger Europäisches Übereinkommen über die Anerkennung und Vollstreckung von Entscheidungen über das Sorgerecht für Kinder und die Wiederherstellung des Sorgeverhältnisses vom 20.5.1980
Spiegelstr.	Spiegelstrich
st.Rspr.	ständige Rechtsprechung
StAG	Staatsangehörigkeitsgesetz
StAZ	Das Standesamt
StPO	Strafprozessordnung
str.	strittig
StVG	Straßenverkehrsgesetz
SZIER	Schweizerische Zeitschrift für internationales und europäisches Recht
TranspR	Transportrecht
u.a.	und andere; unter anderem
UKlaG	Gesetz über Unterlassungsklagen bei Verbraucherrechts- und anderen Verstößen (Unterlassungsklagengesetz)
UKlag-RL	Richtlinie 98/27/EG vom 19.5.1998 über Unterlassungsklagen zum Schutz der Verbraucherinteressen
Unif.L.Rev.	Uniform Law Review
UNIDROIT	International Institute for the Unification of Private Law
Unterabs.	Unterabsatz
UNUntÜ	New Yorker UN-Übereinkommen über die Geltendmachung von Unterhaltsansprüchen vom 20.6.1956
US	United States
Var.	Variante
VerfO EuGH	Verfahrensordnung des Gerichtshofs der Europäischen Union
VerschG	Verschollenheitsgesetz
vgl.	vergleiche

VKH	Verfahrenskostenhilfe
VO	Verordnung
Voraufl.	Vorauflage
VuR	Zeitschrift Verbraucher und Recht
WiB	Wirtschaftsrechtliche Beratung
WM	Wertpapier-Mitteilungen
WRP	Wettbewerb in Recht und Praxis
WÜD	Wiener UN-Übereinkommen über diplomatische Beziehungen vom 18.4.1961
WÜK	Wiener UN-Übereinkommen über konsularische Beziehungen vom 24.4.1963
WuW	Wirtschaft und Wettbewerb
WVRK	Wiener UN-Konvention über das Recht der Verträge vom 23.5.1969
YbPIL	Yearbook of Private International Law
Zak	Zivilrecht aktuell
ZaöRV	Zeitschrift für ausländisches öffentliches Recht und Völkerrecht
z.B.	zum Beispiel
ZBB	Zeitschrift für Bankrecht und Bankwirtschaft
ZErb	Zeitschrift für die Steuer- und Erbrechtspraxis
ZEuP	Zeitschrift für europäisches Privatrecht
ZEuS	Zeitschrift für europarechtliche Studien
ZEV	Zeitschrift für Erbrecht und Vermögensnachfolge
ZfIR	Zeitschrift für Immobilienrecht
ZfRV	Zeitschrift für Europarecht, Internationales Privatrecht und Rechtsvergleichung
ZHR	Zeitschrift für das gesamte Handels- und Wirtschaftsrecht
ZIP	Zeitschrift für Wirtschaftsrecht
zit.	zitiert
ZKJ	Zeitschrift für Kindschaftsrecht und Jugendhilfe
ZKM	Zeitschrift für Konfliktmanagement
ZNotP	Zeitschrift für die Notarpraxis
ZPO	Zivilprozessordnung
ZRHO	Rechtshilfeordnung für Zivilsachen
ZRP	Zeitschrift für Rechtspolitik
zust.	zustimmend(e/er)
ZVertriebsR	Zeitschrift für Vertriebsrecht
ZVglRWiss	Zeitschrift für vergleichende Rechtswissenschaft
ZZP	Zeitschrift für Zivilprozess
ZZPInt	Zeitschrift für Zivilprozess International

Literaturverzeichnis

Im Folgenden sind besonders wichtige Lehrbücher, Handbücher, Kommentare und Textsammlungen zum IZVR zusammengestellt. Ausgewählte Hinweise auf weiterführende Spezialwerke sowie Aufsätze werden zu Beginn der einzelnen Kapitel gegeben.

Adolphsen	Europäisches Zivilverfahrensrecht, 2011
Adolphsen, Patentsachen	Europäisches und internationales Zivilprozessrecht in Patentsachen, 2. Aufl. 2009
Althammer/*Bearbeiter*	Brüssel IIa/Rom III Kommentar, 2014
Andrae	Internationales Familienrecht, 3. Aufl. 2014
von Bar/Mankowski	Internationales Privatrecht, Bd. I: Allgemeine Lehren, 2. Aufl. 2003
Baur/Stürner/Bruns	Zwangsvollstreckungsrecht, 13. Aufl. 2006
Böhm	Amerikanisches Zivilprozessrecht, 2005
Brand/*Bearbeiter*	Formularbuch zum Europäischen und Internationalen Zivilprozessrecht, 2011
Brenn	Europäischer Zivilprozess, 2005
Breuer	Ehe- und Familiensachen in Europa – Das internationale Mandat mit Länderberichten, 2008
Briggs	Private International Law in English Courts, 2014
Briggs/Rees	Civil Jurisdiction and Judgments, 5. Aufl. 2009
Brödermann/Rosengarten	Internationales Privat- und Zivilverfahrensrecht – Anleitung zur systematischen Fallbearbeitung, 6. Aufl. 2012
Burgstaller/Neumayr/*Bearbeiter*	Internationales Zivilverfahrensrecht (Loseblatt)
Cadiet/Jeuland/Amrani-Mekki/*Bearbeiter*	Droit processuel civil de l'Union Européenne, 2011
Cheshire/North/Fawcett	Private International Law, 14. Aufl. 2008
Cieslar	Internationale Abkommen und Europäische Rechtsakte zum Familien- und Staatsangehörigkeitsrecht, 2009
Coester-Waltjen/Mäsch	Übungen in Internationalem Privatrecht und Rechtsvergleichung, 4. Aufl. 2012
Cuniberti/Normand/Cornette	Droit international de l'exécution – Recouvrement des créances civiles et commerciales, 2011
Czernich/Tiefenthaler/Kodek	Europäisches Gerichtsstands- und Vollstreckungsrecht, 3. Aufl. 2009
Dasser/Oberhammer/*Bearbeiter*	Kommentar zum Lugano-Übereinkommen, 2. Aufl. 2011

Dicey/Morris/ *Bearbeiter*	The Conflict of Laws, 15. Aufl. 2012
Fasching/*Bearbeiter*	Kommentar zu den Zivilprozessgesetzen, Bd. 5/1, 2. Aufl. 2008
Fentiman	International Commercial Litigation, 2010
Fuchs/Hau/Thorn	Fälle zum Internationalen Privatrecht, 4. Aufl. 2009
Gaudemet-Tallon	Compétence et exécution des jugements en Europe, 4. Aufl. 2010
Gebauer/Wiedmann/ *Bearbeiter*	Zivilrecht unter europäischem Einfluss, 2. Aufl. 2010
Geimer	Internationales Zivilprozessrecht, 6. Aufl. 2009 (7. Aufl. 2015 im Erscheinen)
Geimer/Schütze, EuZVR	Europäisches Zivilverfahrensrecht, 3. Aufl. 2010
Geimer/Schütze/*Bearbeiter*, IntRVerkehr	Internationaler Rechtsverkehr in Zivil- und Handelssachen (Loseblatt)
Haley	Fundamentals of Transnational Litigation: The United States, Canada, Japan, and the European Union, 2012
Handbuch IZVR/ *Bearbeiter*	Max-Planck-Institut für ausländisches und internationales Privatrecht (Hrsg.), Handbuch des Internationalen Zivilverfahrensrechts, seit 1982
Hartley	International Commercial Litigation, 2009
Hausmann	Internationales und Europäisches Ehescheidungsrecht, 2013
Henrich	Internationales Scheidungsrecht, 3. Aufl. 2012
Hess	Europäisches Zivilprozessrecht, 2010
Hk-ZPO/*Bearbeiter*	Saenger, ZPO Handkommentar, 5. Aufl. 2013
Hk-ZV/*Bearbeiter*	Kindl/Meller-Hannich/Wolf, Gesamtes Recht der Zwangsvollstreckung – Handkommentar, 2. Aufl. 2013
von Hoffmann/Thorn	Internationales Privatrecht, 9. Aufl. 2007
Jayme/Hausmann	Internationales Privat- und Verfahrensrecht, 17. Aufl. 2014
Junker	Internationales Zivilprozessrecht, 2012
Koh	Transnational Litigation in United States Courts, 2008
Kegel/Schurig	Internationales Privatrecht, 9. Aufl. 2004
Kramer/van Rhee	Civil Litigation in a Globalising World, 2012
Kropholler, IPR	Internationales Privatrecht, 6. Aufl. 2006
Kropholler/von Hein, EuZPR	Europäisches Zivilprozessrecht, 9. Aufl. 2011
Layton/Mercer	European Civil Practice, 2. Aufl. 2004
Leible/Freitag	Forderungsbeitreibung in der EU, 2008

Leible/Terhechte/ *Bearbeiter*	Europäisches Rechtsschutz- und Verfahrensrecht (Band 3 der Enzyklopädie Europarecht), 2014
Lindacher	Internationales Wettbewerbsverfahrensrecht, 2009
van Lith	International Jurisdiction and Commercial Litigation, 2009
Magnus/Mankowski/ *Bearbeiter*, Brussels I	Brussels I Regulation, 2. Aufl. 2012
Magnus/Mankowski/ *Bearbeiter*, Brussels IIbis	Brussels IIbis Regulation, 2012
Markus	Internationales Zivilprozessrecht, 2014
Mayr	Europäisches Zivilprozessrecht, 2011
McCaffrey/Main	Transnational Litigation in Comparative Perspective – Theory and Application, 2010
Meili	Das internationale Civilprozessrecht aufgrund der Theorie, Gesetzgebung und Praxis, 1904
MünchKommBGB/ *Bearbeiter*	Münchener Kommentar zum BGB, 6. Aufl. seit 2012
MünchKommFamFG/ *Bearbeiter*	Münchener Kommentar zum FamFG, 2. Aufl. 2013
MünchKommZPO/ *Bearbeiter*	Münchener Kommentar zur ZPO, 4. Aufl. 2013
Musielak/*Bearbeiter*	ZPO, 11. Aufl. 2014
Nagel/Gottwald	Internationales Zivilprozessrecht, 7. Aufl. 2013
Neuhaus	Die Grundbegriffe des Internationalen Privatrechts, 2. Aufl. 1976
Prütting/Gehrlein/ *Bearbeiter*	ZPO, 6. Aufl. 2014
Prütting/Helms/ *Bearbeiter*	FamFG, 3. Aufl. 2013
Rahm/Künkel/ *Bearbeiter*	Handbuch Familien- und Familienverfahrensrecht (Loseblatt)
Rauscher/*Bearbeiter*	Europäisches Zivilprozessrecht, 2. Aufl. 2006, seither Neubearbeitungen unter dem Titel Europäisches Zivilprozess- und Kollisionsrecht
Rauscher, IPR	Internationales Privatrecht – mit internationalem und europäischem Verfahrensrecht, 4. Aufl. 2012
Reinmüller	Internationale Rechtsverfolgung in Zivil- und Handelssachen in der Europäischen Union, 2009
Reithmann/Martiny/ *Bearbeiter*	Internationales Vertragsrecht, 7. Aufl. 2010
Riedel	Grenzüberschreitende Zwangsvollstreckung, 2. Aufl. 2012

Riezler	Internationales Zivilprozessrecht und prozessuales Fremdenrecht, 1949
Rosenberg/Schwab/ Gottwald	Zivilprozessrecht, 17. Aufl. 2010
Schack	Internationales Zivilverfahrensrecht, 6. Aufl. 2014
Schlosser	EU-Zivilprozessrecht, 3. Aufl. 2009
Schmidt	Europäisches Zivilprozessrecht in der Praxis, 2004
Schnyder/*Bearbeiter*	Lugano-Übereinkommen zum internationalen Zivilverfahrensrecht, Zürich 2011
Schulze/Zuleeg/Kadelbach/*Bearbeiter*	Europarecht – Handbuch für die deutsche Rechtspraxis, 2. Aufl. 2010
Schütze, IZPR	Deutsches Internationales Zivilprozessrecht unter Einschluss des Europäischen Zivilprozessrechts, 2. Aufl. 2005
Schütze, Rechtsverfolgung	Rechtsverfolgung im Ausland – Prozessführung vor ausländischen Gerichten und Schiedsgerichten, 4. Aufl. 2009
Schütze, ZPO	Das Internationale Zivilprozessrecht in der ZPO, 2. Aufl. 2011
Sengstschmid	Handbuch Internationale Rechtshilfe in Zivilverfahren, 2009
Staudinger/*Bearbeiter*	Kommentar zum BGB, 13. Aufl. seit 1993, seither Neubearbeitungen
Stein/Jonas/*Bearbeiter*	ZPO, 22. Aufl. seit 2002, 23. Aufl. seit 2014
Storskrubb	Civil Procedure and EU Law, 2008
Symeonides/Perdue	Conflict of Laws – American, Comparative, International, 3. Aufl. 2012
Thomas/Putzo/ *Bearbeiter*	ZPO, 35. Aufl. 2014
Unalex/*Bearbeiter*	Unalex Kommentar Brüssel I-Verordnung – Kommentar zur VO (EG) 44/2001 und zum Übereinkommen von Lugano, 2012
Walter/Domej	Internationales Zivilprozessrecht der Schweiz, 5. Aufl. 2012
Weintraub	International Litigation and Arbitration: Practice and Planning, 6. Aufl. 2011
Wieczorek/Schütze/ *Bearbeiter*	ZPO Großkommentar, 3. Aufl. seit 1994, 4. Aufl. seit 2013
Wolf/Lindacher/ Pfeiffer/*Bearbeiter*	AGB-Recht, 6. Aufl. 2013
Zekoll/Collins/ Rutherglen	Transnational Civil Litigation, 2013
Zöller/*Bearbeiter*	ZPO, 30. Aufl. 2014

§ 1 Einführung

Literatur: *Adolphsen*, Konsolidierung des Europäischen Zivilverfahrensrechts, FS Kaissis, 2012, S. 1; *Althammer*, Verfahren mit Auslandsbezug nach dem neuen FamFG, IPRax 2009, 381; *ders.*, Mindeststandards im Zivilprozess, ZZP 126 (2013), 3; *Coester-Waltjen*, Die Europäisierung des Zivilprozessrechts, Jura 2006, 914; *Fentiman*, Theory and Practice in International Commercial Litigation, IJPL 2 (2012) 235; *Frenz*, Justizielle Zusammenarbeit in Zivilsachen, JR 2011, 277; *Geimer*, Einige Bemerkungen zum internationalen und europäischen Zivilverfahrensrecht, FS Bucher, 2009, S. 181; *ders.*, „Law Making" in Europa – Bemerkungen zur Justiziellen Zusammenarbeit, in: Aurea Praxis – Aurea Theoria (FS Ereciński), 2011, S. 1003; *Hau*, Das Internationale Zivilverfahrensrecht im FamFG, FamRZ 2009, 821; *Heinze*, Europäisches Primärrecht und Zivilprozess, EuR 2008, 654; *ders.*, Zivilprozessrecht unter europäischem Einfluss, JZ 2011, 709; *Hess*, EMRK, Grundrechte-Charta und europäisches Zivilverfahrensrecht, FS Jayme, 2004, Bd. I, S. 339; *ders.*, Methoden der Rechtsfindung im Europäischen Zivilprozessrecht, IPRax 2006, 348; *ders.*, Abgestufte Integration im Europäischen Zivilprozessrecht, FS Leipold, 2009, S. 237; *ders.*, Towards Minimum Standards in European Civil Procedural Law, in: Aurea Praxis – Aurea Theoria (FS Ereciński), 2011, S. 1081; *Huber*, Koordinierung europäischer Zivilprozessrechtsinstrumente, FS Kaissis, 2012, S. 413; *Kengyel/Harsági*, Der Einfluss des Europäischen Zivilverfahrensrechts auf die nationalen Rechtsordnungen, 2009; *Knöfel*, Außenpolitik im Zivilprozess, FS Schütze, 2015, S. 243; *Kramer*, Procedure Matters – Construction and Deconstructivism in European Civil Procedure, 2013; *Leible*, Die Zukunft des Europäischen Zivilprozessrechts, FS Gottwald, 2014, S. 381; *Linke*, Die Europäisierung des Internationalen Privat- und Verfahrensrechts – Traum oder Trauma?, FS Geimer, 2002, S. 529; *McGuire*, Kodifikation des Europäischen Zivilprozessrechts?, ecolex 2011, 218; *Netzer*, Status quo und Konsolidierung des Europäischen Zivilverfahrensrechts – Vorschlag zum Erlass einer EuZPO, 2011; *Pfeiffer*, Internationales Zivilverfahrensrecht, FS Kirchhof, 2013, S. 1315; *Prütting*, Grundlagen und aktuelle Entwicklungstendenzen im Europäischen Zivilprozessrecht, in: Aurea Praxis – Aurea Theoria (FS Ereciński), 2011, S. 1255; *Roth*, Zum Bedeutungsverlust des autonomen Internationalen Zivilprozessrechts, in: ders., Europäisierung des Rechts, 2010, S. 163; *Schack*, Die Entwicklung des europäischen Internationalen Zivilverfahrensrechts, FS Leipold, 2009, S. 317; *Schütze*, Der Europäische Justizraum – Utopie oder Wirklichkeit?, FS Gottwald, 2014, S. 585; *Stadler*, Die Europäisierung des Zivilprozessrechts, in: 50 Jahre BGH – Festgabe aus der Wissenschaft, 2000, Bd. III, S. 645; *Staudinger/Steinrötter*, Europäisches Internationales Zivilprozessrecht, JA 2012, 241; *Stürner/Kawano*, Current Topics of International Litigation, 2009; *G. Wagner*, Entwicklungstendenzen und Forschungsperspektiven im Zivilprozess- und Insolvenzrecht, ZEuP 2008, 6; *R. Wagner*, Die Haager Konferenz für Internationales Privatrecht zehn Jahre nach der Vergemeinschaftung der Gesetzgebungskompetenz in der justiziellen Zusammenarbeit in Zivilsachen, RabelsZ 73 (2009), 215; *ders.*, Die Bedeutung der Haager Konferenz für Internationales Privatrecht für die internationale Zusammenarbeit in Zivilsachen, Jura 2011, 891; *ders.*, Die Rechtsinstrumente der justiziellen Zusammenarbeit in Zivilsachen – Eine Bestandsaufnahme, NJW 2013, 3128; *ders.*, Fünfzehn Jahre justizielle Zusammenarbeit in Zivilsachen, IPRax 2014, 217; *ders.*, Das neue Programm zur justiziellen Zusammenarbeit in Zivilsachen – Ein Wendepunkt?, IPRax 2014, 469.

I. Fragestellung

1.1 Das **Internationale Zivilverfahrensrecht (IZVR)** umfasst die Gesamtheit der Normen, die in Zivilrechtsfällen mit Auslandsbezug die daraus folgenden Verfahrensfragen regeln. In der Praxis interessiert vor allem, unter welchen Voraussetzungen zum einen deutsche Gerichte international zuständig sind und zum anderen ausländische Entscheidungen im Inland Wirkungen entfalten können. Zudem geht es um die Durchführung von Verfahren mit ausländischen bzw. im Ausland ansässigen Beteiligten, um die Koordinierung in- und ausländischer Parallelverfahren oder um die Behandlung von ein- oder ausgehenden Rechtshilfeersuchen.

1.2 Heute gehören **Erkenntnis- oder Vollstreckungsverfahren mit Auslandsbezug** längst zum Alltagsgeschäft in der anwaltlichen und richterlichen Praxis. Der Auslandsbezug kann vielfältig begründet sein, z.B. durch die Staatsangehörigkeit, den Wohnsitz oder den Aufenthalt einer Partei oder Beweisperson, durch die Belegenheit des Streitgegenstandes oder den Erfüllungs- bzw. Tatort, durch die Erheblichkeit ausländischer Verfahrensakte oder durch die Anwendbarkeit ausländischen Rechts. Oft ist der Auslandsbezug von vornherein erkennbar, bisweilen wird er dies erst im Verlauf des Verfahrens (z.B., indem sich der Beklagte auf anderweitige Rechtshängigkeit oder eine vorgreifliche ausländische Entscheidung beruft). Er kann nachträglich entstehen oder wieder wegfallen (z.B. durch den Aufenthaltswechsel eines Beteiligten ins Aus- oder ins Inland). Dabei kann es durchaus sein, dass sich der internationale Aspekt für die Bearbeitung des konkreten Falls letztlich als irrelevant erweist.

Beispiel: Die Nationalität der Beteiligten spielt im Rahmen einer normalen vertragsrechtlichen Auseinandersetzung, die ansonsten nur Bezüge zum Inland aufweist, zunächst keine Rolle für die Einleitung und Durchführung eines deutschen Zivilprozesses. Man denke etwa an eine gewöhnliche Zahlungsklage im Zusammenhang mit einem Gebrauchtwagenkauf, wobei die einzige Besonderheit darin besteht, dass der klägerische Verkäufer oder der beklagte Käufer nicht die deutsche, sondern eine ausländische Staatsangehörigkeit hat. Durchaus relevant wäre es aber etwa schon, wenn der Beklagte seinen Wohnsitz im Ausland hat (zur Frage der internationalen Zuständigkeit vgl. Rz. 5.1 ff.), wenn die im Inland lebende ausländische Partei nicht die deutsche Sprache beherrscht (zur Sprachenfrage vgl. Rz. 8.52 ff.) oder wenn in derselben Sache, aus welchen Gründen auch immer, bereits im Ausland prozessiert wird oder entschieden wurde (zur Relevanz ausländischer Rechtshängigkeit bzw. Rechtskraft vgl. Rz. 7.5 ff. und 12.42). Dann wäre es ein Fehler, wenn der internationale Aspekte – wie in der Praxis allzu oft – nicht erkannt, kurzerhand „ausgeblendet" oder nur unzureichend gewürdigt würde.

1.3 Die Kunst der Fallbearbeitung besteht im IZVR also zunächst in der Klärung, welche ins Ausland weisenden Aspekte eines Sachverhalts überhaupt relevante internationalverfahrensrechtliche Probleme aufwerfen. Davon zu unterscheiden ist die Frage, ob eine für die Lösung womöglich in Betracht kommende Vorschrift nur dann einschlägig ist, wenn ein besonders definierter Auslandsbezug vorliegt. Diese Frage nach dem **räumlich-persönlichen Anwendungsbereich eines Rechtsakts** stellt sich insbesondere im Zusammenhang mit europäischen Verordnungen, weil die EU im Bereich der justiziellen Zusammenarbeit bislang eben nur insoweit zur Rechtssetzung berufen ist, als es um „Zivilsachen mit grenzüberschreitendem Bezug" geht (dazu Rz. 1.18).

Beispiel: Die Anwendbarkeit des Europäischen Mahnverfahrens hängt davon ab, dass mindestens eine der Parteien ihren Wohnsitz oder gewöhnlichen Aufenthalt in einem anderen Mitgliedstaat als dem des befassten Gerichts hat (Art. 3 Eu-MahnVO; dazu Rz. 11.5).

II. Begriff

Der Begriff des **Internationalen Zivil*verfahrens*rechts (IZVR)** wurde in Anlehnung an das Internationale Privatrecht (IPR) gewählt und hat sich eingebürgert. Die früher üblichere Bezeichnung **Internationales Zivil*prozess*recht (IZPR)** erscheint zu eng, seit mit Inkrafttreten des FamFG selbst im Hinblick auf streitige Familiensachen nicht mehr von Prozess, sondern von Verfahren die Rede ist (vgl. § 113 Abs. 5 Nr. 1 FamFG). Wenngleich im Folgenden die allgemeinen Zivil- und Handelssachen der ZPO – in der Sprache von § 13 GVG: die bürgerlichen Rechtsstreitigkeiten – im Vordergrund stehen, kommen auch FamFG-Verfahren sowie Formen alternativer Streitbeilegung zur Sprache, soweit sich dies eignet, um das Verständnis für die Grundfragen des IZVR zu fördern.[1] Weitere **Spezialgebiete** wie die Internationale Schiedsgerichtsbarkeit,[2] das Internationale Insolvenzrecht,[3] das Internationale Anwaltsrecht[4] oder der grenzüberschreitende kollektive Rechtsschutz[5] werden zwar gelegentlich angesprochen, aber nicht systematisch erörtert.

1.4

Das IZVR traditioneller Prägung war ebenso wenig wie das klassische IPR „internationales" – im Sinne von: überstaatliches – Recht, sondern Bestandteil der nationalen Rechtsordnung, mithin verbindlich kraft staatlicher Rechtsetzung. Allerdings ist unverkennbar, dass auch das nationale IZVR schon seit geraumer Zeit in erheblichem Maße auf der Grundlage von Staatsverträgen erlassen wird (Rz. 1.37 ff.), vor allem aber, dass das nationale IZVR heute weitgehend durch Verordnungen, also unmittelbar anwendbare EU-Rechtsakte, verdrängt worden ist (dazu sogleich Rz. 1.16 ff.). Es kann also kaum noch die Rede davon sein, beim IZVR handele es sich

1.5

---

1 Für ausführliche Informationen zum Internationalen Familienverfahrensrecht sei verwiesen auf das Lehrbuch von *Andrae*, die Darstellung bei *Prütting/Helms/Hau*, §§ 97 ff. FamFG, sowie den Kommentar von *Hausmann*.
2 Einführend etwa *Adolphsen*, Kap. 14; *Nagel/Gottwald*, § 18; *Schack*, §§ 28–33; *Schmidt-Ahrendts/Schmitt*, Jura 2010, 520. Zu aktuellen Entwicklungen *Hess*, JZ 2014, 538; *Pörnbacher/Loos/Baur*, BB 2011, 711.
3 Einführend etwa *Adolphsen*, Kap. 13; *Kienle*, NotBZ 2008, 245; *Leible/Freitag*, § 9; *Nagel/Gottwald*, § 20; *Schack*, §§ 23–27.
4 Einführend etwa *Frenz/Wübbenhorst*, NJW 2011, 1262; *Nagel/Gottwald*, § 6 IV.
5 Vgl. zu den Grundfragen etwa *Lindacher*, § 12; *Lindacher*, FS von Hoffmann, 2011, S. 258; *Stillner*, VuR 2008, 41; Leible/Terhechte/*Stadler*, § 27.

„um nationales Recht, das in Teilbereichen vereinheitlicht" sei.[1] Das Adjektiv „international" im Begriff IZVR meint aber etwas anderes: Es bezieht sich auf den Regelungsgegenstand, also auf den Auslandsbezug des zu regelnden Sachverhalts, der – wie eingangs bereits angesprochen – vielfältig beschaffen sein kann.

1.6 Wenn bisweilen von **Europäischem Zivilverfahrensrecht** (bzw. Zivilprozessrecht) die Rede ist, so kann damit zweierlei gemeint sein: Manche wählen diesen Begriff als prägnante Zusammenfassung für das IZVR, soweit es durch europäische Sekundärrechtsakte geregelt ist.[2] Dabei geht es also um die Abgrenzung zum autonomen (i.S. von: einzelstaatlichen) IZVR bzw. zum konventionsrechtlichen IZVR. Sinnvoller erscheint es indes, das Europäische Zivilverfahrensrecht in einem weiteren Sinne zu begreifen, nämlich zum einen unter Einbeziehung sowohl des Sekundär- als auch des Primärrechts, soweit es für das IZVR relevant wird (Europäisches IZVR), und zum anderen unter Einbeziehung der Frage, inwieweit auch rein innerstaatliche (Binnen-)Verfahren durch Vorgaben des Primär- und Sekundärrechts beeinflusst werden.[3]

III. Rechtsquellen

1. Überblick

1.7 Zivilsachen mit internationalen Bezügen gewinnen unverkennbar ständig an Bedeutung,[4] und dies provoziert **Rechtssetzung auf verschiedenen Ebenen.** Wer sich mit dem IZVR befassen will, kommt nicht umhin, sich einen Überblick über die komplexen Rechtsquellen zu verschaffen.[5] Nach wie vor gibt es in Deutschland keine in sich geschlossene Kodifikation des IZVR, sondern nur über verschiedene Gesetze verstreute Normgruppen und Einzelbestimmungen mit ausdrücklichen oder mittelbaren Regelungen für internationalverfahrensrechtliche Fragestellungen. Dieses **autonome Recht** wird in nahezu allen Teilbereichen des IZVR ergänzt und überlagert durch eine Vielzahl von **Staatsverträgen** unterschiedlicher Be-

---

1 So noch *Schack*, Rz. 2. Dagegen treffend *Junker*, § 1 Rz. 11.
2 Vgl. in diesem Sinne beispielsweise die Kommentierungen des Europäischen Zivilverfahrens- bzw. Zivilprozessrechts von *Geimer/Schütze*, *Kropholler/von Hein*, *Rauscher* oder *Schlosser*, aber auch die Lehrbücher von *Adolphsen* und *Mayr*.
3 Dies leistet vor allem die grundlegende Darstellung des Europäischen Zivilprozessrechts von *Burkhard Hess*.
4 Vgl., statt mancher, nur *Schack*, Vorwort zur 5. Aufl.: „exponentiell wachsendes Rechtsgebiet". Beachte dementsprechend aus US-Sicht zur „new multipolarity in transnational litigation" etwa *Whytock/Quintanilla*, Southwestern Journal of International Law 18 (2011), 31.
5 Treffend *Junker*, § 2 Rz. 1: „So langweilig ein Buchkapitel über ‚Rechtsquellen' auf den ersten Blick erscheint, so wichtig ist es, sich gerade im IZPR mit diesem Thema zu befassen: Sind die einschlägigen Rechtsvorschriften gefunden und wurde ihre Anwendbarkeit zutreffend begründet, hat der Bearbeiter manchmal schon die Hälfte der Aufgabe gelöst."

deutung und Reichweite. Für Einzelfragen kann auch das **Völkergewohn-heitsrecht** eine Rolle spielen, insbesondere wenn es die Qualität allgemeiner Regeln i.S. von Art. 25 GG hat, wie z.B. bei der Begrenzung der Gerichtsbarkeit durch die Staatenimmunität (vgl. Rz. 3.9 f.).

Als zunehmend bedeutsame bzw. inzwischen sogar dominierende Rechts-   **1.8** quelle erweist sich das Europarecht: Seit mit dem Inkrafttreten des Amsterdamer Vertrags am 1.5.1999 der (damaligen) EG auch Kompetenzen im Bereich der „Justiziellen Zusammenarbeit in Zivilsachen" zugewiesen wurden (Art. 65 EGV; nunmehr: Art. 81 AEUV), kam es in rascher Folge zum Erlass von Verordnungen und Richtlinien in Sachbereichen, die zuvor der Regelung durch Staatsverträge vorbehalten waren. Die sog. **Europäisierung des IZVR**[1] erstreckt sich inzwischen auf alle Kernbereiche und eröffnet im internationalen Rechtsverkehr Möglichkeiten, die traditionell kaum für denkbar erachtet wurden.

Beispiele: Beweisaufnahme durch ein inländisches Gericht im EU-Ausland (Art. 17 EuBewVO; dazu Rz. 10.44 ff.); Verweisung von Verfahren an ein sachnäheres ausländisches Gericht (Art. 15 Brüssel IIa-VO; dazu Rz. 7.36); europaweit beachtliche vorläufige Pfändung eines Bankkontos (Art. 1, 22 EuKontPfändVO; dazu Rz. 15.20 ff.).

Die nach wie vor bestehende Lückenhaftigkeit des positiven Rechts ver-   **1.9** stärkt die Bedeutung von **Rechtsprechung** und **Rechtswissenschaft**. Deren Lösungsvorschläge für ungeregelte Fragen weisen jedoch eine bemerkenswerte Meinungsvielfalt auf, was das IZVR nicht nur in Detailfragen häufig undurchschaubar erscheinen lässt. Im Bereich der Rechtsprechung könnte eine Konzentration der einschlägigen Verfahren auf spezialisierte Spruchkörper Abhilfe schaffen. Dies wird seit Jahrzehnten von der Wissenschaft gefordert, hat jedoch nur eine geringe Resonanz ausgelöst (vgl. Rz. 9.17 f.). Wachsenden Einfluss auf die Rechtsanwendung und Rechtssetzung zu Fragen des IZVR nimmt der Europäische Gerichtshof, und zwar nicht nur durch die ihm zugewiesenen Kompetenzen bei der Auslegung des Sekundärrechts (vgl. Rz. 3.44 ff.), sondern auch bei der Überprüfung des autonomen IZVR anhand des Primärrechts, namentlich des allgemeinen Diskriminierungsverbots (dazu sogleich).

2. Europarecht

a) Primärrecht

Das „Europäische IZVR" tritt besonders augenfällig durch die einschlägi-   **1.10** gen Sekundärrechtsakte in Erscheinung (Rz. 1.16 ff.). Gleichwohl sind auch primärrechtliche Vorgaben für Verfahren mit grenzüberschreitenden

---

1 Skeptisch dazu noch *Linke*, FS Geimer, S. 529. Beachte aus neuerer Zeit etwa *Geimer*, FS Ereciński, S. 1003; *Schack*, FS Leipold, S. 317; *Wagner*, IPRax 2014, 217.

Bezügen zu beachten.[1] So müssen nationale Verfahrensregeln den **Grundfreiheiten** und dem allgemeinen **Diskriminierungsverbot** (Art. 18 AEUV), aber auch dem europarechtlichen *effet utile* Rechnung tragen.

1.11   Der EuGH hat mehrfach zu damit unvereinbaren Regelungen Stellung bezogen (zum Vorabentscheidungsverfahren s. Rz. 3.45 f.).

> **Beispiel:** Es ist mit Art. 18 und 21 AEUV unvereinbar, wenn Italien zwar seinen eigenen Bürgern, die in der Provinz Bozen leben, bei Gericht den Gebrauch der deutschen Sprache gestattet, die Angehörigen anderer Mitgliedstaaten hingegen auf Italienisch als Gerichtssprache verweist. Eine solche Regelung könnte allenfalls gerechtfertigt sein, wenn sie auf objektiven, von der Staatsangehörigkeit der Betroffenen unabhängigen Erwägungen beruhte, die in angemessenem Verhältnis zu einem Zweck stünde, der mit dem nationalen Recht zulässigerweise verfolgt würde. Das aber verneint der EuGH treffend:[2] Zum einen sei keine Erschwerung des Verfahrens zu besorgen, weil die Richter der Provinz Bozen in der Lage seien, Gerichtsverfahren in italienischer wie in deutscher Sprache zu führen. Zum anderen verfange nicht der Einwand der italienischen Regierung, dass Italien durch die Erstreckung des Sprachenprivilegs auf ausländische Unionsbürger zusätzliche Kosten entstünden; denn rein fiskalische Motive können eine Beschränkung einer primärrechtlichen Garantie nicht rechtfertigen.

1.12   Ganz ähnlich hatte der EuGH schon frühzeitig Vorschriften beanstandet, wonach ein Kläger, der nicht dem Forumstaat angehört oder der in einem anderen Mitgliedstaat ansässig ist, auf Verlangen des Beklagten nur dann vor Gericht gehört wird, wenn er dem Beklagten eine besondere **Prozesskostensicherheit** leistet (vgl. den inzwischen „entschärften" § 110 Abs. 1 ZPO und dazu Rz. 8.15 ff.).[3] Ähnliche Probleme bereiteten nationale Vorschriften im Bereich des einstweiligen Rechtsschutzes, die im EU-Ausland ansässige Schuldner übermäßig benachteiligen (vgl. den inzwischen ebenfalls „entschärften" **Arrestgrund der Auslandsvollstreckung** in § 917 Abs. 2 ZPO und dazu Rz. 15.9).[4]

1.13   Ganz allgemein lassen sich aus dem Primärrecht gewisse **Mindestanforderungen an die mitgliedstaatlichen (Zivil-)Verfahrensrechte** ableiten. Hierzu benennt der EuGH zwei Leitprinzipien: „Bei der Ausgestaltung des Verfahrens für die Klagen, die den Schutz der dem Bürger aus der unmittelbaren Wirkung des Gemeinschaftsrechts erwachsenden Rechte gewährleisten sollen, haben die Mitgliedstaaten dafür zu sorgen, dass die betreffenden Modalitäten nicht ungünstiger sind als für gleichartige Kla-

---

1 Näher etwa *Hess*, § 4; *Heinze*, EuR 2008, 654; *Heinze*, JZ 2011, 709, 712 f.; Leible/Terhechte/*Leible*, § 14 Rz. 5 ff.; *Mäsch*, in: Langenbucher, Europarechtliches Privat- und Wirtschaftsrecht, 3. Aufl. 2013, § 9.

2 EuGH v. 27.3.2014 – Rs. C-322/13 (*Grauel Rüffer/Pokorná*), EuZW 2014, 393 m. Anm. *Hilpold*; dazu auch *Kramme*, GPR 2014, 228.

3 EuGH v. 1.7.1993 – Rs. C-20/92 (*Hubbard/Hamburger*), NJW 1993, 2431; EuGH v. 20.3.1997 – Rs. C-323/95 (*Hayes/Kronenberger*), NJW 1998, 2127. Keinen Schutz genießt hingegen ein Kläger mit monegassischer Staatsangehörigkeit: EuGH v. 7.2.2011 – Rs. C-291/09 (*Franceso Guarnieri*), EuZW 2011, 429, 430.

4 Dazu EuGH v. 10.2.1994 – Rs. C-398/92 (*Mund & Fester/Hatrex*), NJW 1994, 1271.

gen, die das innerstaatliche Recht betreffen (**Grundsatz der Gleichwertigkeit**), und dass sie nicht so ausgestaltet sind, dass sie die Ausübung der Rechte, die die Gemeinschaftsrechtsordnung einräumt, praktisch unmöglich machen (**Grundsatz der Effektivität**)."[1]

Bedeutung kann dies schon in **reinen Binnensachverhalten** erlangen, und zwar vor allem, wenn es darum geht, ob der vom Europarecht gewährleistete Schutz von Verbrauchern vereitelt zu werden droht. Daher hat der EuGH verfahrensrechtliche Vorgaben für den Fall formuliert, dass ein Verbrauchsgüterkäufer als Kläger durch zu strenge Anforderungen an die Formulierung seines Antrags belastet wird[2] oder dass die Ausgestaltung eines mitgliedstaatlichen Mahnverfahrens einen Kreditnehmer benachteiligt.[3] Aber auch und gerade für **grenzüberschreitende Fälle** gilt es den Effektivitätsgrundsatz zu beachten, so etwa für die Diskussion, wie das mitgliedstaatliche Verfahrensrecht beschaffen sein muss, um die nach Europäischem Kollisionsrecht vorgeschriebene Anwendung ausländischen Rechts sicherzustellen (zu den sog. Rom-Verordnungen vgl. Rz. 1.24).[4] Sowohl in innerstaatlichen als auch in grenzüberschreitenden Fällen nimmt das Europarecht aber durchaus Rücksicht auf das nationale Verfahrensrecht. So schreibt das Primärrecht, namentlich der Grundsatz der Zusammenarbeit (Art. 4 Abs. 3 EUV), einem mitgliedstaatlichen Zivilgericht nicht etwa vor, allein deshalb von der Anwendung der nationalen Regeln über die materielle Rechtskraft abzusehen, weil die in Rechtskraft erwachsene Entscheidung (womöglich) mit europarechtlichen Vorgaben – etwa den Regeln zur internationalen Zuständigkeit – unvereinbar ist.[5]

1.14

Bisweilen stellt sich die Frage nach der **Primärrechtskonformität sekundärrechtlicher Vorschriften**. So wird kontrovers beurteilt, inwieweit es dem Verordnungsgeber im Lichte von Art. 18 AEUV freisteht, die Staatsangehörigkeit als einen die internationale Entscheidungszuständigkeit begründenden Umstand zu behandeln (dazu Rz. 4.53 zu Art. 3 Brüssel IIa-VO). Zudem wird diskutiert, inwieweit die sekundärrechtlichen Vorschriften zur grenzüberschreitenden Vollstreckung ausländischer Titel, insbesondere die damit einhergehenden Einschränkungen der Verteidigungsmöglichkeiten des Schuldners im Vollstreckungsstaat (dazu

1.15

---

1 EuGH v. 16.3.2006 – Rs. C-234/04 (*Kapferer*), NJW 2006, 1577, 1578. Näher zu diesen beiden Prinzipien etwa Leible/Terhechte/*Leible*, § 14 Rz. 21 ff.
2 EuGH v. 3.10.2013 – Rs. C-32/12 (*Duarte Hueros*), EuZW 2013, 918. Dazu *Korth*, GPR 2014, 87.
3 EuGH v. 14.6.2012 – Rs. C-618/10 (*Banco Español de Crédito*), NJW 2012, 2257. Dazu *Dutta*, ZZP 126 (2013), 153; *Hau*, JZ 2012, 964; *Stürner*, ZEuP 2013, 666.
4 Näher *M. Stürner*, FS R. Stürner, 2013, S. 1071, 1075 ff.
5 So EuGH v. 16.3.2006 – Rs. C-234/04 (*Kapferer*), EuZW 2006, 241; dazu *Schmahl/Köber*, EuZW 2010, 927. Beachte allgemeiner zu der Frage, unter welchen Voraussetzungen sich ein Gericht mit Rücksicht auf die volle Wirksamkeit des Europarechts über eine nach mitgliedstaatlichem Verfahrensrecht eingetretene Bindung hinwegzusetzen hat, auch *Leipold*, FS Stürner, 2013, S. 1291.

Rz. 13.45 und 14.13 ff.), mit grundrechtlichen Vorgaben in Einklang stehen.[1]

b) Verordnungen

aa) Grundlagen

1.16 Ausweislich Art. 220 des EWG-Vertrags von 1957 hatte man schon früh erkannt, dass ein gemeinsamer Markt nicht ohne die europaweite Freizügigkeit nationaler Gerichtsentscheidungen funktionieren kann. Bahnbrechend für das Bemühen um einen geordneten grenzüberschreitenden europäischen Rechtsverkehr in Zivil- und Handelssachen war das Brüsseler EWG-Übereinkommen über die gerichtliche Zuständigkeit und die Vollstreckung gerichtlicher Entscheidungen von 1968 (**EuGVÜ**).[2] Das EuGVÜ galt seit 1.2.1973 zunächst zwischen den sechs Gründerstaaten der damaligen EWG, kraft Erweiterung im Zuge von vier Beitrittsübereinkommen zuletzt aber immerhin für die 15 Mitgliedstaaten, die der EU vor der Osterweiterung angehörten. Bei dem EuGVÜ handelte es sich zwar weder um Primär-, noch um echtes Sekundärrecht, aber gleichwohl um den ersten Schritt hin zu dem Europäischen IZVR, wie wir es heute kennen.

1.17 Hinsichtlich der hier interessierenden Fragen war der **Vertrag von Maastricht** über die Europäische Union vom 7.2.1992[3] nur eine inzwischen eher bedeutungslose Zwischenetappe. Im Rahmen der Bestimmungen über die Zusammenarbeit in den Bereichen Justiz und Inneres (Titel VI Art. K.1 Nr. 6 und Art. K.3) ermöglichte er aber immerhin die Ausarbeitung weiterer Übereinkommen. Den entscheidenden Fortschritt brachte erst der am 1.5.1999 in Kraft getretene **Vertrag von Amsterdam**,[4] der die Justizielle Zusammenarbeit mit erweitertem Programm dem Titel IV des damaligen EGV zugeschlagen hat (Art. 65 EGV). Diese sog. Vergemeinschaftung („Säulenwechsel") erlaubte dem Rat erstmals Maßnahmen im Hinblick auf „Zivilsachen mit grenzüberschreitenden Bezügen, soweit sie für das reibungslose Funktionieren des Binnenmarktes erforderlich sind". Von dieser Kompetenzgrundlage wurde – ungeachtet mancher Vorbehalte[5] – umgehend Gebrauch gemacht. Vor allem nutzte man die Chan-

---

1 Beachte hierzu, den Verordnungen jeweils Unbedenklichkeit bescheinigend, *Classen*, FS Schwarze, 2014, S. 556, 574 f.; zur Vereinbarkeit mit der EMRK *Callewaert*, ZEuS 2914, 79, 87 ff., und *Schilling*, IPRax 2011, 31; ferner *Wudarski/Stürner*, IPRax 2013, 278 (dort v.a. aus der Perspektive des polnischen Verfassungsrechts). Vgl. aber auch *Hess*, ZVglRWiss 111 (2012), 21, 26 f., dort umgekehrt dazu, dass grundrechtliche Positionen des Gläubigers wie Art. 47 Grundrechte-Charta und Art. 6 EMRK für großzügige sekundärrechtliche Regelungen zur Titelfreizügigkeit sprechen.
2 ABl. 1972 L 299/32. Konsolidierte Fassung: ABl. 1998 C 27/1.
3 ABl. 1992 C 191/1.
4 ABl. 1997 C 340/173.
5 Deutlich etwa *Schack*, ZEuP 1999, 805: „Die EG-Kommission auf dem Holzweg von Amsterdam".

ce, mittels Verordnungen in allen Mitgliedstaaten unmittelbar geltendes Recht zu setzen (dazu sogleich).

Seit dem Inkrafttreten des **Vertrags von Lissabon**[1] am 1.12.2009 ergeben sich die Leitgedanken der Justiziellen Zusammenarbeit aus Art. 67 AEUV: Die EU bildet einen Raum der Freiheit, der Sicherheit und des Rechts, in dem die Grundrechte, ausdrücklich aber eben auch die verschiedenen Rechtsordnungen und -traditionen der Mitgliedstaaten geachtet werden (Abs. 1); die EU erleichtert den Zugang zum Recht, insbesondere durch den Grundsatz der gegenseitigen Anerkennung gerichtlicher und außergerichtlicher Entscheidungen in Zivilsachen (Abs. 4). An die Stelle des Katalogs von Art. 65 EGV ist Art. 81 AEUV getreten. Als zusätzliche Regelungsziele benennt dessen Abs. 2 den effektiven Zugang zum Recht (lit. e), die Entwicklung von alternativen Methoden für die Beilegung von Streitigkeiten (lit. g) sowie die Förderung der Weiterbildung von Richtern und Justizbediensteten (lit. h). Nach wie vor geht es nur um **„Zivilsachen mit grenzüberschreitendem Bezug"** (Art. 81 Abs. 1 AEUV).[2] Neu ist aber zum einen der Hinweis, dass die Zusammenarbeit „den Erlass von Maßnahmen zur Angleichung der Rechtsvorschriften der Mitgliedstaaten umfassen" kann (Art. 81 Abs. 1 S. 2 AEUV), und zum anderen, dass Maßnahmen schon in Betracht kommen, wenn dies „insbesondere" (!) für das reibungslose Funktionieren des Binnenmarkts erforderlich ist (Art. 81 Abs. 2 AEUV).

1.18

Das wichtigste Instrument zur Rechtsetzung auf europäischer Ebene ist die Verordnung i.S. von Art. 288 AEUV. Die im Folgenden darzustellenden Rechtsakte binden als Teil des sog. *acquis communautaire* grundsätzlich alle **Mitgliedstaaten der EU**, einschließlich später hinzukommender Beitrittsstaaten. Gerade darin liegt der Vorteil im Vergleich zu den früher üblichen völkerrechtlichen Übereinkommen, die rechtstechnisch nur deutlich schwerfälliger fortentwickelt und erweitert werden können. Allerdings beanspruchen Dänemark, Irland und das Vereinigte Königreich im Bereich der justiziellen Zusammenarbeit noch immer gewisse Sonderrollen:[3] Während sich Irland und das Vereinigte Königreich schon bislang immerhin ein opt-in für jeden konkreten Rechtsakt vorbehalten haben, hat Dänemark seine bisherige Blockadehaltung inzwischen wenigstens aufgeweicht.

1.19

bb) Einzelne Verordnungen

Rechtsakte der ersten Stunde nach Inkrafttreten des Vertrags von Amsterdam waren, allesamt am 29.5.2000 erlassen, die Verordnung

1.20

---

1 ABl. 2008 C 115/47. Konsolidierte Fassungen von EUV und AEUV: ABl. 2010 C 83/1. Beachte dazu auch *Dutta*, EuZW 2010, 530; Leible/Terhechte/*Leible*, § 14 Rz. 44 ff.; *Mansel/Thorn/Wagner*, IPRax 2010, 1, 24 ff.
2 Zu diesem schillernden Begriff *Hau*, GS Unberath (erscheint 2015).
3 Vgl. ABl. 2010 C 83/295 ff. Näher *Hess*, § 2 Rz. 26 ff.

Nr. 1346/2000 über Insolvenzverfahren (**EuInsVO**),[1] die Verordnung Nr. 1347/2000 über die Zuständigkeit und die Anerkennung und Vollstreckung von Entscheidungen in Ehesachen und in Verfahren betreffend die elterliche Verantwortung für die gemeinsamen Kinder der Ehegatten (**Brüssel II-VO**),[2] die der Sache nach das ehe- und kindschaftsrechtliche Seitenstück zum damaligen EuGVÜ bildete, sowie die Verordnung Nr. 1348/2000 über die Zustellung gerichtlicher und außergerichtlicher Schriftstücke in Zivil- oder Handelssachen (**EuZustVO 2000**).[3] Wenig später folgte die – überragend bedeutsame – Verordnung Nr. 44/2001 über die gerichtliche Zuständigkeit und die Anerkennung und Vollstreckung von Entscheidungen in Zivil- und Handelssachen vom 22.12.2000 (**Brüssel I-VO**):[4] Diese Verordnung hat die Regelungen des EuGVÜ „vergemeinschaftet" und dieses als Herzstück des Europäischen IZVR abgelöst,[5] ist aber ihrerseits inzwischen durch die sog. Brüssel Ia-VO Nr. 1215/2012 abgelöst worden (dazu sogleich Rz. 1.27).[6] Vorerst abgeschlossen wurde diese erste Rechtsetzungsphase mit der Verordnung Nr. 1206/2001 über die Zusammenarbeit zwischen den Gerichten der Mitgliedstaaten auf dem Gebiet der Beweisaufnahme in Zivil- oder Handelssachen vom 28.5.2001 (**EuBewVO**).[7]

1.21   In der Folgezeit wurden frühe Rechtsakte durch neuere, in der Sache noch weitergehende ersetzt: Zunächst wurde im Ehe- und Kindschaftsrecht die Brüssel II-VO abgelöst durch die Verordnung Nr. 2201/2003 über die Zuständigkeit und die Anerkennung und Vollstreckung von Entscheidungen in Ehesachen und in Verfahren betreffend die elterliche Verantwortung vom 27.11.2003 (**Brüssel IIa-VO**).[8] Dasselbe erfolgte sodann im Zustellungsrecht, wo an die Stelle der EuZustVO 2000 die Verordnung

---

1 ABl. 2000 L 160/1.
2 ABl. 2000 L 160/19.
3 ABl. 2000 L 160/37.
4 ABl. 2001 L 12/1. Die deutschen Durchführungsbestimmungen zur Brüssel I-VO sind im AVAG enthalten.
5 Vgl. dazu etwa *Kohler*, FS Geimer, 2002, S. 461.
6 Die Abkürzung „Brüssel I-VO" (bzw. nunmehr Brüssel Ia-VO) steht in der Tradition des EuGVÜ, das auch als Brüsseler Übereinkommen bezeichnet wurde. Die römische Zahl dient der Abgrenzung zum familienrechtlichen Parallelrechtsakt (also der Brüssel II-VO bzw. nunmehr Brüssel IIa-VO). Inzwischen ist auch in offiziellen deutschsprachigen Dokumenten von „Brüssel I" bzw. „Brüssel Ia" die Rede (vgl. auf europäischer Ebene KOM [2010] 748 und für Deutschland BT-Drucks. 18/823, S. 15). Über die vorzugswürdige Abkürzung hat sich allerdings noch immer kein Konsens gebildet. Nach wie vor geläufig sind auch „EuGVO" bzw. „EuGVVO" sowie entsprechende, mehr oder weniger sperrige, Bezeichnungen für die Nachfolgeverordnung Nr. 1215/2012 (etwa: „rev. EuG-VO", „EuGVO n.F." oder „EuGVO 2012").
7 ABl. 2001 L 174/1. Deutsche Durchführungsbestimmungen: §§ 1072–1075 ZPO.
8 ABl. 2003 L 338/1. Die deutschen Durchführungsbestimmungen sind im IntFamRVG enthalten. Als Abkürzung begegnen neben „Brüssel IIa-VO" auch „EheVO", „EheGVO" und mitunter „EuGVVO II".

Nr. 1393/2007 vom 13.11.2007 trat (**EuZustVO 2007**).[1] Zudem wurde dem ursprünglich im EuGVÜ und später in der Brüssel I-VO nur punktuell geregelten internationalen Unterhaltsverfahrensrecht ein eigener Rechtsakt gewidmet, nämlich die Verordnung Nr. 4/2009 über die Zuständigkeit, das anwendbare Recht, die Anerkennung und Vollstreckung von Entscheidungen und die Zusammenarbeit in Unterhaltssachen vom 18.12.2008 (**EuUntVO**).[2]

Eine weitere Reihe von Verordnungen diente sodann dem Ziel, Titel in sämtlichen Mitgliedstaaten vollstrecken zu können, ohne dass dafür, wie noch im EuGVÜ und in der Brüssel I-VO vorgesehen, ein besonderes Exequaturverfahren (Vollstreckbarerklärung) erforderlich wäre (dazu Rz. 14.13 ff.). Dementsprechend verzichtete bereits die Brüssel IIa-VO für bestimmte Entscheidungen zum Umgangsrecht und zur Kindesrückgabe auf das Exequatur (Art. 40 ff.). Und in dieselbe Richtung zielten sodann die Verordnung Nr. 805/2004 zur Einführung eines europäischen Vollstreckungstitels für unbestrittene Forderungen vom 21.4.2004 (**EuVTVO**)[3] sowie die schon erwähnte EuUntVO. **1.22**

Der nächste Schritt bestand darin, nicht erst die bereits harmonisierten Regeln über die Freizügigkeit nationaler Vollstreckungstitel weiter zu verbessern, sondern das bislang den mitgliedstaatlichen Prozessrechtsordnungen überlassene Verfahren zur Erlangung des Vollstreckungstitels zu vereinheitlichen: Es geht darum, eigenständige europäische Erkenntnisverfahren zu schaffen, in denen echte europäische Vollstreckungstitel erlassen werden. Hierher gehören die Verordnung Nr. 1896/2006 zur Einführung eines Europäischen Mahnverfahrens vom 12.12.2006 (**EuMahnVO**)[4] sowie die Verordnung Nr. 861/2007 zur Einführung eines europäischen Verfahrens für geringfügige Forderungen vom 11.7.2007 (**EuBagatellVO**).[5] Die in diesen Verfahren erlassenen, genuin europäischen Titel – also der Europäische Zahlungsbefehl bzw. das Urteil im Europäischen Bagatellverfahren – sind ohne weiteres europaweit zu vollstrecken. Die Besonderheit im Vergleich zur EuVTVO besteht aber darin, dass eben auch schon das titelschaffende Erkenntnisverfahren nicht auf einer mitgliedstaatlichen, sondern auf einer sekundärrechtlichen Grundlage beruht. **1.23**

---

1 ABl. 2007 L 324/79. Deutsche Durchführungsbestimmungen: §§ 1067–1969 ZPO.

2 ABl. 2009 L 7/1. Die deutschen Durchführungsbestimmungen sind im AUG enthalten.

3 ABl. 2004 L 143/15. Deutsche Durchführungsbestimmungen: §§ 1079–1086 ZPO.

4 ABl. 2006 L 399/1. Deutsche Durchführungsbestimmungen: §§ 1087–1096 ZPO.

5 ABl. 2007 L 199/1. Deutsche Durchführungsbestimmungen: §§ 1097–1109 ZPO.

1.24   Parallel zu den soeben skizzierten Entwicklungen im Europäischen IZVR wurde auf europäischer Ebene die Vereinheitlichung des Kollisionsrechts vorangetrieben. So entstanden die drei sog. Rom-Verordnungen:[1] die **Rom I-Verordnung** Nr. 593/2008 vom 17.6.2008 über das auf vertragliche Schuldverhältnisse anzuwendende Recht,[2] die **Rom II-Verordnung** Nr. 864/2007 vom 11.7.2007 über das auf außervertragliche Schuldverhältnisse anzuwendende Recht[3] und die **Rom III-Verordnung** Nr. 1259/2010 vom 20.12.2010 zur Durchführung einer Verstärkten Zusammenarbeit im Bereich des auf die Ehescheidung und Trennung ohne Auflösung des Ehebandes anzuwendenden Rechts.[4]

1.25   Im **zweiten Jahrzehnt der neuen justiziellen Zusammenarbeit** setzen sich im Bereich des Europäischen IZVR die schon zuvor absehbaren Tendenzen fort. Charakteristisch sind erstens die Flankierung bereits vorhandener Rechtsakte zur Erweiterung des sachlichen Anwendungsbereichs des EU-Rechts, zweitens eine Konsolidierung und Fortschreibung des existierenden Sekundärrechts und drittens (in der Tradition der EuMahnVO und der EuBagatellVO) die Europäisierung bislang rein mitgliedstaatlicher Verfahrensrechtsgebiete.

1.26   Für ersteres steht die umfassende Regelung des Internationalen Erbrechts: Einschlägig ist nunmehr die **EuErbVO**, also die Verordnung Nr. 650/2012 vom 4.7.2012 über die Zuständigkeit, das anzuwendende Recht, die Anerkennung und Vollstreckung von Entscheidungen und die Annahme und Vollstreckung öffentlicher Urkunden in Erbsachen sowie zur Einführung eines Europäischen Nachlasszeugnisses.[5] Diese Verordnung ist auch regelungstechnisch bemerkenswert, weil hier erstmals europäische IZVR- und IPR-Vorschriften in einem einheitlichen Rechtsakt geschaffen wurden (vgl. die Kollisionsnormen in Art. 20 ff. EuErbVO). Als eine weitere, den sachlichen Anwendungsbereich vorhandener Rechtsakte ergänzende Neuregelung sei die Verordnung Nr. 606/2013 vom 12.6.2013 über die gegenseitige **Anerkennung von Schutzmaßnahmen** in Zivilsachen genannt.[6] Dabei geht es um die grenzüberschreitende Wirkungserstreckung

---

1 „Rom" verweist dabei – ähnlich wie die Bezeichnung der Brüsseler Verordnungen – auf den Umstand, dass sich das Sekundärrecht in die Nachfolge des früheren innereuropäischen Konventionsrechts stellt, im Bereich des Kollisionsrechts nämlich in die Tradition des Römischen EWG-Übereinkommens vom 19.6.1980 über das auf vertragliche Schuldverhältnisse anzuwendende Recht (BGBl. 1986 II, 810).
2 ABl. 2008 L 177/6.
3 ABl. 2007 L 199/40.
4 ABl. 2010 L 343/10.
5 ABl. 2012 L 201/107. Zu den Vorarbeiten für die deutschen Durchführungsbestimmungen in einem neuen Internationalen Erbrechtsverfahrensgesetz (IntErbRVG) vgl. *Kunz*, GPR 2014, 285; *Lehmann*, ZEV 2014, 232; *Wagner/Scholz*, FamRZ 2014, 714. Der Referentenentwurf zum IntErbRVG ist abgedruckt bei *Jayme/Hausmann*, Nr. 61a.
6 ABl. 2013 L 181/4. Dazu Gesetz v. 5.12.2014, BGBl. 2014 I, 1964; *Pietsch*, NZFam 2014, 726.

von Maßnahmen, wie sie für Deutschland im Gewaltschutzgesetz vorgesehen sind.

Im Zeichen der zweiten Tendenz, der Konsolidierung und Fortschreibung, **1.27** steht die **Brüssel Ia-VO**, die Verordnung Nr. 1215/2012 vom 12.12.2012 über die gerichtliche Zuständigkeit und die Anerkennung und Vollstreckung von Entscheidungen in Zivil- und Handelssachen.[1] Sie hat am 10.1.2015 die Brüssel I-VO abgelöst und eine Fülle von Neuerungen gebracht (vgl. Rz. 4.28 ff.). Diese betreffen nahezu alle Regelungsbereiche mehr oder weniger intensiv, wobei am augenfälligsten der Verzicht auf das bisherige Exequaturverfahren erscheint, an dessen Stelle ein neu konzipiertes Verfahren zur Versagung der Anerkennung und Vollstreckung im Zweitstaat tritt (Art. 45 ff.; dazu Rz. 14.20 ff.). Die praktische Rechtsanwendung bei dem Übergang von der Brüssel I-VO zur Brüssel Ia-VO soll eine Konkordanztabelle erleichtern.[2] Noch vor Beginn ihrer Geltung wurde die Brüssel Ia-VO bereits geändert durch die Verordnung Nr. 542/2014 vom 15.5.2014,[3] die der Einbindung des neuen Einheitlichen Patentgerichts (s. Rz. 3.47) und des Benelux-Gerichtshofs dient.

Was drittens die Erschließung völlig neuer Verfahrensrechtsgebiete auf **1.28** europäischer Ebene angeht, ist die **EuKontPfändVO** zu nennen, also die Verordnung Nr. 655/2014 vom 15.5.2014 zur Einführung eines Europäischen Beschlusses zur vorläufigen Kontenpfändung im Hinblick auf die Erleichterung der grenzüberschreitenden Eintreibung von Forderungen in Zivil- und Handelssachen.[4] Sie bildet unverkennbar das Pilotprojekt für europäische Rechtsakte im bislang fast ausschließlich den nationalen Rechtsordnungen überlassen gebliebenen Bereich des Zwangsvollstreckungsrechts (vgl. Rz. 15.20 ff.), wird aber erst ab dem 18.1.2017 anzuwenden sein.

cc) Übersicht zum Verordnungsrecht

Der bislang unternommene Versuch, die Entwicklung des immer facet- **1.29** tenreicheren Verordnungsrechts im Bereich des IZVR wenigstens in groben Zügen, aber ohne unsachgemäße Verkürzungen chronologisch zu skizzieren, geht auf Kosten der Übersichtlichkeit. Oft genug fangen die Schwierigkeiten bei der Suche nach der einschlägigen Rechtsquelle schon damit an, dass es keinen einigermaßen verlässlichen Grundkonsens über die sachgerechte Kurzbezeichnung bzw. Abkürzung der einzelnen Rechts-

---

1 ABl. 2012 L 351/1. Die deutschen Durchführungsbestimmungen sind in §§ 1110–1117 ZPO geregelt; s. das Gesetz zur Durchführung der Verordnung (EU) Nr. 1215/2012 sowie zur Änderung sonstiger Vorschriften v. 8.7.2014, BGBl. 2014 I, 890, und dazu den Gesetzentwurf der Bundesregierung, BT-Drucks. 18/823.
2 ABl. 2012 L 351/29.
3 ABl. 2014 L 163/1.
4 ABl. 2014 L 189/59.

akte gibt.[1] Daher sind nachfolgend die wichtigsten derzeit geltenden Verordnungen samt den deutschen Durchführungsbestimmungen tabellarisch zusammengestellt.[2] Dabei wird die Brüssel Ia-VO als thematisch allgemeinster und fortan praktisch wichtigster Rechtsakt vorangestellt, gefolgt von den Parallelverordnungen für besondere Rechtsgebiete (Brüssel IIa-VO, EuUntVO, EuErbVO, EuInsVO). Im Anschluss aufgeführt sind die Verordnungen zu europäischen Erkenntnisverfahren (EuMahnVO, EuBagatellVO), zu vollstreckungsrechtlichen Fragen (EuVTVO, EuKontPfändVO) und zur grenzüberschreitenden Rechtshilfe (EuBewVO, EuZustVO).

---

1 Wenig tröstlich, aber treffend *Junker*, § 1 Rz. 10: „Der Student sollte in der Abkürzungs- und Bezeichnungsfrage am besten so verfahren, wie es – soweit bekannt – der mutmaßliche Leser seiner Prüfungsarbeit bevorzugt." Das lässt sich auch auf Rechtsanwender in der Praxis übertragen.
2 Beachte auch den knappen Überblick über die einzelnen Sekundärrechtsakte im Bereich der justiziellen Zusammenarbeit bei *Wagner*, NJW 2013, 3128.

Kurztitel:	Titel:	ABl.	Vorgängerrechtsakt:	Deutsches Durchführungsrecht:
Brüssel Ia-VO	VO Nr. 1215/2012 vom 12.12.2012 über die gerichtliche Zuständigkeit und die Anerkennung und Vollstreckung von Entscheidungen in Zivil- und Handelssachen	2012 L 351/1	Brüssel I-VO Nr. 44/2001 vom 22.12.2000 (ABl. 2001 L 12/1) – Deutsches Durchführungsrecht: AVAG	§§ 1110–1117
	Geändert durch: VO Nr. 542/2014 vom 15.5.2014 zur Änderung der VO Nr. 1215/2015 bezüglich der hinsichtlich des Einheitlichen Patentgerichts und des Benelux-Gerichtshofs anzuwendenden Vorschriften	2014 L 163/1		
Brüssel IIa-VO	VO Nr. 2201/2003 vom 27.11.2003 über die Zuständigkeit und die Anerkennung und Vollstreckung von Entscheidungen in Ehesachen und in Verfahren betreffend die elterliche Verantwortung	2003 L 338/1	Brüssel II-VO Nr. 1347/2000 vom 29.5.2000 (ABl. 2000 L 160/19)	IntFamRVG
EuUntVO	VO Nr. 4/2009 vom 18.12.2008 über die Zuständigkeit, das anwendbare Recht, die Anerkennung und Vollstreckung von Entscheidungen und die Zusammenarbeit in Unterhaltssachen	2009 L 7/1	Brüssel I-VO Nr. 44/2001 vom 22.12.2000 (ABl. 2001 L 12/1)	AUG
EuErbVO	VO Nr. 650/2012 vom 4.7.2012 über die Zuständigkeit, das anzuwendende Recht, die Anerkennung und Vollstreckung von Entscheidungen und die Annahme und Vollstreckung öffentlicher Urkunden in Erbsachen sowie zur Einführung eines Europäischen Nachlasszeugnisses,	2012 L 201/107		In Vorbereitung: Internationales Erbrechtsverfahrensgesetz (IntErbRVG)
EuInsVO	VO Nr. 1346/2000 vom 29.5.2000 über Insolvenzverfahren	2000 L 160/1		Art. 102 EGInsO

Kurztitel:	Titel:	ABl.	Vorgängerrechtsakt:	Deutsches Durchführungsrecht:
EuMahnVO	VO Nr. 1896/2006 vom 12.12.2006 zur Einführung eines Europäischen Mahnverfahrens	2006 L 399/1		§§ 1087–1096 ZPO
EuBagatellVO	VO Nr. 861/2007 vom 11.7.2007 zur Einführung eines europäischen Verfahrens für geringfügige Forderungen	2007 L 199/1		§§ 1097–1109 ZPO
EuVTVO	VO Nr. 805/2004 vom 21.4.2004 zur Einführung eines europäischen Vollstreckungstitels für unbestrittene Forderungen	2004 L 143/15		§§ 1079–1086 ZPO
EuKontPfändVO	VO Nr. 655/2014 vom 15.5.2014 zur Einführung eines Europäischen Beschlusses zur vorläufigen Kontenpfändung im Hinblick auf die Erleichterung der grenzüberschreitenden Eintreibung von Forderungen in Zivil- und Handelssachen	2014 L 189/59		In Vorbereitung
EuBewVO	VO Nr. 1206/2001 vom 28.5.2001 über die Zusammenarbeit zwischen den Gerichten der Mitgliedstaaten auf dem Gebiet der Beweisaufnahme in Zivil- oder Handelssachen	2001 L 174/1		§§ 1072–1075 ZPO
EuZustVO 2007	VO Nr. 1393/2007 vom 13.11.2007 über die Zustellung gerichtlicher und außergerichtlicher Schriftstücke in Zivil- oder Handelssachen in den Mitgliedstaaten	2007 L 324/79	EuZustVO 2000 Nr. 1348/2000 vom 29.5.2000 (ABl. 2000 L 160/37)	§§ 1067–1069 ZPO

c) Sonstige Rechtsinstrumente

Neben den bislang angesprochenen Verordnungen wurden auch **Richtlini-** **1.30**
en erlassen, die das Bild der grenzüberschreitenden Justiziellen Zusammenarbeit abrunden. Bedeutsam speziell für den grenzüberschreitenden kollektiven Rechtsschutz war schon die Richtlinie 98/27/EG vom 19.5.1998 über Unterlassungsklagen zum Schutz der Verbraucherinteressen (**UKlag-RL**),[1] soweit sie die Tätigkeit verbandsklagebefugter Einrichtungen außerhalb ihres jeweiligen Sitzstaates thematisiert.[2] Zu nennen ist zudem die Richtlinie 2003/8/EG vom 27.1.2003 zur Verbesserung des Zugangs zum Recht bei Streitsachen mit grenzüberschreitendem Bezug durch Festlegung gemeinsamer Mindestvorschriften für die Prozesskostenhilfe (**PKH-RL**).[3]

Einige Aktivitäten auf europäischer Ebene gelten der Alternativen Streit- **1.31**
beilegung (bzw. Alternative Dispute Resolution – ADR): Während die Richtlinie 2008/52/EG vom 21.5.2008 über bestimmte Aspekte der Mediation in Zivil- und Handelssachen (**Mediations-RL**)[4] nach Maßgabe ihres Art. 2 nur Fälle mit einem hinreichenden Auslandsbezug erfasst, betrifft die Richtlinie 2013/11/EU vom 21.5.2013 über die alternative Streitbeilegung in Verbraucherangelegenheiten (**ADR-RL**) ausdrücklich Verfahren zur außergerichtlichen Beilegung von inländischen und grenzübergreifenden Streitigkeiten (Art. 2 Abs. 1).[5] Entsprechendes gilt für die ergänzend zur ADR-RL erlassene Verordnung Nr. 524/2013 vom 21.5.2013 über die Online-Streitbeilegung in Verbraucherangelegenheiten (**ODR-VO**, vgl. dort Art. 2 Abs. 1),[6] bei der es – entgegen dem hochtrabenden Titel – im Wesentlichen nur um Mechanismen geht, um eine zuständige nationale ADR-Stelle zu ermitteln.[7]

Ein weiteres Rechtsinstrument neben der Verordnung oder der Richtlinie **1.32**
ist die **Empfehlung** i.S. von Art. 292 AEUV. Mit einer solchen hat sich die Kommission vorerst zum **kollektiven Rechtsschutz** begnügt: Die Empfehlung 2013/396/EU vom 11.6.2013 formuliert gemeinsame Grundsätze für kollektive Unterlassungs- und Schadensersatzverfahren in den Mitgliedstaaten bei Verletzung von durch Unionsrecht garantierten Rechten,

---

1 ABl. 1998 L 166/51.
2 Anschaulich zu einer AGB-rechtlichen Unterlassungsklage eines deutschen Verbraucherschutzvereins gegen ein lettisches Luftverkehrsunternehmen BGH v. 9.7.2009 – Xa ZR 19/08, NJW 2009, 3371 (dazu *Hau*, LMK 2009, 293079), sowie *Stadler*, VuR 2010, 83.
3 ABl. 2003 L 26/41. In Deutschland umgesetzt in §§ 1076–1078 ZPO.
4 ABl. 2008 L 136/3. In Deutschland umgesetzt durch das Gesetz zur Förderung der Mediation und anderer Verfahren der außergerichtlichen Konfliktbeilegung v. 21.7.2012 (BGBl. 2012 I, 1577), dessen Art. 1 das MediationsG bildet.
5 ABl. 2013 L 165/63.
6 ABl. 2013 L 165/1.
7 Näher zu den IZVR-relevanten Aspekten der beiden Rechtsakte etwa *Meller-Hannich/Krausbeck*, ZEuP 2014, 8; *Rühl*, RIW 2013, 737.

wobei grenzüberschreitende Fälle besonders berücksichtigt werden (Nr. 17 f.).[1]

d) Ausblick

1.33 Es ist unverkennbar, dass die Entwicklung des Europäischen IZVR auch auf absehbare Zeit nicht zur Ruhe kommen wird: Weitere Reformen des bereits Erreichten stehen ebenso an wie die Europäisierung weiterer Bereiche.[2] So wird intensiv an der **Überarbeitung vorhandener Rechtsakte** gearbeitet: Die Kommission hat Reformvorschläge zur EuInsVO[3] und zur EuBagatellVO[4] vorgelegt. Auch die beiden Berichte der Kommission über die Anwendung der EuZustVO 2007[5] und der Brüssel IIa-VO[6] signalisieren jeweils weiteren Reformbedarf. Hinzu kommen einige **Kommissionsvorschläge für neue Rechtsakte**, namentlich für eine Verordnung über die Zuständigkeit, das anzuwendende Recht, die Anerkennung und die Vollstreckung von Entscheidungen im Bereich des Ehegüterrechts,[7] für eine Parallel-Verordnung zum Güterrecht eingetragener Partnerschaften[8] sowie für eine Verordnung zur Vereinfachung der Annahme bestimmter öffentlicher Urkunden innerhalb der EU.[9]

1.34 Jenseits solcher Einzelprojekte interessieren Pläne für die großen **rechtspolitischen Entwicklungslinien**. Die Agenda für die Entwicklung im Zeitraum bis zum Jahr 2014 hatten der Rat im sog. **Stockholmer Programm**[10] und die Kommission in einem darauf aufbauenden Aktionsplan abgesteckt.[11] Diese wurden zumindest weitgehend abgearbeitet. Aller-

---

1 ABl. 2013 L 201/60; beachte zudem die Mitteilung der Kommission, COM (2013) 401. Dazu *Behrendt/von Enzberg*, RIW 2014, 253; *Fuxa*, euvr 2014, 90; *Koch*, WuW 2013, 1059; *Stadler*, GPR 2013, 281; *Stadler*, euvr 2014, 80.
2 Skeptisch äußert sich dazu etwa *Schütze*, FS Gottwald, S. 585.
3 Vorschlag für eine Änderung der Verordnung Nr. 1346/2000 über Insolvenzverfahren, COM (2012) 744. Dazu *Kindler*, KTS 2014, 25; *Mock*, GPR 2013, 156; *Reuß*, EuZW 2013, 165; *Thole*, ZEuP 2014, 40.
4 Vorschlag für eine Änderung der Verordnung Nr. 861/2007 vom 11.7.2007 zur Einführung eines europäischen Verfahrens für geringfügige Forderungen und der Verordnung Nr. 1896/2006 vom 12.12.2006 zur Einführung eines Europäischen Mahnverfahrens, COM (2013) 794. Dazu *Hau*, FS Gottwald, 2014, S. 255; *Sujecki*, ZRP 2014, 84.
5 COM (2013) 858.
6 COM (2014) 225.
7 KOM (2011) 126/2. Dazu *Buschbaum/Simon*, GPR 2011, 262 und 305; *Coester-Waltjen*, ZEuP 2012, 225; *Dengel*, Die europäische Vereinheitlichung des Internationalen Ehegüterrechts und des Internationalen Güterrechts für eingetragene Partnerschaften, 2014; *Döbereiner*, MittBayNot 2011, 463; *Dutta/Wedemann*, FS Kaissis, 2012, S. 133; *Hau*, FS Simotta, 2012, S. 215; *Martiny*, IPRax 2011, 437.
8 KOM (2011) 127/2.
9 COM (2013) 228/2. Dazu *Azcárraga Monzonís*, ZZPInt 18 (2013), 245; *Lagarde*, YbPIL 15 (2013/214), 1; *Wagner*, NZFam 2014, 121.
10 ABl. 2010 C 115/1. Dazu *Sensburg*, GPR 2010, 158; *Wagner*, IPRax 2010, 97.
11 KOM (2010), 171.

dings ist auf das schon 2008 publizierte Grünbuch „Effiziente Vollstreckung gerichtlicher Entscheidungen in der EU – Transparenz des Schuldnervermögens",[1] ein flankierendes Projekt zur inzwischen erlassenen EuKontPfändVO (s. Rz. 1.28), noch immer kein Verordnungsvorschlag gefolgt. Und nach wie vor steht das schon lange angekündigte und mit Spannung erwartete Grünbuch zu den verfahrensrechtlichen Mindeststandards aus.[2]

Gleichwohl hat die Kommission mit ihrer Mitteilung „Die EU-Justizagenda für 2020 – Stärkung von Vertrauen, Mobilität und Wachstum in der Union" bereits ihre nächsten Zukunftsvisionen skizziert.[3] Im Anschluss daran hat der Rat sein Nachfolgedokument zum Stockholmer Programm vorgelegt,[4] das mangels eines besonderen Namens schlicht **Stockholm-Nachfolgeprogramm** genannt wird. Dieses fällt deutlich weniger detailversessen aus als sein Vorgänger, benennt insbesondere keine konkreten Rechtsetzungsprojekte oder diesbezügliche Zeitvorgaben, sondern beschränkt sich auf einige große Linien – und stärkt damit den Spielraum und die Initiativkompetenz der Kommission.[5] Aufgestellt hat der Rat zudem einen „Mehrjährigen Aktionsplan für die Europäische E-Justiz (2014–2018)".[6]

Bei alledem interessiert aus dogmatisch-systematischer Perspektive vor allem, ob es gelingen wird, die bislang sehr heterogenen, auf eine Vielzahl von Rechtsakte mit unterschiedlicher Regelungsdichte verteilten einzelnen Stränge des Europäischen IZVR künftig hinreichend zu systematisieren, um mit Hilfe rechtsaktübergreifender Analysen die allgemeinen Lehren des Rechtsgebiets herauszuarbeiten und etwaige Unstimmigkeiten zu benennen und auszuräumen. Das vordringliche Gebot lautet also Koordinierung[7] bzw. Konsolidierung,[8] (noch) nicht hingegen Kodifikation.[9]

1.35

1.36

---

1 KOM (2008) 128. Dazu *Bruns*, ZEuP 2010, 809; *Heiderhoff*, in: Hess, Die Anerkennung im Internationalen Zivilprozessrecht, 2014, S. 149, 163 ff.; *Hess*, DGVZ 2010, 45, 49 ff.
2 Näher zu den mit diesem Projekt einhergehenden Erwartungen *Althammer*, ZZP 126 (2013), 3; *Hess*, FS Ereciński, S. 1081; Leible/Terhechte/*Leible*, § 14 Rz. 99 f.
3 COM (2014) 144; dazu *Stöbener*, EuZW 2014, 245.
4 ABl. 2014 C 240/13: „Auszug aus den Schlussfolgerungen des Europäischen Rates (Tagung vom 26.-27. Juni 2014) betreffend den Raum der Freiheit, der Sicherheit und des Rechts und einige damit zusammenhängende Querschnittsthemen".
5 Dazu *Wagner*, IPRax 2014, 469, 470 ff.
6 ABl. 2014 C 182/2.
7 Dazu etwa *Huber*, FS Kaissis, S. 413. Beachte auch *Hau*, GS Manfred Wolf, 2011, S. 409, 425 ff.
8 Dazu etwa *Adolphsen*, FS Kaissis, S. 1.
9 *Leible*, FS Gottwald, S. 381, 390 ff. Aufgeschlossener hingegen schon *McGuire*, ecolex 2011, 218.

3. Konventionsrecht

1.37 Durch Staatsverträge wird Völkervertragsrecht geschaffen. Sie werden Abkommen oder Übereinkommen, aber auch Vertrag, Protokoll, Vereinbarung oder eben Konvention genannt. Hier wird dem Sprachgebrauch des Auswärtigen Amtes gefolgt, wonach zweiseitige Konventionen als Abkommen und mehrseitige als Übereinkommen bezeichnet werden, soweit sich kein anderer Titel eingebürgert hat (wie z.b. im Falle des – durchaus multilateralen – Haager Minderjährigenschutz*ab*kommens bzw. MSA).

1.38 Staatsverträge werden durch Zustimmungsgesetz in die innerstaatliche Rechtsordnung transformiert (Art. 59 Abs. 2 GG). Maßgeblich ist also die – regelmäßig mehrsprachige – Textfassung, wie sie im BGBl. Teil II in der Anlage zum Zustimmungsgesetz veröffentlicht ist. Ergänzende Bestimmungen enthalten die Ausführungsgesetze bzw. -verordnungen. Es gibt geschlossene Staatsverträge, bei denen der Kreis der Vertragsstaaten begrenzt ist. Das gilt für bilaterale Rechtshilfe- und Vollstreckungsverträge, aber auch für solche Übereinkommen, die nur Mitgliedstaaten bestimmter Organisationen offen stehen. In der Regel sind Übereinkommen aber offen, sodass weitere Staaten beitreten können. Solche Beitritte werden unter Angabe des maßgeblichen Zeitpunktes im BGBl. Teil II bekannt gemacht (und wurden bis einschließlich 2012 jährlich zusammengefasst im sog. Fundstellennachweis B).

1.39 Mit dem Erarbeiten von Konventionen im Bereich des IZVR sind verschiedene **internationale Organisationen** bzw. ständige Staatenkonferenzen befasst. Diese setzen, anders als die EU, nicht etwa selbst (Konventions-)Recht, sondern bereiten die Staatsverträge nur vor, denen sodann die Mitglieder der jeweiligen Organisation (und eventuell auch Drittstaaten) beitreten können. Es ist also stets zwischen der Mitgliedschaft in der Organisation und dem Status als Vertragsstaat einer unter dem Dach dieser Organisation ausgehandelten Konvention zu unterscheiden.

1.40 Herausragende Bedeutung kommt der **Haager Konferenz für Internationales Privatrecht** zu.[1] Diese hat in den mehr als 120 Jahren ihrer Geschichte zahlreiche Übereinkommen auf dem Gebiet des IPR und IZVR initiiert, von denen viele großen Zuspruch fanden und den internationalen Rechtsverkehr entscheidend geprägt haben – während einigen anderen ambitionierten Konventionen kaum Erfolg beschieden war oder darauf abzielende Verhandlungen ergebnislos beendet wurden. Der Haager Konferenz gehören heute mehr als 60 Staaten an; im Jahr 2007 ist auch die – damalige – Europäische Gemeinschaft beigetreten,[2] damit ihre Mitgliedstaaten bei den Verhandlungen mit einer Stimme sprechen. Hieran zeigt sich, wie

---

1 Zu den Aktivitäten der Haager Konferenz vgl. die umfangreichen Informationen auf ihrer Homepage (www.hcch.net), zudem etwa *Wagner*, RabelsZ 73 (2009), 215, sowie *Wagner*, Jura 2011, 891.
2 ABl. 2006 L 297/1.

aktiv die **Außenkompetenz der EU zum Abschluss völkerrechtlicher Verträge** (vgl. Art. 3 Abs. 2, Art. 216 AEUV) genutzt wird, um den grenzüberschreitenden Rechtsverkehr auch über den innereuropäischen Bereich hinaus durch das Aushandeln günstigen Konventionsrechts zu gestalten.[1]

Für das IZVR bedeutsame Übereinkommen bzw. Modellgesetze haben zudem die **Vereinten Nationen** vorgelegt, namentlich ihre Unterorganisation **UNCITRAL** (United Nations Commission on International Trade Law).[2] Weitere wichtige Übereinkommen wurden vom **Europarat**[3] und von der **Internationalen Kommission für das Zivilstandswesen**[4] ausgehandelt. Zur Unterscheidung und zum Hinweis auf die Herkunft des Staatsvertrags wird oft die verantwortliche internationale Organisation kenntlich gemacht, z.B. durch den Zusatz *Haager* (für die Haager Konferenz), *UN* (für Vereinte Nationen und ihre Unterorganisationen), *Europäisch* (für den Europarat) oder *CIEC* (für die Internationale Zivilstandskommission bzw. Commission Internationale de l'Etat Civil). Stattdessen oder daneben wird dem Titel bisweilen der Ort der Unterzeichnung beigefügt (z.B. Brüsseler, Genfer, Luganer oder New Yorker Übereinkommen). 1.41

Die für das IZVR relevanten Konventionen konzentrieren sich meist auf bestimmte verfahrensrechtliche Einzelfragen, etwa zur Zustellungs- oder zur Beweishilfe oder zur Anerkennung und Vollstreckbarerklärung. Geläufig sind auch **gemischte Übereinkommen**, die bereichsspezifisch sowohl kollisions- als auch internationalverfahrensrechtliche Regelungen vorsehen (so z.B. das Haager Kindesschutzübereinkommen vom 19.10.1996[5]). Ferner gibt es Verträge, die in erster Linie materiell-rechtliche Regelungen enthalten, z.B. über den Beförderungsvertrag im internationalen Straßengüterverkehr (CMR vom 19.5.1956[6]) oder über die Haftung auf dem Gebiet der Kernenergie (Pariser Übereinkommen vom 29.7.1960[7]), und 1.42

---

1 Instruktiv Leible/Terhechte/*Leible*, § 14 Rz. 62 ff.; *Wagner*, IPRax 2014, 217, 218 f. Beachte zur Reichweite der EU-Außenkompetenz, speziell im Hinblick auf Haager Konventionen, EuGH (Große Kammer) v. 14.10.2014 – Gutachten C-1/13, FamRZ 2015, 21 m. Anm. *Dutta*: Danach kann sich die Außenkompetenz nicht nur aus einer ausdrücklichen Übertragung im Primärrecht ergeben, sondern auch implizit aus anderen Vertragsbestimmungen sowie aus Rechtsakten, die im Rahmen dieser Bestimmungen von den Unionsorganen erlassen wurden. Insbesondere verfüge die EU immer dann, wenn das EU-Recht ihren Organen im Hinblick auf die Verwirklichung eines bestimmten Ziels interne Zuständigkeiten verleiht, über die Befugnis, die zur Erreichung dieses Zieles erforderlichen völkerrechtlichen Verpflichtungen einzugehen. Demgemäß falle selbst das Einverständnis zum Beitritt eines Drittstaats zu einem Übereinkommen (im Ausgangsfall: dem HKEntfÜ) in die ausschließliche Zuständigkeit der EU.
2 Beachte den Überblick im Bereich International Commercial Arbitration & Conciliation unter www.uncitral.org/uncitral/uncitral_texts/arbitration.html.
3 Übersicht über dessen Konventionen unter http://conventions.coe.int.
4 Übersicht über deren Konventionen unter www.ciec-deutschland.de.
5 BGBl. 2009 II, 603.
6 BGBl. 1961 II, 1120, und 1980 II, 721.
7 BGBl. 1975 II, 959.

nur ergänzend einige internationalverfahrensrechtliche Fragen wie die internationale Zuständigkeit und/oder die Vollstreckbarerklärung regeln.

1.43 Die in der Praxis mit Abstand wichtigste **reine IZVR-Konvention** war lange Zeit das EuGVÜ, das später durch die Brüssel I-VO und nunmehr durch die Brüssel Ia-VO abgelöst worden ist (s. oben Rz. 1.16, 1.20 und 1.27). Dieses Brüsseler Regelwerk wurde flankiert durch das sog. Luganer Parallelübereinkommen von 1988 (LugÜ 1988), das wiederum inzwischen durch die revidierte Fassung von 2007 ersetzt wurde (**LugÜ 2007**; s. Rz. 4.47 ff.). Außerhalb des innereuropäischen Rechtsverkehrs sind multilaterale Übereinkommen heute vor allem im Bereich der Rechtshilfe sowie der grenzüberschreitenden Unterhaltsdurchsetzung von Bedeutung. Erwähnt seien das Haager Zustellungsübereinkommen von 1965 (Rz. 8.24), das Haager Beweisübereinkommen von 1970 (Rz. 10.33) sowie das neue Haager Übereinkommen von 2007 über die Durchsetzung von Kindesunterhalt und anderer Formen des Familienunterhalts, das die beiden älteren Übereinkommen von 1958 und 1973 ersetzt (Rz. 12.20). Hinzu kommen legalisationsbefreiende Übereinkommen (Rz. 10.28), bilaterale Rechtshilfeverträge (Rz. 8.24) sowie Anerkennungs- und Vollstreckungsverträge (Rz. 12.21).[1]

4. Autonomes Recht

1.44 Der im Folgenden verwendete **Begriff des autonomen Rechts** verweist darauf, dass es um nationale – also nicht um europa- oder völkerrechtliche – Vorschriften geht. Damit nicht zu verwechseln ist die *autonome Auslegung*, etwa einer Verordnung oder eines Übereinkommens; denn dieser Begriff besagt eher das Gegenteil, nämlich dass ein internationaler Rechtsakt möglichst weitgehend aus sich heraus, also ohne Rückgriff auf nationales Recht zu interpretieren ist (vgl. dazu noch Rz. 2.25 f.).

1.45 Das deutsche autonome Zivilverfahrensrecht enthält eine ganze Reihe von Bestimmungen, die internationalverfahrensrechtliche Fragen regeln. So umfasst der Allgemeine Teil des **FamFG** eigens einen Abschnitt über „Verfahren mit Auslandsbezug": Geregelt werden dort das Verhältnis zum Europa- und Konventionsrecht (§ 97 FamFG), die internationale Zuständigkeit deutscher Gerichte (§§ 98–106 FamFG) sowie die Anerkennung und Vollstreckbarkeit ausländischer Entscheidungen (§§ 107–110 FamFG).[2]

1.46 Zudem finden sich **IZVR-relevante Sonderregelungen** verstreut über die gesamte **ZPO**. Genannt seien etwa: § 55 (Prozessfähigkeit von Ausländern), §§ 110–113 (Ausländersicherheitsleistung), § 183 (Zustellung im Ausland), § 293 (Ermittlung ausländischen Rechts), § 328 (Anerkennung

---

1 Vgl. etwa die Übersichten bei *von Bar/Mankowski*, § 5 Rz. 32 ff.; *Schack*, Rz. 58 ff.; Prütting/Helms/*Hau*, § 97 FamFG Rz. 27, 30, 33.
2 Dazu *Althammer*, IPRax 2009, 381; *Hau*, FamRZ 2009, 821.

ausländischer Urteile), §§ 363, 364, 369 (Beweisaufnahme im Ausland), § 438 (ausländische Urkunden), §§ 722, 723 (Vollstreckbarerklärung ausländischer Urteile), § 829 Abs. 2 S. 3 (Entbehrlichkeit einer Auslandszustellung bei der Forderungspfändung), § 841 (Entbehrlichkeit der Streitverkündung im Einziehungsprozess), § 917 Abs. 2 (Arrestgrund der Auslandsvollstreckung) sowie § 1061 (Anerkennung und Vollstreckbarerklärung ausländischer Schiedssprüche).

Das Abweichen von den für reine Binnenverfahren geltenden Vorschriften kann auf sehr unterschiedlichen **gesetzgeberischen Motiven** beruhen. Kann der Beklagte gemäß § 110 ZPO Sicherheit für seine Prozesskosten verlangen, so wird er vor einem auslandsansässigen und womöglich nicht zahlungsfähigen Kläger geschützt. Demgegenüber privilegiert § 917 Abs. 2 ZPO den (potentiellen) Gläubiger gegenüber einem regelmäßig auslandsansässigen Schuldner. Andere Vorschriften wie §§ 274 Abs. 3 S. 2, 276 Abs. 1 S. 3, 339 Abs. 2 ZPO sollen durch Fristverlängerungen gerade einer auslandsansässigen Partei zugutekommen. § 829 Abs. 2 S. 3 und § 841 ZPO wiederum stärken die Effizienz der Zwangsvollstreckung in Forderungen. Weitere Sonderregeln sollen durch erhöhte Förmlichkeit die Akzeptanz einer deutschen Entscheidung im Ausland verbessern: So erklären sich speziell im Hinblick auf das Bedürfnis einer Auslandsvollstreckung die besonderen Anforderungen an das Abfassen von Entscheidungen (§§ 313a Abs. 4, 313b Abs. 3 ZPO, § 38 Abs. 5 Nr. 4 FamFG), die Möglichkeit einer nachträglichen Vervollständigung der Entscheidung (§ 313a Abs. 5 ZPO, § 38 Abs. 6 FamFG, § 30 AVAG), ferner die Bezifferung dynamisierter Unterhaltstitel (§ 245 FamFG) sowie der erweiterte Einsatz von Vollstreckungsklauseln (§ 31 AVAG). **1.47**

Einige praxisrelevante autonome IZVR-Regelungen finden sich in **sonstigen Gesetzen**, so z.B. in §§ 18–20 GVG, § 5 Abs. 2 RPflG, § 12 VerschG oder §§ 10, 15, 16 KonsularG. Ausländische Adoptionen regelt das Adoptionswirkungsgesetz (AdWirkG).[1] Für den Rechtshilfeverkehr ist vorbehaltlich europa- und völkerrechtlicher Regelungen die Rechtshilfeordnung in Zivilsachen (ZRHO) maßgebend (Rz. 3.37), die allerdings kein förmliches Gesetz ist, sondern nur eine einheitlich vom Bund und den Ländern erlassene Verwaltungsvorschrift.[2] **1.48**

Hinzu kommt das deutsche **Ausführungs- und Umsetzungsrecht** zu Staatsverträgen und EU-Rechtsakten. Solche Bestimmungen sind besonders augenfällig im 11. Buch der ZPO zusammengestellt (Justizielle Zusammenarbeit in der EU, §§ 1067–1117 ZPO). Weitere einschlägige Regelungen enthalten das Anerkennungs- und Vollstreckungsausführungsgesetz (AVAG; Rz. 12.13), das Auslandsunterhaltsgesetz (AUG; **1.49**

---

1 BGBl. 2001 I, 2950.
2 Neufassung vom 28.10.2011 (mit späteren Änderungen); vgl. für den Bund die Bekanntmachung vom 15.3.2012, BAnz. Nr. 38a vom 7.3.2012.

Rz. 7.38 f.), sowie das Internationale Familienrechtsverfahrensgesetz (Int-FamRVG; Rz. 12.17).

1.50 Bemerkenswert erscheint schließlich, dass bisweilen auch das **materielle Recht** die Probleme der grenzüberschreitenden Rechtsdurchsetzung berücksichtigt. Ein interessantes Beispiel hierfür bildet § 1607 BGB. Dort geht es um Fälle, in denen ausnahmsweise ein an sich nur nachrangig haftender Verwandter zur Gewährung von Unterhalt verpflichtet ist. Dazu soll es gemäß Abs. 2 S. 1 auch dann kommen, wenn die Rechtsverfolgung gegen den an sich primär verpflichteten Unterhaltsschuldner im Inland ausgeschlossen oder erheblich erschwert ist. Die hierbei zutage tretende Erwägung des Gesetzgebers, zugunsten eines als schutzwürdig erachteten Gläubigers einen im Inland „greifbaren" Schuldner vorzusehen, begegnet auch in anderen Zusammenhängen. So erklärt sich etwa § 4 Abs. 2 ProdHaftG, wonach als Hersteller gilt, wer ein Produkt zum Zweck des gewerblichen Vertriebs in den Geltungsbereich des Abkommens über den Europäischen Wirtschaftsraum einführt.

5. Sonstiges

1.51 Verschiedene Praktiker- und Forschergruppen wirken auf eine effizientere Ausgestaltung des internationalen Zivilrechtsverkehrs hin und erarbeiten zu diesem Zweck Positionspapiere bzw. Regelungsvorschläge. Ohne dass solchen Veröffentlichungen bereits Rechtsqualität zukäme, schärfen sie das Problembewusstsein, fördern den Austausch über angemessene Lösungsansätze und stimulieren die Rechtsetzung auf nationaler und internationaler Ebene. Zu nennen sind in diesem Zusammenhang vor allem die **„Principles of Transnational Civil Procedure"**, die UNIDROIT (International Institute for the Unification of Private Law) gemeinsam mit dem American Law Institute vorgelegt hat.[1] Inzwischen plant das European Law Institute, als Anschlussprojekt aus europäischer Perspektive auch **„European Rules of Civil Procedure"** zu erstellen.[2] Hingewiesen sei zudem auf die Arbeiten der „Europäischen Gruppe für Internationales Privatrecht (GEDIP)"[3] sowie des „Committee on International Civil Litigation & the interests of the public" (früher: „Committee on International Civil and Commercial Litigation") der International Law Association.[4]

---

1 Als Buch herausgegeben von *ALI/UNIDROIT*, Principles of Transnational Civil Procedure, 2006; in deutscher Sprache auszugsweise veröffentlicht u.a. in ZZPInt 11 (2006), 403 (mit Einführung *Stürner*, 381). Beachte dazu etwa *Althammer*, ZZP 126 (2013), 3, 29 ff.; *Gottwald*, FS Leipold, 2009, S. 33; *Trocker*, FS Stürner, 2013, S. 1357.

2 Beachte zum Fortgang dieses Projekts die Informationen unter www.european lawinstitute.eu, zudem die diversen Aufsätze in Unif.L.Rev. 19 (2014), 173 ff.

3 Dazu *Fallon/Kinsch/Kohler*, Le droit international privé européen en construction – Vingt ans de travaux du GEDIP, 2011; *Jayme*, IPRax 2012, 103.

4 http://www.ila-hq.org/en/committees/index.cfm/cid/1021.

6. Rangfragen

Das IZVR ist, wie dargestellt, Gegenstand zahlreicher völkerrechtlicher **1.52**
Vereinbarungen und wird zunehmend durch das Europarecht geregelt.
Dieser **komplexen Rechtsquellenlage** soll § 97 FamFG – in Anlehnung an
Art. 3 EGBGB – Rechnung tragen. Die Bestimmung hat laut der Begründung des Regierungsentwurfs „in erster Linie Hinweis- und Warnfunk-
tion für die Rechtspraxis":[1] § 97 Abs. 1 S. 1 FamFG hebt den Vorrang völkerrechtlicher Vereinbarungen gegenüber dem autonomen deutschen
Recht hervor, und nach § 97 Abs. 1 S. 2 FamFG bleibt das Europarecht unberührt (insoweit ergibt sich der Vorrang ohne Weiteres schon aus dessen
unmittelbarer Geltung); § 97 Abs. 2 FamFG betrifft die deutschen Aus-
führungs- und Umsetzungsbestimmungen zum Konventions- und Europarecht.

Es kann dahinstehen, ob § 97 Abs. 1 S. 1, Abs. 2 FamFG wirklich nur de- **1.53**
klaratorische Bedeutung hat oder vielmehr den Vorrang älteren transfor-
mierten Konventionsrechts im Verhältnis zum jüngeren FamFG – entgegen der Regel *lex posterior derogat legi anteriori* – erst begründet.[2]
Wichtiger erscheint die Klarstellung, dass ein Umkehrschluss aus § 97
FamFG verfehlt wäre: Der grundsätzliche **Anwendungsvorrang des IZVR-
Konventionsrechts** sollte auch außerhalb des FamFG, namentlich also im
Verhältnis zur ZPO, unbestritten sein. Zu beachten ist allerdings, dass
sich ein immanenter Vorrangverzicht aus der Zielsetzung eines Staatsvertrags ergeben kann. Dies wird für den Fall anerkennungsfreundlicheren
Rechts vertreten (vgl. Rz. 12.25 ff.): Soweit nach diesem sog. **Günstigkeitsprinzip** das konventions- oder europarechtlich geregelte Anerkennungsrecht den Rückgriff auf noch anerkennungsfreundlichere Regelungen zulässt, soll auch § 97 FamFG dem nicht entgegenstehen.

Die eigentlichen Probleme der Rechtsanwendung liegen oft im **unkoor-** **1.54**
dinierten Wildwuchs von Europa- und Konventionsrecht. Normkollisio-
nen ergeben sich zum einen, wenn völkerrechtliche Vereinbarungen unterschiedlicher Provenienz (vgl. Rz. 1.39 ff.) miteinander konkurrieren,
und zum anderen, weil die EU zunehmend Rechtsakte auch auf Gebieten
erlässt, mit denen sich bereits Übereinkommen der Haager Konferenz befassen. Beispiele dafür sind aus neuerer Zeit vor allem das Internationale
Kindschafts- und das Unterhaltsrecht.[3] Zur Lösung solcher Normkollisio-
nen vermag der deutsche Gesetzgeber mit Vorschriften wie § 97 FamFG
nichts beizutragen. Als Faustregel kann gelten, dass im Falle einer Konkurrenz von Konventionsrecht und einem Europarechtsakt diesem die
für den deutschen Rechtsanwender verbindliche Regelung der Vorrangfra-

---

1 BT-Drucks. 16/6308, S. 220.
2 Vgl. die entsprechende Diskussion zu Art. 3 EGBGB; dazu etwa Staudinger/
  Hausmann, Art. 3 EGBGB Rz. 25 ff.
3 Vgl. etwa die enorm komplexe „Übersicht" zur Abgrenzung von Brüssel IIa-VO,
  KSÜ und MSA bei *Breuer*, Rz. 227. Beachte auch den umfänglichen „Wegweiser"
  durch das IZVR bei *Fucik*, (österr.) RZ 2011, 28.

ge zu entnehmen ist (vgl. etwa Art. 67 ff. Brüssel Ia-VO und Art. 59 ff. Brüssel IIa-VO). Konkurrenzen zwischen verschiedenen völkerrechtlichen Vereinbarungen sind häufig in diesen selbst geregelt (vgl. etwa Art. 48 ff. HUntVÜ 2007). Im Übrigen ist auf die Lex-specialis- bzw. die Lex-posterior-Regel zurückzugreifen (vgl. auch Art. 30 WVRK[1]).

IV. Standort

1.55 Das IZVR hat zwar seit jeher diskutierte Fragen zum Gegenstand, ist als eigenständige Forschungsdisziplin aber ein vergleichsweise junges Fach, das sich erst in den letzten Jahrzehnten gegenüber anderen Disziplinen emanzipiert hat.[2]

1. Verhältnis zum Binnenverfahrensrecht

1.56 Der Sache nach ist das IZVR zunächst Teil des Verfahrensrechts, indem es das „normale" (Binnen-)Verfahrensrecht ergänzt, das sich mit Inlandsfällen befasst. Auf beiden Ebenen – also national wie international – finden sich Regelungen sowohl zum Erkenntnis- als auch zum Vollstreckungsverfahren. Reine Inlandsfälle sind statistisch in der gerichtlichen Praxis nach wie vor die Regel und prägen auch theoretisch das Leitbild des Verfahrensrechts. Allerdings haben Stichworte wie Europäisierung, Internationalisierung oder Globalisierung längst die Einsicht befördert, dass das Verfahrensrecht nur einschließlich seiner internationalen Dimension zutreffend erfasst werden kann.[3]

1.57 Bemerkenswert ist, dass das IZVR das Binnenverfahrensrecht nicht nur ergänzt, sondern dieses auch inhaltlich beeinflussen kann.[4] Beispielsweise gilt das Europäische Bagatellverfahren als solches zwar nur für grenzüberschreitende Zivilsachen (Art. 3 EuBagatellVO), doch die Kommission wirbt bei den Mitgliedstaaten unverhohlen dafür, gleichlautende Bestimmungen für rein innerstaatliche Fälle zu schaffen.[5] Es lassen sich noch weitere Beispiele für eine solche **Vorbildfunktion der Rechtsakte zur justiziellen Zusammenarbeit** anführen.[6] In diesem Sinne wird in Deutschland diskutiert, ob die vom EuGH zur Rechtshängigkeitssperre entwickelte „Kernpunkttheorie" (s. Rz. 7.9) geeignet ist, den deutschen

---

1 Wiener UN-Konvention über das Recht der Verträge vom 23.5.1969, BGBl. 1985 II, 926.
2 Instruktiv zur Geschichte des IZVR *Schack*, Rz. 143 ff.
3 Ähnlich *Hess*, § 1 Rz. 11. Konsequent bringen daher auch neuere Kurzlehrbücher zum deutschen Zivilprozessrecht die wichtigsten IZVR-Aspekte zur Sprache; vgl. die Werke von *Grunsky/Jacoby* (14. Aufl. 2014, Kap. 20), *Lüke* (10. Aufl. 2011, Kap. 23) und *Paulus* (4. Aufl. 2010, Teil C).
4 Vgl. zum Folgenden *Hau*, GPR 2003/04, 94, 99 f. Beachte auch *Herb*, Europäisches Gemeinschaftsrecht und nationaler Zivilprozess, 2007; *Hess*, § 1 Rz. 18 ff.; ferner die Beiträge bei *Kengyel/Hasági*.
5 COM (2013) 794, dort S. 13 (Erwägungsgrund Nr. 7).
6 Beachte auch *Heinze*, JZ 2011, 709, 711 f.

Streitgegenstandsbegriff zu modifizieren bzw. zu modernisieren.[1] Ein Beispiel dafür, dass es hier nicht nur um theoretische Erwägungen geht, bildet die deutsche Umsetzung der wiederum an sich nur für grenzüberschreitende Fälle relevanten Mediations-RL: Der deutsche Gesetzgeber hat sich bewusst für eine die Vorgaben überschreitende Umsetzung entschieden und sieht dieselben Regeln für internationale wie für rein innerdeutsche Sachverhalte vor.[2]

Bedeutsam erscheint in diesem Zusammenhang auch ein Phänomen, das man als **verordnungsveranlasstes Binnenverfahrensrecht** bezeichnen mag:[3] Gemäß Art. 6 Abs. 1 lit. c EuVTVO darf die Entscheidung eines mitgliedstaatlichen Gerichts nur dann als Europäischer Vollstreckungstitel bestätigt werden, wenn die Zustellungen und Ladungen den in Kapitel III der EuVTVO dargelegten Mindestanforderungen entsprochen haben (vgl. Rz. 8.47 und 14.14). Weil in vielen Fällen denkbar ist, dass die Entscheidung erst im Ausland vollstreckt werden kann, schafft der Verordnungsgeber auf diese Weise einen erheblichen Anreiz – aber eben keinen Zwang – zur Verbesserung der nationalen Verfahrensrechte. In der Tat hat beispielsweise der deutsche Gesetzgeber alsbald reagiert, indem er neue Belehrungspflichten entsprechend den EuVTVO-Vorgaben in die ZPO aufgenommen hat, und zwar auch für reine Binnenprozesse (vgl. §§ 215 Abs. 1, 276 Abs. 2 S. 2, 338 S. 2, 499 Abs. 1 ZPO). **1.58**

2. Verhältnis zum Internationalen Privatrecht

Was das Verhältnis des IZVR zum Internationalen Privatrecht angeht, sollte der Umstand, dass viele Darstellungen und Kommentierungen des IPR auch das IZVR mitbehandeln, nicht zu der Annahme verleiten, dieses wäre ein Teilbereich des IPR.[4] Die Kollisionsnormen des IPR verweisen grundsätzlich nur auf materielles Recht, nicht auf das IZVR oder sonstiges Verfahrensrecht, mag sich auch das anzuwendende ausländische Recht wegen unterschiedlicher rechtssystematischer Einordnung als Verfahrensrecht verstehen (vgl. zu solchen Qualifikationsfragen Rz. 2.13 und 2.20 ff.). **1.59**

---

1 Dafür plädieren etwa *Gottwald*, in: Gottwald/Greger/Vollkommer, Dogmatische Grundfragen des Zivilprozesses im geeinten Europa, 2000, S. 85, 94; *Haas*, FS Ishikawa, 2001, S. 165, 170 ff.; *Koch*, JuS 2003, 105, 108; *Leipold*, Wege zur Konzentration von Zivilprozessen – Anregungen aus dem Europäischen Zivilprozeßrecht, 1999, insbesondere S. 20 ff. Ausführlich nunmehr *Althammer*, Streitgegenstand und Interesse – Eine zivilprozessuale Studie zum deutschen und europäischen Streitgegenstandsbegriff, 2012.
2 Vgl. BT-Drucks. 17/5335, S. 11.
3 Instruktiv dazu *Nordmeier*, GPR 2011, 158, der von verordnungsveranlasstem Zivilprozessrecht spricht. Beachte auch *Althammer*, ZZP 126 (2013), 3, 22 ff.
4 Ungenau *Brödermann/Rosengarten*, Rz. 570 ff., die das IZVR unter der Überschrift „Die Anwendung des Internationalen Privatrechts in der Praxis" abhandeln.

1.60 Das IZVR ist von seiner Struktur her zunächst kein Kollisionsrecht wie das IPR, dessen Aufgabe die Bestimmung des anzuwendenden Sachrechts ist. Vielmehr regelt das IZVR im Wesentlichen selbst, also durch Sachnormen, die Verfahrensweise der Gerichte in Fällen mit Auslandsbezug. Demgemäß schreibt das IZVR beispielsweise unmittelbar vor, unter welchen Voraussetzungen die deutschen Gerichte für die Durchführung eines Prozesses international zuständig sind oder unter welchen Voraussetzungen sie eine ausländische Entscheidung zu beachten haben. Allerdings enthält das IZVR durchaus auch kollisionsrechtliche Aussagen, namentlich zu Einzelfragen wie die Bestimmung der Partei- und Prozessfähigkeit (dazu Rz. 8.3 ff.). Als Kollisionsrecht lässt sich zudem der Grundsatz begreifen, dass sich Gerichtsaufbau und gerichtliches Verfahren im Ausgangspunkt nach den im Forum geltenden Regeln bestimmen (zum sog. Lex-fori-Prinzip und seinen Ausnahmen vgl. Rz. 2.9 ff.). Betrachtet man indes die Gesamtheit der Rechtssätze im IZVR, so finden sich deutlich mehr auslandsbezogene Sachnormen als Kollisionsnormen.[1]

1.61 Im Übrigen sind Verknüpfungen, Parallelitäten und Überschneidungen zwischen IZVR und IPR zu verzeichnen. So präjudiziert die Begründung der internationalen Zuständigkeit deutscher Gerichte die Anwendung der in Deutschland geltenden Kollisionsrechtsregeln. Gewisse Parallelitäten finden sich bei den verwendeten Anknüpfungsbegriffen (wie gewöhnlicher Aufenthalt, Staatsangehörigkeit etc.; s. Rz. 2.31 ff.).[2] Überschneidungen gibt es zudem bei der Beurteilung ausländischer Verfahrenshandlungen als Tatbestandsmerkmale materiell-rechtlicher Normen (z.B.: Verjährungshemmung; dazu Rz. 2.17 f.). Eine besondere Herausforderung für die Gesetzgebung, aber auch die Wissenschaft besteht darin, die einzelnen europäischen Rechtsakte zum IPR und zum IZVR aufeinander abzustimmen.[3]

3. Verhältnis zum Völker- und Europarecht

1.62 Das IZVR weist auch Bezüge zum Völker- und Europarecht auf. Diese ergeben sich bereits daraus, dass seine **Rechtsquellen** zum großen Teil und mit steigender Tendenz auf völkervertragsrechtlicher Grundlage, also auf internationalen Staatsverträgen (einschließlich des EUV und des AEUV), in deutlich geringerem Maße auch auf Völkergewohnheitsrecht beruhen. Hinzu kommt, dass das IZVR weitgehend geprägt – bzw. beengt – wird durch nationalstaatliches Territorialitäts- und Souveränitätsdenken. Dieses steht der grenzüberschreitenden Rechtspflege zunächst entgegen, was

---

1 Beachte *Junker*, § 1 Rz. 17 f.: im IZVR würden die auslandsbezogenen Sachnormen die Kollisionsnormen überwiegen, und im IPR verhalte es sich umgekehrt.
2 Handbuch IZVR/*Kropholler*, Bd. I Kap. III Rz. 122 ff.
3 Näher dazu *Lüttringhaus*, RabelsZ 77 (2013), 31; *Rühl*, GPR 2013, 122; *Würdinger*, RabelsZ 75 (2011), 102.

aber durch besondere Regelungen zur internationalen Rechtshilfe bzw. durch die völkerrechtliche Courtoisie überwunden oder wenigstens abgemildert wird (vgl. Rz. 3.35).

Bei der Anwendung der im IZVR einschlägigen **Verordnungen und Richt-** **linien** sind der Grundsatz autonomer Auslegung (dazu Rz. 2.25 f.) sowie der Umstand zu beachten, dass im Zweifelsfall dem EuGH nach Maßgabe von Art. 267 AEUV die Interpretationsprärogative zusteht (s. Rz. 3.45 f.). Im Übrigen gelten auch für die IZVR-Rechtsakte die für das sonstige Sekundärrecht relevanten **allgemeinen Regeln des Europarechts**, soweit keine Sonderregeln eingreifen (wie etwa Art. 81 Abs. 3 AEUV für das Rechtssetzungsverfahren in grenzüberschreitenden familienrechtlichen Angelegenheiten). 1.63

4. Verhältnis zur Rechtsvergleichung

Die Verfahrensrechtsvergleichung entwickelt sich zusehends zu einer eigenständigen Forschungsdisziplin.[1] Sie kann zunächst zur Fortentwicklung des innerstaatlichen Verfahrensrechts fruchtbar gemacht werden[2] und dazu dienen, Vorschläge zur Rechtsharmonisierung zu erarbeiten.[3] Vor allem aber erfordern Fragestellungen des IZVR häufig rechtsvergleichende Erkundungen. So sind rechtsvergleichende Wertungen geboten bei der Anpassung fremder Rechtsinstitute oder bei der Qualifikation ausländischer Rechtsbegriffe, namentlich im Rahmen der sog. konventions- bzw. verordnungsautonomen Interpretation (Rz. 2.23 ff.).[4] 1.64

Bisweilen ist die **Ermittlung ausländischen Verfahrensrechts** gesetzlich vorgeschrieben. So hängt beispielsweise die internationale Zuständigkeit deutscher Gerichte in Ehesachen unter bestimmten Umständen davon ab, ob die in Deutschland ergehende Entscheidung in den Heimatstaaten der Eheleute anerkennungsfähig wäre (§ 98 Abs. 1 Nr. 4 FamFG). Rechtsvergleichung erfordert auch die Prüfung der Gegenseitigkeit i.S. von § 328 Abs. 1 Nr. 5 ZPO bzw. § 109 Abs. 4 FamFG, also der Frage, ob die Rechtsordnung des Staates, dessen Entscheidung im Inland anerkannt werden 1.65

---

1 Grundlegend dazu *Gilles*, Prozeßrechtsvergleichung, 1996. Beachte aus neuerer Zeit *Cappelletti* (Hrsg.), International Encyclopedia of Comparative Law, Vol. XVI – Civil Procedure, 2014; *Gottwald*, FS Schlosser, 2005, S. 227; *Koch*, ZEuP 2007, 735; *Koch*, FS Kerameus, 2009, S. 563; *Stürner*, ÖJZ 2014, 629; *Stürner/ Kern*, GS Konuralp, 2009, Bd. I S. 997; *Varano*, FS Stürner, 2013, S. 1841.

2 Vgl. etwa *Saenger*, in: Ebke/Elsing/Großfeld/Kühne, Das deutsche Wirtschaftsrecht unter dem Einfluss des US-amerikanischen Rechts, 2011, S. 145, dort zur wechselseitigen deutsch-amerikanischen Verfahrensrechtsrezeption.

3 Beachte in diesem Sinne schon die Vorarbeiten der *Groupe de travail sur le rapprochement du droit de la procédure civile en Europe*, zusammengestellt bei *Storme*, Rapprochement du Droit Judiciare de l'Union européenne, 1994. Dazu aus deutscher Sicht (jeweils überwiegend sketisch) *Roth*, ZZP 109 (1996), 271, sowie *Schilken*, ZZP 109 (1996), 315.

4 Hierzu *Bajons*, in: Gamper/Verschraegen, Rechtsvergleichung als juristische Auslegungsmethode, 2013, S. 53.

soll, im umgekehrten Fall die Anerkennung deutscher Entscheidungen gewährleisten würde (Rz. 13.46 ff.).

1.66   In anderen Zusammenhängen ist die Ermittlung ausländischen Verfahrensrechts zwar nicht vorgeschrieben, aber aus praktischer bzw. **verfahrenstaktischer Sicht** allemal tunlich. So wird man vor Unterzeichnung einer Gerichtsstandsklausel sinnvollerweise klären, ob diese im prorogierten Gerichtsstaat akzeptiert wird, aber auch, ob sie im derogierten Gerichtsstaat respektiert würde, falls abredewidrig doch die dortigen Gerichte angerufen werden sollten (vgl. Rz. 6.3 ff.). Im Übrigen wird derjenige, der erwägt, ob er sein Rechtsschutzziel besser im Inland oder im Ausland erreichen kann, sich stets gerade auch der Vor- und Nachteile des ausländischen Verfahrensrechts vergewissern (vgl. zum sog. Forum shopping Rz. 4.24 und zum sog. Enforcement shopping Rz. 14.2).[1]

1.67   Solche praktischen Erwägungen wiederum leiten über zu der Anschlussfrage, inwieweit sich die **Qualität von Justizsystemen** evaluieren und vergleichen lässt.[2] Von besonderer Bedeutung ist dies für den innereuropäischen Bereich, der sich als „Raum des Rechts" (Art. 67 Abs. 1 AEUV) begreift und daher nicht nur aus wirtschaftlichem Kalkül auf das Vertrauen der Bürger und Unternehmen in die mitgliedstaatliche Rechtspflege im Binnenmarkt angewiesen ist. Aufschlussreich hierzu ist das Datenmaterial der von der Kommission vorgelegten „EU-Justizbarometer".[3] Ähnliche Aktivitäten entfaltet für den Europarat die European Commission for the Efficiency of Justice (CEPEJ) mit ihren „Evaluation reports on European judicial systems".

5. Rechtspolitische Aspekte

1.68   In neuerer Zeit gerät das IZVR verstärkt in das Visier rechtspolitischer Bestrebungen. Das gilt ersichtlich auf europäischer Ebene,[4] durchaus aber auch auf nationaler Ebene. So wird in Deutschland, flankierend zu der offiziellen Imagekampagne „Law made in Germany",[5] ein angeblicher Wettbewerb der Justizstandorte beschworen, der es gebiete, die Rahmenbedingungen für Zivilverfahren mit grenzüberschreitenden Bezügen vor deutschen Gerichten möglichst attraktiv auszugestalten, um das Ausweichen der Kläger in ausländische Foren oder eine „Flucht in die Schieds-

---

1 Zu aktuellen Fragen der Rechtsverfolgung im Ausland vgl. *Schütze*, RIW 2007, 801.
2 Näher zu den diesbezüglichen methodischen Grundfragen und zu einzelnen Evaluationsprojekten *Kern*, ZZPInt 14 (2009), 445.
3 Beachte das EU-Justizbarometer 2014, COM (2014) 155; dazu *Werner*, DRiZ 2014, 236 („Deutschland: heiter bis wolkig").
4 Zu den politischen Zielen der justiziellen Zusammenarbeit in Zivilsachen vgl. Leible/Terhechte/*Leible*, § 14 Rz. 66 ff.
5 Vgl. www.lawmadeingermany.de.

gerichtsbarkeit" zu vermeiden.[1] In diesem Sinne wirbt der Gesetzesantrag zur Einführung von Kammern für internationale Handelssachen, der insbesondere die Möglichkeit englischsprachig geführter Verfahren vorsieht (s. Rz. 8.59), unverhohlen mit einem vermehrten Gebührenaufkommen, das die zu erwartenden Kosten mehr als ausgleichen soll, sowie mit Vorteilen für international tätige deutsche Unternehmen.[2]

V. Literatur und Arbeitshilfen

Die wichtigsten Lehrbücher, Handbücher, Kommentare und Textsammlungen zum IZVR sind bereits vorab im Schriftenverzeichnis zusammengestellt.[3] Ausgewählte Hinweise auf weiterführende Monographien sowie Aufsätze werden zu Beginn der einzelnen Kapitel gegeben. **1.69**

Schon aus Raumgründen kann hier die **deutsch- und fremdsprachige Literatur** zum ausländischen IZVR nur vereinzelt nachgewiesen werden.[4] Wahre Fundgruben, gerade aus rechtsvergleichender Perspektive, sind die in der Reihe „Veröffentlichungen der Wissenschaftlichen Vereinigung für Internationales Verfahrensrecht" seit 1983 regelmäßig publizierten Tagungsbände, das seit 1996 erscheinende „Jahrbuch des Internationalen Zivilprozessrechts" (Zeitschrift für Zivilprozess International bzw. ZZPInt), das Yearbook of Private International Law (YbPIL) sowie das von der International Association of Procedural Law herausgegebene „International Journal of Procedural Law" (IAJP). Hilfreich ist auch die nach Ländern geordnete Zusammenstellung von Schrifttum, Rechtsprechung und Gutachten bei *von Bar*, Ausländisches Privat- und Privatverfahrensrecht in deutscher Sprache (9. Aufl. 2013). **1.70**

Einige **Zeitschriften und Jahrbücher** veröffentlichen regelmäßig Übersichtsaufsätze zur Entwicklung des IZVR sowie Rechtsprechungsübersichten; genannt seien: EuZW (zur Brüssel I-VO *Schnichels/Stege*, zuletzt 2014, 808; breiter zum Europäischen IPR/IZVR: *Sujecki*, zuletzt 2014, 291), FamRZ (*Kohler/Pintens*, zuletzt 2013, 1437), GPR (*Hau/Eichel*, zuletzt 2012, 94), IPRax (*Mansel/Thorn/Wagner*, zuletzt 2014, 1), Jahrbuch Europarecht (*Neumayr/Garber*, zuletzt 2014, S. 199), NJW (*Wagner*, zuletzt 2014, 1862), NZI (*Hübler* zum Internationalen Insolvenzrecht, zu- **1.71**

---

1 Vgl. aus neuerer Zeit insbesondere das Gutachten von *Callies*, in: Verhandlungen des 70. Deutschen Juristentages, 2014, Bd. I, S. A 15 ff., A 26 ff. Skeptisch *Hau*, FS Schurig, 2012, S. 49, 58 f.
2 Beachte BT-Drucks. 17/2163 und sodann im Wesentlichen gleichlautend BT-Drucks. 18/1287, S. 12.
3 Eine kaum zu übertreffende Zusammenstellung einschlägiger Monographien, Kommentare und Sammelbände bietet das Literaturverzeichnis bei *Geimer*, S. LXXXV ff.
4 Beachte die ausführliche Übersicht bei *Schack*, Rz. 137 ff.

letzt 2014, 683), RIW (*Mankowski*, zuletzt 2005, 561), Zak (*Mayr*, zuletzt 2011, 407) und ZEuP (*Wittwer/Fussenegger*, zuletzt 2013, 812).[1]

1.72   Bei der **Suche nach der einschlägigen Rechtsquelle** ist im IZVR wie im IPR die Textsammlung von *Jayme/Hausmann* (17. Aufl.) fast unentbehrlich. Die Kommission hat 2013 im Internet eine umfassende „Sammlung der EU-Rechtsvorschriften im Bereich der justiziellen Zusammenarbeit in Zivil- und Handelssachen" veröffentlicht.[2] Ein wichtiges Hilfsmittel bei der Ermittlung des Konventionsrechts war bis 2012 der jährliche Fundstellennachweis B zum BGBl. Teil II. Die **Judikatur** ist zusammengetragen in dem jährlich vom Max-Planck-Institut Hamburg herausgegebenen Band „Die deutsche Rechtsprechung auf dem Gebiete des Internationalen Privatrechts".

1.73   Erwähnt seien einige **weitere Hilfsmittel** für die praktische Arbeit im Bereich des IZVR: Musterbeispiele für die Abfassung von Schriftsätzen und Anträgen gibt *Schütze* im Beck'schen Prozessformularbuch (12. Aufl. 2013, Kap. I. T). Fallbearbeitungstechnik und Anschauungsstoff zu internationalverfahrensrechtlichen Standardfragen sollen die Übungsfälle etwa bei *Coester-Waltjen/Mäsch* sowie *Fuchs/Hau/Thorn* vermitteln. Als nützlich bei der Erfassung fremdsprachiger Texte erweist sich, ergänzend zu herkömmlichen Rechtswörterbüchern, das Spezialwerk von *Bunge*, Terminologisches Wörterbuch der Zivilprozessvergleichung (Deutsch-Englisch/Schottisch-Französisch-Italienisch), 2010.

1.74   Auch im **Internet** finden sich inzwischen hervorragende Hilfsmittel. Hier kann nur eine Auswahl besonders nützlicher Seiten vorgestellt werden:

–   **https://e-justice.europa.eu**

    Das sog. Europäische Justizportal soll Bürger, Unternehmer, Angehörige der Rechtsberufe sowie Gerichte als zentrale Anlaufstelle mit Informationen sowie weiterführenden Links zu sämtlichen Fragen des innereuropäischen grenzüberschreitenden Zivilrechtsverkehrs auf europäischer und mitgliedstaatlicher Ebene versorgen. Von dort ist auch der sog. **Europäische Gerichtsatlas in Zivilsachen** zugänglich. Dieser bietet umfassende Informationen zur gerichtlichen Zusammenarbeit in Zivilsachen sowie Formblätter, die zwecks Umsetzung der europäischen Rechtsakte in den Mitgliedstaaten erstellt wurden. Der Atlas erlaubt zudem die Lokalisierung zuständiger Gerichte und sonstiger Behörden in den Mitgliedstaaten.

---

1   Beachte speziell zu Österreich *König/Mayr*, Europäisches Zivilverfahrensrecht in Österreich III – 10 Jahre Brüssel I-Verordnung, 2012; *Mosser*, ÖJZ 2012, 1045. Entsprechend aus schweizerischer Sicht: *Kren Kostkiewicz/Markus*, Internationales Zivilprozessrecht unter Einbezug der internationalen Schiedsgerichtsbarkeit – Entwicklungen 2011, 2012.

2   Zugänglich unter http://ec.europa.eu/justice/civil/files/compendium_civil_2013_de.pdf.

- **http://curia.europa.eu**

  Auf den Webseiten des Europäischen Gerichtshofs findet sich vor allem eine Datenbank, in der sämtliche EuGH-Entscheidungen sowie die aufschlussreichen Schlussanträge der Generalanwälte zusammengestellt sind.

- **http://ec.europa.eu/civiljustice/jure/**

  Diese von der Kommission verwaltete, noch im Aufbau befindliche Webseite soll die EuGH-Judikatur sowie mitgliedstaatliche Rechtsprechung zur Justiziellen Zusammenarbeit zusammenstellen (derzeit nur in englischer und französischer Sprache).

- **www.bundesjustizamt.de**

  Das Bundesamt für Justiz ist die zentrale deutsche Anlauf- und Vermittlungsstelle im Rechtshilfeverkehr mit dem Ausland, wird als Bundeskontaktstelle im Europäischen Justiziellen Netz für Zivil- und Handelssachen tätig und verfügt zudem über besondere Aufgaben im Zusammenhang mit der grenzüberschreitenden Unterhaltsdurchsetzung, Auslandsadoptionen und internationalen Sorgerechtskonflikten.

- **www.hcch.net**

  Die Homepage der Haager Konferenz für Internationales Privatrecht bietet Texte (in verschiedenen Sprachfassungen) und Ratifikationsstände sämtlicher Haager Konventionen sowie nützliche Informationen für deren Handhabung.

- **www.conflictoflaws.net**

  Dieser Blog unterrichtet fast täglich in englischer Sprache über die neuesten Entwicklungen im IZVR und IPR weltweit.

- **www.zivilprozessrechtslehrer-international.de**

  Homepage der Wissenschaftlichen Vereinigung für Internationales Verfahrensrecht.

- **www.iaplaw.org**

  Homepage der International Association of Procedural Law.

§ 2 Allgemeine Lehren

Literatur: *Arnold,* Lex fori als versteckte Anknüpfung, 2009; *Baetge,* Auf dem Weg zu einem gemeinsamen europäischen Verständnis des gewöhnlichen Aufenthalts – Ein Beitrag zur Europäisierung des Internationalen Privat- und Verfahrensrechts, FS Kropholler, 2008, S. 77; *Basedow,* Qualifikation, Vorfrage und Anpassung im internationalen Zivilverfahrensrecht, in: Schlosser, Materielles Recht und Prozessrecht und die Auswirkungen der Unterscheidung im Recht der internationalen Zwangsvollstreckung, 1992, S. 131; *ders.,* Das Staatsangehörigkeitsprinzip in der Europäischen Union, IPRax 2011, 109; *ders.,* Das Prinzip der gegenseitigen Anerkennung im internationalen Wirtschaftsverkehr, FS Martiny, 2014, S. 243; *Binder,* Conflict of Principles in European Civil Procedural Law, euvr 2012, 164; *Caponi,* Transnational Litigation and Elements of Fair Trial, in: Gottwald/Hess, Procedural Justice, 2014, S. 493; *Garnett,* Substance and Procedure in Private International Law, 2012; *Geimer,* Internationales Zivilprozessrecht und Verfassung sowie International Fundamental Procedural Rights, FS von Hoffmann, 2011, S. 589; *Hau,* Die Verortung natürlicher Personen – Ein Beitrag zum Allgemeinen Teil des Europäischen Zivilverfahrensrechts, GS Wolf, 2011, S. 409; *Hilbig-Lugani,* Divergenz und Transparenz – Der Begriff des gewöhnlichen Aufenthalts der privat handelnden natürlichen Person im jüngeren EuIPR und EuZVR, GPR 2014, 8; *dies.,* Neue Herausforderungen des Begriffs des gewöhnlichen Aufenthalts im europäischen Familienrecht, FS Brudermüller, 2014, S. 323; *Jaeckel,* Die Reichweite der lex fori im internationalen Zivilprozessrecht, 1995; *Kodek,* Auslandsklage und Verjährung, FS Schütze, 2015, S. 259; *Kropholler,* Die Auslegung von EG-Verordnungen zum Internationalen Privat- und Verfahrensrecht, in: Basedow, Aufbruch nach Europa, 2001, S. 583; *Leipold,* Lex fori, Souveränität, Discovery, 1989; *Nordmeier,* Die Bedeutung des anwendbaren Rechts für die Rückwirkung der Zustellung nach § 167 ZPO – Zur Abgrenzung von deutschem Prozessrecht und ausländischem Sachrecht, ZZP 124 (2011), 95; *Raiteri,* Citizenship as a connecting factor in private international law for family matters, JPIL 10 (2014), 309; *Sager,* Der Gegenrechtsgrundsatz im Rechtshilferecht – ein alter Zopf?, AJP 2014, 224; *Schütze,* Probleme der Hemmung der Verjährung durch Erhebung einer Klage im Ausland vor einem staatlichen Gericht oder Schiedsgericht im deutschen internationalen Privat- und Prozessrecht, FS Günter H. Roth, 2011, S. 791; *Spiro,* Forum Regit Processum, ICLQ 18 (1969), 949; *Tsikrikas,* Die Anerkennung von Wirkungen ausländischer Prozesshandlungen als Grundlage für die justizielle Zusammenarbeit, ZZPInt 15 (2010), 145; *Weller,* Der „gewöhnliche Aufenthalt" – Plädoyer für einen willenszentrierten Aufenthaltsbegriff, in: Leible/Unberath, Brauchen wir eine Rom 0-Verordnung?, 2013, S. 293.

I. Grundprinzipien des IZVR

Wie in jedem Rechtsgebiet soll es auch im Bereich des IZVR die Orientierung erleichtern, wenn sich allgemeine Lehren bzw. sektorübergreifende Grundprinzipien benennen lassen. Dabei wird in Kauf genommen, dass solche Passagen die Gefahr bergen, zunächst wenig anschaulich zu erscheinen. Die hier skizzierten Grundprinzipien folgen jeweils aus der „Internationalität" der zu regelnden Sachverhalte. Insbesondere kraft europarechtlicher Vorgaben können sie, wie jeweils dargelegt wird, überwunden oder modifiziert sein. Im Übrigen ist zu beachten, dass es nicht um Rechtsregeln geht, die auf strikte Einhaltung abzielen, sondern eben

2.1

(nur) um Prinzipien, also Leitlinien bzw. Optimierungsgebote, die je nach Regelungskontext miteinander konkurrieren und schon deshalb nicht stets uneingeschränkt verwirklicht werden können. Es kommt daher nicht von ungefähr, dass auch Pragmatismus bisweilen zu den Prinzipien des IZVR gezählt wird.[1]

1. Territorialitätsprinzip

2.2 Das autonome deutsche IZVR geht vom Territorialitätsprinzip aus, was zweierlei besagt: Zum einen besteht der räumliche Geltungsanspruch seiner Bestimmungen unabhängig von der Nationalität der Beteiligten (**Territorialitäts- statt Personalitätsprinzip**), zum anderen sind die gerichtliche Tätigkeit und die Geltungskraft von ihr gesetzter Hoheitsakte räumlich beschränkt (**Territorialitäts- statt Universalitätsprinzip**).[2] Aus Ersterem folgen beispielsweise die grundsätzliche Gerichtsunterworfenheit auch von Ausländern im Inland (freilich vorbehaltlich etwaiger Gerichtsbarkeitsbeschränkungen, z.B. durch Immunität; s. Rz. 3.1 ff.) sowie die grundsätzlich eigenständige Jurisdiktionsabgrenzung Deutschlands im Bereich der internationalen Zuständigkeit (unter Einschluss der Geltung ausschließlicher und exorbitanter Gerichtsstände). Demgegenüber bedingt die beschränkende Komponente des Territorialitätsprinzips einerseits die Unzulässigkeit von gerichtlichen Verfahrenshandlungen im Ausland ohne Duldung des fremden Staates (klarstellend § 363 Abs. 1 ZPO), andererseits die territorial begrenzte Wirkung gerichtlicher Entscheidungen. Letzteres besagt nicht etwa, dass im Inland erlassene Entscheidungen aus deutscher Sicht keinerlei grenzüberschreitende Wirkungen entfalten sollen. Ausgehend vom Territorialitätsprinzip ist die Anerkennung und Vollstreckung im Ausland aber eben keine Selbstverständlichkeit, sondern beruht auf einem (interessengerechten) Entgegenkommen des betroffenen ausländischen Staates.

2.3 Auch im Anwendungsbereich der europäischen Sekundärrechtsakte hat das Territorialitätsprinzip, soweit es um den Rechtsverkehr mit Drittstaaten geht, grundsätzlich die soeben beschriebenen Auswirkungen. Im Verhältnis zwischen den Mitgliedstaaten hat indes die Entwicklung hin zu einem **EU-bezogenen Territorialitätsprinzip** begonnen. Dafür als Belege zu nennen sind die Möglichkeit einer unmittelbaren Beweisaufnahme durch ein inländisches Gericht im EU-Ausland (Art. 17 EuBewVO; dazu Rz. 10.44 ff.) oder einer Verweisung von Verfahren an ein sachnäheres ausländisches Gericht (Art. 15 Brüssel IIa-VO; dazu Rz. 7.36), vor allem aber auch das Bestreben, „europäische Vollstreckungstitel" zu schaffen (Rz. 14.13 ff.). Gleichwohl erscheint selbst für den innereuropäischen Rechtsverkehr die These voreilig, dass „Staatensouveränität, Territorialität des Rechts, Staatlichkeit und Staatenbezogenheit des Prozesses" über-

---

1 Lesenswert *Briggs*, Rz. 1.16 ff., dort ausgehend vom Common Law.
2 *Riezler*, S. 79 ff.; *Neuhaus*, S. 179.

holt und durch „interjurisdiktionelle Kooperation aufgrund sachzielorientierter Handlungsprogramme" ersetzt seien.[1]

2. Gegenseitigkeitsprinzip

Das Prinzip der Gegenseitigkeit (auch Gegenrechts- bzw. Reziprozitäts- **2.4** prinzip genannt) stammt aus dem klassischen Völkerrecht und beruht auf dem Gedanken des *do ut des*:[2] Einem ausländischen Verfahrensbeteiligten soll im Inland nichts zugute kommen, was sein Heimatstaat einem deutschen Verfahrensbeteiligten verwehren würde. Die Forderung nach Gegenseitigkeitsverbürgung dient mithin als **Druckmittel** zur Verwirklichung von Gleichbehandlung,[3] dies freilich unter Hinnahme von Gerechtigkeitsdefiziten: Konkret getroffen wird im Zivilrechtsverkehr nicht etwa ein ausländischer Staat, sondern ein Verfahrensbeteiligter, der keinen Einfluss auf die ausländische Rechtsetzung hat.[4] Im Extremfall und in letzter Konsequenz führt das Gegenseitigkeitsprinzip zur Vergeltung (Retorsion). Dafür gab es früher eine Rechtsetzungsgrundlage (§ 24 EGZPO in der bis 1.10.1998 geltenden Fassung), von der aber nie Gebrauch gemacht worden ist. Gegenseitigkeit kann freilich auch eine aktive oder **positive Funktion** haben. Dazu gehört das Entgegenkommen – *courtoisie internationale* bzw. *comitas gentium* – bei der vertragslosen Rechtshilfe in der Erwartung oder Erwiderung entsprechender Verhaltensweisen (dazu Rz. 3.36).[5]

Das Gegenseitigkeitsprinzip war traditionell vor allem im sog. **Frem-** **2.5** **denrecht** ausgeprägt,[6] das sich mit dem rechtlichen Sonderstatus von Ausländern befasst. Dort geht es namentlich um die Obliegenheit zur Kostensicherheitsleistung oder um den Anspruch auf die Bewilligung von Prozesskostenhilfe (s. Rz. 8.7 ff.). Heute kennt das autonome IZVR die Gegenseitigkeit noch im Zusammenhang mit der Entscheidungsanerkennung (§ 328 Abs. 1 Nr. 5 ZPO, § 109 Abs. 4 FamFG; dazu Rz. 13.46 ff.). Gewahrt ist das Gegenseitigkeitsprinzip von vornherein, soweit Gegenseitigkeit kraft Europa- oder Konventionsrechts verwirklicht ist.

3. Internationaler Entscheidungseinklang

Der äußere bzw. internationale Entscheidungseinklang ist das formale **2.6** Ideal des IPR,[7] mithin eine Maxime für die Ausgestaltung von Kollisions-

---

1 So aber *Knöfel*, IPRax 2009, 46.
2 Dazu *Sager*, AJP 2014, 224 (dort vor allem aus der Perspektive des Internationalen Strafprozessrechts).
3 Beachte dazu aus spieltheoretischer Perspektive *Pfeiffer*, RabelsZ 55 (1991), 734.
4 Berechtigte Kritik etwa bei *Geimer*, Rz. 35a: „Das Gegenseitigkeitsprinzip ... trifft immer den Falschen".
5 *Nagel/Gottwald*, § 7 Rz. 39 f.
6 *Neuhaus*, S. 341.
7 Dazu *Kropholler*, IPR, § 6; *Neuhaus*, S. 49 ff.

regeln. Freilich ist schon der Begriff missverständlich: Es geht nicht etwa darum, dass in einer grenzüberschreitenden Auseinandersetzung die Gerichte aller betroffen Staaten Entscheidungen erlassen, die allerdings inhaltlich übereinstimmen sollen, vielmehr nur darum, dass es für die Entscheidung in der Sache möglichst nicht darauf ankommen soll, ob diese im einen oder im anderen Staat ergeht. Theoretisch lässt sich dieser Ansatz über das IPR (also die Regeln zur Bestimmung des anwendbaren Sachrechts) hinaus auch auf das Verfahrensrecht übertragen. Bei dieser Überlegung setzen im Bereich des IZVR diejenigen an, die für eine Auflockerung oder gar Abschaffung des Lex-fori-Prinzips und stattdessen für die vermehrte Anwendung der lex causae im Hinblick auf Verfahrensfragen plädieren (dazu Rz. 2.11).[1] Dieser Gedanke liegt dem geltenden IZVR zwar nicht zugrunde, dessen Bestreben nach Entscheidungsharmonie aber gleichwohl unverkennbar ist. Belegen lässt sich dies beispielsweise mit den Regelungen zur Vermeidung divergierender Entscheidungen in Fällen mehrfacher Rechtshängigkeit (Rz. 7.5 ff.), aber auch im Anerkennungsrecht, dort namentlich mit der Erstreckung der ausländischen Urteilswirkungen nach Maßgabe der erststaatlichen lex fori anstelle bloßer Wirkungsangleichung (Rz. 12.6 ff.). Hieran zeigt sich, dass das Streben nach internationalem Entscheidungseinklang im IZVR vor allem durch das **Prinzip der gegenseitigen Anerkennung** verwirklicht wird (vgl. Art. 81 Abs. 1 S. 1 AEUV).[2]

4. Justizgewährung

2.7   Der Justizgewährungsanspruch ist vor allem von *Reinhold Geimer* als Leitprinzip des IZVR herausgestellt worden.[3] In der Tat hat die Effektivität des Rechtsschutzes im grenzüberschreitenden Zivilrechtsverkehr einen besonderen Stellenwert, nicht zuletzt zur Korrektur negativer Auswüchse des Territorialitäts- und des Gegenseitigkeitsprinzips. Justizgewährung kann sowohl die Effektivität der **Rechtsdurchsetzung** für den Kläger bzw. Antragsteller (im Vollstreckungsrecht: für den Gläubiger) als auch die Effektivität des **Rechtsschutzes** für den Beklagten bzw. Antragsgegner (im Vollstreckungsrecht: für den Schuldner) betreffen – jede einseitige Übersteigerung führt nolens volens zur Beeinträchtigung des Justizgewährungsanspruchs des anderen. Ein Beispiel zum Nachteil des Klägers ist die Forderung nach Prozesskostensicherheitsleistung (Rz. 8.15 ff.), ein Beispiel zum Nachteil des Titelgläubigers hingegen die Versagung der Urteilsanerkennung wegen fehlender Gegenseitigkeitsverbürgung (Rz. 13.46 ff.). Umgekehrt benachteiligen den auslandsansässigen Beklagten etwa die Gerichtspflichtigkeit kraft exorbitanter Zuständigkeitsgründe (Rz. 4.18 ff.) oder zu knapp bemessene Verteidigungsfristen (Rz. 8.50 f.).

---

1 Z.B. *Niederländer*, RabelsZ 20 (1955), 1, 19; *Grunsky*, ZZP 89 (1976), 241, 255.
2 Dazu etwa *Basedow*, FS Martiny, S. 243, insbes. 248 ff.; *Tsikrikas*, ZZPInt 15 (2010), 145.
3 Beachte insbesondere die äußerst facettenreiche Darstellung bei *Geimer*, Rz. 1906 ff.

5. Erleichterung des Rechtsverkehrs

Als Motiv und Regelungsziel aller staatsvertraglichen Vereinbarungen 2.8
zum IZVR ist die Erleichterung des Rechtsverkehrs zunächst eine eher
rechtspolitisch relevante Maxime. Ihr kommt aber hervorragende praktische Bedeutung als Auslegungsprinzip zu. Für das Europarecht ist sie der
rechtspolitische Motor der Justiziellen Zusammenarbeit in Zivilsachen
(vgl. Nr. 11 der Schlussfolgerungen im Stockholm-Nachfolgeprogramm,
s. Rz. 1.35) und in letzter Konsequenz eine schon de lege lata verbindliche
Vorgabe der primärrechtlichen Grundfreiheiten (vgl. Rz. 1.10 ff.).

II. Anwendbares Recht

1. Lex-fori-Prinzip

So selbstverständlich es für das Funktionsverständnis des IPR erscheint, 2.9
dass die kollisionsrechtliche Prüfung zur Anwendung fremden materiellen Rechts führen kann, so selbstverständlich war es nach herkömmlicher Auffassung, dass mit der Inanspruchnahme einer bestimmten nationalen Gerichtsbarkeit auch die Entscheidung über das anzuwendende
Verfahrensrecht gefallen war, nämlich zugunsten des nationalen Rechts
des Forums. Das ist die Grundaussage des **Lex-fori-Prinzips** (forum regit
processum),[1] das wohl weltweit – entweder bewusst oder intuitiv – zugrunde gelegt wird. In Fällen mit Auslandsbezug entnimmt das Gericht
die verfahrensrechtlichen Regelungen (Rechtssätze ad ordinem litis) also
grundsätzlich dem im Gerichtsstaat geltenden Verfahrensrecht (der lex
fori). Demgegenüber muss es die in der Sache anzuwendenden materiell-
rechtlichen Regelungen (die lex causae bzw. die Rechtssätze ad decisio-
nem) erst kollisionsrechtlich ermitteln. Mit den markanten Worten eines
klassischen englischen Lehrbuchs: „One of the eternal truths of every
system of private international law is that a distinction must be made
between substance and procedure, between right and remedy. The sub-
stantive rights of the parties to an action may be governed by a foreign
law, but all matters appertaining to procedure are governed exclusively
by the law of the forum."[2]

Die Überzeugung von der Richtigkeit des Lex-fori-Prinzips ist seit jeher 2.10
weit verbreitet, in einigen Rechtsordnungen ist es gesetzlich verankert
(so in Art. 12 des italienischen IPRG von 1995 oder in Art. 3 des niederländischen IPRG von 2011). Zu seiner Begründung wurde früher auf eine
Vielzahl von Überlegungen verwiesen, z.B. auf das Territorialitätsprinzip
(Rz. 2.2) oder die öffentlich-rechtliche Natur des Verfahrensrechts. Heute,
da die ausnahmslose Geltung der lex fori für das deutsche IZVR kaum
noch vertreten wird, verweist man meist auf die **Praktikabilität**.[3] In der

---

1 Vgl. aus dem älteren Schrifttum etwa *Meili*, S. 14; *Riezler*, S. 91; *Spiro*, ICLQ 18
  (1969), 949.
2 *Cheshire/North/Fawcett*, S. 75.
3 *Nagel/Gottwald*, § 1 Rz. 42; *Geimer*, Rz. 322 f.

Tat sind die Gerichte mit der Anwendung des heimischen Rechts vertraut, und es ist sinnvoll, wenn Gerichtsverfassung und Verfahrensregeln aufeinander abgestimmt sind. Bloße Praktikabilitätserwägungen können das Prinzip aber nicht alleine tragen (sonst wäre auch die Anwendung ausländischen Sachrechts zu vermeiden und das IPR hinfällig), sondern nur in Verbindung mit dem **Neutralitätsargument**: Weil das Verfahrensrecht zwar innerprozessuale Verhaltensnormen für das Gericht und die Parteien aufstellt, aber nicht das Ergebnis der Sachentscheidung vorgibt, wird der internationale Entscheidungseinklang nicht dadurch beeinträchtigt, dass jedes Gericht grundsätzlich sein eigenes Verfahrensrecht anwendet.[1]

2.11 Viel diskutiert wurde die **dogmatische Einordnung** des Lex-fori-Prinzips. So fehlt es nicht an mehr oder weniger weitreichenden theoretischen Ansätzen, die auch für das anzuwendende Verfahrensrecht die Vorschaltung einer kollisionsrechtlichen Prüfung postulieren.[2] Durchgesetzt haben sich diese Stimmen nicht. Andererseits wäre es aber auch verfehlt, einen kategorischen Gegensatz zwischen IPR und IZVR zu behaupten (vgl. bereits Rz. 1.59 ff.); denn richtig betrachtet handelt es sich bei dem Lex-fori-Prinzip und seinen Ausnahmen (dazu sogleich) um kollisionsrechtliche Aussagen, die systematisch freilich dem IZVR zugeordnet sind.[3]

2.12 Heute ist man sich im Ergebnis einig, dass die **Grundstrukturen des Verfahrens** weithin von der lex fori bestimmt wird. Das gilt namentlich für die Einrichtung, Besetzung und Zuständigkeit der Gerichte und Vollstreckungsorgane, die Einleitung des Verfahrens, die Verfahrens-, Klage- und Vollstreckungsarten, die gerichtliche Verfahrensleitung, die Vertretung durch Anwälte, die Öffentlichkeit des Verfahrens, die Kosten, die Entscheidungsformen und das Rechtsbehelfssystem.

2.13 Zugleich besteht weitgehend Einvernehmen darüber, dass die funktionale oder teleologische Verknüpfung einzelner verfahrensrechtlicher Fragestellungen mit der subjektiven materiellen Rechtsposition – deren Durchsetzung das förmliche Gerichtsverfahren dienen soll – die (punktuelle) **Anwendung fremden Verfahrensrechts** gebieten kann.[4] Kommt es demnach auf fremdes Verfahrensrecht an, so ist dieses regelmäßig derjenigen Rechtsordnung zu entnehmen, der das anzuwendende Sachrecht entstammt, also der lex causae. Wenn man am Lex-fori-Prinzip als Grundsatz, wenngleich nicht mehr als Dogma festhält, erweisen sich die Fälle der Anwendung ausländischen Verfahrensrechts als sachgerechte Ausnahmen.[5] Mitunter wird dies allerdings dadurch verwischt, dass man das

---

1 Treffend *von Hoffmann/Thorn*, § 3 Rz. 7 f.; *Lindacher*, § 4 Rz. 2.
2 Z.B. *Niederländer*, RabelsZ 20 (1955), 1; *Grunsky*, ZZP 89 (1976), 241. Dagegen *Geimer*, Rz. 333.
3 Wie hier etwa *Lindacher*, § 1 Rz. 3.
4 *Lindacher*, § 4 Rz. 2. Im Ergebnis auch *Schack*, Rz. 49 f.
5 Z.B. *Leipold*, Lex fori, S. 27; *Jaeckel*, S. 202 ff.; OLG Köln v. 12.4.1983 – 21 UF 193/82, FamRZ 1983, 922.

ausländische Verfahrensrecht materiell-rechtlich qualifiziert und als lex causae anwendet.[1]

Beispiel: Gemäß Art. 1341 franz. Code civil ist es ausgeschlossen, mit Hilfe von Zeugen den Abschluss eines Vertrags zu beweisen, der einen bestimmten Gegenstandswert übersteigt. Dies haben deutsche Gerichte als Regelung der rechtsgeschäftlichen Form qualifiziert, weil sich das Verbot des Zeugenbeweises wie ein Schriftformgebot auswirke, und daher dem französischen Recht als lex causae (Vertragsstatut) oder als lex loci (Ortsstatut) unterstellt.[2] Ordnete man das Verbot hingegen als Beweisverfahrensregel ein, so müsste es bei strikter Anwendung des Lex-fori-Prinzips unbeachtlich bleiben, wenn ein deutsches Gericht die Frage nach dem Vertragsschluss zu klären hat.[3] Das Problem ist inzwischen durch die Eröffnung einer alternativen Anknüpfung beseitigt worden: Gemäß Art. 18 Abs. 2 Rom I-VO kann der Beweis des Vertragsschlusses mit den Beweisarten sowohl der lex fori als auch des Formstatus erbracht werden. Beachte auch noch Rz. 2.20 ff. zu weiteren Beispielen dafür, dass ausländischen Verfahrensvorschriften bisweilen ein materiell-rechtlicher Kern entnommen werden kann, der als Teil der lex causae in Deutschland anwendbar ist.

Häufig begegnet die Anwendbarkeit bzw. zumindest Beachtlichkeit ausländischen Verfahrensrechts im Bereich der **internationalen Rechtshilfe**. Dies zeigt sich etwa anhand von Art. 10 Abs. 3 EuBewVO bzw. Art. 9 Abs. 2 HBÜ sowie Art. 7 Abs. 1 EuZustVO 2007 bzw. Art. 5 Abs. 1 lit. b HZÜ. Im Übrigen schaffen Staatsverträge und europäische Verordnungen zum Zivilverfahrensrecht für ihren jeweiligen territorialen Geltungsbereich ein **prozessuales Einheitsrecht**, das zwar regelmäßig an die Stelle einschlägiger Regelungen des autonomen IZVR tritt, grundsätzlich jedoch nur Aussagen zu Einzelfragen trifft, also nicht umfassend die Verfahrensweise der Gerichte regelt. Eigenständige „europäische Erkenntnisverfahren", wie sie die EuMahnVO und die EuBagatellVO vorsehen, sind die Regel bestätigende Ausnahmen. Und selbst im Anwendungsbereich dieser Sonderverfahren bedarf es in vielerlei Hinsicht des ergänzenden Rückgriffs auf nationales Verfahrensrecht (vgl. Art. 26 EuMahnVO bzw. Art. 19 EuBagatellVO; dazu Rz. 11.2 ff.). 2.14

2. Anpassung und „wesenseigene Unzuständigkeit"

Materielles Recht und Verfahrensrecht sind oft eng verzahnt, was sich besonders deutlich bei Gestaltungs-, bisweilen aber auch bei Feststellungs- und Leistungsentscheidungen zeigt. Mitunter beeinflusst das Sachrecht die Ausgestaltung des Verfahrens so stark, dass es geboten erscheint, das deutsche Verfahrensrecht an das anwendbare ausländische Sachrecht anzupassen: Sog. **sachrechtsergänzende Verfahrensvorschriften** des fremden Rechts können also – abweichend vom Lex-fori-Prinzip – auch vom deutschen Richter anzuwenden sein (Rz. 2.20 ff.), bzw. umgekehrt können 2.15

---

1 *Jaeckel*, S. 65 f.; *Grunsky*, ZZP 89 (1976), 247.
2 Vgl. KG Berlin v. 25.10.1927 – 8 U 6828/27, JW 1929, 448, für eine entsprechende Bestimmung im russischen Recht; LG Mannheim v. 16.3.1971 – 2 O 323/69, NJW 1971, 2129, zum italienischen Recht.
3 So BGH v. 30.7.1954 – VI ZR 32/53, JZ 1955, 702 (abl. Anm. *Gamillscheg*).

einzelne Ordnungsvorschriften des deutschen Verfahrensrechts, die dem ausländischen Sachrecht fremd sind, angepasst werden oder womöglich sogar völlig außer Betracht bleiben. Ziel einer solchen **Anpassung** ist es, einerseits den Anspruch auf Rechtsschutz im Inland zu erfüllen, andererseits die Anerkennung der deutschen Entscheidung im Ausland auch dann zu sichern, wenn dies nach dortigem Recht die Wahrung bestimmter Verfahrensregeln erfordert.[1]

Beispiele: Ein deutsches Familiengericht darf – als Vorstufe oder als wesensgleiches Minus zur späteren Ehescheidung – eine Trennung von Tisch und Bett aussprechen.[2] Sofern im ausländischen Scheidungsrecht zwingend vorgesehen, kann das deutsche Gericht einen besonderen Sühneversuch unternehmen[3] bzw. das Verfahren aussetzen, um Gelegenheit zur Versöhnung zu geben, einen Staatsanwalt beiziehen,[4] zur Wiederaufnahme des ehelichen Lebens auffordern[5] oder den Scheidungsgrund (Schuldausspruch) in den Tenor aufnehmen.[6] Ähnlich verhält es sich, wenn § 172 FamFG im Abstammungsverfahren erweiternd gehandhabt wird, weil das ausländische Anfechtungsstatut den Kreis der materiell Anfechtungsberechtigten weiter steckt als das deutsche Recht den Kreis der Beteiligten.

2.16   Allerdings muss das deutsche Gericht ein von der lex causae vorgesehenes Tätigwerden verweigern, wenn dieses mit seiner in Deutschland verfassungsrechtlich vorgegebenen Rolle als Rechtsprechungsorgan völlig unvereinbar wäre. Dies kann daran liegen, dass die fragliche Tätigkeit entweder von einem deutschen Gericht nicht zu bewältigen oder ihm nicht zuzumuten ist. Die Rede ist dann üblicherweise von einer dem deutschen Recht **„wesensfremden Zuständigkeit"** bzw. von einer „wesenseigenen (oder sachlich internationalen) Unzuständigkeit" des deutschen Gerichts.[7] So wenig man gegen diesen Grundsatz auch einwenden mag, so unklar ist, wann genau die Schwelle überschritten ist, ab der er zur Anwendung kommen soll. Der kollisionsrechtliche Ordre-public-Vorbehalt (Art. 6 EGBGB) taugt jedenfalls nicht zur Grenzziehung.[8] Auch wenn Gerichte gelegentlich mit angeblicher Wesensfremdheit argumentieren,[9] finden sich in neuerer Zeit kaum überzeugende Beispiele. Im Übrigen gelangt man regelmäßig schon mit Hilfe gewisser Modifikationen –

---

1 Vgl. etwa *Nagel/Gottwald*, § 6 Rz. 98 ff.
2 Grundlegend BGH v. 22.3.1967 – IV ZR 148/65, NJW 1967, 2109.
3 OLG Bremen v. 14.1.1983 – 5 UF 102/82a, IPRax 1985, 47.
4 OLG Frankfurt v. 7.11.1983 – 1 WF 168/83, NJW 1984, 572.
5 Ablehnend aber OLG Stuttgart v. 28.6.2005 – 17 UF 280/04, IPRax 2007, 131 m. krit. Anm. *Heiderhoff*, 118 f.
6 BGH v. 1.4.1987 – IVb ZR 40/86, NJW 1988, 636, 638; OLG Karlsruhe v. 22.9.1994 – 2 UF 147/93, FamRZ 1995, 738; OLG Zweibrücken v. 30.8.1996 – 2 UF 78/95, FamRZ 1997, 430.
7 Zur bereits uneinheitlichen Terminologie etwa *Kropholler*, IPR, § 57 II 1; *Schack*, Rz. 571.
8 Richtig *Kropholler*, IPR, § 57 II 2.
9 Vgl. etwa KG v. 27.11.1998 – 3 UF 9545/97, IPRax 2000, 126 m. krit. Anm. *Herfarth*, 101 (revidiert durch BGH v. 6.10.2004 – XII ZR 225/01, NJW-RR 2005, 81).

also wiederum mittels Anpassung – des deutschen Verfahrensrechts zu akzeptablen Ergebnissen.[1]

3. Ausländische Verfahrensakte

Auf einer anderen Ebene liegt die Beurteilung ausländischer Verfahrens-   2.17
akte, auf die in einem Inlandsverfahren Bezug genommen wird. So kann ein deutsches Gericht mit der Frage konfrontiert sein, ob im Ausland Rechtshängigkeit eingetreten, ein Verfahren rechtskräftig abgeschlossen oder die dortige Klage ordnungsgemäß zugestellt worden ist. **Entstehungsgang, Perfektion und Wirkung** eines ausländischen Verfahrensakts beurteilen sich grundsätzlich nach der jeweiligen ausländischen lex fori. In diesem Sinne verweisen Art. 39 Brüssel Ia-VO sowie § 723 Abs. 2 ZPO hinsichtlich der Frage, ob eine ausländische Entscheidung vollstreckbar bzw. formell rechtskräftig geworden ist, jeweils auf das Recht des Entscheidungsstaats. Demgegenüber bestimmen sich die **Wirkungen eines ausländischen Verfahrensakts im Inland** grundsätzlich nach dem hier geltenden (Anerkennungs-)Recht.[2] So ist das in Deutschland geltende Verfahrensrecht – sei es autonomer, konventions- oder europarechtlicher Herkunft – maßgebend, wenn es um den Einfluss ausländischer Rechtshängigkeit in derselben Sache (Rz. 7.5 ff.) oder um die Möglichkeit einer Erstreckung der ausländischen Entscheidungswirkungen geht (Rz. 12.12 ff.).

Was speziell die **Verjährungshemmung** als mögliche Wirkung einer Kla-   2.18
geerhebung im Ausland angeht, ist zunächst das in Deutschland geltende IPR heranzuziehen, um das maßgebliche Sachrecht zu ermitteln (vgl. etwa Art. 12 Abs. 1 lit. d Rom I-VO; Art. 15 lit. h Rom II-VO). Ist danach deutsches Recht Verjährungsstatut, kommen §§ 204 ff. BGB zur Anwendung, und zwar richtigerweise ohne Vorschaltung eines internationalverfahrensrechtlichen Anerkennungstests (etwa nach Maßgabe von § 328 ZPO) hinsichtlich der im ausländischen Verfahren zu erwartenden Entscheidung. Allenfalls bedarf es einer Überprüfung des ausländischen Verfahrensaktes dahingehend, ob er einem deutschen Hemmungstatbestand wenigstens vergleichbar ist, namentlich also, ob dem Schuldner rechtliches Gehör gewährt wird.[3] Demgegenüber kommt es für die verjährungshemmende Wirkung der Klage nicht darauf an, ob diese in einem Staat erhoben wird, dessen Gerichte aus Sicht des deutschen Rechts für die Entscheidung international zuständig sind. Von alledem zu unterscheiden ist die Einsicht, dass der in einer ausländischen Entscheidung festgestellte Anspruch im Anwendungsbereich des deutschen Sachrechts

---

1 Ebenso etwa Stein/Jonas/*Roth*, § 1 ZPO Rz. 43 f.
2 *Geimer*, Rz. 329 f.
3 Näher *Linke*, FS Nagel, 1987, S. 209 ff., 225. Streitig; wie hier etwa *Budzikiewicz*, ZEuP 2010, 415, 430 ff.; *Schack*, Rz. 870 ff. Für Unbeachtlichkeit ausländischer Klageerhebung als Hemmungsgrund im Anwendungsbereich des deutschen Verjährungsrechts hingegen *Schütze*, FS Roth, S. 791, 793 ff.

nur dann in der langen Frist des § 197 Abs. 1 Nr. 3 BGB verjährt, wenn die Entscheidung im Inland anerkennungsfähig ist.[1]

III. Qualifikation

1. Begriffliches

2.19   Der **Begriff der Qualifikation** ist einer der schillerndsten Grundbegriffe des IPR, der in vielfältiger Weise verwendet wird, je nachdem, ob es darum geht, was qualifiziert werden soll (Qualifikationsgegenstand), wie qualifiziert werden soll (Qualifikationsmethode) und nach Maßgabe welcher Rechtsordnung qualifiziert werden soll (Qualifikationsstatut).[2] Qualifikation im weitesten Sinne sind Beurteilungs- oder Bewertungsvorgänge, die rechtstechnisch als Subsumtion, Abgrenzung und Auslegung bezeichnet werden.[3] Qualifiziert werden muss zwar auch bei interner Rechtsanwendung ohne jeden Auslandsbezug; die besondere Dimension der Qualifikation im IPR und IZVR ergibt sich indes aus der Inkongruenz der Rechtssysteme und Rechtsordnungen sowie der Mehrdeutigkeit der Rechtsbegriffe.[4] Wenn im IZVR von Qualifikation gesprochen wird, ist regelmäßig entweder die Abgrenzung zwischen materiellem Recht und Verfahrensrecht (dazu sogleich) oder die Inhaltsbestimmung der einzelnen Rechtsbegriffe gemeint (Rz. 2.23 ff.).[5]

2. Abgrenzung von Verfahrensrecht und materiellem Recht

2.20   Stützt man die grundsätzliche Geltung des Lex-fori-Prinzips auf die Entscheidungsneutralität des Verfahrensrechts (Rz. 2.10), so muss gewährleistet sein, dass sachentscheidende Normen nicht ohne Weiteres der lex fori unterstellt bzw. als ausländisches Verfahrensrecht außer Betracht bleiben. Demnach kommt es auf die – in den Einzelheiten oft schwierige und streitige[6] – Abgrenzung von Verfahrensrecht und materiellem Recht an. Dafür können nicht etwa äußere Kriterien (wie der Standort einer Vorschrift in der ZPO oder im BGB), sondern nur funktionelle Kriterien maßgeblich sein. Den Ausschlag hinsichtlich der Zuordnung eines Rechtsinstituts, einer Norm oder eines Normenkomplexes zum materiellen Recht oder zum Verfahrensrecht geben letztlich aber die **systematischen Vorstellungen der lex fori**, also des deutschen Rechts.

2.21   Das klassische Beispiel für die Abgrenzung von Verfahrensrecht und materiellem Recht ist nach wie vor die **Anspruchsverjährung**: Im Common Law gehört sie traditionell zum Prozessrecht, indem sie als *limitation of*

---

1 Klarstellend *Schack*, Rz. 874.
2 *Basedow*, Qualifikation, S. 131, 135.
3 *Kropholler*, IPR, § 15 I.
4 *Riezler*, S. 101.
5 Vgl. *Geimer*, Rz. 312 ff.; *Schack*, Rz. 52 ff.
6 Beachte die Darstellung bei *Geimer*, Rz. 333 ff.

action den Verlust des Klagerechts bewirkt.[1] Die materiell-rechtliche Qualifikation der Verjährung aus deutscher Sicht führt hingegen zur Anwendung der lex causae, also demjenigen Recht, dem der eventuell verjährte Anspruch untersteht (klargestellt nunmehr in Art. 12 Abs. 1 lit. d Rom I-VO, Art. 15 lit. h Rom II-VO). Das Reichsgericht sah sich in einer frühen Entscheidung genötigt, eine nach dem Recht von Tennessee zu beurteilende Wechselforderung als unverjährbar anzusehen; denn einerseits enthielten das Wechselrecht und das übrige materielle Recht von Tennessee keine Regelung zur Verjährung, und andererseits sei das Statute of Limitation als ausländisches Verfahrensrecht für deutsche Gerichte unbeachtlich.[2] Stattdessen hatte man vorgeschlagen, die Unterstellung der Verjährung unter die lex fori als Rückverweisung auf das deutsche Recht als lex fori des erkennenden Gerichts zu verstehen.[3] Die richtige Lösung ergibt sich indes aus der konsequenten Durchführung der **Qualifikation lege fori**: Als Institut des materiellen Rechts wird die Verjährung von deutschen Gerichten der lex causae unterstellt, hier also der Rechtsordnung von Tennessee, nämlich den verjährungsrechtlichen Vorschriften des dortigen Statute of Limitation. Dessen von deutschen Vorstellungen abweichende verfahrensrechtliche Einkleidung ist für die deutschen Gerichte ohne Belang.[4]

Ferner sollte etwa einsichtig sein, dass Schadensersatzvorschriften wie §§ 717 Abs. 2, 945 ZPO, ungeachtet ihrer Verortung im Prozessrecht, nicht ohne Weiteres schon deshalb zur Anwendung kommen, weil ein deutsches Gericht mit der Haftpflichtfrage befasst ist.[5] Umgekehrt sind Vorschriften wie § 407 Abs. 2 BGB richtigerweise verfahrensrechtlich zu qualifizieren. Für die Einordung einer Rückwirkung, wie sie § 167 ZPO vorsieht, soll es darauf ankommen, ob es um die Wahrung einer prozessualen Frist (dann: lex fori) oder einer materiell-rechtlichen Frist geht (dann: lex causae).[6] Interessante Qualifikationsfragen ergeben sich auch im Bereich der **Prozessaufrechnung**.

2.22

Beispiel: In Deutschland wird eine italienischem Sachrecht unterliegende (Haupt-)Forderung eingeklagt; der Beklagte verteidigt sich im deutschen Prozess mittels Aufrechnung. Gemäß Art. 17 Abs. 1 Rom I-VO unterliegt die Aufrechnung der für die Hauptforderung maßgeblichen Rechtsordnung, sodass das Vertragsstatut der Hauptforderung auch über die Voraussetzungen, das Zustandekommen und die Wirkungen der Aufrechnung entscheidet. In casu kommt es also auf das italie-

---

1 Anders für Auslandsrechtsfälle des englischen Rechts seit dem Foreign Limitation Periods Act 1984, vgl. RabelsZ 49 (1985), 371. Zur Entwicklung in den USA vgl. *Hay*, IPRax 1989, 197 ff.
2 RG v. 4.1.1882 – Rep. I. 636/81, RGZ 7, 21.
3 Z.B. *Kegel*, Die Grenzen von Qualifikation und Renvoi im internationalen Verjährungsrecht, 1962, S. 39 ff.
4 BGH v. 9.6.1960 – VIII ZR 109/59, NJW 1960, 1721; OLG München v. 27.3.1974 – FU 1406/73, IPRspr. 1974 Nr. 26; *Basedow*, Qualifikation, S. 136 f.
5 Näher *Solomon*, in: Hess, Die Anerkennung im Internationalen Zivilprozessrecht – Europäisches Vollstreckungsrecht, 2014, S. 173, 177 ff.
6 Dazu *Nordmeier*, ZZP 124 (2011), 95.

nische Recht an. Gemäß Art. 1243 Abs. 2 italien. CC kann das Gericht die Aufrechnung aussprechen, wenn die Gegenforderung zwar noch nicht feststeht (also
nicht „liquide" ist), aber leicht und schnell feststellbar erscheint. Zu dieser sog. gerichtlichen Aufrechnung („Compensazione giudiziale") führt der BGH treffend
aus:[1] „[E]iner Anwendung des Art. 1243 Abs. 2 CC durch deutsche Gerichte und
damit einer Berücksichtigung dieser […] Aufrechnungsvoraussetzungen [steht]
nicht bereits entgegen, dass sie in eine prozessuale Norm des italienischen Rechts
zur Regelung der verfahrensrechtlichen Voraussetzungen für eine rechtsgestalten-
de Ersetzung des an sich bestehenden Liquiditätserfordernisses eingebettet sind,
die sich in dieser Form in der in Deutschland nach der lex fori-Regel maßgeblichen
deutschen ZPO nicht findet (…). Selbst wenn die in dieser Bestimmung genannten
Aufrechnungsvoraussetzungen nach italienischem Recht dem Verfahrensrecht und
nicht dem materiellen Recht zuzurechnen sein sollten, hindert das den deutschen
Richter nicht, sie auf ihren materiellen Gehalt zu befragen und wie materiell-rechtliche Vorschriften anzuwenden. Denn ob die italienischen Aufrechnungsvoraussetzungen als materiell-rechtlich oder prozessrechtlich zu qualifizieren sind, muss ungeachtet der Frage, ob das deutsche Prozessrecht zu deren Feststellung eine damit
übereinstimmende prozessuale Norm bereithält, in einem vor deutschen Gerichten geführten Prozess nach deutschem Recht unter Anwendung des nach den Regeln des internationalen Privatrechts für das streitige Rechtsverhältnis maßgeblichen ausländischen Rechts entschieden werden. Dies richtet sich danach, ob die
dort bestimmten Voraussetzungen für die Aufrechnung in ihrem sachlich-recht-
lichen Gehalt den in §§ 387 ff. BGB als Teil des materiellen Rechts geregelten deutschen Aufrechnungsvoraussetzungen gleichkommen (…). Das ist für das nach italienischem Recht bestehende Liquiditätserfordernis und seine prozessuale
Ersatzform der leichten und schnellen Feststellbarkeit von Bestand und Höhe der
zur Aufrechnung gestellten Gegenforderung zu bejahen (…). Danach ist auch
Art. 1243 Abs. 2 CC in dem Umfang anzuwenden, wie er eine Verrechnungswir-
kung zulässt (…). Dass das deutsche Prozessrecht ein nach dieser Bestimmung zu
erlassendes Gestaltungsurteil nicht kennt, ist unschädlich, weil – wie § 322 Abs. 2
ZPO zeigt – über den Bestand einer zur Aufrechnung gestellten Gegenforderung
auch im deutschen Recht mit einer vergleichbaren Gestaltungswirkung erkannt
werden kann (…)."

3. Inhaltsbestimmung von Rechtsbegriffen

2.23   Qualifikation meint hier zum einen die Interpretation der in den IZVR-
Normen verwendeten Systembegriffe und Anknüpfungsmerkmale, zum
anderen die Subsumtion eines Lebenssachverhalts unter diese Normbe-
standteile.[2] Systembegriffe unterschiedlicher Reichweite sind z.B. die
„Zivil- und Handelssache" i.S. von Art. 1 Brüssel Ia-VO (Rz. 4.29 ff.) oder
das ausländische „Urteil" i.S. von § 328 ZPO (Rz. 12.28 ff.). Bei der internationalen Zuständigkeit kann die Einordnung eines Anspruchs als vertraglich oder deliktisch fraglich sein (Rz. 5.36). Hat man dies geklärt,
muss darüber befunden werden, wie die einschlägigen Anknüpfungsmerkmale zu verstehen sind, also etwa der Erfüllungsort der Verpflichtung i.S. von § 29 ZPO oder Art. 7 Nr. 1 Brüssel Ia-VO bzw. der Ort der

---

1 Nach BGH v. 14.5.2014 – VIII ZR 266/13, NJW 2014, 3156, 3157 f. Beachte zur
   Abgrenzung von lex fori und lex causae bei der Prozessaufrechnung auch *Lieder*,
   RabelsZ 78 (2014), 809, 829 ff.
2 *Martiny*, RabelsZ 45 (1981), 427, 431 f.

unerlaubten Handlung bzw. des schädigenden Ereignisses i.S. von § 32 ZPO oder Art. 7 Nr. 2 Brüssel Ia-VO (Rz. 5.22 ff., 5.37 ff.).

Das Problem des **Qualifikationsstatuts**, also der für die Begriffsbestim- 2.24 mung maßgeblichen Rechtsordnung, ist im IZVR wegen der zahlreichen Verordnungen und Staatsverträge besonders vielschichtig. Es geht nicht nur darum, ob ein Begriff – weil verfahrensrechtlicher Natur – nach der lex fori oder – weil materiell-rechtlicher Natur – nach der lex causae zu beurteilen ist. Je nach Standort kann derselbe Begriff unterschiedlichen Qualifikationsstatuten unterstehen. So wird z.B. „Zivil- und Handelssache" in Art. 1 Abs. 1 Brüssel Ia-VO verordnungsautonom interpretiert, in den bilateralen Vollstreckungsverträgen überwiegend nach dem Recht des Erst- oder Urteilsstaates und für § 328 ZPO, der den Begriff zwar nicht im Wortlaut führt, dessen Anwendungsbereich aber entsprechend abzustecken ist, nach deutschem Recht als der lex fori.

Die **einheitliche Anwendung des Europarechts** ist ein Auslegungsziel mit 2.25 überragendem Gewicht: Die Rechtsanwendung muss sich am Grundsatz der Einheitlichkeit der Rechte und Pflichten der betroffenen Personen orientieren.[1] Die grammatikalische Auslegung hat daher im Grunde sämtliche Amtssprachen zu berücksichtigen – ein hehres Ziel, das freilich selbst die Generalanwälte und der EuGH kaum jemals erreichen. Im Rahmen der historischen Auslegung der Sekundärrechtsakte können sich die als KOM-bzw. COM-Dokumente veröffentlichten Vorschläge der Kommission und womöglich auch die vorangegangenen Grünbücher als aufschlussreich erweisen. Der EuGH als oberste Auslegungsinstanz (Rz. 3.45) bevorzugt eine **verordnungsautonome Auslegung**, die den Zielsetzungen und der Systematik des in Rede stehenden Rechtsakts Rechnung trägt, aber auch die allgemeinen Rechtsgrundsätze berücksichtigt, die sich aus der Gesamtheit der innerstaatlichen Rechtsordnungen der Mitgliedstaaten ergeben.[2] So verweist der EuGH auf die Grundsätze „des freien Verkehrs der Entscheidungen in Zivil- und Handelssachen, der Vorhersehbarkeit der zuständigen Gerichte und somit der Rechtssicherheit für die Bürger, der geordneten Rechtspflege, der möglichst weitgehenden Vermeidung der Gefahr von Parallelverfahren und des gegenseitigen Vertrauens in die Justiz im Rahmen der Union".[3] Solche Ziele würden gefährdet, wollte man

---

1 Ausführlich zur Auslegung und Fortbildung des Europäischen IZVR *Hess*, § 4 Rz. 42 ff. Vgl. zudem etwa *Adolphsen*, Kap. 1 § 6; *Junker*, § 2 Rz. 21 ff.

2 Grundlegend EuGH v. 14.10.1976 – Rs. C-29/76 (*LTU/Eurocontrol*), NJW 1977, 489. Vgl. aus neuerer Zeit, speziell zum IZVR, etwa EuGH v. 5.12.2013 – Rs. C-508/12 (*Vapenik/Thurner*), NJW 2014, 841: „Nach ständiger Rechtsprechung folgt aus den Anforderungen sowohl der einheitlichen Anwendung des Unionsrechts als auch des Gleichheitsgrundsatzes, dass die Begriffe einer unionsrechtlichen Bestimmung, die für die Ermittlung ihres Sinnes und ihrer Bedeutung nicht ausdrücklich auf das Recht der Mitgliedstaaten verweist, in der Regel in der gesamten Union eine autonome und einheitliche Auslegung erhalten müssen, die unter Berücksichtigung des Kontexts der Bestimmung und des mit der fraglichen Regelung verfolgten Ziels gefunden werden muss (…)."

3 EuGH v. 4.5.2010 – Rs. C-533/08 (*TNT/AXA*), NJW 2010, 1736, 1738.

die lex fori des jeweils angerufenen Gerichts oder die lex causae als Aus-
legungsmaßstab zulassen.

2.26   Bedenkt man, dass das EuGVÜ ursprünglich nur für sechs Staaten galt,
       die EU inzwischen aber 28 Mitgliedstaaten zählt, so zeigt sich, dass die
       einheitliche autonome Auslegung des Europarechts zu einer **immer grö-
       ßeren Herausforderung** wird. Wohl nicht zuletzt deshalb scheut der euro-
       päische Gesetzgeber bisweilen die Schwierigkeit, eine autonome Begriff-
       lichkeit zu entwickeln, und verweist stattdessen halbherzig auf die
       nationalen Rechte (so nach wie vor ausgerechnet für den Wohnsitz, also
       einen zuständigkeitsrechtlichen Schlüsselbegriff, in Art. 62 Brüssel Ia-
       VO; s. Rz. 2.32 f.). Der Ausbau der EU zu einem Raum des Rechts kann
       aber nur gelingen, wenn man nicht resigniert, sondern die Bemühung um
       einheitliche Interpretation eher noch verstärkt: Im Hinblick auf den im
       Bereich der Justiziellen Zusammenarbeit erreichten Integrationsgrad er-
       scheint jeder Verzicht auf eine an sich mögliche verordnungsautonome
       Auslegung eines Rechtsbegriffs eigens begründungsbedürftig.[1]

2.27   Angesichts des immer facettenreicheren Verordnungsrechts gewinnt zu-
       gleich das Bestreben zunehmend an Bedeutung, europarechtsinterne Un-
       stimmigkeiten durch **rechtsaktübergreifende Auslegungen** entsprechen-
       der Bestimmungen und Begriffe zu vermeiden. Allerdings wird dieses
       Anliegen nach wie vor bei der Rechtsetzung zu häufig vernachlässigt. Im-
       merhin wird in Fällen aufeinander folgender Rechtsakte erklärtermaßen
       Kontinuität hinsichtlich der Interpretation angestrebt, sofern der neuere
       Rechtsakt nicht gerade eine Kehrtwende bewirken soll. So lassen sich die
       Erkenntnisse des EuGH zum EuGVÜ grundsätzlich auf die Brüssel I-VO
       übertragen,[2] deren Auslegung wiederum für die Handhabung der Brüs-
       sel Ia-VO relevant bleibt (Erwägungsgrund Nr. 34 zur Brüssel Ia-VO). Zu
       achten ist aber auch auf Kohärenz zwischen den verfahrensrechtlichen
       und den kollisionsrechtlichen Verordnungen (vgl. etwa jeweils Erwä-
       gungsgrund Nr. 7 zur Rom I-VO und zur Rom II-VO).[3]

2.28   Im Anwendungsbereich **bilateraler Rechtshilfe- und Vollstreckungs-
       verträge** konkurrieren die Rechtsordnungen der beiden Vertragsstaaten.
       Heranzuziehen ist dann entweder die Rechtsordnung eines Staates (im
       Rechtshilferecht: ersuchender oder ersuchter Staat; im Anerkennungs-
       recht: Erlass- oder Anerkennungsstaat), oder es ist kumulativ auf beide
       Rechtsordnungen abzustellen (sog. Doppelqualifikation[4]). Bei **multilate-
       ralen Verträgen** legt man nach Möglichkeit eine autonome Interpretation
       oder Qualifikation zugrunde, weil nur auf diese Weise eine gewisse Ein-
       heitlichkeit und damit auch Kalkulierbarkeit der Rechtsanwendung ge-

---

1 Ebenso *Hess*, § 4 Rz. 46.
2 Vgl. Erwägungsgrund Nr. 19 zur Brüssel I-VO sowie EuGH v. 23.4.2009 – Rs.
  C-167/08 (*Draka NK Cables/Omnipol*), NJW 2009, 1937.
3 Dazu EuGH v. 16.1.2014 – Rs. C-45/13 (*Kainz/Pantherwerke*), NJW 2014, 1166.
4 Dazu *Geimer*, Rz. 317.

währleistet werden kann. Ausdrücklich hervorgehoben wird dies etwa in Art. 53 HUntVÜ 2007 oder Art. 23 HGÜ.

Soweit autonome **deutsche Vorschriften** zur Anwendung kommen, ist grundsätzlich nach deutschem Recht als lex fori zu qualifizieren und auszulegen.[1] Wichtige Ausnahmen sind etwa die Staatsangehörigkeit, die stets nach dem Recht des Staates beurteilt wird, dessen Staatsangehörigkeit in Frage steht (s. Rz. 2.34 f.), und nach h.M. der vertragliche Erfüllungsort, bei dem auf das Vertragsstatut abgestellt wird (s. Rz. 5.33).

2.29

IV. Anknüpfung und Anknüpfungsbegriffe

1. Anknüpfung im IZVR

Im IPR kommt der Anknüpfung die Funktion zu, diejenige Rechtsordnung zu benennen, die für die Beantwortung der sich stellenden Rechtsfragen maßgeblich ist. Dies spielt im IZVR angesichts der immer noch festzustellenden Dominanz des Lex-fori-Prinzips eine eher geringe Rolle. Eine abweichende Anknüpfung ist aber beispielsweise für die Partei- und Prozessfähigkeit geboten (Rz. 8.3 ff.). Soweit die Sachrechtsbezogenheit einer internationalverfahrensrechtlichen Fragestellung die Berücksichtigung einer fremden Rechtsordnung gebietet, handelt es sich regelmäßig um die bereits im Rahmen der kollisionsrechtlichen Anknüpfung bestimmte lex causae, also das Geschäftsstatut (Rz. 2.9).

2.30

2. Anknüpfungsbegriffe

a) Überblick

Die vom IPR her geläufigen Anknüpfungsbegriffe dienen im IZVR vornehmlich der Bestimmung der internationalen Zuständigkeit. Allerdings haben die einschlägigen personalen, räumlichen oder sachbezogenen Kriterien – wie Staatsangehörigkeit, Wohnsitz und Aufenthalt, Erfüllungsort, Deliktsort und Belegenheitsort – zum Teil einen anderen Stellenwert. Wie die Anknüpfungsbegriffe zu qualifizieren oder auszulegen sind, hängt zum einen von ihrem Verwendungszweck ab und zum anderen vom Standort der Norm im autonomen Recht, im Europarecht oder im Konventionsrecht. Eingehende Darstellungen können am ehesten Kommentarwerke und große Handbücher bieten. Im Folgenden sollen aber wenigstens die Grundlagen zur Bestimmung des Wohnsitzes, der Staatsangehörigkeit und des Aufenthalts skizziert werden.

2.31

---

1 *Riezler*, S. 137; Handbuch IZVR/*Kropholler*, Bd. I, Kap. III Rz. 80 f.; BGH v. 22.9.1993 – XII ARZ 24/93, FamRZ 1994, 299.

b) Wohnsitz

2.32   Bedeutung hat der Wohnsitz nach wie vor für die Bestimmung der internationalen Zuständigkeit gemäß der Brüssel Ia-VO, zudem aber etwa auch für die Anwendbarkeit des Europäischen Mahnverfahrens und des Europäischen Bagatellverfahrens (vgl. Art. 3 EuMahnVO/EuBagatellVO). Für das Sekundärrecht finden sich zur Bestimmung des Wohnsitzes für **Gesellschaften und juristische Personen** gewisse „Verortungshilfen": Die Legaldefinition des Wohnsitzes in Art. 63 Abs. 1 Brüssel Ia-VO stellt auf den satzungsmäßigen Sitz, die Hauptverwaltung oder die Hauptniederlassung ab (darauf verweisen Art. 3 Abs. 2 EuMahnVO/EuBagatellVO, Art. 2 Abs. 2 PKH-RL und Art. 2 Abs. 3 Mediations-RL). Bemerkenswert ist auch Art. 3 Abs. 1 S. 2 EuInsVO, wonach vermutet wird, dass sich der Mittelpunkt der hauptsächlichen Interessen mit dem satzungsmäßigen Sitz deckt.[1]

2.33   Was den Wohnsitz **natürlicher Personen** angeht, behilft sich Art. 62 Brüssel Ia-VO hingegen mit einer Sachnormverweisung, die das Definitionsproblem kurzerhand dem nationalen Recht, nämlich der jeweiligen *lex territorii* überantwortet. Dies ist bedauerlich, weil die Verweisungslösung wenig praktikabel ist[2] und die 28 Wohnsitzkonzepte ganz erheblich voneinander abweichen (zur damit einhergehenden Gefahr von Kompetenzkonflikten vgl. Rz. 7.3).

c) Staatsangehörigkeit

2.34   Hingegen bietet sich der Rekurs auf nationales Recht an, sofern auf die Staatsangehörigkeit abgestellt wird: Denn die Frage, wer einem Staat angehört, kann sinnvollerweise nur nach dessen Recht beurteilt werden. Allerdings lassen sich aus der EuGH-Judikatur verordnungsautonome Präzisierungen ableiten, die im praxisrelevanten Problemfall der **Doppel- bzw. Mehrstaatenangehörigkeit** bedeutsam werden: Kein mitgliedstaatliches Gericht darf die von einem anderen Mitgliedstaat verliehene Staatsangehörigkeit außer Betracht lassen, und speziell dann, wenn die zuständigkeitsbegründende Wirkung der Staatsangehörigkeit in Rede steht, kommt es wegen des Justizgewährungsanspruchs und im Interesse der Zuständigkeitsklarheit nicht darauf an, ob die fragliche Nationalität nach Lage der Dinge den tatsächlichen Lebensumständen entspricht.[3]

2.35   Der **Erwerb und Verlust der deutschen Staatsangehörigkeit** bestimmt sich nach den allgemeinen Regeln, namentlich also dem StAG.[4] Gem. Art. 9

---

1 Ausführlich *Albers*, Die Begriffe der Niederlassung und der Hauptniederlassung im Internationalen Privat- und Zivilverfahrensrecht, 2010.
2 Vgl. *Hess*, FS Lindacher, S. 53, 57 (bei und in Fn. 28).
3 Näher *Basedow*, IPRax 2011, 109, 114; *Hau*, IPRax 2010, 50, 52 f., dort im Anschluss an die verallgemeinerungsfähigen Ausführungen des EuGH v. 16.7.2010 – Rs. C-168/08 (*Hadadi*), IPRax 2010, 66.
4 BGBl. 1999 I, 1618. Einführend etwa *v. Hoffmann/Thorn*, § 5 Rz. 39 ff.

II. Nr. 5 FamRÄndG[1] stehen, soweit im deutschen Verfahrensrecht die Staatsangehörigkeit maßgebend ist, den deutschen Staatsangehörigen diejenigen gleich, die Deutsche i.S. von **Art. 116 Abs. 1 GG** sind, ohne die deutsche Staatsangehörigkeit zu besitzen. Zudem besteht eine Reihe von Sonderbestimmungen, die den Inländern bestimmte **Flüchtlinge, Verschleppte, Vertriebene und Asylbewerber** gleichstellen.[2]

d) Aufenthalt

Der **gewöhnliche Aufenthalt** ist für die vom FamFG erfassten Angelegenheiten das bei weitem wichtigste Anknüpfungsmoment, wird aber auch im Europa- und Konventionsrecht immer häufiger verwendet.[3] Dies gilt für die Brüssel IIa-VO, die EuUntVO und die EuErbVO, aber auch für die Übereinkommen der Haager Konferenz (MSA, KSÜ, HKEntfÜ, HAdoptÜ, HErwSÜ). Nur ausnahmsweise und notfalls wird an den **schlichten Aufenthalt** angeknüpft (so in Art. 13 Brüssel IIa-VO oder Art. 6 HErwSÜ). 2.36

Im Europa- und Konventionsrecht ist der Begriff des gewöhnlichen Aufenthalts jeweils **autonom auszufüllen**.[4] Insbesondere finden sich keine Art. 62 Brüssel Ia-VO vergleichbaren Verweisungsnormen – was sich im Interesse des internationalen Entscheidungseinklangs als durchaus sachgerecht erweist. Gleichwohl verzichten auch die internationalen Regelungen darauf, eine Legaldefinition des gewöhnlichen Aufenthalts zu versuchen.[5] Wohnsitz und gewöhnlicher Aufenthalt sind jedenfalls nicht deckungsgleich. Dies belegen Vorschriften wie Art. 3 Abs. 1 EuMahnVO/EuBagatellVO oder Art. 2 Abs. 1 Mediations-RL, die beide Begriffe verwenden. Laut Art. 19 Abs. 1 S. 2 Rom I-VO und Art. 23 Abs. 2 Rom II-VO befindet sich der gewöhnliche Aufenthalt einer natürlichen Person, die „im Rahmen der Ausübung ihrer beruflichen Tätigkeit handelt", am Ort ihrer Hauptniederlassung, was aber insbesondere im familienrechtlichen Kontext kaum weiterhilft. Auch die Definitionskataloge der Brüssel IIa-VO und der EuUntVO bringen keine Klärung. 2.37

Wenigstens einen Fingerzeig gibt der *Borrás*-Bericht zu dem nie in Kraft getretenen Brüssel II-Übereinkommen,[6] auf den Erwägungsgrund Nr. 3 zur Brüssel IIa-VO Bezug nimmt. Dieser Bericht verweist für den gewöhnlichen Aufenthalt merkwürdigerweise auf die Definition, die der EuGH vor allem im europäischen Sozialrecht für den Wohnsitz verwendet: Entscheidend sei, welchen Ort „der Betroffene als ständigen und gewöhnli- 2.38

---

1 BGBl. 1961 I, 1221; abgedruckt bei *Jayme/Hausmann*, Nr. 16.
2 Einzelheiten etwa bei Palandt/*Thorn*, BGB, Anh. II zu Art. 5 EGBGB.
3 Vgl. die Bestandsaufnahme bei *Spellenberg*, FS Kerameus, S. 1307 ff.
4 Klarstellend zur Brüssel IIa-VO EuGH v. 2.4.2009 – Rs. C-523/07 (*Fall „A"*), FamRZ 2009, 843. Beachte auch *Spellenberg*, FS Kerameus, 2009, S. 1307.
5 Näher zu den damit einhergehenden Fragen *Baetge*, FS Kropholler, S. 77; *Hau*, GS Wolf, S. 409 (421 ff.); *Hilbig-Lugani*, GPR 2014, 8; *Hilbig-Lugani*, FS Brudermüller, S. 323.
6 ABl. 1998 C 221/27.

chen Mittelpunkt seiner Lebensinteressen in der Absicht gewählt hat, ihm Dauerhaftigkeit zu verleihen, wobei für die Feststellung dieses Wohnsitzes alle hierfür wesentlichen tatsächlichen Gesichtspunkte zu berücksichtigen sind." Freilich hat diese Definition nur geringen Erkenntniswert, wenn es in der Praxis darauf ankommt, wirklich problematische Fälle zu lösen – man denke etwa an Arbeitnehmer, Studierende, Militärangehörige, Pflegebedürftige oder Strafgefangene, die aus den unterschiedlichsten Gründen für einen mehr oder weniger langen Zeitraum in einem anderen Mitgliedstaat leben. Und in der Sache dürfte die Definition daran kranken, dass sie das voluntative Element allzu stark betont.[1]

2.39 Alle Hoffnungen richten sich daher auf den **EuGH**, der sich bereits mit dem gewöhnlichen Aufenthalt von Kindern auseinander setzen und dabei einige sinnvolle Präzisierungen formulieren konnte: Maßgebend soll der Ort sein, der Ausdruck einer gewissen sozialen und familiären Integration des Kindes ist, wobei „insbesondere die Dauer, die Regelmäßigkeit und die Umstände des Aufenthalts in einem Mitgliedstaat sowie die Gründe für diesen Aufenthalt und den Umzug der Familie in diesen Staat, die Staatsangehörigkeit des Kindes, Ort und Umstände der Einschulung, die Sprachkenntnisse sowie die familiären und sozialen Bindungen des Kindes in dem betreffenden Staat zu berücksichtigen" sind.[2]

3. Inland und Ausland

2.40 Eine für das autonome IZVR noch immer bedeutsame Anknüpfung ist die Unterscheidung zwischen In- und Ausland.[3] Sie kann bezogen sein auf die „ausländische" Herkunft eines Verfahrensaktes, z.B. einer Entscheidung (§§ 328, 722 ZPO, §§ 107 ff. FamFG[4]) oder einer Urkunde (§ 438 ZPO), bzw. auf die Bewirkung einer Prozesshandlung „im Ausland", z.B. einer Zustellung (§ 183 ZPO) oder einer Beweisaufnahme (§ 363 ZPO), des Weiteren aber auch auf die fremde Staatsangehörigkeit, namentlich im Fremdenrecht. Entscheidend für die Abgrenzung sind in solchen Fällen weniger die völkerrechtlichen Grenzziehungen als die Un-

---

1 Vgl. *Hau*, FamRZ 2000, 1333, 1334; *Simotta*, FS Geimer, 2002, S. 1117, 1155 ff. Ausdrücklich für einen willenszentrierten Aufenthaltsbegriff hingegen *Weller*, in: Leible/Unberath, Brauchen wir eine Rom 0-Verordnung?, S. 293.
2 EuGH v. 2.4.2009 – Rs. C-523/07 (*Fall A*"), FamRZ 2009, 843. Zu sehr jungen Kindern vgl. EuGH v. 22.12.2010, Rs. C-497/10 (*Mercredi/Chaffe*), FamRZ 2011, 617. Beachte im Anschluss an den EuGH etwa OLG Stuttgart v. 6.5.2014 – 17 UF 60/14, FamRZ 2014, 1930, 1932 f.
3 Vgl. bereits *Riezler*, S. 166 ff.
4 Beachte speziell zur Verortung von Ehescheidungen Prütting/Helms/*Hau*, § 107 FamFG Rz. 30. Besondere Probleme bereitet die Abgrenzung „inländischer" und „ausländischer" Schiedssprüche; dazu *Solomon*, Die Verbindlichkeit von Schiedssprüchen in der internationalen Schiedsgerichtsbarkeit, 2007, dort insbesondere S. 279 ff. zur Frage der sog. Delokalisierung.

terworfenheit unter eine bestimmte Staatsgewalt und deren Gerichtsbarkeit.[1]

Das **Europäische IZVR** unterscheidet zwischen dem Gerichtsstaat und 2.41 einem anderen Mitgliedstaat. Der Begriff des „Inländers" wird nur im Zusammenhang mit der Gleichstellung von Angehörigen anderer Mitgliedstaaten verwendet (vgl. Art. 4 Abs. 2 und 6 Abs. 2 Brüssel Ia-VO). Offene oder verdeckte Differenzierungen wegen der Eigenschaft als „Ausländer" sind grundsätzlich unvereinbar mit dem allgemeinen Diskriminierungsverbot des Art. 18 AEUV (Rz. 1.11 f.), das durch speziellere Verbote (wie Art. 56 Brüssel Ia-VO) konkretisiert wird. Vgl. aber auch Rz. 4.19 f.

---

1 Vgl. *Geimer*, Rz. 302, 304.

§ 3 Völkerrechtliche Rahmenbedingungen

Literatur: *Bertele*, Souveränität und Verfahrensrecht, 1998; *Clavora/Garber*, Das Vorabentscheidungsverfahren in der Zivilgerichtsbarkeit, 2014; *Damian*, Staatenimmunität und Gerichtszwang, 1985; *von Danwitz*, Die Aufgabe des Gerichtshofs bei der Entfaltung des europäischen Zivil- und Zivilverfahrensrechts, ZEuP 2010, 463; *Eichel*, Gerichtsgewalt und internationale Zuständigkeit für die Vollstreckung nach § 887 ff. ZPO bei ausländischem Leistungsort, IPRax 2013, 146; *Gauthey Ladner/Markus*, L'entraide judiciaire internationale en matière civile, 2014; *Geimer*, Betrachtungen zur internationalen (aktiven und passiven) Rechtshilfe und zum grenzüberschreitenden Rechtsverkehr, FS Spellenberg, 2010, S. 407; *Gsell/Hau*, Zivilgerichtsbarkeit und Europäisches Justizsystem – Institutionelle und prozedurale Rahmenbedingungen des Vorabentscheidungsverfahrens nach Art. 267 AEUV auf dem Prüfstand, 2012; *Habscheid*, Die Immunität ausländischer Staaten nach Völkerrecht und deutschem Zivilprozeßrecht, BerDGVR 8 (1968), 159; *Hausmann*, Ausländische Staaten als Darlehens- oder Anleiheschuldner vor deutschen Gerichten, FS Geimer, 2002, S. 289; *Hess*, Staatenimmunität und ius cogens im geltenden Völkerrecht, IPRax 2012, 201; *ders.*, Justizielle Kooperation/Judicial Cooperation, in: Gottwald/Hess, Procedural Justice, 2014, S. 387; *Hopt/Kulms/von Hein*, Rechtshilfe und Rechtsstaat, 2006; *Knöfel*, Ebenenübergreifende Dogmatik im Internationalen Zivilverfahrensrecht am Beispiel der internationalen Rechtshilfe im Zivilprozess, in: Einheit des Privatrechts, JbJZivRWiss 2008, S. 239; *Kren Kostkiewicz/Rodriguez*, Internationale Rechtshilfe in Zivilsachen, 2013; *Lange*, Pfändung von Steuerforderungen ausländischer Staaten, FS Rüßmann, 2013, S. 853; *Leible/Ruffert*, Völkerrecht und IPR, 2006; *Matscher*, Zur prozessualen Behandlung der inländischen Gerichtsbarkeit (der internationalen Zuständigkeit), FS Schlosser, 2005, S. 561; *ders.*, Die Anforderungen der EMRK auf das IZVR, FS Schütze, 2015, S. 387; *McLean*, International Co-operation in Civil and Criminal Matters, 3. Aufl. 2012; *Piekenbrock*, Vorlagen an den EuGH nach Art. 267 AEUV im Privatrecht, EuR 2011, 317; *Pirrung*, Vorrangige, beschleunigte und Eilverfahren vor dem Europäischen Gerichtshof in Ehe- und Sorgerechtssachen, FS von Hoffmann 2011, S. 698; *Roeder*, Grundzüge der Staatenimmunität, JuS 2005, 215; *Sengstschmid*, Handbuch Internationale Rechtshilfe in Zivilverfahren, 2009; *Siehr*, Grundfragen der internationalen Rechtshilfe in Zivilsachen, RIW 2007, 321; *Stürner*, Staatenimmunität und Brüssel I-Verordnung, IPRax 2008, 197; *Thole*, Klagen geschädigter Privatanleger gegen Griechenland vor deutschen Gerichten?, WM 2012, 1793; *Tsikrikas*, Die Anerkennung von Wirkungen ausländischer Prozesshandlungen als Grundlage für die justizielle Zusammenarbeit, ZZPInt 15 (2010), 145; *Volken*, Die internationale Rechtshilfe in Zivilsachen, 1996; *Wagner*, Staatenimmunität in zivilrechtlichen Verfahren, RIW 2013, 851; *ders.*, Staatenimmunität und internationale Zuständigkeit nach der EuGVVO, RIW 2014, 260; *Weller*, Völkerrechtliche Grenzen der Zwangsvollstreckung, Rpfleger 2006, 364; *ders.*, Vollstreckungsimmunität: Beweislast, Beweismaß, Beweismittel, Gegenbeweis und Beweiswürdigung, RIW 2010, 599.

I. Aktivitäten im Gerichtsstaat

1. Grundlagen

a) Gerichtsbarkeit und Gerichtsbarkeitsbefreiungen

Der Begriff der Gerichtsbarkeit, wie er etwa in §§ 18–20 GVG verwendet wird, kennzeichnet im IZVR die Gerichtsunterworfenheit als Ausdruck **3.1** staatlicher Justizhoheit (**Gerichtsgewalt** bzw. *facultas iurisdictionis*).[1] Gemeint ist also nicht die innerstaatliche Unterscheidung der Rechtswege (Zivilgerichtsbarkeit, Verwaltungsgerichtsbarkeit etc.) oder der Bereiche zivilgerichtlicher Tätigkeit (streitige/freiwillige Gerichtsbarkeit), aber auch nicht die Abgrenzung der eigenen nationalen Jurisdiktionshoheit zu derjenigen anderer Staaten nach Maßgabe der Bestimmungen über die internationale Zuständigkeit (dazu Rz. 4.1 ff.).[2] Die zur Abgrenzung angebotene Faustformel, dass die Regeln über die Gerichtsbarkeit bestimmen, ob der deutsche Richter entscheiden *darf*, die Regeln über die internationale Zuständigkeit hingegen, ob er entscheiden *muss*,[3] hilft weiter, sofern man betont, dass dabei die Perspektive des Klägers bzw. Antragstellers zugrunde gelegt wird; aus Sicht des Beklagten bzw. Antragsgegners geht es hingegen hier wie dort um das „Dürfen" des Gerichts.

3.2   Unter dem Gesichtspunkt der Gerichtsbarkeit stellt sich die Frage, inwieweit die Souveränität ausländischer Staaten den deutschen Gerichten dahingehend Grenzen setzt, dass Aktivitäten *im Ausland* oder mit Auslandsbezug zu unterbleiben haben (dazu Rz. 3.33 ff.). Zudem interessiert, inwieweit kraft allgemeiner Regeln des Völkergewohnheitsrechts oder staatsvertraglicher Vereinbarungen auch schon *im Inland* gewisse Befreiungen von der Justizhoheit deutscher Gerichte zu beachten sind. Erscheinungsformen solcher **Gerichtsbarkeitsbefreiungen** sind erstens die **Immunität**, die ausländischen Staaten und internationalen Organisationen zugute kommt, zweitens die **Exemtion** (oder persönliche Immunität) der Angehörigen des diplomatischen und konsularischen Dienstes, drittens die **Exterritorialität** (oder räumlich-gegenständliche Immunität) bestimmter Gegenstände, obwohl sie sich im Inland befinden.

3.3   Um Fragen der Gerichtsbarkeitsbefreiung geht es auch bei den insbesondere im NATO-Truppenstatut,[4] weiteren Übereinkommen sowie Notenwechseln niedergelegten Sonderregeln für (Zivilrechts-)Streitigkeiten mit den in Deutschland stationierten **ausländischen Truppen** und ihren Angehörigen. Diese Fälle haben in den letzten Jahren an Bedeutung verloren und sollen hier nicht näher erläutert werden.[5]

---

1 *Geimer*, Rz. 371; *Riezler*, S. 197 ff., 202.

2 Grundlegend zur Trennung von Gerichtsbarkeit und internationaler Zuständigkeit als selbständigen Sachentscheidungsvoraussetzungen *Pagenstecher*, RabelsZ 11 (1937), 337. Aufschlussreich zu terminologischen und konzeptionellen Unterschieden zwischen deutschem, österreichischem und Konventionsrecht *Matscher*, FS Schlosser, S. 561, 562 ff. Beachte auch *Wagner*, RIW 2014, 260 f.

3 So *Schack*, Rz. 155 f., der von „Gerichtsgewalt" statt „Gerichtsbarkeit" spricht, um Missverständnisse zu vermeiden.

4 NATO-Truppenstatut vom 19.6.1951 (BGBl. 1961 II, 1190) samt Zusatzabkommen vom 3.8.1959 (BGBl. 1961 II, 1183, 1218).

5 Siehe zum früheren Besatzungsrecht und zu den Stationierungsverträgen die 4. Aufl. dieses Werks, Rz. 94 ff., sowie *Nagel/Gottwald*, § 2 Rz. 100 ff. Beachte speziell zu Vollstreckungsmaßnahmen *Wiener*, DGVZ 2013, 105.

Nicht unter dem Gesichtspunkt der inländischen Gerichtsbarkeit, son- **3.4** dern eher des Justizgewährungsanspruchs und der *comitas gentium* interessiert hingegen die Diskussion, inwieweit Deutschland den Zugang zu seinen Gerichten auch für die **Rechtsverfolgung durch ausländische Staaten** und sonstige ausländische juristische Personen des öffentlichen Rechts öffnen soll.[1] Umgekehrt wird diskutiert, ob Deutschland seine Gerichtsbarkeit für die Verfolgung privatrechtlicher Ansprüche auf Kulturgüter verweigern kann, die von ausländischen Verleihern für Ausstellungen im Inland zur Verfügung gestellt worden sind (sog. **freies Geleit**, § 20 KultGSchG[2]).

b) Verfahrensrechtliche Bedeutung

Die erwähnten Gerichtsbarkeitsbefreiungen werden praktisch bedeut- **3.5** sam, wenn es darum geht, ob im Inland z.B. ein fremder Staat verklagt, hier belegenes Vermögen eines fremden Staates gepfändet oder ein ausländischer Botschafter als Zeuge geladen werden kann. Die Gerichtsbarkeit Deutschlands (bzw. das Fehlen einer Gerichtsbarkeitsbefreiung zugunsten des ausländischen Staates) ist eine eigenständige, von Amts wegen und vorrangig zu prüfende **Sachentscheidungsvoraussetzung**.[3] Jedes deutsche Gericht besitzt die Kompetenz, die Befreiung von der Gerichtsbarkeit festzustellen; steht indes ein völkerrechtlicher Befreiungstatbestand in Zweifel, so obliegt es dem BVerfG, für Klärung zu sorgen (Art. 100 Abs. 2 GG).

Die Frage der Gerichtsbarkeit müsste also im Grunde genommen bereits **3.6** geklärt sein, bevor einer möglicherweise „immunen" Person gegenüber eine gerichtliche Amtshandlung, wie z.B. die Zustellung der Klage samt Aufforderung zur Klageerwiderung, vorgenommen wird.[4] In Zweifelsfällen kann jedoch zur Wahrung der Rechte beider Parteien darüber abgesondert verhandelt werden, gegebenenfalls unter **formloser Terminsmitteilung** an die eventuell gerichtsfreie Person.[5] Eine ungeprüfte Verfahrenseinleitung wird durch die zunehmende Liberalisierung des Immunitätsverständnisses (dazu Rz. 3.9 ff.) ebenso wenig gerechtfertigt wie durch die bloße Möglichkeit eines Immunitätsverzichts (dazu Rz. 3.25),[6] solan-

---

1 Dazu *Geimer*, Rz. 1974 ff.
2 BGBl. 1999 I, 1754.
3 Vgl. BGH v. 26.9.1978 – VI ZR 267/76, NJW 1979, 1101; BGH v. 28.5.2003 – IXa ZB 19/03, NJW-RR 2003, 1218; *Rosenberg/Schwab/Gottwald*, § 19 Rz. 14.
4 OLG Hamburg v. 11.11.1952 – 1 W 218/52, MDR 1953, 109; OLG München v. 12.8.1975 – 1 W 1347/75, NJW 1975, 2144; *Hailbronner*, ZZPInt 7 (2002), 63, 67.
5 LG Hamburg v. 10.4.1986 – 2 O 189/85, NJW 1986, 3034; *Mann*, NJW 1990, 618.
6 Dafür aber etwa *Geimer*, Rz. 486; *Damian*, S. 89; *Hess*, RIW 1989, 255; *Rosenberg/Schwab/Gottwald*, § 19 Rz. 14.

ge im Einzelfall für einen solchen Verzicht nichts ersichtlich ist.[1] Soweit eine **förmliche Verfahrenseinleitung** für zulässig erachtet wird, kommt regelmäßig nur die Zustellung im Ausland in Betracht, wenn die ausländische Mission im Inland – wie regelmäßig – nicht zur Entgegennahme ermächtigt ist.[2] Erst wenn sich die Zustellung auf dem Rechtshilfeweg als undurchführbar erwiesen hat, etwa weil der ersuchte (beklagte) Staat die Erledigung bzw. die Annahme verweigert, kommt eine öffentliche Zustellung in Betracht (dazu Rz. 8.40 f.).[3]

3.7   Ist im Inland unter **Verletzung eines Befreiungstatbestands** eine Entscheidung ergangen, so ist fraglich, ob diese deshalb stets wirkungslos oder lediglich anfechtbar ist. Richtigerweise dürfte im Grundsatz von Wirkungslosigkeit auszugehen sein, ausnahmsweise jedoch dann nur von Anfechtbarkeit (und damit auch der Möglichkeit der Rechtskraft), wenn das deutsche Gericht das Bestehen der Gerichtsbarkeit ausdrücklich bejaht hat.[4] Demgegenüber geht der BGH davon aus, dass ein die Immunität zu Unrecht verneinendes Zwischenurteil keine Bindungswirkung entfalten kann.[5] Und im Anschluss daran führt das BVerfG aus, dass die Verletzung eines Immunitätsprivilegs stets zur „Nichtigkeit" der Entscheidung führe.[6]

3.8   Umstritten ist ferner, ob eine allgemeine Regel des Völkerrechts besteht, wonach der Schuldner den Einwand der Wirkungslosigkeit auch noch im **Vollstreckungsverfahren** geltend machen darf, obwohl Einwendungen gegen die Wirksamkeit des Vollstreckungstitels grundsätzlich in das Rechtsbehelfsverfahren der §§ 732, 768 ZPO gehören.[7] Das BVerfG geht über das Problem hinweg, indem es von der unterstellten „Nichtigkeit" einer immunitätswidrigen Entscheidung ohne weiteres auch auf die „Nichtigkeit" der erteilten Vollstreckungsklausel schließt.[8] Macht ein Staat als Drittbetroffener im Vollstreckungsverfahren geltend, dass der Vollstreckungsgegenstand ihm zustehe und hoheitlichen Zwecken diene, so ist grundsätzlich nicht die Drittwiderspruchsklage, sondern die Erinnerung statthaft.[9]

---

1 Wie hier OLG München v. 12.8.1975 – 1 W 1347/75, NJW 1975, 2144; BGH v. 26.9.1978 – VI ZR 267/76, NJW 1979, 1101.
2 Zu den Einzelheiten *Geimer*, Rz. 2146 f. Vgl. auch *Hess*, RIW 1989, 257.
3 Vgl. das „Tschernobyl-Verfahren" vor dem LG Bonn v. 11.2.1987 – 5 T 151/86 und OLG Köln v. 23.3.1987 – 1 W 14/87, IPRax 1987, 231, 233.
4 Ebenso etwa MünchKommZPO/*Braun*, § 578 Rz. 11a; *Schack*, Rz. 189. Offen gelassen von BGH v. 28.5.2003 – IXa ZB 19/03, NJW-RR 2003, 1218.
5 BGH v. 9.7.2009 – III ZR 46/08, NJW 2009, 3164, 3165.
6 BVerfG v. 17.3.2014 – 2 BvR 736/13, NJW 2014, 1723, 1725. Vgl. dazu, dass im Zivilverfahrensrecht die Rede von „nichtigen" (im Sinne von wirkungslosen) Entscheidungen wegen der drohenden Verwechslung mit Nichtentscheidungen besser unterbleibt, etwa *Braun*, Lehrbuch des Zivilprozeßrechts, 2014, S. 878.
7 Wiederum offen gelassen von BGH v. 28.5.2003 – IXa ZB 19/03, NJW-RR 2003, 1218.
8 BVerfG v. 17.3.2014 – 2 BvR 736/13, NJW 2014, 1723, 1725.
9 Dazu BGH v. 6.11.2008 – IX ZR 64/08, WM 2008, 2302.

2. Immunität

a) Von der absoluten zur relativen Immunität

Die Befreiung eines Staates von der Gerichtsbarkeit anderer Staaten ist   3.9
nach traditioneller Auffassung Ausfluss der aus dem Souveränitätsprinzip
folgenden völkerrechtlichen Gleichberechtigung: *par in parem non habet
iurisdictionem* (also: ein Gleicher hat über einen Gleichen keine Gerichtsbarkeit).[1] Der Grundsatz der Staatenimmunität bedeutete in seiner
absoluten Ausprägung, die von der deutschen Rechtsprechung bis 1945
ganz überwiegend vertreten wurde,[2] dass jegliches Handeln ausländischer
Staaten der Kontrolle durch die deutschen Gerichte entzogen war. Demgemäß waren Klagen auf Zahlung vertraglich vereinbarter Vergütungen
ebenso unzulässig[3] wie Klagen auf außervertragliche Haftung[4] oder Voll-
streckungsversuche in das inlandsbelegene Staatsvermögen.[5]

Demgegenüber gewährt die heute allgemein anerkannte Lehre von der   3.10
funktional begrenzten (relativen) Immunität dem ausländischen Staat die
Freistellung von der deutschen Gerichtsbarkeit nur noch für hoheitliches
Handeln (*acta iure imperii*), nicht auch für nichthoheitliches Handeln
aus der Teilnahme am allgemeinen Wirtschaftsleben (*acta iure gestionis*).[6] Diese Unterscheidung sowie die daraus folgenden Immunitäts-
begrenzungen sind nach gefestigter Rechtsprechung des BVerfG Gegenstand der allgemeinen Regeln des Völkerrechts (i.S. von Art. 25 GG)[7] und
werden auch vom EuGH[8] und vom EGMR[9] bestätigt.

Auf denselben Grundsätzen beruht das **Europäische Übereinkommen**   3.11
über Staatenimmunität vom 16.5.1972, das am 16.8.1990 im Verhältnis
zu einigen europäischen Staaten in Kraft getreten ist.[10] Allerdings geht
das Übereinkommen nicht von der generellen Zweiteilung in immuni-

---

1 Statt vieler: *Riezler*, S. 397. BVerfG v. 17.3.2014 – 2 BvR 736/13, NJW 2014,
  1723, verweist gleichsinnig auf das „Prinzip der souveränen Gleichheit der
  Staaten (sovereign equality of states)".
2 Vgl. *Münch*, ZaöRV 24 (1964), 265 ff.
3 RG v. 12.12.1905 – Rep. II. 193/05, RGZ 62, 165.
4 RG v. 10.12.1921 – I 177/21, RGZ 103, 274; RG v. 16.5.1938 – I 232/37, RGZ
  157, 389, jeweils zu Schiffskollisionen.
5 So schon der Preußische Kompetenzkonfliktsgerichtshof im Fall „Hellfeld",
  JböffR 5 (1911), 252, 264.
6 *Nagel/Gottwald*, § 2 Rz. 10; *Geimer*, Rz. 558 ff.; *Damian*, S. 98.
7 Grundlegend BVerfG v. 30.4.1963 – 2 BvM 1/62, BVerfGE 16, 27 = NJW 1963,
  1732. Beachte aus neuerer Zeit BVerfG v. 17.3.2014 – 2 BvR 736/13, NJW 2014,
  1723 f.
8 EuGH v. 19.7.2012 – Rs. C-154/11 (*Mahamdia/Demokratische Volksrepublik
  Algerien*), NZA 2012, 935, 938.
9 EGMR v. 17.7.2012 – 156/04 (*Wallishauser/Österreich*), ÖJZ 2013, 86, dort dazu, dass übertriebene Rücksichtnahme auf den Souveränitätsanspruch eines
  ausländischen Staats womöglich den Justizgewährungsanspruch des Klägers
  unverhältnismäßig verkürzt.
10 BGBl. 1990 II, 35.

tätsgeschützte hoheitliche und immunitätsfreie nichthoheitliche Staatstätigkeit aus, sondern zählt die immunitätsfreien Tätigkeiten als Ausnahmen enumerativ auf.[1] Das dürfte eine Einschränkung des durch die Rechtsprechung des BVerfG entwickelten Standards darstellen, die aber durch eine in Art. 24 des Übereinkommens vorbehaltene Erklärung über die Fortgeltung der autonomrechtlichen Grundsätze auch gegenüber Vertragsstaaten kompensiert werden kann. Deutschland hat ebenso wie die meisten anderen Vertragsstaaten diese Erklärung abgegeben, sodass für den Bereich der sog. Verfahrensimmunität keine wesentlichen Änderungen eingetreten sind.[2] Noch nicht in Kraft getreten ist das **UN-Übereinkommen über die Immunität der Staaten und ihres Vermögens vom 2.12.2004**, das ebenfalls von einem funktional begrenzten (relativen) Immunitätsbegriff ausgeht.

3.12   In neuerer Zeit hat das BVerfG klargestellt, dass Deutschland Befreiung von der Gerichtsbarkeit ausländischer Staaten hinsichtlich der Beurteilung hoheitlichen Verhaltens auch in Schadensersatzprozessen beansprucht, in denen es um grauenhafte **Übergriffe deutscher Streitkräfte** während des Zweiten Weltkriegs gegen die ausländische Zivilbevölkerung geht.[3] Nach Auffassung des EuGH handelt es sich bei solchen Schadensersatzprozessen auch nicht um Zivilsachen i.S. von Art. 1 Abs. 1 S. 1 Brüssel I-VO/Brüssel Ia-VO (vgl. auch Rz. 4.30).[4]

b) Immunitätsträger

3.13   Träger der Staatenimmunität sind zunächst die **Staaten** selbst. Die Befreiung für *acta iure imperii* kommt aber auch den jeweils handelnden staatlichen Organen zu. Die Frage nach der Gerichtsfreiheit von Personen, etwa eines Staatsoberhaupts oder eines Botschafters beim Staatsbesuch, ist ein Aspekt der in §§ 18–20 GVG geregelten Exemtion (Rz. 3.27 ff.; zu Staatsschiffen und -flugzeugen vgl. Rz. 3.32).

3.14   Streitig ist, ob auch staatliche Untergliederungen oder Einrichtungen mit eigener Rechtspersönlichkeit, insbesondere **Staatsbanken** und sonstige **Staatsunternehmen**, Staatenimmunität beanspruchen dürfen.[5] Die deutsche Rechtsprechung lehnt dies bislang ab.[6] So wurden Arrestbefehle ge-

---

1 Vgl. dazu *Karczewski*, RabelsZ 54 (1990), 533 ff.; *Kronke*, IPRax 1991, 141 ff.
2 *Karczewski*, RabelsZ 54 (1990), 533, 546.
3 BVerfG v. 15.2.2006 – 2 BvR 1476/03, NJW 2006, 2542.
4 EuGH v. 15.2.2007 – Rs. C-292/05 (*Eirini Lechouritou*), NJW 2007, 2464. Näher zur neueren zivilprozessualen Aufarbeitung von Kriegsverbrechen im Europäischen Justizraum, auch zu den Stellungnahmen des IGH und des EGMR, *Hess*, IPRax 2012, 201; *Wagner*, RIW 2013, 851.
5 Dazu *Damian*, S. 21 ff.; *Geimer*, Rz. 621 ff.; *von Hoffmann*, BerDGVR 25 (1984), 47 ff. Beachte auch BGH v. 6.11.2008 – IX ZR 64/08, WM 2008, 2302: Dem rechtsfähigen Unternehmen des fremden Staates könne jedenfalls keine weitergehende Immunität als diesem zukommen.
6 Vgl. schon BGH v. 7.6.1955 – I ZR 64/53, NJW 1955, 1435.

gen die Central Bank of Nigeria bestätigt.[1] In mehreren Arrestverfahren gegen die National Iranian Oil Company, eine Aktiengesellschaft im Staatsbesitz und unter staatlicher Kontrolle, wurde auf die privatwirtschaftliche Art der Tätigkeit verwiesen.[2] Das dagegen angerufene BVerfG hat auf die fehlende Immunität *ratione materiae* abgestellt, ohne zur generellen Immunitätsträgerschaft des Staatsunternehmens Stellung zu nehmen.[3] Gegen diese gläubigerfreundliche Haltung rührt sich Kritik, die freilich nicht etwa das Völkerrecht, sondern außenwirtschaftliche Belange im Auge hat: „Für Verfahren, die aus deutscher Sicht keinen Vorteil, sondern nur Belastungen für Frankfurter Banken mit sich bringen, lohnt es in der Tat nicht, sich politisch die Finger zu verbrennen."[4] Im Übrigen ist zu beachten, dass von hoheitlicher Betätigung und damit Vollstreckungsimmunität auszugehen ist, wenn es um die auf Konten bei der Deutschen Bundesbank verwalteten **Währungsreserven** eines ausländischen Staates geht, wobei es dann keine Rolle spielen soll, ob der ausländische Staat selbst die Währungsreserven hält oder dies seiner Zentralbank übertragen hat.[5]

Die in ihrer Vielzahl und ihren Untergliederungen kaum noch überschaubaren **internationalen Organisationen** sollen im Regelfall absolute – also auch private Handlungen umfassende – Immunität genießen.[6] Dies wird zumeist im Gründungsvertrag, der Satzung oder einem gesonderten Abkommen niedergelegt.[7] Die umfassende Befreiung gilt aber nicht für Organisationen, deren Zweckbestimmung die Teilnahme am internationalen Wirtschaftsverkehr voraussetzt, wie z.B. die Weltbank (International Bank for Reconstruction and Development). In neuerer Zeit werden den teilweise mit sehr fachspezifischen Aufgaben betrauten internationalen Organisationen Immunität und Privilegien hingegen nur noch zur Erfüllung ihrer satzungsmäßigen Aufgaben gewährt, sodass zwischen amtlicher und nichtamtlicher Tätigkeit zu trennen ist.[8]

3.15

---

1 LG Frankfurt v. 2.12.1975 – 3/8 O 186/75, NJW 1976, 1044; LG Frankfurt v. 17.3.1976 – 3/8 O 220/75, WM 1976, 515.
2 OLG Frankfurt v. 21.10.1980 – 5 W 24/80, IPRax 1982, 71; OLG Frankfurt v. 11.5.1981 – 20 W 422/80, NJW 1981, 2650; OLG Frankfurt v. 4.5.1982 – 5 U 202/81, IPRax 1983, 68.
3 BVerfG v. 12.4.1983 – 2 BvR 678/81 u.a., BVerfGE 64, 1 = NJW 1983, 2766 = IPRax 1984, 196.
4 *Schack*, Rz. 184.
5 BGH v. 4.7.2013 – VII ZB 63/12, NJW-RR 2013, 1532, 1533 f.
6 Näher *Geimer*, Rz. 825 ff.; *E. J. Habscheid*, FS Geimer, 2002, S. 255; *Ullrich*, ZaöRV 71 (2011), 157; Handbuch IZVR/*Wenckstern*, Bd. II/1, Kap. I Rz. 53 ff.
7 Vgl. den Fall BGH v. 9.7.2009 – III ZR 46/08, NJW 2009, 3164, dort zur Immunität der Europäischen Schule Frankfurt a.M. im Hinblick auf Streitigkeiten zwischen Eltern und der Schule über das Schulgeld.
8 Vgl. *Hailbronner*, ZZPInt 7 (2002), 64.

c) Immunität im Erkenntnis- und im Vollstreckungsverfahren

3.16   Für die Staatenimmunität gelten unterschiedliche Maßstäbe für Erkenntnis- und für Vollstreckungsverfahren: Ist die Klage wegen der nichthoheitlichen Natur des Anspruchs zulässig, so präjudiziert dies noch nicht die Zulässigkeit von Sicherungs- oder Vollstreckungsmaßnahmen aus dem erstrittenen Titel oder im Wege des Arrests.[1]

3.17   Im **Erkenntnisverfahren** kommt es auf die Qualifikation der fremden Staatätigkeit als hoheitlich oder nichthoheitlich an, die grundsätzlich dem – völkerrechtskonform zu bestimmenden – deutschen Recht als lex fori untersteht.[2] Abzustellen ist auf die Natur des den Anspruch auslösenden Handelns oder des zugrundeliegenden Rechtsverhältnisses, also nicht etwa auf das Motiv oder den Zweck der Staatätigkeit.[3]

Beispiele: Zulässig war die Klage eines Heizungsmonteurs gegen das Kaiserreich Persien wegen unbezahlter Reparaturarbeiten im Botschaftsgebäude, und zwar ungeachtet der Frage, ob die Arbeiten für die Aufrechterhaltung des ordnungsgemäßen Amtsbetriebs notwendig gewesen wären.[4] Auch Waffengeschäfte sind im Regelfall nichthoheitlicher Natur, sodass die vom portugiesischen Staat geschuldete Vermittlungsprovision eingeklagt werden konnte.[5] Unzulässig, weil gegen hoheitliche Tätigkeit eines Staatsorgans gerichtet, war hingegen die Klage der Church of Scientology gegen den Leiter von Scotland Yard auf Unterlassung von Behauptungen über kriminelles Verhalten von Mitgliedern in England in einem vom Bundeskriminalamt angeforderten Bericht.[6] An der hoheitlichen Natur staatlicher Enteignungsmaßnahmen musste auch die bei einem deutschen Gericht erhobene Schadensersatzklage gegen Polen wegen konfiszierten Grundbesitzes in Schlesien scheitern.[7]

---

1 BVerfG v. 13.12.1977 – 2 BvM 1/76, BVerfGE 46, 342 = NJW 1978, 485. Für das Verfahren auf Vollstreckbarerklärung eines ausländischen Schiedsspruchs (§ 1061 ZPO) gelten dabei dieselben Grundsätze wie im Erkenntnisverfahren; dazu BGH v. 30.1.2013 – III ZB 40/12, NJW 2013, 3184.

2 Vgl. etwa BVerfG v. 17.3.2014 – 2 BvR 736/13, NJW 2014, 1723, 1724, dort auch dazu, dass es ausnahmsweise geboten sein könne, eine nach deutschem Recht als privatrechtlich einzuordnende Tätigkeit eines ausländischen Staates gleichwohl als der Staatenimmunität unterfallenden actus iure imperii zu qualifizieren, wenn dieser zum Kernbereich völkerrechtlich anerkannter Staatsgewalt zu rechnen ist. Skeptisch zur Maßgeblichkeit der lex fori für die Abgrenzung *Wagner*, RIW 2014, 260, 261 f.

3 BVerfG v. 30.4.1963 – 2 BvM 1/62, BVerfGE 16, 27, 62 f. = NJW 1963, 1732, 1735; BVerfG v. 13.12.1977 – 2 BvM 1/76, BVerfGE 46, 342, 393 = NJW 1978, 485, 492.

4 BVerfG v. 30.4.1963 – 2 BvM 1/62, BVerfGE 16, 27 = NJW 1963, 1732.

5 OLG Koblenz v. 10.10.1972 – 6 U 520/68, OLGZ 1975, 379, bestätigt durch BGH v. 13.11.1974 – IV ZR 188/72, IPRspr. 1974 Nr. 1a/b.

6 BGH v. 26.9.1978 – VI ZR 267/76, NJW 1979, 1101.

7 OLG München v. 12.8.1975 – 1 W 1347/75, NJW 1975, 2144.

Besondere Abgrenzungsschwierigkeiten ergeben sich immer wieder in **3.18**
Arbeitssachen:

Beispiele: Die Staatenimmunität hindert die deutschen Arbeitsgerichte daran, über die Einbehaltung der griechischen Quellensteuer durch die Republik Griechenland gegenüber einem bei ihr in Deutschland beschäftigten griechischen Staatsbürger zu entscheiden.[1] Beschäftigen ausländische Botschaften oder Konsulate sog. „Ortskräfte" (also Personen, die nicht dem fraglichen ausländischen Staat angehören), so dürfte die Kündigung des Anstellungsvertrags stets nichthoheitlicher Natur sein. Demgemäß ist sie im Wege der Kündigungsschutzklage von den deutschen Arbeitsgerichten nachprüfbar, und zwar unabhängig davon, ob es sich um den Aufzugmonteur, eine Mitarbeiterin der Visumabteilung oder eine Lehrerin an einer vom ausländischen Staat in Deutschland unterhaltenen Schule handelt.[2] Bei einem Fahrer mag man darauf abstellen, ob er nur Gäste oder auch Diplomaten chauffiert, oder auch darauf, ob er zum Transport von Diplomatenpost oder nur sonstiger Post eingesetzt wird.[3] Selbst dann, wenn der Arbeitnehmer dem ausländischen Staat angehört, kommt eine Einordnung seiner Tätigkeit als nichthoheitlicher Natur in Betracht.[4]

Die **Vollstreckungsimmunität**, also die Befreiung von staatlichen Zwangs- **3.19**
maßnahmen zur Durchsetzung von Ansprüchen aus in- oder ausländischen Titeln, die unter Wahrung der Grundsätze zur Verfahrensimmunität erlangt worden sind, orientiert sich hingegen an der hoheitlichen oder nichthoheitlichen Zweckbestimmung des Vollstreckungsgegenstandes:[5] Vermögen, welches im Zeitpunkt der Anordnung einer Vollstreckungsmaßnahme keinen hoheitlichen Zwecken dient, unterliegt dem Vollstreckungszugriff eines Gläubigers aus einem Vollstreckungstitel, der über nichthoheitliches Verhalten des Schuldnerstaates ergangen ist.[6] Entscheidend für die Qualifikation ist wiederum die – völkerrechtskonform zu bestimmende – Sicht des deutschen Rechts als lex fori.[7] Wegen der Abgrenzungsschwierigkeiten bei der Beurteilung einer Gefährdung dieser Funktionsfähigkeit und wegen der latent gegebenen Missbrauchsmög-

---

1 BVerfG v. 17.3.2014 – 2 BvR 736/13, NJW 2014, 1723, 1724.
2 Vgl. BAG v. 20.11.1997 – 2 AZR 631/96, IPRax 1999, 174; LAG Berlin v. 20.7.1998 – 9 Sa 74/97, IPRax 2001, 144; BAG v. 10.4.2013 – 5 AZR 78/12, NJW 2013, 2461. Beachte auch den Fall EGMR v. 17.7.2012 – 156/04 (*Wallishauser/ Österreich*), ÖJZ 2013, 86, 87.
3 BAG v. 10.4.2014 – 2 AZR 741/13, RIW 2014, 691, 692.
4 Vgl. EuGH v. 19.7.2012 – Rs. C-154/11 (*Mahamdia/Demokratische Volksrepublik Algerien*), NZA 2012, 935, 938; BAG v. 1.7.2010 – 2 AZR 270/09, NZA 2012, 760. Dazu *Martiny*, IPRax 2013, 536.
5 BVerfG v. 13.12.1977 – 2 BvM 1/76, BVerfGE 46, 342 = NJW 1978, 485; BVerfG v. 12.4.1983 – 2 BvR 678/81 u.a., BVerfGE 64, 1 = NJW 1983, 2766 = IPRax 1984, 196 (Anm. *Stein*, 179); BGH v. 28.5.2003 – IXa ZB 19/03, NJW-RR 2003, 1218.
6 BGH v. 6.11.2008 – IX ZR 64/08, WM 2008, 2302, dort zur sog. „Russen-Siedlung" in Köln. Vgl. dazu den Nichtannahmebeschluss des BVerfG v. 15.12.2008 – 2 BvR 2495/08, juris.
7 BVerfG v. 12.10.2011 – 2 BvR 2984/09, 2 BvR 3057/09, 2 BvR 1842/10, NJW 2012, 293, 295; BGH v. 4.10.2005 – VII ZB 9/05, NJW-RR 2006, 198; BGH v. 1.10.2009 – VII ZB 37/08, NJW 2010, 769; BGH v. 4.7.2013 – VII ZB 63/12, NJW-RR 2013, 1532, 1533.

lichkeiten wird der Schutzbereich zugunsten des fremden Staates aber sehr weit gezogen und auf die typische, abstrakte Gefahr, nicht erst auf eine konkrete Beeinträchtigung der diplomatischen Tätigkeit abgestellt.[1]

Beispiele: Die einem ausländischen Staat zustehenden Forderungen aus der Vermietung einer im Inland belegenen Immobilie – wie des „Russischen Hauses der Wissenschaft und Kultur" in Berlin – können hoheitlichen Zwecken dienen und der Vollstreckungsimmunität unterliegen, wenn sie ausschließlich für den Erhalt einer kulturellen Einrichtung dieses Staates verwendet werden.[2] Vor einem Vollstreckungszugriff geschützt hat der BGH auch eine Forderung der Republik Griechenland, die in Deutschland eine Auslandsschule betreibt, auf Auszahlung von Zuschüssen nach dem Bayerischen Schulfinanzierungsgesetz; denn der Betrieb solcher Auslandsschulen diene hoheitlichen Zwecken.[3] Dabei will der BGH keinen Widerspruch erkennen zur Entscheidung des BAG, das die Tätigkeit von Lehrern an solchen Auslandsschulen nicht als hoheitlich betrachtet.[4]

3.20   Dieselben Grundsätze wie für die Vollstreckungsimmunität gelten auch für die Anspruchssicherung im Verfahren des **einstweiligen Rechtsschutzes**, namentlich für die Arrestpfändung.[5] Spektakulär war die Anordnung des dinglichen Arrestes in die Geschäftsanteile des Iran an der Friedrich Krupp GmbH, die als nicht immunitätsgeschütztes Anlagevermögen angesehen wurden.[6] Die Eintragung einer Arresthypothek soll die Immunität eines Botschaftsgrundstücks nicht beeinträchtigen.[7]

3.21   Für die beliebtesten Vollstreckungsobjekte, nämlich **inländische Bankguthaben** ausländischer Staaten, spielen die Natur des Bankvertrags und die Herkunft der Gelder keine Rolle.[8] Bei **Botschaftskonten** bedarf es keiner weiteren Prüfung; denn bei ihnen ergibt sich die Unzulässigkeit des Zugriffs schon aus dem Grundsatz *ne impediatur legatio*.[9] Zu seiner Wahrung ist von der vom Gläubiger kaum zu widerlegenden Vermutung

---

1 BVerfG v. 12.10.2011 – 2 BvR 2984/09, 2 BvR 3057/09, 2 BvR 1842/10, NJW 2012, 293, 295; BGH v. 28.5.2003 – IXa ZB 19/03, NJW-RR 2003, 1218; BGH v. 4.10.2005 – VII ZB 8/05, NJW-RR 2006, 425; BGH v. 1.10.2009 – VII ZB 37/08, NJW 2010, 769. Näher zu den beweisrechtlichen Aspekten *Weller*, RIW 2010, 599.

2 BGH v. 1.10.2009 – VII ZB 37/08, NJW 2010, 769, dort auch zur Abgrenzung von Exemtion und Staatenimmunität. Beachte zur Entscheidung des BGH den Nichtannahmebeschluss des BVerfG v. 12.10.2011 – 2 BvR 2984/09, 2 BvR 3057/09, 2 BvR 1842/10, NJW 2012, 293.

3 BGH v. 25.6.2014 – VII ZB 23/13, NJW 2014, 1088.

4 BAG v. 10.4.2013 – 5 AZR 78/12, NJW 2013, 2461.

5 BVerfG v. 12.4.1983 – 2 BvR 678/81 u.a., BVerfGE 64, 1, 36 ff.; BGH v. 4.7.2013 – VII ZB 63/12, NJW-RR 2013, 1532, 1535.

6 Dazu *Schumann*, ZZP 93 (1980), 414 f.

7 So OLG Köln v. 24.3.2004 – 2 Wx 34/03, IPRax 2006, 170. Folgerichtig anders LG Bonn v. 27.3.2009 – 6 T 228/04, NJW-RR 2009, 1316, dort zur Unzulässigkeit der Eintragung einer Zwangssicherungshypothek, da diese bereits eine Maßnahme der Zwangsvollstreckung wäre.

8 BVerfG v. 12.4.1983 – 2 BvR 678/81 u.a., BVerfGE 64, 1, 42 = NJW 1983, 2766, 2768.

9 BVerfG v. 13.12.1977 – 2 BvM 1/76, BVerfGE 46, 342, 394 f. = NJW 1978, 485, 493 f.

auszugehen, dass das Guthaben der Deckung der laufenden Ausgaben des Botschaftsbetriebs dient. Eine Offenlegung des konkreten Verwendungszwecks kann dem ausländischen Staat nicht abverlangt werden.[1] Regelmäßig immunitätsgeschützt sind **währungspolitischen Zwecken dienende Bankguthaben.**[2] Auch Konten im Zusammenhang mit Anleihebegebungen sind wegen ihrer Funktion zur Deckung des Staatshaushalts vor der Vollstreckung bewahrt worden.[3] Aus entsprechenden Erwägungen unzulässig ist die Pfändung von Forderungen des russischen Staates gegen Luftfahrtunternehmen wegen der Gebühren für Überflugrechte, weil sie aus hoheitlicher Luftverkehrsverwaltung stammen.[4] Konten und Forderungen, die der Vollstreckungsimmunität unterliegen, können konsequenterweise auch nicht als zuständigkeitsbegründendes Vermögen i.S. von § 23 ZPO herangezogen werden (s. Rz. 5.54 ff.).[5]

Demgegenüber dürften **sonstige Geschäftskonten**, die im Zusammenhang mit Beschaffungskäufen verwendet werden, ungeschützt sein, und zwar selbst dann, wenn sie etwa der Bezahlung von Waffenkäufen dienen.[6]   **3.22**

Beispiel: Das BVerfG[7] hat die Guthaben der National Iranian Oil Company (NIOC) bei deutschen Banken von Erlösen aus dem Erdölgeschäft als offenkundig nichthoheitlichen Zwecken dienend qualifiziert und damit der Pfändung durch amerikanische Gläubiger des Iran zugänglich gemacht. Nicht durchdringen konnte die NIOC mit ihrer Behauptung, die Gelder müssten bestimmungsgemäß zur Deckung des Staatshaushaltes an die iranische Zentralbank überwiesen werden.

Abweichend vom Grundsatz der eingeschränkten Vollstreckungsimmunität, den das BVerfG als völkergewohnheitsrechtlich verbürgt erachtet, sieht das **Europäische Übereinkommen über die Staatenimmunität** (Rz. 3.11) ein nahezu absolutes Verbot von Vollstreckungs- und Sicherungsmaßnahmen vor (Art. 23), das auch durch den Vorbehalt nach Art. 24 kaum gelockert wird.[8] Allerdings sind die Vertragsstaaten grundsätzlich zur Erfüllung konventionskonformer gerichtlicher Entscheidungen verpflichtet (Art. 20), und diese Verpflichtung kann gegebenenfalls gerichtlich bestätigt werden (Art. 21).   **3.23**

---

1 BGH v. 4.10.2005 – VII ZB 8/05, NJW-RR 2006, 425; BGH v. 1.10.2009 – VII ZB 37/08, NJW 2010, 769. Beachte auch *Weller*, RIW 2010, 599.

2 BVerfG v. 12.4.1983 – 2 BvR 678/81 u.a., BVerfGE 64, 1, 45 f. = NJW 1983, 2766, 2769; BGH v. 4.7.2013 – VII ZB 63/12, NJW-RR 2013, 1532, 1533.

3 LG Frankfurt v. 23.5.2000 – 2/13 T 65/99, IPRspr. 2000 Nr. 107b = RIW 2001, 308 (brasilianische Staatsanleihen).

4 BGH v. 4.10.2005 – VII ZB 9/05, NJW-RR 2006, 198; dazu *Dutta*, IPRax 2007, 109.

5 OLG Frankfurt v. 1.10.1998 – 1 U 163/96, IPRax 1999, 247; *Hausmann*, FS Geimer, S. 289, 306 f.

6 *von Schönfeld*, NJW 1986, 2986; *Damian*, S. 182.

7 BVerfG v. 12.3.1983 – 2 BvR 678/81 u.a., BVerfGE 64, 1, 42 = NJW 1983, 2766, 2768.

8 *Karczewski*, RabelsZ 54 (1990), 546; *Kronke*, IPRax 1991, 146.

d) Immunitätsfreie Rechte und Immunitätsverzicht

3.24   Auch die Lehre von der absoluten Staatenimmunität kannte bereits die Ausnahmen genereller Gerichtsunterworfenheit für **Immobiliarklagen** sowie für **Nachlassstreitigkeiten**.[1] Beide Ausnahmetatbestände sind in das Europäische Übereinkommen über die Staatenimmunität übernommen worden (Art. 9, 10). Auf die Unterscheidung zwischen *acta iure imperii* und *acta iure gestionis* kommt es in diesen Fällen nicht an. Insoweit sind selbst Gesandtschaftsgrundstücke nicht immunitätsfest. Dies hat das BVerfG[2] in einem Fall bestätigt, in dem die Eigentümerin eines Berliner Grundstücks nach dessen Veräußerung an die jugoslawische Militärmission die Grundbuchberichtigung wegen Nichtigkeit der Auflassung verlangt hatte. Die Herausgabe des Grundstücks wurde allerdings gleichwohl verwehrt, weil dies die Mission in der Erfüllung ihrer hoheitlichen Aufgaben beeinträchtigt hätte.[3]

3.25   Völkerrechtlich anerkannt ist seit jeher die Möglichkeit des **Verzichts auf die Befreiung** von der Gerichtsbarkeit,[4] sei es kraft staatsvertraglicher Vereinbarung, sei es kraft Individualvertrags für eventuelle Streitigkeiten aus einem bestimmten Rechtsverhältnis, sei es schließlich durch nachträgliche Zustimmung. Auch ein stillschweigender Verzicht durch konkludentes Verhalten ist denkbar, muss angesichts seiner Bedeutung als partieller Souveränitätsverzicht aber eindeutig sein.[5] In Betracht kommen z.B. die Erhebung einer Widerklage oder die rügelose Einlassung zur Hauptsache in Kenntnis der immunitätsbegründenden Umstände.[6] Der Verzicht auf Immunität für das Erkenntnisverfahren umfasst in aller Regel nicht das Vollstreckungsverfahren,[7] und zwar auch nicht im Falle der Unterwerfung unter ein Schiedsgerichtsverfahren.[8] Im Übrigen genügt ein pauschaler Immunitätsverzicht nicht zur Aufhebung des Schutzes der Immunität auch für solches Vermögen, das dem Entsendestaat im Emp-

---

1 *Damian*, S. 60; *Roeder*, JuS 2005, 215, 218.
2 BVerfG v. 30.10.1962 – 2 BvM 1/60, NJW 1963, 435.
3 Vgl. *Münch*, ZaöRV 24 (1964), 275.
4 *Riezler*, S. 377.
5 Ebenso BVerfG v. 17.3.2014 – 2 BvR 736/13, NJW 2014, 1723, 1724; ähnlich BGH v. 30.1.2013 – III ZB 40/12, NJW 2013, 3184, 3186. Strenger BGH v. 9.7.2009 – III ZR 46/08, NJW 2009, 3164, 3167: grundsätzlich bedürfe es einer ausdrücklichen Erklärung.
6 Ein solcher konkludenter Immunitätsverzicht wurde erwogen, aber nach Lage der Dinge verneint von BVerfG v. 17.3.2014 – 2 BvR 736/13, NJW 2014, 1723, 1724.
7 Statt vieler: BGH v. 4.7.2013 – VII ZB 63/12, NJW-RR 2013, 1532, 1534; *Geimer*, Rz. 631.
8 Dazu BGH v. 30.1.2013 – III ZB 40/12, NJW 2013, 3184, 3185 f., dort auch zu der davon zu trennenden Frage, ob aus dem Abschluss einer Schiedsvereinbarung zumindest ein Verzicht auf die Immunität im Verfahren der Anerkennung und Vollstreckbarerklärung eines Schiedsspruchs abgeleitet werden kann.

fangsstaat zur Aufrechterhaltung der Funktionsfähigkeit seiner diplomatischen Mission dient.[1]

Beispiel: Der in den Anleihebedingungen für argentinische Staatsanleihen vorgesehene allgemeine Verzicht auf Immunität für gerichtliche Verfahren einschließlich des Zwangsvollstreckungsverfahrens erlaubt nicht ohne weiteres die Vollstreckung in Botschaftskonten.[2]

Zur Anschlussfrage, ob im Falle eines wirksamen Immunitätsverzichts damit zugleich die internationale Zuständigkeit der deutschen Vollstreckungsgerichte zur Vollstreckung in Forderungen des ausländischen Staats begründet wird, s. Rz. 14.50. **3.26**

3. Exemtion

Nicht nur ausländische Staaten sind von der inländischen Gerichtsbarkeit ausgenommen; vielmehr können auch bestimmte natürliche Personen exemt – also befreit – sein. Die Exemtion ist vor allem in den beiden Wiener UN-Übereinkommen über diplomatische Beziehungen vom 18.4.1961[3] (**WÜD**) bzw. über konsularische Beziehungen vom 24.4.1963[4] (**WÜK**) geregelt. Daneben gelten völkergewohnheitsrechtliche Grundsätze, z.B. betreffend die Immunität von Staatsgästen (ausländische Staatsoberhäupter oder Regierungsmitglieder). **3.27**

Man unterscheidet zwischen der persönlichen und der Amtsexemtion. Diplomaten sind bis zur Beendigung ihrer dienstlichen Tätigkeit (Art. 39 Abs. 2 S. 1 WÜD) **persönlich exemt** von der Gerichtsbarkeit des Empfangsstaates. Die Exemtion gilt nicht für Verfahren über Klagen gegen den Diplomaten in dessen privater Eigenschaft als Grundbesitzer, als Beteiligter bei der Abwicklung von Nachlassangelegenheiten oder wegen der Ausübung einer freiberuflichen Nebentätigkeit (vgl. Art. 31 Abs. 1 S. 2 WÜD). Zum Haushalt des Diplomaten gehörende Familienmitglieder werden gemäß Art. 37 Abs. 1 WÜD von der persönlichen Exemtion erfasst, sofern sie nicht dem Empfangsstaat angehören. Nur **beschränkte persönliche Exemtion** von der Zivilgerichtsbarkeit in Bezug auf ihre dienstliche Tätigkeit genießen gemäß Art. 37 Abs. 2 WÜD das Verwaltungspersonal und das technische Personal der Botschaft sowie deren Familienmitglieder. Die **Amtsexemtion**, die z.B. dem Hauspersonal der Botschaft (Art. 37 Abs. 3 WÜD) oder den Mitgliedern einer konsularischen Vertretung (Art. 43 WÜK) zugute kommt, bezieht sich nur auf dienstliche Tätigkeiten, die als Auftreten für den Entsendestaat erkennbar sind. Auch auf die Exemtion kann verzichtet werden, und zwar in der Regel durch den Entsendestaat (Art. 32 WÜD; Art. 45 WÜK). **3.28**

---

1 BVerfG v. 6.12.2006 – 2 BvM 9/03, NJW 2007, 2605.
2 BGH v. 4.7.2007 – VII ZB 6/05, NJW-RR 2007, 1498.
3 BGBl. 1964 II, 959.
4 BGBl. 1969 II, 1585.

3.29 Soweit die gerichtliche Inanspruchnahme der exemten Person an der fehlenden Gerichtsbarkeit scheitert, kommt eine **Anspruchsverfolgung im Heimat- oder Entsendestaat** in Betracht (vgl. Art. 31 Abs. 4 WÜD).[1] Im Übrigen ist zu beachten, dass die Exemtion die exemte Person nicht daran hindert, in persönlichen Angelegenheiten (etwa einer Ehescheidung) ein Verfahren vor den Gerichten des Empfangsstaates einzuleiten; ein daraufhin ergehendes Urteil kann in Deutschland als Entsendestaat anerkannt werden.[2]

3.30 Der deutsche Gesetzgeber regelt in **§§ 18–20 GVG** Fragen der Exemtion (entgegen der nichtamtlichen Überschrift geht es nicht um Exterritorialität). Dabei übernimmt er die beiden Wiener Übereinkommen sowie die ergänzenden Regeln des Völker(gewohnheits)rechts (vgl. § 20 Abs. 2 GVG), und zwar mit gewissen Erweiterungen: Die niedergelegten Regeln sollen auch im Verhältnis zu Nichtvertragsstaaten Anwendung finden (§§ 18 S. 2, 19 Abs. 1 S. 2 GVG); und anders als das WÜD und das WÜK, die nicht für Staatsgäste gelten, sind ausländische Staatsoberhäupter und Regierungschefs nebst Begleitung so lange von der deutschen Gerichtsbarkeit befreit, wie sie sich auf amtliche Einladung in Deutschland aufhalten (§ 20 Abs. 1 GVG).

4. Exterritorialität

3.31 Als Ausfluss des völkerrechtlichen Grundsatzes *ne impediatur legatio* ist die Unverletzbarkeit der **Gesandtschaftsgebäude** seit alters her anerkannt.[3] Obwohl die klassische Vorstellung einer exterritorialen Enklave im Staatsgebiet des Belegenheitsstaates heute meist als irreführend zurückgewiesen wird, hat sich der Begriff der Exterritorialität – im Sinne räumlich-gegenständlicher Immunität – erhalten. Der Problemkreis ist inzwischen auf staatsvertraglicher Grundlage umfassend geregelt, in erster Linie durch die bereits genannten Wiener Diplomaten- und Konsularrechtskonventionen. Geschützt sind z.B. ausländische Botschaftsgebäude (Art. 22 WÜD) und Konsulate (Art. 31 WÜK), deren Archive (Art. 24 WÜD, Art. 33 WÜK), die amtliche Korrespondenz (Art. 27 Abs. 2 WÜD, Art. 35 Abs. 2 WÜK) und Kuriergepäck (Art. 27 Abs. 3–4 WÜD, Art. 35 Abs. 4–5 WÜK). In den geschützten Räumlichkeiten dürfen seitens des Belegenheitsstaates keine Amtshandlungen vorgenommen werden, also insbesondere auch keine Zustellungen von Klagen, Ladungen, einstweiligen Verfügungen, Arrestbefehlen oder Pfändungsbeschlüssen erfolgen.[4] Die Räumlichkeiten dürfen von Vertretern des Empfangsstaates ohne Zustimmung der Missionschefs auch nicht betreten werden (Art. 22 WÜD, Art. 31 WÜK).

---

1 Dazu *Leipold*, FS Lüke, 1997, S. 353, 360 ff.
2 Vgl. BGH v. 30.3.2011 – XII ZB 300/10, FamRZ 2011, 788 m. Anm. *Gottwald*.
3 *Damian*, S. 75.
4 *Geimer*, Rz. 400 ff.

Die Gerichtsfreiheit ausländischer **Staatsschiffe und -flugzeuge** wird all-   3.32
gemein als Ausfluss der Staatenimmunität angesehen.[1] Sie dürfen insbesondere nicht Zwangsvollstreckungsmaßnahmen unterworfen oder mit
Arrest belegt werden. Betroffen sind nicht nur die bei Staatsbesuchen verwendeten See- und Luftfahrzeuge, sondern all diejenigen, die zu hoheitlichen bzw. nichtkommerziellen Zwecken verwendet werden. Auch hierzu
gibt es staatsvertragliche Vereinbarungen, namentlich das Brüsseler Übereinkommen zur einheitlichen Feststellung von Regeln über die Immunität von Staatsschiffen vom 10.4.1926.[2]

II. Aktivitäten außerhalb des Gerichtsstaates

1. Grundlagen

Aus der hoheitlichen Natur staatlicher Gerichtsbarkeit einerseits und der   3.33
räumlichen Beschränkung jeder nationalstaatlichen hoheitlichen Betätigung durch das Territorialitäts- und Souveränitätsprinzip andererseits ergibt sich die **Notwendigkeit internationaler Rechtshilfe.**

Beispiel: Deutsche Richter dürfen sich, soweit dafür keine europa- oder konventionsrechtliche Grundlage besteht (Rz. 10.33 ff.), nicht etwa selbst ins Ausland be-
geben, um dort Zeugen zu vernehmen oder um Bauwerke, Unfallstellen o.ä. in
Augenschein zu nehmen; vielmehr sind sie auf die Einhaltung des Rechtshilfewegs
angewiesen. Entsprechendes sollte richtigerweise für die Entsendung von Gerichtssachverständigen gelten (s. Rz. 10.25).

Freilich gibt es **Grauzonen**, in denen unklar sein kann, welche Auslands-   3.34
aktivitäten das Völkerrecht den inländischen Gerichten untersagt. So
wird etwa diskutiert, ob sich ein Gericht ohne Weiteres schriftlich, telefonisch oder per Email an eine Auskunftsperson wenden darf, die sich im
Ausland aufhält.[3] Im Übrigen sind inländische Gerichte nach überwie-
gender Auffassung nicht bereits aus völkerrechtlichen Gründen daran gehindert, gemäß § 142 ZPO die Vorlage einer Urkunde aufzugeben, die
sich im Ausland befindet.[4] Dementsprechend darf ein inländisches Gericht auch zu einem Handeln oder Unterlassen im Ausland verurteilen
und etwaige Zuwiderhandlungen im Inland vollstreckungsrechtlich gemäß §§ 888, 890 ZPO sanktionieren.[5] Unter völkerrechtlichen Gesichtspunkten zweifelhaft ist aber wiederum der Erlass eines Prozessführungs-
verbots, das einer Partei aufgibt, ein im Ausland bereits eingeleitetes
Gerichtsverfahren nicht fortzuführen oder von der Verfahrenseinleitung
abzusehen (dazu Rz. 7.31 ff.).

---

1 *Damian*, S. 83; vgl. auch RG v. 10.12.1921 – I 177/21, RGZ 103, 274; RG v.
  16.5.1938 – I 232/37, RGZ 157, 389.
2 RGBl. 1927 II, 484. Dazu etwa *Nagel/Gottwald*, § 2 Rz. 44 ff.
3 Vgl. zum Streitstand *Geimer*, Rz. 436b, 437 ff.; *Knöfel*, RIW 2011, 887; *Mankowski*, RIW 2014, 397, 399 ff.
4 *Geimer*, Rz. 440; *Schack*, Rz. 791.
5 Dazu *Eichel*, IPRax 2013, 146, 147; *Geimer*, Rz. 396 ff.; *Schack*, Rz. 791,
  1072 ff.

2. Internationale Rechtshilfe

3.35   Grundlage der Rechtshilfe ist das **Prinzip der Gegenseitigkeit** einschließlich des gegenseitigen Entgegenkommens als Ausprägung der **völkerrechtlichen Courtoisie** (Rz. 2.4). Die Gegenseitigkeit manifestiert sich zum einen in den zahlreichen staatsvertraglichen, jetzt auch europarechtlichen
Regelungen, zum anderen in der tatsächlich geübten Praxis. Die Verbürgung der Gegenseitigkeit muss weder für ausgehende noch für eingehende Ersuchen von vornherein feststehen. Vielmehr gilt: solange ein fremder Staat die Rechtshilfe nicht definitiv ablehnt, besteht kein Anlass, es
den Beteiligten des Inlandsverfahrens zu verweigern, die Erledigung des
Ersuchens wenigstens zu versuchen.[1] Zur Parallelfrage bei § 328 Abs. 1
Nr. 5 ZPO s. Rz. 13.48.

3.36   Eine allgemeine Verpflichtung zur Rechtshilfe besteht weder kraft Euro-
pa- noch kraft Völker(gewohnheits)rechts.[2] Umso bedeutsamer sind
sekundär- und konventionsrechtliche Regelungen, die bestimmte Rechts-
hilfemaßnahmen gebieten. Diese Vorschriften werden bei der Darstellung
der einzelnen Sachbereiche angegeben, so für Zustellungen (Rz. 8.23 ff.),
Übermittlung von Prozesskostenhilfegesuchen (Rz. 8.12), Rechtsauskunft
(Rz. 9.15) sowie Beweisaufnahmen (Rz. 10.33 ff.). Soweit auf **vertragloser
Grundlage** gewisse Verfahrensweisen geduldet werden, namentlich die
Bewirkung formloser Zustellungen an eigene Staatsangehörige oder die
Vernehmung aussagebereiter Personen, dürfte sich die unverbindliche
Courtoisie bereits zu Völkergewohnheitsrecht und damit zu einer echten
Rechtsquelle verfestigt haben.

3.37   Keine Rechtsquelle im eigentlichen Sinne, vielmehr nur eine einheitlich
vom Bund und den Ländern erlassene Verwaltungsvorschrift, ist die
Rechtshilfeordnung in Zivilsachen (ZRHO).[3] Die ZRHO definiert den Begriff der Rechtshilfe dahingehend, dass jede gerichtliche oder behördliche
Hilfe in einer bürgerlichen Rechtsangelegenheit erfasst wird, „die entweder zur Förderung eines inländischen Verfahrens im Ausland oder zur
Förderung eines ausländischen Verfahrens im Inland geleistet wird" (§ 2
Abs. 1 ZRHO). Im Einzelnen unterscheidet die ZRHO sodann die Rechtshilfe für Ersuchen um Zustellung, Beweisaufnahme (Rechtshilfe im enge-
ren Sinne), Vollstreckung (z.B. von Kostenentscheidungen nach Art. 18
HZPÜ 1954[4]), Verfahrensüberleitung, Verfahrenshilfe (z.B. Übersendung
von Akten oder Urkunden) sowie Rechtsauskunft. Die ZRHO eröffnet
nicht den Rechtshilfeverkehr, sondern enthält als Verwaltungsvorschrift
nur die allgemeinen Richtlinien für die Durchführung des Rechtshilfever-

---

1 Vgl. *Schack*, Rz. 198.
2 Klarstellend etwa *Geimer*, FS Spellenberg, S. 407 f.
3 Neufassung vom 28.10.2011 (mit späteren Änderungen); vgl. für den Bund die
Bekanntmachung vom 15.3.2012, BAnz. Nr. 38a vom 7.3.2012. Die ZRHO ist abrufbar u.a. auf den Internetseiten des Bundesamtes für Justiz (www.bundesjustiz
amt.de), dort unter „Internationale Rechtshilfe in Zivil- und Handelssachen".
4 BGBl. 1958 II, 577.

kehrs, wenn und soweit er auf vertragloser Grundlage praktiziert wird oder völker- bzw. europarechtlich geregelt ist (wobei diese Regelungen sowie das Ausführungsrecht der ZRHO vorgehen).

3. Übermittlungswege und Verfahrensfragen

Die traditionellen Übermittlungswege für Rechtshilfeersuchen sind der **di- 3.38 plomatische oder konsularische Weg**, also unter Einschaltung der Auslandsvertretungen des ersuchenden Staates im ersuchten Staat. Die Haager Zustellungs- und Beweisübereinkommen von 1965 bzw. 1970 (Rz. 8.24 und 10.33) haben zur weiteren Verbesserung der Übermittlung die **Einrichtung Zentraler Behörden** bewirkt, die für ein- und ausgehende Ersuchen alles Erforderliche veranlassen. Eine zentrale Anlauf- und Vermittlungsstelle im Rechtshilfeverkehr mit dem Ausland ist für Deutschland das Bundesamt für Justiz,[1] das bei der Wahrnehmung seiner Aufgaben mit dem Auswärtigen Amt, dem Bundesministerium der Justiz, den zuständigen Landesjustizverwaltungen sowie den ausländischen Zentralbehörden zusammenarbeitet. Die EU-Verordnungen verlangen die Einrichtung von Zentralstellen, die Auskünfte erteilen, bei Schwierigkeiten nach Lösungen suchen und in Ausnahmefällen selbst aktiv werden sollen.

Der sog. **unmittelbare Verkehr zwischen den Gerichten** im ersuchenden 3.39 und im ersuchten Staat war schon immer ein Ziel der zwischenstaatlichen Vereinbarungen. Er ist aber erst mit den bilateralen Zusatzvereinbarungen zum Haager Zivilprozessübereinkommen von 1954 realisiert worden. Auch das Haager Zustellungsübereinkommen von 1965 (Rz. 8.24) ist insoweit programmatisch geblieben und hat die direkteste Verkehrsart, die Zustellung per Post, noch unter Vorbehaltsmöglichkeit gestellt. Erst mit dem europäischen Zustellungsrecht (Rz. 8.25 f.) ist der unmittelbare Verkehr zwischen den Gerichten der primäre Übermittlungsweg geworden, wegen der vorbehaltlos eröffneten Postzustellung (Rz. 8.29) aber sogleich auch wieder in den Hintergrund getreten. Geradezu revolutionär ist die Eröffnung der unmittelbaren Beweisaufnahme nach der EuBewVO (Rz. 10.44 ff.).

Die ZRHO verlangt vor der Übermittlung ausgehender und der Erledi- 3.40 gung eingehender Rechtshilfeersuchen die Einschaltung sog. **Prüfungsstellen**, denen weitreichende Kompetenzen eingeräumt werden (§§ 9, 28 ff., 82 ff. ZRHO). Prüfungsstellen sind die Gerichtspräsidenten oder die durch die Haager Übereinkommen und einige andere Rechtshilfeverträge eingeführten Zentralen Behörden. Diese Kompetenzzuweisung an die Justizverwaltung wird damit gerechtfertigt, dass der Rechtshilfeverkehr mit dem Ausland als Ausfluss der Pflege auswärtiger Beziehungen

---

1 Vgl. BGBl. 2006 I, 3171, sowie die Informationen auf der Homepage: www.bundesjustizamt.de.

eine Angelegenheit der Exekutive sei.[1] Die Verfassungsmäßigkeit dieser Kompetenzzuweisung, die auch die Verweigerung der Weiterleitung ausgehender Ersuchen nach politischem Ermessen beinhalten soll,[2] wird im Schrifttum mit Hinweis auf Art. 92 und 97 Abs. 1 GG allerdings angezweifelt,[3] zumal für die internationale Rechtshilfe in Zivilsachen eine gesetzliche Grundlage fehlt.

Beispiel: Die Hamburger Landesjustizverwaltung hat fragwürdigerweise ein Ersuchen eines US-Bundesgerichts auf Vernehmung eines Zeugen erst gar nicht an den deutschen Rechtshilferichter weitergeleitet, weil man davon ausging, dass der Zeuge von einem nach Ansicht der Verwaltung berechtigten Zeugnisverweigerungsrecht Gebrauch machen werde. Das dagegen angerufene OLG meinte, dies sei wegen der „Vermeidung unnötigen Arbeitsaufwands" gerechtfertigt.[4]

3.41   Herkömmlich steht die Erledigung der Rechtshilfe unter dem **Vorbehalt des ordre public**: Sie darf vom ersuchten Staat verweigert werden, wenn er sie „für geeignet hält, seine Hoheitsrechte oder seine Sicherheit zu gefährden" (so die Standardvorbehaltsklausel der Haager Übereinkommen, vgl. insbesondere Art. 13 Abs. 1 HZÜ, Art. 12 Abs. 1 lit. b HBÜ). Kein Weigerungsgrund folgt allerdings daraus, dass der ersuchte Staat die ausschließliche Entscheidungszuständigkeit für die Sache beansprucht, die den Verfahrensgegenstand im ersuchenden Staat bildet (Art. 13 Abs. 2 HZÜ, Art. 12 Abs. 2 HBÜ). Rechtshilfe ist also selbst dann zu leisten, wenn die im Ausland zu erwartende Entscheidung im Inland voraussichtlich nicht anerkennungsfähig sein wird (vgl. § 328 Abs. 1 Nr. 1 ZPO, § 109 Abs. 1 Nr. 1 FamFG). Auch im Übrigen ist es wichtig, Sinn und Wortlaut des Ordre-public-Vorbehalts ernst zu nehmen und zu fragen, ob sich wirklich schon die Erledigung des Rechtshilfeantrages als inakzeptabel erweist: Nur wenn unmittelbar durch die Erledigung vollendete Tatsachen geschaffen werden, unverzichtbare Grundsätze eines freiheitlichen Rechtsstaates also bereits durch die Zustellung oder Beweisaufnahme im Inland verletzt werden, ist Rechtshilfe zu versagen. Viel diskutiert wird die Einschlägigkeit des Vorbehalts in neuerer Zeit vor allem im Hinblick auf Zustellungsersuchen für Klagen, die bei US-amerikanischen Gerichten unter Einforderung extremer Strafschadensersatzbeträge (*punitive damages*) oder als sog. *class actions*[5] erhoben worden sind.[6] Im **innereuropäischen**

---

1 Z.B. *Geimer*, FS Spellenberg, S. 407, 423 f.; BGH v. 11.7.2003 – V ZR 414/02, NJW 2003, 2830.

2 Vgl. OLG Köln v. 30.10.1985 – 4 WF 141/85, FamRZ 1985, 1278; LG Bonn v. 11.2.1987 – 5 T 151/86, IPRax 1987, 231.

3 Näher *Linke*, in: Gottwald, Grundfragen der Gerichtsverfassung – Internationale Zustellung, 1999, S. 95, 100.

4 OLG Hamburg v. 3.5.2002 – 2 Va 4/01, RIW 2002, 717 (krit. Anm. *Busse*); vgl. *Schlosser*, Art. 11 HBÜ Rz. 2.

5 Vgl. dazu *Böhm*, Rz. 685 ff.

6 Siehe BVerfG v. 24.1.2007 – 2 BvR 1133/04, WM 2007, 375 f.; BVerfG v. 14.6.2007 – 2 BvR 2247/06 u.a., WM 2007, 1392; BVerfG v. 4.9.2008 – 2 BvR 1739/06 u.a., WM 2008, 2033; BVerfG v. 9.1.2013 – 2 BvR 2805/12, WM 2013, 288 (bestätigend zu KG v. 25.10.2012 – 1 VA 11/12, WRP 2013, 400); OLG Düsseldorf v. 22.9.2008 – 3 VA 6/08, NJW-RR 2009, 500; OLG Düsseldorf v. 22.7.2009 – 3 VA 9/03, NJW-

Rechtsverkehr verzichten die EuZustVO und die EuBewVO (abgesehen vom Sonderfall des Art. 17 Abs. 5 lit. c) völlig auf einen Ordre-public-Vorbehalt.

Die Entscheidung der deutschen Rechtshilfestelle, Rechtshilfe zu leisten, 3.42
ergeht als **Justizverwaltungsakt**, dessen Rechtmäßigkeit einer gerichtlichen Überprüfung nach § 23 Abs. 1 S. 1 EGGVG unterzogen werden kann. Überwiegend verneint wird die Möglichkeit, den Erlass der Rechtshilfeverfügung bereits im Vorfeld zu verhindern, da dies auf eine in § 23 EGGVG nicht vorgesehene vorbeugende Unterlassungsklage hinausliefe.[1] Ist die Rechtshilfehandlung im Inland bereits erfolgt, bleibt an Rechtsschutz gegen die Übermittlung des Ergebnisses (insb. des Zustellungszeugnisses, vgl. Art. 6 HZÜ) durch die deutsche Zentrale Behörde an die ersuchende ausländische Stelle zu denken.[2]

III. Internationale Gerichte

Rechtsprechungsgewalt kann kraft Europa- oder Konventionsrechts auf 3.43
inter- bzw. supranationale Gerichte übertragen werden, wobei dies bisweilen als Ergänzung, bisweilen als Beschränkung der nationalen Gerichtsbarkeit ausgestaltet ist.

Organ der EU ist der **Gerichtshof der Europäischen Union** in Luxemburg, 3.44
der den Gerichtshof (EuGH), das Gericht sowie Fachgerichte umfasst (Art. 19 Abs. 1 EUV).[3] Einige der hierauf entfallenden Zuständigkeiten sind in bestimmten Zivilsachen relevant, so etwa die Zuständigkeit für Schadensersatzklagen wegen außervertraglicher Haftung der EU für ihre Organe und Bediensteten (Art. 268, 340 AEUV).

Von ganz herausragender Bedeutung ist das nunmehr in Art. 267 AEUV 3.45
und Art. 93 ff. VerfO EuGH 2012[4] geregelte **Vorabentscheidungsverfahren** zum EuGH, das diesem die Interpretationsprärogative hinsichtlich des Primär- und des Sekundärrechts sichert.[5] Dabei ist zu unterscheiden zwi-

---

RR 2010, 573. Vgl. aus dem Schrifttum etwa *von Hein*, RIW 2007, 249; *Rogler*, IPRax 2009, 223; *Schütze*, FS Kerameus, 2009, S. 1245; *Stadler*, JZ 2007, 1047. Beachte auch das Fallbeispiel bei *Fuchs/Hau/Thorn* Nr. 7.

1 Näher *Stadler*, IPRax 1992, 147, 149. Zur Möglichkeit, im Falle eines zu erwartenden Zustellungshilfeersuchens bei der Zentralen Behörde eine Schutzschrift zu hinterlegen, vgl. *Hess*, AG 2006, 809, 815.

2 Dazu *Schütze*, RIW 2005, 579, 582.

3 Homepage: http://curia.europa.eu/.

4 ABl. 2012 L 265/1. Beachte zur Neufassung *Karpenstein/Eckart*, AnwBl 2013, 249.

5 Beachte zum Vorrang des Vorabentscheidungsverfahrens EuGH v. 11.9.2014 – Rs. C-112/13 (A/B), EuZW 2014, 950, 951 ff. Näher zur Bedeutung der EuGH-Judikatur speziell für das Privatrecht die Beiträge bei *Gsell/Hau* und bei *Clavora/Garber*. Beachte zudem etwa *Basedow*, AcP 210 (2010), 157; *von Danwitz*, ZEuP 2010, 463; *Kohler/Puffer-Mariette*, ZEuP 2014, 696; *Piekenbrock*, EuR 2011, 317; *Rösler*, EuZW 2014, 606.

schen der bloßen Vorlageberechtigung nationaler Gerichte (Abs. 2: „kann ... vorlegen") und der Vorlageverpflichtung letztinstanzlich entscheidender nationaler Gerichte (Abs. 3: „zur Anrufung ... verpflichtet"). Eine Einschränkung des Vorabentscheidungsverfahrens sah früher Art. 68 Abs. 1 EGV ausgerechnet hinsichtlich der Rechtsakte im Bereich der Justiziellen Zusammenarbeit in Zivilsachen vor; diese sachwidrige Sonderregel ist mit Inkrafttreten des AEUV entfallen. Das zum 1.3.2008 eingeführte Eilvorlageverfahren (nunmehr: Eilvorabentscheidungsverfahren gem. Art. 107 ff. VerfO EuGH 2012) soll eine zügige Beantwortung von Vorlagefragen sicherstellen, was sich gerade im Bereich des Internationalen Familienverfahrensrechts als geboten erweist.[1]

3.46   Der **EuGH ist gesetzlicher Richter** i.S. von Art. 101 Abs. 1 S. 2 GG, sodass die Verletzung der Vorlagepflicht durch ein deutsches Gericht mittels Verfassungsbeschwerde zum BVerfG gerügt werden kann.[2] Eine Vorlage an den EuGH ist allerdings dann – ausnahmsweise – nicht erforderlich, wenn die richtige Anwendung des Europarechts derart offenkundig ist, dass keinerlei Raum für einen vernünftigen Zweifel an der Entscheidung der gestellten Rechtsfrage bleibt, und wenn das nationale Gericht davon überzeugt ist, dass die gleiche Gewissheit auch für den Gerichtshof und die Gerichte der übrigen Mitgliedstaaten bestünde. Man spricht dann von einem *acte clair* bzw. – im Falle bereits erfolgter Klärung durch den EuGH – einem *acte éclairé*.[3]

3.47   Durch das Übereinkommen vom 19.2.2013[4] zwischen 25 EU-Staaten wurde das **Einheitliche Patentgericht** (EPG) als ein gemeinsames Gericht der Vertragsstaaten geschaffen. Ihm obliegt die Regelung von Streitigkeiten über europäische Patente und europäische Patente mit einheitlicher Wirkung. Kraft der Änderungsverordnung Nr. 542/2014[5] zur Brüssel Ia-VO gilt das EPG als mitgliedstaatliches Gericht im Sinne der Brüssel Ia-Regelungen.

3.48   Erheblichen Einfluss auf die deutsche Zivilgerichtsbarkeit haben auch Entscheidungen des Straßburger **Europäischen Gerichtshofs für Men-**

---

1 Näher *Kühn*, EuZW 2008, 263; *Paraschas*, DRiZ 2010, 256; *Pirrung*, FS von Hoffmann, S. 698; *Richter*, ZfRV 2010, 148; *Rieck*, NJW 2008, 2958.

2 Nachdrücklich etwa BVerfG v. 25.2.2010 – 1 BvR 230/09, NJW 2010, 1268; enger BVerfG v. 6.7.2010 – 2 BvR 2661/06. Näher zur weiteren Judikatur etwa *Bäcker*, NJW 2011, 270; *Britz*, NJW 2012, 1313; *Callies*, NJW 2013, 1905; *Schröder*, EuR 2011, 808. Zu sonstigen Sanktionsmöglichkeiten *Kenntner*, EuZW 2005, 235.

3 Näher zu den Voraussetzungen etwa EuGH v. 6.12.2005 – Rs. C-461/03 (*Gaston Schul Douane*), EWS 2006, 238 = JuS 2006, 833; BVerfG v. 25.2.2010 – 1 BvR 230/09, NJW 2010, 1268; *Hau*, in: Gsell/Hau, Zivilgerichtsbarkeit und Europäisches Justizsystem, S. 83, 84 f.

4 ABl. 2013 C 175/1. Näher zur komplizierten Vorgeschichte *Gaster*, EuZW 2011, 394. Zur Verfahrensordnung des EPG vgl. *Haberl/Schallmoser*, GRUR-Prax 2014, 171; zum Rechtsschutzsystem vgl. *Haedicke*, GRUR 2014, 119.

5 ABl. 2014 L 163/1.

schenrechte (EGMR),[1] der über die Einhaltung der Europäischen Menschenrechtskonvention vom 4.11.1950 (EMRK)[2] wacht. Von besonderer Bedeutung sind im Bereich des IZVR die in Art. 6 EMRK normierten Justizgrundrechte, namentlich der Anspruch auf Entscheidung in angemessener Frist und auf Gewährung rechtlichen Gehörs, zudem das Prinzip der Waffengleichheit[3] als Ausprägung des Gebots der Verfahrensfairness.[4] Das 11. Protokoll zur EMRK eröffnet die Möglichkeit, nach Erschöpfung des innerstaatlichen Instanzenzugs eine Individualbeschwerde zum EGMR zu erheben.[5] Deshalb wird dieser voraussichtlich auch künftig bedeutsam bleiben, obwohl inzwischen die Charta der Grundrechte[6] rechtsverbindlich geworden ist (Art. 6 Abs. 1 EUV), die mit ihrem Art. 47 eine Art. 6 EMRK entsprechende Rechtsschutzgarantie verbürgt. In Deutschland ist die Restitutionsklage nach § 580 Nr. 8 ZPO eröffnet, wenn der EGMR eine Verletzung der EMRK festgestellt hat und eine deutsche Entscheidung auf dieser Verletzung beruht.[7] Noch nicht in Kraft getreten ist das 16. Protokoll zur EMRK, das ein Vorlageverfahren vorsieht, in dem nationale Höchstgerichte den EGMR künftig um Vorabentscheidung zur EMRK ersuchen können.

Besondere **Gerichte der Schifffahrt** werden gemäß § 14 GVG für die in 3.49 den einschlägigen Staatsverträgen bezeichneten Angelegenheiten zugelassen. So erlaubt die Revidierte Rheinschifffahrtsakte vom 17.10.1868[8] die wahlweise Anrufung der Zentralkommission in Straßburg als Berufungsgericht anstelle der sonst zuständigen nationalen Gerichte.[9] Eine gewisse Bedeutung kommt im Bereich des IZVR, insbesondere im Hinblick auf die völkerrechtlichen Rahmenbedingungen wie Immunitätsfragen, ferner dem **Internationalen Gerichtshof (IGH)** der Vereinten Nationen zu.[10]

---

1 Homepage: http://www.coe.int/T/D/Menschenrechtsgerichtshof/.
2 Beachte die Bekanntmachung der Neufassung v. 22.10.2010, BGBl. 2010 II, 1198.
3 EGMR v. 27.10.1993 – 37/1992/382/460, NJW 1995, 1413; vgl. dazu etwa *Schlosser*, NJW 1995, 1404, und aus neuerer Zeit *Stürner*, FS Gottwald, 2014, S. 631, 637 f.
4 Vgl. *Hess*, FS Jayme, 2004, Bd. I, S. 339; *Windel*, JR 2011, 323, 324 f. Beachte speziell zum Vollstreckungsrecht *Brunner*, DGVZ 2012, 61.
5 Beachte zu Besonderheiten des Verfahrens vor dem EGMR etwa Leible/Terhechte/*Peters/Altwicker*, § 13; speziell aus zivilprozessualer Sicht *Windel*, JR 2013, 365, 368 ff.
6 ABl. 2010 C 83/389.
7 Dazu *Braun*, NJW 2007, 1620; *Schumann*, FS Machacek und Matscher, 2008, S. 901.
8 Neufassung des deutschen Wortlauts vom 11.3.1969, BGBl. 1969 II, 597.
9 Näher *Rosenberg/Schwab/Gottwald*, § 13 Rz. 9 f., dort auch zu den Moselschifffahrtsgerichten.
10 Dazu *Hess*, IPRax 2012, 201; *Wagner*, RIW 2013, 851, 854 f.

§ 4 Grundlagen der internationalen Zuständigkeit

Literatur: *Alio*, Die Neufassung der Brüssel I-Verordnung, NJW 2014, 2395; *Alt-hammer*, Arglistiges Klägerverhalten im Europäischen Zuständigkeitsrecht, GS Konuralp, 2009, Bd. I, S. 103; *Bidell*, Die Erstreckung der Zuständigkeiten der EuG-VO auf Drittstaatensachverhalte, 2014; *Cadet*, Main features of the revised Brussels I Regulation, EuZW 2013, 218; *Coester-Waltjen*, Allzuständigkeit oder *genuine link* – eine unendliche Geschichte?, FS Schütze, 2014, S. 27; *Domej*, Die Neufassung der EuGVVO – Quantensprünge im europäischen Zivilprozessrecht, RabelsZ 78 (2014), 508; *Ferrari*, Forum shopping – a plea for a broad and value-neutral definition, FS Magnus, 2014, S. 385; *Gampp*, Perpetuatio fori internationalis im Zivilprozeß und im Verfahren der freiwilligen Gerichtsbarkeit, 2009; *Geimer*, Einige Bemerkungen zur Zuständigkeitsordnung der Brüssel I-Verordnung, FS Musielak, 2004, S. 169; *ders.*, Neues und Altes im Kompetenzsystem der reformierten Brüssel I-Verordnung, FS Gottwald, 2014, S. 175; *Gottwald*, Das Wetterleuchten des forum non conveniens, FS Jayme, 2004, Bd. I, S. 277; *Grunwald*, Forum Shopping mit amerikanischen Gerichten, 2008; *Hau*, Forum shopping, in: AG Familien- und Erbrecht im DAV, Der internationale Familien- und Erbrechtsfall, 2006, S. 103; *ders.*, Gegenwartsprobleme internationaler Zuständigkeit, FS von Hoffmann, 2011, S. 617; *Hausmann*, Internationale Zuständigkeit und Verbot der Diskriminierung aus Gründen der Staatsangehörigkeit, FS Hailbronner, 2013, S. 429; *von Hein*, Die Neufassung der Europäischen Gerichtsstands- und Vollstreckungsverordnung, RIW 2013, 97; *Heldrich*, Internationale Zuständigkeit und anwendbares Recht, 1969; *Hess*, Die allgemeinen Gerichtsstände der Brüssel I-Verordnung, FS Lindacher, 2007, S. 53; *Hoffmann-Nowotny*, Doppelrelevante Tatsachen in Zivilprozess und Schiedsverfahren, 2010; *Kähr*, Der Kampf um den Gerichtsstand, 2010; *Koch*, Grenzüberschreitender Schadensersatz im Prozess, FS Gottwald, 2014, S. 355; *Kodek*, Geklagt in den USA – Risiken für europäische Unternehmen, 2011; *König*, Die Anwendbarkeit des „forum non conveniens" im deutschen und europäischen Zivilverfahrensrecht, 2012; *Leipold*, Neues zum Verhältnis zwischen dem Europäischen Zivilprozessrecht und dem einzelstaatlichen Recht – die Bestimmungen der EuGVVO 2012 zur Zuständigkeit für Klagen gegen Parteien mit Wohnsitz in Drittstaaten und zur Beachtung der Rechtshängigkeit in Drittstaaten, FS Schilken, 2015, S. 353; *Löser*, Zuständigkeitsbestimmender Zeitpunkt und perpetuatio fori im internationalen Zivilprozess, 2009; *Lüttringhaus*, Der Missbrauch des Gerichtsstandes im Zivilprozess, ZZP 127 (2014), 29; *Mankowski*, Internationale Zuständigkeit und anwendbares Recht, FS Heldrich, 2005, S. 867; *ders.*, Änderungen im Internationalen Verbraucherprozessrecht durch die Neufassung der EuGVVO, RIW 2014, 625; *Markus*, Die revidierte europäische Gerichtsstandsverordnung – eine „Lugano-Sicht", AJP 2014, 800; *McGuire*, Forum Shopping und Verweisung, ZfRV 2005, 83; *Nuyts*, La refonte du règlement Bruxelles I, Rev.crit. 102 (2013), 1; *Ost*, Doppelrelevante Tatsachen im Internationalen Zivilverfahrensrecht, 2002; *Pfeiffer*, Internationale Zuständigkeit und prozessuale Gerechtigkeit, 1995; *ders.*, Materialisierung und Internationalisierung im Recht der Internationalen Zuständigkeit, in: 50 Jahre BGH – Festgabe aus der Wissenschaft, 2000, Bd. III, S. 617; *Pirrung*, Zur perpetuatio fori in europäischen grenzüberschreitenden Sorgerechtssachen, FS Kerameus, 2009, S. 1037; *Pohl*, Die Neufassung der EuGVVO – im Spannungsfeld zwischen Vertrauen und Kontrolle, IPRax 2013, 109; *Prütting*, Internationale Zuständigkeit und Revisionsinstanz, GS Blomeyer, 2004, S. 803; *Renna*, Prozessvergleich und Internationale Zuständigkeit, Jura 2009, 119; *Schack*, Unglücke in Europa – Klagen in den USA, FS Schlosser, 2005, S. 839; *Schäuble/Kaltenbach*, Die Zuständigkeit deutscher Gerichte nach den Vorschriften der EuGVVO, JuS 2012, 131; *Schoibl*, Die Prüfung der internationalen Zuständigkeit nach Europäischem

Verfahrensrecht in Zivil- und Handelssachen, ZZPInt 10 (2005), 123; *Schröder*, Internationale Zuständigkeit, 1971; *Schwartze*, Internationales Forum Shopping mit Blick auf das günstigste Sachrecht, FS von Hoffmann, 2011, S. 415; *Schüttfort*, Ausschließliche Zuständigkeiten im internationalen Zivilprozessrecht – Autonomes und europäisches Recht im Vergleich, 2011; *Spellenberg*, Schutz der Verteidigungsrechte und Zuständigkeit nach EuGVO und EheGVO, FS Gottwald, 2014, S. 607; *Tichý*, Die Verhinderung von Rechtsmissbrauch im Prozess am Beispiel der Brüssel I-Verordnung, FS Martiny, 2014, S. 851; *Thole*, Missbrauchskontrolle im Europäischen Zivilverfahrensrecht, ZZP 122 (2009), 423; *Trittmann*, Waffengleichheit beim Forum Shopping für deutsche Parteien im Verhältnis zu US-amerikanischen Gegenparteien?, FS Schütze, 2015, S. 647; *Trüten*, Die neue Brüssel I-Verordnung und die Schweiz, EuZ 2013, 60; *Wilhelmi*, Das Weltrechtsprinzip im internationalen Privat- und Strafrecht – Zugleich eine Untersuchung zu Parallelitäten, Divergenzen und Interdependenzen von internationalem Privatrecht und internationalem Strafrecht, 2007.

I. Überblick

1. Internationale und örtliche Zuständigkeit

4.1 Deutsche Zivilgerichte können und sollen nicht alle Rechtsstreitigkeiten dieser Welt verhandeln und entscheiden. Den dieser Überlegung entsprechenden Filter schafft die Prüfung der internationalen Zuständigkeit. Diese ist als **eigenständige Sachentscheidungsvoraussetzung** zu unterscheiden sowohl von der Gerichtsbarkeit i.S. von Gerichtsunterworfenheit (s. Rz. 3.1 ff.) als auch von der innerstaatlichen Kompetenzverteilung nach Rechtsweg, örtlicher, sachlicher sowie funktioneller Zuständigkeit. Mit der örtlichen hat die internationale Zuständigkeit allerdings gemein, dass beide der Ermittlung eines mit der Rechtssache räumlich hinreichend verbundenen Gerichts dienen: Während die internationale Zuständigkeit die Kompetenzen zwischen den Gerichten verschiedener Staaten abgrenzt, bestimmt die örtliche Zuständigkeit die innerstaatliche Aufgabenteilung, also den Gerichtssprengel. Die internationale Zuständigkeit beruft nur die Gerichte eines Staates in ihrer Gesamtheit; fehlt sie, so ist überhaupt kein inländisches Gericht zuständig.

4.2 Bisweilen kommt die **eigenständige Regelung der internationalen Zuständigkeit** im Normtext klar zum Ausdruck, so beispielsweise in Art. 4 Abs. 1 Brüssel Ia-VO („vor den Gerichten dieses Mitgliedstaates"), Art. 3 Brüssel IIa-VO („die Gerichte des Mitgliedstaates") oder §§ 98 ff. FamFG („Die deutschen Gerichte sind … zuständig, wenn …"). Es gibt aber auch Vorschriften, die sich zugleich zur internationalen wie zur örtlichen Zuständigkeit äußern, so insbesondere in Art. 7 Brüssel Ia-VO oder Art. 3 EuUntVO („Gericht des Ortes"). Eine nicht nur regelungstechnische, sondern konstitutive Verknüpfung von örtlicher und internationaler Zuständigkeit ergibt sich aus dem sog. **Grundsatz der Doppelfunktionalität** der örtlichen Zuständigkeit. Dieser gelangt zur Anwendung, soweit für die internationale Zuständigkeit kein vorrangiges Europa- oder Konventionsrecht einschlägig ist und auch das nationale Recht (vgl. etwa §§ 98 ff. FamFG) keine Sonderregelung vorsieht. In solchen Fällen lautet der

Grundsatz: Indem das Gesetz einen örtlichen Gerichtsstand eröffnet, dessen Tatbestandsvoraussetzungen im Inland gegeben sind, sollen die deutschen Gerichte auch international zuständig sein.[1] Es wird also von der örtlichen auf die internationale Zuständigkeit geschlossen (*argumentum a minori ad maius*).

Beispiel: K klagt beim LG Köln gegen den in Brasilien lebenden B auf Schadensersatz wegen einer in Köln begangenen unerlaubten Handlung. Weil keine vorrangigen europa- oder konventionsrechtlichen Vorschriften eingreifen (s. zur Unanwendbarkeit der Brüssel Ia-VO in einem solchen Fall noch Rz. 4.36), bestimmt sich die internationale Zuständigkeit nach deutschen Regeln. Maßgeblich ist § 32 ZPO: daraus folgt ausdrücklich zwar nur die örtliche Zuständigkeit des LG Köln, in doppelfunktionaler Anwendung aber auch schon die internationale Zuständigkeit der deutschen Gerichte.

Diese in Deutschland seit jeher vertretene Auffassung hat der Gesetzgeber mit **§ 105 FamFG** als allgemeine, auch für die ZPO entsprechend geltende Auffangregel bestätigt. Damit ist die Streitfrage hinfällig geworden, ob sich die Doppelfunktionalität methodisch aus einer analogen Anwendung der Regelungen zur örtlichen Zuständigkeit ergibt oder – was näher liegt – aus einer darin zugleich enthaltenen, vom Gesetzgeber stillschweigend vorausgesetzten Regelung der internationalen Zuständigkeit.[2]   **4.3**

Trotz solcher Überschneidungen verbleiben **Unterschiede zwischen örtlicher und internationaler Zuständigkeit**; denn die Interessenlage ist zwar ähnlich, aber keineswegs deckungsgleich.[3] Abweichungen ergeben sich bereits daraus, dass sich ein Ausschließlichkeitsanspruch, soweit für die örtliche Zuständigkeit erhoben, nicht ohne Weiteres auf die internationale Zuständigkeit erstreckt (klarstellend § 106 FamFG). Zudem ist nach richtiger Auffassung die internationale – anders als die örtliche – Zuständigkeit noch in der Rechtsmittelinstanz zu überprüfen (s. Rz. 4.69).   **4.4**

2. Erscheinungsformen

a) Entscheidungs- und Anerkennungszuständigkeit

Die internationale Zuständigkeit hat zwei Funktionen: Einerseits bestimmt sie, hinsichtlich welcher Angelegenheiten Deutschland seine Gerichtsgewalt ausüben will bzw. dies kraft Europa- oder Konventionsrechts darf, andererseits kann sie Maßstäbe für die Anerkennung ausländischer Entscheidungen setzen.   **4.5**

---

1 Beachte aus der neueren Rechtsprechung etwa BGH v. 18.1.2011 – X ZR 71/10, NJW 2011, 2056; BGH v. 7.11.2012 – VIII ZR 108/12, NJW-RR 2013, 309. Vgl. aus dem Schrifttum etwa die ausführlichen Nachweise bei Stein/Jonas/*Roth*, § 1 ZPO Rz. 32b ff.

2 Wie hier etwa *Kropholler*, IPR, § 58 II 1a; *Schack*, Rz. 266. Für Analoge hingegen *von Hoffmann/Thorn*, § 3 Rz. 38.

3 Richtig, statt vieler, etwa BGH v. 16.12.2003 – XI ZR 474/02, NJW 2004, 1456, 1457. Beachte auch schon BT-Drucks. 10/504, S. 89.

4.6   Befasst sich eine europarechtliche, konventionsrechtliche oder deutsche Norm damit, unter welchen Voraussetzungen die deutschen Gerichte entscheiden dürfen bzw. müssen, so handelt es sich um eine Regelung der sog. **Entscheidungszuständigkeit bzw.** *compétence directe.* Solche Vorschriften finden sich insbesondere in Art. 4 ff. Brüssel Ia-VO, Art. 3 ff. Brüssel IIa-VO, Art. 3 ff. EuUntVO, Art. 2 ff. LugÜ 2007 oder §§ 98 ff. FamFG.

4.7   Die Frage nach der internationalen Zuständigkeit kann aber auch gestellt werden, wenn es um die Anerkennung ausländischer Entscheidungen im Inland geht: Sofern vorrangiges Europa- oder Konventionsrecht nichts anderes bestimmt (vgl. etwa Art. 45 Abs. 3 Brüssel Ia-VO, Art. 24 Brüssel IIa-VO), wird eine ausländische Entscheidung gemäß § 328 Abs. 1 Nr. 1 ZPO bzw. § 109 Abs. 1 Nr. 1 FamFG im Inland nur anerkannt, wenn das ausländische Gericht aus deutscher Sicht zur Entscheidung berufen war. Es geht dann um die sog. **Anerkennungszuständigkeit bzw.** *compétence indirecte* (s. Rz. 13.4 ff.). Weil mit Hilfe dieser indirekten Zuständigkeitsregeln die Entscheidungskompetenz eines ausländischen Gerichts erst im Nachhinein beurteilt wird, spricht man auch von Beurteilungsregeln (im Gegensatz zu den Befolgungsregeln der direkten internationalen Zuständigkeit).[1] Die Zuständigkeitskataloge der reinen Anerkennungs- und Vollstreckungsverträge sind stets nur Beurteilungsregeln, was freilich bisweilen übersehen wird.[2]

4.8   Von der Anerkennungszuständigkeit zu unterscheiden ist die **Anerkennungsfähigkeit der zu erwartenden deutschen Entscheidung im Ausland:** Letztere spielt für die Frage, ob deutsche Gerichte international zuständig sind, grundsätzlich keine Rolle.[3] Bestätigt wird diese Regel durch punktuelle Ausnahmevorschriften wie Art. 12 Abs. 1 EuErbVO oder § 98 Abs. 1 Nr. 4 FamFG.

b) Konkurrierende und ausschließliche Zuständigkeit

4.9   Ebenso wie mehrere Gerichte innerhalb eines Staates für die Entscheidung eines Rechtsstreits örtlich zuständig sein können (z.B. für Ersatzansprüche aus einem Verkehrsunfall u.a. die Gerichte am Beklagtenwohnsitz und am Unfallort, §§ 12, 13, 32, 35 ZPO, § 20 StVG), können auch in Sachverhalten mit Auslandsberührung die Gerichte mehrerer Staaten international zuständig sein.

Beispiel: Der Wohnsitz des Beklagten (also dessen allgemeiner Gerichtsstand) und der Unfallort (also der Deliktsgerichtsstand) befinden sich in verschiedenen Staaten.

---

1 Vgl. Handbuch IZVR/*Kropholler*, Bd. I, Kap. III Rz. 9.
2 Unzutreffend etwa BGH v. 27.6.1984 – IVb ZR 2/83, NJW 1985, 552, wo die Entscheidungszuständigkeit deutscher Gerichte auf Art. 3 HUntVÜ 1958 gestützt wurde.
3 Klarstellend etwa BGH v. 6.10.2004 – XII ZR 225/01, NJW-RR 2005, 81, 82; Stein/Jonas/*Roth*, § 1 ZPO Rz. 49 f.

In solchen Fällen sind regelmäßig **konkurrierende (bzw. fakultative) in-** 4.10
ternationale Zuständigkeiten gegeben, und der Kläger kann den Staat
wählen, vor dessen Gerichten er seine Ansprüche geltend machen will
(zum damit zusammenhängenden Forum shopping s. Rz. 4.24 f.). Dabei
ist es für das tatsächlich angegangene Gericht grundsätzlich unerheblich,
ob der Kläger auch die Gerichte eines anderen Staates hätte in Anspruch
nehmen können (anders indes die Lehre vom *forum non conveniens*; s.
Rz. 4.79 f.).

Auch das **Europa- und Konventionsrecht** begründet für vermögensrecht- 4.11
liche Angelegenheiten in vielen Fällen konkurrierende Zuständigkeiten,
um eine möglichst sachnahe Verhandlung der Angelegenheit zu ermöglichen (vgl. etwa Art. 4 und 7 ff. Brüssel Ia-VO; Art. 3 EuUntVO; Art. 2 und
5 ff. LugÜ 2007). Sind Gerichtsstände in mehreren Mitgliedstaaten eröffnet, hat der Kläger ein Wahlrecht, sofern dem weder eine wirksame Gerichtsstandsvereinbarung noch ein vorrangiges Parallelverfahren entgegenstehen. Ähnlich verhält es sich für Ehesachen mit dem in Art. 3
Abs. 1 Brüssel IIa-VO vorgesehenen Katalog konkurrierender Zuständigkeitsgründe. In sonstigen familien- und erbrechtlichen Angelegenheiten
bevorzugt man hingegen eher ein Modell, das eine einzige Primärzu-
ständigkeit und ergänzend nur subsidiäre Hilfszuständigkeiten vorsieht.
Beispiele hierfür sind Art. 4 ff. EuErbVO, Art. 5 ff. KSÜ und Art. 5 ff.
HErwSÜ.

Es gibt aber auch **ausschließliche internationale Zuständigkeiten**. Eine 4.12
solche wird im Europa- und Konventionsrecht sowie nach autonomem
Recht insbesondere für Klagen aus dinglichen Rechten an inländischen
Grundstücken angeordnet (vgl. Art. 24 Nr. 1 Brüssel Ia-VO; Art. 22 Nr. 1
LugÜ 2007; § 24 ZPO). Ausschließlichkeit kann auch parteiautonom
durch eine Gerichtsstandsvereinbarung begründet werden (vgl. die dahingehende Vermutung in Art. 25 Abs. 1 S. 2 Brüssel Ia-VO; s. Rz. 6.5). Da
die Inanspruchnahme ausschließlicher internationaler Zuständigkeit zugunsten der eigenen Gerichte die Möglichkeit zunichte macht, gleichwohl ergehende ausländische Entscheidungen im Inland anzuerkennen
(vgl. Art. 45 Abs. 1 lit. e Brüssel Ia-VO; Art. 35 Abs. 1 LugÜ 2007; § 328
Abs. 1 Nr. 1 ZPO; § 109 Abs. 1 Nr. 1 FamFG; dazu Rz. 13.4 ff.), provoziert
sie stets eine unerwünschte Gefährdung des internationalen Entscheidungseinklangs.[1] Gesetzliche ausschließliche Zuständigkeitsgründe sind
daher im Zweifel eng auszulegen.[2] Insbesondere genügt es nicht, wenn
ein Rechtsstreit nur eine Vorfrage berührt, die in einem ausschließlichen
Gerichtsstand auszutragen wäre.

---

[1] Ausgesprochen skeptisch gegenüber jedwedem Exklusivitätsanspruch daher *Gei-*
mer, Rz. 878 ff.; *Schüttfort*, S. 153 ff.
[2] Klarstellend etwa BGH v. 23.10.2012 – X ZR 157/11, NJW 2013, 308, 309; BGH
v. 3.4.2014 – IX ZB 88/12, NJW 2014, 2798, 2800.

Beispiel: Eine deutsche Gesellschaft hat sich am Kapitalmarkt mit sog. *swaps* (derivativen Finanzinstrumenten) verspekuliert. Sie klagt in Deutschland gegen die englische Investmentbank auf Feststellung, dass der *swap*-Vertrag unwirksam sei, und zwar deshalb, weil der Vorstandsbeschluss, sich auf solche Geschäfte einzulassen, nicht von ihrer Satzung gedeckt gewesen sei. Die internationale Zuständigkeit für die Klage folgt jedenfalls nicht aus Art. 24 Nr. 2 Brüssel Ia-VO; denn die Wirksamkeit des Organbeschlusses ist eine bloße Vorfrage, die eine Anwendung des ausschließlichen Gerichtsstands nicht zu rechtfertigen vermag.[1]

4.13 Für das deutsche Zuständigkeitsrecht stellt § 106 FamFG klar, dass Deutschland im Hinblick auf seine internationale Entscheidungszuständigkeit **grundsätzlich keine Ausschließlichkeit** reklamiert. Hingegen soll § 32b ZPO in doppelfunktionaler Anwendung ganz bewusst auch eine ausschließliche internationale Zuständigkeit deutscher Gerichte begründen, wovon man sich insbesondere einen gewissen Schutz deutscher Unternehmen vor Kapitalanlegerklagen in den USA erhofft (s. Rz. 5.46 und 13.14). Diskutiert wird, inwieweit eine ausschließliche internationale Zuständigkeit, die ein ausländischer Staat kraft seines autonomen Rechts für sich beansprucht, ein Verfahrenshindernis für inländische Gerichte auszulösen vermag (s. Rz. 5.53).

4.14 Denkbar sind ferner sog. **halbseitig ausschließliche Zuständigkeiten**, die nur einer Partei zugute kommen: Dieser Partei werden mehrere Gerichtsstände, dem Gegner wird hingegen nur ein einziger Gerichtsstand eröffnet.[2] Halbseitige Ausschließlichkeit kann sich aus einer einseitig begünstigenden (sog. hinkenden) Gerichtsstandsvereinbarung ergeben (s. Rz. 6.5), aber auch gesetzlich vorgesehen sein. Regen Gebrauch macht davon die Brüssel Ia-VO zum Schutz von Versicherungsnehmern und diesen gleichgestellten Personen (Art. 14 Abs. 1), Verbrauchern bei Geschäften i.S. von Art. 17 Abs. 1 (Art. 18 Abs. 2) sowie Arbeitnehmern (Art. 22 Abs. 1); dazu Rz. 5.6. Mit diesem Schutz können weitere zuständigkeitsrechtliche Vergünstigungen einhergehen, nämlich eingeschränkte Möglichkeiten der Gerichtsstandswahl (Art. 15, Art. 19, Art. 23) sowie erweiterte konkurrierende Zuständigkeiten für Klagen gegen den „Stärkeren" (Art. 11 ff., Art. 18 Abs. 1, Art. 21), ferner die Erweiterung des räumlich-persönlichen Anwendungsbereichs der Brüssel Ia-VO durch Sitzfiktionen (Art. 11 Abs. 2, Art. 17 Abs. 2, Art. 20 Abs. 2; s. Rz. 4.36).

c) Allgemeine und besondere Zuständigkeit

4.15 Die Zuständigkeitsregeln der Brüssel Ia-VO, des LugÜ 2007 und der ZPO sind systematisch untergliedert in den allgemeinen Gerichtsstand, besondere Zuständigkeiten (etwa den Vertrags- und Deliksgerichtsstand), aus-

---

1 Beachte EuGH v. 12.5.2011 – Rs. C-144/10 (*Berliner Verkehrsbetriebe/JPM*), EuZW 2011, 477 m. Anm. *Müller*; dazu *Schack*, ZEuP 2012, 189. Vgl. auch EuGH v. 3.10.2013 – Rs. C-386/12 (*Schneider*), FamRZ 2013, 1873 m. Anm. *Wendenburg*, dort zum Immobiliargerichtsstand; dazu auch *Kümmerle*, GPR 2014, 170.
2 Näher *Schüttfort*, S. 213 ff.

schließliche Zuständigkeiten (etwa den Immobiliargerichtsstand) sowie Zuständigkeiten kraft Vereinbarung oder rügeloser Einlassung. Miteinander konkurrieren können grundsätzlich der allgemeine Gerichtsstand, die besonderen Zuständigkeiten und auch eine vereinbarte Zuständigkeit, soweit diese nur fakultativ ausgestaltet ist (s. Rz. 6.5).

Der **allgemeine Gerichtsstand** ist üblicherweise am Wohnsitz des Beklagten orientiert und steht grundsätzlich für alle Klagen zur Verfügung, für die keine ausschließliche Zuständigkeit begründet ist (Art. 4 Brüssel Ia-VO; s. Rz. 5.2). Er wird aus unterschiedlichen Normzwecken – zur Erleichterung des Rechtsverkehrs, wegen der Sachnähe oder aus anderen Gerechtigkeits- und Zweckmäßigkeitserwägungen[1] – ergänzt durch **besondere Gerichtsstände**. Diese sind streitgegenstandsbezogen, überschneiden sich teilweise und knüpfen an personelle und/oder sachliche Kriterien an. Zur Frage, wie weit die **Kognitionsbefugnis** in besonderen Gerichtsständen reicht, vgl. Rz. 5.60 ff.   **4.16**

Bemerkenswert erscheint, dass der EuGH in ständiger Rechtsprechung ein dem deutschen Rechtsanwender fremdes Verständnis vertritt, was das Verhältnis der besonderen Gerichtsstände (nunmehr: Art. 7 ff. Brüssel Ia-VO) zum allgemeinen Gerichtsstand angeht (nunmehr: Art. 4 Brüssel Ia-VO): Während nach deutschem Rechtsverständnis grundsätzlich alle Zuständigkeitsgründe gleichrangig konkurrieren,[2] stehen sie nach Ansicht des EuGH in einem **Regel-Ausnahme-Verhältnis**, das zu einer restriktiven Auslegung der besonderen Gerichtsstände anhalte.[3] Der Argwohn des EuGH rührt ersichtlich vor allem daher, dass besondere Gerichtsstände nicht selten auf eine zuständigkeitsrechtliche Verkürzung des Beklagtenschutzes zugunsten des Klägers hinauslaufen. Freilich ist ein Klägergerichtsstand nicht etwa um jeden Preis zu vermeiden, sondern grundsätzlich unbedenklich, sofern er der sachnahen Verortung der Auseinandersetzung oder legitimen Zuständigkeitsinteressen des Klägers dient (vgl. auch Rz. 5.5 ff.).[4]   **4.17**

---

1 Dazu Handbuch IZVR/*Kropholler*, Bd. I, Kap. III Rz. 17 ff.; *Pfeiffer*, S. 215 ff.

2 Handbuch IZVR/*Kropholler*, Bd. I, Kap. III Rz. 157; Stein/Jonas/*Roth*, § 35 ZPO Rz. 8.

3 EuGH v. 27.9.1988 – Rs. C-189/87 (*Kalfelis/Schröder*), NJW 1988, 3088, 3089; ebenso EuGH v. 13.7.2000 – Rs. C-412/98 (*Group Josi Reinsurance*), NJW 2000, 3121, 3122; EuGH v. 11.10.2007 – Rs. C-98/06 (*Freeport*), NJW 2007, 3702, 3704; EuGH v. 16.7.2009 – Rs. C-189/08 (*Zuid-Chemie/Philippo's Mineralenfabriek*), NJW 2009, 3501, 3502; EuGH v. 12.7.2012 – Rs. C-616/10 (*Solvay/Honeywell Fluorine Products*), EuZW 2012, 837, 838; EuGH v. 16.1.2014 – Rs. C-45/13 (*Kainz/Pantherwerke*), NJW 2014, 1166, 1167. Ablehnend etwa *Kropholler/von Hein*, EuZPR, vor Art. 5 EuGVO Rz. 3; *Geimer/Schütze*, EuZVR, Art. 5 EuGVVO Rz. 1.

4 Besonders deutlich in diesem Sinne, entgegen dem verbreiteten Argwohn, bereits *Schröder*, S. 335 ff. Vgl. aus neuerer Zeit etwa *Coester-Waltjen*, FS Kaissis, 2012, S. 91, 95.

d) Exorbitante Zuständigkeit

4.18 Manche Zuständigkeiten werden als zu weitreichend erachtet. Diskutiert wird dies etwa im Hinblick auf den deutschen Vermögensgerichtsstand (§ 23 S. 1 Var. 1 ZPO, s. Rz. 5.54 ff.), die Zuständigkeitsprivilegien für französische Staatsbürger nach Art. 14, 15 Code civil oder die Gerichtspflichtigkeit in den USA kraft *doing business* oder kurzfristiger physischer Präsenz des Beklagten im Forum.[1] Die Kritik geht bisweilen soweit, solche exorbitanten Gerichtsstände für völkerrechtswidrig zu halten.[2] Freilich konnte bislang noch niemand bestimmen, wo genau das Völkerrecht diese Grenze zieht, und deshalb geht die h.M. davon aus, dass auch exorbitante Gerichtsstände letztlich Ausfluss der prinzipiell unbeschränkten Erfindungsfreiheit der Staaten bei der Aufstellung von Zuständigkeitsregeln für ihre Gerichte sind.[3] Die **internationale Unerwünschtheit dieser Zuständigkeitsregeln** wirkt sich im Normalfall aber dahingehend regulierend aus, dass auf ihrer Grundlage erlassene Entscheidungen im Ausland kaum auf Anerkennung hoffen dürfen – was wiederum die Motivation des Klägers reduzieren kann bzw. sollte, überhaupt von solchen Zuständigkeiten Gebrauch zu machen.

4.19 Die **Brüssel Ia-VO** betont in Art. 5 die Exklusivität ihres Zuständigkeitskatalogs, indem sie diejenigen nationalen Regeln zusammenstellt, die als unerwünscht gelten (vgl. Art. 5 Abs. 2, Art. 76 Abs. 1 lit. a Brüssel Ia-VO). Der Ausschluss gewisser exorbitanter Gerichtsstände ist also ein Ziel des vereinheitlichten Zuständigkeitssystems, das allerdings erklärtermaßen nur im Verhältnis der Mitgliedstaaten zueinander verwirklicht wird. Die Anwendbarkeit der nationalen Regeln gegenüber Beklagten aus Drittstaaten wird hingegen nach wie vor eröffnet und sogar erweitert (vgl. Art. 6 Abs. 2 Brüssel Ia-VO sowie Art. 4 Abs. 2 LugÜ 2007; dazu noch Rz. 4.38).[4] Ähnlich unausgewogen verfährt die **Brüssel IIa-VO**: Gemäß ihrem Art. 7 Abs. 2 darf sich jeder Angehörige eines Mitgliedstaates zulasten eines Antragsgegners, der den Schutz des Art. 6 nicht genießt, auf die im Mitgliedstaat seines gewöhnlichen Aufenthalts geltenden Inländerprivilegien stützen.

4.20 Der europäische Verordnungsgeber war und ist also nicht bereit, exorbitante Gerichtsstände insgesamt zu beseitigen, sondern ordnet sogar ihren Ausbau zulasten bestimmter Antragsgegner an. Gerade in Statusangelegenheiten ist eine solche „Wagenburg-Mentalität" rechtspolitisch ver-

---

1 Näher zu diesen beiden Problemkreisen (*general jurisdiction* sowie *transient* bzw. *tag jurisdiction*) etwa *Böhm*, Rz. 197 ff. (insbesondere 247 f., 263 f.); *Kodek*, Geklagt in den USA, insbes. S. 21 ff.; *Koh*, S. 142 ff., 148 ff. Beachte auch den aufschlussreichen Vergleich zwischen europäischem und US-Recht bei *Hartley*, S. 156 ff.

2 Vgl. zum Streitstand etwa *Pfeiffer*, S. 24 ff.

3 Näher *Schröder*, S. 766 f.; Handbuch IZVR/*Kropholler*, Bd. I, Kap. III Rz. 44 ff.; *Geimer*, Rz. 126 ff.

4 Vgl. zur daran aus Sicht von Drittstaaten geübten Kritik schon Handbuch IZVR/*Basedow*, Bd. I, Kap. II Rz. 150.

fehlt.[1] Demgegenüber ist namentlich für die **Vereinigten Staaten** im Anschluss an neuere Judikate des Supreme Court derzeit eher der Versuch zu verzeichnen, die als zu weitgehend empfundene Inanspruchnahme internationaler Zuständigkeit in Konstellationen mit allenfalls geringem Bezug zu den USA sinnvoll zurückzuführen.[2]

e) Positive und negative Zuständigkeitsregeln

Herkömmliche Zuständigkeitsvorschriften legen positiv dar, unter welchen Voraussetzungen ein Gerichtsstand eröffnet ist. Bisweilen wird hingegen geregelt, dass eine nach allgemeinen Regeln gegebene internationale Entscheidungszuständigkeit ausgeschlossen sein soll. So verhält es sich im Falle einer vereinbarten Derogation (s. Rz. 6.3 f.), aber etwa auch mit Art. 8 EuUntVO und Art. 12 EuErbVO, die als negative Zuständigkeitsregelungen gedeutet werden können.[3] Begrifflich gehören hierher ferner die Fälle der sog. wesenseigenen Unzuständigkeit (s. Rz. 2.16) sowie Vorschriften wie Art. 29 ff. Brüssel Ia-VO (s. Rz. 7.6 ff.), die trotz an sich eröffneter internationaler Zuständigkeit ein Gericht dazu anhalten, sich mit Rücksicht auf ein vorrangiges Parallelverfahren für unzuständig zu erklären.   **4.21**

3. Zuständigkeitsinteressen und Forum shopping

Die Ausgestaltung der Regeln, die darüber befinden, ob die Gerichte eines Staates zur Entscheidung von Sachverhalten mit grenzüberschreitenden Bezügen berufen sein sollen, berührt unverkennbar **öffentliche Interessen**. Dabei mag man zwischen Staatsinteressen, Gerichtsinteressen und (bloßen) Ordnungsinteressen unterscheiden, die bisweilen im Einklang stehen, bisweilen miteinander konkurrieren.[4]   **4.22**

Sind die Zuständigkeitsregeln bereits festgelegt, so wird sich der Kläger bzw. Antragsteller bei der Auswahl des Gerichtsstaates zunächst an seinen eigenen **(Partei-)Interessen** orientieren:[5] Er prüft, in welchem Forum er sein Begehren am einfachsten und effektivsten durchsetzen kann; da-   **4.23**

---

1 Kritisch etwa *Hau*, FamRZ 2000, 1333, 1341; *Schack*, RabelsZ 65 (2001), 615, 632.
2 Dazu *Halfmeier*, FS Magnus, 2014, S. 433; *Metz*, IPRax 2014, 365; *Metz*, WM 2014, 2059; *Reynolds/Zimmer*, RIW 2013, 509; *Thomale*, ZIP 2014, 1158; *Zekoll/Schulz*, RIW 2014, 321.
3 Vgl. zur EuUntVO etwa *Janzen*, FPR 2008, 218, 220 f.; *Beaumont*, RabelsZ 73 (2009), 509, 532.
4 Vgl. etwa *Schack*, Rz. 235 ff.
5 Näher zu taktischen Aspekten der Forumswahl etwa *Breuer*, Rz. 162 ff., 190 ff.; *Grunwald*, S. 6 ff. (dort speziell zum US-Recht); *Hau*, Forum shopping, S. 103 ff.; *Kähr*, S. 37 ff.; *Koch*, FS Gottwald, S. 355, 356 ff.; *Schütze*, Rechtsverfolgung, Rz. 29 ff.

bei wird er verfahrensrechtliche,[1] materiell- bzw. kollisionsrechtliche, anerkennungsrechtliche sowie faktische Aspekte berücksichtigen. So präjudiziert die Wahl oder Akzeptanz eines bestimmten Gerichtsstaates nicht nur weitestgehend die Entscheidung über das anzuwendende Verfahrensrecht und die gerichtlichen Gepflogenheiten einschließlich des „Rechtsklimas",[2] sondern über das IPR der lex fori zugleich auch das anzuwendende Sachrecht. Diejenige Partei, die im Forumstaat ansässig ist oder zu diesem eine sonstige enge Beziehung hat, genießt unter Umständen den Vorteil der Vertrautheit mit besseren Informationsmöglichkeiten über das gerichtliche Verfahren und das anzuwendende Recht, sodass sie die Erfolgsaussichten und das Kostenrisiko besser abwägen kann. Der Ort des Verfahrens kann zudem für die Verwertbarkeit der erstrebten Gerichtsentscheidung ausschlaggebend sein. Demgemäß sollte in vermögensrechtlichen Streitigkeiten möglichst in dem Staat geklagt werden, in dem die Zwangsvollstreckung betrieben werden muss, oder aber dessen gerichtliche Entscheidungen in dem Staat anerkannt werden, in dem der Schuldner Vermögen besitzt. In Statussachen, z.B. im Falle einer Scheidung mit beabsichtigter Neuverheiratung, muss darauf geachtet werden, dass die Entscheidung zumindest in dem Staat anerkannt wird, in dem die neue Ehe geschlossen werden soll, was wiederum voraussetzen kann, dass sie auch im Heimatstaat der geschiedenen Eheleute anerkannt wird. Nach alledem kann sich erweisen, dass die Verfahrenseinleitung in einem Staat mehr, in einem anderen weniger Erfolg verspricht oder womöglich von vornherein sinnlos erscheint.

4.24   Die bei der Wahl des Gerichtsstaates vom Kläger verfolgten Interessen decken sich regelmäßig nicht mit denen seines Gegners. Vielmehr kann der Kläger in seine Überlegungen sogar einbeziehen, in welchem Staat es dem Gegner besonders schwer fallen dürfte, seine Interessen zu vertreten. Für solche prozesstaktischen Erwägungen des Klägers hat sich der Begriff **Forum shopping** eingebürgert, und das damit bezeichnete Verhalten gilt vielen als verpönt.[3] Bedenklich erscheint es jedoch nur, wenn Zuständigkeitsvoraussetzungen vorgetäuscht oder erschlichen werden (dazu Rz. 4.78). Davon kann aber nicht schon dann die Rede sein, wenn beispielsweise der Aufenthalt tatsächlich in einen Staat verlegt wird, um sich dort einen besonders günstigen Gerichtsstand zu schaffen. Ohnehin kann dem Kläger kaum vorgeworfen werden, von ihm vorteilhaften Zuständigkeitsregeln Gebrauch zu machen (beachte zu entsprechenden Überlegungen hinsichtlich des **Enforcement shopping** noch Rz. 14.2). Eröffnen mehrere Staaten den Rechtsweg zu ihren Gerichten, so hat der

---

1 Beachte zu beweisrechtlichen Aspekten des Forum shopping aus neuerer Zeit *Willer*, ZZP 127 (2014), 99, 108 ff., dargestellt anhand von Beispielen zum deutsch-französischen Rechtsverkehr.
2 Vgl. *Geimer*, Rz. 96, 1102 u. 1926.
3 Beachte etwa *Kähr*, S. 13 ff., sowie die Nachweise bei *Ferrari*, FS Magnus, S. 385 ff., der selbst – sachgerecht – für eine breite und wertneutrale Definition plädiert.

Kläger das Recht, zwischen diesen auszuwählen, und damit korrespondiert sogar eine Pflicht seiner Anwälte, das günstigste Forum zu ermitteln.[1] Forum shopping ist letztlich also nur die natürliche Konsequenz des Bestehens konkurrierender internationaler Zuständigkeiten. Richtige Adressaten der Kritik sind daher eher die Staaten, soweit sie die internationale Zuständigkeit ihrer Gerichte aufgrund exorbitanter Anknüpfungsmomente eröffnen.

4. Internationale Zuständigkeit und anwendbares Recht

Der gut beratene Rechtsuchende wird, wenn Gerichtsstände in mehreren Staaten zur Wahl stehen, diese nicht zuletzt von dem im jeweiligen Forum maßgeblichen Kollisionsrecht abhängig machen;[2] man spricht von *law shopping through forum shopping*. Für solche Überlegungen bleibt indes kein Raum, wenn bereits ein Verfahren im Inland eingeleitet ist: Gilt es dann zu bestimmen, ob die deutschen Gerichte international zur Entscheidung berufen sind, so ist die kollisionsrechtliche Frage, welches Recht in der Sache anzuwenden ist, ohne Belang.[3] Insbesondere entfällt die internationale Zuständigkeit der deutschen Gerichte nicht etwa deshalb, weil die zu erlassende Entscheidung in dem Staat, dessen Recht in der Sache anzuwenden ist, voraussichtlich nicht anerkannt wird.[4]

4.25

Es gibt auch **keinen automatischen Gleichlauf**: Von der internationalen Zuständigkeit deutscher Gerichte darf nicht ohne Weiteres auf die Anwendbarkeit deutschen Sachrechts geschlossen werden. Ebenso wenig zieht die Berufung deutschen Sachrechts durch das in Deutschland maßgebliche IPR die internationale Zuständigkeit deutscher Gerichte nach sich[5] bzw. umgekehrt die Maßgeblichkeit ausländischen Sachrechts die internationale Unzuständigkeit deutscher Gerichte.[6] Der Gleichlaufgedanke kann allerdings ein Motiv für die Schaffung spezifischer Zuständigkeits- bzw. Kollisionsregeln sein.

4.26

Beispiel: Es erscheint sinnvoll und gesetzgeberisch gewünscht, dass im Falle der Scheidung von Ehegatten, die sich gewöhnlich in Deutschland aufhalten, das gemäß Art. 3 Abs. 1 lit. a Brüssel IIa-VO zuständige deutsche Familiengericht in der Sache normalerweise wegen Art. 8 lit. a Rom III-VO auch deutsches Scheidungsrecht anwenden kann, und zwar selbst dann, wenn es sich um ausländische Staatsangehörige handelt.[7]

---

1 Ebenso etwa Stein/Jonas/*Roth*, § 1 ZPO Rz. 53.
2 Näher etwa *Schwartze*, FS von Hoffmann, S. 415.
3 Ausführlich zu Wertungsparallelen und -divergenzen beider Ebenen *Mankowski*, FS Heldrich, S. 867 ff.
4 *Geimer*, Rz. 1067; *Heldrich*, S. 223 ff.
5 Zutreffend etwa Stein/Jonas/*Roth*, § 1 ZPO Rz. 40. Anders für Statussachen aber noch v. *Schuckmann* in: Jansen/v. Schuckmann/Sonnenfeld, FGG, 3. Aufl. 2006, § 1 FGG Rz. 184.
6 Für einen solchen Gleichlauf, wiederum insbesondere in Statussachen, aber noch v. *Schuckmann* in: Jansen/v. Schuckmann/Sonnenfeld, § 1 FGG Rz. 185 f.
7 Dazu etwa *Hau*, FS Stürner, 2013, S. 1237, 1239, 1243 f.

II. Rechtsquellen

4.27 Die von den deutschen Gerichten zu beachtenden Regeln über die internationale Zuständigkeit beruhen teils auf europarechtlicher, teils auf staatsvertraglicher und teils auf autonom deutscher Grundlage. Im Folgenden ist nur von der internationalen Entscheidungszuständigkeit die Rede; die Anerkennungszuständigkeit wird erst im Zusammenhang mit den Anerkennungshindernissen erörtert (s. Rz. 13.4 ff.).

1. Brüssel Ia-VO

a) Hintergrund

4.28 Die Verordnung Nr. 44/2001 über die gerichtliche Zuständigkeit und die Anerkennung und Vollstreckung von Entscheidungen in Zivil- und Handelssachen vom 22.12.2000 (**Brüssel I-VO**)[1] hat das schon 1968 vereinbarte **EuGVÜ**[2] abgelöst, das als Keimzelle des heutigen Europäischen IZVR gelten darf (s. Rz. 1.16). Zwar war das EuGVÜ auch nach Inkrafttreten der Brüssel I-VO zunächst noch im Verhältnis zu Dänemark anwendbar, das sich grundsätzlich nicht an neuen Projekten der Justiziellen Zusammenarbeit in Zivilsachen beteiligt. Später wurde die Brüssel I-VO jedoch mit Wirkung vom 1.7.2007 durch ein besonderes Abkommen auf Dänemark erstreckt,[3] sodass das Zuständigkeitsrecht des EuGVÜ kaum noch einen Anwendungsbereich hatte. Inzwischen wurde auch die Brüssel I-VO ihrerseits abgelöst, und zwar – nach einer wechselvollen und kontroversen Gesetzgebungsgeschichte[4] – mit Wirkung zum 10.1.2015 durch die **Brüssel Ia-VO**, also die Verordnung Nr. 1215/2012 vom 12.12.2012 über die gerichtliche Zuständigkeit und die Anerkennung und Vollstreckung von Entscheidungen in Zivil- und Handelssachen (vgl. schon Rz. 1.27).[5]

---

1 ABl. 2001 L 12/1; konsolidierte Fassungen der Anhänge zuletzt in ABl. 2010 L 119/7.

2 Konsolidierte Fassung im ABl. 1998 C 27/1.

3 ABl. 2005 L 299/62, ABl. 2006 L 120/22. Vgl. zu Art. 5 Abs. 2 des Abkommens den Ratsbeschluss vom 30.11.2009, ABl. 2009 L 331/24.

4 Die praktische Wirksamkeit der Brüssel I-VO in den Mitgliedstaaten hatte der sog. Heidelberg Report (Study JLS/C4/2005/03) eingehend analysiert und evaluiert (*Hess/Pfeiffer/Schlosser*, The Brussels I-Regulation [EC] No 44/2001, 2008). Vgl. sodann aus dem umfangreichen Vorarbeiten seitens der Kommission vor allem den Bericht KOM (2009), 174, das Grünbuch KOM (2009), 175, sowie den Verordnungsvorschlag KOM (2010), 748. Die sich daran anschließende Diskussion kann hier nur ansatzweise dokumentiert werden. Stellvertretend sei verwiesen auf die Beiträge in den beiden Sammelbänden von *Lein*, The Brussels I Review Proposal Uncovered, 2012, sowie *Pocar/Viarengo/Villata*, Recasting Brussels I, 2012.

5 ABl. 2012 L 351/1. Zur inzwischen sichergestellten Anwendbarkeit der Brüssel Ia-VO im Verhältnis zu Dänemark vgl. ABl. 2013 L 79/4 sowie ABl. 2014 L 240/1.

b) Sachlicher Anwendungsbereich

In sachlicher Hinsicht erfasst die Brüssel Ia-VO nach ihrem Art. 1 Abs. 1   **4.29**
nur **Zivil- und Handelssachen**, ohne dass es dabei auf die Art der Gerichtsbarkeit ankommt. Der EuGH legt zutreffend eine **autonome Interpretation** zugrunde, wobei er vor allem auf die Natur der zwischen den
Parteien bestehenden Rechtsbeziehungen und auf den Gegenstand des
Rechtsstreits abstellt.[1] Davon ausgehend, versteht der EuGH den Begriff
der Zivilsache in einem tendenziell weiten Sinne, und umgekehrt werden
die in Art. 1 Abs. 1 S. 2 Brüssel Ia-VO genannten Ausschlussgründe recht
eng interpretiert.

Beispiele: Um eine Zivilsache geht es, wenn eine Behörde einem Bürger irrtümlich
einen höheren Betrag ausgezahlt hat, als diesem aufgrund einer öffentlich-rechtlichen Anspruchsgrundlage zustand, und die Zuvielleistung sodann gestützt auf
allgemeines Bereicherungsrecht zurückfordert.[2] – Hat sich eine Bank gegenüber einer staatlichen Stelle für Zollschulden eines Dritten verbürgt, so kann die Zahlungsklage des Hoheitsträgers gegen die Bank eine Zivil- bzw. Handelssache i.S.
von Art. 1 Abs. 1 S. 1 sein. Daran ändert es nichts, dass die gesicherte Hauptforderung eine Zollschuld ist, mithin als solche ausweislich Art. 1 Abs. 1 S. 2 nicht erfasst wäre, und dass die Verteidigung der bürgenden Bank eine Prüfung des Bestehens und des Inhalts der Zollschuld erforderlich machen kann.[3] – Als Zivilsache
erfasst wird laut EuGH auch eine Schadensersatzklage des Fiskus gegen Private
wegen eines sog. „Mehrwertsteuerkarussells" (einer unerlaubten Verabredung zur
Hinterziehung von Umsatzsteuer durch hintereinander geschaltete Warentrans-
aktionen).[4]

Besondere Abgrenzungsschwierigkeiten bereiten seit jeher **staatshaf-**   **4.30**
tungsrechtliche Fälle. Die einschlägige Rechtsprechung des EuGH hat
der Verordnungsgeber mit der Brüssel Ia-VO aufgegriffen und dort in
Art. 1 Abs. 1 S. 2 klargestellt, dass die Verordnung nur dann nicht gelten
soll, wenn es um die Haftung des Staates für Handlungen oder Unterlas-
sungen im Rahmen der Ausübung hoheitlicher Rechte geht (*acta iure imperii*). Zu der damit einhergehenden Fragen nach den Grenzen der Gerichtsbarkeit vgl. Rz. 3.9 ff.

Beispiele: Gegen Deutschland erhobene Schadensersatzklagen wegen Gräueltaten
deutscher Streitkräfte während des Zweiten Weltkriegs gegen die ausländische Zivilbevölkerung sind nach Auffassung des EuGH keine Zivilsachen.[5] Anders verhält es sich hingegen mit dem im italienischen Adhäsionsprozess verfolgten Scha-
densersatzanspruch gegen einen deutschen Studienrat, durch dessen Verschulden

---

1 Beachte aus neuerer Zeit EuGH v. 28.4.2009 – Rs. C-420/07 (*Apostolides*),
  EuGRZ 2009, 210, 215 f.; EuGH v. 23.10.2014 – Rs. C-302/13 (*flyLAL/Air Baltic*),
  GRUR Int. 2014, 1172, 1175. Vgl. auch BGH v. 25.3.2010 – I ZB 116/08, NJW
  2010, 1883, 1884 (dort zur EuVTVO).
2 EuGH v. 11.4.2013 – Rs. C-645/11 (*Land Berlin/Sapir*), NJW 2013, 1661 f.; *Lund*,
  IPRax 2014, 140, 141 f.
3 EuGH v. 15.5.2003 – Rs. C-266/01 (*Préservatrice foncière/Niederlande*), IPRax
  2003, 528.
4 EuGH v. 12.9.2013 – Rs. C-49/12 (*The Commissioners for Her Majesty's Reve-
  nue & Customs/Suni*), EuZW 2013, 828 f.
5 EuGH v. 15.2.2007 – Rs. C-292/05 (*Eirini Lechouritou*), NJW 2007, 2464.

ein Schüler während eines Ausflugs nach Italien getötet wurde. Dies qualifiziert der EuGH als normale Zivilsache, und zwar unbeschadet des Umstands, dass aus deutscher Sicht eine Amtshaftung in Rede steht (§ 839 BGB, Art. 34 GG).[1] Erfasst wird ferner die auf angebliche Verstöße gegen das EU-Wettbewerbsrecht gestützte Schadenersatzklage, die eine Fluggesellschaft gegen eine Flughafenbetreibergesellschaft erhebt, die sich im Alleineigentum eines Mitgliedstaats befindet.[2]

4.31   Einen Katalog der aus der Brüssel Ia-VO **ausgeklammerten Rechtsgebiete** enthält Art. 1 Abs. 2. Genannt werden Familien- und Erbsachen, Insolvenzrecht, soziale Sicherheit sowie Schiedsgerichtsbarkeit (dazu Rz. 11.39). Unschädlich für die Anwendbarkeit der Brüssel Ia-VO ist es, wenn einem dieser Ausnahmebereiche nur eine für die Sachentscheidung bedeutsame Vorfrage zugehört.[3] Hingegen ist die Brüssel Ia-VO nicht anzuwenden, wenn eine gemäß Art. 1 Abs. 2 ausgeklammerte Materie den Verfahrensgegenstand bildet.

Beispiel: Wegen des Bezugs zur Handlungsfähigkeit einer natürlichen Person gilt die Brüssel Ia-VO nicht für ein Verfahren der freiwilligen Gerichtsbarkeit, in dem es darum geht, ob ein Grundstücksgeschäft eines Betreuten gerichtlich zu genehmigen ist.[4]

4.32   Ist die Brüssel Ia-VO unanwendbar, bleibt zu klären, ob ein **anderer Sekundärrechtsakt**, namentlich die Brüssel IIa-VO, die EuUntVO, die EuErbVO oder die EuInsVO, einschlägig sein kann. Schwierige Abgrenzungsprobleme ergeben sich dabei immer wieder zwischen **Brüssel Ia-VO und EuInsVO**. Normale Leistungsklagen sollen, auch wenn sie erst vom Insolvenzverwalter erhoben werden, dann als allgemeine Zivil- bzw. Handelssachen von der Brüssel Ia-VO erfasst sein, wenn sie auch schon der sodann in Insolvenz gefallene Gläubiger hätte erheben können.[5] Demgegenüber will der EuGH Insolvenzanfechtungsklagen der EuInsVO unterstellen.[6] Das überzeugt zwar im Ansatz, führt wegen der Maßgeblichkeit von Art. 3 EuInsVO jedoch zu Ergebnissen, die mit dem zuständigkeitsrechtlichen Beklagtenschutz schwerlich in Einklang zu bringen sind. Zur u.a. damit befassten Reform der EuInsVO s. Rz. 1.33.

---

1 EuGH v. 21.4.1993 – Rs. C-172/91 (*Sonntag/Waidmann*), NJW 1993, 2091.

2 EuGH v. 23.10.2014 – Rs. C-302/13 (*flyLAL/Air Baltic*), GRUR Int. 2014, 1172, 1175 f.

3 Statt vieler: *Geimer/Schütze*, EuZVR, Art. 1 EuGVVO Rz. 58 ff.

4 EuGH v. 3.10.2013 – Rs. C-386/12 (*Schneider*), FamRZ 2013, 1873 m. Anm. *Wendenburg*.

5 EuGH v. 4.9.2014 – Rs. C-157/13 (*Nickel & Goeldner Spedition/Kintra*), RIW 2014, 673, 674 f. Beachte umgekehrt zur Einordnung von Klagen einzelner Gläubiger als normale Zivil- und Handelssachen EuGH v. 18.7.2013 – Rs. C-147/12 (*ÖFAB/Koot*), EuZW 2013, 703, 704 m. Anm. *Landbrecht*, dazu *Wedemann*, ZEuP 2014, 867, 869 f.

6 EuGH v. 12.2.2009 – Rs. C-339/07 (*Deko Marty*), NJW 2009, 2189; Folgeentscheidung: BGH v. 19.5.2009 – IX ZR 39/06, NJW 2009, 2215. Zur Kritik *Hau*, KTS 2009, 382.

c) Zeitlicher Anwendungsbereich

In zeitlicher Hinsicht sind die Zuständigkeitsregeln der Brüssel Ia-VO **4.33**
nur auf Erkenntnisverfahren anzuwenden, die nach dem 10.1.2015 eingeleitet worden sind (Art. 66 Abs. 1 Brüssel Ia-VO). Für ältere Verfahren
bleibt es bei der Anwendung der Brüssel I-VO.[1] Es bietet sich an, den
Zeitpunkt der Verfahrenseinleitung nicht anhand des nationalen Rechts,
sondern autonom anhand von Art. 32 Brüssel Ia-VO zu bestimmen.

d) Räumlich-persönlicher Anwendungsbereich

Wenn der sachliche und zeitliche Anwendungsbereich der Brüssel Ia-VO **4.34**
eröffnet ist, stellt sich die Frage nach dem räumlich-persönlichen Anwendungsbereich – und damit nach dem verbleibenden Geltungsbereich des
autonomen deutschen Zuständigkeitsrechts. Dabei ist zwischen den Zuständigkeitsregeln der Brüssel Ia-VO und ihren Anerkennungsvorschrif-
ten zu unterscheiden. Hier interessieren vorerst nur Erstere (zum Anerkennungsrecht s. Rz. 12.14).

aa) Beklagtenwohnsitz in der EU

Zum Anwendungsbereich der Brüssel Ia-Gerichtsstände lässt sich aus **4.35**
Art. 4–6 Brüssel Ia-VO das Prinzip ableiten, dass Beklagte mit Wohnsitz
in einem Mitgliedstaat stets nach den Zuständigkeitsregeln der Verordnung verklagt werden können – und zwar nur nach diesen: Der Rückgriff
auf nationales Recht ist ausgeschlossen (vgl. Art. 5 Abs. 1 Brüssel Ia-VO).[2]
Grundsätzlich wird der räumlich-persönliche Anwendungsbereich der
Verordnung also durch den Wohnsitz des Beklagten definiert (zur Bestimmung des Wohnsitzes s. Rz. 2.32 f.). Der Wohnsitz des Klägers bzw. die
Staatsangehörigkeit der Parteien sind hingegen unerheblich.

bb) Beklagtenwohnsitz in einem Drittstaat

Die Brüssel Ia-VO ist im Grundsatz nicht einschlägig, wenn der Beklagte **4.36**
seinen Wohnsitz in einem Drittstaat hat. Die Kommission konnte sich
nicht durchsetzen mit ihren Plänen, auch solche Konstellationen stets zu
erfassen, also das Brüssel I-Zuständigkeitssystem auf Kosten der nationalen Regeln auszubauen.[3] Vielmehr sieht die Brüssel Ia-VO ausweislich ihres Art. 6 Abs. 1 nur **punktuelle Ausnahmeregelungen** vor: Zum einen ist
der Heimatgerichtsstand des Verbrauchers gemäß Art. 18 Abs. 1 Var. 2

---

1 Beachte zu intertemporalen Anwendungsfragen der Brüssel I-VO (insbes. vor
dem Hintergrund der EU-Osterweiterung) *Thomale*, IPRax 2014, 239.
2 Deutlich EuGH v. 19.12.2013 – Rs. C-9/12 (*Corman-Collins/La Maison du Whisky*), EuZW 2014, 181 f. m. Anm. *Lenzing*, 183; dazu *Hau*, ZVertriebsR 2014, 79.
3 KOM (2010) 748. Näher zum – vorerst – gescheiterten Vorschlag einer Ausweitung des Brüssel I-Zuständigkeitsregimes *Bidell*, passim; *Domej*, RabelsZ 78
(2014), 508, 521 ff.; *Hau*, FS von Hoffmann, S. 617, 621 ff.; *von Hein*, RIW 2013,
97, 100 f.; *Weber*, RabelsZ 75 (2011), 619, 626 ff.

Brüssel Ia-VO gleichermaßen für die Klage gegen seinen **drittstaaten-ansässigen Vertragspartner** eröffnet („ohne Rücksicht auf den Wohnsitz"). Und zum anderen gilt der Gerichtsstand am Arbeitsort (Art. 21 Abs. 1 lit. b) gemäß Art. 21 Abs. 2 Brüssel Ia-VO auch für die Klage eines Arbeitnehmers gegen den **drittstaatenansässigen Arbeitgeber**. Das soll offenkundig EU-Verbraucher bzw. EU-Arbeitnehmer schützen.[1] In der Praxis wird man sich freilich fragen, was der siegreiche Arbeitnehmer oder Verbraucher mit dem erwirkten Titel anfangen kann, wenn der Beklagte nicht über Vermögen innerhalb der EU verfügt.[2] Diese Frage stellt sich nicht, wenn der Beklagte zumindest eine Zweigniederlassung o.ä. in der EU hat. Sinnvoll erscheinen daher die Regelungen in Art. 11 Abs. 2, Art. 17 Abs. 2 und Art. 20 Abs. 2 Brüssel Ia-VO, die daran anknüpfend in Versicherungs-, Verbraucher- und Arbeitssachen einen Beklagten mit Sitz in einem Drittstaat so behandeln, als hätte er seinen Sitz innerhalb der EU.

4.37 Die prima facie kaum verständliche Wendung „unbeschadet des Artikels 6" in Art. 10, Art. 17 Abs. 1 und Art. 20 Abs. 1 Brüssel Ia-VO soll jeweils besagen, dass die soeben erwähnten EU-eigenen Gerichtsstände nicht die Möglichkeit sperren, gegen drittstaatenansässige Versicherer, Unternehmer und Arbeitgeber auch auf der Grundlage der nationalen Zuständigkeitsregeln vorzugehen (dazu sogleich).[3] Klargestellt sei zudem, dass die Brüssel Ia-VO keine eigenen Zuständigkeitsregeln für den Fall vorsieht, dass in einem Mitgliedstaat gegen einen **drittstaatenansässigen Verbraucher oder Arbeitnehmer** geklagt wird; insoweit bleibt es also bei der Maßgeblichkeit des nationalen Zuständigkeitsrechts.[4] Zum Sonderproblem, ob im Falle subjektiver Klagehäufung drittstaatenansässige Mitbeklagte von Art. 8 Nr. 1 Brüssel Ia-VO erfasst werden, s. Rz. 5.64.

4.38 Die Anwendung des **LugÜ 2007** kommt in Betracht, sofern der Beklagte seinen Wohnsitz in Island, Norwegen oder der Schweiz hat (s. Rz. 4.49). Ist auch dies nicht der Fall (und greift keine der eben angesprochenen Ausnahmen in Verbraucher- oder Arbeitssachen), so beurteilt sich die internationale Zuständigkeit gemäß Art. 6 Abs. 1 Brüssel Ia-VO nach **nationalem Recht**, also den Zuständigkeitsgründen der lex fori des angerufenen Gerichts. Dabei kann zur Begründung der internationalen Zuständigkeit auch auf die **exorbitanten Gerichtsstände** des nationalen Rechts zurückgegriffen werden, deren Anwendung gegen Beklagte mit Wohnsitz in einem Mitgliedstaat durch Art. 5 Abs. 1 Brüssel Ia-VO innerhalb des Anwendungsbereichs der Verordnung ausgeschlossen ist (s. Rz. 4.19 f.).

---

1 Dazu *Mankowski*, RIW 2014, 625 f.
2 Skeptisch *Domej*, RabelsZ 78 (2014), 508, 523: die Neuregelung könnte „rechtlich und prozessstrategisch wenig beschlagene Parteien dazu verleiten (…), Geld und Mühe für die Erlangung nutzloser Titel aufzuwenden". Deutlich optimistischer *Mankowski*, RIW 2014, 625, 626.
3 Vgl. *Domej*, RabelsZ 78 (2014), 508, 523; *Pohl*, IPRax 2013, 109, 111.
4 Dies stellt *von Hein*, RIW 2013, 97, 101, entgegen missverständlichen Verlautbarungen der Kommission, zutreffend klar. Beachte auch *Mankowski*, RIW 2014, 625, 627.

Darüber hinaus erweitert Art. 6 Abs. 2 Brüssel Ia-VO sogar den Kreis derjenigen Personen, die sich auf die durch Art. 5 Abs. 2 Brüssel Ia-VO verbannten Gerichtsstände berufen können. Dadurch, dass mitgliedstaatliche Gerichtsstandsprivilegien somit unabhängig von der Staatsangehörigkeit des Klägers zu gewähren sind, wird dem Diskriminierungsverbot des Art. 18 AEUV Rechnung getragen. Zugleich wird aber eine empfindliche Diskriminierung der Einwohner von Drittstaaten in Kauf genommen – wobei Art. 6 Abs. 2 Brüssel Ia-VO wohlgemerkt auch zulasten von drittstaatenansässigen Unionsbürgern eingreifen kann.

Beispiel: Art. 14 Code civil eröffnet einem Franzosen für eine Klage gegen einen Ausländer stets einen Gerichtsstand in Frankreich, und wegen Art. 6 Abs. 2 Brüssel Ia-VO kann sich gleichermaßen ein Deutscher mit Wohnsitz in Paris auf Art. 14 Code civil berufen und in Frankreich gegen ein US-Unternehmen klagen. Dasselbe gilt aber auch für die Klage des Deutschen in Paris gegen einen italienischen Staatsangehörigen mit Wohnsitz in den USA.

cc) Unbekannter Beklagtenwohnsitz

Weil im Grundsatz, wie gesehen, der Wohnsitz des Beklagten entschei- **4.39**
dend ist für die Abgrenzung der Brüssel Ia-Zuständigkeitsregeln von den nationalen Regeln, bereiten Fälle Probleme, in denen nicht geklärt werden kann, wo der Beklagte lebt.[1]

Beispiel: K klagt in Regensburg gegen B wegen einer unerlaubten Handlung, die B dort begangen haben soll. Es lässt sich nicht klären, ob B seinen gegenwärtigen Wohnsitz in der EU oder in einem Drittstaat hat.

Der EuGH, dessen Rechtssache *de Visser* das Beispiel nachgebildet ist, **4.40**
sieht keine Bedenken, in einem solchen Fall Art. 5 Nr. 3 Brüssel I-VO (nunmehr: Art. 7 Nr. 2 Brüssel Ia-VO) anzuwenden, also nicht etwa auf nationales Zuständigkeitsrecht zurückzugreifen: Für die Klage gegen einen mutmaßlichen Unionsbürger, dessen Aufenthaltsort unbekannt ist, sei die Verordnung schon dann maßgeblich, wenn das angerufene Gericht nicht über beweiskräftige Indizien verfügt, die den Schluss zulassen, dass der Beklagte seinen Wohnsitz tatsächlich außerhalb des Gebiets der EU hat.[2]

Ein weiterer Beleg für diese Linie des EuGH, den Anwendungsbereich der **4.41**
vereinheitlichten Zuständigkeitsvorschriften im Zweifel sehr weit zu interpretieren, ist die Rechtssache *Hypoteční banka/Lindner*.[3] Dort ging es um einen innertschechischen kreditrechtlichen Fall, der die Besonderheit aufwies, dass der aktuelle Wohnsitz des beklagten Verbrauchers (eines deutschen Staatsangehörigen, der bei Vertragsschluss in Tschechien ansässig war) unbekannt ist. Der EuGH hat, abstellend auf den letzten be-

---

1 Beachte zum Folgenden auch *Spellenberg*, FS Gottwald, S. 607.
2 EuGH v. 15.3.2012 – Rs. C-292/10, EuZW 2012, 381, 382 m. Anm. *Bach.*
3 EuGH v. 17.11.2011 – Rs. C-327/10, NJW 2012, 1199, 1200. Zustimmend *Baumert*, EWiR 2012, 19 f.; *Grimm*, GPR 2012, 87 f.

kannten Beklagtenwohnsitz, Art. 16 Brüssel I-VO (nunmehr: Art. 18 Brüssel Ia-VO) herangezogen, nachdem er ausdrücklich die vorgreifliche Frage nach der Anwendbarkeit der Verordnung in räumlich-persönlicher Hinsicht bejaht hat.

dd) Irrelevanz des Beklagtenwohnsitzes

4.42   Gemäß Art. 6 Abs. 1 Brüssel Ia-VO ist das vereinheitliche Zuständigkeitsrecht in bestimmten Fällen unabhängig vom Wohnsitz des Beklagten anzuwenden. So kommt es im Falle einer **Gerichtsstandsvereinbarung** i.S. von Art. 25 Brüssel Ia-VO nicht darauf an, dass der Beklagte seinen Wohnsitz in einem Mitgliedstaat hat (dazu Rz. 6.7). Entsprechendes gilt für die **ausschließlichen Gerichtsstände** i.S. von Art. 24 Brüssel Ia-VO; denn in diesen Konstellationen ist der Bezug des Streitgegenstandes zum Hoheitsgebiet eines der Mitgliedstaaten so stark, dass eine Zuständigkeitsregelung ohne Rücksicht darauf geboten erscheint, wo die Parteien leben.

Beispiel: Klagt K gegen B in Passau auf Feststellung, dass ihm das Eigentum an einem dort belegenen Grundstück zusteht, so sind deutsche Gerichte gemäß Art. 6 Abs. 1 und Art. 24 Nr. 1 Brüssel Ia-VO international zuständig (also nicht etwa in doppelfunktionaler Anwendung von § 24 ZPO), und zwar unabhängig davon, ob B seinen Wohnsitz in Ungarn oder Uganda hat.

ee) Grenzüberschreitende Rechtssache

4.43   Die Kompetenz der EU dafür, Rechtsakte im Bereich der justiziellen Zusammenarbeit zu schaffen, bezieht sich, wie heute Art. 81 Abs. 1 AEUV klarstellt, nur auf **Zivilsachen mit grenzüberschreitendem Bezug** (s. Rz. 1.18).[1] Was man sich darunter vorzustellen hat, wird in der Brüssel Ia-VO, anders als etwa in Art. 3 EuMahnVO/EuBagatellVO (dazu Rz. 11.5 und 11.18), nicht näher definiert. Das Problem stellt sich vor allem hinsichtlich der Vorschriften zur internationalen Entscheidungszuständigkeit; denn bei sonstigen Fragen, insbesondere nach der Beachtlichkeit ausländischer Rechtshängigkeit oder der Anerkennung ausländischer Entscheidungen, sind von vornherein mindestens zwei verschiedene Staaten beteiligt.

4.44   Der EuGH hatte schon zum EuGVÜ betont, dass dessen Zuständigkeitsregelungen nicht zur Anwendung kommen, wenn der Sachverhalt keinerlei Auslandsbezug aufweist.[2] Diese Rechtsprechung hat der EuGH sodann auf die Brüssel I-VO übertragen und bekräftigt, dass die vereinheitlichten Zuständigkeitsregeln keine **rein innerstaatlichen Sachverhalte** beträfen; dabei hat er aber seine Bereitschaft gezeigt, dem Sekundärrecht auch in Konstellationen mit allenfalls geringen internationalen

---

1 Näher zum Folgenden *Hau*, GS Unberath (erscheint 2015).
2 EuGH v. 1.3.2005 – Rs. C-281/02 (*Owusu/Jackson*), EuZW 2005, 345. A.A. *Geimer/Schütze*, Art. 2 EuGVVO Rz. 101 ff.

Bezügen einen weiten Anwendungsbereich einzuräumen.[1] Insbesondere
ist selbst in Konstellationen, in denen beide Parteien im Gerichtsstaat
ansässig sind, ein hinreichend grenzüberschreitender Bezug nicht zwingend ausgeschlossen. Davon gehen der EuGH[2] und ausweislich Art. 19
Nr. 3 Brüssel Ia-VO auch der Verordnungsgeber aus.

Größere Schwierigkeiten bereitet die seit jeher intensiv diskutierte Frage, **4.45**
ob der grenzüberschreitende Bezug des Falls zu mindestens einem anderen Mitgliedstaat bestehen muss. Anders formuliert: erfassen Art. 4 ff.
Brüssel Ia-VO nur Sachverhalte, die gewissermaßen einen **EU-Bezug** aufweisen?

Beispiel: In der Rechtssache *Owusu* ging es um einen in London lebenden Briten,
der bei einem Ferienaufenthalt in Jamaika einen Badeunfall erlitten und deshalb in
London eine auf Vertragsverletzung gestützte Schadensersatzklage gegen den eben-
dort wohnhaften Ferienhausvermieter erhoben hat.

Hierzu hat die Große Kammer des EuGH klargestellt, dass ein mitglied- **4.46**
staatliches Gericht eine vom Europarecht eröffnete Zuständigkeit (nunmehr: Art. 4 Brüssel Ia-VO) nicht mit der Begründung außer Betracht lassen darf, dass die Gerichte eines Drittstaates (in casu: Jamaika) geeigneter
seien, um über den betreffenden Rechtsstreit zu befinden; dies gelte auch
dann, wenn keine Zuständigkeit eines Gerichts eines anderen EU-Mit-
gliedstaates in Betracht kommt oder das Verfahren keine Anknüpfungs-
punkte zu einem anderen Mitgliedstaat aufweist.[3] Festzuhalten ist also,
dass die vereinheitlichten Regelungen zur internationalen Zuständigkeit
zwar einen grenzüberschreitenden Sachverhalt voraussetzen sollen, es dabei allerdings genügen kann, dass der Sachverhalt nur einen Bezug zu
mindestens einem Drittstaat hat.[4] Demgemäß kommt die Brüssel Ia-VO
namentlich auch dann im EU-Wohnsitzstaat des Beklagten zur Anwendung (vgl. Art. 4 Brüssel Ia-VO), wenn der Kläger in einem Drittstaat ansässig ist und der Fall keinen weiteren EU-Staat berührt.[5]

---

1 Vgl. EuGH v. 17.11.2011 – Rs. C-327/10 (*Hypoteční banka/Lindner*), NJW 2012,
  1199, 1200; EuGH v. 14.11.2013 – Rs. C-478/12 (*Maletic/lastminute.com*), NJW
  2014, 530 f.
2 Beachte EuGH v. 1.3.2005 – Rs. C-281/02 (*Owusu/Jackson*), EuZW 2005, 345;
  EuGH v. 14.11.2013 – Rs. C-478/12 (*Maletic/lastminute.com*), NJW 2014, 530.
  Ebenso OLG München v. 19.6.2012 – 5 U 1150/12, RIW 2012, 635, 636.
3 EuGH v. 1.3.2005 – Rs. C-281/02 (*Owusu/Jackson*), EuZW 2005, 345. Auch zur
  EuInsVO hat der EuGH klargestellt, dass ein Bezug zu einem Drittstaat genügen
  kann, also keine Bezüge zu mindestens zwei Mitgliedstaaten vorauszusetzen
  sind: EuGH v. 16.1.2014 – Rs. C-328/12 (*Schmid/Hertel*), NJW 2014, 610; Abschlussentscheidung BGH v. 27.3.2014 – IX ZR 2/12, NJW-RR 2014, 1137.
4 Bestätigend BGH v. 29.1.2013 – KZR 8/10, GRUR-RR 2013, 228. Beachte aus
  dem neueren Schrifttum etwa *Fötschl*, IPRax 2014, 187, 190 f. m. w. Nachw.
5 Verkannt von OLG Karlsruhe v. 19.9.2013 – 12 U 85/13, IPRax 2014, 534 m. zutreffend krit. Anm. *Roth*, 499 (speziell 500 m. Nachw. zu der vom OLG über-
  sehenen Maßgeblichkeit der Brüssel I-VO).

e) Parallelübereinkommen von Lugano

4.47 Die Attraktivität des EuGVÜ, aber auch seine negativen Konsequenzen für Drittstaaten (s. Rz. 4.19 f.), führten zu Verhandlungen mit den früheren EFTA-Staaten (damals Finnland, Island, Norwegen, Österreich, Schweden, Schweiz) und am 16.9.1988 zum Abschluss des sog. Parallelübereinkommens von Lugano.[1] Diese Fassung (im Folgenden: **LugÜ 1988**), die am 1.3.1995 für zunächst 13 Vertragsstaaten in Kraft trat, stimmte inhaltlich im Wesentlichen mit dem EuGVÜ in der Fassung von 1989 überein. Um die Neuerungen der Brüssel I-VO aus dem Jahr 2000 berücksichtigen zu können, wurde eine Reform des LugÜ 1988 vereinbart, deren Vorbereitung sich lange hinzog.[2] Erst am 30.10.2007 wurde in Lugano eine revidierte Fassung des Übereinkommens unterzeichnet (**LugÜ 2007**),[3] das gemäß seinem Art. 69 Abs. 4 und 5 am 1.1.2010 zwischen der EU (als Nachfolgerin der EG, vgl. Art. 1 Abs. 3 S. 3 EUV) sowie Norwegen und Dänemark in Kraft getreten ist[4] und inzwischen auch im Verhältnis zur Schweiz und zu Island gilt.[5] Diskutiert wird derzeit, ob das LugÜ 2007 seinerseits, nunmehr entsprechend den Brüssel Ia-Regeln, überarbeitet werden soll.[6]

4.48 Zum LugÜ 2007 gibt es drei Protokolle (vgl. Art. 75) zu bestimmten Zuständigkeits-, Verfahrens- und Vollstreckungsfragen (Protokoll Nr. 1), zur Sicherstellung der einheitlichen Auslegung (Protokoll Nr. 2) sowie zur Anwendung von Art. 67, der das Verhältnis zu anderen Übereinkünften regelt (Protokoll Nr. 3). Inhaltlich ist das LugÜ 2007 weitestgehend, bis hin zur übereinstimmenden Artikelnummerierung, an die Brüssel I-VO angeglichen.[7] Aus dem Abschluss des LugÜ 2007 ergibt sich auf EU-Seite die Möglichkeit von **Vorabentscheidungen** durch den EuGH. Zur Vorlage berechtigt und gegebenenfalls verpflichtet sind freilich nur die Gerichte der EU-Mitgliedstaaten (vgl. Art. 1 Abs. 2 Protokoll Nr. 2), wobei die „Nur-LugÜ-Staaten" immerhin zur Einreichung von Schriftsätzen sowie zur Abgabe schriftlicher Erklärungen berechtigt sind.

---

1 BGBl. 1994 II, 2660. Bericht von *Jenard/Möller* in ABl. 1990 C 189/57.

2 Zur wechselvollen Entstehungsgeschichte vgl. Dasser/Oberhammer/*Markus*, Vor Art. 1 Rz. 11 ff.; *Wagner/Janzen*, IPRax 2010, 298, 299 f. Beachte zur lange umstrittenen Frage der Abschlusskompetenz das EuGH-Gutachten 1/03 vom 7.2.2006, Slg. 2006 I, 1145 Rz. 134 ff.

3 ABl. 2007 L 339/3 und ABl. 2009 L 147/5. Erläuternder Bericht, verfasst von *Pocar*: ABl. 2009 C 319/1. Deutsches Durchführungsgesetz vom 10.12.2008: BGBl. 2008 I, 2399 f. Einführend *Dallafior/Götz Staehelin*, SJZ 104 (2008), 105; *Schwander*, EuZ 2010, 130; *Wagner/Janzen*, IPRax 2010, 298.

4 ABl. 2010 L 140/1.

5 ABl. 2011 L 138/1.

6 Beachte aus schweizerischer Sicht zur Brüssel Ia-VO *Markus*, Rz. 619 f.; *Markus*, AJP/PJA 2014, 800; *Trüten*, EuZ 2013, 60.

7 Zu verbleibenden Unterschieden zwischen LugÜ 2007 und Brüssel I-VO vgl. *Wagner/Janzen*, IPRax 2010, 298, 302 ff. Zur Frage der einheitlichen Auslegung und Anwendung des LugÜ 2007 vgl. *Domej*, JbJZivRWiss 2009, S. 405; *Meier*, SZIER 2011, 633; *Papeil*, SZIER 2011, 439.

Aus Sicht eines EU-Staates wie Deutschland kommen die **Zuständig-** 4.49
keitsregeln des LugÜ 2007 räumlich-persönlich grundsätzlich dann zur
Anwendung, wenn der Beklagte seinen Wohnsitz in Island, Norwegen
oder der Schweiz hat (vgl. im Einzelnen Art. 64 Abs. 2 lit. a LugÜ 2007).[1]
Art. 3 LugÜ 2007 schützt solche Beklagte vor einem Rückgriff auf das
deutsche Zuständigkeitsrecht.[2]

Beispiel: K erhebt in Deutschland eine auf Vertragserfüllung gerichtete Klage gegen
den in Bern ansässigen B. Maßgeblich für die Frage, ob der Vertragsgerichtsstand in
Deutschland eröffnet ist, ist weder Art. 7 Nr. 1 Brüssel Ia-VO noch das autonome
deutsche Recht (§ 29 ZPO), vielmehr Art. 5 Nr. 1 LugÜ 2007. Dabei spielt es keine
Rolle, ob der Kläger seinen Wohnsitz in einem EU-, einem LugÜ- oder einem Drittstaat hat.[3]

2. Sonstiges Europarecht

a) EuMahnVO und EuBagatellVO

Sowohl die EuMahnVO als auch die EuBagatellVO regeln für die dort 4.50
vorgesehenen Erkenntnisverfahren (dazu § 11) die internationale Ent-
scheidungszuständigkeit nicht eigenständig, sondern bauen auf der Brüs-
sel Ia-VO auf. Anders als in der EuBagatellVO wird dies in Art. 6 Abs. 1
EuMahnVO eigens klargestellt. Dabei ergibt sich aus Art. 6 Abs. 2
EuMahnVO, dass ein Verbraucher selbst dann vor einem europäischen
Mahnverfahren geschützt wird, wenn er in einem Drittstaat ansässig ist.
Damit wird in Verbrauchersachen der Rückgriff auf das nationale Zustän-
digkeitsrecht weitergehend als nach der Brüssel Ia-VO gesperrt (s.
Rz. 4.37).

b) Brüssel IIa-VO

Der Gedanke, ein dem EuGVÜ vergleichbares Rechtsinstrument für eini- 4.51
ge der dort (nunmehr in Art. 1 Abs. 2 lit. a Brüssel Ia-VO) ausgeklammerten familienrechtlichen Rechtsgebiete zu schaffen, war zunächst seitens
der Wissenschaft aufgebracht[4] und später von der Kommission aufgegriffen worden. Ergebnis dieser Bemühungen war das – nie in Kraft getretene
– sog. **Brüssel II-Übereinkommen** vom 28.5.1998[5] und sodann, nach Inkrafttreten des Vertrags von Amsterdam, die Verordnung Nr. 1347/2000
vom 29.5.2000 über die internationale Zuständigkeit und die Anerkennung und Vollstreckung von Entscheidungen in Ehesachen und in Verfahren betreffend die elterliche Verantwortung für die gemeinsamen Kinder
der Ehegatten (**Brüssel II-VO**).[6] Diese wiederum wurde abgelöst durch die

---

1 Klausurfall bei *Kettenberger*, JuS 2012, 146.
2 Klarstellend BGH v. 3.4.2014 – IX ZB 88/12, NJW 2014, 2798, 2801.
3 Näher *Fötschl*, IPRax 2014, 187.
4 Vgl. die Vorarbeiten der *Groupe européenne du droit international privé*, veröffentlicht in IPRax 1992, 128, und 1994, 67.
5 ABl. 1998 C 221/1. Dazu *Hau*, FamRZ 1999, 484; *Pirrung*, ZEuP 1999, 834.
6 ABl. 2000 L 160/19.

bis heute maßgebliche Verordnung Nr. 2201/2003 vom 27.11.2003 über die Zuständigkeit und die Anerkennung und Vollstreckung von Entscheidungen in Ehesachen und in Verfahren betreffend die elterliche Verantwortung (**Brüssel IIa-VO**).[1]

4.52   Die Brüssel IIa-VO regelt die internationale Zuständigkeit für zivilgerichtliche Verfahren, welche die Scheidung, förmliche Trennung, Aufhebung und Ungültigerklärung einer Ehe betreffen (**Ehestatussachen**, Art. 1 Abs. 1 lit. a), sowie für zivilrechtliche Verfahren betreffend die **elterliche Verantwortung**, insbesondere zum Sorge- und Umgangsrecht (vgl. Art. 1 Abs. 1 lit. b und Abs. 2),[2] und zwar einschließlich der Fälle von Kindesentführung (s. dazu Rz. 7.40). Ausgeklammert bleiben in Ehesachen, sieht man von den erfassten Kindschaftsangelegenheiten einmal ab, die **Folgesachen** (Versorgungs- und Zugewinnausgleich, Unterhalt, Ehewohnungs- und Haushaltssachen). Für diese bestimmt sich die internationale Zuständigkeit grundsätzlich nach autonomem Recht, freilich mit Ausnahme der Unterhaltssachen, die herkömmlich in das Zuständigkeitssystem des EuGVÜ bzw. später der Brüssel I-VO fielen und nunmehr von der EuUntVO geregelt werden (s. Rz. 4.55). Noch in Vorbereitung befinden sich vereinheitlichte Zuständigkeitsregelungen für Güterstandssachen (s. Rz. 1.33).

4.53   Die Brüssel IIa-VO gilt in räumlich-persönlicher Hinsicht für alle EU-Staaten, allerdings mit Ausnahme Dänemarks (Art. 2 Nr. 3; vgl. Erwägungsgrund Nr. 31). Die **Staatsangehörigkeit der Ehegatten** ist für die Anwendbarkeit der Brüssel IIa-VO irrelevant, sodass beispielsweise auch ein deutsches Scheidungsverfahren zwischen Iranern erfasst sein kann.[3] Allerdings spielt die Staatsangehörigkeit gemäß Art. 3 Abs. 1 lit. a Spiegelstr. 6 und lit. b Brüssel IIa-VO eine Rolle für die internationale Zuständigkeit.[4] Bedenklich sind diese beiden Gerichtsstände wegen des Verbots der Diskriminierung anhand der Staatsangehörigkeit (Art. 18 AEUV).[5]

4.54   Der **räumlich-persönliche Anwendungsbereich der Zuständigkeitsregeln** – und damit der Restanwendungsbereich des mitgliedstaatlichen Rechts –

---

1 ABl. 2003 L 338/1.
2 Zur gebotenen autonomen und weiten Auslegung (Einbeziehung der Inobhutnahme und Unterbringung eines Kindes auch dann, wenn die Entscheidung im Rahmen des öffentlich-rechtlichen Kindesschutzes ergeht) vgl. EuGH v. 27.11.2007 – Rs. C-435/06 (*Fall „C"*), FamRZ 2008, 125; EuGH v. 2.4.2009 – Rs. C-523/07 (*Fall „A"*), FamRZ 2009, 843.
3 Richtig etwa OLG Koblenz v. 26.11.2008 – 9 UF 653/06, NJW-RR 2009, 1014.
4 Zur Irrelevanz mehrfacher Staatsangehörigkeit im Brüssel IIa-System vgl. EuGH v. 16.7.2009 – Rs. C-168/08 (*Hadadi*), FamRZ 2009, 1571 m. Anm. *Kohler* = IPRax 2010, 66 (dazu *Hau*, 50, und *Dilger*, 54).
5 Vgl. einerseits etwa *Hau*, FamRZ 2000, 1333, 1335 ff., und *Hausmann*, FS Hailbronner, S. 429, 434 ff.; andererseits etwa *Basedow*, IPRax 2011, 109, 114, und *Looschelders*, FS Kropholler, 2008, S. 329, 338 ff. Beachte auch das obiter dictum zur angeblichen Unbedenklichkeit von Art. 3 Abs. 1 lit. b Brüssel IIa-VO bei BGH v. 20.2.2013 – XII ZR 8/11, FamRZ 2013, 687 m. insoweit krit. Anm. *Hau*.

ist in der Brüssel IIa-VO nicht abstrakt festgelegt, sondern lässt sich nur durch eine Analyse ihrer Gerichtsstände und ihres in Art. 6, 7 und 14 umschriebenen Vorranganspruchs bestimmen. Muss das in einer Ehesache angerufene deutsche Gericht den Geltungsanspruch der Brüssel IIa-VO und dessen Vorrang gegenüber § 98 FamFG ausloten, so empfiehlt sich folgender Prüfungsablauf: Es ist zu klären, ob Art. 3 Brüssel IIa-VO im Zeitpunkt der Verfahrenseinleitung eine Zuständigkeit erstens in Deutschland oder zweitens zwar nicht hier, jedoch in einem anderen Mitgliedstaat, oder aber drittens in keinem Mitgliedstaat eröffnet.[1] Im ersten Fall besteht kein Bedarf für die Anwendung von § 98 FamFG; der Rückgriff auf § 98 FamFG ist im zweiten Fall wegen Art. 7 Abs. 1 Brüssel IIa-VO stets ausgeschlossen,[2] während er im dritten Fall nach Maßgabe von Art. 6 Brüssel IIa-VO untersagt sein kann.

c) EuUntVO

Die internationale Entscheidungszuständigkeit deutscher Gerichte in Unterhaltssachen bestimmt sich nach der Verordnung Nr. 4/2009 vom 18.12.2008 über die Zuständigkeit, das anwendbare Recht, die Anerkennung und Vollstreckung von Entscheidungen und die Zusammenarbeit in Unterhaltssachen (**EuUntVO**).[3] Für die gemäß Art. 1 Abs. 1 erfassten Unterhaltssachen[4] gilt die EuUntVO – abweichend von der Brüssel Ia-VO (s. Rz. 4.35 f.) – unabhängig davon, ob der Beklagte seinen Wohnsitz in einem Mitglied- oder einem Drittstaat hat (vgl. Erwägungsgrund Nr. 15). Es fehlt also eine Art. 6 Brüssel Ia-VO vergleichbare Vorschrift; vielmehr bilden Art. 3 ff. EuUntVO ein abschließendes System, das den Rückgriff auf nationale Gerichtsstände entbehrlich macht und unterbindet.

4.55

d) EuErbVO

Die jüngste Erweiterung der EU-eigenen Zuständigkeitsregelungen betrifft das internationale Erbrecht: Maßgeblich ist die **EuErbVO**, also die Verordnung Nr. 650/2012 vom 4.7.2012 über die Zuständigkeit, das anzuwendende Recht, die Anerkennung und Vollstreckung von Entscheidungen und die Annahme und Vollstreckung öffentlicher Urkunden in Erbsa-

4.56

---

1 Ausführlich etwa Prütting/Helms/*Hau*, § 98 FamFG Rz. 3 ff. (insbesondere 20 ff.), dort § 99 FamFG Rz. 4 ff. auch zum nicht minder schwierigen Verhältnis zwischen den kindschaftsrechtlichen Brüssel IIa-Gerichtsständen und dem nationalen Recht. Vgl. zudem *Andrae/Schreiber*, IPRax 2010, 79, sowie das Fallbeispiel bei *Fuchs/Hau/Thorn*, Nr. 12.

2 Beachte EuGH v. 29.11.2007 – Rs. C-68/07 (*Sundelind Lopez*), NJW 2008, 207.

3 ABl. 2009 L 7/1. Vorangegangen waren das Grünbuch Unterhaltspflichten vom 15.4.2004, KOM (2004), 254, sowie der Kommissionsvorschlag vom 15.12.2005, KOM (2005), 649. Zur beschränkten Anwendbarkeit der EuUntVO im Verhältnis zu Dänemark vgl. ABl. 2013 L 251/1.

4 Zum autonomen Unterhaltsbegriff der EuUntVO vgl. Erwägungsgrund Nr. 11, aber auch die darauf übertragbaren Ausführungen in BGH v. 12.8.2009 – XII ZB 12/05, NJW-RR 2010, 1, dort zur Abgrenzung von Unterhalt und Güterstand.

chen sowie zur Einführung eines Europäischen Nachlasszeugnisses.[1] Die dort in Art. 4 ff. vorgesehenen Zuständigkeitsregelungen betreffen die Rechtsnachfolge von Personen, die nach dem 16.8.2015 sterben (Art. 83 Abs. 1).

3. Konventionsrecht

4.57 Das LugÜ 2007 wurde wegen des engen Zusammenhangs mit der Brüssel Ia-VO bereits oben im Anschluss an diese dargestellt (Rz. 4.47 ff.). Im Folgenden werden noch einige weitere staatsvertragliche Regelungen der internationalen Entscheidungszuständigkeit angesprochen.

a) Multilaterale Verträge

4.58 Noch nicht in Kraft getreten ist das Haager Übereinkommen vom 30.6.2005 über Gerichtsstandsvereinbarungen (**HGÜ**), das von der Haager Konferenz für Internationales Privatrecht ausgearbeitet wurde; dazu Rz. 6.19. Letztlich ist das HGÜ nur ein vorläufiges Kompromissergebnis eines weitaus ambitionierteren, allerdings nach langen Jahren harter Verhandlungen in eine Sackgasse geratenen Projekts: Angestrebt war ursprünglich eine allgemeine, idealerweise **weltweite Konvention** zur internationalen Zuständigkeit sowie zur Anerkennung und Vollstreckung. Die Befürworter dieses Projekts haben ihr Ziel, an dem auch die EU Interesse zeigt, noch nicht aus den Augen verloren, sodass die Haager Konferenz weiterhin mit Vorarbeiten hierzu befasst ist.[2]

4.59 Für Deutschland verbindliche Regeln über die internationale Zuständigkeit ergeben sich aus weiteren Staatsverträgen für einige spezielle Rechtsmaterien, etwa zur internationalen Umwelthaftung und zum **internationalen Transportrecht**.[3] Gemäß Art. 71 Brüssel I-VO/Brüssel Ia-VO kann namentlich Art. 31 CMR[4] Vorrang vor der Anwendung der europäischen Zuständigkeitsregeln zukommen.[5]

4.60 Ein weiteres Rechtsgebiet mit staatsvertraglichen Zuständigkeitsbestimmungen ist das **internationale Familienverfahrensrecht**, insbesondere für Maßnahmen und Entscheidungen zum Schutz von Kindern, zum Sorgerecht und in Fällen von Kindesentführung. Erhebliche praktische Bedeutung hat das Haager Übereinkommen vom 5.10.1961 über die Zustän-

---

1 ABl. 2012 L 201/107. Ausführlich zum Zuständigkeitsrecht der EuErbVO *Hess*, in: Dutta/Herler, Die Europäische Erbrechtsverordnung, 2014, S. 131.
2 Beachte *Brand*, FS van Loon, 2013, S. 89. Sehr skeptisch hingegen *Schack*, ZEuP 2014, 824.
3 Vgl. zu den Einzelheiten MünchKommZPO/*Gottwald*, Schlussanhang C.1; Stein/Jonas/*Roth*, § 1 ZPO Rz. 30 f.
4 Übereinkommen über den Beförderungsvertrag im internationalen Straßengüterverkehr v. 19.5.1956, BGBl. 1961 II, 1120, und 1980 II, 721.
5 Dazu EuGH v. 4.9.2014 – Rs. C-157/13 (*Nickel & Goeldner Spedition/Kintra*), RIW 2014, 673, 675 f.

digkeit der Behörden und das anzuwendende Recht auf dem Gebiet des Schutzes von Minderjährigen (MSA).[1] Das neuere Haager Übereinkommen vom 19.10.1996 über die Zuständigkeit, das anzuwendende Recht, die Anerkennung, Vollstreckung und Zusammenarbeit auf dem Gebiet der elterlichen Verantwortung und der Maßnahmen zum Schutz von Kindern (Haager Kindesschutzübereinkommen – KSÜ)[2] löst nach seinem Art. 51 das MSA ab. Es ist für Deutschland seit 1.1.2011 in Kraft;[3] Ausführungsgesetz ist das IntFamRVG.[4] Wachsende Bedeutung kommt dem Haager Übereinkommen vom 13.1.2000 über den internationalen Schutz von Erwachsenen (HErwSÜ) zu,[5] das für Deutschland seit 1.1.2009 in Kraft ist[6] (Ausführungsgesetz: HErwSÜAG[7]). Demgegenüber enthalten die Haager unterhaltsrechtlichen Konventionen (s. Rz. 12.20) keine Regelungen zur internationalen Entscheidungszuständigkeit.

b) Bilaterale Verträge

Nur vereinzelt ergeben sich Vorgaben für die internationale Entscheidungszuständigkeit aus bilateralen Verträgen. Regelungen zur Zuständigkeit deutscher Gerichte in **Nachlasssachen**, namentlich zur Feststellung, Verwahrung und Siegelung des Nachlasses, finden sich in § 2 des Deutschtürkischen Nachlassabkommens[8] (beachte dort auch §§ 8, 15 zur Zuständigkeit in streitigen Erbsachen) und in Art. 26 des Deutsch-sowjetischen Konsularvertrags,[9] der nach Auflösung der Sowjetunion im Verhältnis zu mehreren Nachfolgestaaten weiter anzuwenden ist. Häufiger begegnen in bilateralen Anerkennungsverträgen ausführliche Regelungen zur internationalen Anerkennungszuständigkeit (s. Rz. 13.8). Diese begrenzen aber nicht etwa die Entscheidungszuständigkeit der deutschen Gerichte, sondern nur die Anerkennungsfähigkeit der hier ergehenden Entscheidungen im jeweiligen ausländischen Vertragsstaat.

4.61

Weil die Außenkompetenz in IZVR-relevanten Fragen inzwischen in weiten Teilen nicht mehr den Mitgliedstaaten, sondern der EU zusteht (s. Rz. 1.40), ist es Deutschland an sich verwehrt, künftig weitere Abkommen mit Drittstaaten auf Gebieten abzuschließen, auf denen die EU bereits tätig geworden ist. Zu beachten ist in diesem Zusammenhang aber die **Verordnung Nr. 664/2009** vom 7.7.2009 zur Einführung eines Verfah-

4.62

---

1 BGBl. 1971 II, 219.
2 BGBl. 2009 II, 603 (Denkschrift und erläuternder Bericht: BT-Drucks. 16/12068).
3 BGBl. 2010 II, 1527. Einführend *Benicke*, IPRax 2013, 44.
4 BGBl. 2005 I, 162; BGBl. 2011 I, 898.
5 BGBl. 2007 II, 324. Beachte den offiziellen Bericht von *Lagarde*, deutsche Übersetzung in BT-Drucks. 16/3250, S. 28 ff.
6 Einführend *Helms*, FamRZ 2008, 1995; *Siehr*, RabelsZ 64 (2000), 715; *Wagner*, IPRax 2007, 11. Beachte das Fallbeispiel bei *Fuchs/Hau/Thorn*, Nr. 11.
7 BGBl. 2007 I, 314.
8 RGBl. 1930 II, 758.
9 BGBl. 1959 II, 233.

rens für die Aushandlung und den Abschluss von Abkommen zwischen Mitgliedstaaten und Drittstaaten, die die Zuständigkeit und die Anerkennung und Vollstreckung von Urteilen und Entscheidungen in Ehesachen, in Fragen der elterlichen Verantwortung und in Unterhaltssachen sowie das anwendbare Recht in Unterhaltssachen betrifft.[1] Diese Verordnung erlaubt jedem Mitgliedstaat den Abschluss von Abkommen mit Drittstaaten in den Bereichen der Brüssel IIa-VO und der EuUntVO, sofern der Mitgliedstaat ein besonderes Interesse daran nachweisen kann. Vorgesehen ist eine Überprüfung der EU-Rechtskonformität des beabsichtigten Abkommens durch die Kommission vor der Aufnahme von Verhandlungen, das Recht der Kommission zur Teilnahme an den Verhandlungen sowie eine Genehmigung des ausgehandelten Vertrags durch die Kommission.

4. Autonomes Recht

4.63   Die bedeutendsten Fundstellen für die autonomen deutschen Zuständigkeitsregeln sind die ZPO und das FamFG. Allerdings gibt es dort nur wenige **Sondervorschriften**, welche die internationale Zuständigkeit ausdrücklich regeln; zu nennen sind insbesondere §§ 98 ff. FamFG, ferner etwa § 12 VerschG. Im Übrigen behilft man sich mit dem nunmehr in § 105 FamFG verankerten **Grundsatz der Doppelfunktionalität** der örtlichen Zuständigkeit (s. Rz. 4.2 f.). Eine schon aus dem Gesetzeswortlaut ersichtliche mittelbare Regelung auch der internationalen Zuständigkeit enthalten diejenigen Vorschriften, die für bestimmte Sachverhalte mit Auslandsbezug, z.B. bei Wohnsitz des Beklagten im Ausland, den örtlichen Gerichtsstand bestimmen (vgl. etwa §§ 23, 38 Abs. 2 ZPO).

III. Zuständigkeitsprüfung

1. Verfahrensfragen

4.64   Die Gerichte haben die internationale Zuständigkeit in jeder Lage des Verfahrens **von Amts wegen zu prüfen**, und zwar sowohl in streitigen als auch in freiwilligen Angelegenheiten.[2] Die Prüfungspflicht sowie die Folgen im Falle der Unzuständigkeit sind bisweilen im Europa- oder Konventionsrecht eigens geregelt (beachte insbesondere Art. 27 f. Brüssel Ia-VO und Art. 17 f. Brüssel IIa-VO). In schwierigeren Fällen bietet es sich an, gemäß § 280 ZPO über das Vorliegen der internationalen Zuständigkeit abgesondert zu verhandeln. Hält das angerufene Gericht sie für gegeben, so spricht es dies durch ein selbständig rechtsmittelfähiges **Zwischenurteil** aus.[3]

---

1 ABl. 2009 L 200/46. Dazu *Bischoff*, ZEuP 2010, 321.

2 Vgl. nur *Nagel/Gottwald*, § 3 Rz. 307; *Schack*, Rz. 444.

3 Zur Übertragbarkeit auf FamFG-Verfahren (auch auf andere als Ehe- und Familienstreitsachen) beachte OLG Stuttgart v. 6.5.2014 – 17 UF 60/14, FamRZ 2014, 1930, 1931 f.

Regelmäßig überschätzt wird die Frage der **Prüfungsreihenfolge**, ob also 4.65
zunächst die internationale oder die örtliche Zuständigkeit zu klären ist.[1]
Eine nicht etwa sachlogisch zwingende, sondern eher pragmatische Antwort lautet: Wer erst die Möglichkeit einer Verfahrenseinleitung erwägt,
wird sich zunächst Gedanken über die Wahl des Gerichtsstaates und
damit die internationale Zuständigkeit machen. Hingegen tut ein bereits
angerufenes, aber örtlich unzuständiges deutsches Gericht im Zweifel
gut daran, die noch im Einzelnen klärungsbedürftige Entscheidung über
die internationale Zuständigkeit dem örtlich zuständigen Gericht zu
überlassen.[2]

Der amtswegigen Prüfung steht nicht entgegen, dass die internationale 4.66
Zuständigkeit noch nachträglich durch **Parteivereinbarung** (s. Rz. 6.1 ff.)
oder **rügelose Einlassung** (s. Rz. 6.30 ff.) begründet werden kann. Dem Gericht ist es auch nicht verwehrt, schon vor Erreichen eines Verfahrenssta-
diums, das dem Beklagten nach Maßgabe von Art. 26 Brüssel Ia-VO oder
§ 39 ZPO die Zuständigkeitsrüge abschneidet, auf den Mangel hinzuweisen (zur Hinweispflicht gemäß Art. 26 Abs. 2 Brüssel Ia-VO bzw. § 504
ZPO vgl. Rz. 6.33). Ob auch das Protokollieren eines **Prozessvergleichs**
die Bejahung der internationalen Zuständigkeit voraussetzt, ist streitig.
Die Frage wird aber selten relevant, weil in der Mitwirkung an dem Vergleich in der Regel eine zuständigkeitsbegründende Einlassung i.S. von
Art. 26 Brüssel Ia-VO bzw. § 39 ZPO zu sehen ist.[3]

Im **Versäumnisverfahren** sollte man die in § 331 Abs. 1 ZPO vorgesehene 4.67
Geständnisfiktion, über die dort in S. 2 genannten Ausnahmen (Erfül-
lungsort- und Gerichtsstandsvereinbarung) hinaus, allgemein nicht auf
diejenigen Tatsachen erstrecken, die der Kläger zur Begründung der internationalen Zuständigkeit vorträgt.[4] Diese Konsequenz der Amtsprüfung
haben Art. 28 Brüssel Ia-VO, Art. 18 Brüssel IIa-VO und Art. 11 EuUntVO
übernommen. Zu einem Versäumnisurteil trotz fehlender internationaler
Zuständigkeit kann es allerdings gleichwohl kommen, wenn der Kläger
eine vereinbarte Derogation der an sich gegebenen Zuständigkeit ver-
schweigt (sei es, dass er das Gericht täuschen will, sei es, dass er die Vereinbarung für unwirksam erachtet oder schlichtweg übersieht). Dahingehende Ermittlungen muss das Gericht ohne konkrete Anhaltspunkte
nicht anstellen.[5] Bemerkenswert und fragwürdig erscheint, dass Art. 28
Abs. 1 Brüssel Ia-VO ausdrücklich nur solche Beklagte schützen will, die
ihren Wohnsitz in einem anderen EU-Staat haben. Eine solche Einschränkung ist hingegen weder in Art. 18 Brüssel IIa-VO noch in Art. 11 EuUnt-

---

1 Für vorrangige Prüfung der internationalen Zuständigkeit etwa *Geimer*,
  Rz. 1840; *Rosenberg/Schwab/Gottwald*, § 93 Rz. 42 f.; im Ergebnis auch Stein/
  Jonas/*Roth*, § 1 ZPO Rz. 55.
2 Anders *Schack*, Rz. 449.
3 Näher *Renna*, Jura 2009, 119.
4 *Geimer*, Rz. 1821 f.; Handbuch IZVR/*Kropholler*, Bd. I, Kap. III Rz. 218. Anders
  Schack, Rz. 445: das sei zwar „sehr hart, doch geltendes Recht".
5 *Geimer*, Rz. 1820.

VO vorgesehen. Auch diese Vorschriften sind allerdings nicht unbedenklich; denn sie schützen den Beklagten dann nicht, wenn er seinen Wohnsitz (womöglich) im Gerichtsstaat hat.[1]

4.68 Fehlt die internationale Zuständigkeit deutscher Gerichte, so muss die Klage durch Prozessurteil **als unzulässig abgewiesen** werden. Dies hat zur Folge, dass – bei unverändertem Sachvortrag – eine erneute Klage bei einem anderen deutschen Gericht wegen der Rechtskraftbindung unzulässig wäre.[2] Das gilt unabhängig davon, ob die Zuständigkeitsfrage gemäß autonomem Recht oder gemäß vorrangigem Europa- oder Konventionsrecht zu beantworten war. Die Möglichkeit einer **Verweisung des Verfahrens an ein ausländisches Gericht** ist bislang nur vereinzelt vorgesehen (s. Rz. 7.36). Darüber hinaus kommt eine Verweisung analog § 281 ZPO oder § 17a Abs. 2 GVG nicht in Betracht, und zwar selbst dann nicht, wenn dem deutschen Gericht die Zuständigkeit des ausländischen unzweifelhaft gegeben erscheint (z.B. wegen ausschließlicher Zuständigkeit nach Art. 24 Brüssel Ia-VO oder kraft Prorogation).[3] Beachte aber auch noch Rz. 12.32 ff., dort zur Frage der grenzüberschreitenden Beachtlichkeit einer Unzuständigkeitsentscheidung.

4.69 Wird die **internationale Zuständigkeit zu Unrecht bejaht**, so ist die daraufhin ergangene Entscheidung gleichwohl wirksam. Dies mag man aus einer (eventuell durch § 105 FamFG indizierten) entsprechenden Anwendung von § 3 Abs. 3 FamFG ableiten; für streitige Angelegenheiten ergibt sich das Ergebnis ohne weiteres schon aus den allgemeinen Rechtskraftregeln.[4] Allerdings ist die Prüfung der internationalen Zuständigkeit richtigerweise auch noch in der **Rechtsmittelinstanz** geboten. Das gilt ungeachtet des insoweit ungenauen Wortlauts von §§ 513 Abs. 2, 545 Abs. 2 ZPO und §§ 65 Abs. 4, 72 Abs. 2 FamFG.[5] Ein klarstellender Hinweis im Normtext wäre freilich wünschenswert. Gebietet das Europa- oder Konventionsrecht, wie etwa in Art. 27 Brüssel Ia-VO und Art. 17 Brüssel IIa-VO, auch in der Rechtsmittelinstanz eine Zuständigkeitsprüfung, so darf das deutsche Recht eine solche ohnehin nicht ausschließen.[6]

---

1 Dazu *Spellenberg*, FS Gottwald, S. 607, 614 ff.
2 *Geimer*, Rz. 1844; Handbuch IZVR/*Kropholler*, Bd. I, Kap. III Rz. 240.
3 Handbuch IZVR/*Kropholler*, Bd. I, Kap. III Rz. 241; OLG Köln v. 16.3.1988 – 24 U 182/87, NJW 1988, 2182; OLG Düsseldorf v. 16.3.2000 – 6 U 90/99, RIW 2001, 63.
4 S. etwa BGH v. 3.2.1999 – VIII ZB 35/98, NJW 1999, 1871, 1872; *Kropholler*, IPR, § 58 VIII 5; *Schack*, Rz. 448.
5 Grundlegend BGH v. 14.6.1965 – GSZ 1/65, NJW 1965, 1665. Nachweise zur entsprechenden Rechtslage nach der ZPO-Reform 2001 etwa bei BGH v. 7.11.2012 – VIII ZR 108/12, NJW-RR 2013, 309; *Schack*, Rz. 444; Zöller/*Heßler*, § 513 ZPO Rz. 8. Für de lege lata ausgeschlossen, aber de lege ferenda wünschenswert hält die Überprüfbarkeit *Prütting*, GS W. Blomeyer, S. 803.
6 Richtig Rauscher/*Rauscher*, Art. 17 Brüssel IIa-VO Rz. 18.

2. Doppelrelevante Tatsachen

Besonderheiten gelten für sog. doppelrelevante Tatsachen, von deren Fest- **4.70**
stellung nicht nur die **internationale Zuständigkeit**, sondern zugleich die
Begründetheit der Klage, namentlich das Bestehen des geltend gemachten
Anspruchs abhängen. Darauf kann es etwa im Vertragsgerichtsstand für
das Zustandekommen eines Vertrags oder im Deliktsgerichtsstand für die
Begehung einer unerlaubten Handlung ankommen.

Beispiel: K klagt in Köln gegen den im Ausland ansässigen B auf Schadensersatz,
und zwar gestützt auf die Behauptung, dass ihn B in Köln durch eine unerlaubte
Handlung geschädigt habe. In Betracht kommt eine internationale Zuständigkeit
deutscher Gerichte gemäß Art. 7 Nr. 2 Brüssel Ia-VO bzw., wenn B in einem Drittstaat lebt, in doppelfunktionaler Anwendung von § 32 ZPO. Hierbei lässt die h.M.
die schlüssige Behauptung des Klägers ausreichen:[1] Kann K das Gericht von der Begehung der unerlaubten Handlung durch B in Köln überzeugen, erweist sich seine
Klage als zulässig und begründet. Bleibt die Behauptung der unerlaubten Handlung
hingegen unbewiesen, so soll dies die Kompetenz des Gerichts zum Erlass einer ab-
weisenden Sachentscheidung gegen K nicht berühren.

Zur Begründung dieser Lösung wird verwiesen auf die Prozessökonomie, **4.71**
zudem aber auch und gerade darauf, dass der Beklagte von der weiterrei-
chenden Rechtskraft des Sachurteils profitieren solle.[2] Ermöglicht wird
dies durch den Kunstgriff, dass man für die Zuständigkeit bereits die
schlüssige Behauptung einer unerlaubten Handlung im Gerichtsbezirk
genügen lässt, den Tatsachenkern dieser Behauptung des Klägers sodann
erst im Rahmen der Begründetheit prüft.

Die Erwägungen der h.M. erscheinen zweifelhaft: Will sich der Beklagte, **4.72**
der mit einer Klage bei einem aus seiner Sicht unzuständigen Gericht
konfrontiert wird, nicht mit einem Prozessurteil zufrieden geben, sondern ein abweisendes Sachurteil gegen den Kläger erreichen, so könnte er
die Zuständigkeit ohne weiteres durch rügelose Einlassung begründen
(Art. 26 Brüssel Ia-VO bzw. § 39 ZPO) – womit sich der Rückgriff auf die
Lehre von den doppelrelevanten Tatsachen ohnehin erübrigt hätte. Demgegenüber muss sichergestellt sein, dass diese Lehre keinesfalls zu Lasten
eines säumigen Beklagten zur Anwendung gebracht werden darf: Sonst
würde aus dem ihm vermeintlich günstigen Überspringen der Zuständigkeitsprüfung eine Falle, die seine inländische Gerichtspflichtigkeit gemäß Art. 7 Nr. 2 Brüssel Ia-VO bzw. § 32 ZPO unangemessen erweitert
und der er nur entrinnen könnte, wenn er sich vor dem unzuständigen

---

1 BGH v. 6.11.2007 – VI ZR 34/07, NJW-RR 2008, 516, 517; BGH v. 29.6.2010 –
  VI ZR 122/09, NJW-RR 2010, 1554 f. Beachte aus dem Schrifttum etwa *Pfeiffer*,
  S. 603 ff.; Stein/Jonas/*Roth*, § 1 ZPO Rz. 24 ff.; *Stürner*, IPRax 2006, 450, 451;
  Thole, IPRax 2013, 136, 138 ff. Ablehnend mit erwägenswerten Überlegungen
  Mankowski, IPRax 2006, 454.
2 Besonders betont wird dies als Aspekt prozessualer Gerechtigkeit bei Stein/Jo-
  nas/*Roth*, § 1 ZPO Rz. 30.

Gericht verteidigt.[1] Im Anwendungsbereich der **Brüssel Ia-VO** dürfte es ihr Art. 28 von vornherein ausschließen, doppelrelevante Tatsachen entsprechend der oben dargelegten h.M. zu behandeln.[2]

3. Maßgeblicher Zeitpunkt

4.73 Im Grundsatz ist es nach allgemeinen Regeln sowohl notwendig als auch hinreichend, dass Sachentscheidungsvoraussetzungen wie die internationale Zuständigkeit im **Zeitpunkt der gerichtlichen Entscheidung** (bzw. der letzten mündlichen Verhandlung) gegeben sind.[3] Allerdings gilt dieser Grundsatz nicht ohne Ausnahmen.

4.74 Zum einen kann der **maßgebliche Zeitpunkt vorverlegt**, insbesondere also angeordnet sein, dass die zuständigkeitsbegründenden Umstände bereits bei Einleitung des Verfahrens gegeben sein müssen; unzureichend ist dann ihr Vorliegen erst im Zeitpunkt der Entscheidung. So verhält es sich bei Art. 3 Abs. 1 lit. a Spiegelstr. 5 und 6 Brüssel IIa-VO: Weil die dort geforderte Aufenthaltsfrist von zwölf bzw. sechs Monaten ausweislich des Normtextes schon „unmittelbar vor der Antragstellung" verstrichen sein muss, wird die Zuständigkeit nicht dadurch begründet, dass die Frist erst im Entscheidungszeitpunkt abgelaufen ist.[4]

4.75 Zum anderen kann es genügen, dass die zuständigkeitsbegründenden Umstände zu einem bestimmten Zeitpunkt im Verfahren gegeben waren, sodass ihr späterer Wegfall unschädlich ist (sog. **perpetuatio fori internationalis**). Dafür streitet nicht zuletzt der gebotene Schutz des Antragstellers.[5] Die perpetuatio fori ist anerkanntermaßen im Anwendungsbereich der Brüssel Ia-VO möglich,[6] wobei richtigerweise der in Art. 32 Brüssel Ia-VO umschriebene Zeitpunkt maßgeblich ist. Die Perpetuierung einer Zuständigkeit kann allerdings nicht für einen Streitgegenstand gelten, der erst nachträglich in das Verfahren eingeführt wird. Unter welchen Umständen davon auszugehen ist, prüft der BGH überzeugend anhand des verordnungsautonom zu bestimmenden, weiten Streitgegenstandsbegriffs des Art. 29 Brüssel Ia-VO: Die Zuständigkeit bleibt erhalten, wenn es

---

1 Ausführlich hierzu *Hoffmann-Nowotny*, Rz. 379 ff.; *Ost*, S. 75 ff., 146 ff., 214 ff. Für Anwendbarkeit der Lehre gerade auch im Säumnisfall hingegen etwa *Kropholler/von Hein*, Art. 25 EuGVO Rz. 5.

2 *Mankowski*, IPRax 2006, 454, 455; *Schack*, Rz. 446.

3 Vgl. etwa BGH v. 26.5.1982 – IVb ZR 675/80, NJW 1982, 1940: dort war die zuständigkeitsbegründende deutsche Staatsangehörigkeit erst während des Scheidungsverfahrens erworben worden.

4 Richtig etwa Thomas/Putzo/*Hüßtege*, Art. 3 EuEheVO Rz. 10.

5 Stein/Jonas/*Roth*, § 1 ZPO Rz. 56.

6 Statt vieler: BGH v. 17.4.2013 – XII ZR 23/12, NJW 2013, 2597, 2599. Zu weitgehend allerdings BGH v. 1.3.2011 – XI ZR 48/10, NJW 2011, 2515, wonach es genügen soll, dass der zuständigkeitsbegründende Umstand irgendwann nach Rechtshängigkeit und vor Schluss der Verhandlung gegeben war.

trotz Klageänderung nach wie vor um „denselben Anspruch" im prozessualen Sinne geht.[1]

Der Grundsatz der perpetuatio fori gilt grundsätzlich auch für die von **4.76** Art. 3 Brüssel IIa-VO erfassten Ehesachen und für die EuUntVO. Für Kindschaftssachen stellt Art. 8 Abs. 1 Brüssel IIa-VO ausdrücklich auf den Zeitpunkt der Antragstellung ab.[2] Und zweifeln mag man, ob es angemessen und sinnvoll ist, von einer Perpetuierung auch für die Notzuständigkeit gemäß Art. 7 EuUntVO auszugehen. Im autonomen deutschen Recht lässt sich die perpetuatio fori für Zivilprozesse sowie Ehe- und Familienstreitsachen aus § 261 Abs. 3 Nr. 2 ZPO (mit § 113 Abs. 1 FamFG) ableiten; denn diese Regelung gilt in doppelfunktionaler Anwendung auch für die internationale Zuständigkeit.[3]

Problematisch erscheint, ob eine Perpetuierung in **Fürsorgeangelegenhei-** **4.77** **ten** in Betracht kommt. Bisweilen ist sie ausdrücklich ausgeschlossen, so in Art. 5 Abs. 2 HErwSÜ. Auch im Anwendungsbereich des MSA soll kein Raum dafür sein (arg. Art. 5 MSA),[4] und Entsprechendes dürfte im Anwendungsbereich des KSÜ gelten.[5] Fraglich bleibt die Rechtslage im autonomen Recht: Zu warnen ist jedenfalls vor einer unbesehenen Berufung auf § 2 Abs. 2 FamFG, wobei wegen § 105 FamFG weniger die ausdrückliche Beschränkung auf die örtliche Zuständigkeit als vielmehr die unterschiedliche Interessengewichtung bei örtlicher und internationaler Zuständigkeit eine differenzierte Betrachtung nahe legt.[6] Unter systematischen Gesichtspunkten fragwürdig, letztlich aber wohl unumgänglich dürfte es sein, die perpetuatio fori von einer Interessenabwägung im Einzelfall abhängig zu machen.[7]

4. Zuständigkeitsversagung

Ergibt die Prüfung, dass die deutschen Gerichte international zuständig **4.78** sind, so ist von dieser Zuständigkeit auch Gebrauch zu machen. Die Versagung einer Sachentscheidung ist zwar geboten, wenn sich herausstellt, dass der Kläger den angeblich zuständigkeitsbegründenden Umstand nur

---

1 BGH v. 17.4.2013 – XII ZR 23/12, NJW 2013, 2597, 2599 f.; *Hau*, FamRZ 2013, 1116 f.
2 Dazu *Solomon*, FamRZ 2004, 1409, 1411. Kritisch *Pirrung*, FS Kerameus, S. 1037, 1045 f.
3 Näher etwa *Geimer*, Rz. 1830 ff.; *Nagel/Gottwald*, § 5 Rz. 230; *Schack*, Rz. 451 ff. Vgl. aus der Rechtsprechung etwa OLG Nürnberg v. 10.11.2000 – 10 WF 3870/00, FamRZ 2001, 837.
4 Dazu BGH v. 5.6.2002 – XII ZB 74/00, NJW 2002, 2955, 2956; OLG Frankfurt v. 21.2.2005 – 1 UF 218/04, NJW-RR 2005, 1674. Näher *Bauer*, IPRax 2003, 135, 137 f.
5 Staudinger/*Henrich*, Art. 21 EGBGB Rz. 160a; *Pirrung*, FS Kerameus, S. 1037, 1044 f.
6 Zur Regelungsbedürftigkeit der Frage vgl. *Rathjen*, FF 2007, 27 ff.
7 Vgl. KG v. 5.11.1997 – 3 UF 5133/97, NJW 1998, 1565; Prütting/Helms/*Hau*, vor §§ 98–106 Rz. 12; Staudinger/*Henrich*, Art. 21 EGBGB Rz. 163 f.

vorgetäuscht hat (**Simulation**).[1] Demgegenüber kann es dem Kläger nur unter ganz besonderen Umständen zum Vorwurf gemacht werden, das Vorliegen des Zuständigkeitsgrunds in rechtsmissbräuchlicher Weise herbeigeführt zu haben (**Zuständigkeitserschleichung**; zum zulässigen Forum shopping s. Rz. 4.24 f.).[2] Insbesondere darf der in Art. 8 Nr. 2 a.E. Brüssel Ia-VO vorgesehene Versagungsgrund nicht vorschnell verallgemeinert werden.[3]

4.79   Eine **ermessensabhängige Rechtsschutzverweigerung** unter Hinweis darauf, das angerufene deutsche Gericht sei nicht hinreichend sachnah oder es sei nach Lage der Dinge angemessener, das Verfahren in einem anderen Staat auszutragen, kommt daher grundsätzlich nicht in Betracht (zur davon zu trennenden Frage nach der Beachtlichkeit ausländischer Parallelverfahren s. Rz. 7.5 ff.). Allemal ist irrelevant, ob sich ausländische Gerichte nach ihrem Verfahrensrecht für ausschließlich zuständig halten. Der hier vertretene Standpunkt versteht sich nicht von selbst. Vielmehr darf das angerufene Gericht in anderen Rechtsordnungen, vor allem im anglo-amerikanischen Recht, die Wahlfreiheit des Klägers aufgrund der *doctrine of forum non conveniens* beschränken:[4] Es kann die Entscheidung zur Sache ablehnen und den Kläger darauf verweisen, sein Recht vor dem ebenfalls zuständigen Gericht eines anderen Staates zu suchen, das (angeblich) engere Beziehungen zu dem Rechtsstreit aufweist oder gar als das „natural forum" erscheint, jedenfalls aber ein dem Fall angemesseneres (eben „more convenient") Forum darstellt. Noch immer eindrückliche Beispiele sind die nach dem Chemieunfall von Bhopal/Indien in den USA anhängig gemachten Schadensersatzklagen[5] und die Klagen von Angehörigen der Opfer eines Flugzeugabsturzes in Düsseldorf gegen den Flugzeughersteller Fairchild vor texanischen Gerichten.[6]

4.80   Für das **deutsche Recht** wird heute überwiegend und zutreffend die Auffassung vertreten, dass eine Übernahme der *doctrine of forum non conveniens* namentlich mit dem verfassungsrechtlich verbürgten Justizgewährungsanspruch und dem Anspruch auf den gesetzlichen Richter unvereinbar wäre.[7] Gegenteilige Stimmen[8] und Judikate haben sich nicht

---

1 Vgl. etwa Stein/Jonas/*Roth*, § 1 ZPO Rz. 42.
2 Dazu *Althammer*, GS Konuralp, Bd. I, S. 103; *Geimer*, Rz. 1015; *Lüttringhaus*, ZZP 127 (2014), 29; *Schack*, Rz. 554 ff.; *Thole*, ZZP 122 (2009), 423; *Tichý*, FS Martiny, S. 851.
3 Vgl. EuGH v. 11.10.2007 – Rs. C-98/06 (*Freeport*), NJW 2007, 3702, 3705.
4 Näher dazu etwa *Briggs/Rees*, Rz. 4.10 ff.; *Cheshire/North/Fawcett*, S. 425 ff.; *Hartley*, S. 207 ff. (England), 229 ff. (USA); *Koh*, S. 157 ff. Vgl. dazu aus deutscher Sicht etwa *Böhm*, Rz. 275 ff.; *Schack*, Rz. 559 ff.; *Schlosser*, RdC 284 (2000), 53 ff.; *Schütze*, FS Kropholler, 2008, S. 905.
5 Dazu *Kolvenbach*, DZWiR 1992, 322; *Hartwieg*, JZ 1996, 109, 116.
6 Dazu *Schollmeyer*, ZZP 108 (1995), 525.
7 *Geimer*, Rz. 1075 ff.; Handbuch IZVR/*Kropholler*, Bd. I, Kap. III Rz. 207 ff.; *Pfeiffer*, S. 411 ff.; Stein/Jonas/*Roth*, § 1 ZPO Rz. 52. Ausführlich *König*, Anwendbarkeit des „forum non conveniens".
8 Z.B. *Schröder*, S. 486 ff.; *Jayme*, StAZ 1975, 91 ff.

durchsetzen können.[1] Auch im **europäischen Zuständigkeitsrecht** ist die Doktrin, wie der EuGH zum Brüssel I-System zutreffend klargestellt hat, unanwendbar,[2] und Entsprechendes gilt für die Brüssel IIa-VO und die Eu-UntVO. Ausnahmen bedürfen daher einer gesetzlichen Grundlage (so Art. 12 Abs. 1 EuErbVO). Eine solche zu schaffen könnte sich in Fürsorgeangelegenheiten als sinnvoll erweisen. Um einen negativen Kompetenzkonflikt zu vermeiden, müsste dann aber sichergestellt sein, dass die ausländischen Gerichte tatsächlich zur Sachentscheidung bereit sind (s. zu solchen Verweisungsmodellen Rz. 7.36).

---

[1] Nachw. bei *Pfeiffer*, S. 389 ff., 411 ff.
[2] EuGH v. 1.3.2005 – Rs. C-281/02 (*Owusu/Jackson*), EuZW 2005, 345. Vgl. aus dem Schrifttum etwa *Gottwald*, FS Jayme, S. 277.

§ 5 Einzelne gesetzliche Gerichtsstände

Literatur (vgl. auch die Nachweise zu § 4): *Althammer*, Zivilprozessualer Rechtsschutz gegen grenzüberschreitende Umweltemissionen, FS Gottwald, 2014, S. 9; *Arnold*, Der internationale Gerichtsstand bei Drittwiderklagen im europäischen und internationalen Zivilverfahrensrecht, FS Schütze, 2015, S. 17; *Coester-Waltjen*, Der Erfüllungsort im internationalen Zivilprozessrecht, FS Kaissis, 2012, S. 91; *Garber*, Die Stellung des Verbrauchers im Europäischen Zivilprozessrecht, ÖJZ 2011, 197; *Geimer*, Forum actoris für Kapitalanlegerklagen, FS Martiny, 2014, S. 711; *Hau*, Die Kaufpreisklage des Verkäufers im reformierten europäischen Vertragsgerichtsstand, JZ 2008, 974; *ders.*, Das Zuständigkeitssystem der EuUntVO, in: Coester-Waltjen/Lipp/Schumann/Veit, Europäisches Unterhaltsrecht, 2010, S. 57; *ders.*, Zur internationalen Zuständigkeit für Streitigkeiten über (angebliche) Vertragshändlerverträge, ZVertriebsR 2014, 79; *von Hein*, Verstärkung des Kapitalanlegerschutzes: Das Europäische Zivilprozessrecht auf dem Prüfstand, EuZW 2011, 369; *Heinze*, Surf global, sue local! – Der europäische Klägergerichtsstand bei Persönlichkeitsrechtsverletzungen im Internet, EuZW 2011, 947; *Hess*, Der Schutz der Privatsphäre im Europäischen Zivilverfahrensrecht, JZ 2012, 189; *Junker*, Der Gerichtsstand des Erfüllungsortes nach der Brüssel I-Verordnung im Licht der neueren EuGH-Rechtsprechung, FS Kaissis, 2012, S. 439; *ders.*, Der Gerichtsstand des Deliktsortes nach der Brüssel I-Verordnung bei der Verletzung von Persönlichkeitsrechten im Internet, FS Rüßmann, 2013, S. 811; *ders.*, Der Gerichtsstand für internationale Verträge nach der Brüssel I-Verordnung im Lichte der neueren EuGH-Rechtsprechung, FS Martiny, 2014, S. 761; *Kieninger*, Grenzenloser Verbraucherschutz?, FS Magnus, 2014, S. 449; *Klöpfer*, Persönlichkeitsrechtsverletzungen über das Internet, JA 2013, 165; *Koechel*, § 23 ZPO als genereller Klägergerichtsstand?, IPRax 2014, 312; *Leible*, Der Erfüllungsort iSv Art. 5 Nr. 1 lit. b Brüssel I-VO, FS Spellenberg, 2010, S. 451; *Leible/Müller*, Die Bedeutung von Websites für die internationale Zuständigkeit in Verbrauchersachen, NJW 2011, 495; *Leipold*, Neues zum Gerichtsstand der unerlaubten Handlung nach Europäischem Zivilprozessrecht, FS Németh, 2003, S. 631; *Lieder*, Die Aufrechnung im Internationalen Privat- und Verfahrensrecht, RabelsZ 78 (2014), 809; *Lund*, Der Gerichtsstand der Streitgenossenschaft im europäischen Zivilprozessrecht; *Mankowski*, Der Erfüllungsortbegriff unter Art. 5 Nr. 1 lit. b EuGVVO, IHR 2009, 46; *ders.*, EuGVVO/revLugÜ und CISG im Zusammenspiel – insbesondere beim Erfüllungsortsgerichtsstand, FS Schwenzer, 2011, S. 1175; *Mann*, Zum Verhältnis von Zuständigkeitsbestimmungsverfahren und gemeinsamem Beklagtengerichtsstand nach Art. 6 Nr. 1 EuGVVO, ZZP 127 (2014), 229; *Mansel*, Vermögensgerichtsstand und Inlandsbezug bei der Entscheidungs- und Anerkennungszuständigkeit, FS Jayme, 2004, Bd. I, S. 560; *Markus*, Tendenzen beim materiell-rechtlichen Vertragserfüllungsort im IZVR, 2009; *Mormann*, Zuständigkeitsrechtlicher Schutz vor Kapitalanlegerklagen in den USA, 2010; *Müller*, Der zuständigkeitsrechtliche Handlungsort des Delikts bei mehreren Beteiligten in der EuGVVO, EuZW 2013, 130; *Nikas*, Das europäische Zuständigkeitsrecht bei Persönlichkeitsrechtsverletzungen in den Massenmedien und im Internet, FS Gottwald, 2014, S. 477; *Nunner-Krautgasser*, Zum Begriff des Verbrauchers im Europäischen Zivilverfahrensrecht, FS Posch, 2011, S. 535; *Otte*, Umfassende Streitentscheidung durch Beachtung von Sachzusammenhängen, 1998; *Pabst*, Entscheidungszuständigkeit und Beachtung ausländischer Rechtshängigkeit in Ehesachen mit Europabezug, 2009; *Pichler*, Internationale Zuständigkeit im Zeitalter globaler Vernetzung, 2008; *Rauscher*, Internationaler Gerichtsstand des Erfüllungsorts, NJW 2010, 2251; *Roth*, Probleme um die internationale Zuständigkeit nach § 29 ZPO, FS Schlosser, 2005, S. 773; *Schack*, Der Erfüllungsort, 1985; *Schilf*, Der Gerichtsstand des Erfüllungsortes im deutsch-schweizerischen Rechtsverkehr bei Geltung des UN-Kaufrechts, IHR 2011, 181; *Schütze*, Der Verbraucher im europäischen Justizraum – oder: die Zweiklassenjurisprudenz im europäischen Zivilprozessrecht, FS von Westphalen, 2010, S. 621; *Solomon*, Der Immobiliargerichtsstand im Europäischen Zuständigkeitsrecht, FS von Hoffmann, 2011, S. 727; *Spellenberg*, Internationale Zuständigkeit kraft Wohnsitzes oder gewöhnlichen Aufenthalts, FS Kerameus, 2009, S. 1307; *Stadler*, Vertraglicher und deliktischer Gerichtsstand im europäischen Zivilprozessrecht, FS Musielak, 2004, S. 569; *Thole*, Die zuständigkeitsrechtliche Zurechnung des Handlungsorts unter § 32 ZPO und Art. 7 Nr. 2 EuGVVO n.F. (Art. 5 Nr. 3 EuGVVO a.F.), FS Schilken, 2015, S. 523; *Thorn*, Internationale Zuständigkeit bei Persönlichkeitsverletzungen durch Massenmedien, FS von Hoffmann, 2011, S. 746; *Wagner/Berentelg*, Straßenverkehrsunfälle Deutscher in den Nachbarstaaten, MDR 2010, 1353; *Wagner/Diehl*, Internationale Zuständigkeit bei der Miete ausländischer Ferienhäuser, GPR 2014, 230; *Wagner/Gess*, Der Gerichtsstand der unerlaubten Handlung nach der EuGVVO bei Kapitalanlagedelikten, NJW 2009, 3481; *Wais*, Der Europäische Erfüllungsgerichtsstand für Dienstleistungsverträge, 2013; *Wendenburg/Schneider*, Vertraglicher Gerichtsstand bei Ansprüchen aus Delikt?, NJW 2014, 1633; *Winter*, Ineinandergreifen von EuGVVO und nationalem Zivilverfahrensrecht, 2007; *Wittwer*, Zehn Jahre neuer Erfüllungsortsgerichtsstand im Europäischen Prozessrecht, AJP 2012, 679; *Würdinger*, Europäisches Verbraucherprozessrecht im Visier der Juristischen Methodenlehre, FS Gottwald, 2014, S. 693.

5.1　Im Folgenden werden wichtige Fallgruppen der internationalen Zuständigkeit deutscher Zivilgerichte kraft gesetzlicher Zuständigkeitsgründe zusammengestellt (zu Gerichtsstandsvereinbarungen und rügeloser Einlassung s. § 6). Nicht eigens hervorgehoben wird dabei jeweils, dass die gesetzlichen Gerichtsstände des LugÜ 2007 denjenigen der Brüssel I-VO und im Wesentlichen auch noch denjenigen der Brüssel Ia-VO entsprechen (s. Rz. 4.47). Wenn internationale Zuständigkeitsgründe der ZPO erörtert werden, sind grundsätzlich die doppelfunktional angewandten Regeln zur örtlichen Zuständigkeit gemeint (s. Rz. 4.2 f.). Soweit sich das Europa- oder Konventionsrecht auf die Regelung der internationalen Zuständigkeit beschränkt, bestimmt sich der örtliche Gerichtsstand nach deutschem Recht.

I. Parteibezogene Zuständigkeiten

1. Beklagtengerichtsstände

5.2　Schon das Römische Recht ging von der Maxime ***actor sequitur forum rei*** aus, wonach sich der Kläger grundsätzlich an die Gerichte am Sitz des Beklagten wenden muss.[1] Diesen Gedanken beherzigt die **Brüssel Ia-VO** und eröffnet mit Art. 4 einen allgemeinen Gerichtsstand am Wohnsitz des Beklagten (*forum rei*). Das dient zum einen dem Beklagtenschutz im Sinne eines *favor defensoris*, zum anderen der zugleich im Interesse des Klägers gebotenen Zuständigkeitsklarheit.[2] Darüber hinaus erweist sich die Regel als prozessökonomisch: Wegen der grundsätzlich umfassenden

---

1 Dazu *Schröder*, S. 229 ff.
2 Näher zu Sinn und Gerechtigkeitsgehalt des allgemeinen Gerichtsstands *Hess*, FS Lindacher, S. 53, 54 ff.

Kognitionsbefugnis im allgemeinen Gerichtsstand kann das Gericht die Auseinandersetzung unter jedem in Betracht kommenden Gesichtspunkt beurteilen (s. Rz. 5.59 f.). Art. 4 Brüssel Ia-VO gilt unabhängig von der konkreten Rechtsschutzform, sodass auch im Falle einer negativen Feststellungsklage für den allgemeinen Gerichtsstand auf den Sitz des Beklagten abzustellen ist.[1] Einen allgemeinen Gerichtsstand kennt an sich auch das autonome deutsche Recht in doppelfunktionaler Anwendung von §§ 12, 13 ZPO. Dafür bleibt in aller Regel aber kein Raum; denn in den Fällen, in denen der Beklagte seinen Wohnsitz im Inland – und damit auch in der EU – hat, ist schon der räumlich-persönliche Anwendungsbereich der vorrangigen Brüssel Ia-VO eröffnet (s. Rz. 4.35).

Im Gegensatz zur Brüssel Ia-VO betont die **EuUntVO** nicht den Kontrast zwischen einem allgemeinen Gerichtsstand am Wohnsitz des Beklagten und weiteren besonderen Gerichtsständen. Vielmehr stellt Art. 3 EuUntVO unter der Überschrift „Allgemeine Bestimmungen" vier gleichrangige Zuständigkeitsgründe zusammen. Obwohl der Gerichtsstand im Aufenthaltsstaat des Beklagten an der Spitze dieses Zuständigkeitskatalogs steht (lit. a), kann von einem *favor defensoris* kaum die Rede sein (arg.: lit. b; s. Rz. 5.12). Ähnliches gilt für Ehestatussachen nach Maßgabe der **Brüssel IIa-VO**: Art. 3 Abs. 1 enthält einen umfangreichen Zuständigkeitskatalog, wobei der Antragsgegner jedenfalls dort gerichtspflichtig ist, wo er seinen gegenwärtigen gewöhnlichen Aufenthalt hat (lit. a Spiegelstr. 3). **5.3**

Für **wohnsitzlose Personen** kennt die ZPO noch Hilfsanknüpfungen an den schlichten Aufenthalt oder den letzten Wohnsitz (§ 16 ZPO). Ferner können Personen wie **Saisonarbeiter** oder **Studierende**, die im Inland keinen Wohnsitz i.S. von § 13 ZPO begründet haben, deren Beschäftigung jedoch typischerweise einen „Aufenthalt von längerer Dauer" mit sich bringt, am inländischen Arbeits- oder Studienort verklagt werden (§ 20 ZPO). Beides gilt allerdings nur in dem Rahmen, den Art. 6 Abs. 1 Brüssel Ia-VO dem autonomen Recht belässt, also von vornherein nur gegenüber Beklagten mit Wohnsitz in Drittstaaten (s. Rz. 4.38 ff., dort auch zur Behandlung von Beklagten mit unbekanntem Wohnsitz). **5.4**

2. Klägergerichtsstände

Manche Gerichtsstände kehren die zuständigkeitsrechtliche Grundregel um und erlauben dem Kläger die Rechtsverfolgung vom eigenen Wohnsitz- oder Aufenthaltsstaat aus. Ein solcher Klägergerichtsstand (*forum actoris*) bedarf einer besonderen **Rechtfertigung** – was freilich nicht gleichbedeutend ist mit der verfehlten These, dass der überragende Gerechtigkeitsgehalt des allgemeinen Gerichtsstands es gebiete, sämtliche besonderen Zuständigkeiten grundsätzlich restriktiv zu handhaben (s. **5.5**

---

1 Statt mancher: BGH v. 1.2.2011 – KZR 8/10, GRUR 2011, 554; *Thole*, NJW 2013, 1192 (dort 1193 gegen abweichende Stimmen zum autonomen deutschen Zuständigkeitsrecht).

Rz. 4.17). Zu denken ist an die Interessen von Personengruppen, die aufgrund ihrer typischerweise schwachen sozialen Stellung als schutzwürdig und deshalb auch in zuständigkeitsrechtlicher Hinsicht als privilegierungsbedürftig erachtet werden.[1]

a) Verbraucherschutz

5.6 Die **Brüssel Ia-VO** kennt, wie ihr Erwägungsgrund Nr. 18 eigens betont, zuständigkeitsrechtliche Privilegien für „die schwächere Partei", nämlich Versicherungsnehmer sowie diesen gleichgestellte Personen, Verbraucher und Arbeitnehmer: Diese können ihren Vertragspartner nicht nur in dessen allgemeinem Gerichtsstand, sondern alternativ auch vor ihrem eigenen Wohnsitzgericht bzw. vor dem Gericht ihres Arbeitsortes verklagen (Art. 11–13; Art. 18 Abs. 1; Art. 21 Brüssel Ia-VO).[2] Die so bewirkte Vermehrung der Aktivgerichtsstände wird ergänzt durch die Beschränkung der Passivgerichtsstände und von Gerichtsstandsvereinbarungen (s. Rz. 4.14). Rechtspolitisch sind solche Privilegien manchen ein Dorn im Auge.[3] Dieser Kritik ist ohne weiteres zuzugestehen, dass niemand gerne im Ausland verklagt wird oder sein Recht suchen muss – aber das heißt eben noch lange nicht, dass der Gesetzgeber dies etwa Verbrauchern ebenso wie Unternehmern zumuten sollte.

5.7 Insbesondere die Zuständigkeitsregeln in **Verbrauchersachen** beschäftigen immer wieder die Gerichte.[4] Ausweislich Art. 19 Nr. 3 setzen Art. 17 ff. Brüssel Ia-VO nicht zwingend voraus, dass beide Parteien in verschiedenen Staaten ansässig sind.[5] Beachte zur **räumlich-persönlichen Anwendbarkeit** auch im Verhältnis zu drittstaatenansässigen Unternehmern schon Rz. 4.36 f. Weitgehend geklärt ist inzwischen der **subjektive Anwendungsbereich**, insbesondere der verordnungsautonom zu bestimmende Verbraucherbegriff.[6] So hat der EuGH schon frühzeitig klargestellt, dass Existenzgründer nicht geschützt werden,[7] und die Verbrauchereigenschaft zudem verneint, wenn der fragliche Vertrag sowohl aus privaten als auch aus beruflichen Gründen geschlossen wird[8] oder wenn

---

1 Vgl. *Schröder*, S. 341 ff.
2 Näher zu Arbeitssachen *Junker*, FS Gottwald, 2014, S. 293, 295 ff., zu Versicherungssachen *Vassilakakis*, FS Vrellis, 2014, S. 1079.
3 Besonders deutlich *Schütze*, FS von Westphalen, 2010, S. 621.
4 Beachte die zusammenfassende Übungshausarbeit bei *von Sachsen Gesaphe*, Jura 2012, 810.
5 EuGH v. 14.11.2013 – Rs. C-478/12 (*Maletic/lastminute.com*), NJW 2014, 530. Ebenso schon OLG München v. 19.6.2012 – 5 U 1150/12, RIW 2012, 635, 636.
6 Dazu etwa BGH v. 6.5.2013 – X ARZ 65/13, NJW-RR 2013, 1399, 1400.
7 EuGH v. 3.7.1997 – Rs. C-269/95 (*Benincasa/Dentalkit*), RIW 1997, 775, dort zum EuGVÜ. Beachte zur Fortgeltung dieser Rechtsprechung *Rühl*, GPR 2013, 122, 124.
8 EuGH v. 20.1.2005 – Rs. C-464/01 (*Gruber/BayWa*), NJW 2005, 653. Ebenso BGH v. 28.2.2012 – XI ZR 9/11, NJW 2012, 1817, 1819 f., dort auch zur Darlegungs- und Beweislast des angeblichen Verbrauchers.

sich ein Geschäftsführer oder Mehrheitsbeteiligter für Verbindlichkeiten seiner Gesellschaft verbürgt.[1]

In den **sachlichen Anwendungsbereich** der Art. 17 ff. Brüssel Ia-VO fallen nur Verträge bzw. vertragliche Ansprüche (dies allerdings mit Ausnahme reiner Beförderungsverträge, Art. 17 Abs. 3 Brüssel Ia-VO). Diese Begriffe sind verordnungsautonom und weit zu interpretieren;[2] erfasst werden namentlich auch Schadensersatzansprüche aus *culpa in contrahendo* wegen Verletzung vorvertraglicher Aufklärungspflichten und womöglich sogar solche aus § 823 Abs. 2 BGB wegen eines Verstoßes gegen das Kreditwesengesetz.[3] Beachte zur Anspruchsgrundlagenkonkurrenz auch noch Rz. 5.60 ff. **5.8**

Sofern kein Teilzahlungskauf bzw. Kreditgeschäft i.S. von Art. 17 Abs. 1 lit. a oder b Brüssel Ia-VO vorliegt, bedarf es zusätzlich der in lit. c umschriebenen besonderen **situativen Anwendungsvoraussetzungen**, insbesondere also eines „Ausrichtens" der unternehmerischen Tätigkeit auf den Wohnsitzstaat des Verbrauchers.[4] Nachdem dieser Aspekt mehrfach von nationalen Gerichten erörtert worden war,[5] bekam der EuGH in den Rechtssachen *Pammer* sowie *Hotel Alpenhof* die Gelegenheit zur Vorabentscheidung.[6] Der EuGH stellte klar, dass für das Ausrichten alleine die Abrufbarkeit einer Webseite ebenso wenig hinreichend sei wie die bloße Angabe einer elektronischen Adresse oder anderer Adressdaten oder die Verwendung einer im Verbraucherstaat üblichen Sprache oder Währung. Maßgeblich sei vielmehr, dass aus der Webseite und der gesamten Tätigkeit des Gewerbetreibenden dessen Bereitschaft hervorgeht, mit den im fraglichen Mitgliedstaat ansässigen Verbrauchern zu kontrahieren. Zur Illustration dieses Kriteriums hat der EuGH eine Reihe von Indizien benannt, beispielsweise Anfahrtsbeschreibungen zur Niederlassung oder die Verwendung eines eigenen Domain-Namens oberster Stufe. Interessant ist diese Entscheidung nicht zuletzt wegen ihrer Relevanz für die **5.9**

---

1 EuGH v. 14.3.2013 – Rs. C-419/11 (*Česká spořitelna/Feichter*), RIW 2013, 292.

2 Dazu etwa BGH v. 29.11.2011 – XI ZR 172/11, NJW 2012, 455, 456 f. Zum damit zusammenhängenden früheren Dauerthema „Klage aus Gewinnzusage" vgl. zuletzt EuGH v. 14.5.2009 – Rs. C-180/06 (*Ilsinger/Dreschers als Insolvenzverwalter der Schlank & Schick GmbH*), EuZW 2009, 489. Beachte auch *Bach*, IHR 2010, 17, *Rühl*, GPR 2013, 122, 126 ff., sowie das Fallbeispiel bei *Fuchs/Hau/Thorn*, Nr. 3.

3 Dafür BGH v. 31.5.2011 – VI ZR 154/10, NJW 2011, 2809, 2813; *Arnold*, IPRax 2013, 141.

4 Zur Kritik daran, dass die zusätzlichen situativen Anwendungsvoraussetzungen nicht für Art. 17 Abs. 1 lit. a und b Brüssel Ia-VO gelten, vgl. *Mankowski*, RIW 2014, 625, 631.

5 Vgl. etwa BGH v. 17.9.2008 – III ZR 71/08, NJW 2009, 298 (Maklertätigkeit).

6 EuGH v. 7.12.2010 – Rs. C-585/08 (*Pammer*) und C-144/09 (*Hotel Alpenhof*), NJW 2011, 505 m. Anm. *Leible/Müller*, 495. Kritisch etwa *Kieninger*, FS Magnus, S. 449, 455 ff.; *Pilich*, GPR 2011, 178.

kollisionsrechtliche Parallelvorschrift in Art. 6 Abs. 1 lit. b Rom I-VO im Hinblick auf das Gebot kohärenter, rechtsaktübergreifender Auslegung.[1]

5.10   Wenn ein Ausrichten i.S. von Art. 17 Abs. 1 lit. c Brüssel Ia-VO bejaht werden kann, muss das Geschäft **nicht zwingend im Fernabsatz** (etwa online) zustande kommen; vielmehr genügt es, wenn der Verbraucher den Unternehmer aufsucht und erst dort der Vertrag geschlossen wird.[2] Dabei ist nach Ansicht des EuGH nicht erforderlich, dass das Mittel, das der Unternehmer zum Ausrichten seiner Tätigkeit auf den Wohnsitzmitgliedstaat des Verbrauchers einsetzt, für den konkreten Vertragsschluss kausal wird.[3]

Beispiel: Gebrauchtwagenhändler U wirbt aus Frankreich mit einer deutschsprachigen Internetseite gezielt um deutsche Kunden. Begibt sich der in Deutschland lebende Verbraucher V zu U und erwirbt dort ein Fahrzeug, so ist Art. 17 Abs. 1 lit. c Brüssel Ia-VO ausgehend von der Ansicht des EuGH selbst dann erfüllt, wenn feststeht, dass V die Internetseite des U nie besucht hat.

5.11   Im **autonomen Recht** gibt es weitere verbraucherschützende Zuständigkeitsbestimmungen, und zwar für Streitigkeiten aus den früher sog. Haustürgeschäften (§ 29c Abs. 1 S. 2 ZPO[4]) und aus Fernunterrichtsverträgen (§ 26 Abs. 1 FernUSG). Beide Vorschriften indizieren doppelfunktional auch die internationale Zuständigkeit, und zwar nach h.M. einschließlich des Ausschließlichkeitsanspruchs.[5] Diese Gerichtsstände kommen wegen des Vorrangs der Brüssel Ia-VO aber von vornherein nur gegen Beklagte mit Wohnsitz in Drittstaaten in Betracht, und selbst insoweit spielen sie keine Rolle mehr, weil dann in der Regel auch Art. 18 Abs. 1 Brüssel Ia-VO einen Heimatgerichtsstand des Verbrauchers vorsieht (s. Rz. 4.36).[6]

---

1 Dazu *von Hein*, JZ 2011, 954 ff.; *Rühl*, GPR 2013, 122, 129 ff.; *Staudinger*, AnwBl 2011, 327.

2 EuGH v. 6.9.2012 – Rs. C-190/11 (*Mühlleitner/Yusufi*), NJW 2012, 3225, 3226 m. Anm. *Staudinger/Steinrötter*; EuGH v. 17.10.2013 – Rs. C-218/12 (*Emrek/Sabranovic*), NJW 2013, 3504 m. Anm. *Staudinger/Steinrötter*; BGH v. 24.4.2013 – XII ZR 10/10, RIW 2013, 563.

3 EuGH v. 17.10.2013 – Rs. C-218/12 (*Emrek/Sabranovic*), NJW 2013, 3504, 3505 m. insoweit krit. Anm. *Staudinger/Steinrötter*. Beachte im Anschluss daran die weitere Vorlagefrage des BGH v. 15.5.2014 – III ZR 255/12, ZIP 2014, 2258: Ist Art. 17 Abs. 1 lit. c Brüssel Ia-VO einschlägig, „wenn zwar der der Klage zugrunde liegende Vertrag nicht unmittelbar in den Bereich einer ... Tätigkeit des Vertragspartners fällt, die auf den Wohnsitzmitgliedstaat des Verbrauchers ausgerichtet ist, der Vertrag jedoch der Verwirklichung des wirtschaftlichen Erfolgs dient, der mit einem zwischen den Parteien zuvor geschlossenen und bereits abgewickelten anderen, vom Anwendungsbereich der eingangs zitierten Bestimmungen erfassten Vertrag angestrebt wird?".

4 Dazu BGH v. 30.10.2014 – III ZR 474/13, WM 2014, 2257.

5 Vgl. *Schack*, Rz. 314.

6 Ebenso Stein/Jonas/*Roth*, § 29c ZPO Rz. 16.

b) Familienrecht

International verbreitet ist die Klagemöglichkeit des **Unterhaltsberechtig-** 5.12
ten in seinem Wohnsitz- bzw. Aufenthaltsstaat, die auch in das Europarecht aufgenommen wurde (vgl. bislang Art. 5 Nr. 2 EuGVÜ/Brüssel I-VO,
nunmehr Art. 3 lit. b EuUntVO, dort allerdings ohne Anknüpfung an den
Wohnsitz). Diese Privilegierung ist besonders vorteilhaft, weil zum einen
die parallele Regelanknüpfung im Kollisionsrecht den Gleichlauf mit
dem anzuwendenden Recht hergestellt (vgl. Art. 15 EuUntVO, Art. 3
Abs. 1 HUntP 2007[1]) und zum anderen die Anerkennung des hier erwirkten Titels infolge ihrer fast weltweiten Akzeptanz gesichert ist.

In Unterhaltssachen tritt häufig nicht der eigentlich Unterhaltsberechtig- 5.13
te als Antragsteller auf, sondern eine staatliche Stelle, die ihm Unterstützung gewährt und im Gegenzug den Unterhaltsanspruch auf sich übergeleitet hat. Schon zur Brüssel I-VO, die Unterhaltssachen noch erfasste,
hatte der EuGH klargestellt, dass in einem solchen Fall die **Regressklage
der öffentlichen Einrichtung** gegen den Unterhaltsverpflichteten zwar Zivilsache i.S. von Art. 1 Brüssel I-VO sein könne, dass sich die Einrichtung
dabei aber nicht auf den Klägergerichtsstand des Unterhaltsberechtigten
gemäß Art. 5 Nr. 2 Var. 1 Brüssel I-VO stützen dürfe.[2] Entsprechendes gilt
richtigerweise für die EuUntVO: Aus Erwägungsgrund Nr. 14 und Art. 64
Abs. 1 EuUntVO lässt sich schließen, dass solche öffentlichen Einrichtungen (oder auch unternehmerisch tätige Inkassozessionare) zwar
als Antragsteller auftreten können, dies aber nur im Aufenthaltsstaat des
Antragsgegners (Art. 3 lit. a EuUntVO).[3] Nimmt man Art. 2 Abs. 1 Nr. 10
und Art. 64 Abs. 1 EuUntVO ernst, so erscheint es zweifelhaft, ob Art. 3
lit. b EuUntVO wieder einschlägig wird, wenn die Behörde den auf sich
übergeleiteten Unterhaltsanspruch an den Berechtigten zurücküberträgt,
die Prozessführung aufgrund entsprechender Vollmacht aber trotzdem
selbst übernimmt. Für einen **negativen Feststellungsantrag** des angeblich
Unterhaltsverpflichteten in dem Mitgliedstaat, in dem sich nur dieser
gewöhnlich aufhält, begründet Art. 3 EuUntVO eine Zuständigkeit allenfalls aufgrund einer Annexkompetenz gemäß lit. c oder lit. d.[4] Zur Verbundzuständigkeit s. Rz. 5.74 ff., zur Zuständigkeit für Abänderungsverfahren s. Rz. 5.78.

Die **Brüssel IIa-VO** eröffnet dem Antragsteller in **Ehesachen** ohne Wei- 5.14
teres die internationale Zuständigkeit im Staat seines gewöhnlichen Aufenthalts, sofern dieser im Zeitpunkt der Antragstellung (also nicht erst
im Zeitpunkt der Entscheidung) schon mindestens ein Jahr währt (Art. 3

---

1 Haager Protokoll v. 23.11.2007 über das auf Unterhaltspflichten anzuwendende
  Recht (ABl. 2009 L 331/19).
2 EuGH v. 15.1.2004 – Rs. C-433/01 (*Freistaat Bayern/Blijdenstein*), FamRZ 2004,
  513; krit. *Martiny*, IPRax 2004, 195, 203.
3 Näher *Hau*, FamRZ 2010, 516, 518 f. Anders aber etwa MünchKommFamFG/
  Lipp, vor Art. 3 ff. EG-UntVO Rz. 29 ff.
4 Dazu *Hau*, FamRZ 2010, 516, 518.

Abs. 1 lit. a Spiegelstr. 5). Ist der Aufenthaltsstaat zugleich der Heimatstaat des Antragstellers, genügen sogar sechs Monate (Spiegelstr. 6), was freilich im Hinblick auf Art. 18 AEUV bedenklich erscheint (s. Rz. 4.53). Damit sollen die typischen Fallgestaltungen erfasst werden, in denen ein Ehepartner nach Scheitern der Ehe in seinen Heimatstaat oder einen früheren Aufenthaltsstaat zurückkehrt.

5.15 Als Sonderfall des Klägergerichtsstands kann man die sog. **Heimatzuständigkeit** begreifen, sofern hierfür bereits die Staatsangehörigkeit des Klägers bzw. Antragstellers genügt: Hierher gehören – vorbehaltlich des Vorrangs der Brüssel IIa-VO – § 98 Abs. 1 Nr. 1 sowie § 103 Abs. 1 Nr. 1 FamFG. In anderen Fällen müssen zur Staatsangehörigkeit des Antragstellers weitere Umstände hinzutreten (so in Art. 3 Abs. 1 lit. a Spiegelstr. 6 Brüssel IIa-VO), oder es kommt auf die Staatsangehörigkeit beider Ehegatten an (so in Art. 3 Abs. 1 lit. b Brüssel IIa-VO).

3. Parteineutrale Gerichtsstände

5.16 Insbesondere für **Statusverfahren** reicht es in der Regel aus, wenn das personenbezogene Anknüpfungsmerkmal durch einen Beteiligten erfüllt wird, unabhängig von seiner verfahrensrechtlichen Stellung auf der Aktiv- oder Passivseite. So genügt es in Ehe- und Lebenspartnerschaftsstatussachen nach deutschem Recht grundsätzlich, wenn der Antragsteller oder der Antragsgegner Deutscher ist oder in Deutschland seinen gewöhnlichen Aufenthalt hat (vgl. § 98 Abs. 1 Nr. 1 und – mit Einschränkungen – Nr. 4, § 103 Abs. 1 Nr. 1 und 2 FamFG); zu Abstammungs- bzw. Adoptionssachen vgl. §§ 100, 101 FamFG. Auch die Brüssel IIa-VO eröffnet neben den erwähnten Zuständigkeiten im Aufenthaltsstaat des Antragstellers alternativ noch Zuständigkeiten mit Anknüpfungsmerkmalen, die beiden Ehegatten gemeinsam sind, sei es der gewöhnliche Aufenthalt, die Staatsangehörigkeit oder wenigstens der gemeinsame Antrag (Art. 3 Abs. 1 lit. a Spiegelstr. 1, 2 und 4 sowie lit. b). Parteineutral ist ferner die Zuständigkeit am gewöhnlichen Aufenthalt des schutzbedürftigen Kindes (Art. 8 Brüssel IIa-VO, Art. 5 KSÜ, § 99 Abs. 1 S. 1 Nr. 2 FamFG) bzw. Erwachsenen (Art. 5 HErwSÜ, § 104 Abs. 1 S. 1 Nr. 2 FamFG) oder des Erblassers (Art. 4 EuErbVO).

4. Bestimmung der Anknüpfungsbegriffe

5.17 Schwierigkeiten bereitet dem Rechtsanwender oft genug nicht nur das Benennen der einschlägigen Zuständigkeitsvorschrift, sondern sodann auch die Frage, wie sich das darin für maßgeblich erklärte Anknüpfungsmoment – namentlich also Wohnsitz, Aufenthalt oder Staatsangehörigkeit – bestimmen lässt. Beachte dazu schon die Hinweise oben Rz. 2.31 ff.[1]

---

1 Vgl. zum autonomen Recht etwa Prütting/Helms/*Hau*, vor §§ 98–106 FamFG Rz. 20 ff.

II. Sachbezogene Zuständigkeiten

1. Vertraglicher Erfüllungsort

a) Grundlagen

Besondere Zuständigkeiten für vertragliche Streitigkeiten eröffnen vor 5.18
allem Art. 7 Nr. 1 Brüssel Ia-VO sowie im autonomen Recht § 29 ZPO,
wobei jeweils – mit mancherlei Unterschieden im Detail – auf den Erfüllungsort abgestellt wird. Der **Vertragsgerichtsstand** dient in erster Linie
der Titulierung vertraglicher Leistungsansprüche, kommt aber auch dann
in Betracht, wenn bereits das Zustandekommen des Vertrags zwischen
den Parteien streitig ist;[1] er steht mithin für negative Feststellungsklagen
zur Verfügung.

Gerade in exportorientierten Volkswirtschaften mag man sich von einem 5.19
forum contractus versprechen, dass inlandsansässigen Gläubigern zuhause die Rechtsverfolgung gegen auslandsansässige Schuldner ermöglicht
wird.[2] Vor allem aber wird als **Regelungsziel** betont, beiden Vertragspar-
teien einen schon bei Vertragsschluss vorhersehbaren Gerichtsstand zu
verschaffen. Freilich werden sich gut beratene Parteien nicht auf die Un-
wägbarkeiten einer stets auf Typisierungen angewiesenen gesetzlichen
Regelung einlassen,[3] sondern von vornherein versuchen, sich auf eine Lösung zu verständigen, die maßgeschneidert für ihre speziellen Bedürfnisse
ist. So betrachtet ist eine (fair ausgehandelte) Gerichtsstandsvereinbarung
kein begründungsbedürftiges Abweichen von der gesetzlichen Zuständigkeitsordnung, sondern Ausdruck der Privatautonomie und eine höchst
sinnvolle Ergänzung kollisionsrechtlicher Rechtswahlfreiheit (s. Rz. 6.1).

b) Europarecht

Erhebliche praktische Bedeutung hat der europäische Vertragsgerichts- 5.20
stand gemäß **Art. 5 Nr. 1 Brüssel I-VO**, der inzwischen unverändert in
Art. 7 Nr. 1 Brüssel Ia-VO übernommen worden ist.[4] Die Ausgangsfrage,
ob überhaupt ein Vertrag bzw. ein vertraglicher Anspruch im Sinne dieser
Norm in Rede steht, wird seit jeher autonom beurteilt (beachte zur Anspruchsgrundlagenkonkurrenz noch Rz. 5.60 ff.).[5] Demgegenüber hat sich
der Ansatz, wie der Gerichtsstand im Weiteren zu verorten ist, durch den

---

1 EuGH v. 14.11.2013 – Rs. C-469/12 (*Krejci Lager/Olbrich Transport*), TranspR
2014, 38.
2 *Schröder*, S. 299.
3 Vgl. *Schack*, Erfüllungsort, Rz. 221 ff.
4 *von Hein*, RIW 2013, 97, 102, kritisiert zutreffend, dass im Rahmen der Brüssel I-Reform die Chance für die Klärung einiger Zweifelsfragen vertan wurde.
Hingegen meint *Domei*, RabelsZ 78 (2014), 508, 528, dass jeder weitere Eingriff
die Rechtslage nur noch weiter verschlechtert hätte.
5 EuGH v. 27.10.1998 – Rs. C-51/97 (*Réunion européenne/Spliethoff's Bevrach-
tingskantoor*), IPRax 2000, 210. Zur deliktischen Qualifikation der vorvertragli-
chen Haftung beachte EuGH v. 17.9.2002 – Rs. C-334/00 (*Fonderie Officine Mec-*

2002 vollzogenen Übergang vom EuGVÜ zur Brüssel I-VO grundlegend verändert.

5.21 Um dies zu veranschaulichen, bietet es sich an, vorab die Leitlinien der **EuGH-Judikatur zu Art. 5 Nr. 1 EuGVÜ** zu rekapitulieren.[1] Danach wird die Frage, welche vertragliche Verpflichtung maßgeblich ist, autonom beantwortet, wobei im EuGVÜ nicht die vertragscharakteristische, sondern diejenige Verpflichtung den Ausschlag gibt, die „konkret den Gegenstand der Klage" bildet bzw. „dem vertraglichen Anspruch entspricht, auf den der Kläger seine Klage stützt".[2] Wiederum aus autonomer Begriffsbildung folgen dabei zwei Konkretisierungen: Zum einen ist der Erfüllungsort der Primär- bzw. Hauptleistungspflicht zu ermitteln, selbst wenn an deren Stelle nunmehr eine Sekundärpflicht getreten ist (z.B. gerichtet auf Schadensersatz statt der Leistung); zum anderen folgt Nebensächliches der Hauptsache, soweit die Klage auf mehrere Verpflichtungen gestützt wird. Ob zwischen mehreren Ansprüchen ein derartiges Rangverhältnis besteht oder ob von Gleichrangigkeit auszugehen ist, soll allerdings der lex causae entnommen werden. In welchem Mitgliedstaat sich der Erfüllungsort der maßgeblichen Verpflichtung befindet, wird sodann lege causae ermittelt, und zwar auch, wenn in der Sache internationales Einheitsrecht (z.B. das CISG[3]) anzuwenden ist. Die lex causae regelt zudem die Möglichkeit von Erfüllungsortvereinbarungen,[4] wobei der EuGH aber eine autonome Einschränkung für die Beachtlichkeit „abstrakter" bzw. „fiktiver" Erfüllungsortvereinbarungen entwickelt hat (s. Rz. 6.25 ff.).[5]

5.22 Diese EuGH-Judikatur zum EuGVÜ ist auch nach Inkrafttreten der Brüssel I-VO bzw. nunmehr der **Brüssel Ia-VO** noch von Bedeutung, weil sie im Anwendungsbereich des Grundtatbestands – Art. 7 Nr. 1 lit. a Brüssel Ia-VO – einschlägig bleiben soll (s. Rz. 5.29 f.).[6] Neu und bedeutsam ist demgegenüber die Spezialregelung in Art. 5 Nr. 1 lit. b Brüssel I-VO bzw. Art. 7 Nr. 1 Brüssel Ia-VO: Dort ist für **Warenkaufverträge** und für **Dienstleistungsverträge** jeweils ein einheitlicher Gerichtsstand vorgese-

---

caniche Tacconi/Heinrich Wagner Sinto Maschinenfabrik), NJW 2002, 3159. Näher zum Vertragsbegriff etwa *Bach*, IHR 2010, 17.

1 Grundlegend EuGH v. 6.10.1976 – Rs. 14/76 (*de Bloos/Bouyer*), NJW 1977, 490; EuGH v. 6.10.1976 – Rs. 12/76 (*Tessili/Dunlop*), NJW 1977, 491; EuGH v. 15.1.1987 – Rs. C-266/85 (*Shenavai/Kreischer*), IPRax 1987, 366. Näher zur weiteren Entwicklung etwa *Hau*, IPRax 2000, 354; *Gsell*, IPRax 2002, 484; jeweils m. Nachw. zu den einzelnen Judikaten.

2 Beide Formulierungen finden sich in EuGH v. 29.6.1994 – Rs. C-288/92 (*Custom Made Commercial/Stawa Metallbau*), IPRax 1995, 31.

3 Convention on the International Sale of Goods bzw. Wiener UN-Übereinkommen über Verträge über den internationalen Warenkauf v. 11.4.1980, BGBl. 1989 II, 588.

4 EuGH v. 17.1.1980 – Rs. 56/79 (*Zelger/Salinitri*), IPRax 1981, 89.

5 EuGH v. 20.2.1997 – Rs. C-106/95 (*Mainschiffahrts-Genossenschaft*), IPRax 1999, 31.

6 EuGH v. 23.4.2009 – Rs. C-533/07 (*Falco Privatstiftung/Weller-Lindhorst*), NJW 2009, 1865.

hen, der nicht etwa – wie zuvor – für die konkret streitgegenständliche Verpflichtung zu bestimmen ist, sondern für sämtliche Verpflichtungen aus dem Vertrag gilt.[1] Das konzeptionelle Problem dieses sog. **Konzentrationsmodells** besteht allerdings darin, dass nicht der Vertrag als Ganzes, sondern nur eine Verpflichtung einen Erfüllungsort haben kann.[2] Daher musste der Verordnungsgeber eine Verpflichtung für maßgeblich erklären, und die Wahl fiel auf die – jeweils vertragscharakteristische – Lieferpflicht des Verkäufers bzw. Dienstleistungspflicht des Dienstleisters. Der Verzicht auf eine an den jeweils streitgegenständlichen (Hauptleistungs-)Pflichten orientierte Verdoppelung der Gerichtsstände ist sachgerecht:[3] Denn auch bei einem Streit über ausbleibende Zahlungen steht regelmäßig die Frage nach der vertragsgerechten Erbringung der Sachleistung im Mittelpunkt; der Gesichtspunkt der Beweisnähe greift also unabhängig davon, ob etwa der Verkäufer Erfüllung fordert oder der Käufer Rückzahlung (unter Berufung auf Rücktritt oder Minderung).

Offenbar glaubte man, die Probleme mit dem Übergang zum Konzentrationsmodell weitestgehend gelöst zu haben und sich, was die genaue Lokalisierung des Gerichtsstands angeht, mit knappen Hinweisen begnügen zu können: Entscheidend soll, sofern nichts anderes vereinbart worden ist, der Ort in einem Mitgliedstaat sein, an dem die Waren „nach dem Vertrag geliefert worden sind oder hätten geliefert werden müssen" bzw. die Dienstleistungen „nach dem Vertrag erbracht worden sind oder hätten erbracht werden müssen". Es kommt also, abweichend vom Konzept des Internationalen Vertragsrechts (Art. 4 Abs. 1 lit. a bzw. b Rom I-VO), nicht darauf an, wo sich der Verkäufer oder Dienstleister gewöhnlich aufhält, sondern darauf, wo der **Liefer- bzw. Dienstleistungsort** liegt.[4]   5.23

Damit sind freilich noch längst nicht alle Fragen geklärt, die der reformierte Vertragsgerichtsstand aufwirft, was im Folgenden anhand des praxisrelevanten **grenzüberschreitenden Warenkaufs** veranschaulicht werden soll.[5]   5.24

Beispiel: Großhändler G aus Göteborg hat Ware bei dem Passauer Produzenten P gekauft. Wo könnte P seinen Kaufpreisanspruch einklagen, wenn er die Ware vereinbarungsgemäß nach Göteborg (alternativ: dem Wunsch des G entsprechend nach Helsinki) geliefert hat?

---

1 Vgl. etwa BGH v. 23.6.2010 – VIII ZR 135/08, NJW 2010, 3452, 3453.
2 Treffend *Schack*, Rz. 295.
3 Insoweit abweichend *Schack*, Rz. 306.
4 Beachte zu Dienstleistungsverträgen EuGH v. 9.7.2009 – Rs. C-204/08 (*Peter Rehder/Air Baltic Corporation*), NJW 2009, 2801 (Luftbeförderungsvertrag); EuGH v. 11.3.2010 – Rs. C-19/09 (*Wood Floor Solutions/Silva Trade*), NJW 2010, 1189 (Handelsvertretervertrag).
5 Im Anschluss an *Hau*, JZ 2008, 974. Beachte zudem *Junker*, FS Martiny, S. 761, 763 ff.; *Leible*, FS Spellenberg, S. 451; *Mankowski*, IHR 2009, 46; ferner das Fallbeispiel bei *Fuchs/Hau/Thorn*, Nr. 2.

5.25   Ungeachtet des Streits, inwieweit materiell-rechtliche Aspekte den Ausschlag bei der Bestimmung des Lieferorts geben können, sollte Einvernehmen herrschen, dass sich der Begriff der Lieferung i.S. von Art. 7 Nr. 1 lit. a Brüssel Ia-VO nicht auf eine abstrakte Formel bringen lässt. Vielmehr ist zunächst danach zu differenzieren, wozu sich der Verkäufer „nach dem Vertrag" überhaupt verpflichtet hat: zu bloßer Bereitstellung, zum Transport oder zur Versendung der Ware? Bei der **Holschuld** eröffnet Art. 7 Nr. 1 lit. b Brüssel Ia-VO zugunsten des Verkäufers einen Klägergerichtsstand, wenn die Ware in seinem Sitzstaat bereitzustellen ist; dabei soll unerheblich sein, ob der Käufer die Ware persönlich, durch eigene Leute oder durch einen von ihm beauftragten Transporteur abholt bzw. abholen lässt. Ist der Verkäufer laut Vertrag verpflichtet, die Ware – persönlich oder durch Hilfspersonen – in den Käufersitzstaat zu transportieren (**Bringschuld**), so erfolgt die Lieferung i.S. von Art. 7 Nr. 1 lit. b Brüssel Ia-VO erst am Zielort; liegt dieser im Sitzstaat des Käufers, so steht diesem ein Klägergerichtsstand zur Verfügung.

5.26   Viel diskutiert wird die **Schickschuld**,[1] die sich materiell-rechtlich dadurch von der Bringschuld unterscheidet, dass die Verkäuferpflicht bereits mit der Übergabe erfüllungstauglicher Ware an eine geeignete Transportperson endet (vgl. für Deutschland § 447 BGB). Auf Vorlage des BGH hat sich der EuGH im Ergebnis der – vorzugswürdigen – Ansicht angeschlossen, dass es für den Gerichtsstand des Erfüllungsortes bei der Schickschuld nicht schon auf den Absendeort ankommt, sondern wegen der Sach- und Beweisnähe erst auf den **Bestimmungsort der Ware**.[2] Dafür spricht die Sach- und Beweisnähe, zudem aber auch, dass man die Zuständigkeitsprüfung nicht unnötig mit der Abgrenzung von Bring- und Schickschuld belasten sollte, die sich häufig um einiges schwieriger gestaltet als die Frage, ob der Käufer die Ware abholt oder ob sie ihm – von wem auch immer – gebracht werden soll.

5.27   Im Beispielsfall (Rz. 5.24) wäre für Art. 7 Nr. 1 lit. b Brüssel Ia-VO also Göteborg maßgeblich, ohne dass es darauf ankäme, ob es sich um eine Bring- oder eine Schickschuld handelt. Daran zeigt sich zugleich, dass dem Vertragsgerichtsstand nur dann eine eigenständige Rolle zukommt, wenn der Erfüllungsort nicht dem allgemeinen Beklagtengerichtsstand entspricht (in der Variante des Beispiels: Helsinki). Will sich der Verkäufer einen Gerichtsstand an seinem Sitz sichern, muss er dies gemäß Art. 25 Brüssel Ia-VO mit seinem Vertragspartner vereinbaren. Beachte aber auch noch Rz. 6.25 ff., dort zu Erfüllungsortvereinbarungen.

5.28   Wenn gegen die auch hier vertretene Lesart von Art. 7 Nr. 1 lit. b Brüssel Ia-VO bisweilen vorgebracht wird, dass der Bestimmungsort der Ware

---

1 Vgl. nur die Nachweise bei *Hau*, IPRax 2009, 44, 45.
2 EuGH v. 25.2.2010 – Rs. C-381/08 (*Car Trim/KeySafety Systems*), NJW 2010, 1059, 1061; Anschlussentscheidung: BGH v. 23.6.2010 – VIII ZR 135/08, NJW 2010, 3452.

je nach Lage der Dinge keine erhöhte Sach- oder Beweisnähe verbürge,[1] so wird verkannt, dass das Kompetenzsystem auf abstrakt-generellen Zuständigkeitsgründen beruht und sich richtigerweise der einzelfallorientierten Betrachtung nach Vorbild der *doctrine of forum non conveniens* verschließt (s. Rz. 4.79 f.): Sach- und Beweisnähe ist nicht etwa Tatbestandsmerkmal, sondern nur ein typisierend verfolgtes Regelungsziel, und sie wenigstens anzustreben ist allemal besser, als den Lieferort von vornherein an materiell-rechtlichen Kriterien wie Kosten- und Gefahrtragung auszurichten, die keinerlei Rücksicht auf den zuständigkeitsrechtlichen Gerechtigkeitsgehalt nehmen.[2]

Fragwürdig erscheint Art. 7 Nr. 1 Brüssel Ia-VO insoweit, als gemäß lit. c   **5.29** auf die Grundregel (lit. a) zurückzugreifen ist, sofern der nach Maßgabe von lit. b ermittelte **Liefer- oder Dienstleistungsort in einem Drittstaat** liegt:[3]

Beispiel: Großhändler G aus Göteborg hat Ware bei dem Passauer Produzenten P gekauft. Wo könnte P seinen Kaufpreisanspruch einklagen, wenn er die Ware vereinbarungsgemäß nach Moskau geliefert hat? Nach h.M. kommt Art. 7 Nr. 1 lit. b Brüssel Ia-VO nicht in Betracht, weil der Lieferort nicht „in einem Mitgliedstaat" liegt. Gemäß lit. c bleibt es daher bei lit. a, also der früheren Lösung des EuGH, die auf die eingeklagte Verpflichtung abstellt und diese anhand der *lex causae* bestimmt (Rz. 5.21). Maßgeblich wäre hier Art. 57 Abs. 1 lit. a CISG, der dem K für seine Kaufpreisklage einen Heimatgerichtsstand eröffnet. Das leuchtet nicht ein, wenn man bedenkt, dass K bei einer Lieferung innerhalb der EU nicht zuhause klagen könnte (s. Rz. 5.27).[4]

Zweifeln mag man auch, ob es rechtspolitisch und regelungstechnisch   **5.30** überhaupt sinnvoll erscheint, Kauf- und Dienstleistungsverträge zuständigkeitsrechtlich grundlegend anders zu behandeln als sonstige Vertragstypen.[5] Der Rechtssicherheit eher abträglich ist es jedenfalls, dass der EuGH den **Begriff der Dienstleistung** i.S. von Art. 7 Nr. 1 lit. b Brüssel Ia-VO bisweilen eng auslegt und in der Konsequenz über lit. c den zuständigkeitsbegründenden Erfüllungsort gemäß lit. a nach wie vor anhand der *lex causae* bestimmen möchte.[6] In neuerer Zeit hat der EuGH seine Zurückhaltung aber abgelegt und klargestellt, dass lit. b namentlich Ver-

---

1 So etwa *Gsell*, IPRax 2002, 484, 488 f.; *Piltz*, NJW 2007, 1801, 1802.
2 Zutreffend hierzu und zur damit einhergehenden Absage an materiell-rechtliche Deutungsversuche *Junker*, FS Martiny, S. 761, 770 f. Vgl. auch *Coester-Waltjen*, FS Kaissis, S. 91, 92 f.
3 Vgl. BGH v. 22.4.2009 – VIII ZR 156/07, NJW 2009, 2606, 2608.
4 Vgl. *Hau*, IPRax 2009, 44, 46; *Schack*, Rz. 305.
5 Kritisch auch *Leible*, FS Spellenberg, S. 451, 453; *Rauscher*, NJW 2010, 2251, 2253 f.
6 So für einen Lizenzvertrag EuGH v. 23.4.2009 – Rs. C-533/07 (*Falco Privatstiftung/Weller-Lindhorst*), NJW 2009, 1865. Dem EuGH beipflichtend aber *McGuire*, GPR 2010, 97, 100.

triebsverträge[1] und Verträge über das Einlagern von Waren[2] erfasst. Der BGH geht noch weiter und meint, dass auch die Vergabe von Krediten als Dienstleistung zu werten sei.[3] Kaum haltbar dürfte es allerdings sein, lit. b auf einen Vertrag anzuwenden, mit dem sich eine Partei verpflichtet, ein Grundstück zu übereignen, zu bebauen und an solvente Mieter zu vermieten.[4]

5.31   Ist die **Dienstleistung in mehreren Staaten** zu erbringen, kann Art. 7 Nr. 1 lit. b Brüssel Ia-VO gleichwohl einschlägig sein, wobei mit dem EuGH auf den Schwerpunkt abzustellen ist.[5] So sei etwa bei einem Handelsvertretervertrag der Ort der hauptsächlichen Leistungserbringung durch den Handelsvertreter maßgeblich, wie er sich aus den Bestimmungen des Vertrags oder, mangels solcher Bestimmungen, aus dessen tatsächlicher Erfüllung ergibt. Kann der fragliche Ort nicht auf dieser Grundlage ermittelt werden, sei auf den Wohnsitz des Handelsvertreters abzustellen.[6] Diese Thesen dürften ohne weiteres auf weitere Dienstleistungsarten übertragbar sein.

5.32   Besondere Probleme bereiten **Erfüllungsortvereinbarungen**, die sich aber besser begreifen lassen, wenn man sich bereits mit echten Gerichtsstandsvereinbarungen befasst hat (s. Rz. 6.25 ff.).

c) Autonomes Recht

5.33   Im Anwendungsbereich des autonomen Rechts, also im Falle eines drittstaatenansässigen Beklagten (vgl. Art. 6 Abs. 1 Brüssel Ia-VO), setzt die internationale Zuständigkeit gemäß **§ 29 Abs. 1 ZPO** voraus, dass eine Streitigkeit aus einem Vertragsverhältnis in Rede steht und dass die streitige (nicht notwendig die vertragscharakteristische) Verpflichtung im Inland zu erfüllen ist. Dabei differenziert die h.M. wie folgt:[7] Ob ein Ver-

---

1 Für Handelsvertreter: EuGH v. 11.3.2010 – Rs. C-19/09 (*Wood Floor Solutions*), NJW 2010, 1189; dazu *Leible*, EuZW 2010, 380. Für Vertragshändler: EuGH v. 19.12.2013 – Rs. C-9/12 (*Corman-Collins/La Maison du Whisky*), EuZW 2014, 181, 183 m. Anm. *Lenzing*, 183; dazu *Hau*, ZVertriebsR 2014, 79.

2 EuGH v. 14.11.2013 – Rs. C-469/12 (*Krejci Lager/Olbrich Transport*), TranspR 2014, 38.

3 BGH v. 28.2.2012 – XI ZR 9/11, NJW 2012, 1817 ff. m. Nachw. Zweifelnd noch *Hau*, IPRax 2000, 354, 359.

4 So aber OLG Düsseldorf v. 18.2.2014 – I-24 U 58/13, IPRax 2014, 535 m. krit. Anm. *Kern*, 503.

5 EuGH v. 11.3.2010 – Rs. C-19/09 (*Wood Floor Solutions*), NJW 2010, 1189 ff.; dazu *Leible*, EuZW 2010, 380. Mit dem Fall eines Erfüllungsortes bei mehreren Lieferorten innerhalb desselben Mitgliedstaats befasst sich EuGH v. 3.5.2007 – Rs. C-386/05 (*Color Drack/Lexx International*), NJW 2007, 1799; dazu *Leible*, FS Spellenberg, S. 451, 456 ff. Näher zu alledem *Junker*, FS Martiny, S. 761, 771 ff.

6 So auch OLG Oldenburg v. 25.2.2014 – 13 U 86/13, NJW-RR 2014, 814 f.

7 Handbuch IZVR/*Kropholler*, Bd. I, Kap. III Rz. 352 und 355; *Nagel/Gottwald*, § 3 Rz. 341 f.

tragsverhältnis vorliegt, wird nach allgemeinen Regeln als zuständigkeitsbegründendes Merkmal lege fori – also entsprechend den deutschen Vorstellungen – bestimmt.[1] Unanwendbar soll § 29 ZPO demnach etwa auf Fälle der bereicherungs- oder rücktrittsrechtlichen Rückabwicklung gescheiterter Leistungsbeziehungen sein.[2] Demgegenüber erachtet man die Ermittlung des konkreten Erfüllungsorts als derart mit dem materiellen Recht verknüpft, dass dieser der lex causae entnommen wird.[3]

2. Ort der unerlaubten Handlung

a) Grundsätze

Die Eröffnung eines besonderen Gerichtsstands am Deliktsort (Art. 7 Nr. 2 Brüssel Ia-VO, § 32 ZPO – *forum delicti*) beruht auf dem Gesichtspunkt der **Sach- und Beweisnähe**, weil deliktsrechtliche Auseinandersetzungen, z.b. nach Verkehrsunfällen, vielfach ortsgebundene Tatsachenermittlungen erfordern. Als sinnvoll wird zudem die Möglichkeit erachtet, Zuständigkeitsgründe und kollisionsrechtliche Anknüpfung aufeinander abzustimmen, was nach Inkrafttreten der Rom II-VO aber nur noch eingeschränkt sichergestellt ist.[4] Durchaus erwünscht ist auch die zuständigkeitsrechtliche Begünstigung des klägerischen Geschädigten, der nicht auf die Rechtsverfolgung im Wohnsitzstaat des (angeblichen) Schädigers angewiesen sein soll.[5] Ist das in Rede stehende Verhalten sogar strafrechtlich relevant, kann der Geschädigte ein Vorgehen im **Adhäsionsverfahren** erwägen (Deutschland: §§ 403 ff. StPO), wofür Art. 7 Nr. 3 Brüssel Ia-VO eine internationale Annexzuständigkeit eröffnet (beachte aber auch Art. 64 Brüssel Ia-VO).[6]

5.34

Wer den Gesichtspunkt des Opferschutzes besonders hervorhebt, wird keinen Anlass sehen, den Deliktsgerichtsstand dem (angeblichen) Schädiger für eine **negative Feststellungsklage** zur Verfügung zu stellen.[7] Dem ist der EuGH – auf Vorlage des BGH[8] – allerdings sowohl im Ergebnis als

5.35

---

1 So BGH v. 3.12.1992 – IX ZR 229/91, NJW 1993, 1073, 1075; Stein/Jonas/*Roth*, § 29 ZPO Rz. 52; *Nagel/Gottwald*, § 3 Rz. 342. A.A. *Ishikawa/Haga*, FS Schlosser, 2005, S. 276, 287 ff.

2 Vgl. etwa BGH v. 28.2.1996 – XII ZR 181/93, NJW 1996, 1411, 1412. Mit beachtlichen Gründen für die Anwendbarkeit von § 29 ZPO auf Fälle der Rückabwicklung gescheiterter Leistungsbeziehungen aber etwa *Spickhoff*, ZZP 109 (1996), 493, 509 f.

3 Statt vieler: BGH v. 18.1.2011 – X ZR 71/10, NJW 2011, 2056; BGH v. 7.11.2012 – VIII ZR 108/12, NJW-RR 2013, 309 f.; Stein/Jonas/*Roth*, § 29 ZPO Rz. 52. Gegen die Identität des prozessualen und des materiell-rechtlichen Erfüllungsortbegriffs, folglich auch insoweit für Maßgeblichkeit der lex fori aber *Schack*, Rz. 299 ff.

4 Vgl. *Hess*, § 5 Rz. 69, § 6 Rz. 66.

5 *Schröder*, S. 265 ff.

6 Näher *Mankowski*, FS Machacek und Matscher, 2008, S. 785.

7 So etwa *Lindacher*, § 9 Rz. 25 f.

8 BGH v. 1.2.2011 – KZR 8/10, RIW 2011, 564.

auch schon im Ansatz entgegengetreten: Art. 7 Nr. 2 Brüssel Ia-VO gelte gleichermaßen für negative Feststellungsklagen, denn hier gehe es, anders als bei Art. 10 ff. Brüssel Ia-VO, nicht etwa um die Begünstigung einer vermeintlich schwächeren Partei, sondern um Zuständigkeitsklarheit, die nicht von der Verteilung der Parteirollen abhängen könne.[1]

5.36   Der für Art. 7 Nr. 2 Brüssel Ia-VO maßgebliche Begriff der **unerlaubten (bzw. dem gleichgestellten) Handlung** ist autonom und tendenziell weit auszulegen. Im Deliktsgerichtsstand können daher grundsätzlich alle Klagen verhandelt werden, mit denen eine Schadenshaftung geltend gemacht wird, die nicht an einen Vertrag i.S. von Art. 7 Nr. 1 Brüssel Ia-VO anknüpft (beachte zur Anspruchsgrundlagenkonkurrenz noch Rz. 5.60 ff.).[2] Hierzu soll beispielsweise auch die Durchgriffshaftung im Gesellschaftsrecht zählen.[3] Neben der klassischen Verschuldens- wird die Gefährdungshaftung erfasst. Die Formulierung „einzutreten droht" stellt klar, dass es nicht auf den Eintritt eines Schadens ankommt und damit vorbeugende Unterlassungsklagen einbezogen sind.[4] Der sachliche Anwendungsbereich von § 32 ZPO soll nach deutschem Recht (lege fori) qualifiziert werden.[5]

5.37   Art. 7 Nr. 2 Brüssel Ia-VO stellt auf den Ort ab, an dem das „schädigende Ereignis eingetreten ist", was den Unrechtserfolg betont. Demgegenüber legt der Wortlaut von § 32 ZPO den Akzent auf die Unrechtshandlung („Gericht, … in dessen Bezirk die Handlung begangen ist"). Keine Probleme bereiten in dieser Hinsicht sog. **Platzdelikte**, bei denen Handlungs- und Erfolgsort zusammentreffen, also beispielsweise gewöhnliche Sach- oder Körperverletzungen.

Beispiel: Ist es in Spanien zu einem Verkehrsunfall gekommen, dessen Verursacher in Deutschland ansässig ist, so darf der Geschädigte wählen, ob er in Deutschland

---

1 EuGH v. 25.10.2012 – Rs. C-133/11 (*Folien Fischer/Ritrama*), NJW 2013, 287, 288 f. Dazu *Gebauer*, ZEuP 2013, 874; *Sujecki*, EuZW 2012, 952; *Thole*, NJW 2013, 1192. Bekräftigend EuGH v. 16.1.2014 – Rs. C-45/13 (*Kainz/Pantherwerke*), NJW 2014, 1166, 1167.
2 Vgl. EuGH v. 27.9.1988 – Rs. C-189/87 (*Athanasios Kalfelis*), NJW 1988, 3088; EuGH v. 17.9.2002 – Rs. C-334/00 (*Fonderie Officine Meccaniche Tacconi/Heinrich Wagner Sinto Maschinenfabrik*), NJW 2002, 3159; EuGH v. 14.5.2009 – Rs. C-180/06 (*Ilsinger/Dreschers als Insolvenzverwalter der Schlank & Schick GmbH*), EuZW 2009, 489 (dazu *Bach*, IHR 2010, 17); EuGH v. 13.3.2014 – Rs. C-548/12 (*Borgsitter/Frabrication de Montres Normandes*), NJW 2014, 1648, 1649; BGH v. 24.10.2005 – II ZR 329/03, NJW 2006, 689 (unberechtigte Eigentumsberühmung). Beachte zur Abgrenzung von Delikt und Vertrag auch *Lindacher*, FS Kerameus, 2009, S. 709.
3 Vgl. EuGH v. 18.7.2013 – Rs. C-147/12 (*ÖFAB/Koot*), EuZW 2013, 703, 704 f. m. Anm. *Landbrecht*, dazu *Wedemann*, ZEuP 2014, 867. Ebenso BGH v. 24.6.2014 – VI ZR 315/13, WM 1614, 1616 f.
4 Vgl. etwa BGH v. 8.5.2012 – VI ZR 217/08, NJW 2012, 2197 f. Ebenso zu § 32 ZPO etwa BGH v. 29.3.2011 – VI ZR 111/10, NJW 2011, 2059, 2060.
5 Handbuch IZVR/*Kropholler*, Bd. I, Kap. III Rz. 373; Stein/Jonas/*Roth*, § 32 ZPO Rz. 17.

(Art. 4 Abs. 1 Brüssel Ia-VO) oder in Spanien (Art. 7 Nr. 2 Brüssel Ia-VO) klagen möchte. In Spanien könnte im Übrigen auch die deutsche Haftpflichtversicherung des Schädigers in Anspruch genommen werden (sog. **Direktanspruch**). Dies folgt mangels einer unerlaubten Handlung der Versicherung freilich nicht etwa aus Art. 7 Nr. 2 Brüssel Ia-VO, sondern aus der Verweisung in Art. 13 Abs. 2 auf Art. 11 Abs. 1 lit. b bzw. auf Art. 12 S. 1 Brüssel Ia-VO.[1]

b) Distanz- und Streudelikte

Zuständigkeitsrechtlich interessanter als gewöhnliche Platzdelikte sind sog. **Distanzdelikte**, bei denen **Handlungs- und Erfolgsort auseinanderfallen**. Ein klassisches Lehrbuchbeispiel hierfür ist der schadensstiftende Schuss über einen Grenzfluss. Heute interessieren allerdings eher grenzüberschreitende Produkthaftungsfälle, Umweltschäden, Wirtschafts- oder Pressedelikte, ferner etwa auch Unterlassungsklagen wegen der Verwendung missbräuchlicher AGB.[2]   **5.38**

In solchen Konstellationen will die h.M. trotz der unterschiedlichen Formulierungen keinen Unterschied zwischen § 32 ZPO[3] und Art. 7 Nr. 2 Brüssel Ia-VO[4] machen: Im Grundsatz gelten im Anwendungsbereich beider Vorschriften zum einen die **Tatortregel**, wonach sowohl der Handlungs- als auch der Erfolgsort zuständigkeitsrelevant sind, und zum anderen der **Ubiquitätsgrundsatz**, wonach es dem Geschädigten freisteht, ob er am einen oder am anderen Ort vorgehen möchte. Der **Handlungsort** ist überall dort gegeben, wo der Täter eine auf die Tatbestandsverwirklichung gerichtete Tätigkeit vorgenommen hat. Der **Erfolgsort** liegt hingegen dort, wo die in Rede stehende Rechtsgutsverletzung tatbestandsmäßig eingetreten ist.   **5.39**

---

1 Dazu EuGH v. 13.12.2007 – Rs. C-463/06 (*FBTO Schadeverzekeringen/Odenbreit*), NJW 2008, 819; Abschlussentscheidung: BGH v. 6.5.2008 – VI ZR 200/05, NJW 2008, 2343. Kritisch *Jayme*, FS von Hoffmann, 2011, S. 656. Zum problematischen Begriff des Geschädigten (nunmehr Art. 11 Abs. 2 Brüssel Ia-VO) nach Überleitung des Schadensersatzanspruchs auf einen Hoheitsträger vgl. einerseits OLG Frankfurt v. 23.6.2014 – 6 U 224/13, NJW-RR 2014, 1339, 1340 f., andererseits OLG Koblenz v. 15.10.2012 – 12 U 1528/11, IPRax 2014, 537 f.; dazu *Fuchs*, IPRax 2014, 509.

2 Vgl. BGH v. 9.7.2009 – Xa ZR 19/08, NJW 2009, 3371: Unterlassungsklage eines deutschen Verbraucherschutzvereins gegen ein lettisches Luftverkehrsunternehmen.

3 Vgl. etwa BGH v. 21.2.1996 – IV ZR 321/94, NJW 1996, 1411, 1414; BGH v. 29.3.2011 – VI ZR 111/10, NJW 2011, 2059; Stein/Jonas/*Roth*, § 32 ZPO Rz. 26 m. w. Nachw.

4 Grundlegend EuGH v. 30.11.1976 – Rs. 21/76 (*Bier/Mines de Potasse d'Alsace*), NJW 1977, 493 (elsässische Kaliminen leiten Salze in den Rhein, die sodann niederländische Landwirte schädigen). Vgl. seither etwa EuGH v. 16.7.2009 – Rs. C-189/08 (*Zuid-Chemie/Philippo's Mineralenfabriek*), NJW 2009, 3501; EuGH v. 25.10.2012 – Rs. C-133/11 (*Folien Fischer/Ritrama*), NJW 2013, 287, 289; EuGH v. 5.6.2014 – Rs. C-360/12 (*Coty Germany/First Note Perfumes*), EuZW 2014, 664, 666.

Beispiel: Behandelt ein Arzt in einem österreichischen Krankenhaus einen Patienten aus Deutschland und verschreibt diesem ein Medikament, das am deutschen Wohnort des Patienten zu Nebenwirkungen führt, so ist für eine Deliktsklage gegen den Arzt (der nicht selbst Vertragspartner des Patienten ist) ein Gerichtsstand sowohl am österreichischen Handlungsort als auch am deutschen Erfolgsort eröffnet.[1]

5.40   Im Falle der **Produkthaftung** stellt der EuGH für den Handlungsort auf den Ort der Herstellung ab, nicht hingegen darauf, wo das Produkt in den Verkehr gelangt bzw. vom Geschädigten erworben wurde.[2] Er verweist dabei vor allem auf die Rechtssicherheit sowie die Sach- und Beweisnähe. Durchbrochen wird damit jedoch der Gleichlauf mit dem Deliktsstatut; denn für dessen Ermittlung ist der Produktionsort ausweislich Art. 5 Rom II-VO gerade nicht maßgeblich. De facto ist eine Klage im Wohnsitzstaat des Geschädigten allerdings gleichwohl häufig möglich: Denn der Erfolgsort liegt dort, wo der ursprüngliche Schaden beim gewöhnlichen Gebrauch des Erzeugnisses für seinen bestimmungsgemäßen Zweck eingetreten ist,[3] und das läuft eben nicht selten auf einen Klägergerichtsstand hinaus.

5.41   Besonderheiten gelten für sog. **Streudelikte**, namentlich für **Persönlichkeitsverletzungen durch Medien**: Schon zu Art. 5 Nr. 3 EuGVÜ (nunmehr: Art. 7 Nr. 2 Brüssel Ia-VO) hat der EuGH klargestellt, dass Handlungsort die Niederlassung des Herausgebers als Ort des ursächlichen Geschehens, Erfolgsort hingegen jeder Mitgliedstaat ist, in dem die Publikation verbreitet und das Ansehen des Betroffenen nach dessen Vortrag beeinträchtigt wurde; allerdings soll am Erfolgsort, der tendenziell dem Geschädigten günstiger ist, nur der auf den jeweiligen Staat entfallende Teil des Gesamtschadens eingeklagt werden können (sog. **Mosaikbetrachtung**).[4] Diese Beschneidung der Kognitionsbefugnis am Erfolgsort erhöht die Bedeutung des Handlungsorts, der im Regelfall aber ohnehin mit dem allgemeinen Gerichtsstand des Schädigers übereinstimmt, dem Geschädigten also keinen über Art. 4 Brüssel Ia-VO hinausgehenden Vorteil verschafft.

5.42   Zusätzliche Schwierigkeiten bereitet die internationale Zuständigkeit für Schadensersatz- oder Unterlassungsklagen wegen Persönlichkeitsrechtsverletzungen durch **Veröffentlichungen im Internet**. Dreh- und Angelpunkt ist die Frage, ob der Deliktsgerichtsstand so auszulegen ist, dass der Betroffene unabhängig davon, wo der Beklagte sitzt, vor den Gerichten jedes Mitgliedstaats klagen darf, in dem die Website abgerufen werden kann, oder ob ein über die bloße Abrufbarkeit hinausgehender beson-

---

1 BGH v. 27.5.2008 – VI ZR 69/07, NJW 2008, 2344 (dort zu Art. 5 Nr. 3 LugÜ).
2 EuGH v. 16.1.2014 – Rs. C-45/13 (*Kainz/Pantherwerke*), NJW 2014, 1166, 1167. Dazu *Dietze*, EuZW 2014, 234.
3 EuGH v. 16.7.2009 – Rs. C-189/08 (*Zuid-Chemie/Philippo's Mineralenfabriek*), NJW 2009, 3501.
4 Grundlegend EuGH v. 7.3.1995 – Rs. C-68/93 (*Shevill/Presse Alliance*), NJW 1995, 1881.

derer Bezug der angegriffenen Inhalte oder der Website zum Gerichtsstaat bestehen muss. Der damit befasste EuGH hat sich auf seine Judikatur zum Deliktsgerichtsstand für Klagen wegen Ehrverletzungen durch Printmedien bezogen, diese aber weiterentwickelt, um den Besonderheiten des Internets Rechnung zu tragen:[1] Abzustellen sei auf den Mittelpunkt der Interessen der betroffenen Person, der jedenfalls im Allgemeinen (wenn auch nicht zwingend) ihrem gewöhnlichen Aufenthalt entspreche.[2] Am Mittelpunkt seiner Interessen soll der Betroffene laut EuGH seinen gesamten erlittenen Schaden geltend machen dürfen. Mithin soll es hier gerade nicht zu einer limitierten Kognitionsbefugnis im Sinne einer Mosaikbetrachtung kommen. Anders soll es aber wiederum sein, wenn der Betroffene – was ihm freistehe – in einem anderen Mitgliedstaat klagt, in dem der fragliche Internetinhalt zugänglich war: Dann sei die Kognitionsbefugnis auf den Schaden begrenzt, der auf diesen Mitgliedstaat entfällt. Insgesamt wird diese Judikatur des EuGH nur bedingt Erwägungsgrund Nr. 16 zur Brüssel Ia-VO gerecht, der speziell in Fällen von Persönlichkeitsrechtsverletzungen die Bedeutung der Zuständigkeitsklarheit eigens betont.[3]

Die Problematik der Persönlichkeitsverletzung im Internet hat den BGH auch im **Anwendungsbereich von § 32 ZPO** beschäftigt. 5.43

Beispiel: Der in Deutschland lebende Kläger wendet sich gegen einen englischsprachigen Artikel im Online-Angebot der New York Times, der seine Verstrickung in die russische Mafia behauptet.

Laut BGH kann in einem solchen Fall allein die Abrufbarkeit der fraglichen Seite in Deutschland kein taugliches Kriterium sein, da dies zu einer „uferlosen Ausweitung der Gerichtspflichtigkeit des Beklagten [führte], die den zuständigkeitsrechtlichen Leitprinzipien der Vermeidung beziehungsarmer Gerichtsstände, der Reduzierung konkurrierender Zuständigkeiten und der Vorhersehbarkeit und präventiven Steuerbarkeit der potenziellen Gerichtspflichtigkeit eklatant zuwiderliefe."[4] Vielmehr seien deutsche Gerichte nur dann international zuständig, wenn die beanstandeten Inhalte dergestalt objektiv einen deutlichen Bezug zum Inland aufweisen, dass eine Kollision der widerstreitenden Interessen der Beteiligten, insbesondere aufgrund des Inhalts der beanstandeten Meldung, im Inland tatsächlich eingetreten sein kann oder einzutreten droht. 5.44

---

1 EuGH v. 25.10.2011 – Rs. C-509/09 (*eDate Advertising*) und Rs. C-161/10 (*Martinez/Société MGN*), NJW 2012, 137. Beachte dazu etwa *Heinze*, EuZW 2011, 947; *Hess*, JZ 2012, 189; *Junker*, FS Rüßmann, S. 811, 817 ff.; *Klöpfer*, JA 2013, 165; *Nikas*, FS Gottwald, S. 477; *Thiede*, GPR 2012, 219.
2 Beachte dazu in Umsetzung der EuGH-Entscheidung BGH v. 8.5.2012 – VI ZR 217/08, NJW 2012, 2197, 2198.
3 Zutreffend *von Hein*, RIW 2013, 97, 102.
4 BGH v. 2.3.2010 – VI ZR 23/09, NJW 2010, 1752, 1753 m. Anm. *Staudinger*; bestätigend BGH v. 29.3.2011 – VI ZR 111/10, NJW 2011, 2059, 2060 f. m. Anm. *Brand*. Eingehend zu beiden Ausgangsfällen etwa *Thorn*, FS von Hoffmann, S. 746, 757 ff.

Das setzt aber nicht voraus, dass sich die beanstandete Website gezielt oder bestimmungsgemäß auch an deutsche Internetnutzer richten soll. Vielmehr liegt im Beispielsfall eine Interesse deutscher Nutzer und eine Kenntnisnahme der beanstandeten Meldung im Inland schon deshalb nahe, weil die Verstrickung einer namentlich genannten, hier ansässigen Person in die russische Mafia behauptet wird.[1] Demgegenüber genügt es nicht, wenn eine in fremder Sprache und Schrift (Russisch) gehaltene Internetveröffentlichung im Inland nur von dem Betroffenen abgerufen wurde und allenfalls vereinzelt Geschäftspartnern bekannt geworden ist.[2]

5.45 Fraglich ist geworden, ob sich die vom EuGH zu Persönlichkeitsrechtsverletzungen entwickelte Formel vom Mittelpunkt der Interessen der betroffenen Person auf **sonstige Streudelikte im Internet** übertragen lässt. Dies hat der EuGH für Markenrechtsverletzungen im Internet verneint,[3] und nach Ansicht des BGH kann die Formel auch nicht für wettbewerbsrechtliche Klagen wegen herabsetzender oder verunglimpfender Internetveröffentlichungen gegen Mitbewerber fruchtbar gemacht werden.[4]

5.46 Eine weitere Fallgruppe, mit der sich die Gerichte im Zusammenhang mit dem Deliktsgerichtsstand zu beschäftigen haben, sind **Kapitalanlegerklagen**. Fraglich ist insbesondere, ob Art. 7 Nr. 2 Brüssel Ia-VO ein Forum im Wohnsitzstaat des (angeblichen) Opfers eröffnen kann.[5] Dazu hat sich der EuGH in der Rechtssache *Kronhofer* sehr zurückhaltend geäußert, indem er stark mit den Besonderheiten des Ausgangsfalls argumentiert und sich ersichtlich bemüht hat, eine abschließende Verneinung der Frage zu vermeiden.[6] Auch mit dieser Fallgruppe hat sich inzwischen der BGH im Anwendungsbereich von § 32 ZPO beschäftigt und die Klagemöglichkeiten deutscher Anleger in Deutschland gegen US-amerikanische Broker bestätigt (dazu sogleich).[7] Umgekehrt ist der deutsche Gesetzgeber allerdings nicht zimperlich darin, hiesige Unternehmen zu schützen: Für Klagen wegen falscher, irreführender oder unterlassener öffentlicher Kapitalmarktinformationen ist **§ 32b ZPO** zu beachten, der grundsätzlich – wie § 32 ZPO – in doppelfunktionaler Anwendung auch eine internationale

---

1 Vgl. BGH v. 2.3.2010 – VI ZR 23/09, NJW 2010, 1752, 1753.
2 So die Fallgestaltung bei BGH v. 29.3.2011 – VI ZR 111/10, NJW 2011, 2059, 2060 f.
3 EuGH v. 19.4.2012 – Rs. C-523/10 (*Wintersteiger/Products 4U*), EuZW 2012, 513, 514 m. Anm. *Dietze*. Beachte aber auch EuGH v. 3.10.2013 – Rs. C-170/12 (*Pinckney/KDG Mediatech*), NJW 2013, 3627 m. krit. Anm. *Schack*, dort zur Verletzung von Urhebervermögensrechten im Internet.
4 BGH v. 12.12.2013 – I ZR 131/12, NJW 2014, 2504, 2505 f.
5 Näher dazu *von Hein*, EuZW 2011, 369; *Geimer*, FS Gottwald, S. 711, 729 f.; *Wagner/Gess*, NJW 2009, 3481.
6 EuGH v. 10.6.2004 – Rs. C-168/02 (*Kronhofer/Maier*), NJW 2004, 2441. Beachte aber auch BGH v. 13.7.2010 – XI ZR 28/09, WM 2010, 1590, Rz. 20 ff. (Vorlage an EuGH sei entbehrlich); OLG Köln v. 5.4.2005 – 15 U 153/04, IPRax 2006, 479.
7 BGH v. 9.3.2010 – XI ZR 93/09, WM 2010, 749, 750.

Zuständigkeit begründen kann.[1] Wenn sich die Klage gegen den Emittenten, den Anbieter oder die Zielgesellschaft richtet, die in Deutschland ihren Sitz haben, so wird § 32b ZPO zwar von Art. 4 Brüssel Ia-VO verdrängt. Bedeutsam kann der in § 32b ZPO niedergelegte Ausschließlichkeitsanspruch jedoch im Hinblick auf § 328 Abs. 1 Nr. 1 ZPO werden: Die Norm ist protektionistisch gerade darauf anlegt, US-Entscheidungen gegen deutsche Unternehmen die Anerkennung zu versagen (vgl. Rz. 13.14).

c) Zurechnungsfragen

In Fällen, in denen an einer unerlaubten Handlung **mehrere Personen beteiligt** sind, kommt nach der zum deutschen Zuständigkeitsrecht seit jeher vorherrschenden Meinung eine subjektive Erstreckung des Deliktsgerichtsstands in Betracht: Der Geschädigte darf auch gegen diejenigen Beteiligten vorgehen, die nicht selbst im Gerichtsstaat gehandelt haben.[2] **5.47**

Beispiel: Demgemäß kann ein in Deutschland lebender Geschädigter gestützt auf eine doppelfunktionale Anwendung von § 32 ZPO hier auf Schadensersatz gegen einen US-amerikanischen Broker klagen, mit dem er zwar keine vertragliche Beziehung hat, dem er aber die Beteiligung an dem sittenwidrigen Geschäftsmodell eines in Deutschland agierenden Terminoptionsvermittlers vorwirft.[3]

Der BGH hat offen gelassen, ob sich diese Auffassung auch auf Art. 5 Nr. 3 Brüssel I-VO (nunmehr: **Art. 7 Nr. 2 Brüssel Ia-VO**), also auf Fälle gegen EU-ansässige Beklagte übertragen lässt.[4] Diesem Gedanken ist inzwischen allerdings der EuGH in mehreren Entscheidungen entgegengetreten: Er lehnt eine wechselseitige Handlungsortzurechnung strikt ab, wobei er geltend macht, dass es mit dem Beklagtenschutz und der einheitlichen Auslegung des europäischen Zuständigkeitsrechts unvereinbar wäre, letztlich dem nationalen Deliktsrecht die Antwort auf die Frage zu überlassen, welche Beteiligungsformen geeignet sein sollen, eine Zurechnung zu tragen.[5] Denkbar bleibt bei Distanzdelikten aber, wie der EuGH klargestellt hat, immerhin eine Gerichtspflichtigkeit aller Beteiligten am Erfolgsort.[6] Im Übrigen kann es sich je nach Lage der Dinge anbieten, **5.48**

---

1 Dazu *Bachmann*, IPRax 2007, 77. Ausführlich *Mormann*, insbes. S. 439 ff.
2 BGH v. 9.3.2010 – XI ZR 93/09, WM 2010, 749, 750; BGH v. 12.4.2011 – XI ZR 101/09, ZBB 2011, 394. Beachte aus dem Schrifttum etwa Stein/Jonas/*Roth*, § 32 ZPO Rz. 3; *Thole*, ZBB 2011, 399, 400 f.
3 BGH v. 9.3.2010 – XI ZR 93/09, WM 2010, 749, 750.
4 BGH v. 13.7.2010 – XI ZR 28/09, ZIP 2010, 1998, 2000 f.; BGH v. 12.10.2010 – XI ZR 394/08, WM 2010, 2214, 2216.
5 EuGH v. 16.5.2013 – Rs. C-228/11 (*Melzer/MF Global UK Ltd*), NJW 2013, 2099, 2101 m. zust. Anm. *Müller* = EuZW 2013, 544 m. krit. Anm. *Wagner*; EuGH v. 3.4.2014 – Rs. C-387/12 (*Hi Hotel HCF/Spoering*), NJW 2014, 1793, 1795; EuGH v. 5.6.2014 – Rs. C-360/12 (*Coty Germany/First Note Perfumes*), EuZW 2014, 664, 666 m. Anm. *von Hein*.
6 EuGH v. 3.4.2014 – Rs. C-387/12 (*Hi Hotel HCF/Spoering*), NJW 2014, 1793, 1795; EuGH v. 5.6.2014 – Rs. C-360/12 (*Coty Germany/First Note Perfumes*), EuZW 2014, 664, 666.

sämtliche Beteiligten gemäß Art. 8 Nr. 1 Brüssel Ia-VO am allgemeinen Gerichtsstand eines Beklagten in Anspruch zu nehmen (s. Rz. 5.63 f.).[1]

3. Belegenheitsort

a) Forum rei sitae

5.49   Die mit Ausschließlichkeitsanspruch versehene Zuständigkeit der Gerichte im **Belegenheitsstaat unbeweglicher Sachen** für Klagen wegen dinglicher Rechte (Art. 24 Nr. 1 Brüssel Ia-VO, § 24 ZPO – *forum rei sitae*) ist zwar international geläufig,[2] versteht sich aber gleichwohl keineswegs von selbst.[3] Einen Belegenheitsgerichtsstand für bestimmte Mobilien, nämlich Kulturgüter, sieht neuerdings Art. 7 Nr. 4 Brüssel Ia-VO vor (vgl. Erwägungsgrund Nr. 17).[4]

5.50   Der **räumlich-persönliche Anwendungsbereich** von Art. 24 Brüssel Ia-VO setzt nur voraus, dass der zuständigkeitsbegründende Umstand in einem Mitgliedstaat verwirklicht ist, nicht hingegen, dass der Beklagte seinen Wohnsitz in einem Mitgliedstaat hat (vgl. Art. 6 Abs. 1 Brüssel Ia-VO). Ist das Grundstück in Deutschland belegen, so richtet sich die internationale Zuständigkeit für die von Art. 24 Nr. 1 Brüssel Ia-VO erfassten Klagen also unabhängig vom Beklagtenwohnsitz nach dieser Vorschrift. Eine Erweiterung für Vertragsklagen – allerdings nur noch als konkurrierender Gerichtsstand – enthält Art. 8 Nr. 4 Brüssel Ia-VO. Gegen drittstaatenansässige Beklagte bestehen entsprechende konkurrierende Ergänzungszuständigkeiten im autonomen Recht nach Maßgabe von §§ 25, 26 ZPO.

5.51   In den **sachlichen Anwendungsbereich** von Art. 24 Nr. 1 Brüssel Ia-VO fallen nach Ansicht des EuGH Klagen, „die darauf gerichtet sind, zum einen den Umfang oder den Bestand einer unbeweglichen Sache oder das Eigentum, den Besitz oder das Bestehen anderer dinglicher Rechte an ihr zu bestimmen und zum anderen den Inhabern dieser Rechte den Schutz der mit ihrer Rechtsstellung verbundenen Vorrechte zu sichern".[5] Das soll auch für eine Klage auf Feststellung der Ungültigkeit der Ausübung eines dinglichen Vorkaufsrechts i.S. von § 1094 BGB gelten. Verfahren, in denen die dingliche Rechtslage nur inzident zu klären ist, erfasst Art. 24 Nr. 1 Brüssel Ia-VO hingegen nicht (s. schon Rz. 4.12).[6] Bedeutsam ist dies etwa für **Beseitigungs- und Schadensersatzklagen**, die auf eine Eigentumsverletzung gestützt werden und auf die Wiederherstellung des status

---

1 Darauf verweist schon EuGH v. 16.5.2013 – Rs. C-228/11 (*Melzer/MF Global UK Ltd*), NJW 2013, 2099, 2101.

2 *Schröder*, S. 355 ff.

3 Ausführlich zur rechtspolitischen Kritik *Solomon*, FS von Hoffmann, S. 727, 729 ff.

4 Näher *Siehr*, FS Martiny, 2014, S. 837.

5 Dazu und zum Folgenden EuGH v. 3.4.2014 – Rs. C-438/12 (*Weber/Weber*), NJW 2014, 1871, 1872 = EuZW 2014, 469 m. Anm. *Dietze*.

6 Vgl. EuGH v. 3.10.2013 – Rs. C-386/12 (*Schneider*), FamRZ 2013, 1873 m. Anm. *Wendenburg*; näher *Kümmerle*, GPR 2014, 170, 171 ff.

quo im Wege schadensersatzrechtlicher Naturalrestitution bzw. auf die Beseitigung einer aktuellen Eigentumsstörung gerichtet sind.[1] Die internationale Zuständigkeit ergibt sich dann nicht aus Art. 24 Nr. 1 Brüssel Ia-VO, sondern nur aus dem Wahlgerichtsstand des Art. 7 Nr. 2 Brüssel Ia-VO.[2]

Über dingliche Klagen hinaus gilt die Belegenheitszuständigkeit gemäß Art. 24 Nr. 1 Brüssel Ia-VO auch für **Miet- und Pachtsachen**,[3] dies allerdings mit den im Normtext umschriebenen Einschränkungen für nur vorübergehende Gebrauchsüberlassungsverträge.[4] Letztere betreffen insbesondere Ferienwohnungen, aber etwa auch Wohnungen für kürzere Auslandsstudien oder -praktika. Im Rahmen der Brüssel I-Reform konnte sich der Verordnungsgeber nicht dazu entschließen, die damit einhergehenden Abgrenzungsprobleme anzugehen. Inwieweit Klagen betreffend **Timesharing** der ausschließlichen Zuständigkeit nach Art. 24 Nr. 1 Brüssel Ia-VO unterliegen, hängt von der Ausgestaltung des jeweiligen Vertrags ab.[5]   5.52

Spiegelbildlich zum verordnungseigenen ausschließlichen Immobiliargerichtsstand ist nach verbreiteter, aber umstrittener Auffassung von der internationalen Unzuständigkeit deutscher Gerichte auszugehen, wenn für ein **in einem Drittstaat belegenes Grundstück** der dortige Staat die ausschließliche Zuständigkeit beansprucht und eine dort ergehende Entscheidung in Deutschland anerkennungsfähig ist.[6] Auch die Frage dieser sog. Reflexwirkung ist im Rahmen der Brüssel I-Reform leider nicht geklärt worden: Erwägungsgrund Nr. 24 S. 3 zur Brüssel Ia-VO streift das Problem nur beiläufig im Zusammenhang mit der neugeschaffenen Regelung zur Beachtung drittstaatlicher Rechtshängigkeit (dazu Rz. 7.20 ff.), ohne eine Lösung im Hinblick auf Art. 24 Nr. 1 Brüssel Ia-VO vorzugeben.   5.53

---

1 BGH v. 18.7.2008 – V ZR 11/08, NJW 2008, 3502. Vgl. auch EuGH v. 18.5.2006 – Rs. C-343/04 (*Land Österreich/CEZ as*), IPRax 2006, 627 (vorbeugende Unterlassungsklage gegen ionisierende Strahlung durch das Kernkraftwerk Temelin).

2 BGH v. 24.10.2005 – II ZR 329/03, NJW 2006, 689; *Althammer*, FS Gottwald, S. 9, 11 ff.

3 Beachte auch LG Frankfurt v. 25.3.2014 – 2-09 S 63/12, NJW-RR 2014, 907, dort zu Zahlungsansprüchen zwischen Wohnungseigentümern.

4 Dazu aus neuerer Zeit etwa BGH v. 23.10.2012 – X ZR 157/11, NJW 2013, 308 ff. m. Anm. *Müller*; BGH v. 28.5.2013 – X ZR 88/12, MDR 2013, 995. Beachte aus dem Schrifttum *Solomon*, FS von Hoffmann, S. 727, 738 ff.; *Wagner/Diehl*, GPR 2014, 230.

5 Dazu EuGH v. 13.10.2005 – Rs. C-73/04 (*Klein/Rhodos Management Ltd*), IPRax 2006, 159; BGH v. 25.6.2008 – VIII ZR 103/07, NJW-RR 2008, 1381; BGH v. 16.12.2009 – VIII ZR 119/08, NJW-RR 2010, 712. Beachte aus dem Schrifttum etwa *Hau*, GPR 2011, 303; *Leible/Müller*, NZM 2009, 18; *Mankowski*, NZM 2007, 671.

6 So etwa *Schack*, Rz. 352; *Kropholler/von Hein*, EuZPR, Art. 22 EuGVO Rz. 7; *Rechberger/Frauenberger-Pfeiler*, ZZPInt 6 (2001), 3, 23. A.A. BGH v. 25.9.1997 – II ZR 113/96, NJW 1998, 1321; Stein/Jonas/*Roth*, § 24 ZPO Rz. 6; *Geimer/Schütze*, EuZVR, Art. 22 EuGVVO Rz. 13.

b) Vermögensgerichtsstand

5.54   Von vornherein auf Auslandsfälle zugeschnitten ist die örtliche Zuständigkeit gemäß § 23 S. 1 ZPO, die in doppelfunktionaler Anwendung auch einen internationalen Gerichtsstand begründet: Gegen eine Person, die im Inland keinen Wohnsitz hat, kann in Deutschland wegen vermögensrechtlicher Ansprüche geklagt werden, wenn sich hier Vermögen des Beklagten (Var. 1) oder der streitige Gegenstand befindet (Var. 2).

5.55   Die Zuständigkeit aus § 23 ZPO gilt vielen als international unerwünscht bzw. **exorbitant**; sie ist deshalb durch Art. 5 Brüssel Ia-VO aus dem **innereuropäischen Rechtsverkehr** verbannt worden, aber eben nur aus diesem (vgl. Art. 6 Brüssel Ia-VO, dazu Rz. 4.19, 4.38). Im Grunde kann man aber allenfalls § 23 S. 1 Var. 1 ZPO, den eigentlichen Vermögensgerichtsstand, als beziehungsarm kritisieren. Die danach denkbare Anknüpfung an den auf einer Deutschlandreise vergessenen Regenschirm hat der Vorschrift den Spottnamen *German umbrella rule* eingebracht. In der Tat hatte noch das Reichsgericht selbst manipulative Vermögensbildungen unbeanstandet gelassen.

Beispiel: K klagt bei einem offenkundig unzuständigen deutschen Gericht gegen den im Ausland ansässigen B. Die von K erwartete Abweisung dieser Klage verschafft dem B einen am inländischen Wohnsitz des K belegenen Kostenerstattungsanspruch (vgl. §§ 91, 23 S. 2 ZPO), welchen K sodann mit einer erneuten Klage als i.S. von § 23 S. 1 ZPO zuständigkeitsbegründendes Vermögen des B präsentiert.[1]

5.56   Überwiegend wird zwar die Vereinbarkeit von § 23 S. 1 Var. 1 ZPO mit dem Verfassungs- und Völkerrecht bejaht,[2] zugleich jedoch auf die Notwendigkeit einer engen Auslegung hingewiesen. Das Schrifttum hat verschiedene **Möglichkeiten einer Restriktion** erörtert; insbesondere wurde vorgeschlagen, die geltend gemachte Klageforderung dürfe den Wert des inländischen Vermögens nicht (wesentlich) überschreiten.[3] Die Rechtsprechung lehnt eine solche teleologische Reduktion des Vermögensbegriffs allerdings ab.[4] Zumindest hat der BGH die zur örtlichen Zuständigkeit praeter legem entwickelte Voraussetzung, die Vollstreckung in den Vermögensgegenstand müsse wenigstens einen Überschuss über die Vollstreckungskosten erwarten lassen,[5] bislang nicht auf die internatio-

---

1 Hingenommen von RG v. 26.5.1886 – Rep. I. 121/86, RGZ 16, 391. Für Zulassung des Arglisteinwands in solchen Konstellationen aus neuerer Zeit aber etwa Stein/Jonas/*Roth*, § 23 ZPO Rz. 33 m. w. Nachw. und Beispielen.
2 Ausdrücklich *Geimer*, Rz. 1348; *Schack*, Rz. 373; offengelassen von BVerfG v. 12.4.1983 – 2 BvR 678/81 u.a., BVerfGE 64, 1, 17 ff. Krit. etwa *Pfeiffer*, S. 620 ff.
3 Dazu Handbuch IZVR/*Kropholler*, Bd. I, Kap. III Rz. 342; *Oberhammer*, FS Schlosser, 2005, S. 651 ff. Ablehnend etwa *Schütze*, FS Ishikawa, 2001, S. 493, 502 ff.
4 BGH v. 28.10.1996 – X ARZ 1071/96, NJW 1997, 325, 326.
5 So BGH v. 22.9.2005 – IX ZR 1/05, BGH-Report 2005, 1611.

nale Zuständigkeit gemäß § 23 S. 1 Var. 1 ZPO übertragen.[1] In der Tat wäre es fragwürdig, hinsichtlich der Vollstreckungsaussichten alleine auf Deutschland abzustellen und dabei etwa unberücksichtigt zu lassen, dass die deutsche Entscheidung nach Maßgabe von Art. 39 ff. Brüssel Ia-VO ohne weiteres europaweit vollstreckbar wäre.

Allerdings möchte der BGH die Exorbitanz des internationalen Vermö- **5.57** gensgerichtsstands auf andere Weise einschränken, nämlich dadurch, dass er aus dem Normzweck das Erfordernis eines über die bloße Vermögensbelegenheit hinausgehenden **hinreichenden Inlandsbezugs** des Rechtsstreits ableitet.[2] Dabei beruft er sich auf die Entstehungsgeschichte der Vorschrift, bemerkenswerterweise aber auch auf das Ziel, „außenwirtschaftliche und außenpolitische Belastungen" der Bundesrepublik zu vermeiden. Konkret geht es ihm dabei wohl nicht zuletzt um die Interessen kontoführender deutscher Banken. Offen lässt der BGH, welche Umstände im Einzelnen einen solchen Inlandsbezug begründen können. Erörtert wurden bislang der inländische Wohnsitz oder gewöhnliche Aufenthalt, aber auch die deutsche Staatsangehörigkeit des Klägers, der inländische Schwerpunkt des der Klage zugrundeliegenden Sachverhalts sowie die Anwendbarkeit deutschen Rechts.[3] Diese Rechtsprechung ist im Schrifttum auf zum Teil heftige **Kritik** gestoßen.[4] Dem BGH wird insbesondere vorgeworfen, er verwässere das auf klaren Kriterien beruhende deutsche Zuständigkeitsrecht, indem er eine systemwidrige Einzelfallabwägung nach Vorbild der anglo-amerikanischen *doctrine of forum non conveniens* einführe und damit die Rechtssicherheit und den Justizgewährungsanspruch vernachlässige (s. Rz. 4.79 f.).

Das **Europarecht** sieht keinen allgemeinen Vermögensgerichtsstand vor. **5.58** Die Pläne der Kommission, einen solchen im Rahmen der Brüssel I-Reform einzuführen,[5] sind in der Brüssel Ia-VO nicht aufgegriffen worden.

---

1 Dafür aber OLG Celle v. 29.10.1998 – 13 W 106/98, IPRax 2001, 338 (krit. Anm. *Wollenschläger*, 320 ff.); OLG Dresden v. 11.4.2007 – 8 U 1939/06, NJW-RR 2007, 1145, 1146 f.
2 Grundlegend BGH v. 2.7.1991 – XI ZR 206/90, NJW 1991, 3092. Bestätigend BGH v. 24.4.1996 – IV ZR 263/95, NJW 1996, 2096; BGH v. 18.3.1997 – XI ZR 34/96, NJW 1997, 2885; BGH v. 13.12.2012 – III ZR 282/11, NJW 2013, 386, 387. Unter Hinweis auf in casu jedenfalls hinreichenden Inlandsbezug offengelassen in BGH v. 22.10.1996 – XI ZR 261/95, NJW 1997, 324, 325.
3 Vgl. BGH v. 26.6.2001 – XI ZR 241/00, IPRspr. 2001 Nr. 2 S. 3: 20 Jahre Inlandswohnsitz sowie Abschluss und Bedienung des streitigen Sparvertrags bei der inländischen Repräsentanz der beklagten jugoslawischen Bank; BAG v. 12.12.2001 – 5 AZR 255/00, IPRax 2003, 258: deutsche Staatsangehörigkeit, Inlandswohnsitz und Flugeinsätze der klagenden Stewardess ab Frankfurt; BGH v. 13.12.2012 – III ZR 282/11, NJW 2013, 386, 387: deutscher Kläger mit inländischem Wohnsitz. Näher zur bisherigen Judikatur *Koechel*, IPRax 2014, 312 ff.
4 Vgl. *Koechel*, IPRax 2014, 312, 315 ff.; *Pfeiffer*, in: 50 Jahre BGH, Bd. III, S. 617, 625 ff.; *Schütze*, FS Ishikawa, 2001, S. 493, 499 ff. Dem BGH zustimmend hingegen *Schlosser*, IPRax 1992, 140; *Wollenschläger*, IPRax 2002, 96, 97 f.
5 Dazu *Hau*, FS von Hoffmann, S. 617, 626 ff.

In **Nachlassangelegenheiten** eröffnet nunmehr aber Art. 10 Abs. 2 EuErb-VO eine an die Vermögensbelegenheit anknüpfende Zuständigkeit. Art. 10 Abs. 1 EuErbVO geht noch weiter („für den gesamten Nachlass zuständig"), verlangt aber bestimmte zusätzliche Bezüge zum Gerichtsstaat. Beachte zudem die Möglichkeit der Verfahrensbeschränkung hinsichtlich drittstaatlichen Vermögens in Art. 12 EuErbVO.

III. Zusammenhangs- und Annexzuständigkeiten

1. Sachzusammenhang

5.59   Im allgemeinen Gerichtsstand des Beklagten ist dem Kläger die nahezu unbegrenzte **objektive Klagehäufung** erlaubt (§ 260 ZPO), während die besonderen Gerichtsstände grundsätzlich streitgegenständlich beschränkt sind. Das lässt es aus Gründen der Prozessökonomie und zur Vermeidung sich widersprechender Entscheidungen wünschenswert erscheinen, sachlich und rechtlich zusammenhängende Klagen bei dem Gericht zu vereinen, das für eine der Klagen regulär zuständig ist. Eine solche auf den Sachzusammenhang als Anknüpfungskriterium gestützte Zuständigkeitsregel wird de lege ferenda befürwortet. Gleichwohl ist darauf sowohl für die ZPO als auch für die Brüssel Ia-VO, von punktuellen Ausnahmen wie Art. 8 Nr. 4 Brüssel Ia-VO und §§ 25, 26 ZPO einmal abgesehen (s. schon Rz. 5.50), verzichtet worden. Insbesondere ist Art. 30 Brüssel Ia-VO kein Zuständigkeitsgrund, sondern ermöglicht nur die Verfahrensaussetzung mit Rücksicht auf ein konnexes Verfahren in einem anderen Mitgliedstaat (s. Rz. 7.8).

5.60   Ein weiterer Aspekt des zuständigkeitsrechtlichen Sachzusammenhangs ist die Frage nach der Reichweite der **gerichtlichen Kognitionsbefugnis**, die relevant wird, wenn in einem Fall z.B. sowohl deliktische als auch vertragliche **Anspruchsgrundlagen** in Betracht kommen:[1] Während das Gericht am allgemeinen Gerichtsstand grundsätzlich zu einer umfassenden Prüfung unter sämtlichen Gesichtspunkten berufen ist, wird diskutiert, ob im Deliktsgerichtsstand auch vertragliche Anspruchsgrundlagen (und umgekehrt) geltend gemacht werden können. Immerhin bestimmt § 17 Abs. 2 GVG hinsichtlich der **Rechtswegzuständigkeit**, dass das Gericht des zulässigen Rechtswegs den Rechtsstreit „unter allen in Betracht kommenden rechtlichen Gesichtspunkten" zu entscheiden hat. Entsprechendes soll nach heute h.M. auch für die **örtliche Zuständigkeit** gelten; zugunsten eines solchen Gerichtsstands des Sachzusammenhangs wird auf die Vermeidung eines „Zuständigkeitssplittings" und damit auf die Prozessökonomie verwiesen.[2]

---

1 Beachte das Fallbeispiel bei *Fuchs/Hau/Thorn*, Nr. 10.
2 Vgl. BGH v. 10.12.2002 – X ARZ 208/02, NJW 2003, 828, 829 f.; Zöller/*Vollkommer*, § 12 ZPO Rz. 20. Dagegen etwa Musielak/*Heinrich*, § 12 ZPO Rz. 9 ff.; alle m. w. Nachw.

Die bislang h.M. will diesen Gedanken zumindest nicht allgemein auf 5.61
die **internationale Zuständigkeit** übertragen:[1] Der Schutz des Beklagten
vor einer zu weitreichenden Gerichtspflichtigkeit sei für den grenzüberschreitenden Rechtsverkehr weitaus bedeutsamer als im rein innerstaatlichen Bereich. Besondere Gerichtsstände wie namentlich Art. 7 Nr. 2
Brüssel Ia-VO und § 32 ZPO bringen dabei eine Kompromisslösung zum
Ausdruck: Der Kläger darf sich die besondere Sach- und Beweisnähe des
Forums hinsichtlich der mit dem Gerichtsstand korrespondierenden Anspruchsgrundlagen zunutze machen. Wenn er hingegen eine Beurteilung
der Auseinandersetzung unter allen denkbaren rechtlichen Gesichtspunkten erreichen will und sich der Beklagte nicht auf das Verfahren in
dem besonderen Gerichtsstand einlässt, muss der Kläger in Übereinstimmung mit dem Prinzip *actor sequitur forum rei* im Wohnsitzstaat des Beklagten vorgehen.[2]

Allerdings hat der EuGH in einer neueren Entscheidung eingeräumt, dass 5.62
Schadensersatzklagen, die nach nationalem Recht deliktischer Natur sind,
gleichwohl an einen „Vertrag oder Ansprüche aus einem Vertrag" i.S. des
Vertragsgerichtsstands anknüpfen, wenn das vorgeworfene Verhalten als
Verstoß gegen eine vertragliche Verpflichtung angesehen werden kann, die
sich anhand des Vertragsgegenstands ermitteln lässt.[3] Demnach gilt Art. 7
Nr. 1 Brüssel Ia-VO bei gewissermaßen **vertragsnahem Deliktsrecht**, nach
Ansicht des EuGH also in solchen Fällen, in denen eine Auslegung des
Vertrags unerlässlich erscheint, um zu klären, ob das streitgegenständliche Verhalten rechtmäßig ist oder nicht. Offenbar will der EuGH aber so
verstanden werden, dass in einer solchen Konstellation neben dem allgemeinen nur der Vertragsgerichtsstand mit breiter Kognitionsbefugnis
eröffnet sein soll, nicht indes zusätzlich auch noch der Deliktsgerichtsstand.[4]

2. Persönlicher Zusammenhang

Eine konkurrierende internationale Zusammenhangszuständigkeit kraft 5.63
passiver Streitgenossenschaft sieht **Art. 8 Nr. 1 Brüssel Ia-VO** vor.[5] Dies
setzt voraus, dass wenigstens einer der zusammen verklagten Beklagten
(der sog. Ankerbeklagte) seinen allgemeinen – nicht nur einen besonde-

---

1 Nachdrücklich BGH v. 10.12.2002 – X ARZ 208/02, NJW 2003, 828, 830. Dagegen *Roth*, FS Schumann, 2002, S. 355 ff.; Stein/Jonas/*Roth*, § 1 ZPO Rz. 11.
2 Grundlegend in diesem Sinne zu Art. 5 Nr. 3 EuGVÜ bereits EuGH v. 27.9.1988
– Rs. C-189/87 (*Athanasios Kalfelis*), NJW 1988, 3088. Ebenso zu § 32 ZPO:
BGH v. 29.6.2010 – VI ZR 122/09, NJW-RR 2010, 1554, 1555. Zustimmend aus
dem Schrifttum etwa *Schack*, Rz. 395 ff.; *Spickhoff*, IPRax 2009, 128, 131 f.
3 EuGH v. 13.3.2014 – Rs. C-548/12 (*Borgsitter/Frabrication de Montres Normandes*), NJW 2014, 1648, 1649. Dazu *Sujecki*, EuZW 2014, 384; *Wendenburg/
Schneider*, NJW 2014, 1633. Ähnlich BGH v. 3.4.2014 – IX ZB 88/12, NJW 2014,
2798, 2801.
4 Ähnlich *Wendenburg/Schneider*, NJW 2014, 1633, 1635.
5 Anders die EuUntVO; dazu *Hau*, FamRZ 2010, 516, 517 f.

ren[1] – Gerichtsstand im Forum hat und dass die einzelnen Klagen bei ihrer Erhebung im Zusammenhang stehen: Eine gemeinsame Verhandlung und Entscheidung muss geboten erscheinen, um zu vermeiden, dass in getrennten Verfahren widersprechende Entscheidungen ergehen könnten.[2] Die erforderliche Konnexität fehlt nach Ansicht des EuGH nicht bereits deshalb, weil die Klagen auf unterschiedlichen Rechtsgrundlagen (beispielsweise einerseits Vertrag, andererseits Delikt) beruhen[3] oder verschiedenen Sachrechten unterliegen.[4] Die Fälle der notwendigen und der einfachen Streitgenossenschaft i.S. von §§ 59 ff. ZPO dürften von Art. 8 Nr. 1 Brüssel Ia-VO erfasst sein.[5] Das Tatbestandsmerkmal „zusammen verklagt" ist selbst dann erfüllt, wenn die Streitgenossenschaft erst durch nachträgliche Klageerweiterung entsteht.[6] Es muss nicht untersucht werden, ob die Klagen nur deshalb zusammen erhoben worden sind, um einen Streitgenossen der Zuständigkeit seines Wohnsitzstaates zu entziehen; denn anders als Art. 8 Nr. 2 Brüssel Ia-VO enthält Nr. 1 kein allgemeines Missbrauchsverbot.[7]

5.64   Umstritten ist, ob Art. 8 Nr. 1 Brüssel Ia-VO analog herangezogen werden kann, wenn zusätzlich zu dem forumsansässigen Ankerbeklagten auch eine **drittstaatenansässige Person** verklagt werden soll.[8] Die einleitende Formulierung von Art. 8 Brüssel Ia-VO spricht dagegen, was der EuGH zum Anlass nimmt, die Vorschrift nicht auf einen Mitbeklagten mit Wohnsitz in einem Drittstaat zu beziehen.[9] Das versteht sich nicht von selbst, denn warum sollten solche Mitbeklagte zuständigkeitsrechtlich besser gestellt sein als solche, die innerhalb der EU wohnen und deshalb Art. 8 Nr. 1 Brüssel Ia-VO unterliegen? Nach der Lösung des EuGH bestimmt sich die Gerichtspflichtigkeit des drittstaatsansässigen Mitbeklag-

---

1 Klarstellend etwa LG Dortmund v. 18.6.2014 – 4 S 110/13, EuZW 2014, 680.
2 Näher zu diesem Konnexitätserfordernis EuGH v. 1.12.2011 – Rs. C-145/10 (*Painer/Standard*), EuZW 2012, 182, 184 f.; EuGH v. 11.4.2013 – Rs. C-645/11 (*Land Berlin/Sapir*), NJW 2013, 1661, 1662 f.; dazu *Lund*, IPRax 2014, 140, 142 f. Beachte speziell zu kartellprivatrechtlichen Fällen *Weller*, ZVglRWiss 112 (2013), 89, 91 ff., und zum gewerblichen Rechtsschutz Sujecki, EWS 2014, 138.
3 EuGH v. 11.10.2007 – Rs. C-98/06 (*Freeport*), NJW 2007, 3702. Anders noch BGH v. 23.10.2001 – XI ZR 83/01, NJW-RR 2002, 1149, 1150, dort zu Art. 6 Nr. 1 LugÜ 1988/EuGVÜ unter Berufung auf EuGH v. 27.10.1998 – Rs. C-51/97 (*Réunion européenne*), EuZW 1999, 59, 62.
4 EuGH v. 1.12.2011 – Rs. C-145/10 (*Painer/Standard*), EuZW 2012, 182, 184 f.
5 *Kropholler/von Hein*, EuZPR, Art. 6 EuGVO Rz. 10.
6 Vgl. BGH v. 30.11.2009 – II ZR 55/09, NJW-RR 2010, 644, zu Art. 6 Nr. 1 LugÜ 1988 (Klage gegen Täter, Klageerweiterung gegen Gehilfen).
7 EuGH v. 11.10.2007 – Rs. C-98/06 (*Freeport*), NJW 2007, 3702. Beachte aber auch EuGH v. 12.7.2012 – Rs. C-616/10 (*Solvay/Honeywell Fluorine Products*), EuZW 2012, 837, 838: die Vorschrift dürfe nicht in einer Weise ausgelegt werden, die es erlauben würde, eine Klage gegen mehrere Beklagte allein zu dem Zweck zu erheben, einen dieser Beklagten den Gerichten seines Wohnsitzstaats zu entziehen.
8 Bejahend etwa *Geimer*, FS Kropholler, 2008, S. 777, 783 f.; *Schack*, Rz. 411.
9 EuGH v. 11.4.2013 – Rs. C-645/11 (*Land Berlin/Sapir*), NJW 2013, 1661, 1663; dazu *Lund*, IPRax 2014, 140, 144 f.

ten nach nationalem Zuständigkeitsrecht, was aus Sicht derjenigen Mitgliedstaaten misslich erscheint, die keine internationale Zuständigkeit kraft passiver Streitgenossenschaft kennen (so im Grundsatz Deutschland; dazu sogleich). Im Rahmen der Brüssel I-Reform wurde die Chance vertan, dieses Problem auf europäischer Ebene zu lösen.

Abgelöst hat der Verordnungsgeber mit der Ergänzung am Ende von Art. 20 Abs. 1 Brüssel Ia-VO für **Arbeitssachen** aber immerhin die fragwürdige frühere Rechtsprechung des EuGH, der Arbeitnehmern die Berufung auf den Streitgenossengerichtsstand versagt hatte.[1] Hingegen fehlt nach wie vor eine entsprechende Klarstellung für **Verbrauchersachen**.[2]   **5.65**

Das **autonome deutsche Recht** kennt keinen allgemeinen örtlichen und internationalen Streitgenossengerichtsstand,[3] sondern nur eine Zuständigkeitskonzentration in engen Ausnahmefällen wie § 603 Abs. 2 ZPO oder § 232 Abs. 3 S. 2 Nr. 2 FamFG.[4] Namentlich § 36 Abs. 1 Nr. 3 ZPO begründet nicht etwa die internationale Zuständigkeit deutscher Gerichte, sondern setzt diese voraus.[5] Im Übrigen bleibt allerdings stets zu prüfen, ob im Inland womöglich verschiedene besondere Gerichtsstände gegen die einzelnen Beklagten zusammentreffen.[6]   **5.66**

Zurückhaltend ist das deutsche autonome Recht ferner gegenüber einer Annexzuständigkeit für sog. Gewährleistungs-, Garantie- oder **Interventionsklagen**, die anderen Rechtsordnungen geläufig sind und deshalb mit Art. 8 Nr. 2 und Art. 13 Brüssel Ia-VO auch im Europarecht begegnen. Diese Bestimmungen können gemäß Art. 65 Abs. 1 Brüssel Ia-VO nicht die internationale Zuständigkeit der deutschen Gerichte begründen (Entsprechendes gilt für Österreich, Polen und Ungarn).[7] Vorbehalten bleibt allerdings die Möglichkeit der **Streitverkündung**, die keine weitere zuständigkeitsbegründende Anknüpfung zwischen dem Dritten und dem Gerichtsstand der Hauptklage voraussetzt, wohl aber kraft Gerichtsstandsvereinbarung ausgeschlossen sein kann.[8] Einem Streitverkündungsempfänger, der keinen eigenen Zuständigkeitsbezug zum Forum der Haupt-   **5.67**

---

1 EuGH v. 22.5.2008 – Rs. C-462/06 (*Glaxosmithkline*), IPRax 2009, 418 (krit. *Krebber*, 409).

2 Dies kritisieren *Domei*, RabelsZ 78 (2014), 508, 529; *von Hein*, RIW 2013, 97, 103. Fragwürdigerweise für Übertragbarkeit der zu engen EuGH-Judikatur von Arbeits- auf Verbrauchersachen aber BGH v. 6.5.2013 – X ARZ 65/13, NJW-RR 2013, 1399, 1400.

3 Vgl. zur rechtspolitischen Kritik etwa *Lorenz*, ZRP 2011, 182.

4 *Schröder*, S. 564 ff., hält de lege lata eine Ausweitung auf die internationale Zuständigkeit für denkbar. Dem teilweise zustimmend *Geimer*, Rz. 1163 ff.; Handbuch IZVR/*Kropholler*, Bd. I, Kap. III Rz. 437.

5 Klarstellend *Schack*, Rz. 408; *Vossler*, IPRax 2007, 281 f.

6 Vgl. etwa BGH v. 28.6.2007 – I ZR 49/04, NJW-RR 2008, 57: Zusammentreffen der Zuständigkeiten gemäß Art. 5 Nr. 3 LugÜ (Beklagter aus der Schweiz) und § 32 ZPO (Beklagter aus Liechtenstein).

7 Zur Vereinbarkeit mit Art. 18 AEUV vgl. *Hess*, § 6 Rz. 90.

8 Näher *Mansel*, ZZP 109 (1996), 61; *von Hoffmann/Hau*, RIW 1997, 89.

klage hat, sollte es gestattet sein, die Zulässigkeit der Streitverkündung – entgegen der h.M. zum innerstaatlichen Rechtsverkehr – schon im Verfahren der Hauptklage im Wege eines Zwischenstreits analog § 71 ZPO überprüfen zu lassen.[1]

3. Widerklage und Prozessaufrechnung

5.68 Meint der Beklagte über einen Gegenanspruch zu verfügen, der mit der Klage in rechtlichem Zusammenhang steht, so kann er ihn nach **§ 33 ZPO** im Wege der Widerklage bei dem Gericht geltend machen, vor das ihn der Kläger gezogen hat, ohne dass eine weitere zuständigkeitsbegründende Anknüpfung gegeben sein müsste. Die dementsprechende Bestimmung des **Art. 8 Nr. 3 Brüssel Ia-VO**[2] ist etwas enger gefasst und verlangt, dass die Widerklage auf denselben Vertrag oder Sachverhalt gestützt wird, der der Klage zugrunde liegt.[3] Zudem soll erforderlich sein, dass das Gericht gerade nach Maßgabe der Brüssel Ia-VO für die Hauptklage zuständig ist.[4] Ungeachtet des Einleitungssatzes von Art. 8 Brüssel Ia-VO kommt es aber nicht darauf an, dass der Widerbeklagte seinen Wohnsitz in einem Mitgliedstaat hat.[5]

5.69 Ein der **ausschließlichen Zuständigkeit** gemäß Art. 24 Brüssel Ia-VO unterfallender Anspruch darf anderweitig auch nicht mittels Widerklage geltend gemacht werden. Widerklagefreundlicher sind hingegen die halbausschließlichen Gerichtsstände in Versicherungs-, Verbraucher- und Arbeitssachen (vgl. Art. 14 Abs. 2, Art. 18 Abs. 3 und Art. 22 Abs. 2 Brüssel Ia-VO). Kann ein Anspruch wegen einer **Gerichtsstandsvereinbarung** nicht klageweise in einem bestimmten Forum verfolgt werden, so dürfte dort im Zweifel auch die widerklageweise Rechtsverfolgung ausgeschlossen sein.[6]

5.70 Weil es dem Beklagten gemäß Art. 8 Nr. 3 Brüssel Ia-VO freisteht, **Zwischenfeststellungswiderklagen** zu erheben und auf diese Weise präjudizielle Rechtsfragen einer rechtskraftfähigen Entscheidung zuzuführen, sollte man umgekehrt auch dem Kläger die Möglichkeit von Zwischenfeststellungsanträgen (§ 256 Abs. 2 ZPO) eröffnen, ohne dafür einen be-

---

1 *von Hoffmann/Hau*, RIW 1997, 89, 94; Zöller/*Vollkommer*, § 72 ZPO Rz. 2; vgl. auch OLG Köln v. 3.6.2002 – 11 W 20/02, IPRax 2003, 531.

2 In der EuUntVO fehlt eine vergleichbare Bestimmung; dazu *Hau*, FamRZ 2010, 516, 518.

3 Vgl. AG Trier v. 11.3.2005 – 32 C 641/04, NJW-RR 2005, 1013. Für großzügige Eröffnung der Widerklagemöglichkeit aber etwa *Schack*, Rz. 400; *M. Stürner*, IPRax 2007, 23, 25.

4 So MünchKommZPO/*Gottwald*, Art. 6 EuGVO Rz. 21; *Hess*, § 6 Rz. 91; *Kropholler/von Hein*, EuZPR, Art. 6 EuGVO Rz. 36. A.A. aber etwa Rauscher/*Leible*, Art. 6 Brüssel I-VO Rz. 24.

5 MünchKommZPO/*Gottwald*, Art. 6 EuGVO Rz. 22.

6 Vgl. *Geimer*, Rz. 1776; *Kropholler/von Hein*, EuZPR, Art. 23 EuGVO Rz. 98.

sonderen Zuständigkeitsgrund zu fordern.[1] Eine Zuständigkeitskonzentration mittels **parteierweiternder Widerklage**, also durch Einbeziehung eines am Rechtsstreit Unbeteiligten, hat der BGH im innerstaatlichen Bereich zugelassen, für die internationale Zuständigkeit jedoch wegen vorrangiger Interessen des Dritten unter ausdrücklicher Verneinung der Doppelfunktionalität abgelehnt.[2] Entsprechendes wird auch für Art. 8 Nr. 3 Brüssel Ia-VO vertreten.[3]

Ob die Zulässigkeit der **Prozessaufrechnung** davon abhängig ist, dass für die Gegenforderung die internationale Zuständigkeit eigenständig begründet werden kann, ist für das autonome deutsche Recht und für das Europarecht streitig.[4] Angesichts der Möglichkeit einer Widerklage reduziert sich das Problem auf **inkonnexe Gegenforderungen**, also solche, denen der für § 33 ZPO bzw. Art. 8 Nr. 3 Brüssel Ia-VO geforderte rechtliche Zusammenhang mit der Klageforderung fehlt. Wenn nämlich der Beklagte seine Gegenforderung zum Gegenstand einer zulässigen Widerklage machen könnte, so darf er erst recht mit ihr aufrechnen.[5] Der EuGH hat insoweit schon zu Art. 6 Nr. 3 EuGVÜ Stellung bezogen, als er dessen Anwendungsbereich auf die Widerklage begrenzt und die Zulässigkeitsvoraussetzungen der Prozessaufrechnung den nationalen Rechtsordnungen unterstellt hat.[6]

5.71

Unklar ist allerdings, was dieser Hinweis auf das **nationale Prozessrecht** bedeuten soll: Während manche den EuGH dahingehend verstehen wollen, dass es den nationalen Rechten unbenommen bleiben soll, auf dem Erfordernis einer internationalen Zuständigkeit für die Aufrechnung zu bestehen, meinen andere, der EuGH habe ein solches Erfordernis gerade ausgeschlossen und der Verweis beziehe sich nur auf die sonstigen Voraussetzungen der (Prozess-)Aufrechnung.[7] Allemal kann die Zuständigkeit, wenn man sie denn für erforderlich hält, auch durch rügeloses Verhandeln des Klägers begründet werden, was dann auch eine abweichende

5.72

---

1 Überzeugend *Schack*, Rz. 399.
2 BGH v. 20.5.1981 – VIII ZR 270/80, NJW 1981, 2642. A.A. *Schröder*, S. 592.
3 *Geimer/Schütze*, EuZVR, Art. 6 EuGVVO Rz. 65; MünchKommZPO/*Gottwald*, Art. 6 EuGVO Rz. 24; *Kropholler/von Hein*, EuZPR, Art. 6 EuGVO Rz. 40. Zweifelnd *Schack*, Rz. 415.
4 Näher etwa *Bork*, FS Beys, 2003, S. 119; *Lieder*, RabelsZ 78 (2014), 809, 832 ff.; *Rüßmann*, FS Ishikawa, 2001, S. 455; *Slonina*, IPRax 2009, 399.
5 BGH v. 7.11.2001 – VIII ZR 263/00, NJW 2002, 2182, 2183 f.
6 EuGH v. 13.7.1995 – Rs. C-341/93 (*Danvaern Production/Schuhfabriken Otterbeck*), NJW 1995, 42, 43; ebenso BGH v. 23.6.2010 – VIII ZR 135/08, NJW 2010, 3452, 3453.
7 Vgl. zum Streitstand BGH v. 7.11.2001 – VIII ZR 263/00, NJW 2002, 2182, 2183 f. Im Fall BGH v. 23.6.2010 – VIII ZR 135/08, NJW 2010, 3452, konnte der BGH darauf verweisen, dass eine Zuständigkeit hinsichtlich der Gegenforderung gegeben war. Gegen das Erfordernis internationaler Zuständigkeit etwa *Lieder*, RabelsZ 78 (2014), 809, 832 ff.

Gerichtsstandsvereinbarung zu überwinden vermag.[1] Stets erforderlich ist die internationale Zuständigkeit, wenn der Kläger die Aufrechnung im Rahmen einer Vollstreckungsgegenklage vorbringt.[2]

5.73   Wie die Widerklage- kann die Aufrechnungsbefugnis vertraglich derogiert sein (vgl. Rz. 6.5), wobei eine ausschließliche Gerichtsstandsvereinbarung im Zweifel dahingehend zu interpretieren ist.[3] Zur Frage der Rechtshängigkeitssperre im Falle der Prozessaufrechnung s. Rz. 7.18 f.

4. Verbundzuständigkeit

5.74   Entsprechend der schon zum früheren Recht vertretenen **internationalen Verbundzuständigkeit** erstreckt § 98 Abs. 2 FamFG die Zuständigkeit für die Scheidungssache im Falle des Verbunds auf die Folgesachen i.S. von § 137 FamFG; ein entsprechender Verbund besteht gemäß § 103 Abs. 2 FamFG in Lebenspartnerschaftssachen.[4] Demgegenüber gibt es keine internationale Verbund*un*zuständigkeit: Ist für die Folgesache ein Gerichtsstand im Inland eröffnet, so steht dem nicht entgegen, dass die Statussache isoliert bereits Gegenstand eines ausländischen Verfahrens ist.[5]

5.75   Die **Brüssel IIa-VO** regelt ausweislich Art. 1 Abs. 1 nur Ehestatus- und bestimmte Kindschaftssachen, nicht jedoch sonstige Folgesachen. Anerkanntermaßen will es die Verordnung dem nationalen Gesetzgeber aber nicht verwehren, durch die Erstreckung der Brüssel IIa-Zuständigkeitsgründe auf Folgesachen einen internationalen Verbund zu schaffen.[6] Probleme bereitet eher die Formulierung von § 98 Abs. 2 FamFG, wonach die „Zuständigkeit der deutschen Gerichte nach Absatz 1" erstreckt wird: Soll die Verbundzuständigkeit zwar bestehen, soweit die internationale Zuständigkeit deutscher Gerichte für die Scheidungssache nach Maßgabe von Art. 6 f. Brüssel IIa-VO aus § 98 Abs. 1 FamFG folgt, hingegen in den weitaus häufigeren Fällen ausgeschlossen bleiben, wenn sich diese direkt aus Art. 3 Brüssel IIa-VO ergibt? Weil dies kaum anzunehmen ist, kann auch Art. 3 Brüssel IIa-VO die Verbundzuständigkeit auslösen, und zwar selbst dann, wenn diese Vorschrift ausnahmsweise eine internationale Zuständigkeit deutscher Gerichte eröffnet, die sich aus § 98 Abs. 1 FamFG nicht herleiten ließe.

---

1 Vgl. EuGH v. 7.3.1985 – Rs. C-48/84 (*Spitzley/Sommer Exploitation*), IPRax 1986, 27.
2 Dazu BGH v. 3.4.2014 – IX ZB 88/12, NJW 2014, 2798, 2800.
3 BGH v. 20.12.1972 – VIII ZR 186/70, NJW 1973, 421; OLG Hamm v. 13.10.1998 – 19 U 59/98, RIW 1999, 787; Handbuch IZVR/*Kropholler*, Bd. I, Kap. III Rz. 590. A.A. LG Berlin v. 30.1.1996 – 102 O 261/95, IPRax 1998, 97; *Geimer*, Rz. 1779; *Hess*, § 6 Rz. 92; *Schack*, Rz. 523.
4 Ausführlich zum Folgenden Prütting/Helms/*Hau*, § 98 FamFG Rz. 39 ff.
5 Richtig etwa OLG Köln v. 17.10.2002 – 14 UF 78/02, FamRZ 2003, 544; Prütting/Helms/*Hau*, § 98 Rz. 42; MünchKommFamFG/*Rauscher*, § 98 Rz. 101.
6 Dazu *Hau*, FamRZ 2000, 1333, 1337; Rauscher/*Rauscher*, Art. 1 Brüssel IIa-VO Rz. 17.

Zu den Folgesachen zählen unter anderem die in § 137 Abs. 2 S. 1 Nr. 2 FamFG genannten **Unterhaltssachen**. Der in § 98 Abs. 2 FamFG vorgesehene internationale Entscheidungsverbund kann allerdings durch vorrangiges Europa- bzw. Konventionsrecht durchbrochen werden, nämlich durch die EuUntVO und das LugÜ 2007. Freilich tragen auch diese ausweislich Art. 3 lit. c EuUntVO bzw. Art. 5 Nr. 2 LugÜ 2007 dem Verbundgedanken Rechnung, sofern sich die Zuständigkeit für die Statussache nicht allein aus der Staatsangehörigkeit eines Beteiligten ergibt.[1]   5.76

5. Abänderungsverfahren

Aufgrund von **Spezialregelungen** kann eine Annexkompetenz zur Abänderung einer Entscheidung gemäß § 323 ZPO bzw. §§ 238 ff. FamFG auch dann noch bestehen, wenn die deutschen Gerichte an sich inzwischen nicht mehr international zuständig wären. Zu nennen sind etwa Art. 5 Brüssel IIa-VO (Umwandlung einer Trennung ohne Auflösung des Ehebandes in eine Ehescheidung),[2] Art. 9 Brüssel IIa-VO (zeitlich begrenzte Abänderungskompetenz der Gerichte im früheren Aufenthaltsstaat nach rechtmäßigem Kindesumzug) oder § 102 Nr. 3 FamFG (Annexzuständigkeit für den isolierten Versorgungsausgleich nach Inlandsscheidung).   5.77

Im Anwendungsbereich des EuGVÜ, der Brüssel I-VO und nunmehr der **Brüssel Ia-VO** kann ein Mitgliedstaat nach h.M. keine Annexkompetenz für die spätere Abänderung eines dort erlassenen Vollstreckungstitels beanspruchen.[3] Vielmehr soll die Zuständigkeit für das Abänderungsverfahren anhand der allgemeinen Zuständigkeitsregeln neu zu bestimmen sein.[4] Mit dieser Tradition bricht die **EuUntVO**:[5] Ihr Art. 8, gewissermaßen eine negative Zuständigkeitsregel,[6] legt fest, in welchen Fällen die im Erstverfahren gegebene internationale Zuständigkeit nicht fortbesteht, um die ergangene Entscheidung in einem späteren Verfahren zu ändern. Daraus folgt im Umkehrschluss, dass die EuUntVO im Grundsatz durchaus von einer solchen Perpetuierung ausgeht.[7] Die in Art. 8 EuUntVO vorgesehene Verfahrensbegrenzung – und damit umgekehrt auch die grundsätzliche Annexkompetenz – betrifft sowohl die Änderung der Erstentscheidung als auch das Herbeiführen einer neuen Entscheidung.   5.78

---

1 Näher dazu sowie zu der weiteren Annexzuständigkeit gemäß Art. 3 lit. d EuUntVO etwa *Hau*, FamRZ 2010, 516 f.

2 Dazu *Henrich*, FS Gottwald, 2014, S. 267.

3 Statt vieler: MünchKommZPO/*Gottwald*, Art. 5 EuGVO Rz. 58. Aus der Rechtsprechung: OLG Nürnberg v. 11.1.2005 – 7 WF 3827/04, NJW 2005, 1054.

4 Zur Möglichkeit, bereits im Erstverfahren eine Gerichtsstandsvereinbarung für etwaige Folgeverfahren herbeizuführen, vgl. *Riegner*, FamRZ 2005, 1799, 1800.

5 Näher *Hau*, FamRZ 2010, 516, 518.

6 Vgl. *Janzen*, FPR 2008, 218, 220 f.; *Beaumont*, RabelsZ 73 (2009), 509, 532.

7 Ebenso *Hess*, § 7 Rz. 102. Nur im Ansatz übereinstimmend und überzeugend OLG Düsseldorf v. 25.4.2012 – 8 UF 59/12 FamRZ 2013, 55.

5.79 Für das **autonome Recht** besteht keine ungeschriebene Annexkompetenz zur Abänderung bzw. Wiederaufnahme, wenn die deutschen Gerichte nach Maßgabe der allgemeinen Regeln inzwischen nicht mehr international zuständig sind.[1] Mithin ist die internationale Zuständigkeit für das Abänderungs- bzw. Wiederaufnahmeverfahren grundsätzlich neu zu bestimmen. In extremen Ausnahmefällen mag man dem Abänderungsinteressenten mit einer Notzuständigkeit helfen (dazu allgemein Rz. 7.2).[2] Im Übrigen bestehen keine völkerrechtlichen Bedenken dagegen, dass ausländische Gerichte deutsche Entscheidungen abändern oder aufheben.[3]

---

1 Anders *Geimer*, Rz. 1545.
2 Ebenso etwa *Schack*, Rz. 394.
3 Statt vieler: *Schack*, Rz. 1109.

§ 6 Gerichtsstandsvereinbarung und rügelose Einlassung

Literatur (vgl. auch die Nachweise zu § 4 und § 5): *Althammer*, Die prozessuale Wirkung materiellrechtlicher Leistungsortvereinbarungen, IPRax 2011, 342; *Antomo*, Das auf internationale Gerichtsstandsvereinbarungen nach § 38 ZPO anwendbare Recht, ZZPInt 17 (2012), 183; *Anzenberger*, Zur Wirksamkeit fremdsprachiger Gerichtsstandsvereinbarungen nach § 104 JN und Art 23 EuGVVO, in: Clavora/Garber, Sprache und Zivilverfahrensrecht, 2013, S. 71; *Basedow*, Zuständigkeitsderogation, Eingriffsnormen und ordre public, FS Magnus, 2014, S. 337; *Bläsi*, Das Haager Übereinkommen über Gerichtsstandsvereinbarungen, 2010; *Brand*, Implementing the 2005 Hague Court Convention: The US Magnet and the US Centrifuge, FS Borrás, 2013, S. 267; *Brödermann*, Zustandekommen von Rechtswahl-, Gerichtsstands- und Schiedsvereinbarungen, FS Martiny, 2014, S. 1045; *Camilleri*, Article 23: formal validity, material validity or both?, JPIL 7 (2011), 297; *Dittrich*, Auswirkungen der EuGVVO-Reform auf Gerichtsstandsklauseln und Schiedsverfahren, EWS 2014, 217; *Eichel*, AGB-Gerichtsstandsklauseln im deutsch-amerikanischen Handelsverkehr, 2007; *ders.*, Das Haager Übereinkommen über Gerichtsstandsvereinbarungen vom 30.6.2005, RIW 2009, 289; *ders.*, Das Haager Übereinkommen über Gerichtsstandsvereinbarungen auf dem Weg zur Ratifikation und zum Inkrafttreten, GPR 2014, 159; *Eichel/Niehoff*, US Supreme Court stärkt Gerichtsstandsvereinbarungen, RIW 2014, 329; *Freitag*, Halbseitige ausschließliche Gerichtsstandsvereinbarungen unter der Brüssel I-VO, FS Magnus, 2014, S. 419; *Gebauer*, Das Prorogationsstatut im Europäischen Zivilprozessrecht, FS von Hoffmann, 2011, S. 577; *ders.*, Zur subjektiven Reichweite von Schieds- und Gerichtsstandsvereinbarungen – Maßstab und anwendbares Recht, FS Schütze, 2015, S. 95; *Geimer*, Unterwerfung des Beklagten als Basis internationaler Zuständigkeit, FS Rechberger, 2005, S. 155; *Gottwald*, Internationale Vereinbarungen des Erfüllungsortes und des Gerichtsstandes nach Brüssel I und Den Haag, in: Aurea Praxis – Aurea Theoria (FS Ereciński), 2011, S. 1067; *Hausmann*, Invalidity of Unilateral Jurisdiction Clauses under Article 23 Brussels I Regulation?, EuLF 2013, 37; *Heinig*, Grenzen von Gerichtsstandsvereinbarungen im Europäischen Zivilprozessrecht, 2010; *Herranz Ballesteros*, The Regime of Party Autonomy in the Brussels I Recast – The Solutions Adopted for Agreements on Jurisdiction, JPIL 10 (2014), 291; *Hilbig-Lugani*, Der gerichtsstandsvereinbarungswidrige Torpedo – wird endlich alles gut? Ein Beitrag zur EuGVVO 1215/2012, FS Schütze, 2015, S. 195; *Huber*, Die Haager Konvention über Gerichtsstandsvereinbarungen und das (amerikanische) Ermessen, FS Gottwald, 2014, S. 283; *Klemm*, Erfüllungsortvereinbarungen im Europäischen Zivilverfahrensrecht, 2005; *Klöpfer*, Im Spannungsverhältnis von europäischem und nationalem Verfahrensrecht: Die isolierte Rüge der örtlichen Zuständigkeit im Anwendungsbereich der EuGVVO, GPR 2013, 112; *Lehmann/Grimm*, Zur Zulässigkeit asymmetrischer Gerichtsstandsvereinbarungen nach Art. 23 Brüssel I-VO, ZEuP 2013, 890; *Leible/Röder*, Missbrauchskontrolle von Gerichtsstandsvereinbarungen im Europäischen Zivilprozessrecht, RIW 2007, 481; *Lindacher*, Internationale Gerichtsstandsvereinbarungen in AGB unter dem Geltungsregime von Brüssel I, FS Schlosser, 2005, S. 461; *Lindenmayr*, Vereinbarungen über die internationale Zuständigkeit und das darauf anwendbare Recht, 2002; *Magnus*, Gerichtsstandsvereinbarungen unter der reformierten EuGVO, FS Martiny, 2014, S. 785; *Mankowski*, Besteht der europäische Gerichtsstand der rügelosen Einlassung auch gegen von Schutzregimes besonders geschützte Personen?, RIW 2010, 667; *Mark/Gärtner*, Gerichtsstandsvereinbarungen zwischen Kaufleuten im internationalen Rechtsverkehr, MDR 2009, 837; *Mormann*, Satzungsmäßige Gerichtsstandsklauseln für informationsbedingte Kapitalanlegerklagen im europäischen Zuständigkeitsregime, AG 2011, 10; *Nielsen*, Exclusive choice of court agreements and parallel proceedings, FS van Loon, 2013, S. 409; *Queiro-lo*, Choice of Court Agreements in the New Brussels I-bis Regulation – A Critical Appraisal, YbPIL 15 (2013/14), 113; *Ratković/Zgrabljiċrotar*, Choice-of-Court Agreements under the Brussels I Regulation (Recast), JPIL 9 (2013), 245; *Simotta*, Zur materiellen Nichtigkeit von Gerichtsstandsvereinbarungen, FS Schütze, 2015, S. 541; *Spellenberg*, Der Konsens in Art. 23 EuGVVO, IPRax 2010, 464; *Thole*, Gerichtsstandsklauseln in Anleihebedingungen und Verbrauchergerichtsstand, WM 2014, 1205; *Tsikrikas*, Über die Bindungswirkung von Gerichtsstandsvereinbarungen in grenzüberschreitenden Streitigkeiten, FS Stürner, 2013, S. 1375; *Vrellis*, The validity of a choice of court agreement under the Hague Convention of 2005, FS Siehr, 2010, S. 763; *Wagner*, Das Haager Übereinkommen vom 30.6.2005 über Gerichtsstandsvereinbarungen, RabelsZ 73 (2009), 100; *Wagner/Schüngeler*, Das Haager Übereinkommen vom 30.6.2005 über Gerichtsstandsvereinbarungen und die Parallelvorschriften in der Brüssel I-Verordnung (EuGVVO) – Gemeinsamkeiten und Unterschiede, ZVglRWiss 108 (2009), 399; *Weller*, Internationale Gerichtsstandsvereinbarungen: Haager Übereinkommen – Brüssel I-Reform, FS Schütze, 2015, S. 705.

I. Gerichtsstandsvereinbarung

1. Grundlagen

6.1 Als Ergänzung und Absicherung der materiell-rechtlichen Vertragsfreiheit und der kollisionsrechtlichen Rechtswahlfreiheit sollen Gerichtsstandsvereinbarungen **kompetenzrechtliche Eigenverantwortung** der Parteien verwirklichen, wenn dazu die Gelegenheit besteht, namentlich also bei Vertragsschlüssen im internationalen Geschäftsverkehr (vgl. auch Erwägungsgrund Nr. 19 zur Brüssel Ia-VO). Folgerichtig erlaubt das europa-, konventions- und nationale Zuständigkeitsrecht den Parteien, die internationale Zuständigkeit für Streitigkeiten über **vermögensrechtliche Ansprüche** einvernehmlich zu regeln (Art. 25 Brüssel Ia-VO; Art. 4 EuUntVO; Art. 5 EuErbVO; Art. 23 LugÜ 2007; Art. 5 HGÜ; §§ 38, 40 ZPO). So betrachtet, ist insbesondere der Vertragsgerichtsstand nur ein Auffangtatbestand für den Fall, dass die Parteien – aus welchen Gründen auch immer – kein Forum festlegen.[1] Verfehlt erscheint es daher, Gerichtsstandsvereinbarungen als Ausnahmeerscheinung zu begreifen und die Anforderungen an diese deshalb allzu restriktiv zu handhaben (s. Rz. 4.17). Nur eingeschränkt besteht die Möglichkeit der einvernehmlichen Wahl des Forums hingegen in **nicht-vermögensrechtlichen Angelegenheiten**. So lässt die Brüssel IIa-VO dafür in Ehesachen allenfalls ansatzweise Raum (vgl. Art. 3 Abs. 1 lit. a Spiegelstr. 4) und auch nur sehr begrenzt in Kindschaftssachen (vgl. Art. 12).[2]

6.2 Soweit Gerichtsstandsvereinbarungen zulässig sind, können verschiedene **Motive für die Forumswahl** maßgeblich sein: idealerweise Sach- und

---

1 Zweifelhaft daher BGH v. 1.6.2005 – VIII ZR 256/04, NJW-RR 2005, 1518, 1519, der den Vertragsgerichtsstand (in fragwürdiger Weise) prüft und die Wirksamkeit der Gerichtsstandsvereinbarung offen lässt.

2 Zu den Grenzen der Vereinbarung gemäß Art. 12 Abs. 3 Brüssel IIa-VO vgl. EuGH v. 1.10.2014 – Rs. C-436/13 (*E/B*), NJW 2014, 3355, 3356 f.

146

Beweisnähe, eventuell „Rechtsnähe" (also die Berücksichtigung des im Forum maßgeblichen IPR bzw. Sachrechts) oder Neutralität der prorogierten Gerichte. Nicht auszuschließen und deshalb bei der Regelung der Rahmenbedingungen stets zu bedenken ist aber auch die Gefahr einer zuständigkeitsrechtlichen Benachteiligung der schwächeren durch die stärkere Partei.

Die Wahl eines gesetzlich an sich unzuständigen Gerichts nennt man **6.3** **Prorogation**. Soweit durch die Vereinbarung eine gesetzlich eröffnete Zuständigkeit ausgeschlossen wird, spricht man von **Derogation**. In der Regel haben Gerichtsstandsvereinbarungen zugleich pro- und derogierende Wirkung.

Beispiel: A aus Deutschland und B aus Frankreich vereinbaren, dass für ihre Auseinandersetzung ausschließlich Luxemburger Gerichte zuständig sein sollen. Darin liegt sowohl eine Prorogation zugunsten Luxemburgs als auch die Derogation der allgemeinen Gerichtsstände in Deutschland und Frankreich.

Eine Derogation kommt aber nicht nur als negativer Effekt einer aus- **6.4** schließlichen Prorogation, sondern auch isoliert in Betracht, indem die Parteien vereinbaren, dass es mit einer gesetzlich ohnehin eröffneten Zuständigkeit sein Bewenden hat, weitere besondere (derogierbare) Gerichtsstände also ausgeschlossen sein sollen.

Beispiel: Wenn die Luxemburger Gerichte im vorigen Beispiel schon gemäß Art. 7 Nr. 1 Brüssel Ia-VO zuständig wären, erschöpft sich der Regelungsgehalt der Vereinbarung in einer Derogation der allgemeinen Gerichtsstände.

Im Zusammenhang mit Gerichtsstandsvereinbarungen ergibt sich regel- **6.5** mäßig eine Reihe von Auslegungsfragen. So können die Parteien das forum prorogatum für **ausschließlich oder nur konkurrierend zuständig** erklären, und bei nicht eindeutig formulierten Gerichtsstandsklauseln muss dann durch Auslegung ermittelt werden, was gewollt ist.[1] Ausweislich Art. 25 Abs. 1 S. 2 Brüssel Ia-VO besteht eine Vermutung zugunsten der Ausschließlichkeit.[2] Für das autonome Recht wird eine dahingehende generelle Vermutung jedoch überwiegend abgelehnt.[3] In der Praxis begegnen auch sog. „hinkende" bzw. **einseitig zwingende Gerichtsstandsvereinbarungen**, die den gewählten Gerichtsstand nur für eine Partei obligatorisch machen, während die andere (regelmäßig wirtschaftlich stärkere) Partei für ihre Aktivprozesse ein Wahlrecht zwischen dem forum prorogatum und den gesetzlichen Zuständigkeiten erhält. Dies war in Art. 17 EuGVÜ noch ausdrücklich klargestellt,[4] soll aber grundsätzlich auch im

---

1 Beachte die Formulierungsbeispiele bei *Magnus*, FS Martiny, S. 785, 789 f.
2 *Geimer/Schütze*, EuZVR, Art. 23 EuGVVO Rz. 166; *Kropholler/von Hein*, EuZPR, Art. 23 EuGVO Rz. 92.
3 Handbuch IZVR/*Kropholler*, Bd. I, Kap. III Rz. 583 f.; Stein/Jonas/*Bork*, § 38 ZPO Rz. 33; BGH v. 5.7.1972 – VIII ZR 118/71, NJW 1972, 2179; OLG München v. 8.8.1984 – 7 U 1880/84, IPRax 1985, 341.
4 Dazu EuGH v. 24.6.1986 – Rs. C-22/85 (*Fadex NV/Kommission*), IPRax 1987, 105.

Anwendungsbereich von Art. 23 Brüssel I-VO bzw. nunmehr Art. 25 Brüssel Ia-VO gelten.[1] Im Einzelnen umstritten ist die Auslegungsfrage, inwieweit eine Gerichtsstandsvereinbarung im derogierten Forum nicht nur selbständige Klagen, sondern im Zweifel auch **sonstige Prozesshandlungen** hinsichtlich einer erfassten Forderung ausschließen soll, namentlich eine Widerklage bzw. Prozessaufrechnung (s. Rz. 5.72 f.) oder eine Streitverkündung (s. Rz. 5.67).

6.6   Im Regelfall werden **internationale und örtliche Zuständigkeit** gemeinsam durch die Benennung eines konkreten Gerichtsortes oder Gerichts bestimmt. Die Parteien können sich aber auch darauf beschränken, nur die internationale Zuständigkeit zu regeln (vgl. Art. 25 Abs. 1 S. 1 Brüssel Ia-VO: „ein Gericht oder die Gerichte eines Mitgliedstaates"). In diesem Fall sollte dem Kläger in den Schranken des Rechtsmissbrauchsverbots die Wahl bleiben, bei welchem Gericht er klagen will; einer örtlichen Ersatzzuständigkeit (vgl. Rz. 7.4) bedarf es also nicht.

2. Europarecht

6.7   Näher einzugehen ist im Folgenden auf den praktisch überragend wichtigen **Art. 25 Brüssel Ia-VO**.[2] Zu den Vorgängernormen, also Art. 17 EuGVÜ und Art. 23 Brüssel I-VO, gab es eingehende Diskussionen um die genaue Bestimmung des **räumlich-persönlichen Geltungsanspruchs** und damit den verbleibenden Anwendungsbereich von nationalen Vorschriften wie §§ 38, 40 ZPO. Die Neufassung in Art. 25 Abs. 1 Brüssel Ia-VO will diese Abgrenzungsfrage vereinfachen und zugleich dem Europarecht einen weiten Anwendungsbereich sichern: Fortan ist der Wohnsitz der Parteien ohne Belang (vgl. Art. 6 Abs. 1 Brüssel Ia-VO sowie Rz. 4.42). Somit werden nunmehr auch Fälle erfasst, in denen beide Parteien in Drittstaaten ansässig sind. Nach wie vor auszuklammern sind aber **reine Binnensachverhalte**: Art. 25 Brüssel Ia-VO regelt, trotz des weiter gefassten Wortlauts, nur internationale Gerichtsstandsvereinbarungen, nicht hingegen die Zuweisung der örtlichen Zuständigkeit in innerstaatlichen Fällen ohne jeden Auslandsbezug.

6.8   Bei der Maßgeblichkeit nationalen Zuständigkeitsrechts bleibt es dann, wenn vereinbarungsgemäß die **Gerichte eines Drittstaates** zuständig sein sollen. Liegt in diesem Fall allerdings eine ausschließliche Prorogation vor und geht damit die Derogation einer gemäß Art. 4 ff. Brüssel Ia-VO eröffneten Zuständigkeit mitgliedstaatlicher Gerichte einher, so ist die Derogation richtigerweise nicht etwa am nationalen Recht (des betroffenen Mitgliedstaates), sondern wiederum einheitlich an Art. 25 Brüssel Ia-VO

---

1 Dazu *Freitag*, FS Magnus, S. 419; *Hausmann*, ELF 2013, 37; *Lehmann/Grimm*, ZEuP 2013, 890.

2 Zu Art. 4 EuUntVO vgl. etwa *Hau*, FamRZ 2010, 516, 517; *Hess*, § 7 Rz. 102. Zu Art. 5 EuErbVO vgl. *Hess*, in: Dutta/Herler, Die Europäische Erbrechtsverordnung, 2014, S. 131, 137 f.

zu messen.[1] Der EuGH hat sich diese These inzwischen immerhin für den Schutz von Arbeitnehmern vor einer ausschließlichen Vereinbarung drittstaatlicher Zuständigkeit zu eigen gemacht.[2] Sie sollte aber auch darüber hinaus gelten.

Beispiel: Eine in Italien und eine in Deutschland ansässige Partei vereinbaren die ausschließliche Zuständigkeit der US-Gerichte. Wenn die italienische Partei gleichwohl in Deutschland klagt und die deutsche Partei die Unzuständigkeit unter Hinweis auf die Vereinbarung rügt, so ist anhand von Art. 25 Brüssel Ia-VO zu klären, ob der allgemeine Gerichtsstand i.S. von Art. 4 Brüssel Ia-VO wirksam derogiert wurde.

Die Gerichtsstandsvereinbarung muss sich gemäß Art. 25 Abs. 1 S. 1 Brüssel Ia-VO auf Streitigkeiten beziehen, die sich aus einem **bestimmten Rechtsverhältnis** ergeben. Unzureichend ist daher beispielsweise die Formulierung „für sämtliche Rechtsbeziehungen zwischen den Parteien". Zulässig und sinnvoll ist hingegen bei langfristigen Geschäftsbeziehungen, etwa im Bereich des Bank- oder Vertriebsrechts, die Regelung der Zuständigkeitsfrage in einem Rahmenvertrag.[3] **Gerichtsstandsvereinbarung und Hauptvertrag** sind voneinander zu trennende, eigenständige Geschäfte, und zwar selbst dann, wenn sie in derselben Urkunde vereinbart wurden. Mithin führt die (behauptete) Unwirksamkeit des Hauptvertrags nicht ohne Weiteres zur Unwirksamkeit der Gerichtsstandsvereinbarung; über die Nichtigkeit des Hauptvertrags kann also grundsätzlich im forum prorogatum entschieden werden.[4] Dies wird nunmehr in Art. 25 Abs. 5 Brüssel Ia-VO eigens hervorgehoben.

6.9

Schlechterdings ausgeschlossen sind Gerichtsstandsvereinbarungen gemäß Art. 25 Abs. 4 Brüssel Ia-VO in den Fällen **ausschließlicher Zuständigkeit** nach dem Katalog des Art. 24 Brüssel Ia-VO. Darüber hinaus stellt Art. 25 Abs. 4 Brüssel Ia-VO klar, dass Gerichtsstandsvereinbarungen nicht den kompetenzrechtlichen Vorgaben der Brüssel Ia-VO zum Schutz von Versicherungsnehmern, diesen gleichgestellten Personen, Verbrauchern i.S. von Art. 17 Brüssel Ia-VO und Arbeitnehmern zuwiderlaufen

6.10

---

1 Anders EuGH v. 9.11.2000 – Rs. C-387/98 (*Coreck Maritime/Handelsveem*), NJW 2001, 501 f. Wie hier schon zur Brüssel I-VO etwa OLG Dresden v. 15.12.2004 – 8 U 1855/04, IPRax 2006, 44, 47; *von Hein*, IPRax 2006, 16, 17. Ebenso zur Brüssel Ia-VO *Geimer*, FS Gottwald, S. 175, 178; *Magnus*, FS Martiny, S. 785, 789.

2 EuGH v. 19.7.2012 – Rs. C-154/11 (*Mahmadia/Demokratische Volksrepublik Algerien*), NZA 2012, 935, 938. Verkannt wird dies für einen Verbrauchervertrag bei BGH v. 30.10.2014 – III ZR 474/13, 2257, 2258 f., wo die Unwirksamkeit einer ausschließlichen Derogation zugunsten Liechtensteins ausgehend von § 29c ZPO dargelegt und das europäische Zuständigkeitsrecht (Art. 16 Brüssel I-VO; nunmehr: Art. 18 Brüssel Ia-VO) nur als ein die Auslegung der deutschen Vorschrift rechtspolitisch bestätigendes Argument herangezogen wird.

3 Vgl. etwa *Hau*, ZVertriebsR 2014, 79, 82, dort speziell anhand von Vertragshändlerbeziehungen.

4 Dazu EuGH v. 3.7.1997 – Rs. C-269/95 (*Benincasa/Dentalkit*), RIW 1997, 775; BGH v. 30.3.2006 – VII ZR 249/04, NJW 2006, 1672.

dürfen (dazu Rz. 5.6 ff.). Im Übrigen aber gilt: Weil Art. 25 Brüssel Ia-VO in seinem Anwendungsbereich §§ 38, 40 ZPO vollständig verdrängt, können auch Nichtkaufleute Vereinbarungen über die internationale und zugleich über die örtliche Zuständigkeit treffen, ohne dass sie dabei den in § 38 Abs. 2 und 3 ZPO normierten Beschränkungen unterliegen.[1]

6.11   Internationale Gerichtsstandsklauseln sind Regelungen von ganz besonderem Gewicht. Ein Gerichtsstand soll keinesfalls vorschnell als konkludent vereinbart unterstellt, etwa kurzerhand aus einer Rechtswahlklausel abgeleitet werden (vgl. umgekehrt zum Schluss von einer Gerichtsstands- auf eine Rechtswahlabrede aber Erwägungsgrund Nr. 12 zu Art. 3 Abs. 1 S. 1 Rom I-VO). Damit sichergestellt ist, dass Regelungen zur internationalen Zuständigkeit nicht unbemerkt Vertragsinhalt werden, statuiert Art. 25 Abs. 1 S. 3 Brüssel Ia-VO besondere **formale Voraussetzungen** für Gerichtsstandsvereinbarungen.

6.12   Möglich ist der Vereinbarungsschluss danach in folgenden **Abschlussvarianten**: schriftlich (lit. a Var. 1), mündlich mit schriftlicher Bestätigung (lit. a Var. 2)[2] oder in einer Form, welche den Parteigepflogenheiten (lit. b)[3] oder einem einschlägigen Handelsbrauch (lit. c) entspricht. Unter die letztgenannte Abschlussvariante kann auch eine Gerichtsstandsklausel im unwidersprochenen kaufmännischen Bestätigungsschreiben fallen.[4] Elektronische Übermittlung genügt nach Maßgabe von Art. 25 Abs. 2 Brüssel Ia-VO.[5]

6.13   Zu beachten ist, dass die **Voraussetzung der Vereinbarung**, also die materielle Willenseinigung, eine sinnhafte Einheit mit den gesetzlich vorgeschriebenen **Formerfordernissen** bilden: Einerseits lässt die Formwahrung tatsächliche Willenseinigung vermuten, andererseits bestimmt der Formzweck, die Willenseinigung zu gewährleisten, maßgeblich die Interpretation der Formvorgaben.[6] Die Tatbestandsmerkmale sind **verordnungsautonom** auszulegen, dürfen also nicht unter Berufung auf nationale Vorschriften der lex fori oder der lex causae erschwert oder erleichtert werden.[7]

---

1 *Geimer/Schütze*, EuZVR, Art. 23 EuGVVO Rz. 59; Rauscher/*Mankowski*, Art. 23 Brüssel I-VO, Rz. 12.
2 Dazu EuGH v. 11.7.1985 – Rs. C-221/84 (*Berghoefer/ASA*), RIW 1986, 736.
3 Dazu *Hau*, IPRax 2005, 301.
4 EuGH v. 20.2.1997 – Rs. C-106/95 (*Mainschiffahrts-Genossenschaft*), NJW 1997, 1431. Vgl. auch Wolf/Lindacher/Pfeiffer/*Hau*, Klauseln Rz. G 174 ff.; *Killias*, FS Siehr, 2001, S. 65.
5 Für großzügige Anwendung etwa BGH v. 7.1.2014 – VIII ZR 137/13, IHR 2014, 56, 57. Beachte aber auch das vom LG Krefeld initiierte Vorabentscheidungsverfahren in der Rs. C-322/14 (*El Majdoub/CarsOnTheWeb.Deutschland*), dort zum sog. *click wrapping*.
6 Zu diesem Verhältnis *Lindacher*, FS Schlosser, S. 491.
7 Vgl. EuGH v. 24.6.1981 – Rs. C-150/08 (*Elefanten Schuh/Pierre Jacqmain*), IPRax 1982, 234, bezüglich Vertragssprache; EuGH v. 16.3.1999 – Rs. C-159/97 (*Tra-*

Beispiel: Art. 25 Abs. 1 S. 3 lit. a Var. 1 Brüssel Ia-VO erfordert keine beiderseits handschriftlich unterzeichnete Urkunde i.S. von § 126 Abs. 2 BGB. Vielmehr genügen getrennte Schriftstücke, sofern die Übereinstimmung hinsichtlich des gewählten Gerichtsstands hinreichend deutlich wird, etwa im Falle des Austauschs von Briefen oder Telefaxen.

Keine autonome Lösung bietet Art. 25 Brüssel Ia-VO für **sonstige Aspekte** **der Rechtsgeschäftslehre** wie Geschäftsfähigkeit, Willensmängel und Stellvertretung. Der letzte Halbsatz in Art. 25 Abs. 1 S. 1 Brüssel Ia-VO verweist – terminologisch allzu eng[1] – für die Frage, ob die Gerichtsstandsvereinbarung „materiell nichtig" ist, auf das Recht des prorogierten Mitgliedstaats. Erwägungsgrund Nr. 20 präzisiert, dass damit das dortige „Recht einschließlich des Kollisionsrechts" gemeint sein soll, also die ausgehend vom IPR des vereinbarten Forums, gegebenenfalls unter Berücksichtigung einer Rück- oder Weiterverweisung, ermittelte lex causae. Das klingt zunächst einleuchtend,[2] führt aber zu einigen Folgeproblemen: Denn die Kollisionsnormen der zunächst in Betracht zu ziehenden Rom I-VO gelten gemäß Art. 1 Abs. 2 lit. e nicht für Gerichtsstandsvereinbarungen, und selbst wenn man darüber, gestützt auf Erwägungsgrund Nr. 20 Brüssel Ia-VO, hinwegsieht und eine entsprechende Anwendung erwägt,[3] bleiben Lücken, weil sich die Rom I-VO weder zur Geschäftsfähigkeit noch zur Stellvertretung äußert.[4]

6.14

Praktisch bedeutsam ist die Frage der Einbeziehung von **AGB-Gerichtsstandsklauseln**.[5] Problematisch ist bisweilen schon, in welcher **Sprache** der Einbeziehungshinweis zu erfolgen hat bzw. die AGB vorzulegen sind.[6] Allemal sollte die Benutzung der Vertragssprache genügen. Darüber hinaus kann eine AGB-Gerichtsstandsklausel aber auch dann verbindlich sein, wenn die Gegenpartei des Verwenders die AGB unterzeichnet, obwohl diese in einer Sprache abgefasst sind, welche sie nicht versteht; denn mit ihrer Unterschrift gibt die Gegenpartei zu erkennen, dass sie mit dem Inhalt der allgemeinen Geschäftsbedingungen einverstanden ist.[7] Weil sich die Frage, ob eine vorformulierte Gerichtsstandsklausel Vertragsinhalt geworden ist, im Anwendungsbereich von Art. 25 Abs. 1

6.15

---

sporti Castelletti Spedizioni Internazionali/Hugo Trumpy), IPRax 2000, 119; *Geimer/Schütze*, EuZVR, Art. 23 EuGVVO Rz. 70.

1 Näher zu den damit einhergehenden Abgrenzungsfragen *Basedow*, FS Magnus, S. 337, 341 f.; *Magnus*, FS Martiny, S. 785, 791 ff.

2 Die Entscheidung für eine solche Gesamtverweisung verteidigt *Domej*, RabelsZ 78 (2014), 508, 526 f.

3 Dafür *Antomo*, ZZPInt 17 (2012), 183, 194 f.; *Magnus*, FS Martiny, S. 785, 793 f. Dagegen aber *Pohl*, IPRax 2013, 109, 111.

4 Kritisch daher auch *von Hein*, RIW 2013, 97, 105 f.

5 Ausführlich zur Verbindlichkeit von AGB-Gerichtsstandsklauseln etwa Wolf/Lindacher/Pfeiffer/*Hau*, Klauseln Rz. G 156 ff.

6 Näher *Anzenberger*, in: Clavora/Garber, Sprache und Zivilverfahrensrecht, S. 71; *Spellenberg*, IPRax 2010, 464; Wolf/Lindacher/Pfeiffer/*Hau*, IntRV Rz. 37 ff.

7 Vgl. etwa OLG Hamm v. 20.9.2005 – 19 U 40/05, IPRax 2007, 125 (dazu *Spellenberg*, 98).

Brüssel Ia-VO ausschließlich nach dem Einheitsrecht bestimmt, kommt eine zusätzliche **AGB-rechtliche Einbeziehungskontrolle** nach §§ 305 Abs. 2, 3, 305c Abs. 1 BGB (oder vergleichbaren ausländischen Vorschriften) nicht in Betracht.[1]

6.16 Streitig ist, ob Art. 25 Abs. 1 Brüssel Ia-VO Raum für eine ergänzende **AGB-Inhaltskontrolle** nach § 307 BGB (oder vergleichbaren ausländischen Vorschriften) lässt.[2] Im internationalen Handelsverkehr, in dem ein gesteigertes Interesse an Rechtssicherheit besteht, werden entsprechende Klauseln überwiegend entweder als nach § 307 BGB unbedenklich angesehen, oder es wird von vornherein die Möglichkeit einer neben Art. 25 Brüssel Ia-VO tretenden Inhaltskontrolle nach nationalem Recht verneint. Richtigerweise ist die Vereinbarung der internationalen Zuständigkeit deutscher Gerichte keineswegs schon deshalb unzulässig, weil der Rechtsstreit keinen (hinreichenden) Inlandsbezug aufweist.[3] Und ebenso wenig setzt die Derogation der deutschen Gerichte eine Beziehung des Streitgegenstands oder der Parteien gerade zum ausländischen forum prorogatum voraus.[4]

6.17 In subjektiver Hinsicht gelten Gerichtsstandsvereinbarungen zwischen den Parteien, womöglich auch für und gegen deren Rechtsnachfolger. Einen Sonderfall der **Erstreckung auf Dritte**, nämlich im Falle von Trust-Bedingungen, betrifft Art. 25 Abs. 3 Brüssel Ia-VO. Denkbar sind zudem Gerichtsstandsklauseln in Gesellschaftssatzungen, die auch für später hinzukommende Gesellschafter verbindlich sein können.[5] Eine Drittbindung ist ferner aufgrund seehandelsrechtlicher Besonderheiten für Gerichtsstandsklauseln in Konnossementen anerkannt.[6] Im Falle normaler Vertrags- bzw. Lieferketten bleibt es hingegen bei dem Grundsatz, dass nur gebunden ist, wer selbst der Vereinbarung zugestimmt hat.[7]

3. Konventionsrecht

6.18 Der Regelung in der bisherigen Brüssel I-VO entspricht **Art. 23 LugÜ 2007**. Diese Vorschrift ist aus EU-Sicht einschlägig, wenn vereinbarungs-

---

1 Näher dazu und zum Folgenden Wolf/Lindacher/Pfeiffer/*Hau*, Klauseln Rz. G 178 ff.
2 Dazu *Horn*, IPRax 2006, 2; *Gottschalk/Breßler*, ZEuP 2007, 56; *Leible/Röder*, RIW 2007, 481; *Weigel/Blankenheim*, WM 2006, 664.
3 *Geimer*, Rz. 1745 ff.
4 *Geimer*, Rz. 1760 ff.; Reithmann/Martiny/*Hausmann*, Rz. 6374 ff.
5 Grundlegend EuGH v. 10.3.1992 – Rs. C-214/89 (*Powell Duffryn/Petereit*), NJW 1992, 1671. Vgl. seither etwa *Mormann*, AG 2011, 10, 14 ff.
6 Dazu etwa *Markus/Arnet*, IPRax 2011, 283.
7 Klarstellend dazu, aber auch zu den angesprochenen Besonderheiten von Konnossementen, EuGH v. 7.2.2013 – Rs. C-543/10 (Refcomp/Axa Corporate Solutions Assurance), EuZW 2013, 316 m. Anm. *Moebus*. Dazu *Weller*, IPRax 2013, 501.

gemäß isländische, norwegische oder schweizerische Gerichte international zuständig sein sollen.

Noch nicht in Kraft getreten ist das Haager Übereinkommen vom 30.6.2005 über Gerichtsstandsvereinbarungen (**HGÜ**), das von der Haager Konferenz für Internationales Privatrecht ausgearbeitet wurde.[1] Das HGÜ regelt die internationale Entscheidungszuständigkeit kraft einer ausschließlichen Gerichtsstandsvereinbarung zwischen Parteien, die nicht Verbraucher sind (vgl. Art. 2 Abs. 1 lit. a), im Zusammenhang mit internationalen vermögensrechtlichen Sachverhalten (Kapitel II), zudem die Anerkennung und Vollstreckbarerklärung von Entscheidungen, sofern sie von einem aufgrund des Übereinkommens zuständigen Gericht eines Vertragsstaates gefällt wurden (Kapitel III). Konventionsautonome Formvorschriften für die erfassten ausschließlichen Gerichtsstandsvereinbarungen sind, etwas versteckt, in Art. 3 lit. c geregelt. Nachdem die EU am 3.4.2007 der Haager Konferenz beigetreten ist,[2] hat sie bereits am 1.4.2009 das Übereinkommen mit Wirkung für ihre Mitgliedstaaten (mit Ausnahme Dänemarks) gezeichnet.[3] Mit Beschluss vom 4.12.2014 hat der Rat das HGÜ ratifiziert;[4] die für das Inkrafttreten noch erforderliche Hinterlegung der Ratifikationsurkunde ist für Sommer 2015 geplant (Art. 2 Abs. 2 des Beschlusses). Allerdings hat sich außer der EU bislang nur Mexiko zu einer Ratifikation entschließen können, sodass der Erfolg des HGÜ zumindest vorerst voraussichtlich sehr bescheiden sein wird.

6.19

4. Autonomes Recht

Raum für die Anwendung nationalen Rechts auf Gerichtsstandsvereinbarungen bleibt nur, soweit kein vorrangiges Verordnungs- oder Konventionsrecht zum Zuge kommt. Das ist allerdings nur noch ausnahmsweise denkbar: Denn im Falle der Prorogation zugunsten deutscher Gerichte ist nunmehr, unabhängig vom Wohnsitzstaat der Parteien, Art. 25 Brüssel Ia-VO einschlägig (s. Rz. 6.7). Und anhand dieser Vorschrift beurteilt sich nach hier vertretener Auffassung auch die Derogation eines von Art. 4 ff. Brüssel Ia-VO in Deutschland eröffneten verordnungseigenen Gerichtsstands. Prorogationen zugunsten isländischer, norwegischer oder schweizerischer Gerichte sind grundsätzlich an Art. 23 LugÜ zu messen (sofern nicht beide Parteien ihren Wohnsitz in einem Drittstaat haben). Damit bleiben für §§ 38 und 40 ZPO nur noch Fälle, in denen der Beklagte seinen Wohnsitz außerhalb der EU hat, zudem ein drittstaatliches Gericht

6.20

---

1 ABl. 2009 L 133/3. Einführend etwa *Eichel*, RIW 2009, 289; *Eichel*, GPR 2014, 159; *Huber*, FS Gottwald, S. 283; *Wagner*, RabelsZ 73 (2009), 100; *Wagner/Schüngeler*, ZVglRWiss 108 (2009), 399. Monographisch *Bläsi*, Haager Übereinkommen, und *Eichel*, AGB-Gerichtsstandsklauseln.

2 ABl. 2006 L 297/1.

3 ABl. 2009 L 133/1.

4 Beschluss 2014/887/EU, ABl. 2014 L 353/5; beachte dazu den Kommissionsvorschlag COM (2014) 46. Zu den Durchführungsvorschriften für Deutschland vgl. den Regierungsentwurf in BT-Drucks. 18/2846.

als ausschließlich zuständig vereinbart wurde, und demgemäß eine nach autonomem deutschen Recht (etwa § 23 ZPO) an sich eröffnete internationale Entscheidungszuständigkeit deutscher Gerichte abbedungen wird. Die Wirksamkeit einer solchen Derogation wäre anhand von §§ 38 und 40 ZPO zu prüfen.

6.21   Dabei erfolgt die Prüfung, was die Zulässigkeit, Form und Wirkung der Derogation des deutschen Gerichtsstands angeht, nach Maßgabe der deutschen lex fori.[1] Im Übrigen wird das Zustandekommen der Gerichtsstandsvereinbarung nach der lex causae beurteilt, wobei die h.M. für ihre Ermittlung grundsätzlich auf das Recht abstellt, welches für das Zustandekommen des Hauptvertrags gilt.[2] Erwägenswert erscheint nunmehr im Lichte der Neuregelung in Art. 25 Abs. 1 S. 1 Brüssel Ia-VO (s. Rz. 6.14) aber eher eine Anwendung der lex fori prorogati.[3]

5. Abredewidrige Klage

6.22   Wenn eine Partei abredewidrig **Klage im derogierten Forum** erhebt und dort eine Entscheidung erstreitet, ohne dass der Beklagte die Zuständigkeit mittels rügeloser Einlassung begründet hätte, so folgt daraus aus deutscher Sicht, dass die Entscheidung wegen § 328 Abs. 1 Nr. 1 ZPO nicht anerkannt werden kann. Anders verhält es sich jedoch im **innereuropäischen Rechtsverkehr**: Dort ist die Verletzung einer Gerichtsstandsvereinbarung kein hinreichender Grund, die Anerkennung oder Vollstreckung in anderen Mitgliedstaaten zu versagen; denn Art. 45 Abs. 1 lit. e verweist nicht auf Art. 25 Brüssel Ia-VO (s. Rz. 13.6).

6.23   Allerdings hat die Brüssel Ia-VO eine bemerkenswerte Neuerung gebracht, um Anreize für abredewidrige Klagen – sog. **Torpedoklagen** – von vornherein zu senken: Wird in einer Angelegenheit, für die kraft einer Parteivereinbarung die Gerichte eines bestimmten Mitgliedstaates ausschließlich zuständig sein sollen, ein demgemäß derogiertes Gericht eines anderen Mitgliedstaats angerufen, so hat dieses ausweislich Art. 31 Abs. 2–4 Brüssel Ia-VO grundsätzlich den prorogierten Gerichten die Prüfung zu überlassen, ob die Vereinbarung wirksam ist (näher Rz. 7.14 ff.). Zur Frage, ob die abredewidrig verklagte Partei Ersatz der ihr durch die Verteidigung im derogierten Forum entstandenen Kosten fordern kann, s. Rz. 7.34.

---

1 BGH v. 20.1.1986 – II ZR 56/85, NJW 1986, 1438; BGH v. 18.3.1997 – XI ZR 34/96, NJW 1997, 2885. Vgl. Stein/Jonas/*Bork*, § 38 ZPO Rz. 23 f.; *Geimer*, Rz. 1677; Reithmann/Martiny/*Hausmann*, Rz. 6355; Handbuch IZVR/*Kropholler*, Bd. I, Kap. III Rz. 477 ff.; Zöller/*Vollkommer*, § 38 ZPO Rz. 4 f.
2 BGH v. 20.1.1986 – II ZR 56/85, NJW 1986, 1438, 1439; Handbuch IZVR/*Kropholler*, Bd. I, Kap. III Rz. 478 ff., 482; *Parenti*, ZfRV 2003, 221, 222 f. Ausführlich *Lindenmayr*, S. 102 ff.
3 Näher *Antomo*, ZZPInt 17 (2012), 183, 193 ff.

6. Ineffektivität einer Gerichtsstandsvereinbarung

Die Ineffektivität einer Gerichtsstandsvereinbarung steht ihrer Zulässig- 6.24
keit und Wirksamkeit grundsätzlich nicht entgegen. Das betrifft zum einen Fälle, in denen sich die Entscheidung, die im ausschließlich zuständigen forum prorogatum ergeht, als mehr oder weniger wertlos erweist,
weil sich im Urteilsstaat **kein vollstreckungstaugliches Schuldnerver-
mögen** befindet und die Entscheidung im forum derogatum sowie gegebenenfalls in weiteren Staaten nicht anerkannt werden kann. Von vornherein ineffektiv ist die Gerichtsstandsvereinbarung, wenn bereits die
ausschließlich **prorogierten Gerichte die Wahl ablehnen.** Im Schrifttum
besteht zumindest in dieser zweiten Konstellation die Bereitschaft, die
damit einhergehende Derogation nicht gelten zu lassen, um einen negativen Kompetenzkonflikt zu vermeiden.[1] Hingegen will die Rechtsprechung den Kläger weitgehend an der Vereinbarung festhalten.[2] Nimmt
man die aus der Parteiautonomie abgeleitete Wahlfreiheit ernst, so sollte
die Prorogation allenfalls dann ausgeblendet werden, wenn das Festhalten
einer Partei am hieraus folgenden Rechtsschutzverlust unter Berücksichtigung der gegnerischen Interessen rechtsmissbräuchlich wäre. Weniger
gravierende Fälle lassen sich womöglich nach den Grundsätzen über den
Wegfall der Geschäftsgrundlage regeln.[3]

II. Erfüllungsortvereinbarungen

Besondere Probleme bereiten Erfüllungsortvereinbarungen, also Abreden 6.25
zur Bestimmung des Vertragsgerichtsstands i.S. von **Art. 7 Nr. 1 Brüssel Ia-VO.** Im Anschluss an die frühere EuGH-Rechtsprechung hebt der
Wortlaut dieser Norm durch den Einschub in lit. b die grundsätzliche Beachtlichkeit solcher Abreden hervor. Bezweckt ist damit offenkundig
nicht etwa die Klarstellung der baren Selbstverständlichkeit, dass der Lie-
fer- bzw. Dienstleistungsort in erster Linie nach Maßgabe des Vertrags zu
bestimmen ist (vgl. schon Rz. 5.25 f.).[4] Vielmehr geht es darum, solchen
Klauseln eigenständige zuständigkeitsbegründende Wirkung beizumessen.

---

1 Vgl. *Geimer,* Rz. 1763; Reithmann/Martiny/*Hausmann,* Rz. 6372; Handbuch
   IZVR/*Kropholler,* Bd. I, Kap. III Rz. 547 ff. und 564 ff.
2 Z.B. BGH v. 13.12.1967 – VIII ZR 203/65, NJW 1968, 356; BGH v. 8.2.1971 – II
   ZR 93/70, NJW 1971, 985; BGH v. 3.12.1973 – II ZR 91/72, WM 1974, 242; OLG
   Koblenz v. 26.5.1983 – 5 U 1270/82, IPRax 1984, 267; OLG Saarbrücken v.
   21.9.1988 – 5 U 8/88, NJW-RR 1989, 828. Vgl. aus dem Schrifttum etwa Stein/Jo-
   nas/*Bork,* § 38 ZPO Rz. 34.
3 Vgl. BGH v. 3.12.1973 – II ZR 91/72, WM 1974, 242 (sub III.); OLG Frankfurt v.
   1.10.1998 – 1 U 163/96, IPRax 1999, 247 (Anm. *Hau,* 232); *Kegel,* FS Henrich,
   2000, S. 341.
4 Beachte zur Relevanz von Incoterms in diesem Zusammenhang BGH v.
   22.4.2009 – VIII ZR 156/07, NJW 2009, 2606 (dort speziell zur FOB-Klausel);
   Hau, JZ 2008, 974, 978 f.

Beispiel: K aus Köln verkauft Ware an B aus Budapest, die er dorthin zu transportieren verspricht. Laut Verkaufsbedingungen des K, die wirksam in den Vertrag einbezogen worden sind, soll gleichwohl Köln Erfüllungsort für sämtliche aus dem Vertrag folgenden Verpflichtungen sein. Legt man dies zugrunde, so kann K seinen Kaufpreisanspruch gemäß Art. 7 Nr. 1 lit. b Brüssel Ia-VO in Köln einklagen, hätte sich also – entgegen der Regelwertung dieser Norm (s. Rz. 5.24 ff.) – einen Heimatgerichtsstand gesichert.

6.26   Was auf den ersten Blick als begrüßenswerte Betonung kompetenzrechtlicher Eigenverantwortung daherkommt, erweist sich im Lichte des Instituts der Gerichtsstandsvereinbarung i.S. von Art. 25 Brüssel Ia-VO als überflüssig: Nicht einsichtig ist die Privilegierung von Klägern, „die ihrem Gegner zwar offen weder Prorogation noch Derogation abzuringen vermögen oder vielleicht auch nicht zuzumuten wünschen, aber qua Erfüllungsort dann später doch überraschend aus dem Trojanischen Pferd steigen und ihnen genehme Zuständigkeiten ausnutzen".[1]

6.27   Zudem sind Erfüllungsortvereinbarungen ein unerwünschter Unsicherheitsfaktor: Der EuGH hat zwar festgestellt, dass „fiktive Erfüllungsortvereinbarungen" unbeachtlich seien;[2] aber es ist alles andere als klar, wo die Abgrenzung zwischen „fiktiven" und beachtlichen Abreden verlaufen soll.[3] Die Praxis einiger nationaler Gerichte, Klauseln wie diejenige im obigen Beispielsfall zu ignorieren,[4] erscheint in der Sache sinnvoll, ist aber fraglich geworden, nachdem der EuGH in der Rechtssache *Electrosteel* in einer ganz ähnlichen Konstellation überhaupt nicht erwogen hat, ob es sich womöglich um eine rein fiktive Erfüllungsortvereinbarungen handeln könnte.[5]

6.28   Der Zuständigkeitsklarheit und -gerechtigkeit wäre es nach alledem dienlicher, Erfüllungsortvereinbarungen **de lege ferenda** keine kompetenzrechtliche Relevanz zuzusprechen, sofern sie nicht den Anforderungen an Gerichtsstandsvereinbarungen genügen (s. oben Rz. 6.9 ff.) bzw. nach übereinstimmendem Parteiwillen ohnehin als solche zu verstehen sind (falsa demonstratio non nocet!).

6.29   Für das autonome Recht bringt **§ 29 Abs. 2 ZPO** sachgerecht zum Ausdruck, dass für Erfüllungs- und Gerichtsstandsvereinbarungen sinnvollerweise dieselben Schutzmaßstäbe gelten sollten. Im beiderseitigen Unternehmensverkehr hat der BGH allerdings keine Bedenken, einer Erfüllungsortklausel auch dann zuständigkeitsbegründende Wirkung zuzu-

---

1 So schon *Schröder*, S. 332.
2 Dazu EuGH v. 20.2.1997 – Rs. C-106/95 (*Mainschiffahrts-Genossenschaft*), IPRax 1999, 31.
3 Kritisch auch *Schack*, Rz. 306, 311 f. Ausführlich *Klemm*, Erfüllungsortvereinbarungen.
4 Beachte die Nachweise bei *Wittwer/Fussenegger*, ZEuP 2013, 812, 817 f., die diese Praxis allerdings für europarechtswidrig halten.
5 EuGH v. 9.6.2011 – Rs. C-87/10 (*Electrosteel Europe SA/Edil Centro SpA*), NJW 2011, 3018, dort zur Incoterm-Klausel „EXW" (ab Werk); dazu *Leible*, EuZW 2011, 604.

sprechen, wenn die ausländische Vertragspartei die Klausel ausschließlich materiell-rechtlich verstanden hat.[1]

III. Rügelose Einlassung

Wird ein gerichtliches Verfahren trotz fehlender internationaler Zuständigkeit eingeleitet, so kann der Mangel noch behoben werden, indem sich der Beklagte „rügelos", ohne also die Unzuständigkeit geltend zu machen, auf das Verfahren einlässt. Eröffnet wird diese Möglichkeit durchweg in vermögensrechtlichen Angelegenheiten, so von Art. 26 Brüssel Ia-VO, Art. 5 EuUntVO, Art. 9 EuErbVO, Art. 24 LugÜ 2007 und § 39 ZPO. Demgegenüber findet sich dieser Zuständigkeitsgrund nur ansatzweise in der Brüssel IIa-VO (vgl. Art. 9 Abs. 2 und Art. 12).   6.30

Zu beachten ist, dass der **räumlich-persönliche Anwendungsbereich von Art. 26 Brüssel Ia-VO** nicht demjenigen von Art. 25 Brüssel Ia-VO (s. Rz. 6.7) entspricht: Weil Art. 6 Abs. 1 Brüssel Ia-VO keine Sonderregelung für Art. 26 Brüssel Ia-VO schafft, bleibt es insoweit bei den allgemeinen Regeln; die Vorschrift bezieht sich mithin im Grundsatz nur auf Beklagte, die ihren Wohnsitz innerhalb der EU haben (vgl. Rz. 4.35 ff.).[2] Für Beklagte mit Wohnsitz in Island, Norwegen und der Schweiz gilt Art. 24 LugÜ 2007. Im Übrigen, also für drittstaatenansässige Beklagte, kommt § 39 ZPO doppelfunktional zur Anwendung.   6.31

Die **systematische Einordnung** der rügelosen Einlassung ist umstritten: Manche betonen unter Hinweis auf die Gesetzessystematik die Nähe zur Zuständigkeitsvereinbarung, als deren stillschweigende Variante die Einlassung verstanden wird,[3] während andere die Rechtfertigung der Zuständigkeitsbegründung in der einseitigen Unterwerfung unter die an sich nicht bestehende Jurisdiktion sehen.[4] Beides trifft das Phänomen nicht ganz genau, weil es nicht auf die Willensrichtung des Beklagten ankommt, sondern nur auf das prozessuale Verhalten der Einlassung ohne Zuständigkeitsrüge.[5]   6.32

---

1 Vgl. BGH v. 7.11.2012 – VIII ZR 108/12, NJW-RR 2013, 309, 311 f., dort zur Incoterm-Klausel „DDP" (geliefert verzollt) in den AGB, die ein deutscher Abnehmer gegenüber einem südkoreanischen Lieferanten verwendet hatte.

2 Anders, allerdings ohne Begründung *von Hein*, RIW 2013, 97, 101: die Erweiterung des Anwendungsbereichs von Art. 25 müsse auch für Art. 26 Brüssel Ia-VO gelten.

3 So ausdrücklich noch § 39 ZPO i.d.F. bis 1974. In diesem Sinne zu Art. 24 Brüssel I-VO auch EuGH v. 20.5.2010 – Rs. C-111/09 (*Vienna Insurance Group/Michal Bilas*), EuZW 2010, 679; EuGH v. 27.2.2014 – Rs. C-1/13 (*Cartier parfumslunettes/Ziegler France*), EuZW 2014, 340, 341; EuGH v. 11.9.2014 – Rs. C-112/13 (*A/B*), EuZW 2014, 950, 954.

4 *Geimer*, FS Rechberger, S. 155.

5 Zutreffend *Schröder*, NJW 1980, 477.

6.33 Nach deutschem Recht muss der Beklagte im amtsgerichtlichen Verfahren in entsprechender (bzw. doppelfunktionaler) Anwendung von § 504 ZPO auf die Konsequenzen einer rügelosen Einlassung hingewiesen werden, zumal diese im Falle internationaler Unzuständigkeit erheblich gravierender sind als bei nur örtlicher Unzuständigkeit.[1] Eine entsprechende **Hinweispflicht** schreibt nunmehr Art. 26 Abs. 2 Brüssel Ia-VO zugunsten von Versicherungsnehmern, diesen gleichgestellten Personen, Verbrauchern sowie Arbeitnehmern vor.[2] Das gilt für Deutschland auch im landgerichtlichen Verfahren.[3] Im Übrigen dürfte Art. 26 Abs. 2 Brüssel Ia-VO innerhalb seines räumlich-persönlichen Anwendungsbereichs § 504 ZPO verdrängen, also auch vor dem Amtsgericht keinen Raum mehr lassen für eine Belehrungspflicht zugunsten von Beklagten, die Art. 26 Abs. 2 Brüssel Ia-VO nicht als besonders schützenswert erachtet. Der Umstand, dass keine Belehrung erfolgen muss, besagt allerdings nicht, dass der Richter eine solche zwingend zu unterlassen hätte. Leider fehlt in der Brüssel Ia-VO eine § 39 S. 2 ZPO entsprechende **Sanktionsnorm**, wonach der rügelosen Einlassung im Falle einer unterbliebenen Belehrung ausdrücklich keine zuständigkeitsbegründende Wirkung zukommt. Erwogen wird, einer gleichwohl ergehenden Sachentscheidung entsprechend Art. 45 Abs. 1 lit. e (i) Brüssel Ia-VO in anderen Mitgliedstaaten die Anerkennungsfähigkeit zu versagen.[4] Anerkennungsfreundlicher wäre es indes, die Anerkennung wenigstens dann zu bejahen, wenn der Nachweis geführt werden kann, dass der Beklagte trotz der pflichtwidrig unterlassenen Belehrung einen beachtlichen Einlassungswillen gebildet habe.[5]

6.34 Eine **Einlassung** i.S. von § 39 ZPO erfordert ein mündliches Verhandeln zur Hauptsache, mithin eine Erklärung zur Begründetheit der Klage. Demgegenüber genügt für Art. 26 Abs. 1 Brüssel Ia-VO dem Wortlaut zufolge jegliches Verhandeln, das über die bloße Zuständigkeitsrüge hinausgeht, also beispielsweise auch eine schriftliche Erklärung zu einer sonstigen Frage der Zulässigkeit.[6] Nicht zuständigkeitsbegründend ist jedoch, über den engen Wortlaut des Art. 26 Abs. 1 S. 2 Var. 1 Brüssel Ia-VO hinaus, nach allgemeiner Meinung die **nur hilfsweise Einlassung** zur Sache nach ausdrücklicher Zuständigkeitsrüge.[7] Laut BGH ist in der Rüge der örtlichen Unzuständigkeit im Zweifel auch die Rüge der internationalen

---

1 Handbuch IZVR/*Kropholler*, Bd. I, Kap. III Rz. 600; Stein/Jonas/*Bork*, § 39 ZPO Rz. 3; MünchKommZPO/*Patzina*, § 39 Rz. 14.
2 Vgl. die Auflistung damit einhergehender klärungsbedürftiger Einzelfragen bei *Mankowski*, RIW 2014, 625, 628 f.
3 Zum für die Einlassung geltenden Anwaltszwang vgl. OLG München v. 19.6.2012 – 5 U 1150/12, RIW 2012, 635, 636.
4 Dafür *von Hein*, RIW 2013, 97, 109. Dagegen offenbar *Mankowski*, RIW 2014, 625, 629.
5 Dafür *Domej*, RabelsZ 78 (2014), 508, 529 f.
6 *Kropholler/von Hein*, EuZPR, Art. 24 EuGVO Rz. 7. Beachte auch BGH v. 31.5.2011 – VI ZR 154/10, NJW 2011, 2809, 2812.
7 BGH v. 23.6.2010 – VIII ZR 135/08, NJW 2010, 3452, 3453; Stein/Jonas/*Bork*, § 39 ZPO Rz. 11; *Geimer*, Rz. 1408.

Unzuständigkeit enthalten.[1] Wurde für einen Beklagten, dessen Wohnsitz unbekannt ist und dem daher das verfahrenseinleitende Schriftstück nicht zugestellt werden konnte, ein Abwesenheitspfleger bestellt (vgl. für Deutschland § 1911 BGB), so ist dessen rügelose Einlassung dem Beklagten nicht zuzurechnen.[2]

Die **Rüge der Unzuständigkeit** muss der Beklagte alsbald erheben, d.h. **6.35** vor seinem ersten Verteidigungsvorbringen.[3] Sie unterliegt den Verspätungsregeln, verfällt also bei Versäumung gerichtlicher Äußerungsfristen.[4] Nach Auffassung des BGH soll das für § 39 ZPO nicht gelten, weil ein international unzuständiges Gericht keine Äußerungsfristen setzen könne.[5] Dass demzufolge die Zuständigkeitsrüge (nach gegebenenfalls pflichtgemäßer Belehrung) ungeachtet einer schriftsätzlichen Einlassung zur Sache auch noch zu Beginn der ersten mündlichen Verhandlung erhoben werden kann, widerspricht indes der Wertung des Art. 26 Abs. 1 Brüssel Ia-VO und erscheint auch sachlich nicht gerechtfertigt.[6] Zur Frage, ob der Einspruch gegen den Zahlungsbefehl im Europäischen Mahnverfahren eine rügelose Einlassung darstellen kann, s. Rz. 11.11.

Als weitere **Grenze der Zuständigkeitsbegründung** nennt Art. 26 Abs. 1 **6.36** S. 2 Var. 2 Brüssel Ia-VO die ausschließliche Zuständigkeit gemäß Art. 24 Brüssel Ia-VO (ebenso: § 40 Abs. 2 S. 2 ZPO), nicht hingegen die Zuständigkeiten gemäß Art. 25 Brüssel Ia-VO oder in Versicherungs-, Verbraucher- bzw. Arbeitssachen. Demgemäß muss sich das angerufene Gericht – nunmehr: nach pflichtgemäßer Belehrung gemäß Art. 26 Abs. 2 Brüssel Ia-VO – auch dann kraft rügeloser Einlassung für zuständig erklären, wenn beispielsweise in einer Versicherungssache die sonstigen Anforderungen der Brüssel Ia-VO an eine Zuständigkeitsbegründung nicht erfüllt sind.[7]

---

1 BGH v. 1.6.2005 – VIII ZR 256/04, NJW-RR 2005, 1518, 1519. Ausführlich zur isolierten Rüge der örtlichen Zuständigkeit *Klöpfer*, GPR 2013, 112, 113 ff.
2 EuGH v. 11.9.2014 – Rs. C-112/13 (*A/B*), EuZW 2014, 950, 954 f.
3 EuGH v. 24.6.1981 – Rs. C-150/08 (*Elefanten Schuh/Pierre Jacqmain*), IPRax 1982, 234; OLG Hamm v. 2.10.1998 – 29 U 212/97, RIW 1999, 540.
4 Vgl. *Geimer*, Rz. 1417; MünchKommZPO/*Prütting*, § 296 Rz. 156 f.; *Kropholler/ von Hein*, EuZPR, Art. 24 EuGVO Rz. 6.
5 So BGH v. 21.11.1996 – IX ZR 264/95, NJW 1997, 397.
6 OLG Hamm v. 2.10.1998 – 29 U 212/97, RIW 1999, 540; OLG Frankfurt v. 9.9.1999 – 4 U 13/99, IPRax 2000, 525; *Schack*, Rz. 553.
7 EuGH v. 20.5.2010 – Rs. C-111/09 (*Vienna Insurance Group/Michal Bilas*), EuZW 2010, 679. Kritisch noch *Mankowski*, RIW 2010, 667; *Richter*, RIW 2006, 578.

§ 7 Kompetenzkonflikte und Verfahrenskoordination

Literatur (vgl. auch die Nachweise zu § 4): *Althammer*, Streitgegenstand und Interesse – Eine zivilprozessuale Studie zum deutschen und europäischen Streitgegenstandsbegriff, 2012; *ders.*, Unvereinbare Entscheidungen, drohende Rechtsverwirrung und Zweifel an der Kernpunkttheorie, FS Kaissis, 2012, S. 23; *Amos/Dutta*, Europäische Zuständigkeiten in Ehesachen bei drittstaatlicher Rechtshängigkeit, FamRZ 2014, 444; *Bermann*, Parallel litigation: is convergence possible?, FS Siehr, 2010, S. 579; *Bittmann*, Gibt es ein europäisches Rechtsschutzbedürfnis?, FS Kaissis, 2012, S. 57; *Burgstaller/Neumayr*, Beobachtungen zu Grenzfragen der internationalen Zuständigkeit, FS Schlosser, 2005, S. 119; *Carl*, Einstweiliger Rechtsschutz bei Torpedoklagen, 2007; *Franzina*, Lis pendens involving a third country under the Brussel I-bis Regulation, RDIPP 2014, 23; *Gebauer*, Gerichtsstandsvereinbarung und Pflichtverletzung, FS Kaissis, 2012, S. 267; *Goltz/Janert*, Die gerichtliche Zuständigkeit gem. Art. 27 EuGVVO bei Klageerhebung in zwei EU-Staaten, MDR 2014, 125; *Haas*, Das Feststellungsinteresse, FS Gottwald, 2014, S. 215; *Hau*, Positive Kompetenzkonflikte im Internationalen Zivilprozeßrecht – Überlegungen zur Bewältigung von *multi-fora disputes*, 1996; *ders.*, Grundlagen der internationalen Notzuständigkeit im Europäischen Zivilverfahrensrecht, FS Kaissis, 2012, S. 355; *Heiderhoff*, Materieller Anspruch und Rechtshängigkeitssperre nach Art. 27 EuGVVO, FS Kaissis, 2012, S. 383; *Kronke*, Acceptable Transnational Anti-suit Injunctions, FS Kaissis, 2012, S. 549; *Mansel/Nordmeier*, Partei- und Anspruchsidentität im Sinne des Art. 27 Abs. 1 EuGVVO bei Mehrparteienprozessen, FS Kaissis, 2012, S. 629; *Marongiu Buonaiuti*, Lis alibi pendens and Related Actions in the Relationships with the Courts of Third Countries in the Recast of the Brussels I Regulation, YbPIL 125 (2013/14), 87; *Menne*, Verbindungsrichter und internationale Richternetzwerke in der familienrechtlichen Praxis, FS Brudermüller, 2014, S. 471; *Müller-Chen/Keller*, Wirksamkeit der Rechtshängigkeitssperre im transatlantischen Verhältnis, FS Schwander, 2011, S. 769; *Pereira Dias*, Suing corporations in a global world: a role for transnational jurisdictional cooperation?, YbPIL 14 (2012/2013), 493; *Reuß*, Internationale Rechtshängigkeit im Zivilprozess, Jura 2009, 1; *Schütze*, Die Notzuständigkeit im deutschen Recht, FS Rechberger, 2006, S. 567; *Spickhoff*, Die Klage im Ausland als Delikt im Inland, FS Deutsch, 1999, S. 327; *Stadler*, Practical obstacles in cross-border litigation and communication between (EU) courts, Erasmus L.Rev. 5 (2012), 151; *M. Stürner*, Inländischer Rechtsschutz gegen ausländische Urteile, RabelsZ 71 (2007), 597; *Teixeira de Sousa*, Die Bekämpfung der Torpedoklagen durch einen europäischen Rechtskrafteinwand, FS Kaissis, 2012, S. 1017; *Thole*, Der Kampf um den Gerichtsstand bei internationalen Anlegerklagen am Beispiel der Porsche SE, AG 2013, 73; *Wall*, Vermeidung negativer Kompetenzkonflikte im Zuständigkeitsrecht der Artt. 4 ff. Eu-ErbVO, ZErb 2014, 272.

I. Negative Kompetenzkonflikte

Vor allem in Fürsorgeangelegenheiten der Freiwilligen Gerichtsbarkeit erscheint es sinnvoll, dass die internationale Zuständigkeit auf ein im Einzelfall ersichtliches besonderes **Fürsorgebedürfnis** bzw. berechtigtes Regelungsinteresse gestützt werden kann (s. Rz. 5.16). Dies ermöglichen etwa §§ 99 Abs. 1 S. 2, 104 Abs. 1 S. 2 FamFG oder § 12 Abs. 2 VerschG sowie vergleichbare Vorschriften im Konventionsrecht (Art. 11 KSÜ, Art. 9–11 HErwSÜ). 7.1

7.2 Ausdrücklich geregelte **internationale Notzuständigkeiten** sehen Art. 7 EuUntVO und Art. 11 EuErbVO vor (sog. forum necessitatis), und entsprechende Regeln mit einem breiteren sachlichen Anwendungsbereich kennt man in der Schweiz (vgl. dort Art. 3 IPRG) und in Österreich (vgl. § 28 JN).[1] Diskutiert wird, ob sich praeter legem, über solche Sonderregeln hinaus, eine Notzuständigkeit deutscher Gerichte begründen lässt, um sog. **negative Kompetenzkonflikte** aufzulösen.[2] Ein solcher liegt in dem – praktisch eher seltenen[3] – Fall vor, dass Rechtsschutz in anderen Staaten nicht eröffnet oder dem Kläger bzw. Antragsteller unzumutbar ist, aber auch in Deutschland nach den hier geltenden Regeln an sich kein Zuständigkeitsgrund erfüllt ist. Dann sollte die Begründung einer Notzuständigkeit, nicht zuletzt im Lichte von Art. 6 EMRK bzw. Art. 47 Abs. 2 Grundrechte-Charta,[4] unter Berücksichtigung der besonderen Umstände des Einzelfalls statthaft sein, sofern ein hinreichendes Rechtsschutzbedürfnis im Inland verortet wird und sonstigen Beteiligten durch das hier durchzuführende Verfahren keine unzumutbaren Nachteile erwachsen.[5] Für Ehesachen im Sinne der Brüssel IIa-VO hat der BGH in einer neueren Entscheidung die Eröffnung einer ungeschriebenen Notzuständigkeit erwogen, letztlich aber abgelehnt, weil er die in casu bestehende Möglichkeit einer Scheidung in Malta trotz der erheblich längeren Wartefristen nach Lage der Dinge für zumutbar erachtet hat.[6]

7.3 Die Gefahr negativer Kompetenzkonflikte ist selbst im **innereuropäischen Rechtsverkehr** nicht völlig ausgeschlossen. Zwar droht dann, wenn der Wohnsitz des Beklagten unbekannt ist, ausgehend von der einschlägigen EuGH-Judikatur keine Rechtsschutzlücke für den Kläger (s. Rz. 4.39 ff. und 8.41). Probleme können sich aber daraus ergeben, dass Art. 62 Brüssel Ia-VO die Bestimmung des Wohnsitzes – fragwürdigerweise – nach wie vor dem nationalen Recht überlässt:[7] Stellt die eine Rechtsordnung eher auf objektive, die andere eher auf subjektive Aspekte ab, so kann dies zur Folge haben, dass keine der beiden den Wohnsitz einer Person bei sich verortet, obwohl diese offenkundig nicht in einem dritten Staat ansässig ist. Die zur Füllung der dann drohenden Rechtsschutzlücke vorgeschlage-

---

1 Dazu *Burgstaller/Neumayr*, FS Schlosser, S. 119, 128 ff.; *Schütze*, FS Rechberger, S. 567, 568 f.
2 Näher zu diesem Begriff *Hau*, FS Kaissis, S. 355, 356 f.
3 Vgl. aber AG Groß-Gerau v. 11.6.1980 – 7 F 468/79, FamRZ 1981, 51; offengelassen von KG v. 4.4.2007 – 3 UF 129/06, EuLF 2007, II-120.
4 ABl. 2010 C 83/389.
5 Näher *Burgstaller/Neumayr*, FS Schlosser, S. 119, 128 ff.; *Hau*, FS Kaissis, S. 355, 362 ff.; Stein/Jonas/*Roth*, § 1 ZPO Rz. 37 f.; *Schütze*, FS Rechberger, S. 567, 570 ff. Beachte zum erforderlichen Inlandsbezug schon BT-Drucks. 10/504, S. 92.
6 BGH v. 20.2.2013 – XII ZR 8/11, FamRZ 2013, 687 m. insoweit zustimmender Anm. *Hau*.
7 Dass im Rahmen der Brüssel I-Reform die Chance für eine verordnungsautonome Lösung vertan wurde kritisiert auch *von Hein*, RIW 2013, 97, 101 f.

nen Lösungen – bindende „Wohnsitzverweisung",[1] ersatzweises Abstellen auf den gewöhnlichen Aufenthalt,[2] einzelfallbezogene Zuständigkeitsbestimmung durch den EuGH[3] oder Konstruktion einer ungeschriebenen Notzuständigkeit[4] – sind um Abhilfe bemüht, haben aber auch gemein, dass sie sich, wenn überhaupt, nur schwer in das Brüssel Ia-System einfügen (vgl. auch noch Rz. 12.33 f., dort zur Anerkennungsfähigkeit ausländischer Entscheidungen zur Zuständigkeitsfrage).[5] Will man das Problem dort angehen, wo es sich stellt, muss man unmittelbar bei der Maßgeblichkeit des Wohnsitzes und der verfehlten Verweisungslösung in Art. 62 Brüssel Ia-VO ansetzen.[6]

Bisweilen stellt sich die Frage, welches deutsche Gericht zur Entscheidung berufen ist, wenn nur die internationale Zuständigkeit deutscher Gerichte geregelt ist, so beispielsweise im Falle einer unzureichend formulierten Gerichtsstandsvereinbarung. Als **örtliche Ersatzzuständigkeit** wird überwiegend das Gericht der Hauptstadt vorgeschlagen (analog §§ 15 Abs. 1 S. 2, 27 Abs. 2 Hs. 2 ZPO).[7] Angemessener erscheint es, dem Kläger die Wahl des Gerichtsstands zu überlassen;[8] denn das wird in der Regel zu dem Gerichtsstand führen, an dem sich der Inlandsbezug lokalisieren lässt.[9] **7.4**

II. Positive Kompetenzkonflikte

1. Hintergrund

Wird für eine Angelegenheit die internationale Zuständigkeit mehrerer Staaten begründet (s. Rz. 4.9 ff.), so kann dies zur – beabsichtigten oder unbeabsichtigten – Einleitung konkurrierender Gerichtsverfahren führen. Dabei können die Parteirollen in den beiden Verfahren jeweils übereinstimmen (eine Partei sucht in mehreren Staaten um Rechtsschutz nach) oder umgekehrt verteilt sein. Letzteres kann so weit gehen, dass sich die Beteiligten mit wechselseitigen Klagen in verschiedenen Staaten regelrecht bekämpfen.[10] Solche **multi-fora disputes** bedürfen schon aus Grün- **7.5**

---

1 Dafür etwa *Geimer/Schütze*, EuZVR, Art. 59 EuGVVO Rz. 20; *Schlosser*, Art. 59 EuGVVO Rz. 3.
2 Dafür etwa *Kropholler/von Hein*, EuZPR, Art. 59 EuGVO Rz. 9; Geimer/Schütze/*Pörnbacher/Thiel*, IntRVerkehr, Nr. 540 Art. 59 Rz. 12.
3 Erwogen, aber de lege lata verworfen von *Geimer/Schütze*, EuZVR, Art. 59 EuGVVO Rz. 21.
4 Dafür etwa Handbuch IZVR/*Basedow*, Bd. I, Kap. II Rz. 29.
5 Ähnlich Rauscher/*Staudinger*, Art. 59 Brüssel I-VO Rz. 8.
6 Dazu *Hau*, GS Wolf, S. 409, 419 ff.
7 *Geimer*, Rz. 1753; Handbuch IZVR/*Kropholler*, Bd. I, Kap. III Rz. 145; Stein/Jonas/*Roth*, § 1 ZPO Rz. 39.
8 Ebenso *Schröder*, S. 215, 467 f.; im Ergebnis auch LG Konstanz v. 24.8.1992 – 2 O 241/92, NJW-RR 1993, 638.
9 Ähnlich *Nagel/Gottwald*, § 3 Rz. 397.
10 Zu den unterschiedlichen Motiven der Parteien vgl. *Hau*, Positive Kompetenzkonflikte, S. 29 ff.

den der Prozessökonomie der Lösung in einem möglichst frühzeitigen Stadium, noch mehr aber wegen der drohenden Entscheidungsdivergenz, die den Rechtsfrieden stört und den Urteilen wegen wechselseitiger Nichtanerkennung die grenzüberschreitende Verwertbarkeit nehmen kann (s. Rz. 13.24 ff.). Zur Auflösung des positiven Kompetenzkonflikts bedarf es daher besonderer Instrumente, die sowohl im Europa- und Konventionsrecht als auch im autonomen deutschen Recht vorgesehen sind.

2. Europarecht

a) Grundlagen

7.6 Wie Erwägungsgrund Nr. 21 zur Brüssel Ia-VO hervorhebt, müssen Parallelverfahren im Interesse einer abgestimmten Rechtspflege so weit wie möglich vermieden werden. Rechnung tragen dem Art. 29 ff. Brüssel Ia-VO. Vergleichbare **Koordinierungsvorschriften** gelten gemäß Art. 12, 13 EuUntVO für Unterhaltsstreitigkeiten, gemäß Art. 19 Brüssel IIa-VO für Eheauflösungs- oder Kindschaftsverfahren und gemäß Art. 17, 18 EuErb-VO für Nachlassverfahren.

7.7 Art. 29 Brüssel Ia-VO errichtet eine **Rechtshängigkeitssperre**: Werden bei Gerichten verschiedener Mitgliedstaaten zwischen denselben Parteien „Klagen wegen desselben Anspruchs" erhoben, so hat das später angerufene Gericht das Verfahren ermessensunabhängig von Amts wegen auszusetzen, bis die Zuständigkeit des zuerst angerufenen Gerichts feststeht (Abs. 1).[1] Sobald dies der Fall ist, muss sich das später angerufene Gericht für unzuständig erklären (Abs. 3). Ist das später angerufene Gericht allerdings bereits nach den allgemeinen Regeln international unzuständig, so hat es nicht etwa sein Verfahren auszusetzen, sondern die Klage abzuweisen.[2]

7.8 Ergänzend zu Art. 29 sieht Art. 30 Abs. 1 Brüssel Ia-VO eine ermessensabhängige sog. **Konnexitätssperre** vor: Sind bei Gerichten verschiedener Mitgliedstaaten Klagen anhängig, die „im Zusammenhang stehen", so kann das später angerufene Gericht das Verfahren aussetzen. Der dafür erforderliche Zusammenhang liegt vor, wenn zwischen den Klagen eine so enge Beziehung gegeben ist, dass eine gemeinsame Verhandlung und Entscheidung geboten erscheint, um zu vermeiden, dass in getrennten Verfahren widersprechende Entscheidungen ergehen könnten (Art. 30 Abs. 3 Brüssel Ia-VO). Echte Vorgreiflichkeit i.S. von § 148 ZPO ist also nicht er-

---

1 Zur genauen Bestimmung dieses Zeitpunkts vgl. die fragwürdige Entscheidung EuGH v. 27.2.2014 – Rs. C-1/13 (*Cartier parfums-lunettes/Ziegler France*), EuZW 2014, 340, 342, m. krit. Anm. *Thormeyer*. Dazu auch *Anthimos*, GPR 2014, 236; *Koechel*, IPRax 2014, 394, 396 f.
2 Klarstellend BGH v. 3.4.2014 – IX ZB 88/12, NJW 2014, 2800, 2801, dort zum LugÜ.

forderlich,[1] abweichend von Art. 29 Brüssel Ia-VO aber auch keine **Identität der Parteien** in beiden Verfahren.[2]

Die h.M. weist der Rechtshängigkeitssperre gemäß Art. 29 Brüssel Ia-VO 7.9
einen weiten Anwendungsbereich zu, der deutlich über die in § 261 Abs. 3
Nr. 1 ZPO geforderte Streitgegenstandsidentität hinausgeht. Der EuGH
lässt bereits die Identität des Klagegrundes genügen (sog. **Kernpunkttheorie**), also z.b. das Vertragsverhältnis oder den tatsächlichen Haftungsgrund, auch wenn unterschiedliche Rechtsschutzziele verfolgt werden.[3]
Insbesondere sollen (negative) Feststellungsklagen mit Rücksicht auf die
zuständigkeitsrechtliche Waffengleichheit nicht schlechter als Leistungsklagen behandelt werden.[4]

Beispiel: Klagt A in Deutschland gegen B auf Feststellung, diesem aus einem bestimmten Vertrag nichts mehr zu schulden, so kann sich dieses Verfahren gegenüber der später von B in Italien gegen A erhobenen Zahlungsklage durchsetzen.[5]
Letztlich wäre B also darauf verwiesen, seinen angeblichen Zahlungsanspruch widerklagend in Deutschland zu verfolgen (vgl. Art. 8 Nr. 3 Brüssel Ia-VO). In der Tat
wird die drohende Verjährung seines Anspruchs den B zur Widerklage zwingen,
wenn die lex causae weder der negativen Feststellungsklage noch der Verteidigung
dagegen verjährungshemmende Wirkung beimisst.

Art. 29 und 30 Brüssel Ia-VO setzen **keine positive Anerkennungsprog-** 7.10
nose voraus: Das später angerufene Gericht darf die Berücksichtigung des
im Ausland früher eingeleiteten Verfahrens nicht von einer Kontrolle anhand der in Art. 45 Brüssel Ia-VO genannten Anerkennungshindernisse abhängig machen.[6] Dafür spricht der Wortlaut der Vorschriften, vor allem
aber das gegenseitige Vertrauen der Mitgliedstaaten: Die Anerkennungshindernisse betreffen den Ausnahmefall, dass sich eine im Ausland ergangene Entscheidung als unvereinbar mit überragend wichtigen Vorstellungen des Zweitstaates erweist. Solange jedoch das Verfahren im
Erststaat noch nicht abgeschlossen ist, haben die Gerichte des Zweitstaa-

---

1 *Kropholler/von Hein,* EuZPR, Art. 28 EuGVO Rz. 7.
2 Dazu BGH v. 19.2.2013 – VI ZR 45/12, RIW 2013, 387, 389 f. Näher zu den
schwierigen Einzelfragen der Parteienidentität bzw. -mehrheit bei der Koordinierung von Parallelverfahren *Mansel/Nordmeier,* FS Kaissis, S. 629.
3 Grundlegend EuGH v. 8.12.1987 – Rs. C-144/86 *(Gubisch),* NJW 1989, 665; bestätigt und fortentwickelt durch EuGH v. 6.12.1994 – Rs. C-406/92 *(The Tatry),*
IPRax 1996, 108. Dazu etwa *Gruber,* ZZP 117 (2004), 133; *Haas,* FS Ishikawa,
2001, S. 165; *Heiderhoff,* FS Kaissis, S. 383; *Rüßmann,* ZZP 113 (1998), 399; *Walker,* ZZP 113 (1998), 429. Ausführlich zum europäischen Streitgegenstandsbegriff nunmehr *Althammer,* S. 123 ff., 617 ff.
4 Näher aus neuerer Zeit etwa *Haas,* FS Gottwald, S. 215, 225 ff.; *Thole,* NJW
2013, 1192, 1194.
5 So die Fallgestaltung bei BGH v. 23.6.2010 – VIII ZR 135/08, NJW 2010, 3452,
3454. Beachte auch EuGH v. 25.10.2012 – Rs. C-133/11 *(Folien Fischer/Ritrama),*
NJW 2013, 287, 289; EuGH v. 19.12.2013 – Rs. C-452/12 *(Nipponkoa Insurance/
Inter-Zuid Transport),* EuZW 2014, 220, 221 m. Anm. *Antomo.*
6 EuGH v. 9.12.2003 – Rs. C-116/02 *(Gasser/MISAT),* EuZW 2004, 188; BGH v.
8.2.1995 – VIII ZR 14/94, NJW 1995, 1758. Zu den Einzelheiten vgl. Rauscher/
Leible, Art. 21 Brüssel I-VO Rz. 16 ff.

tes davon auszugehen, dass das zuerst angerufene ausländische Gericht in anerkennungsfähiger Weise entscheiden wird. Ohnehin ist die fehlende Anerkennungsfähigkeit nur höchst selten bereits evident, während das ausländische Verfahren noch läuft. Zur abweichenden Behandlung von Drittstaatenfällen s. Rz. 7.22.

7.11   Art. 32 Brüssel Ia-VO ermöglicht die verordnungsautonome Bestimmung des für den **Prioritätstest** maßgeblichen Zeitpunkts, wann ein Gericht als angerufen gilt (ebenso Art. 16 Brüssel IIa-VO; Art. 9 EuUntVO; Art. 14 EuErbVO).[1] Davon verspricht man sich eine faire Anwendung des Prioritätsprinzips, damit das *race to the courthouse* nicht durch unterschiedliche nationale Verfahrensvorschriften verzerrt wird; denn es wäre ungerecht, wenn es in dem einen Staat auf die Zustellung der Klageschrift an den Beklagten, in dem anderen Staat hingegen schon auf die Einreichung der Klageschrift bei Gericht ankäme. Die kompliziert anmutende Fassung von Art. 32 Brüssel Ia-VO (und seiner Parallelvorschriften) erklärt sich durch das Ziel, den Wettlauf der Parteien um die frühere Verfahrenseinleitung von den Zufälligkeiten des internationalen Rechtshilfeverkehrs in Zustellungssachen abzukoppeln, zugleich aber die unterschiedlichen mitgliedstaatlichen Systeme der Verfahrenseinleitung zu berücksichtigen. Gemäß Art. 29 Abs. 2 Brüssel Ia-VO informieren sich die Gerichte bei Bedarf untereinander über den Zeitpunkt ihrer Anrufung.

b) Einzelprobleme

aa) Grenzen des Prioritätsprinzips

7.12   Abweichend von dem in Art. 29 und 30 Brüssel Ia-VO verankerten Prioritätsprinzip muss das zuerst eingeleitete Verfahren zurücktreten, wenn in der Sache gemäß Art. 24 Brüssel Ia-VO eine **ausschließliche Zuständigkeit** des Mitgliedstaats besteht, in dem das zweite Verfahren eingeleitet wurde.[2] Zur vieldiskutierten Frage nach zwei möglichen **weiteren Durchbrechungen des Prioritätsprinzips** hatte sich der EuGH in der Rechtssache *Gasser*[3] geäußert: Werden konkurrierende Klagen in verschiedenen Mitgliedstaaten erhoben, so kann zum einen fraglich sein, wie lange die Rechtshängigkeitssperre zugunsten des früher eingeleiteten Verfahrens gilt, wenn dieses übermäßig verzögert wird, und zum anderen, ob die Sperre überhaupt zur Anwendung gelangt, wenn ausweislich einer Parteivereinbarung die Gerichte des Zweitstaats zur Entscheidung berufen sind.

---

1 Anders noch EuGH v. 7.6.1984 – Rs. C-129/83 (*Zelger/Salinitri*), NJW 1984, 2759, zu Art. 21 EuGVÜ: der Eintritt der Rechtshängigkeit bestimme sich nach der jeweiligen lex fori.

2 Klarstellend EuGH v. 3.4.2014 – Rs. C-438/12 (*Weber/Weber*), NJW 2014, 1871, 1872 = EuZW 2014, 469 m. Anm. *Dietze*; Abschlussentscheidung BGH v. 13.8.2014 – V ZB 163/12, RIW 2014, 690.

3 EuGH v. 9.12.2003 – Rs. C-116/02 (*Gasser/MISAT*), EuZW 2004, 188.

Zum ersten Punkt hat der EuGH lapidar betont, dass die Gerichte im 7.13
Zweitstaat nicht deshalb vom Prioritätsprinzip abweichen dürfen, weil
Verfahren im Erststaat (in casu: Italien) erfahrungsgemäß unvertretbar
lange dauern. Dem liegt die Vorstellung zugrunde, dass die Rechtspflege-
systeme aller Mitgliedstaaten qualitativ gleichwertig sind. Das ist zwar
eine im Binnenmarkt durchaus sinnvolle Arbeitshypothese,[1] der freilich
im konkreten (Extrem-)Fall nicht mehr blind zu trauen ist, wenn der
durch Art. 6 EMRK bzw. Art. 47 Grundrechte-Charta verbürgte Justizgewährungsanspruch beeinträchtigt wird.[2] Allzu kategorische Entscheidungen zur **zeitlichen Reichweite der Rechtshängigkeitssperre** setzen die falschen Signale und schaffen nicht nur Raum, sondern auch Anreize für
missbräuchliche Praktiken.[3] Den Vorschlag der Kommission, das zuerst
angerufene Gericht durch eine Sechsmonatsfrist stärker in die Pflicht zu
nehmen,[4] hat der Verordnungsgeber nicht aufgegriffen. Daher bleibt zu
überlegen, inwieweit ersichtlich arglistigem Parteiverhalten in Extremfällen mit einem ungeschriebenen Missbrauchsverbot begegnet werden
kann.[5]

Auch zum zweiten Punkt hat der EuGH in der Rechtssache *Gasser* sei- 7.14
nerzeit auf die Geltung des Prioritätsprinzips verwiesen: Nach früherem
Recht, also unter dem EuGVÜ und der Brüssel I-VO, war die Rechtshängigkeitssperre selbst dann strikt zu beachten, wenn das erste Verfahren
womöglich unter **Verstoß gegen eine Gerichtsstandsvereinbarung** eingeleitet worden war. Die Frage, ob diese wirksam ist, oblag also nicht etwa
dem prorogierten, sondern dem zuerst angerufenen Gericht.

Dieser Lösung ist der Verordnungsgeber mit der **Neuregelung in Art. 31** 7.15
Abs. 2 Brüssel Ia-VO entgegengetreten, die in Erwägungsgrund Nr. 22 näher erläutert wird.[6] Danach soll das zuerst angerufene Gericht dem womöglich prorogierten Gericht die Prüfung überlassen, ob dieses die Gerichtsstandsvereinbarung für wirksam erachtet, und sein Verfahren so
lange aussetzen. Das prorogierte Gericht muss nicht etwa die Aussetzung
des Erstverfahrens abwarten, sondern kann sich ohne Rücksicht darauf
an die Prüfung der Gerichtsstandsvereinbarung machen (klarstellend Erwägungsgrund Nr. 22). Allerdings bleibt es in einigen Sonderfällen beim
Prioritätsprinzip: wenn das zuerst angerufene Gericht gemäß Art. 24

---

1 Näher dazu, ob der Vertrauensgrundsatz Realität oder eine Utopie ist, *Altham-
   mer/Löhnig*, ZZPInt 9 (2004), 23. Beachte namentlich zur „Dauerkrise der Justiz
   in Italien" *von Hase/Krolovitsch*, RIW 2009, 836, 837 f., dort gestützt auf Daten
   der Weltbank.
2 Vgl. in diesem Sinne auch BGH v. 6.2.2002 – VIII ZR 106/01, NJW 2002, 2795.
3 Siehe zu sog. „Torpedoklagen" auch *Sander/Breßler*, ZZP 122 (2009), 157; *Carl*,
   passim.
4 KOM (2010) 748, S. 38.
5 Dazu *Althammer*, GS Konuralp, 2009, Bd. I, S. 103; *Thole*, ZZP 122 (2009), 423.
   Für nicht gangbar hält dies BGH v. 18.9.2013 – V ZB 163/12, RIW 2014, 78, 79.
6 Zu den ursprünglich etwas anders konzipierten Kommissionsvorschlägen vgl.
   KOM (2010) 748, S. 40.

Brüssel Ia-VO ausschließlich zuständig ist,[1] wenn sich der Beklagte rügelos auf das Erstverfahren einlässt (vgl. Art. 31 Abs. 2 Brüssel Ia-VO:
„unbeschadet des Artikels 26"), in Versicherungs-, Verbraucher- und Arbeitssachen nach Maßgabe von Art. 31 Abs. 4 Brüssel Ia-VO, zudem ausweislich Erwägungsgrund Nr. 22 auch dann, wenn die Parteien wider-
sprüchliche Gerichtsstandsvereinbarungen getroffen haben.

7.16   Die grundsätzliche Ablösung des Prioritätsprinzips durch die **vorrangige
        Prüfungszuständigkeit des prorogierten Gerichts** orientiert sich am Mo-
        dell des Art. 6 HGÜ und erscheint geeignet, abredewidrige „Torpedokla-
        gen" in einem derogierten Staat von vornherein unattraktiv zu machen.
        Probleme drohen nunmehr aber umgekehrt einem gutgläubigen Kläger,
        der das Verfahren bei einem nach den gesetzlichen Regeln zuständigen
        Gericht eingeleitet hat: Wendet der Beklagte dagegen eine Gerichts-
        standsvereinbarung ein, so wäre der Kläger gehalten, zunächst das verspä-
        tet angerufene, aber angeblich prorogierte Gericht von der Unwirksam-
        keit der Gerichtsstandsvereinbarung zu überzeugen.

        Beispiel: K erhebt gegen B Zahlungsklage am Erfüllungsort (Art. 7 Nr. 1 Brüssel Ia-
        VO). Muss das angerufene Gericht das Verfahren aussetzen, wenn B behauptet, ge-
        mäß einem angeblich relevanten Handelsbrauch i.S. von Art. 25 Abs. 1 S. 3 lit. c
        Brüssel Ia-VO seien mündliche Gerichtsstandsvereinbarungen möglich und eine
        solche sei zugunsten der Gerichte eines anderen Mitgliedstaats getroffen worden?

7.17   Um Missbrauch zu vermeiden, wäre es sinnvoll gewesen, dem zuerst an-
        gerufenen Gericht verordnungsautonom einen halbwegs verlässlichen
        Maßstab dafür an die Hand zu geben, welche Anforderungen an die Darle-
        gung einer abweichenden Vereinbarung zu stellen sind.[2] Noch besser
        wäre es de lege ferenda, das Aussetzungsmodell des Art. 31 Abs. 2 Brüs-
        sel Ia-VO von vornherein nur eingreifen zu lassen, wenn eine schriftliche
        Gerichtsstandsvereinbarung vorgelegt wird. Im Übrigen lässt die Neu-
        regelung unklar, ob die Aussetzungspflicht gemäß Art. 31 Abs. 2 Brüs-
        sel Ia-VO auch dann greifen soll, wenn das angeblich prorogierte Gericht
        noch nicht angerufen wurde. Eine Pflicht zur Aussetzung des Erstverfah-
        rens mit Rücksicht auf ein noch nicht eingeleitetes Verfahren im forum
        prorogatum erscheint zwar denkbar, verträgt sich aber weder mit dem
        Wortlaut von Erwägungsgrund Nr. 22 und Art. 31 Abs. 2 Brüssel Ia-VO,
        noch mit dessen systematischer Stellung im neunten Abschnitt. Im Übri-
        gen sollte man dann, um eine womöglich missbräuchliche Verzögerung
        des Erstverfahrens zu unterbinden, dem zuerst angerufenen Gericht
        wenigstens zugestehen, dem Beklagten eine Frist für die Einleitung des
        Zweitverfahrens zu setzen.[3]

---

1 Klarstellend *Magnus*, FS Martiny, S. 785, 799.
2 Vgl. schon *Heinze*, RabelsZ 75 (2011), 581, 588 ff.; zudem *von Hein*, RIW 2013,
  97, 105. *Domej*, RabelsZ 78 (2014), 508, 535 f., verlangt „eine gewisse Anfangs-
  wahrscheinlichkeit", dass es tatsächlich zu einer Gerichtsstandsvereinbarung
  gekommen ist.
3 Die Anwendbarkeit nationaler Präklusionsregeln bezweifelt hingegen *Domej*,
  RabelsZ 78 (2014), 508, 534.

bb) Prozessaufrechnung und Rechtshängigkeitssperre

Schwierigkeiten bereitet die Frage, ob eine Forderung, die bereits selb- 7.18
ständig eingeklagt wird, vor Abschluss dieses Verfahrens noch mittels
Prozessaufrechnung in ein weiteres Verfahren eingeführt werden kann,
das in einem anderen Mitgliedstaat mit umgekehrten Parteirollen ausgetragen wird.

Beispiel: K verklagt B in Deutschland. B verteidigt sich mittels Aufrechnung, und
zwar gestützt auf eine Gegenforderung, die er derzeit bereits in Frankreich klageweise gegen K geltend macht.

Nach h.M. wird die Gegenforderung dadurch, dass sie aufrechnungsweise 7.19
in das Zweitverfahren eingeführt wird, nicht ein weiteres Mal i.S. von
Art. 29 Brüssel Ia-VO rechtshängig.[1] Folglich ist die im Zweitverfahren
beklagte Partei nicht an der Aufrechnung gehindert: Auch und gerade im
internationalen Rechtsverkehr wäre es unbillig, dem Beklagten die Aufrechnungsbefugnis nur deshalb zu versagen, weil er seine Gegenforderung
zuvor schon eingeklagt hat. Ihm das Betreiben der Zwangsvollstreckung
zu ersparen und statt dessen die „Selbstexekution mittels Aufrechnung"[2]
zu ermöglichen erweist sich schon wegen der Mühen einer Rechtsverfolgung im Ausland, nicht zuletzt aber bei zweifelhafter Solvenz des Gegners als interessengerecht. Die entgegen der h.M. für eine direkte oder
analoge Anwendung von Art. 29 Brüssel Ia-VO plädierende Ansicht verfolgt im Kern allerdings ein berechtigtes Anliegen, soweit sie darauf beharrt, dass eines der beiden Verfahren – und zwar richtigerweise das Erstverfahren entsprechend § 148 ZPO – ausgesetzt werden sollte.[3]

cc) Drittstaatliche Parallelverfahren

Weder das EuGVÜ noch die Brüssel I-VO enthielten Regelungen zur **Be-** 7.20
rücksichtigung drittstaatlicher Verfahren, und dasselbe gilt nach wie vor
für die Brüssel IIa-VO, die EuUntVO und die EuErbVO. Allerdings lässt
sich aus diesem Schweigen weder ein an die Mitgliedstaaten gerichtetes
Berücksichtigungsverbot ableiten,[4] noch umgekehrt ein Gebot, einem
drittstaatlichen Verfahren dieselbe Sperrwirkung beizumessen wie einem
mitgliedstaatlichen Verfahren.[5]

---

1 Dazu EuGH v. 8.5.2003 – Rs. C-111/01 (*Gantner*), IPRax 2003, 443 (Anm.
Reischl, 426); *Hau*, ZZPInt 8 (2003), 505.
2 So die berühmte Charakterisierung des Instituts der Aufrechnung durch *Bötti-
cher*, FS Schima, 1969, S. 95.
3 Näher *Hau*, ZZPInt 8 (2003), 505, 507 ff. In einer vergleichbaren Gestaltung offenlassend zu der Frage, inwieweit § 148 ZPO im Rahmen des vereinheitlichten
Zuständigkeitsrechts herangezogen werden kann, BGH v. 3.4.2014 – IX ZB
88/12, NJW 2014, 2798, 2801 f.
4 So aber offenbar *Beaumont*, RabelsZ 73 (2009), 509, 541, dort zur EuUntVO. Zutreffend hingegen *Amos/Dutta*, FamRZ 2014, 444, 446 f.
5 Offen gelassen von *Kohler/Pintens*, FamRZ 2009, 1529, 1530.

7.21   Im Rahmen der **Brüssel I-Reform** hielt es der Verordnungsgeber für sinnvoll, die Behandlung drittstaatlicher Parallelverfahren nicht mehr dem mitgliedstaatlichen Recht zu überlassen, sondern einheitlich zu regeln. Erfolgt ist dies mit der Rechtshängigkeitssperre gemäß Art. 33 Brüssel Ia-VO und der Konnexitätssperre gemäß Art. 34 Brüssel Ia-VO. Das ist im Grundsatz zu begrüßen, denn es gilt positive Kompetenzkonflikte möglichst frühzeitig zu bewältigen, und zwar unabhängig davon, ob sie im innereuropäischen oder im darüber hinausgehenden Rechtsverkehr auftreten.[1] Herausgekommen ist eine Regelung, die sich in mehrfacher Hinsicht von derjenigen für den innereuropäischen Bereich unterscheidet:[2]

7.22   So muss das mitgliedstaatliche Gericht davon überzeugt sein, dass die Aussetzung des bei ihm eingeleiteten Verfahrens „im **Interesse einer geordneten Rechtspflege** notwendig ist" (erläuternd hierzu Erwägungsgrund Nr. 24). Und selbst, wenn das Gericht zu dieser Überzeugung gelangt, soll die Verfahrensaussetzung in sein Ermessen gestellt sein („kann ... aussetzen"). Fragwürdig erscheint, warum es dem mitgliedstaatlichen Recht anheimgestellt bleibt, ob die Aussetzung von Amts wegen oder nur auf Antrag einer Partei möglich sein soll (vgl. jeweils Abs. 4). Schließlich bedarf es zusätzlich einer **positiven Anerkennungsprognose**: Es muss davon auszugehen sein, dass das drittstaatliche Gericht binnen angemessener Zeit eine im Inland anerkennungs- und gegebenenfalls vollstreckungsfähige Entscheidung erlassen wird. Dies bestimmt sich, wie Erwägungsgrund Nr. 23 klarstellt, nach nationalem Recht (für Deutschland: § 328 ZPO), also nicht etwa nach Art. 45 Brüssel Ia-VO. Diese Voraussetzung einer positiven Anerkennungsprognose entspricht den deutschen Regeln (s. Rz. 7.27) und erweist sich als sinnvoll; denn erst sie rechtfertigt es, den Ausgang des drittstaatlichen Verfahrens abzuwarten und derweil den Justizgewährungsanspruch in dem mitgliedstaatlichen Parallelverfahren zu suspendieren.

7.23   Art. 33 und Art. 34 Brüssel Ia-VO gelten erklärtermaßen nur dann, wenn die Zuständigkeit des mitgliedstaatlichen Gerichts auf Art. 4 oder Art. 7–9 Brüssel Ia-VO beruht. Von vornherein nicht in Betracht kommt die Berücksichtigung eines drittstaatlichen Verfahrens daher in Versicherungs-, Verbraucher- und Arbeitssachen, bei ausschließlicher Zuständigkeit gemäß Art. 24 Brüssel Ia-VO oder wenn die Zuständigkeit des mitgliedstaatlichen Verfahrens auf einer Prorogation beruht. Daraus dürfte im Umkehrschluss zu folgern sein, dass in diesen Fällen auch kein **Rückgriff auf die nationalen Regeln** zur Beachtung drittstaatlicher Verfahren erfolgen kann.

---

1 Ähnlich *Magnus/Mankowski*, ZVglRWiss 110 (2011), 252, 287.
2 Ausführlich *Franzina*, RDIPP 2014, 23.

3. Konventionsrecht

Die Vorschriften zur Rechtshängigkeits- bzw. Konnexitätssperre in   7.24
Art. 27 ff. LugÜ 2007 entsprechen Art. 29–32 (nicht: 33 f.) Brüssel Ia-VO.
Funktionsäquivalente, aber nicht ganz so weitreichende Vorschriften zur
Beachtung ausländischer Parallelverfahren finden sich ansatzweise in
Art. 6 HGÜ, zudem in multilateralen Spezialkonventionen (z.B. für den
Straßengüterverkehr in Art. 31 Abs. 2 CMR[1]), ferner in bilateralen Aner-
kennungs- und Vollstreckungsverträgen. Hingewiesen sei etwa auf Art. 21
des Deutsch-spanischen Vertrags vom 14.11.1983,[2] der heute wegen des
Vorrangs des Europarechts im Wesentlichen nur – bzw. immerhin – noch
in Abstammungssachen von Bedeutung ist.

Demgegenüber sind positive Kompetenzkonflikte von vornherein aus-   7.25
geschlossen und deshalb auch entsprechende Vorrangregelungen weitestgehend entbehrlich in einem System, das eine einzige Primärzuständig-
keit und ergänzend nur subsidiäre Hilfszuständigkeiten vorsieht; auf
diesem Modell basiert das HErwSÜ (s. Rz. 4.11).

4. Autonomes Recht

Soweit das Europa- oder Konventionsrecht keine vorrangigen Regelungen   7.26
aufstellt, können ausländische Parallelverfahren nach dem autonomen
deutschen Recht in entsprechender Anwendung von **§ 261 Abs. 3 Nr. 1
ZPO** beachtlich sein. Die Bedeutung dieser Rechtshängigkeitssperre hat
sich mit Inkrafttreten von Art. 33 und 34 Brüssel Ia-VO erheblich reduziert.

Im verbleibenden Restanwendungsbereich sind im Falle früherer auslän-   7.27
discher Rechtshängigkeit zwei wichtige Besonderheiten zu beachten, die
jeweils dem Justizgewährungsanspruch Rechnung tragen:[3] Zum einen
soll das inländische Verfahren nicht eingestellt, sondern – in analoger Anwendung von § 148 ZPO – vorerst nur ausgesetzt werden, bis im ausländischen Parallelverfahren eine Entscheidung ergangen ist, die im Inland
anerkennungsfähig ist.[4] Zum anderen wird bereits die **Aussetzung des
inländischen Verfahrens** von einer **positiven Anerkennungsprognose** abhängig gemacht, dieses Verfahren also fortgeführt, sofern absehbar ist,
dass die im Ausland zu erwartende Entscheidung in Deutschland voraus-

---

1 BGBl. 1961 II, 1120, und 1980 II, 721. Beachte zum Vorrang der Brüssel I-Rechts-
  hängigkeitsregeln aber EuGH v. 4.5.2010 – Rs. C-533/08 (*TNT/AXA*), NJW 2010,
  1736; EuGH v. 19.12.2013 – Rs. C-452/12 (*Nipponkoa Insurance/Inter-Zuid
  Transport*), EuZW 2014, 220, 221 m. Anm. *Antomo*.
2 BGBl. 1987 II, 35.
3 Vgl. zu den Einzelheiten etwa *Geimer*, Rz. 2685 ff.; *Nagel/Gottwald*, § 5
  Rz. 212 ff.; *Schack*, Rz. 838 ff.; *Reuß*, Jura 2009, 1, 3 ff.
4 So im Anschluss an *Habscheid*, RabelsZ 31 (1967), 254, 266 ff., die heute ganz
  h.M.

sichtlich nicht anerkennungsfähig sein wird.[1] Die Anerkennungsfähigkeit (bzw. die diesbezügliche Prognose) ist anhand des jeweils maßgeblichen Anerkennungsregimes zu beurteilen, also anhand von § 328 ZPO bzw. § 109 FamFG oder vorrangiger internationaler Regelungen.

7.28   Im autonomen Recht fehlt eine Art. 32 Brüssel Ia-VO vergleichbare Bestimmung des für den Prioritätstest **maßgeblichen Zeitpunkts**. Überlässt man die Feststellung, wann im Ausland Rechtshängigkeit eintritt, der dortigen lex fori, so kann dies in den keineswegs seltenen Fällen, in denen schon die Klageeinreichung (Anhängigkeit) genügt, dazu führen, dass das ausländische Verfahren ein in Deutschland zuerst anhängiges, aber z.B. wegen der Dauer der Auslandszustellung noch nicht i.S. von §§ 253 Abs. 1, 261 Abs. 1 ZPO rechtshängiges Verfahren überholt. Der BGH hält dieses Ergebnis für hinnehmbar.[2] Korrekter und nach den allgemeinen Grundsätzen des IZVR auch zulässig wäre es, auf einen vergleichbaren Entwicklungsstand beider Verfahren abzustellen[3] bzw. Art. 32 Brüssel Ia-VO (oder eine seiner Parallelvorschriften, s. Rz. 7.11) entsprechend anzuwenden.

7.29   In **Ehe- und Familienstreitsachen** gelten – sofern nicht die Brüssel IIa-VO oder die EuUntVO eingreifen – § 113 Abs. 1 S. 2 FamFG, § 261 Abs. 3 Nr. 1 ZPO entsprechend für bereits im Ausland eingeleitete Verfahren, die denselben Streitgegenstand wie das inländische betreffen.[4] § 107 FamFG monopolisiert in Ehesachen zugunsten der Landesjustizverwaltung nur die Anerkennung einer im Ausland bereits erlassenen Entscheidung (s. Rz. 12.53), betrifft hingegen nicht schon die hier interessierende Anerkennungsprognose.

7.30   Besonderes geregelt ist in § 99 Abs. 2–4, § 104 Abs. 2 FamFG die Beachtlichkeit von Verfahren in **Vormundschafts-, Betreuungs-, Unterbringungs- und Pflegschaftssachen**, die im Ausland anhängig sind. Dem Gesetzgeber ging es dabei um eine nicht starr am Prioritätsprinzip orientierte, sondern „elastische Regel, die den Gerichten Ermessensspielraum gibt".[5] Fraglich ist die Verallgemeinerungsfähigkeit solcher Regeln: Hat ein deutsches Gericht auch in **sonstigen Fürsorgeangelegenheiten** grundsätzlich von einer Sachentscheidung abzusehen, wenn ein ausländisches Gericht mit derselben Angelegenheit befasst ist? Kommt es dabei auf zeitliche Priorität an, und falls ja: wonach beurteilt sich diese? Weder dem FamFG noch

---

1 Zum Grundsatz etwa BGH v. 28.5.2008 – XII ZR 61/06, FamRZ 2008, 1409 (Anm. *Henrich*, 1413).

2 BGH v. 9.10.1985 – IVb ZR 36/84, NJW 1986, 662; BGH v. 18.3.1987 – IVb ZR 24/86, NJW 1987, 3083; BGH v. 12.2.1992 – XII ZR 25/91, NJW-RR 1992, 642. Ebenso etwa Stein/Jonas/*Roth*, § 261 ZPO Rz. 60; Musielak/*Foerste*, § 261 ZPO Rz. 5.

3 OLG Hamm v. 6.7.1988 – 8 WF 352/88, NJW 1988, 3103; OLG Karlsruhe v. 21.12.1990 – 5 UF 161/89, IPRax 1992, 171; *Geimer*, Rz. 2701; *Schack*, Rz. 844.

4 Zu diesem Erfordernis im Falle unterschiedlicher Scheidungsgründe sowie bei Konkurrenz von staatlicher und Privatscheidung vgl. BGH v. 28.5.2008 – XII ZR 61/06, FamRZ 2008, 1409.

5 So BT-Drucks. 10/504, S. 95, dort zu § 47 FGG.

den Materialien ist eine klare Antwort zu entnehmen. Insbesondere ließe sich der Hinweis, dass in § 2 Abs. 1 FamFG nur von der örtlichen Zuständigkeit die Rede ist,[1] unter Berufung auf den Rechtsgedanken des § 105 FamFG entkräften.[2] Wie schon nach früherem Recht liegt es im Interesse des internationalen Entscheidungseinklangs in der Regel näher, dass das später mit der Angelegenheit befasste deutsche Gericht mit Rücksicht auf das ausländische Parallelverfahren zunächst nicht zur Sache entscheidet. Entsprechend den Überlegungen zu § 261 Abs. 3 Nr. 1 ZPO setzt dies allerdings voraus, dass eine positive Anerkennungsprognose möglich ist (s. Rz. 7.27).

5. Abwehrmaßnahmen

Die bislang erörterten Instrumente zur Beachtung ausländischer Verfahren wirken positiven Kompetenzkonflikten auf die Weise entgegen, dass ein angerufenes inländisches Gericht zugunsten eines ausländischen auf die Behandlung der Streitigkeit verzichtet. Diese wird im Ergebnis also bei dem konkurrierenden ausländischen Gericht konzentriert. Solche Instrumente ermöglichen einem im Inland angerufenen Gericht hingegen nicht, trotz eines ausländischen Prozesses eine Verfahrens- beziehungsweise Entscheidungskonzentration zugunsten des Inlands zu erreichen. Dies erscheint zunächst selbstverständlich: Kein Staat kann ein Verfahren vor den Gerichten eines anderen Staates einstellen; schon der Versuch einer derartigen Einmischung in die fremden Angelegenheiten wäre nicht nur sinnlos, sondern völkerrechtswidrig. Umso bemerkenswerter ist die insbesondere im anglo-amerikanischen Rechtskreis bekannte Rechtsfigur der *antisuit injunction*, mit der zwar nicht einem fremden Gericht, wohl aber einem Verfahrensbeteiligten untersagt werden soll, im Ausland ein Verfahren einzuleiten oder fortzuführen.[3] Es handelt sich insoweit also gewissermaßen um „an offensive version of the lis pendens stay".[4]

7.31

Vor allem englische Gerichte haben immer wieder versucht, ihre Vorstellungen von einer fairen Zuordnung internationaler Zuständigkeit mit Hilfe von **Prozessführungsverboten** durchzusetzen, und zwar bisweilen selbst dann, wenn ein Kompetenzkonflikt im **innereuropäischen Rechtsverkehr** in Rede stand. Eine *antisuit injunction* kann zum einen zur Verteidigung einer (angeblichen) ausschließlichen Zuständigkeit englischer Gerichte oder Schiedsgerichte dienen, zum anderen zur Abwehr eines als rechtsmissbräuchlich oder schikanös aufgefassten Prozessierens im Aus-

7.32

---

1 Vgl. Staudinger/*von Hein*, Art. 24 EGBGB Rz. 125.
2 Offen gelassen in BT-Drucks. 10/504, S. 95 (dort noch zu §§ 4, 47 FGG).
3 Vgl. etwa *Briggs/Rees*, Rz. 5.35 ff.; *Cheshire/North/Fawcett*, S. 455 ff.; *Hartley*, S. 222 ff. (England), 235 (USA). Monographisch dazu aus kontinentaleuropäischer Sicht *Ingenhoven*, Grenzüberschreitender Rechtsschutz durch englische Gerichte, 2001; *Maack*, Englische antisuit injunctions im europäischen Zivilrechtsverkehr, 1999; *Naumann*, Englische anti-suit injunctions zur Durchsetzung von Schiedsvereinbarungen, 2008.
4 *Bermann*, Col.J.Trans.L. 28 (1990), 589, 613.

land. Der damit auf Vorlage des House of Lords (nunmehr: Supreme Court of the United Kingdom) befasste EuGH hat in der Rechtssache *Turner/ Grovit* klargestellt, dass *antisuit injunctions* in unlösbarem Konflikt mit zwei Prinzipien des europäischen IZVR stehen:[1] zum einen mit dem Grundsatz gegenseitigen Vertrauens in die Rechtssysteme und Rechtspflegeorgane der Mitgliedstaaten, zum anderen mit dem Grundsatz, dass die internationale Entscheidungszuständigkeit der Gerichte eines Mitgliedstaates nur in besonders geregelten Ausnahmefällen im Zweitstaat überprüft werden darf. Davon ausgehend, lässt er nicht die beschwichtigenden Einwände des House of Lords gelten, dass das Prozessführungsverbot nur *in personam* wirke und die Zuständigkeit des ausländischen Gerichts allenfalls mittelbar betreffe, zudem als bloße Verfahrensmaßnahme nur nach nationalem Recht zu beurteilen sei. Vielmehr verweist der EuGH auf die anzustrebende praktische Wirksamkeit des vereinheitlichten Zuständigkeitssystems und die Notwendigkeit, von vornherein Kollisionslagen auszuschließen, die sogar im Schlagabtausch zwischen *antisuit* und *anti-antisuit injunctions* gipfeln könnten. Für den innereuropäischen Rechtsverkehr hat der EuGH dem Rechtsinstitut in der Rechtssache *Allianz SpA/West Tankers*[2] wohl endgültig den Garaus gemacht: Auch der Einsatz von *antisuit injunctions*, die Schiedsvereinbarungen gegenüber einem staatlichen Gerichtsverfahren durchsetzen sollen, sei im Verhältnis zu anderen EU-Staaten von vornherein unzulässig. Insbesondere lasse sich laut EuGH aus Art. 1 Abs. 2 lit. d Brüssel I-VO nicht etwa folgern, dass die bisherige Praxis der englischen Gerichte mangels europarechtlicher Vorgaben zu tolerieren sei. Daran ist auch für die Brüssel Ia-VO festzuhalten.[3]

7.33   Die ablehnende Haltung des EuGH gegenüber Prozessführungsverboten ist in England auf einiges Unverständnis gestoßen: zum einen, weil man die eigene verfahrensrechtliche Tradition bedroht sieht, zum anderen, weil man befürchtet, wegen des rigiden Festhaltens des EuGH am Prioritätsprinzip (vgl. Rechtssache *Gasser*, dazu Rz. 7.12 ff.) fortan gänzlich ohnmächtig gegenüber missbräuchlichem Verhalten zu sein.[4] Freilich hätte dem Einsatz von *antisuit injunctions* auch dann eine Absage erteilt werden müssen, wenn sich der EuGH im Fall *Gasser* etwas flexibler gezeigt hätte; denn Prozessführungsverbote bergen nicht nur ein gewaltiges Konfliktpotential, sondern sind ihrerseits unvereinbar mit Art. 6 EMRK bzw.

---

1 EuGH v. 27.4.2004 – Rs. C-159/02 (*Turner/Grovit u.a.*), IPRax 2004, 425; dazu *Hau*, ZZPInt 9 (2004), 191. Vgl. auch schon OLG Düsseldorf v. 10.1.1996 – 3 VA 11/95, IPRax 1997, 260 (Anm. *Hau*, 245): Verweigerung der Zustellung einer antisuit injunction.

2 EuGH v. 10.2.2009 – Rs. C-185/07 (*Allianz/West Tankers*), NJW 2009, 1655. Vgl. *Balthasar/Richers*, RIW 2009, 351; *Lehmann*, NJW 2009, 1645; *Seelmann-Eggebert/Clifford*, SchiedsVZ 2009, 139; *Steinbrück*, ZEuP 2010, 168.

3 Zutreffend *Domej*, FS Gottwald, 2014, S. 97, 101 f.

4 Vgl. etwa *Hartley*, S. 258 (beachte auch 263 f., dort mit dem geradezu infam anmutenden Versuch, die Inkompetenz der beteiligten EuGH-Richter nachzuweisen).

Art. 47 Grundrechte-Charta. Früher oder später wird sich der EuGH aber der Aufgabe stellen müssen, Leitlinien zu entwickeln, wie angesichts des im internationalen Rechtsverkehr unverkennbar vorhandenen Missbrauchspotentials die **Balance zwischen Rechtssicherheit und Einzelfallgerechtigkeit** zu halten ist. Im Übrigen belegt die Verordnung Nr. 2271/96 vom 22.11.1996,[1] dass die EU vor allem auf eine Befriedung des innereuropäischen Zivilrechtsverkehrs drängt, während sie im Verhältnis zu Drittstaaten (namentlich im transatlantischen Bereich) durchaus gewillt ist, (vermeintliche) Stärke zu demonstrieren. Auch insoweit gilt es allerdings, Besonnenheit anzumahnen.[2]

Nach alledem sollte man größte Zurückhaltung walten lassen im Hinblick auf die Frage, unter welchen Voraussetzungen ein in **Deutschland** justitiabler Anspruch auf Unterlassung einer Verfahreneinleitung oder -fortführung in einem Drittstaat denkbar erscheint.[3] Dabei ist stets sorgfältig zu überprüfen, ob im Ausland vorgenommene Verfahrenshandlungen kollisionsrechtlich überhaupt nach deutschem Recht (insbesondere anhand § 826 BGB) zu beurteilen sind.[4] Entsprechendes gilt schließlich auch für die Frage, welche Erfolgsaussichten eine im Inland erhobene Klage hat, die auf Erstattung des vom Gegner im Ausland beigetriebenen Betrags (sog. *claw back*)[5] oder wenigstens auf Ersatz für die dort aufgewendeten Rechtsverteidigungskosten abzielt.[6] **7.34**

III. Kooperation von Gerichten

1. Grundlagen

Ausgehend vom überkommenen völkerrechtlichen Territorialitätsprinzip (Rz. 2.2 f.), erweist sich **grenzüberschreitende Kommunikation oder Ko-** **7.35**

---

1 Verordnung Nr. 2271/96 vom 22.11.1996 zum Schutz vor den Auswirkungen der extraterritorialen Anwendung von einem Drittland erlassener Rechtsakte sowie von darauf beruhenden oder sich daraus ergebenden Maßnahmen, ABl. 1996 L 309/1.

2 Ähnlich *Schack*, Rz. 1136: „IZPR ist ... kein Mittel zur juristischen Kriegsführung".

3 Näher *Hau*, Positive Kompetenzkonflikte, S. 201 ff.; *Schack*, Rz. 859 ff.; *Spickhoff*, FS Deutsch, S. 327; *M. Stürner*, RabelsZ 71 (2007), 597, 600 ff. Bedenklich weitgehend, *Paulus*, FS Georgiades, 2005, S. 511.

4 Deutlich zu vorschnell etwa *Bellinghausen/Paheenthararajah*, ZIP 2008, 492, 494.

5 Dazu *Grunwald*, Forum Shopping mit amerikanischen Gerichten, 2008, S. 118 ff.; *Hau*, Positive Kompetenzkonflikte, S. 109 ff.; *Köster*, Haftung wegen Forum Shopping in den USA, 2001, S. 72 ff.; *Schack*, Rz. 1130 ff.

6 Vgl. dazu, jeweils im Hinblick auf mögliche Kostenerstattungsansprüche wegen abredewidriger Klageerhebung im Ausland trotz ausschließlicher Prorogation zugunsten deutscher Gerichte, *Gebauer*, FS Kaissis, S. 267; *Mankowski*, IPRax 2009, 23; *Pfeiffer*, FS Lindacher, 2007, S. 77; *Schlosser*, FS Lindacher, 2007, S. 111. Beachte ferner das Fallbeispiel bei *Fuchs/Hau/Thorn*, Nr. 7, sowie *Briggs/Rees*, Rz. 5.57 ff.

operation von Gerichten zunächst als bedenklich. Gleichwohl ist sie insbesondere in Fürsorgeverfahren mit Bezügen zu mehreren Staaten, aber auch in streitigen Angelegenheiten häufig sinnvoll oder sogar unabdingbar, um sachgerechte Lösungen erzielen zu können.[1] Rechnung tragen diesem Gedanken der deutsche Gesetzgeber (etwa mit dem AUG, dazu sogleich), vor allem aber auch das Europa- und Konventionsrecht (vgl. etwa Art. 53 ff. Brüssel IIa-VO, Art. 29 ff. KSÜ, Art. 6 ff. HKEntfÜ, Art. 6 ff. HAdoptÜ, Art. 28 ff. HErwSÜ).[2] Die Haager Konferenz hat 2013 einen Leitfaden zur Kommunikation zwischen Gerichten vorgelegt.[3] Merkwürdig schwach ausgeprägt ist in dieser Hinsicht allerdings die EuErbVO.[4]

7.36   Aus denselben Erwägungen, die für Kommunikation und Kooperation sprechen, wird immer häufiger die – noch vor einigen Jahrzehnten als nahezu undenkbar erachtete – Möglichkeit einer **grenzüberschreitenden Verfahrensabgabe** eröffnet: Das deutsche Gericht darf, auch wenn es an sich international zuständig ist, von einer eigenen Sachentscheidung absehen und stattdessen das Verfahren an ein sachnäheres ausländisches Gericht abgeben bzw. ein solches zumindest um Übernahme ersuchen. Die Grundlage für ein solches Vorgehen schaffen insbesondere §§ 99 Abs. 3, 104 Abs. 2 FamFG, Art. 15 Brüssel IIa-VO, Art. 6 und 7 EuErbVO, Art. 8 f. KSÜ und Art. 8 HErwSÜ. Entsprechend solcher Vorschriften kommt umgekehrt auch die **Übernahme eines ausländischen Verfahrens** durch ein deutsches Gericht in Betracht.[5] Dieses hat dann allerdings seine internationale Zuständigkeit eigenständig zu prüfen. Womöglich wird man auch im internationalen Rechtsverkehr in nicht allzu ferner Zukunft sogar bereit sein, bindende Verweisungen vorzusehen (vgl. für das innerstaatliche Recht etwa § 281 Abs. 2 S. 4 ZPO, § 17a Abs. 2 S. 3 GVG). Im Übrigen spräche manches dafür, solche Kooperationsmodelle auch für allgemeine Zivil- und Handelssachen einzuführen,[6] wovon bei der Überführung der Brüssel I-VO in die Brüssel Ia-VO aber noch abgesehen wurde.

7.37   Von alledem strikt zu unterscheiden ist die Lehre von der sog. **Zuständigkeitsverweisung** (bzw. Renvoi-Zuständigkeit): Danach sollen die deutschen Gerichte, obwohl das deutsche Verfahrensrecht keine Zuständigkeit eröffnet, auch dann zur Entscheidung berufen sein, wenn ein auslän-

---

1 Zum Sonderproblem der Kommunikation zwischen Gerichten in grenzüberschreitenden Insolvenzen vgl. *Busch/Remmert/Rüntz/Vallender*, NZI 2010, 417; *Ehricke*, ZIP 2007, 2395.

2 Beachte speziell zum Einsatz von Verbindungsrichtern im Internationalen Familienrecht *Menne*, FS Brudermüller, S. 471; allgemein zur grenzüberschreitenden Kommunikation zwischen Gerichten *Stadler*, Erasmus L.Rev. 5 (2012), 151, 163 ff.

3 Zugänglich unter www.hcch.net/upload/brochure_djc_en.pdf.

4 Kritisch dazu *Hess*, in: Dutta/Herler, Die Europäische Erbrechtsverordnung, 2014, S. 131, 142.

5 Vgl. etwa Staudinger/*von Hein*, Art. 24 EGBGB Rz. 127.

6 Dafür auch *Schack*, Rz. 455, 858; *Schoibl*, ZZPInt 10 (2005), 123, 137, 145. Eher skeptisch mit Hinweis auf damit womöglich verbundenes Missbrauchspotential *McGuire*, ZfRV 2005, 83.

disches Gericht Rechtsschutz mit der Begründung verweigert, die deutschen Gerichte sollten entscheiden. Diese Lehre ist indes weder mit dem deutschen Zuständigkeitsrecht vereinbar noch sachgerecht (s. noch Rz. 12.32 f.).[1] Droht im Einzelfall ein negativer Kompetenzkonflikt, so bleibt allenfalls an eine Notzuständigkeit zu denken (s. Rz. 7.2).

2. Besonderheiten in Unterhalts- und Sorgerechtssachen

Inlandsansässige Unterhaltsberechtigte, die mangels inländischen Schuld- 7.38
nervermögens von vornherein vom Versuch einer Titulierung im Inland absehen und stattdessen versuchen, ihre Ansprüche im Ausland durchzusetzen, stehen vor erheblichen praktischen Problemen (nicht selten bereits beginnend mit der Ermittlung der Adresse des Verpflichteten[2]) und sind deshalb regelmäßig auf Rechtshilfe angewiesen. Bewährt hat sich hierbei das New Yorker UN-Übereinkommen vom 20.6.1956 über die Geltendmachung von Unterhaltsansprüchen im Ausland (**UNUntÜ**).[3] Danach werden Personen unterstützt, die sich im Hoheitsgebiet eines der – inzwischen mehr als 60 – Vertragsstaaten befinden. Die Aufgaben der Übermittlungs- und Empfangsstelle nach dem UNUntÜ übernimmt in Deutschland das Bundesamt für Justiz.[4] Dem UNUntÜ nachempfunden war das deutsche Gesetz zur Geltendmachung von Unterhaltsansprüchen im Verkehr mit ausländischen Staaten (**AUG**) in seiner ursprünglichen Fassung vom 19.12.1986.[5] Danach soll die Durchsetzung von Unterhaltsansprüchen im Verhältnis zu solchen Staaten erleichtert werden, die dem UNUntÜ zwar nicht beigetreten sind, mit denen aber gleichwohl die Verbürgung der Gegenseitigkeit förmlich festgestellt ist. Dies betrifft die USA, Kanada und Südafrika, wobei für die Verbürgung der Gegenseitigkeit nicht etwa das Völkerrechtssubjekt (also etwa die USA) maßgeblich ist, sondern der Bundesstaat (bzw. die Provinz), in dem der Verfahrensgegner seinen gewöhnlichen Aufenthalt hat.[6] Das AUG regelt neben der Zusammenarbeit mit ausländischen Gerichten und Behörden – insoweit über das UNUntÜ hinausgehend – auch die Vollstreckbarkeit.

Die soeben skizzierte Funktion im Verhältnis zu den genannten Dritt- 7.39
staaten kommt dem AUG auch nach seiner grundlegenden Überarbeitung und Neufassung vom 23.5.2011 zu (vgl. nunmehr: § 1 Abs. 1 Nr. 3, § 64

---

1 Wie hier etwa *Geimer*, Rz. 1018; *Schack*, Rz. 459; jeweils m. Nachw. zum Streitstand.

2 Vgl. zu Suchstrategien in solchen Fällen *Lohse*, ZKJ 2007, 142 f.; *Nohe*, FRP 2013, 31, 32 f.

3 BGBl. 1959 II, 150. An die Stelle des ursprünglichen Ausführungsgesetzes v. 26.2.1959 (BGBl. 1959 II, 149) bzw. 4.3.1971 (BGBl. 1971 II, 105) ist inzwischen das AUG vom 23.5.2011 getreten (dort § 1 Abs. 2 lit. c).

4 Nunmehr vorgesehen in § 4 Abs. 1 AUG. Kontaktdaten unter www.bundesjustiz amt.de.

5 BGBl. 1986 I, 2563.

6 Vgl. im Einzelnen die Bekanntmachung v. 18.6.2011 in BGBl. 2011 I, 1109.

AUG).[1] Größere Bedeutung hat das neue AUG indes als Durchführungsgesetz zur **EuUntVO** (vgl. Rz. 12.16 und 14.18) sowie als Ausführungsgesetz zu den in § 1 Abs. 2 AUG genannten Konventionen, namentlich dem Haager Übereinkommen über die Durchsetzung von Kindesunterhalt und anderer Formen des Familienunterhalts vom 23.11.2007 (**HUntVÜ 2007**),[2] das am 1.8.2014 für die EU in Kraft getreten ist.[3] Sowohl die EuUntVO (Art. 49 ff.) als auch das HUntVÜ 2007 (Art. 4 ff.) enthalten eingehende Vorschriften zur grenzüberschreitenden Zusammenarbeit in Unterhaltssachen. Dabei geht die EuUntVO zwischen ihren Mitgliedstaaten dem HUntVÜ 2007 vor (vgl. Art. 51 Abs. 4 HUntVÜ 2007), während beide Rechtsinstrumente zwischen ihren Mitglied- bzw. Vertragsstaaten das UNUntÜ verdrängen (vgl. Art. 69 Abs. 2 EuUntVO, Art. 51 Abs. 4 HUntVÜ 2007).

7.40 Erhebliche Probleme bereitet im internationalen Kindschaftsrecht ein Phänomen, das häufig unter dem – missverständlichen – Stichwort „**legal kidnapping**" diskutiert wird: das widerrechtliche Verbringen oder Zurückhalten eines Kindes (vgl. die Legaldefinition in Art. 2 Nr. 11 Brüssel IIa-VO). Es geht also um Konstellationen, in denen möglichst schnelles Handeln und damit eine enge Kooperation nationaler Behörden und Gerichte geboten ist.[4] Der angemessenen Lösung solcher Fälle sollen sowohl die Brüssel IIa-VO (Art. 10 f.) als auch Spezialübereinkommen dienen, nämlich das Haager Übereinkommen vom 25.10.1980 über die zivilrechtlichen Aspekte internationaler Kindesentführung[5] (HKEntfÜ) und das Luxemburger Europäische Übereinkommen vom 20.5.1980 über die Anerkennung und Vollstreckung von Entscheidungen über das Sorgerecht für Kinder und die Wiederherstellung des Sorgeverhältnisses[6] (SorgeRÜ); beide Konventionen sind für Deutschland verbindlich (Ausführungsgesetz: IntFamRVG[7]). Das HKEntfÜ geht in seinem sachlichen Anwendungsbereich dem MSA vor (Art. 34 HKEntfÜ), und auch das KSÜ tritt zurück (Art. 50 KSÜ). Zwi-

---

1 BGBl. 2011 I, 898. Vgl. dazu den Regierungsentwurf (BT-Drucks. 17/4887) sowie einführend *Andrae*, NJW 2011, 2545; *Heger/Selg*, FamRZ 2011, 1101; *Niethammer-Jürgens*, FamRBint 2011, 60; *Veith*, FRP 2013, 46.
2 Abgedruckt in ABl. 2011 L 192/71. Zu den damit verbundenen Änderungen des AUG s. das Gesetz v. 20.2.2013, BGBl. 2013 I, 273; vgl. dazu den Regierungsentwurf (BT-Drucks. 17/10492) sowie *Hilbig-Lugani*, FamRBint 2013, 74. Einführend zum HUntVÜ 2007 etwa *Andrae*, FPR 2008, 196; *Hirsch*, FamRBint 2008, 70; *Janzen*, FPR 2008, 218.
3 Beachte zu den Einzelheiten die Ratsbeschlüsse 2011/432/EU (ABl. 2011 L 192/39) sowie 2014/218/EU (ABl. 2014 L 113/1).
4 Beachte etwa *Finger*, JR 2009, 441, sowie das Fallbeispiel bei *Fuchs/Hau/Thorn*, Nr. 13.
5 BGBl. 1990 II, 207.
6 BGBl. 1990 II, 220.
7 BGBl. 2005 I, 162.

schen dem HKEntfÜ und dem SorgeRÜ sind Überschneidungen möglich. Kommen Rückgabeersuchen nach beiden Übereinkommen in Betracht, so ist das HKEntfÜ anzuwenden, sofern der Antragsteller nicht ausdrücklich die Anwendung des SorgeRÜ begehrt (§ 37 IntFamRVG). Der Vorrang der Brüssel IIa-VO gegenüber sowohl dem SorgeRÜ als auch dem HKEntfÜ ergibt sich aus Art. 60, 62 Brüssel IIa-VO. Die Aufgaben der Zentralen Behörde im Sinne der genannten Rechtsinstrumente nimmt für Deutschland das Bundesamt für Justiz wahr (§ 3 Abs. 1 IntFamRVG).

§ 8 Ausländische und auslandsansässige Verfahrensbeteiligte

Literatur (vgl. auch die Nachweise zur internationalen Rechtshilfe zu § 3): *Armbrüster*, Fremdsprachen in Gerichtsverfahren, NJW 2011, 812; *ders.*, Englischsprachige Zivilprozesse vor deutschen Gerichten?, ZRP 2011, 102; *Bernasconi/Thébault*, Practical Handbook on the Operation of the Hague Service Convention, 2006; *Clavora/Garber*, Sprache und Zivilverfahrensrecht, 2013; *Flessner*, Deutscher Zivilprozess auf Englisch, NJW 2011, 3544; *Gottwald*, Die Stellung des Ausländers im Prozess, in: Habscheid/Beys, Grundfragen des Zivilprozessrechts, 1990, S. 1; *ders.*, Prozesskostenhilfe für grenzüberschreitende Verfahren in Europa, FS Rechberger, 2005, S. 173; *Hau*, Prozesskostenhilfe für Ausländer und Auslandsansässige im deutschen Zivilprozess, GS Konuralp, 2009, Bd. I, S. 411; *ders.*, Fremdsprachengebrauch durch deutsche Zivilgerichte, FS Schurig, 2012, S. 49; *Heckel*, Die fiktive Inlandszustellung auf dem Rückzug, IPRax 2008, 218; *Heiderhoff*, Fiktive Zustellung und Titelmobilität, IPRax 2013, 309; *Heinze*, Keine Zustellung durch Aufgabe zur Post im Anwendungsbereich der Europäischen Zustellungsverordnung, IPRax 2013, 132; *Hess*, Kommunikation im europäischen Zivilprozess, AnwBl 2011, 321; *Huber*, Prozessführung auf Englisch vor Spezialkammern für internationale Handelssachen, FS Simotta, 2012, S. 245; *Jacoby*, Öffentliche Zustellung statt Auslandszustellung?, FS Kropholler, 2008, S. 819; *Kern*, English as a court language in continental courts, Erasmus L.Rev. 3 (2012), 187; *Knöfel*, Prozesskostenhilfe im internationalen Zivilverfahrensrecht – Grundlagen und aktuelle Probleme, FS Kaissis, 2012, S. 501; *Kondring*, Von Scania zu Alder – Ist die fiktive Inlandszustellung in Europa am Ende?, EWS 2013, 128; *Linke*, Die Probleme der internationalen Zustellung, in: Gottwald, Grundfragen der Gerichtsverfassung – Internationale Zustellung, 1999, S. 95 (zit.: *Linke*, Internat. Zustellung); *Mankowski*, Zur Regelung von Sprachfragen im europäischen Internationalen Zivilverfahrensrecht, FS Kaissis, 2012, S. 607; *Motzer*, Prozesskostenhilfe in Familiensachen mit Auslandsbezug, FamRBint 2008, 16; *Nordmeier*, Die Bedeutung des anwendbaren Rechts für die Rückwirkung der Zustellung nach § 167 ZPO, ZZP 124 (2011), 95; *Oda*, Überlegungen zur Prozessfähigkeit von Ausländern, FS Konzen, 2006, S. 603; *Rauscher*, Der Wandel von Zustellungsstandards zu Zustellungsvorschriften im Europäischen Zivilprozessrecht, FS Kropholler, 2008, S. 851; *Rohe*, Zur Neuorientierung des Zustellungsrechts, FS Vollkommer, 2006, S. 291; *Stadler*, Practical obstacles in cross-border litigation and communication between (EU) courts, Erasmus L.Rev. 5 (2012), 151; *Strasser*, Prozessbürgschaften EU-ausländischer Kreditinstitute, RIW 2009, 521; *Stürner*, Fiktive Inlandszustellungen und europäisches Recht, ZZP 126 (2013), 137; *Sujecki*, Die reformierte Zustellungsverordnung, NJW 2008, 1628; *Wagner/Mann*, Die Kaufmannseigenschaft ausländischer Parteien im Zivilprozess, IPRax 2013, 122; *Wauschkuhn*, Babel of international litigation: Court language as leverage to attract international commercial disputes, NIPR 2014, 343; *Würdinger*, Das Sprachen- und Übersetzungsproblem im Europäischen Zustellungsrecht – ein Spannungsfeld zwischen Justizgewährung und Beklagtenschutz im Europäischen Justizraum, IPRax 2013, 61.

I. Prozessuales Fremdenrecht

Das geltende deutsche Verfahrensrecht differenziert zwar in mancherlei   8.1
Hinsicht zwischen In- und Ausland (vgl. Rz. 2.40 f.) sowie zwischen in- und auslandsansässigen Beteiligten, abgesehen von der Restbedeutung

der Staatsangehörigkeit für die internationale Zuständigkeit (Rz. 5.15) aber nur vereinzelt zwischen Inländern und Ausländern. Im Prinzip geht Deutschland von **Inländer-Gleichbehandlung** aus.[1] Das ist völkerrechtlich verbindlich bekräftigt worden durch den Beitritt zu einschlägigen Staatsverträgen, die programmatisch Garantien des freien Zugangs zu den Gerichten[2] und der Gleichheit aller vor Gericht[3] postulieren.

8.2   Gleichwohl verbleiben einige spezifische **Benachteiligungen von Ausländern** bei der Rechtsverfolgung oder Rechtsverteidigung im Inland, die vor dem Hintergrund solcher Staatsverträge und zumal im Anwendungsbereich des Unionsrechts freilich einer sachlichen Rechtfertigung bedürfen. Sie folgen teilweise aus gesetzlichen Sonderregeln, teilweise aus der mangelnden Berücksichtigung tatsächlicher Erschwernisse (beispielsweise fehlender Sprachkenntnisse). Diese normierten oder praktizierten Sonderregeln werden herkömmlich unter dem Begriff des **prozessualen Fremdenrechts** zusammengefasst.[4] Zu den völkerrechtlichen Grenzen der Möglichkeit, im Inland Verfahren gegen ausländische Staaten, sonstige Hoheitsträger oder internationale Organisationen durchzuführen, vgl. Rz. 3.1 ff.

II. Partei- und Prozessfähigkeit von Ausländern

8.3   Die Sachentscheidungsvoraussetzungen unterstehen grundsätzlich der lex fori, also deutschem Recht. Allerdings werden die materiell-rechtlichen Anknüpfungen der Partei- und Prozessfähigkeit in §§ 50 ff. ZPO heute allgemein als Verweisung auf das Heimatrecht des Ausländers verstanden.[5] Davon ausgehend wird kontrovers diskutiert, ob sich die Verweisung auf das ausländische Verfahrensrecht (also auf dessen Regeln zur Partei- bzw. Prozessfähigkeit) oder auf die vom Personalstatut berufenen materiell-rechtlichen Bestimmungen zur Rechts- und Geschäftsfähigkeit bezieht.[6]

---

1 Statt mancher: *Nagel/Gottwald*, § 4 Rz. 5; *Stürner*, FS Gottwald, 2014, S. 631, 641 f.
2 Z.B. Art. 7 Europäisches Niederlassungsübereinkommen v. 13.12.1955, BGBl. 1959 II, 998.
3 Z.B. Art. 14 Internationaler Pakt über bürgerliche und politische Rechte v. 19.12.1966, BGBl. 1973 II, 1534.
4 Vgl. etwa den Titel von *Riezlers*, Lehrbuch von 1949: „Internationales Zivilprozessrecht und prozessuales Fremdenrecht".
5 Sonderprobleme bereiten sog. Scheinauslandsgesellschaften; dazu etwa *Lindacher*, § 11 Rz. 9 ff.
6 Im ersteren Sinne die wohl h.M. im Anschluss an *Pagenstecher*, ZZP 64 (1951), 249 ff.; vgl. *Hess*, ZZP 117 (2004), 267, 274 f., 296 f. Anders z.B. *Schütze*, IZPR, Rz. 189, sowie BGH v. 30.6.1965 – VIII ZR 71/64, NJW 1965, 1666.

Diese Streitfrage erledigt sich weitgehend, wenn man der verschiedent- 8.4
lich vorgeschlagenen **Alternativanknüpfung** folgt:[1] Damit ist für den
deutschen Prozess allemal als partei- und prozessfähig anzusehen, wer
das eine oder andere nach seinem **Heimatrecht** ist. Hilfsweise bestimmt
§ 55 ZPO zum Schutz des inländischen Rechtsverkehrs, dass die nach
dem Heimatrecht bestehende Prozessunfähigkeit unberücksichtigt bleibt,
wenn die ausländische Partei nach deutschem Recht prozessfähig ist.
Wenn man den Verkehrsschutz durch eine solche Hilfsanknüpfung an die
deutsche lex fori für geboten bzw. sachgerecht hält,[2] so sollte die Regel
gleichermaßen auch schon für die Parteifähigkeit gelten. Im Übrigen sollte diese Lösung unabhängig davon eingreifen, ob die ausländische Partei
im Prozess als Kläger oder Beklagter auftritt.[3]

Im **FamFG** ist die Beteiligtenfähigkeit in § 8, die Verfahrensfähigkeit in 8.5
§ 9 geregelt. Die Behandlung von Ausländern wird nur insoweit thematisiert, als § 9 Abs. 5 FamFG auf § 55 ZPO verweist. Für die übrigen Fragen
sollte es für das FamFG bei den zu §§ 50, 55 ZPO entwickelten, soeben
erläuterten Grundsätzen bleiben.[4]

Eine Alternativanknüpfung an das Heimatrecht und hilfsweise die lex fo- 8.6
ri bietet sich auch dann an, wenn es im Zivilprozess, etwa hinsichtlich
§ 95 GVG, auf die **Kaufmannseigenschaft** einer ausländischen Partei ankommt.[5] Maßgeblich für die Frage, wer ausländische Gesellschaften ordnungsgemäß im Prozess zu vertreten hat, ist hingegen allein das Gesellschaftsstatut.[6] Umgekehrt bestimmt allein die lex fori (in Deutschland
also insbesondere § 78 ZPO) darüber, ob eine Vertretung durch Anwälte
geboten ist (sog. **Postulationsfähigkeit**). Davon wiederum zu trennen ist
die Frage, inwieweit ausländische Anwälte im deutschen Verfahren tätig
werden dürfen.[7]

III. Verfahrenskostenhilfe und Sicherheitsleistung

1. Ausländer im Kostenrecht

Gerade die grenzüberschreitende Rechtsverfolgung erweist sich schon 8.7
wegen der damit häufig verbundenen Reise- und Übersetzungskosten als
kostenintensiv. Aber nicht nur der Gedanke an die drohende Kostener-
stattungspflicht bei Prozessverlust, sondern auch die Einforderung von

---

1 *Geimer*, Rz. 2203; *Lindacher*, § 11 Rz. 8; ausführlich dazu und zum Folgenden
  Furtak, Die Parteifähigkeit in Zivilverfahren mit Auslandsberührung, 1995,
  S. 152 ff.
2 Kritisch *Gottwald*, Die Stellung des Ausländers im Prozeß, S. 73 f.
3 Vgl. MünchKommZPO/*Lindacher*, § 50 Rz. 56.
4 *Hau*, FamRZ 2009, 821, 824.
5 Für Maßgeblichkeit der lex fori (also des HGB) hingegen *Wagner/Mann*, IPRax
  2013, 122, 125.
6 Näher etwa *Lindacher*, § 11 Rz. 13 f.
7 Dazu *Junker*, § 24 Rz. 15 f.

Kostenvorschüssen durch Anwalt und Gericht können als faktische Zugangsbarrieren die Rechtsverfolgung beeinträchtigen. **Differenzierungen nach dem In- oder Ausländerstatus** im Kostenrecht haben eine lange Tradition. So wurde nach der in Deutschland bis 1957 geltenden Regelung von einem ausländischen Kläger der dreifache Gerichtskostenvorschuss verlangt, und bis heute muss ein auslandsansässiger Kläger unter bestimmten Voraussetzungen Sicherheit für die Verfahrenskosten leisten (s. Rz. 8.15 f.). In den Genuss des früher sog. Armenrechts kamen ausländische Prozessbeteiligte bis zum Prozesskostenhilfegesetz von 1980 nur im Falle verbürgter Gegenseitigkeit. Der Abbau solcher Ungleichbehandlung war eines der Hauptziele der internationalen Rechtshilfeverträge, z.B. schon der Haager Zivilprozessübereinkommen von 1896 und 1904.[1] Erfreulicherweise zeigt sich auch die deutsche Rechtsprechung zunehmend sensibel, wenn es gilt, kostenrechtliche Rechtsverfolgungsprobleme auslandsansässiger Parteien zu vermeiden.[2]

2. Prozess- und Verfahrenskostenhilfe

8.8   Art. 47 Abs. 3 Grundrechte-Charta[3] betont das rechtsstaatliche Grundanliegen, auch wirtschaftlich bedürftigen Parteien den Zugang zum Recht zu ermöglichen: Personen, die nicht über ausreichende Mittel verfügen, wird Kostenhilfe bewilligt, soweit diese Hilfe erforderlich ist, um den **Zugang zu den Gerichten** (*access to justice*) wirksam zu gewährleisten.[4] Der EGMR verweist gleichsinnig auf die Verbürgung eines fairen Verfahrens durch Art. 6 Abs. 1 S. 1 EMRK,[5] das BVerfG auf das Prinzip des sozialen Rechtsstaates (Art. 20 Abs. 1 GG) sowie den Gleichheitssatz (Art. 3 Abs. 1 GG).[6] Konsequenzen daraus hat die deutsche PKH-Neuregelung von 1980 gezogen: Seither kann allen bedürftigen natürlichen Personen Prozesskostenhilfe für ein in Deutschland geführtes Verfahren gewährt werden,[7] und Gleiches gilt gemäß § 76 Abs. 1 FamFG für die Verfahrenskostenhilfe (VKH). Während Art. 47 Abs. 3 Grundrechte-Charta nach Ansicht des EuGH auch bedürftigen juristischen Personen zugu-

---

1 RGBl. 1909, 409; AusfG vom 5.4.1909, RGBl. 1909, 430.
2 Vgl. BGH v. 12.9.2013 – I ZB 39/13, NJW-RR 2014, 886: Ein die Kostenerstattung gemäß § 91 Abs. 2 S. 1 ZPO ausschließender Rechtsmissbrauch liege nicht allein darin, dass der auslandsansässige Kläger das ihm gemäß § 35 ZPO zustehende Wahlrecht dahingehend ausübt, dass er weder am inländischen Gerichtsstand des Beklagten noch am Sitz seines inländischen Prozessbevollmächtigten klagt, sondern bei einem dritten Gerichtsort.
3 ABl. 2010 C 83/389. Zur Verbindlichkeit der Charta vgl. Art. 6 Abs. 1 EUV.
4 Näher dazu etwa Gebauer/Wiedmann/*Hau*, Kap. 33; *Knöfel*, FS Kaissis, S. 501, 502 ff.; *Schoibl*, JBl 2006, 142, 145 f.
5 Beachte aus neuerer Zeit EGMR v. 10.4.2007 – 23947/03, juris, Rz. 38 f.
6 Grundlegend BVerfG v. 17.6.1953 – 1 BvR 668/52, BVerfGE 2, 336.
7 BGBl. 1980 I, 677.

tekommen soll,[1] leitet der EGMR keine entsprechende Vorgabe aus Art. 6 bzw. 14 EMRK ab.[2]

Für ein im Inland durchzuführendes Verfahren erhalten **inlandsansässige** **8.9** **natürliche Personen** – unabhängig von ihrer Staatsangehörigkeit – PKH/ VKH nach Maßgabe von §§ 114 ff. ZPO.[3] Was die Bewilligungsvoraussetzungen angeht, gelten kaum Besonderheiten. Insbesondere ist die Rechtsverfolgung im Inland nicht vorschnell als mutwillig zu qualifizieren: Wenn deutsche Gerichte zur Entscheidung berufen sind, darf PKH/VKH nicht ohne Weiteres mit der Begründung versagt werden, der Antragsteller könne sein Recht möglicherweise einfacher, schneller oder auch billiger im Ausland verfolgen.[4] Bei Bewilligung entfallen auch Vorschuss- und Sicherheitsleistung (§ 14 Nr. 1 GKG, § 122 Abs. 1 ZPO). Die auch für Verfahren ohne Anwaltszwang mögliche **Beiordnung eines Rechtsanwalts** (§ 121 Abs. 2 ZPO) dürfte bei Ausländern zur Kompensation der Sprach- und Rechtsfremdheit regelmäßig geboten sein; im Anwaltsprozess kommt die Beiordnung eines zusätzlichen Beweis- oder Verkehrsanwalts in Betracht (§ 121 Abs. 4 ZPO).[5]

Im Fall von Bedürftigen, die ein Verfahren im Inland durchführen wollen, **8.10** aber in anderen EU-Staaten ansässig sind, gelten einige Spezialregelungen wie etwa Art. 44 ff. EuUntVO. Im Übrigen ist die **PKH-RL 2003/8/EG** vom 27.1.2003 zu beachten.[6] Die Bezugnahme auf „Streitsachen" in Art. 1 Abs. 2 PKH-RL ist nicht etwa dahingehend zu verstehen, dass Angelegenheiten der freiwilligen Gerichtsbarkeit ausgeschlossen wären.[7] Die PKH-RL wurde in Deutschland in §§ 1076–1078 ZPO umgesetzt,[8] die wegen § 76 Abs. 1 FamFG auch im Anwendungsbereich des FamFG gelten. § 1078 ZPO regelt eingehende Ersuchen, mithin den Fall, dass eine in einem anderen EU-Staat ansässige natürliche Person in Deutschland ein Verfahren führen oder die Zwangsvollstreckung betreiben möchte und sich deshalb an die Übermittlungsstelle ihres Wohnsitz- oder Aufenthaltsstaates wendet. Die Staatsangehörigkeit des Antragstellers spielt dabei keine Rolle. Die ausländische Übermittlungsstelle leitet das Ersuchen an die deutsche Empfangsbehörde weiter. Freilich bleibt es dem Antragsteller, wie Art. 13 Abs. 1 PKH-RL klarstellt, unbenommen, sich unmit-

---

1 EuGH v. 22.12.2010 – Rs. C-279/09 (*Deutsche Energiehandels- und Beratungsgesellschaft/Bundesrepublik Deutschland*), EuZW 2011, 137; bestätigend EuGH v. 13.6.2012 – Rs. C-156/12 (*GREP/Freistaat Bayern*), ABl. 2012 C 303/9.

2 EGMR v. 22.3.2012 – 19508/07, NJW-RR 2013, 1075, dort zur Individualbeschwerde einer peruanischen Gesellschaft gegen Deutschland.

3 Näher zum Folgenden *Hau*, GS Konuralp, S. 411 ff.

4 Zutreffend *Nagel/Gottwald*, § 4 Rz. 96; *Mankowski*, IPRax 1999, 155 ff. Näher zu den streitigen Einzelfragen *Motzer*, FamRBint 2008, 16, 20.

5 BGH v. 23.6.2004 – XII ZB 61/04, NJW 2004, 2749.

6 ABl. 2003 L 26/41, berichtigt ABl. 2003 L 32/15. Erläutert bei Gebauer/Wiedmann/*Hau*, Kap. 33; Leible/Terhechte/*Roth*, § 25. Besonderheiten gelten für Dänemark, vgl. Art. 1 Abs. 3 PKH-RL und Erwägungsgrund Nr. 34.

7 Ebenso etwa *Schoibl*, JBl 2006, 142, 148.

8 EG-Prozesskostenhilfegesetz, BGBl. 2004 I, 3392.

telbar an das deutsche Gericht zu wenden und bei diesem nach allgemeinen Regeln um PKH/VKH nachzusuchen.

8.11 Gemäß § 1078 Abs. 3 ZPO ist grenzüberschreitende PKH/VKH auch dann zu gewähren, wenn der auslandsansässige Antragsteller nachweist, dass er die Kosten der Prozessführung gerade deshalb nicht aufbringen kann, weil die **Lebenshaltungskosten** in seinem Wohnsitz- oder Aufenthaltsstaat höher sind als die inländischen. Weder in der PKH-RL noch in § 1078 Abs. 3 ZPO wird ausdrücklich geregelt, wie umgekehrt zu verfahren ist, wenn also die ausländischen Lebenshaltungskosten niedriger sind als die inländischen. Die Auffassung, in diesem Fall seien die nach § 115 Abs. 2 und 3 ZPO maßgeblichen Sätze zulasten des Antragstellers zu modifizieren, hat der BGH zutreffend zurückgewiesen.[1]

8.12 Auch **drittstaatenansässige Bedürftige** werden in Deutschland seit der PKH-Novelle 1980 unterstützt. Von Bedeutung sind dabei die in Art. 21–23 HZPÜ[2] vorgesehenen Verfahrens- und Übermittlungsregeln. Für die Entgegennahme von Bewilligungsanträgen, die gemäß Art. 23 Abs. 1 HZPÜ von einem ausländischen Konsul innerhalb Deutschlands übermittelt werden, ist der Präsident des LG oder des AG zuständig, in dessen Bezirk PKH/VKH gewährt werden soll (§ 9 AusfG zum HZPÜ). Misslich erscheint die Zurückhaltung Deutschlands bzw. nunmehr der EU gegenüber weiteren verfahrenserleichternden Staatsverträgen wie dem Straßburger Europäischen Übereinkommen über die Übermittlung von Anträgen auf Verfahrenshilfe vom 27.1.1977 und dem Haager Übereinkommen über die Erleichterung des internationalen Zugangs zu Gericht vom 25.10.1980.[3]

8.13 Soweit ein Ausländer als Antragsteller im Verfahren auf Vollstreckbarerklärung einer ausländischen Entscheidung auftritt (vgl. Rz. 14.6 ff.), billigen ihm die meisten Staatsverträge[4] ebenso wie die Verordnungen[5] die für das Erstverfahren erlangte Prozesskostenhilfe mittels **Meistbegünstigungsklauseln** auch für das Zweitverfahren zu, und zwar ohne neues Bewilligungsverfahren.[6] Beachte zur Verfahrenskostenhilfe speziell in Unterhaltsanerkennungssachen auch §§ 20 ff. AUG.

8.14 Für ein **im Ausland zu führendes Verfahren** kann ein deutsches Gericht keine PKH/VKH bewilligen.[7] Allerdings gelten die dargelegten Regeln der PKH-RL spiegelbildlich, wenn eine in Deutschland ansässige Person bei

---

1 BGH v. 10.6.2008 – VI ZB 56/07, NJW-RR 2008, 1453; dazu *Motzer*, FamRBint 2009, 6.
2 BGBl. 1958 II, 577.
3 Vgl. dazu *Knöfel*, FS Kaissis, S. 501, 505 ff.
4 Z.B. Art. 50 LugÜ 2007; Art. 15 HUntVÜ 1973; Art. 12 deutsch-israel. Vollstreckungsvertrag vom 20.7.1977.
5 Art. 50 Brüssel I-VO (in der Brüssel Ia-VO stellt sich die Frage nicht mehr); Art. 50 Brüssel IIa-VO; Art. 47 Abs. 2, 3 EuUntVO.
6 H.M.; vgl. etwa MünchKommZPO/*Gottwald*, Art. 50 EuGVO Rz. 5.
7 Klarstellend etwa KG v. 7.7.2005 – 16 VA 11/05, FamRZ 2006, 1210.

einem hiesigen Amtsgericht Unterstützung für ihre Rechtsverfolgung im EU-Ausland beantragt. Beachte hierzu die Regelungen in § 1077 ZPO.[1]

3. Prozess- und Verfahrenskostensicherheit

Ausländischen bzw. auslandsansässigen Klägern wird seit jeher auf Verlangen des Beklagten eine Sicherheitsleistung für dessen voraussichtliche Prozesskosten abverlangt (*cautio iudicatum solvi* bzw. *cautio pro expensis*), und seit jeher ist umstritten, ob dies rechtspolitisch angemessen ist.[2] Im Grundsatz erweist sich der damit einhergehende Schutz des Kostenerstattungsanspruchs des Beklagten als legitimer **Regelungszweck.**[3] Wenn die im Inland bestehende Verpflichtung zur Sicherheitsleistung allerdings dazu führt, dass von vornherein im Ausland geklagt wird, ist damit weder deutschen Interessen noch denjenigen der inlandsansässigen Partei gedient.[4] Der EuGH hat mitgliedstaatliche Regelungen zur Sicherheitsleistung für europarechtswidrig erklärt, zunächst als Behinderung des freien Dienstleistungsverkehrs,[5] später als **Diskriminierung wegen der Staatsangehörigkeit** (nunmehr: Art. 18 AEUV).[6]

8.15

Der deutsche Gesetzgeber hat solchen Erwägungen durch eine **Neufassung von § 110 Abs. 1 ZPO** Rechnung getragen.[7] Danach besteht keine Kautionspflicht für Kläger mit gewöhnlichem Aufenthalt in einem EU-Mitgliedstaat[8] oder in Island, Liechtenstein und Norwegen als Vertragsstaaten des Abkommens über den Europäischen Wirtschaftsraum (EWR). Zudem entfällt die Verpflichtung zur Sicherheitsleistung, wenn sie aufgrund eines völkerrechtlichen Vertrags nicht verlangt werden darf, also bei staatsvertraglich verbürgter Gegenseitigkeit (§ 110 Abs. 2 Nr. 1 ZPO).[9] Das ist ein Rückschritt zum Rechtszustand bis 1998, wonach auch die Gegenseitigkeit kraft liberaler Gesetzeslage oder Rechtsprechung in anderen Ländern ausreichte.[10] Die dadurch bewirkte Ausdehnung der Kautionspflicht zulasten von Klägern, die nicht in der EU bzw. im EWR ansässig sind, wird nicht vollständig ausgeglichen durch die weiteren neuen Aus-

8.16

---

1 Vgl. dazu OLG Hamm v. 3.2.2010 – 5 WF 11/10, FamRZ 2010, 1587; Leible/Terhechte/*Roth*, § 25 Rz. 33 ff.

2 Vgl. schon *Meili*, S. 101.

3 Beachte zum gebotenen Schutz des Beklagten vor zahlungsunfähigen Klägern auch im innerstaatlichen Verfahren *Hau*, FS Rüßmann, 2013, S. 555.

4 Darauf verweist *Schack*, Rz. 635.

5 EuGH v. 1.7.1993 – Rs. C-20/92 (*Hubbard/Hamburger*), NJW 1993, 2431.

6 EuGH v. 20.3.1997 – Rs. C-323/95 (*Hayes/Kronenberger*), NJW 1998, 2127; vgl. dazu *Schütze*, RIW 1998, 285; *Streinz/Leible*, IPRax 1998, 162. Keinen Schutz genießt hingegen ein Kläger mit monegassischer Staatsangehörigkeit: EuGH v. 7.2.2011 – Rs. C-291/09 (*Franceso Guarnieri*), EuZW 2011, 429, 430.

7 BGBl. 1998 I, 2030; BGBl. 2001 I, 1887.

8 Dazu im Hinblick auf juristische Personen *Schütze*, IPRax 2011, 245, 246 f.; zur Behandlung von Insolvenzverwaltern vgl. *Stadler*, IPRax 2011, 480.

9 Z.B. Art. 17 HZPÜ; vgl. dazu und zu weiteren einschlägigen Staatsverträgen *Schütze*, IZPR, Rz. 246.

10 Dazu BGH v. 13.12.2000 – VIII ZR 260/99, NJW 2001, 1219.

schlusstatbestände des § 110 Abs. 2 ZPO, also völkerrechtlich geregelte Vollstreckbarkeit der Kostenentscheidung (Nr. 2) oder zur Deckung der Prozesskosten ausreichendes dinglich gesichertes Vermögen im Inland (Nr. 3). § 110 ZPO gilt seinem Wortlaut nach nur im Klageverfahren, zudem gemäß § 113 Abs. 1 S. 2 FamFG im Hauptsacheverfahren bei Ehe- und Familienstreitsachen. Zum einstweiligen Rechtsschutz s. Rz. 15.10.

8.17   Sicherheitsleistungen für die Prozesskosten können und werden üblicherweise durch **Bankbürgschaften** gestellt. Freilich soll nicht jede Bank geeignet sein: § 108 Abs. 1 S. 2 ZPO lässt als Regelsicherheit nur Bürgschaften von Kreditinstituten zu, die im Inland zum Geschäftsbetrieb befugt sind. Dieses Kriterium wird für EU-/EWR-ansässige Banken mit selbständigen oder auch unselbständigen Zweigstellen im Inland unproblematisch erfüllt. Für Bürgschaften auslandsansässiger Banken ohne inländische Niederlassung kann ein ausreichender Schutz des Bürgschaftsgläubigers derzeit nur durch eine einschränkende Auslegung des § 108 Abs. 1 S. 2 ZPO erreicht werden. So werden im Schrifttum besondere Anforderungen diskutiert, insbesondere die Gewährleistung eines inländischen Gerichtsstands und die Pflicht zur Unterwerfung unter deutsches materielles Recht, um die Gleichwertigkeit mit inländischen Bürgschaften bzw. der Hinterlegung von Geld oder Wertpapieren sicherzustellen.[1] Ungewiss ist freilich, ob eine solche Sonderbehandlung vor dem EuGH standhalten wird.

IV. Grundlagen der Kommunikation mit auslandsansässigen Verfahrensbeteiligten

1. Zustellung als Hoheitsakt

8.18   Der ordentliche Zivilprozess wird ungeachtet des Mündlichkeitsprinzips zum großen Teil auf der Grundlage schriftlicher Kommunikation abgewickelt. Soweit die gerichtlichen Verfügungen und Entscheidungen sowie die Schriftsätze der Parteien nicht formlos übersandt bzw. – so die gesetzliche Terminologie – mitgeteilt werden, sind sie zuzustellen, und zwar regelmäßig von Amts wegen (§ 166 Abs. 2 ZPO). Die Grundform der Zustellung in der ZPO ist die **Übergabe an den Adressaten** persönlich, die primäre Form der Ersatzzustellung die an Familienangehörige oder Angestellte in der Wohnung oder im Geschäftslokal. Eine Partei mit (Wohn-)Sitz im Ausland kann also im Prinzip erwarten, dass die Zustellung dort bewirkt wird.

---

1 Dazu und zur Vereinbarkeit mit der Dienstleistungsfreiheit *Mayer*, Sicherheitsleistung durch Bankbürgschaft im Zivilprozess, 2009, S. 173 ff. Differenzierend *Strasser*, RIW 2009, 521, 523 f. (ein inländischer Gerichtsstand dürfe von der Bank nicht gefordert werden, wohl aber die Unterwerfung unter deutsches materielles Recht).

Die Regelung des Zustellungsverfahrens in der ZPO gilt aber nur für In- **8.19** landsfälle; denn nach der hierzulande h.M. sind die zur Bewirkung der Zustellung erforderlichen Amtshandlungen **staatliche Hoheitsakte:**[1] Ihre Vornahme im Ausland bedarf entweder der Duldung durch den fremden Staat, wie sie z.B. für Zustellungen durch konsularisches Personal an empfangswillige Angehörige des Entsendestaates üblich ist, oder der Mitwirkung ausländischer Behörden im Rahmen der Rechtshilfe. Als Hoheitsakt galt selbst die Zustellung durch einfachen oder eingeschriebenen Brief. Ausgehend von diesem **Souveränitätsverständnis**, das aus völkerrechtlicher Sicht keineswegs zwingend erscheint,[2] hat die Bundesrepublik Deutschland diese kosten- und zeitsparende Zustellung nicht zugelassen, sondern ihr im Rahmen des HZÜ ausdrücklich widersprochen (§ 6 S. 2 AusfG).[3] Diese Haltung hat sich im Zuge der weiteren Entwicklung des Europäischen IZVR allerdings nicht aufrechterhalten lassen (vgl. Art. 14 EuZustVO 2007, dazu Rz. 8.26).

Charakteristisch für das internationale Zustellungsrecht sind also Souve- **8.20** ränitätsinteressen, zudem aber auch das Spannungsverhältnis zwischen dem **Justizgewährungsanspruch des Zustellungsinteressenten** (der eine schnelle Übermittlung wünscht und es für zureichend erachtet, dass dem Empfänger Gelegenheit zur Kenntnisnahme geboten wird) und dem **Anspruch auf rechtliches Gehör des Empfängers** (der auf das zugestellte Schriftstück, häufig fristgebunden, reagieren muss und daher Wert auf tatsächliche Kenntnisnahme und Verständlichkeit des Schriftstücks legt). Solche Interessen sind mit dem Grundsatz der **Prozessökonomie** in Einklang zu bringen. Diese gebietet einerseits eine einfache, kostengünstige und schnelle Zustellung, zugleich aber auch, dass Fehler vermieden werden, die den Erfolg des weiteren Verfahrens in Frage stellen: Von der Zustellung des verfahrenseinleitenden Schriftstücks kann die Anerkennungsfähigkeit der deutschen Entscheidung abhängen (vgl. Art. 45 Abs. 1 lit. b Brüssel Ia-VO, dazu Rz. 13.18 ff.), zudem die Möglichkeit einer Bestätigung als Europäischer Vollstreckungstitel (Rz. 14.14).

2. Anwendungsfälle der Auslandszustellung

Gerade weil der deutsche Gesetzgeber die hoheitliche Natur der Zu- **8.21** stellungsakte betont, beschränkt er die Notwendigkeit der Auslandszustellung auf wenige Fälle. Dazu gehört in erster Linie die zur **förmlichen Verfahrenseinleitung** (mit Rechtshängigkeitsfolge, §§ 261, 253 ZPO) erforderliche Zustellung der Klage- bzw. Antragsschrift am ausländischen (Wohn-)Sitz des Beklagten bzw. Antragsgegners, die in der Regel mit der Ladung zur mündlichen Verhandlung verbunden wird.

---

1 Vgl. Denkschrift der BReg. zum HZÜ, BT-Drucks. 7/4892, 46; BVerfG v. 7.12.1994 – 1 BvR 1279/94, NJW 1995, 649.
2 *Nagel/Gottwald*, § 7 Rz. 2; *Schack*, Rz. 667 f.
3 BGBl. 1979 II, 779.

8.22 Nach der förmlichen Verfahrenseinleitung im Wege der Amts- oder Rechtshilfe bedarf es zur Übermittlung von Schriftsätzen, gerichtlichen Verfügungen und Entscheidungen nach der Intention des Gesetzgebers **im weiteren Verfahren** keiner Auslandszustellung mehr: Das Gericht kann vielmehr nach § 184 Abs. 1 S. 1 ZPO anordnen, dass die im Ausland wohnende Partei, die keinen Prozessbevollmächtigten (§ 172 ZPO) bestellen will oder kann, binnen angemessener Frist einen Zustellungsbevollmächtigten im Inland benennt. Solange kein inländischer **Zustellungs- oder Prozessbevollmächtigter** benannt ist, können alle weiteren Zustellungen durch Aufgabe zur Post erledigt werden (§ 184 Abs. 1 S. 2 ZPO); diese gilt als Inlandszustellung (s. dazu und zu den Grenzen Rz. 8.34 ff.). § 184 ZPO belässt dem Gericht dann allerdings nach pflichtgemäßem Ermessen die Wahl zwischen der Aufgabe zur Post und einer förmlichen Auslandszustellung. Letzterer gebührt jedenfalls dann der Vorzug, wenn der Kläger dies anregt, um die Anerkennung der Entscheidung im Sitzstaat des Beklagten sicherzustellen.[1]

3. Rechtsgrundlagen der Auslandszustellung

8.23 Angesichts des engen Netzes europa- und konventionsrechtlicher Regelungen (dazu sogleich) hat das **autonome Recht** (§§ 183, 184 ZPO) heute eher geringe Bedeutung. Ergänzend zu beachten ist die Rechtshilfeordnung in Zivilsachen (ZRHO; s. Rz. 3.37). Diese Verwaltungsvorschrift umfasst neben allgemeinen Verfahrensregeln auch einen Länderteil, der Auskunft gibt über den aktuellen Stand der mit und ohne staatsvertragliche Grundlage praktizierten Rechtshilfe, die nach dem jeweiligen ausländischen Recht zuständigen Behörden und eventuell zu beachtende Besonderheiten.[2]

8.24 Die wichtigste Konvention im Bereich der internationalen Zustellung ist heute das Haager Übereinkommen vom 15.11.1965 über die Zustellung gerichtlicher und außergerichtlicher Schriftstücke im Ausland in Zivil- oder Handelssachen (HZÜ).[3] Dieses ersetzt mehr und mehr das Haager Übereinkommen vom 1.3.1954 über den Zivilprozess (HZPÜ),[4] einen allgemeinen Rechtshilfevertrag, der im Verhältnis zu einigen Staaten noch immer eine Rolle spielt.[5] Diese beiden multilateralen Verträge werden ergänzt durch bilaterale Zusatzvereinbarungen zur weiteren Vereinfachung des Rechtsverkehrs oder durch eigenständige **bilaterale Rechtshilfeverträge** mit einigen Ländern. So wird auf der Grundlage des alten deutsch-bri-

---

1 *Stein/Jonas/Roth*, § 184 ZPO Rz. 11; *Geimer*, Rz. 2121; *Zöller/Greger*, § 276 ZPO Rz. 5.
2 Abrufbar auf den Internetseiten des Bundesamtes für Justiz (www.bundesjustiz amt.de), dort unter „Internationale Rechtshilfe in Zivil- und Handelssachen".
3 BGBl. 1977 II, 1453, mit AusfG vom 22.12.1977, BGBl. 1977 I, 3105, in Kraft seit 26.6.1979.
4 BGBl. 1958 II, 577.
5 Vgl. die Tabelle der Vertragsstaaten, abrufbar unter www.hcch.net.

tischen Abkommens über den Rechtsverkehr vom 20.3.1928[1] nach wie vor der Rechtshilfeverkehr mit ehemaligen britischen Dominions und Kolonien abgewickelt, z.B. mit Australien und Neuseeland.[2] Zu allen Staatsverträgen gibt es deutsche Ausführungsgesetze und -verordnungen, die zusammen mit der ZRHO die konkreten Verfahrensweisen regeln.

Für Zustellungen gerichtlicher und außergerichtlicher Schriftstücke[3] in EU-Mitgliedstaaten gilt seit dem 13.11.2008 die Verordnung Nr. 1393/2007 vom 13.11.2007 über die Zustellung gerichtlicher und außergerichtlicher Schriftstücke in Zivil- oder Handelssachen in den Mitgliedstaaten (**EuZustVO 2007**).[4] Diese hat die EuZustVO 2000[5] abgelöst; ergänzende Durchführungsvorschriften sehen §§ 1067–1069 ZPO vor. Die EuZustVO 2007 geht als Sekundärrechtsakt dem autonomen Recht der Mitgliedstaaten vor (klarstellend § 183 Abs. 5 ZPO), gestattet den Mitgliedstaaten aber, bilaterale Vereinbarungen mit dem Ziel weiterer Beschleunigung und Vereinfachung der Übermittlung abzuschließen bzw. beizubehalten (Art. 20). Die Verordnung unterscheidet im Wesentlichen zwischen der Zustellung im Wege der Rechtshilfe (Art. 4 ff.) und der Zustellung ohne Einschaltung ausländischer Rechtshilfebehörden (Art. 12 ff.). **8.25**

Der Fortschritt der europäischen Zustellungsregeln gegenüber den Haager Übereinkommen liegt vor allem in der Möglichkeit einer Zustellung durch die Post per Einschreiben mit Rückschein (Art. 14 EuZustVO 2007, § 1068 Abs. 1 ZPO) und der Abschaffung des Ordre-public-Vorbehalts (vgl. demgegenüber noch Art. 13 Abs. 1 HZÜ, dazu Rz. 3.41).[6] Zum Annahmeverweigerungsrecht des fremdsprachigen Empfängers vgl. unten Rz. 8.55 f. Zu den **Zukunftsaussichten** äußert sich der Ende 2013 vorgelegte Bericht über die Anwendung der EuZustVO 2007.[7] Diese hat sich nach Auffassung der Kommission in der Praxis im Wesentlichen bewährt. Hinsichtlich der vorhandenen Regelungen wird nur noch wenig Optimierungsbedarf gesehen, wohl aber eine weitere Beschleunigung für geboten erachtet. Bemerkenswert sind die Vorschläge der Kommission, innerhalb der EU Mindeststandards für die Zustellung zu erarbeiten – ein Themenbereich, mit **8.26**

---

1 RGBl. 1928 II, 623.

2 Vgl. die Aufstellung zum Geltungsbereich in *Geimer/Schütze*, IntRVerkehr, Nr. 520 S. 2 ff.

3 Zum Begriff des außergerichtlichen Schriftstücks (in casu: notarielle Urkunde über die Auflösung eines Grundstückskaufvertrags) vgl. EuGH v. 25.6.2009 – Rs. C-14/08 (*Roda Golf & Beach Resort*), NJW 2009, 2513, 2514 f.

4 ABl. 2007 L 324/79. Besonderheiten gelten für Dänemark (vgl. Art. 1 Abs. 3 EuZustVO 2007), für das die Maßgeblichkeit der europäischen Zustellungsregeln eigens durch ein Abkommen vereinbart werden musste; vgl. ABl. 2005 L 300/55 zur EuZustVO 2000 sowie ABl. 2008 L 331/21 zur EuZustVO 2007.

5 Verordnung Nr. 1348/2000 vom 29.5.2000, ABl. 2000 L 160/37.

6 Zu den Fortschritten durch die EuZustVO 2007 für die Praxis vgl. *Hess*, § 8 Rz. 25.

7 COM (2013) 858.

dem sich auch das European Law Institute sowie UNIDROIT befassen (s. Rz. 1.51).[1]

8.27 Zu beachten ist, dass die **EuVTVO** (Art. 13 ff.) und die **EuMahnVO** (Art. 13–15, § 1089 ZPO) besondere Mindestvorschriften für die in ihrem Rahmen erforderlichen Zustellungen enthalten (vgl. ferner Art. 13 EuBagatellVO).[2] Zur diesbezüglichen Prüfung von Zustellungsmängeln s. unten Rz. 8.47.

4. Zustellungswege

8.28 Man kennt seit jeher die Zustellung auf dem **konsularischen bzw. diplomatischen Weg** (dazu bereits Rz. 3.38):[3] Eingeschaltet wird der eigene auswärtige Dienst, der sich im Empfängerstaat an die dortigen Behörden wendet, die sodann die Zustellung vollziehen.[4] Zustellung an eigene Staatsangehörige kann der konsularische bzw. diplomatische Dienst in der Regel selbst oder per Post vornehmen. Das Verfahren wurde vereinfacht durch die Einführung des unmittelbaren Verkehrs über **Zentrale Behörden** (vgl. Art. 3–6 HZÜ); deren Aufgaben werden in Deutschland durch die Länderjustizministerien wahrgenommen, die sie verschiedentlich an den Präsidenten eines Gerichts delegiert haben (vgl. § 7 AusfG und § 9 Abs. 4 ZRHO). Nach diesem Modell wendet sich das ersuchende Gericht, nach Vorlage an die jeweilige Prüfstelle (§§ 9, 27 ZRHO), an die Zentrale Behörde des Empfängerstaates; diese stellt das Schriftstück im Rahmen der Zustellungsvorschriften des Empfängerstaates zu.

8.29 Als weitere Beschleunigung erweist sich der **unmittelbare Geschäftsverkehr** (Art. 4 EuZustVO 2007), der im Idealfall zwischen dem Gericht, bei dem das Verfahren anhängig ist, und dem für die Ausführung vor Ort zuständigen Gericht stattfindet (so nach § 1069 Abs. 1 und 2 ZPO). Noch einfacher ist die **Zustellung durch die Post** (Art. 14 EuZustVO 2007, § 1068 ZPO). Die Zustellung per E-Mail wird in Ausnahmefällen von amerikanischen Gerichten bewilligt,[5] ist in Deutschland wegen des Vorrangs des HZÜ aber nur unter Einschaltung der Zentralen Behörden und unter den Voraussetzungen des § 174 Abs. 3 ZPO zulässig.[6]

8.30 Die **Parteizustellung** gerichtlicher Schriftstücke durch den Gerichtsvollzieher ist in Deutschland inzwischen im Anwendungsbereich der

---

1 Beachte zum Fortgang dieses Projekts die Informationen unter www.european lawinstitute.eu.

2 Vgl. zu diesem Nebeneinander *Rauscher*, FS Kropholler, S. 851 ff.

3 Vgl. schon das Haager Abkommen über den Zivilprozeß vom 17.7.1905, RGBl. 1909, 409.

4 Dazu *Geimer*, FS Spellenberg, S. 407, 418 f.

5 *Campbell*, DAJV 2007, 84, 87.

6 *Rüfner*, RIW 2002, 619.

EuZustVO 2007 möglich (Art. 15 EuZustVO 2007, § 191 ZPO).[1] Das deutsche Recht kennt aber nach wie vor nicht die Parteizustellung zur Einleitung von Gerichtsverfahren, z.B. die vom Kläger in Auftrag gegebene Zustellung der Klage durch einen Zustellungsagenten oder Gerichtsvollzieher.[2]

V. Einzelfragen der internationalen Zustellung

1. Direktzustellung per Post

Die Auslandszustellung auf dem Postweg kennt schon das Haager Abkommen über den Zivilprozess von 1905;[3] sie steht dort aber ebenso wie in den Nachfolgeübereinkommen unter Widerspruchsvorbehalt.[4] Davon hat Deutschland im Hinblick auf Art. 10 lit. a HZÜ Gebrauch gemacht (§ 6 S. 2 AusfG),[5] sodass aus deutscher Sicht eine Postzustellung ins Inland unzulässig ist. Für den innereuropäischen Rechtsverkehr garantiert die **EuZustVO 2007** in Art. 14 diese Übermittlungsart per Einschreiben mit Rückschein (vgl. § 1068 ZPO). Zur Sprachenfrage vgl. Rz. 8.55 f. **8.31**

Für den Rechtsverkehr mit **sonstigen Staaten** erlaubt § 183 Abs. 1 S. 2 **8.32** ZPO die Postzustellung per Einschreiben, soweit sie aufgrund einer völkerrechtlichen Vereinbarung gestattet ist. Ermöglicht wird so die Zustellung aus Deutschland in HZÜ-Staaten, sofern man den zu Art. 10 lit. a HZÜ eingelegten deutschen Widerspruch nicht allseitig auslegt und der Empfängerstaat nicht ebenfalls widersprochen hat.[6] Im Übrigen ist die Postzustellung in solche Staaten zugelassen, zu denen sich der Rechtsverkehr nach dem deutsch-britischen Rechtshilfeabkommen bestimmt (Rz. 8.24).[7]

2. Zustellung per Rechtshilfe

Die Auslandszustellung per Rechtshilfe oder auf diplomatischem Weg **8.33** erfordert ein Ersuchen, das an die zuständige ausländische Behörde oder – außerhalb völkerrechtlicher Abkommen bzw. in den Fällen des § 183 Abs. 2 S. 2 ZPO – an die jeweilige deutsche Auslandsvertretung zu richten ist (§ 183 Abs. 1, 2 ZPO). Dem sind ein Antrag sowie ein regelmäßig durch den Land- oder Oberlandesgerichtspräsidenten durchzuführendes

---

1 Vgl. demgegenüber noch § 1071 ZPO a.F., der diese Möglichkeit gemäß Art. 15 Abs. 2 EuZustVO 2000 pauschal ausschloss.
2 Näher Prütting/Gehrlein/*Halfmeier*, Art. 15 EuZVO Rz. 1 f.; *Hess*, § 8 Rz. 23.
3 RGBl. 1909, 409.
4 Dazu *Geimer*, FS Spellenberg, S. 407, 419 ff.
5 Zur Rechtslage nach dem HZPÜ vgl. *Linke*, Internat. Zustellung, S. 108.
6 Für Zulässigkeit MünchKommZPO/*Häublein*, § 183 Rz. 6; *Schack*, Rz. 682; ebenso LG Hamburg v. 7.2.2013 – 327 O 426/12, GRUR-RR 2013, 230, 231 f., dort zu Art. 10 lit. c HZÜ. A.A. OLG Düsseldorf v. 8.2.1999 – 3 W 429/98, IPRspr. 1999 Nr. 140.
7 Zöller/*Geimer*, § 183 ZPO Rz. 6; *Nagel/Gottwald*, § 7 Rz. 135.

Prüfungsverfahren vorgeschaltet (im Einzelnen: §§ 9, 28 ff. ZRHO).[1] Die **Durchführung der Zustellung** obliegt sodann den zuständigen Behörden des ersuchten Staates. Sofern das ersuchende Gericht nicht ausnahmsweise auf der Einhaltung bestimmter Förmlichkeiten besteht (vgl. § 42 ZRHO), kann die ausländische Behörde das Schriftstück entweder formlos durch einfache Übergabe an den annahmebereiten Adressaten (vgl. z.B. Art. 5 Abs. 2 HZÜ) oder förmlich nach Maßgabe der im ersuchten Staat geltenden Regeln zustellen (vgl. Art. 5 Abs. 1 lit. a HZÜ). In Betracht kommt also beispielsweise die Zustellung durch Einlegen in den Briefkasten, wenn das ausländische Recht eine § 180 ZPO vergleichbare Vorschrift kennt. Da eine zunächst formlos versuchte Zustellung durch Übergabe schon an der Annahmeverweigerung des Adressaten scheitern kann, ist es sinnvoll, im amtlichen Ersuchen zugleich hilfsweise um förmliche Zustellung zu bitten (vgl. § 51 Abs. 3 ZRHO).

3. Fiktive Zustellung

a) Zustellung durch Aufgabe zur Post

8.34 Schon verbunden mit der Zustellung des verfahrenseinleitenden Schriftstücks ins Ausland kann das Gericht[2] der auslandsansässigen Partei aufgeben, einen **Zustellungsbevollmächtigten im Inland** zu benennen (Rz. 8.22). Kommt der Empfänger dem nicht fristgerecht nach, so erlaubt § 184 Abs. 1 S. 2 ZPO fortan die Zustellung durch Aufgabe *zur* Post. Diese Zustellung unterscheidet sich durch eine gesetzliche Fiktion von der verfahrensgleichen, im Hinblick auf staatliche Souveränitätsansprüche aber weitaus sensibleren Zustellung *durch* die Post: Die Zustellung gilt zwei Wochen nach Aufgabe zur Post als bewirkt (§ 184 Abs. 2 S. 1 ZPO). Ein weiterer Anwendungsfall der Zustellung durch Aufgabe zur Post ist für die Forderungspfändung in § 829 Abs. 2 S. 3 ZPO vorgesehen (dazu Rz. 14.49).

8.35 Formal betrachtet handelt es sich bei § 184 ZPO um einen Fall der **fiktiven Inlandszustellung**.[3] Bei Versäumnisurteilen läuft demnach nur die zweiwöchige Einspruchsfrist des § 339 Abs. 1 ZPO, nicht die bei Auslandszustellungen nach § 339 Abs. 2 ZPO individuell bestimmbare längere Frist.[4] Durch Aufgabe zur Post können nach Ansicht des BGH auch die Klage erweiternde Schriftsätze zugestellt werden,[5] vor allem aber auch

---

1 Vgl. dazu *Linke*, Internat. Zustellung, S. 111 ff.
2 Zur Frage, ob damit im Falle eines Kollegialgerichts der Vorsitzende oder der gesamte Spruchkörper gemeint ist, vgl. BGH v. 26.6.2012 – VI ZR 241/11, NJW 2012, 2588, 2590; BGH v. 18.9.2012 – VI ZR 223/11, BeckRS 2012, 21272: eine Anordnung durch den Vorsitzenden sei jedenfalls wirksam.
3 BGH v. 13.11.2001 – VI ZB 9/01, NJW 2002, 521, 522; BGH v. 12.12.2012 – VIII ZR 307/11, NJW 2013, 387, 390; *Geimer*, Rz. 2112.
4 BGH v. 24.9.1986 – VIII ZR 320/85, NJW 1987, 592; BGH v. 13.11.2001 – VI ZB 9/01, NJW 2002, 521; BVerfG v. 19.2.1997 – 1 BvR 1353/95, NJW 1997, 1772; Prütting/Gehrlein/*Czub*, § 339 ZPO Rz. 9; Zöller/*Herget*, § 339 ZPO Rz. 5.
5 BGH v. 26.6.2012 – VI ZR 241/11, NJW 2012, 2588, 2589.

die gerichtliche Entscheidung, selbst wenn sie einem fristgebundenen, an den Zustellungszeitpunkt geknüpften Rechtsmittel unterliegt.

Die Folgen für den Adressaten sollen dadurch abgemildert werden, dass 8.36 er bei der Anordnung zur Benennung eines Zustellungsbevollmächtigten auf die drohende Zustellungsfiktion hinzuweisen ist (§ 184 Abs. 2 S. 3 ZPO).[1] Zudem können die einzelfallbezogene Fristsetzung für die Benennung (§ 184 Abs. 1 S. 1 ZPO) sowie die verlängerbare Wartefrist vor Eintritt der Fiktion (§ 184 Abs. 2 S. 2 ZPO) gewissen Schwierigkeiten bei der Ermittlung eines geeigneten Zustellungsbevollmächtigten und längeren Postlaufzeiten in bestimmte Länder Rechnung tragen. Gleichwohl ist unverkennbar, dass sich aus § 184 ZPO erhebliche **Härten für den Zustellungsempfänger** ergeben können, zumal der BGH selbst im Falle eines ersichtlich des Deutschen nicht mächtigen Adressaten keine Übersetzung des Hinweises gemäß § 184 Abs. 2 S. 3 ZPO verlangt und auch eine Fristverlängerung keineswegs für stets geboten erachtet.[2]

Dessen ungeachtet soll die deutsche Regelung und Praxis der Zustellung 8.37 durch Aufgabe zur Post mit **verfassungs- und völkerrechtlichen Vorgaben** in Einklang stehen, namentlich mit dem Anspruch auf rechtliches Gehör (Art. 103 Abs. 1 GG), dem Recht auf ein faires Verfahren (Art. 2 Abs. 1 und Art. 20 Abs. 3 GG) sowie Art. 6 EMRK.[3] Auch einen Konflikt mit dem **HZÜ** hält die h.M. für ausgeschlossen, weil dieses eben nur die Modalitäten einer Auslandszustellung regele (vgl. Art. 1 Abs. 1 HZÜ), während es hier um die nach deutschem Recht zu beantwortende Frage gehe, ob überhaupt eine förmliche Zustellung im Ausland vorzunehmen ist.[4]

Seit Jahren wird intensiv diskutiert, ob eine fiktive Inlandszustellung mit 8.38 dem Europarecht – inzwischen der EuZustVO 2007 – vereinbar und deshalb im **innereuropäischen Rechtsverkehr** zulässig ist. Diese Frage ist für die fiktive Zustellung *verfahrenseinleitender Schriftstücke* richtigerweise zu verneinen.[5] Erwägen könnte man hingegen die Zulässigkeit im Hin-

---

1 Das ist nicht selbstverständlich. Nach nun überholter Rechtsprechung des BGH war es früher Sache des Auslandsansässigen, sich über die Konsequenzen der unterlassenen Benennung eines Zustellungsbevollmächtigten zu informieren, und zwar selbst zu einer Zeit, als er nach § 174 Abs. 2 ZPO a.F. noch nicht eigens aufgefordert werden musste, einen Zustellungsbevollmächtigten zu benennen, vgl. BGH v. 10.11.1998 – VI ZR 243/97, JZ 1999, 414. Daher wurde die fiktive Inlandszustellung nach §§ 174, 175 ZPO a.F. als verfassungs- und völkerrechtlich bedenklich kritisiert, vgl. etwa *Hausmann*, IPRax 1988, 143 f.
2 BGH v. 12.12.2012 – VIII ZR 307/11, NJW 2013, 387, 390 f., dort zu einem in China ansässigen Beklagten.
3 BGH v. 26.6.2012 – VI ZR 241/11, NJW 2012, 2588, 2590; BGH v. 18.9.2012 – VI ZR 223/11, BeckRS 2012, 21272; BGH v. 12.12.2012 – VIII ZR 307/11, NJW 2013, 387, 390.
4 BGH v. 26.6.2012 – VI ZR 241/11, NJW 2012, 2588, 2590.
5 Beachte zur *remise au parquet* des französischen Rechts, noch zum EuGVÜ, EuGH v. 13.10.2005 – Rs. C-522/03 (*Scania*), NJW 2005, 3627. Näher *Heckel*, IPRax 2008, 218, 224; *Heinze*, IPRax 2010, 155, 158.

blick auf die Zustellung *weiterer Schriftstücke,* aus deutscher Sicht also die Anwendbarkeit von § 184 ZPO auf Adressaten aus anderen EU-Staaten. Das bislang verbreitete Argument, diese Norm sei ausweislich ihres Wortlauts unanwendbar auf Zustellungen in das EU-Ausland,[1] lässt sich seit ihrer Neufassung zum 13.11.2008[2] kaum aufrechterhalten. Gleichwohl sprechen, wie inzwischen auch der BGH[3] und der EuGH[4] bestätigt haben, die besseren Argumente für die These, dass das Sekundärrecht kraft seines Anwendungsvorrangs den Rückgriff auf nationale Vorschriften wie § 184 ZPO sperrt.[5] Im Mittelpunkt steht die Überlegung, dass die fiktive Inlandszustellung eine Auslandszustellung gerade dann entbehrlich machen soll, wenn der Adressat im Ausland ansässig ist. Für eben solche Fälle sieht die EuZustVO 2007 aber verschiedene Mechanismen vor, und damit verträgt es sich nicht, die Auslandszustellung mittels einer Fiktion für entbehrlich zu erklären und dem Empfänger die kostenträchtige Bestellung eines Zustellungsbevollmächtigten zuzumuten. Für die Sperre spricht auch, dass der europäische Gesetzgeber ausweislich Erwägungsgrund Nr. 13 zur EuVTVO Zustellungsfiktionen erkennbar ablehnt und dass diese überdies im Lichte des primärrechtlichen Diskriminierungsverbots (Art. 18 AEUV) bedenklich erscheinen.[6] Im Übrigen belegt Art. 41 Abs. 3 Brüssel Ia-VO, dass die Bestellung eines Zustellungsbevollmächtigten nur noch ausnahmsweise gefordert werden soll (anders noch Art. 40 Abs. 2 S. 2 Brüssel I-VO, aber auch Art. 30 Abs. 2 S. 2 Brüssel IIa-VO). Besonderheiten gelten allerdings dann, wenn die Anschrift des Empfängers unbekannt ist (dazu sogleich Rz. 8.41).

8.39   Als Ersatz für die Auslandszustellung (bzw. die fiktive Inlandszustellung) bietet sich die **Direktzustellung an das vertretungsberechtigte Organ** einer Auslandsgesellschaft an, wenn sich der gesetzliche Vertreter, etwa auf einem Messestand, vorübergehend in Deutschland aufhält (§§ 170, 177 ZPO).[7] Hierbei handelt es sich nicht um eine fiktive, sondern um eine tatsächliche Inlandszustellung, so dass kein Konflikt mit der EuZustVO 2007 besteht.[8]

---

1 *Heckel,* IPRax 2008, 218, 221; *Heiderhoff,* EuZW 2006, 235, 237; *Hess,* NJW 2002, 2417, 2424.
2 BGBl. 2008 I, 2122, 2123.
3 BGH v. 2.2.2011 – VIII ZR 190/10, NJW 2011, 1885 ff.; BGH v. 11.5.2011 – VIII ZR 114/10, NJW 2011, 2218.
4 EuGH v. 19.12.2012 – Rs. C-325/11 (*Alder/Orlowska*), NJW 2013, 443.
5 Ausführlich *Heinze,* IPRax 2013, 132; *Stürner,* ZZP 126 (2013), 137. Kritisch *Kondring,* EWS 2013, 128.
6 Vgl. *Hess,* § 8 Rz. 26.
7 BGH v. 5.5.2008 – X ZB 36/07, NJW-RR 2008, 1082; *Strasser,* ZIP 2008, 2111, 2113. Lesenswert LG Hamburg v. 12.3.2013 – 325 O 224/12, RdTW 2013, 288: Zustellungen gemäß § 177 ZPO durch Übergabe an den persönlich haftenden Gesellschafter der niederländischen Beklagten auf deren Schiff im Hamburger Hafen; dort auch dazu, inwieweit ein solches Schiff ein Geschäftsraum i.S. von § 178 Abs. 1 Nr. 2 ZPO sein kann.
8 OLG Köln v. 13.8.2009 – 17 W 181/09, NJW-RR 2010, 646; LG Hamburg v. 12.3.2013 – 325 O 224/12, RdTW 2013, 288.

b) Öffentliche Zustellung

Wenn die Auslandszustellung undurchführbar ist oder keinen Erfolg verspricht, kann sie durch öffentliche Zustellung ersetzt werden (§ 185 Nr. 3 ZPO). Es handelt sich hierbei um eine **fiktive Zustellung**, weil nach der gesetzlichen Regelung eine Übermittlung an den Adressaten gar nicht versucht zu werden braucht und weil die zufällige Kenntnisnahme von der öffentlichen Bekanntmachung noch unwahrscheinlicher ist als im Inlandsfall. Das Verfahren kommt im Prinzip nur im Verhältnis zu solchen Staaten in Betracht, mit denen weder ein staatsvertraglich geregelter noch ein vertraglos praktizierter Rechtshilfeverkehr besteht.[1] Im Zweifel bedarf es des Nachweises der Undurchführbarkeit oder Erfolglosigkeit durch einen gescheiterten Versuch.[2] Lange Erledigungszeiten, mit denen erfahrungsgemäß selbst im Rechtshilfeverkehr mit Nachbarstaaten gerechnet werden muss, erlauben nur in **Extremfällen** die öffentliche Zustellung:[3] Abzuwägen ist der Justizgewährungsanspruch der das Verfahren betreibenden Partei mit dem Anspruch auf rechtliches Gehör des Prozessgegners (Art. 103 Abs. 1 GG). Gewisse kompensatorische Maßnahmen, insbesondere der Versuch formloser postalischer Information, sind zum Schutz des Adressaten nicht nur zulässig, sondern geboten. Sie sollten wegen der kurzen Bewirkungsfrist des § 188 ZPO der öffentlichen Zustellung tunlichst vorgeschaltet werden, wenn man nicht von der Fristverlängerung Gebrauch machen will. Die Interessen des Antragstellers werden durch die Rückwirkung materiell-rechtlicher Fristwahrung nach § 167 ZPO hinreichend gewahrt.

8.40

Einer öffentlichen Zustellung stehen im Falle eines **Adressaten ohne bekannte Anschrift** weder das HZÜ noch die EuZustVO 2007 entgegen (vgl. jeweils Art. 1 Abs. 2). Auch Vorschriften wie Art. 28 Abs. 2 Brüssel Ia-VO hindern das angerufene Gericht nach Ansicht des EuGH nicht, zur Sache zu verhandeln, wenn alle erforderlichen Maßnahmen getroffen wurden, um dem Beklagten eine Verteidigung zu ermöglichen (zur Anwendbarkeit der Brüssel Ia-VO in solchen Fällen s. Rz. 4.39 ff.).[4] Zu diesem Zweck müsse sich das Gericht vergewissern, dass alle Nachforschungen, die der Sorgfaltsgrundsatz und der Grundsatz von Treu und Glauben gebieten, vorgenommen worden sind, um den Beklagten ausfindig zu machen. Zwar

8.41

---

1 Jedenfalls kann im Anwendungsbereich der EuZustVO 2007 nicht von der Undurchführbarkeit der Zustellung ausgegangen werden, *Heiderhoff*, IPRax 2010, 343.

2 *Heiderhoff*, IPRax 2010, 343, 344. Das „Steckenbleiben" des Rechtshilfeantrags bei der deutschen Justizverwaltung reicht sicher nicht; vgl. *Bindseil*, NJW 1991, 3071, zu AG Bonn v. 20.6.1990 – 42 F 256/89, NJW 1991, 1430.

3 Eine erwartete Zustelldauer von sechs bis neun Monaten genügt hierfür noch nicht, BGH v. 20.1.2009 – VIII ZB 47/08, NJW-RR 2009, 855. Vgl. auch *Schack*, Rz. 670; *Geimer*, Rz. 252.

4 EuGH v. 17.11.2011 – Rs. C-327/10 (*Hypoteční banka/Lindner*), NJW 2012, 1199. Bestätigend EuGH v. 15.3.2012 – Rs. C-292/10 (*de Visser*), EuZW 2012, 381 m. Anm. *Bach*. Beachte zu beiden Entscheidungen *Spellenberg*, FS Gottwald, 2014, S. 607.

beeinträchtige die Möglichkeit, das Verfahren ohne Wissen des Beklagten fortzusetzen, die Verteidigungsrechte des Beklagten; das sei aber im Hinblick auf das Recht des Klägers auf effektiven Rechtsschutz hinzunehmen. Allerdings kann nach Auffassung des EuGH ein Versäumnisurteil, das gegen einen Beklagten ergangen ist, dessen Anschrift nicht ermittelt werden konnte, nicht als Europäischer Vollstreckungstitel i.S. der EuVTVO bestätigt werden (arg.: Art. 14 Abs. 2 EuVTVO).[1]

8.42 Problematisch erscheint die deutsche Sonderregelung zulasten **juristischer Personen** in § 185 Nr. 2 ZPO: Diese Vorschrift soll vor allem eine Alternative zur Auslandszustellung an deutsche Gesellschaften bieten, die ihren Sitz ins Ausland verlegt haben, ohne eine inländische Zustelladresse zu hinterlassen.[2]

4. Zustellungskontrolle

8.43 Die Erledigung der Zustellung im Ausland muss förmlich bescheinigt werden, soweit sie nicht durch den Einschreiben-Rückschein belegt werden kann (§ 183 Abs. 4 S. 1 ZPO und § 1068 Abs. 1 ZPO). Die Staatsverträge und das Europarecht sehen dafür besondere **Zustellungszeugnisse** vor (z.B. Art. 6 HZÜ, Art. 10 EuZustVO 2007; vgl. auch §§ 74 ff. ZRHO und § 16 S. 2 KonsularG), denen Beweiskraft gemäß § 418 ZPO zukommt.[3] Geht ein solches trotz eventueller Anmahnung beim ersuchenden Gericht nicht ein oder wird nur die Erfolglosigkeit bzw. Undurchführbarkeit bescheinigt, so kommt je nach den Umständen eine Wiederholung der Auslandszustellung, gegebenenfalls auf einem anderen Übermittlungsweg, oder die öffentliche Zustellung in Betracht.

8.44 Nach dem Vorbild des Art. 15 HZÜ verlangt Art. 19 EuZustVO 2007 im Falle der Auslandszustellung eines **verfahrenseinleitenden Schriftstücks** (Klage, Mahnbescheid), auf die der Beklagte nicht reagiert hat, dass das Gericht sein Verfahren aussetzt,[4] bis es sich nach Eingang des Zustellungsnachweises oder durch andere Erkenntnisse vom rechtzeitigen Zugang überzeugt hat. Art. 19 EuZustVO 2007 entsprechende bzw. darauf verweisende Regelungen finden sich in sonstigen Sekundärrechtsakten (vgl. Art. 28 Brüssel Ia-VO, Art. 18 Brüssel IIa-VO, Art. 11 EuUntVO) und im Konventionsrecht (vgl. Art. 26 LugÜ 2007 sowie die neueren Rechtshilfeabkommen[5]). Gesetzgeberisches Anliegen ist das Zurückdrängen fiktiver

---

1 EuGH v. 15.3.2012 – Rs. C-292/10 (*de Visser*), EuZW 2012, 381 m. Anm. *Bach*.
2 Kritisch dazu, auch mit Hinblick auf die Vereinbarkeit der Vorschrift mit höherrangigem Recht, *Jacoby*, FS Kropholler, S. 819 ff.
3 BGH v. 12.12.2012 – VIII ZR 307/11, NJW 2013, 387, 388 f.; BGH v. 15.1.2013 – VI ZR 241/12, NJW-RR 2013, 435, 436.
4 §§ 335 Abs. 1 Nr. 2, 337 ZPO sehen nur die Vertagung vor.
5 Vgl. Art. 17 deutsch-tunesischer Rechtshilfevertrag vom 19.7.1966 und Art. 9 deutsch-marokkanischer Rechtshilfe- und Rechtsauskunftsvertrag vom 25.11.1988.

Auslandszustellungen, insbesondere des romanischen Rechtskreises nach dem Vorbild der *remise au parquet*.[1]

Lässt sich die Zustellung nicht feststellen, so darf das ausgesetzte **Verfahren fortgesetzt** werden, wenn die Auslandszustellung ordnungsgemäß eingeleitet war, seitdem mindestens sechs Monate verstrichen sind und ein Zustellungszeugnis trotz aller zumutbaren Bemühungen nicht zu erhalten war (vgl. Art. 15 Abs. 2 HZÜ, Art. 19 Abs. 2 EuZustVO 2007). Bei der Aussetzung bleibt es hingegen dann, wenn zwar die Zustellung festgestellt werden kann, diese aber nicht so rechtzeitig erfolgt ist, dass der Beklagte sich hätte verteidigen können. In einem solchen Fall ist die Einlassungsfrist zu verlängern und/oder ein neuer Termin zu bestimmen. **8.45**

Zustellungsmängel bei der Verfahrenseinleitung können die **Anerkennung und Vollstreckbarerklärung** einer gerichtlichen Entscheidung verhindern, wobei die dahingehende Prüfung den Gerichten des Anerkennungs- bzw. Vollstreckungsstaates obliegt. Nach Maßgabe der neueren europäischen Anerkennungsregeln kommt es aber nicht auf die „Ordnungsmäßigkeit" der Zustellung, sondern nur darauf an, ob ein Zustellungsfehler die Verteidigungsmöglichkeiten des Adressaten vereitelt hat (vgl. Art. 45 Abs. 1 Nr. 2 Brüssel Ia-VO, Art. 22 lit. b und 23 lit. c Brüssel IIa-VO, Art. 24 lit. b EuUntVO, Art. 34 Nr. 2 LugÜ 2007; dazu Rz. 13.19). **8.46**

Besonderheiten gelten auch in denjenigen Fällen, in denen das Sekundärrecht eine Vollstreckbarerklärung durch die Gerichte des ausländischen Vollstreckungsstaates entbehrlich macht; denn damit gehen gesteigerte Prüfungsanforderungen im Titulierungsstaat einher. So muss das Gericht, das mit der Bestätigung als **Europäischer Vollstreckungstitel** befasst ist (dazu Rz. 14.14), gemäß Art. 6 Abs. 1 lit. c EuVTVO insbesondere prüfen, ob bei der Zustellung des verfahrenseinleitenden Schriftstücks die in Art. 12 ff. EuVTVO vorgesehenen Regeln gewahrt worden sind.[2] Ist die Bestätigung im Titulierungsstaat erfolgt, macht der Schuldner dort aber gleichwohl eine Verkürzung seiner Verteidigungsrechte geltend, so kommt eine Aussetzung oder Beschränkung der Vollstreckung in Betracht (Art. 23 EuVTVO). Im **Europäischen Mahnverfahren** (Rz. 11.2 ff.) hat das damit befasste Gericht das Zustellungsdatum vor Vollstreckbarerklärung des Europäischen Zahlungsbefehls zu prüfen (Art. 18 Abs. 1 S. 2 EuMahnVO). Eine ausführlichere, aber auf die Ersatzzustellung i.S. von Art. 14 EuMahnVO beschränkte Zweitprüfung kann in Ausnahmefällen auf Antrag des Schuldners gemäß Art. 20 Abs. 1 lit. a EuMahnVO auch dann noch erfolgen, wenn die Frist zur Einlegung eines Einspruchs gegen den Europäischen Zahlungsbefehl bereits abgelaufen ist (vgl. dazu §§ 1092, 1095 ZPO sowie Rz. 11.13). Im **Europäischen Bagatellverfahren** (Rz. 11.15 ff.) findet **8.47**

---

1 Vgl. Denkschrift zum HZÜ, BT-Drucks. 7/4892, S. 39 f.; *Schlosser*, Art. 15 HZÜ Rz. 1 und Art. 19 EuZVO Rz. 1.

2 Vgl. BGH v. 15.12.2010 – XII ZR 27/09, NJW 2011, 522, 524; dazu *Nordmeier*, GPR 2011, 158.

im Erststaat eine besondere Zustellungskontrolle auf Rechtsmittel des Beklagten nach Maßgabe von Art. 18 EuBagatellVO statt.

5. Heilung von Zustellungsmängeln

8.48 Auch in Fällen notwendiger Auslandszustellung im Rahmen eines deutschen Gerichtsverfahrens können etwaige Zustellungsmängel grundsätzlich geheilt werden, und zwar nach Maßgabe der deutschen lex fori. In Betracht kommen sowohl eine **rügelose Einlassung** im Termin nach § 295 ZPO als auch ein **tatsächlicher Zugang** i.S. von § 189 ZPO.[1] Das gilt unabhängig davon, ob der Fehler im unmittelbaren Verantwortungsbereich des deutschen Prozessgerichts liegt (das die gebotene Auslandszustellung unterlassen,[2] den falschen Übermittlungsweg gewählt[3] oder einen sonstigen Formfehler begangen hat[4]) oder erst der ausländischen Rechtshilfestelle unterlaufen ist.[5] In allen Fällen geht es um Verfahrensmängel im Verlauf der von einem deutschen Gericht angeordneten Zustellung, und es obliegt dem deutschen Gericht, auf der Grundlage seines Rechts die Folge des Fehlers für das im Inland geführte Verfahren zu beurteilen.[6]

8.49 Das **Konventionsrecht**, namentlich das HZÜ, thematisiert die Heilungsfrage nicht ausdrücklich. Vor diesem Hintergrund wird diskutiert, ob aus dem Schweigen ein Verbot folgt, auf nationale Heilungsregeln wie § 189 ZPO zurückzugreifen. Richtigerweise sollte ein solcher Rückgriff jedenfalls dann ausgeschlossen sein, wenn gerade ein Verstoß gegen eine Vorschrift des HZÜ in Rede steht.[7] In Betracht kommt die Anwendung nationaler Heilungsregeln hingegen dann, wenn bei der Zustellung lediglich nationale Formvorschriften verletzt wurden. Dabei soll es für die Heilung auf die Regelungen im ersuchenden Staat ankommen, und zwar auch dann, wenn der Rechtshilfestaat keine entsprechende Regelung vorsieht.[8] Auch die **EuZustVO 2007** sieht selbst keine allgemeine Heilungsvorschrift vor, lässt aber – über Art. 8 Abs. 3 und Art. 19 hinaus – grund-

---

1 H.M.; vgl. z.B. *Riezler*, S. 689; Stein/Jonas/*Roth*, § 183 ZPO Rz. 78; *Schack*, Rz. 692 ff.

2 Insoweit auch BGH v. 22.11.1988 – VI ZR 226/87, NJW 1989, 1154.

3 KG Berlin v. 9.10.1973 – 1 W 705/73, OLGZ 1974, 328.

4 OLG Hamm v. 16.3.1981 – 2 U 182/80, IPRspr. 1981 Nr. 160: fehlende Übersetzungen.

5 Stein/Jonas/*Roth*, § 183 ZPO Rz. 78.

6 *Schack*, Rz. 693; *Jayme*, IPRax 1997, 195. Für Anwendung des heilungsfreundlicheren Rechts Stein/Jonas/*Roth*, § 189 ZPO Rz. 75.

7 BGH v. 14.9.2011 – XII ZR 168/09, NJW 2011, 3581, 3582 f. m. Nachw. Beachte auch OLG Düsseldorf v. 9.6.2011 – I-13 VA 1/11, FamRZ 2011, 1965, 1966 f., dort zur Nichtanerkennung eines tunesischen Scheidungsurteils, weil das verfahrenseinleitende Schriftstück nicht nach Maßgabe der Vorschriften des deutsch-tunesischen Abkommens zugestellt worden war.

8 BGH v. 14.9.2011 – XII ZR 168/09, NJW 2011, 3581, 3583 m. Nachw. Dazu *Kondring*, FamRZ 2011, 1863; *Rauscher*, NJW 2011, 3584; *Sujecki*, EWS 2011, 527.

sätzlich Raum für entsprechende nationale Regelungen.[1] Das dürfte aber wiederum dann nicht gelten, wenn nicht mitgliedstaatliche Formvorschriften verletzt wurden, sondern diejenigen der Verordnung.[2] Eine besondere Heilungsvorschrift enthält Art. 18 EuVTVO.[3]

6. Fristen

Wohnt eine Partei im Ausland, so ist es ein verfassungsrechtlich (Art. 103 Abs. 1 GG) verstärktes Gebot prozessualer Fairness, den längeren Informationswegen Rechnung zu tragen, was sich auch auf die Fristen auswirken muss. Das deutsche Recht ist in dieser Hinsicht nicht allzu großzügig, soweit es das Verfahren nach einmaliger Auslandszustellung mit Hilfe von § 184 ZPO dem reinen Inlandsverfahren gleichstellt (s. oben Rz. 8.34 ff.). Immerhin werden die im Wege der Auslandszustellung mitzuteilenden Einlassungsfristen gemäß §§ 274 Abs. 3 S. 2, 276 Abs. 1 S. 3 ZPO individuell vom Vorsitzenden bestimmt,[4] der dabei den bekannten Laufzeiten des Rechtshilfeverkehrs Rechnung tragen soll (vgl. § 52 ZRHO). Eine **Einlassungsfrist** ist in Fällen mit Auslandszustellung nicht schon dann ausreichend bemessen, wenn der Beklagte überhaupt noch fristgerecht reagieren kann. Demgemäß wird bei der Frage der Anerkennungsfähigkeit der später ergangenen Entscheidung international verbreitet darauf abgestellt, ob die Zustellung in dem Sinne rechtzeitig war, dass dem Beklagten eine ausreichende Frist zur Vorbereitung seiner Rechtsverteidigung zur Verfügung stand (vgl. Rz. 13.20). Zu kurz bemessene Fristen erfordern eine Vertagung nach §§ 335 Abs. 1 Nr. 2, 337 ZPO bzw. eine Aussetzung des Verfahrens nach Art. 28 Brüssel Ia-VO, Art. 15 HZÜ oder den entsprechenden Bestimmungen (vgl. Rz. 8.44). Die für den Fall einer unwirksamen Zustellung des Urteils in § 517 ZPO vorgesehene Höchstfrist von fünf Monaten für die Einlegung der Berufung soll nach Ansicht des BGH auch zulasten einer im EU-Ausland ansässigen, nicht anwaltlich vertretenen Partei eingreifen.[5]

8.50

Längere **Rechtsbehelfsfristen** greifen dann, wenn die Entscheidung durch förmliche Auslandszustellung zu übermitteln ist. So gelten im Mahnverfahren eine gesetzliche Monatsfrist für den Widerspruch gegen einen Mahnbescheid (§ 32 Abs. 3 AVAG) und im Säumnisfall eine richterlich zu bestimmende Frist für den Einspruch gegen das Versäumnisurteil (§ 339

8.51

---

1 *Schlosser*, Art. 19 EuZVO Rz. 3; Rauscher/*Heiderhoff*, Einl. EG-ZustellVO Rz. 21.
2 Vgl. MünchKommZPO/*Rauscher*, § 1068 Rz. 11: da die Zustellung durch Postdienste vollständig durch Art. 8, 14 EuZustVO 2007 geregelt sei, komme eine Heilung nach § 189 ZPO nicht in Betracht.
3 Vgl. dazu BGH v. 21.7.2011 – I ZB 71/09, NJW 2012, 858; dazu krit. *Roth*, IPRax 2013, 239.
4 Ebenso die Einwendungsfrist nach § 251 Abs. 1 S. 3 FamFG.
5 BGH v. 20.1.2011 – IX ZB 214/09, NJW-RR 2011, 490 f.

Abs. 2 ZPO).[1] War eine Rechtsbehelfsfrist zu kurz bemessen, kommt eine Wiedereinsetzung nach §§ 233 ff. ZPO oder – im Falle fehlender Einlassung – auch nach Art. 19 Abs. 4 EuZustVO 2007 bzw. Art. 16 HZÜ in Betracht.

VI. Sprachenfrage

1. Gerichtssprache

8.52 Deutsch ist gemäß § 184 GVG die Gerichtssprache, und dies gilt grundsätzlich für alle Verfahrensarten und für alle Verfahrensbeteiligten.[2] Die Bestimmung der Nationalsprache zur Gerichtssprache steht nicht im Widerspruch zu den Geboten der Ausländergleichbehandlung und des freien Zugangs zu Gericht, ebenso wenig wie zum Gleichheitsgebot des Art. 3 Abs. 3 GG.[3] Die zwangsläufige **Benachteiligung sprachunkundiger Ausländer** geriete jedoch zur Diskriminierung und Rechtsverweigerung, würde Erklärungen und Schriftsätzen in fremder Sprache keinerlei verfahrensrechtliche Relevanz beigemessen.

8.53 Demgemäß gebietet § 185 Abs. 1 S. 1 GVG für die mündliche Verhandlung im Bedarfsfall die **Zuziehung eines Dolmetschers**.[4] Bei hinreichender Sprachkenntnis aller Beteiligten darf auch in fremder Sprache verhandelt werden (§ 185 Abs. 2 GVG), und selbst bei Hinzuziehung eines Dolmetschers können wichtige Aussagen und Erklärungen in der fremden Sprache, in der sie abgegeben worden sind, protokolliert werden (§ 185 Abs. 1 S. 2 GVG).[5] Folglich sind **Parteierklärungen in fremder Sprache** nicht wirkungslos, bis sie übersetzt worden sind; vielmehr dient die Übersetzung lediglich dem Verständnis des Gerichts und der übrigen Verfahrensbeteiligten.[6] Ferner ist es denkbar und zulässig, dass ein Auslän-

---

1 Dazu OLG Zweibrücken v. 19.2.2014 – 6 UF 167/13, FamRZ 2014, 1655, dort auch zur Unanwendbarkeit von § 339 Abs. 2 ZPO, wenn eine Auslandszustellung durch Bestellung eines inländischen Prozessbevollmächtigten entbehrlich geworden ist.

2 Bemerkenswert erscheint daher für das Strafprozessrecht die Klarstellung für Schöffen in § 33 Nr. 5 GVG (BGBl. 2010 I, 976).

3 BVerfG v. 25.9.1985 – 2 BvR 881/85, NVwZ 1987, 785. Beachte zum europarechtlichen Gebot, im mitgliedstaatlichen Recht für bestimmte Bevölkerungsgruppen vorgesehene Sprachprivilegien diskriminierungsfrei anzuwenden, EuGH v. 27.3.2014 – Rs. C-322/13 (*Grauel Rüffer/Pokorná*), EuZW 2014, 393; dazu bereits Rz. 1.11. Für das Strafrecht beachte die Richtlinie 2010/64/EU v. 20.10.2010 (ABl. 2010 L 280/1) und zur Umsetzung in Deutschland das Gesetz v. 2.7.2013, BGBl. 2013 I, 1938.

4 Näher zum Folgenden *Hau*, FS Kaissis, S. 49, 51 ff.

5 Vgl. auch *Ewer*, NJW 2010, 1323, und *Prütting*, AnwBl 2010, 113, dort jeweils zur Bundesratsinitiative von Nordrhein-Westfalen und Hamburg, bei gesondert einzurichtenden Kammern für internationale Handelssachen Englisch als fakultative Gerichtssprache zu ermöglichen, und zu deren Vereinbarkeit mit höherrangigem Recht.

6 Vgl. OLG München v. 19.9.1988 – 2 UF 1696/86, IPRax 1989, 238, dort zur fremdsprachigen Verstoßung durch talaq vor dem deutschen Familiengericht.

der ein Rechtsmittel in fremder Sprache zu Protokoll eines hinreichend sprachkundigen Geschäftsstellenbeamten einlegt.

2. Schriftverkehr

Im Hinblick auf **fremdsprachige Schriftsätze** gelten nach herrschender Auffassung strengere Regeln: Im Prinzip sollen – soweit keine Ausnahme vorgeschrieben ist[1] – nur deutschsprachige Schriftsätze beachtlich sein, und zwar auch und gerade, wenn es sich um bestimmende und fristgebundene Schriftsätze wie Klagen und Rechtsmittelschriften handelt.[2] Zwar wird inzwischen weithin die Verpflichtung der Gerichte anerkannt, den Absender auf die Notwendigkeit einer übersetzten Fassung hinzuweisen, aber das geschieht wiederum nur in der Gerichtssprache. Erst der Übersetzung wird verfahrensrechtliche Relevanz zugebilligt, sodass sich bei dem in solchen Fällen häufig zwischenzeitlich eingetretenen Fristablauf die Frage der Wiedereinsetzung in den vorigen Stand stellt.[3] Richtiger Ansicht nach gebietet aber Art. 103 Abs. 1 GG, ausnahmsweise eine Übersetzung von Amts wegen zu veranlassen, wenn dies zur Gewährung rechtlichen Gehörs erforderlich ist und die Partei eine Übersetzung nicht selbst beibringen kann.[4] Die prinzipielle Beachtlichkeit **fremdsprachiger Urkunden** folgt bereits aus § 142 Abs. 3 ZPO.[5]

8.54

Die **schriftliche Kommunikation seitens des Gerichts** mit den Verfahrensbeteiligten erfolgt ungeachtet ihrer Nationalität grundsätzlich in deutscher Sprache. Das betrifft sowohl gerichtliche Verfügungen (Ladungen, Aufforderungen zur Stellungnahme, Hinweise und Auflagen) als auch Entscheidungen.[6] Allerdings verpflichten verschiedene Vorschriften für den Fall der **Auslandszustellung** dazu, Übersetzungen beizufügen (Art. 5 und 8 EuZustVO 2007; Art. 5 Abs. 3 HZÜ mit § 3 AusfG; §§ 25 f. ZRHO).[7] So beharrt Art. 8 EuZustVO 2007 darauf, dass der Empfänger die Annahme verweigern darf, wenn das Schriftstück in einer Sprache verfasst ist, die

8.55

---

1 Eingehend *Mankowski*, FS Kaissis, S. 607, 616 ff.
2 Z.B. KG Berlin v. 8.10.1985 – 1 W 3483/85, MDR 1986, 156; OLG Stuttgart v. 6.5.2014 – 17 UF 60/14, FamRZ 2014, 1930, 1932; *Kissel/Mayer*, § 184 GVG Rz. 5; MünchKommZPO/*Zimmermann*, § 184 GVG Rz. 1. Vgl. aber OLG Frankfurt v. 13.3.1979 – 20 W 102/79, NJW 1980, 1173 (eine englischsprachige Beschwerde wurde als form- und fristgerecht erachtet, weil die Übersetzung nicht Vorbedingung, sondern nachholbar sei); ebenso MünchKommZPO/*Wagner*, §§ 142–144 Rz. 19.
3 Dazu *Kissel/Mayer*, § 184 GVG Rz. 23; *Gottwald*, Die Stellung des Ausländers im Prozeß, S. 37.
4 Klarstellend MünchKommZPO/*Zimmermann*, § 184 GVG Rz. 7.
5 BGH v. 2.3.1988 – IVb ZB 10/88, NJW 1989, 1432, 1433; OLG München v. 30.6.2004 – 16 WF 1157/04, FamRZ 2005, 381.
6 *Kissel/Mayer*, § 184 GVG Rz. 11 m. Nachw.; OLG Karlsruhe v. 27.5.1997 – 20 UF 46/97, IPRspr. 1997 Nr. 132.
7 Ausführlich *Mankowski*, FS Kaissis, S. 607, 608 ff. Beachte speziell zu Übersetzungsanforderungen an Entscheidungen *Hilbig-Lugani*, in: Clavora/Garber, Sprache und Zivilverfahrensrecht, S. 183.

er nicht versteht, und keine Übersetzung beigefügt ist.[1] Die Belange des Empfängers werden gewahrt, indem er die Zustellung (gegebenenfalls durch Rücksendung) verhindern kann, wenn er den Inhalt der Klageschrift nicht verstehen und sich folglich nicht verteidigen kann. Allerdings ist bei der Auslegung auch Erwägungsgrund Nr. 10 zur EuZustVO zu beachten, wonach die Möglichkeit der Annahmeverweigerung auf Ausnahmefälle beschränkt sein soll.

Beispiel: Der deutsche Absender kann das Schriftstück an einen finnischen Empfänger trotz Einschaltung deutscher oder finnischer Behörden in englischer Sprache verfassen, wenn er mit dem Empfänger bisher in dieser Sprache korrespondiert hat. Bei der Feststellung, ob der Empfänger die Sprache i.S. von Art. 8 Abs. 1 lit. a EuZustVO 2007 versteht, begründet eine von diesem akzeptierte Vertragssprache zwar keine Vermutung, ist aber durchaus ein relevanter Anhaltspunkt, den das Gericht zu würdigen hat.[2] Unbeachtlich ist hingegen eine Annahmeverweigerung unter Hinweis darauf, dass der Adressat mit dem Verfahren nichts zu tun haben wolle.[3]

8.56 Über sein Recht aus Art. 8 wird der Empfänger durch ein standardisiertes Formblatt belehrt (Art. 8 Abs. 1 und 5 i.V.m. Anh. II EuZustVO 2007). Im Falle berechtigter Annahmeverweigerung bzw. Rücksendung ist die Zustellung erst bewirkt, wenn das Schriftstück samt der erforderlichen Übersetzung (erneut) zugestellt wird.[4] Dabei sorgt Art. 8 Abs. 3 S. 3 EuZustVO 2007 dafür, dass dem Absender hieraus im Hinblick auf zu wahrende Fristen keine Nachteile erwachsen.

8.57 Kann die **Zustellung im Inland** gemäß § 177 ZPO oder durch Aufgabe zur Post gemäß § 184 ZPO bewirkt werden, hält die Rechtsprechung selbst dann eine Übersetzung für entbehrlich, wenn der Beklagte ersichtlich nicht der deutschen Sprache mächtig ist.[5] Lebt der Adressat einer Verfügung oder Entscheidung im Inland und besteht Anlass zu der Annahme, dass er der deutschen Sprache nicht mächtig ist, kann es schon aus Gründen der Prozessökonomie sinnvoll sein, ihn in seiner Heimatsprache zumindest auf die Bedeutung des gerichtlichen Schreibens hinzuweisen, um ein Wiedereinsetzungsverfahren oder Terminsverlegungen zu vermeiden. Weder § 184 GVG noch ein anderer Verfahrensgrundsatz verbieten ein solches Vorgehen.[6] Macht der Adressat – gegebenenfalls auf gerichtlichen Hinweis – glaubhaft, dass er nicht in der Lage sei, die gerichtliche Verfügung und ihre Anlagen (z.B. die Klageschrift) übersetzen zu lassen, so kann in entsprechender Anwendung von § 118 Abs. 2 S. 3 ZPO (aus-

---

1 Dazu *Sujecki*, NJW 2008, 1628, 1629; *Hauser*, Zak 2009, 105, 107. Beachte zum Parallelproblem in europäischen Steuer- und Zollsachen *Lege*, GPR 2010, 193.
2 Vgl. EuGH v. 8.5.2008 – Rs. C-14/07 *(Weiss)*, NJW 2008, 1721, 1725, sowie zur Beweislast *Ahrens*, NJW 2008, 2817, 2819. Beachte auch LG Bonn v. 30.11.2010 – 10 O 502/09, IPRax 2013, 80, 82, und dazu *Würdinger*, IPRax 2013, 61.
3 Dazu BGH v. 3.8.2011 – XII ZB 187/10, NJW 2011, 3103, 3104.
4 Vgl. OLG Stuttgart v. 6.5.2014 – 17 UF 60/14, FamRZ 2014, 1930, 1932.
5 Zu § 184 ZPO: BGH v. 12.12.2012 – VIII ZR 307/11, NJW 2013, 387, 390 f. Zu § 177 ZPO: LG Hamburg v. 12.3.2013 – 325 O 224/12, RdTW 2013, 288, 290.
6 Vgl. *Gottwald*, Die Stellung des Ausländers im Prozeß, S. 38.

nahmsweise Zuziehung eines Sachverständigen im Prozesskostenhilfever-
fahren) die Übersetzung vom Gericht veranlasst oder ein Anhörungster-
min unter Zuziehung eines Dolmetschers anberaumt werden. Entsprechend zu verfahren ist bei der Aufnahme von Prozesskostenhilfeanträgen,
die in einen anderen EU-Mitgliedstaat übermittelt werden sollen (§ 1077
Abs. 4 ZPO).

3. Kosten

Der Einsatz von Dolmetschern und das Anfertigen von Übersetzungen   8.58
können erhebliche Kosten verursachen. Diese sind **Verfahrenskosten**
(GKG KV 9005), die von den Parteien nach Maßgabe der Kostengrundent-
scheidung, also grundsätzlich entsprechend der Unterliegensquote, zu
tragen sind, soweit sie nicht wegen bewilligter Prozesskostenhilfe der
Staatskasse anfallen. Übersetzungskosten der Parteien sind mithin nicht
automatisch von der Partei zu tragen, deren Fremdsprachigkeit sie veranlasst hat, sondern sind anteilig zu erstatten, soweit sie i.S. von § 91 Abs. 1
S. 1 ZPO zur Rechtsverfolgung oder Rechtsverteidigung notwendig waren.[1] Das betrifft nicht nur die Übersetzung von Schriftsätzen und gerichtlichen Verfügungen etc., sondern auch die fremdsprachige Korrespondenz des inländischen Prozessbevollmächtigten mit seiner Partei.
Dieser Aufwand wird auch dann nicht ohne Weiteres durch die regulären
Gebühren abgegolten, wenn der Anwalt selbst in der fremden Sprache
korrespondieren und die erforderlichen Übersetzungen fertigen kann.
Dem im Wege der Prozesskostenhilfe beigeordneten Anwalt sind entsprechende Mehrkosten nach § 46 RVG, also nach Maßgabe der Erforderlich-
keit, zu erstatten.[2]

4. Englisch als Gerichtssprache?

Bei den bislang skizzierten Regelungen zur Sprachenfrage geht es vor al-   8.59
lem darum, wie sich der rechtsstaatlich gebotene Schutz eines nicht hinreichend der deutschen Gerichtssprache kundigen Verfahrensbeteiligten
mit vertretbarem Aufwand sicherstellen lässt. Eine völlig andere Zielrichtung verfolgt der seit einigen Jahren diskutierte Vorschlag, Kammern
für internationale Handelssachen einzurichten, was insbesondere englischsprachig geführte Verfahren ermöglichen soll.[3] Hierbei lautet das
Ziel, Deutschland im angeblichen „Wettbewerb der Justizstandorte"
attraktiver zu machen und eine „Flucht in die Schiedsgerichtsbarkeit" zu
unterbinden (vgl. dazu auch Rz. 1.68 und 11.38). Indes ließe sich vieles
von dem, was in dieser Diskussion zugunsten von **Englisch als konsensu-**

---

1 Dazu und zum Folgenden Zöller/*Herget*, § 91 ZPO Rz. 13 (Stichwort: „Übersetzungskosten").
2 OLG Brandenburg v. 15.2.2002 – 15 WF 33/02, FamRZ 2002, 1721.
3 Beachte den dahingehenden Gesetzentwurf, den der Bundesrat wiederholt eingebracht hat: vgl. BT-Drucks. 17/2163 und sodann im Wesentlichen gleichlautend
  BT-Drucks. 18/1287, S. 12.

al-optionaler Gerichtssprache vorgebracht wird, bei konsequenter Anwendung von § 185 GVG bereits de lege lata erreichen. Und ob das, was die bislang vorgelegten Gesetzesvorschläge darüber hinaus vorsehen, schon hinreichend ausgereift erscheint, muss bezweifelt werden,[1] und zwar selbst dann, wenn man davon ausgeht, dass die dagegen vorgebrachten verfassungsrechtlichen Bedenken (insbesondere unter dem Gesichtspunkt des Öffentlichkeitsprinzips) ausgeräumt werden können.[2]

---

1 Dazu *Hau*, FS Schurig, S. 49, 58 ff.; zudem etwa *Arnold*, in: Clavora/Garber, Sprache und Zivilverfahrensrecht, S. 161, 176 ff.; *Wauschkuhn*, NIPR 2014, 343; jeweils m. Nachw. zum Diskussionsstand.
2 Sehr skeptisch insbesondere *Flessner*, NJW 2011, 3544; *Handschell*, DRiZ 2010, 395.

§ 9 Ermittlung und Anwendung ausländischen Rechts

Literatur: *Aden/Aden*, Revisibilität von Entscheidungen aufgrund rechtsvergleichender Normenauslegung, RIW 2014, 736; *Becker*, Die Ermittlung und Anwendung ausländischen Rechts in der deutschen Rechtspraxis, FS Martiny, 2014, S. 619; *Duintjer Tebbens*, New impulses for the ascertainment of foreign law in civil proceedings – a question of (inter)networking?, FS Siehr, 2010, S. 635; *Eichel*, Die Revisibilität ausländischen Rechts nach der Neufassung von § 545 Abs. 1 ZPO, IPRax 2009, 389; *Esplugues*, The long road towards a common rule on the application of foreign law by judicial authorities in Europe, ZZPInt 14 (2009), 201; *Gotsche*, Der BGH im Wettbewerb der Zivilrechtsordnungen, 2008; *Gruber/Bach*, The application of foreign law – a progress report on a new European project, YbPIL 11 (2009), 157; *Hau*, Ein Rückzugsgefecht des BGH gegen die Revisibilität ausländischen Rechts, IPRax 2014, 431; *Hübner*, Ausländisches Recht vor deutschen Gerichten – Grundlagen und europäische Perspektiven der Ermittlung ausländischen Rechts im gerichtlichen Verfahren, 2014; *Jacobs/Frieling*, Revisibilität ausländischen Rechts in den deutschen Verfahrensgesetzen, ZZP 127 (2014), 137; *Jansen/Michaels*, Die Auslegung und Fortbildung ausländischen Rechts, ZZP 116 (2003), 3; *Kadner Graziano*, Rechtsvergleichung vor Gericht – Legitim, nützlich, praktikabel?, RIW 2014, 473; *Krauß*, Anforderungen an die tatrichterliche Ermittlung ausländischen Rechts in Zivilverfahren, GPR 2014, 175; *Lindacher*, Zur Mitwirkung der Parteien bei der Ermittlung ausländischen Rechts, FS Schumann, 2001, S. 283; *ders.*, Zur Anwendung ausländischen Rechts, FS Beys, 2003, S. 909; *Prütting*, Die Überprüfung des ausländischen Rechts in der Revisionsinstanz, FS Schütze, 2015, S. 449; *Remien*, Iura novit curia und die Ermittlung fremden Rechts im europäischen Rechtsraum der Art. 61 ff. EGV – für ein neues Vorabentscheidungsverfahren bei mitgliedstaatlichen Gerichten, in: Basedow, Aufbruch nach Europa, 2001, S. 617; *Riehm*, Vom Gesetz, das klüger ist als seine Verfasser – Zur Revisibilität ausländischen Rechts, JZ 2014, 73; *Roth*, Die Revisibilität ausländischen Rechts und die Klugheit des Gesetzes, NJW 2014, 1224; *Schall*, Deutsches Case Law? – Zur Anwendung englischen Rechts unter § 293 ZPO, ZZP 122 (2009), 293; *Schilken*, Zur Rechtsnatur der Ermittlung ausländischen Rechts nach § 293 ZPO, FS Schumann, 2001, S. 373; *Sturm*, Erforschung und Beweis fremden Rechts, FS Pannier, 2010, S. 197; *ders.*, Wegen Verletzung fremden Rechts sind weder Revision noch Rechtsbeschwerde zulässig, JZ 2011, 74; *M. Stürner*, Effektivität des europäischen Kollisionsrechts und nationales Verfahrensrecht, FS R. Stürner, 2013, S. 1071; *Thole*, Anwendung und Revisibilität ausländischen Gesellschaftsrechts vor deutschen Gerichten, ZHR 176 (2012), 15; *Weckesser-Gegorgi*, Die letztinstanzliche Überprüfung der Behandlung ausländischen Rechts in zivilgerichtlichen Verfahren – Eine Untersuchung aus europäischer Perspektive, 2006.

I. Ermittlungs- und Beweisbedürftigkeit ausländischen Rechts

Ausländisches Recht kann in reinen Inlandsfällen eine Rolle spielen, wenn sich das Gericht von der rechtsvergleichenden Betrachtung mögliche Hinweise für die Fortbildung des deutschen Rechts verspricht.[1] Häufiger stellen indes Sachverhalte mit Auslandsbezug den deutschen Richter vor die Aufgabe, ausländisches Recht zu ermitteln, zu beurteilen und

9.1

---

1 Näher zu den damit verbundenen Fragen *Aden/Aden*, RIW 2014, 736; *Kadner Graziano*, RIW 2014, 473.

anzuwenden. Das ergibt sich in erster Linie aus den Verweisungen des **Internationalen Privatrechts** auf ausländisches Kollisionsrecht (vgl. Art. 4 EGBGB)[1] oder Sachrecht, kommt aber auch für verfahrensrechtliche Fragestellungen in Betracht (vgl. Rz. 2.13 f.).

9.2   Weil die Ermittlung ausländischen Rechts, wie noch zu zeigen sein wird, fehleranfällig und kostenträchtig ist, kann es durchaus sinnvoll erscheinen, dass Kollisionsnormen nur dann ausländisches Recht berufen, wenn dies aus Gründen der internationalprivatrechtlichen Sachgerechtigkeit geboten erscheint. In diesem Sinne ist es etwa zu begrüßen, dass in Ehescheidungssachen nunmehr grundsätzlich an den gewöhnlichen Aufenthalt der Parteien angeknüpft wird (vgl. Art. 8 lit. a Rom III-VO), was weitaus seltener als die frühere Anknüpfung an die Staatsangehörigkeit zur Anwendbarkeit ausländischen Scheidungsrechts führt.[2]

9.3   Der Frage, welches nationale Recht nach Maßgabe der einschlägigen Kollisionsnormen anzuwenden ist, muss der Richter – wie jeder anderen Rechtsfrage – von Amts wegen nachgehen: *iura novit curia*.[3] Soweit im konkreten Verfahren der Verhandlungsgrundsatz gilt, muss das Gericht aber nicht etwa amtswegig Tatsachen ermitteln, aus denen sich womöglich erst die Internationalität des Sachverhalts und deshalb die Maßgeblichkeit ausländischen Rechts ergeben könnten.[4] Streitig ist, inwieweit der Richter das angewendete Recht im Sinne einer **Wahlfeststellung** offen lassen darf, wenn er davon ausgeht, dass alle in Betracht kommenden Rechtsordnungen ohnehin zu demselben Ergebnis gelangen.[5]

9.4   In Sachgebieten, die einer **Rechtswahl** zugänglich sind, dürfen die Parteien das anzuwendende Recht privatautonom bestimmen. Die Rechtswahl kann normalerweise auch noch **im Gerichtsverfahren** nachgeholt werden. Allerdings sind hierfür bisweilen Einschränkungen vorgesehen; beispielsweise kann die Wahl des Ehescheidungsstatuts gemäß Art. 5 Abs. 3 Rom III-VO i.V.m. Art. 46d Abs. 2 EGBGB nur bis zum Schluss der mündlichen Verhandlung erster Instanz erfolgen. Grundsätzlich kommt auch eine **Rechtswahl durch schlüssiges Verhalten** in Betracht. Hervorgehoben wird dies etwa in Art. 3 Abs. 1 S. 2 Rom I-VO, wonach sich die Rechtswahl nicht nur aus den Bestimmungen des Vertrags ergeben kann, sondern auch „aus den Umständen des Falls" (ebenso Art. 14 Abs. 1 lit. b S. 2

---

1 Im Europäischen und Haager IPR werden meist nur Sachnormverweisungen ausgesprochen, ein sog. *renvoi* (Rückverweisung durch das ausländische IPR auf das deutsche Recht) ist folglich ausgeschlossen. Vgl. Art. 20 Rom I-VO, Art. 24 Rom II-VO und Art. 11 Rom III-VO. Dazu etwa *Henrich*, FS von Hoffmann, 2011, S. 159; *Schack*, IPRax 2013, 315; *Solomon*, FS Schurig, 2012, S. 237.
2 Dazu *Hau*, FS Stürner, 2013, S. 1237, 1243 f.
3 Statt vieler: BGH v. 30.4.2013 – VII ZB 22/12, RIW 2013, 488, 491; MünchKommBGB/*Sonnenberger*, Einl. IPR vor Art. 3 EGBGB Rz. 618 f.
4 Vgl. *M. Stürner*, FS R. Stürner, S. 1071, 1082 f., dort zu der Konstellation, dass die Parteien aus strategischen Gründen dem Gericht den Auslandsbezug verschweigen.
5 Großzügig *Lindacher*, § 15 Rz. 2.

Rom II-VO).[1] Der für eine solche Rechtswahl erforderliche Gestaltungswille darf aber keinesfalls vorschnell unterstellt werden (klarstellend wiederum Art. 3 Abs. 1 S. 2 Rom I-VO: „muss sich eindeutig [...] ergeben"; ähnlich Art. 14 Abs. 1 lit. b S. 2 Rom II-VO: „mit hinreichender Sicherheit").[2] Einen noch weitergehenden, von der Rechtswahlfreiheit nicht mehr gedeckten Einfluss auf die Anwendung oder Nichtanwendung ausländischen Rechts haben die Parteien nicht; der kollisionsrechtliche Rechtsanwendungsbefehl ist also nicht disponibel.[3]

Das für anwendbar befundene ausländische Recht ist keine Tatsache,   **9.5** sondern eben Recht.[4] Infolgedessen ist es im Grunde weder beweisbedürftig noch beweisfähig.[5] Allerdings ermöglicht § 293 S. 1 ZPO, dass die **Ermittlung ausländischen Rechts** in einem förmlichen Beweisverfahren erfolgt – was aber nicht zwingend erforderlich ist.[6] Ob man § 293 ZPO als Ausprägung des Grundsatzes *iura novit curia* einordnet[7] oder umgekehrt als Ausnahme dazu,[8] kann offen bleiben: Jedenfalls gibt § 293 ZPO dem Richter auf, sich von Amts wegen die für die Entscheidung des Falles erforderlichen Rechtskenntnisse zu verschaffen.[9]

Auch in Verfahren, die der Verhandlungsmaxime unterliegen, sind die   **9.6** Parteien folglich nicht etwa gehalten, die (ausländische) Rechtsgrundlage nach Maßgabe der allgemeinen Darlegungs- und Beweislastregeln zu benennen und ihren Inhalt beizubringen. Weder bindet ein Geständnis (§ 288 ZPO) oder Nichtbestreiten (§ 138 Abs. 3 ZPO) das Gericht, noch entfaltet Säumnis eine Geständniswirkung bezüglich der ausländischen Rechtsfrage.[10] Gleichwohl geht der Gesetzgeber ausweislich der Formulierung des § 293 S. 2 ZPO von einer **Mitwirkung der Parteien** aus: Sie

---

1 Dazu Reithmann/Martiny/*Hausmann*, Rz. 121 ff. Für die Rechtswahl gemäß Art. 5 Rom III-VO wird dies allerdings überwiegend verneint; vgl. etwa *Helms*, IPRax 2014, 334; Althammer/*Mayer*, Art. 7 Rom III-VO Rz. 5 m. Nachw.

2 Vgl. auch BGH v. 30.10.2008 – I ZR 12/06, NJW 2009, 1205, 1206; *Magnus*, IPRax 2010, 27, 33, dort speziell zur Rom I-VO.

3 MünchKommBGB/*Sonnenberger*, Einl. IPR vor Art. 3 EGBGB Rz. 227 f., dort vor allem gegen die verfehlte Lehre vom „fakultativen Kollisionsrecht".

4 *von Bar/Mankowski*, § 5 Rz. 96. Andere Rechtsordnungen sehen das mitunter anders, vgl. *Nagel/Gottwald*, § 11 Rz. 65 ff.; *Schack*, Rz. 729 ff.; *Spickhoff*, ZZP 112 (1999), 265, 276 ff.

5 Differenzierend *Schilken*, FS Schumann, S. 373 ff.

6 Vgl. BGH v. 14.3.1966 – VII ZR 171/63, NJW 1966, 1364; BGH v. 15.6.1994 – VIII ZR 237/93, NJW 1994, 2959; *Schütze*, ZPO, § 293 Rz. 35; MünchKomm-ZPO/*Prütting*, § 293 Rz. 23 ff.

7 Vgl. *Schütze*, ZPO, § 293 Rz. 17; *Kindl*, ZZP 111 (1998), 177, 180; *Schilken*, FS Schumann, S. 373, 379, 387.

8 Z.B. *Geimer*, Rz. 2594; *Nagel/Gottwald*, § 11 Rz. 24; MünchKommBGB/*Sonnenberger*, Einl. IPR vor Art. 3 EGBGB, Rz. 624.

9 BGH v. 24.11.1960 – II ZR 9/60, NJW 1961, 410; MünchKommBGB/*Sonnenberger*, Einl. IPR vor Art. 3 EGBGB, Rz. 624 ff.

10 *Nagel/Gottwald*, § 11 Rz. 39 f.; *Schütze*, ZPO, § 293 Rz. 17.

können gehalten sein, den Richter zu unterstützen.[1] Dies ist aber nicht im Sinne einer sanktionsbewehrten Verpflichtung zu verstehen, sondern als Obliegenheit, an welche die Parteien durch gerichtliche Auflagen erinnert werden können.[2] Behauptet eine Partei eine ihr günstige Rechtsnorm oder Gerichtspraxis, ohne dies zu belegen, so gereicht ihr die mangelnde Mitwirkung zum Nachteil, wenn das Ergebnis der richterlichen Ermittlungen die fragliche Rechtsbehauptung nicht bestätigt.[3]

II. Ermittlung ausländischen Rechts

1. Ermittlungsgrundsätze

9.7　Der deutsche Richter hat das maßgebliche ausländische Recht so anzuwenden, wie es im Herkunftsland gilt und angewendet wird. Das schließt das dort geltende Methodenverständnis und die dort verbindlichen Auslegungsregeln ein.[4] Womöglich kann im Einzelfall sogar eine systemkonforme Fortbildung des ausländischen Rechts geboten sein.[5] Allerdings erscheint schon die grundsätzliche Forderung nach einer **möglichst authentischen Anwendung des ausländischen Rechts** nur im Prinzip als Selbstverständlichkeit, während sie in praxi nicht selten ein hehres Ziel bleibt, weil die Erkenntnisquellen und die Auswertungsergebnisse trotz aller Bemühungen häufig relativ unzulänglich sind.

9.8　Das Gericht kann und muss sich in den Grenzen **pflichtgemäßen Ermessens**[6] aller ihm zugänglichen Erkenntnisquellen bedienen. Bei deren Auswahl, Auswertung und Würdigung unterliegt es jedoch keinen festen Regeln, insbesondere keinen Beweisregeln. Es bedarf keines förmlichen (Beweis-)Beschlusses. Die Parteien über die Art der eingeleiteten Ermittlungen zu informieren ist ein nobile officium des Gerichts. Dass das Ergebnis mitzuteilen ist, folgt bereits aus dem grundgesetzlich verbürgten Anspruch auf rechtliches Gehör.[7] Zudem gilt es die Regelung zur Befan-

---

1　BGH v. 30.3.1976 – VI ZR 143/74, NJW 1976, 1581, 1583; *von Bar/Mankowski*, § 5 Rz. 97; *Kegel/Schurig*, § 15 II; *Kropholler*, IPR, § 59 I; *Spickhoff*, ZZP 112 (1999), 265, 272 f.

2　Vgl. OLG Frankfurt v. 13.12.1982 – 17 W 62/82, MDR 1983, 410; *Lindacher*, FS Schumann, S. 283 ff. Kritisch MünchKommZPO/*Prütting*, § 293 Rz. 53: ein Auflagenbeschluss sei von § 273 oder § 293 ZPO nicht gedeckt.

3　BGH v. 24.11.1960 – II ZR 9/60, NJW 1961, 410; BGH v. 30.3.1976 – VI ZR 143/74, NJW 1976, 1581, 1583.

4　BGH v. 23.4.2002 – XI ZR 136/01, WM 2002, 1186. Näher etwa *Jansen/Michaels*, ZZP 116 (2003), 3, 19; *Lindacher*, FS Beys, S. 909, 915. Beachte auch *Schall*, ZZP 122 (2009), 293, 295 ff.; *Thole*, ZHR 176 (2012), 15, 35 ff.; dort jeweils speziell zur Anwendung des Common Law durch deutsche Gerichte.

5　Dazu *Becker*, FS Martiny, S. 619, 627 ff.

6　Zu Umfang und Intensität vgl. BGH v. 23.6.2003 – II ZR 305/01, NJW 2003, 2685, 2686; *Pfeiffer*, NJW 2002, 3306 f.

7　Stein/Jonas/*Leipold*, § 293 ZPO Rz. 54; MünchKommZPO/*Prütting*, § 293 Rz. 54.

genheit eines Gutachters (§ 406 ZPO) auch außerhalb eines förmlichen Beweisverfahrens zu beachten.[1]

Die Ermittlungspflicht betrifft grundsätzlich alle Verfahrensarten. Im **9.9** **Versäumnisverfahren** kann also eine bestimmte Ausgestaltung des ausländischen Rechts nicht etwa als zugestanden fingiert werden,[2] und ebenso wenig reicht es hier aus, wenn der Kläger seine Behauptung etwa durch Sachverständigengutachten „unter Beweis stellt".[3] Zum einstweiligen Rechtsschutz s. Rz. 15.12.

2. Ermittlungsarten

a) Gerichtsinterne Ermittlungen

Soweit der erkennende Richter selbst über **hinreichende Kenntnisse** des **9.10** ausländischen Rechts bzw. über die Fähigkeit verfügt, sich diese aus vorhandenen Quellen zu verschaffen, darf er sich damit begnügen.[4] Manches lässt sich mit Hilfe der verfüg- oder beschaffbaren Literatur klären, z.B. mit den Sammlungen zum internationalen Familien- und Erbrecht von *Bergmann/Ferid/Henrich* und *Ferid/Firsching/Dörner/Hausmann* sowie mit veröffentlichten Gutachten[5] und deutschsprachigen Publikationen zu ausländischem Recht. Hilfreich ist die systematische Zusammenstellung von Schrifttum, Rechtsprechung und Gutachten bei *von Bar*, Ausländisches Privat- und Privatverfahrensrecht in deutscher Sprache (9. Aufl. 2013). Soweit private oder berufliche Verbindungen zu sachkundigen Wissenschaftlern oder Praktikern im In- und Ausland bestehen, können diese formlos um Auskunft gebeten werden. Ihre (schriftlichen) Auskünfte müssen dann freilich in den Prozess einbezogen werden, damit die Parteien dazu Stellung nehmen können.[6] Eine unzulässige Umgehung der Rechtshilfe i.S. von § 63 Abs. 1 ZRHO ist darin nicht zu sehen.

Nicht vernachlässigen, aber auch nicht zu hoch einschätzen sollte man **9.11** die Möglichkeit, sich im **Internet** mit hinreichender Sicherheit zu informieren: Verlässliche Informationen sind oftmals zugangsgebunden (und kostenpflichtig), und selbst zielgerichtete Ermittlungen in ausländischen Fachdatenbanken setzen gewisse Mindestkenntnisse im Umgang mit diesen Medien und der jeweiligen Rechtsordnung voraus. Zum Europäischen Justiziellen Netz s. unten Rz. 9.16.

---

1 Klarstellend *Thole*, ZHR 176 (2012), 15, 31.
2 *Nagel/Gottwald*, § 11 Rz. 39 f.; *Geimer*, Rz. 2592; Stein/Jonas/*Leipold*, § 293 ZPO Rz. 55.
3 Unzutreffend OLG München v. 23.10.1975 – 1 U 2564/75, NJW 1976, 489.
4 Stein/Jonas/*Leipold*, § 293 ZPO Rz. 37; *Schilken*, FS Schumann, S. 373, 377; OLG Celle v. 16.12.1992 – 3 U 241/91, RIW 1993, 587.
5 Insbesondere die regelmäßig erscheinenden Gutachten zum internationalen und ausländischen Privatrecht (IPG), nunmehr herausgegeben von *Basedow/Coester-Waltjen/Mansel*.
6 Vgl. *Nagel/Gottwald*, § 11 Rz. 31.

b) Rechtsgutachten

9.12   Häufig werden Gutachten beim Max-Planck-Institut für ausländisches und internationales Privatrecht in Hamburg oder bei einem der internationalrechtlichen bzw. rechtsvergleichenden Universitätsinstitute und -lehrstühle eingeholt. Dieser Weg gilt wegen der dadurch ermöglichten umfassenden Sachverhaltskenntnis des Gutachters als besonders sichere Erkenntnisquelle. Allemal sinnvoll ist die vorherige Abklärung, ob gerade für die in Frage stehende ausländische Rechtsordnung hinreichende Spezialkenntnisse bestehen, was dem Angesprochenen unter Umständen die Benennung eines kompetenteren Gutachters ermöglicht. Zu erwägen bleibt in vielen Fällen auch, einen im Ausland ansässigen, mit dem dortigen Recht besonders vertrauten (deutschen oder ausländischen) Juristen als Gutachter einzuschalten.[1] Die These, dass in der Regel ein inländischer Sachverständiger zu bevorzugen sei,[2] erscheint zu eng und innerhalb der EU schon im Lichte der Dienstleistungsfreiheit bedenklich. Auch § 63 ZRHO spricht dafür, dass die Einschaltung ausländischer Gutachter durchaus in Betracht kommt.

9.13   Tauglicher Gegenstand eines Gutachtens ist **nur ausländisches Sach- oder Verfahrensrecht**, nicht hingegen das in Deutschland geltende Recht. Das gilt – entgegen verbreiteter Auffassung in der Praxis – auch für (vermeintlich) entlegene Fragen des in Deutschland geltenden Internationalen Privat- und Verfahrensrechts, und zwar selbst dann, wenn dieses auf europa- oder konventionsrechtlichen Vorgaben beruht. Freilich wird es ein erfahrener Sachverständiger als nobile officium betrachten, ein Gericht, das ersichtlich zu Unrecht seine internationale Zuständigkeit unterstellt oder sich im Kollisionsrecht „verstiegen" hat, vorab auf solche Punkte aufmerksam zu machen.

9.14   Ob die Einschaltung eines Sachverständigen eine **Beweisaufnahme** darstellt, die den Regeln des Strengbeweises zu unterstellen wäre, ist umstritten.[3] Geht man davon aus, dass die Erstattung eines Rechtsgutachtens kein Sachverständigenbeweis i.S. von §§ 402 ff. ZPO ist, bedarf es keines förmlichen Beweisbeschlusses, keines Auslagenvorschusses[4] und keiner vorherigen Individualisierung des Gutachters. Unabhängig von dieser Frage sollte aber allemal gelten, dass die Entscheidung über eine eventuelle Befragung des Gutachters nicht der zwingenden Regelung des

---

1 Dazu *Hau*, RIW 2003, 822, 826.

2 So etwa *Lindacher*, § 16 Rz. 16; *Schack*, Rz. 710.

3 Dafür BGH v. 10.7.1975 – II ZR 174/74, NJW 1975, 2142; bestätigend etwa BGH v. 15.6.1994 – VIII ZR 237/93, NJW 1994, 2959. Ebenso die h.L.; vgl. etwa *Kindl*, ZZP 111 (1998), 189 ff.; MünchKommZPO/*Prütting*, § 293 Rz. 29, 31. Kritisch *Spickhoff*, ZZP 112 (1999), 265, 291. Ablehnend *Schilken*, FS Schumann, S. 373, 383 ff.

4 *Schütze*, ZPO, § 293 Rz. 37; *Geimer*, Rz. 2619.

§ 411 Abs. 3 ZPO, sondern dem spezielleren Ermessensmaßstab des § 293 ZPO unterliegt.[1]

c) Auskünfte durch Rechtshilfe

Da der deutsche Richter das ausländische Recht regelmäßig in seiner ak-   9.15
tuellsten Fassung anzuwenden hat, liegt es nahe, sich authentische Informationen bei den Behörden des betreffenden Staates zu verschaffen. Das
ermöglichen bzw. erleichtern staatsvertragliche Vereinbarungen wie das
**Londoner Europäische Übereinkommen betreffend Auskünfte über auslän-
disches Recht vom 7.6.1968**[2] und der Deutsch-Marokkanische Rechtshil-
fe- und Rechtsauskunftsvertrag vom 29.10.1985.[3] Vertragsstaaten des Londoner Übereinkommens sind derzeit fast alle europäischen Länder und die
Türkei. Ungeachtet positiver Erfahrungen mit den eingeholten Auskünften sowie der schnellen und kostengünstigen Erledigung wird dieser Weg
zur Ermittlung des ausländischen Rechts eher selten beschritten.[4] Die
Rechtsauskunft nach dem Londoner Übereinkommen ist in den Fällen vor-
zuziehen, in denen von vornherein nur einzelne Fragen zum ausländischen
Recht anstehen, die abstrakt beantwortet werden können. Die Fragen können zwar auch sachverhaltsbezogen sein (vgl. Art. 4 Abs. 2), doch eine re-
gelrechte Begutachtung kommt nicht in Betracht.[5] Ausschlaggebend für
die Verwertbarkeit der Auskünfte sind zum einen die Verständlichkeit
der Fragestellung sowie der Sachverhaltsskizzierung (die entgegen § 1 S. 2
AusfG auf keinen Fall den Parteien oder Beteiligten überlassen werden
sollte), zum anderen die Qualität der Übersetzungen. In etwas komplizierten Fällen mag es zwar nicht fehlerhaft sein, nach dem Londoner
Übereinkommen vorzugehen, womöglich aber, sich ohne weiteres mit
der erteilten Auskunft zufrieden zu gegeben.[6]

Nach den Intentionen der Europäischen Kommission soll das **Europäi-**   9.16
sche Justizielle Netz in Zivil- und Handelssachen (EJN)[7] auch Rechtsauskünfte vermitteln.[8] Sie können über die dazu eingerichteten Kontaktstel-

---

1 *Geisler*, ZZP 91 (1978), 181 ff.; *Schack*, Rz. 714; *Schilken*, FS Schumann, S. 373, 383, 387.

2 BGBl. 1974 II, 938, in Kraft seit 19.3.1975, und AusfG vom 5.7.1974, BGBl. 1974 I, 1433. Dazu *Hübner*, S. 243 ff.; Geimer/Schütze/*Pirrung*, IntRVerkehr, Nr. 380–382; MünchKommZPO/*Prütting*, § 293 Rz. 33 ff.

3 BGBl. 1988 II, 1054, in Kraft seit 23.6.1994.

4 Zu den Ursachen vgl. *Schellack*, Selbstermittlung oder ausländische Auskunft unter dem europäischen Rechtsauskunftsübereinkommen, 1998, S. 156 ff.

5 *Wolf*, NJW 1975, 1584.

6 BGH v. 14.1.2014 – II ZR 192/13, NJW 2014, 1244, 1245. Dazu *Krauß*, GPR 2014, 175, 177 f.

7 Entscheidung Nr. 2001/470/EG vom 28.5.2001 über die Einrichtung eines Europäischen Justiziellen Netzes für Zivil- und Handelssachen, ABl. 2001 L 174/25;
reformiert durch Entscheidung Nr. 568/2009/EG vom 18.6.2009, ABl. 2009 L
168/35. Internetauftritt im Europäischen Justizportal: https://e-justice.europa.
eu/content_ejn_in_civil_and_commercial_matters-21-de.do.

8 Dazu *Hübner*, S. 257 ff., 386 ff.; *Krauß*, GPR 2014, 175, 178 f.

len abgefragt werden, in Deutschland über das Bundesamt für Justiz bzw. die Landesjustizverwaltungen (§ 73 Abs. 2 ZRHO, § 16a EGGVG). Die Ergiebigkeit solcher Anfragen hängt von der Ausstattung der jeweiligen ausländischen Kontaktstellen ab. Das EJN ist nach dem derzeitigen Entwicklungsstand am ehesten für Anfragen nach konkret benannten Gesetzestexten geeignet.[1] Die Öffnung des Netzwerks für Kammern der Rechtsanwälte und Notare[2] führt nicht dazu, dass einzelne Berufsträger Anfragen zu konkreten Fällen stellen können.[3] Rechtsanwälte sind für Anfragen zu ausländischem Recht also weiterhin vor allem auf Gutachten angewiesen.

3. Ermittlungseffektivität und Gerichtsorganisation

9.17 De lege ferenda könnte ein EU-internes Vorabentscheidungsverfahren zu den mitgliedstaatlichen Rechtsordnungen dazu beitragen, die von den Gerichten anderer Mitgliedstaaten zur Sachentscheidung benötigten Rechtskenntnisse authentisch bereitzustellen.[4] Solange derart weitreichende Vorschläge nicht realisierbar erscheinen, sollte die Effektivität der Ermittlung ausländischen Rechts wenigstens im Inland durch die seit Jahrzehnten geforderten **gerichtsorganisatorischen Konzentrations- und Spezialisierungsmaßnahmen**[5] verbessert werden. Es liegt auf der Hand, dass ein Richter, der routinemäßig mit internationalen Sachverhalten konfrontiert ist, nicht nur internationalverfahrens- und kollisionsrechtliche Fragen sicherer beantworten wird, sondern auch bei der Ermittlung und Anwendung ausländischen Rechts aus der Erfahrung sowie den schon vorliegenden Gutachten und Auskünften aus anderen Verfahren schöpfen kann. Einem solchen Richter würden häufig ergänzende Rechtsauskünfte genügen, wo andere auf ausführliche Gutachten angewiesen sind; er wäre also auch von der häufig kritisierten Abhängigkeit von der unkontrollierbaren Fachkompetenz der Gutachter weitgehend befreit.[6]

9.18 Realisiert wurde von alledem bislang kaum etwas. Übermäßig strenge Anforderungen an den gesetzlichen Richter schon bei der Ausgestaltung der Geschäftsverteilung[7] vereiteln sachgerechte Konzentrationsmaßnahmen innerhalb einzelner Gerichte. Die zum 1.1.2002 eingeführte Sonderzuständigkeit der Oberlandesgerichte für Berufungen gegen Entscheidungen der Amtsgerichte mit bestimmtem Auslandsbezug (§ 119 Abs. 1

---

1 *Jastrow*, IPRax 2004, 404; *Fornasier*, ZEuP 2010, 477, 493 ff.; zu den (noch) bestehenden Schwachstellen *Melin*, DRiZ 2010, 22, 25.
2 ABl. 2009 L 168/35.
3 *Melin*, DRiZ 2010, 22, 26.
4 Dafür *Remien*, in: Basedow, Aufbruch nach Europa, S. 617 ff.; skeptisch *M. Stürner*, FS R. Stürner, S. 1071, 1094 f.
5 Vgl. die Denkschriften zur Verbesserung der deutschen Zivilrechtsprechung in internationalen Sachen, RabelsZ 35 (1971), 323 und 46 (1982), 743, sowie *Luther*, RabelsZ 37 (1973), 660; *Schack*, Rz. 711 f.
6 Das betont auch *Schack*, Rz. 711.
7 Dazu etwa *Schilken*, Gerichtsverfassungsrecht, 4. Aufl. 2007, Rz. 304 ff., 373 ff.

Nr. 1 lit. b und c GVG) hat freilich mehr Anwendungsprobleme als Nutzen gebracht[1] und ist schon 2008 im Zuge der FGG-Reform wieder entfallen.[2] Als fragwürdiger Rückschritt in puncto Kompetenzbündelung erscheint nunmehr § 1115 Abs. 1 ZPO, der die Prüfung von Anerkennungs- und Vollstreckungsversagungsgründen vom OLG auf das LG verlagert (dazu Rz. 14.25). Bisweilen stehen aber auch europäische Vorgaben zur örtlichen Zuständigkeit einer sinnvollen Konzentration bei bestimmten deutschen Gerichten entgegen: So ist die in § 28 AUG vorgesehene Spezialzuständigkeit in Unterhaltssachen unvereinbar mit Art. 3 lit. b EuUntVO, wonach der Unterhaltsberechtigte seinen Anspruch bei dem „Gericht des Ortes", an dem er sich gewöhnlich aufhält, geltend machen darf.[3]

III. Nichtermittelbarkeit des ausländischen Rechts

Zur pflichtgemäßen Ermessensausübung bei der Ermittlung des ausländischen Rechts gehört auch die Entscheidung, wann die Ermittlungen abzubrechen sind, weil entweder die Rechtslage hinreichend geklärt oder aber ein ausreichendes Ergebnis trotz Ausschöpfung aller vernünftigerweise zugänglichen Erkenntnisquellen nicht zu erzielen ist.[4] Im zweiten Fall kann nicht etwa die Entscheidung verweigert oder eine Beweislastentscheidung getroffen werden.[5] Vielmehr muss man eine **Ersatzlösung** bestimmen, z.B. durch Anwendung eines verwandten Rechts aus derselben „Rechtsfamilie" oder der lex fori.[6] Welche Ersatzlösung angemessen erscheint, ist jeweils am konkreten Fall zu entscheiden; abstrakte Ersatzrechtskataloge mit zwingender Rangfolge sind abzulehnen. Das gilt auch für die vom BGH[7] als Ausweg bevorzugte Anwendung des deutschen Rechts. Da im Regelfall nicht etwa jeglicher Zugang zum kollisionsrecht-

9.19

---

1 Vgl. aus der erstaunlich umfangreichen Rechtsprechung nur BGH v. 10.11.2009 – VI ZB 25/09, NJW-RR 2010, 250 (keine OLG-Zuständigkeit nach § 119 Abs. 1 Nr. 1 lit. b GVG a.F., wenn eine Partei neben einem allgemeinen Gerichtsstand im Ausland auch einen allgemeinen Gerichtsstand im Inland hat). Beachte auch *von Hein*, IPRax 2009, 112 ff.

2 Art. 22 Nr. 14 FGG-RG vom 17.12.2008 (BGBl. 2008 I, 2586, 2696); *Schack*, Rz. 712.

3 Vgl. *Hau*, FamRBint 2012, 19, 20; OLG Düsseldorf v. 25.11.2013 – 2 SAF 15/13, FamRZ 2014, 583 f.; halbherzig EuGH v. 18.12.2014 – Rs. C-400/13 und C-408/13 (*Sanders/Verhaegen*).

4 Näher zur Frage, wann der Punkt der Nichtermittelbarkeit erreicht ist, *Thole*, ZHR 176 (2012), 15, 46 ff.

5 BGH v. 23.12.1981 – IVb ZR 643/80, NJW 1982, 1215; OLG Frankfurt v. 2.3.1999 – 1 WF 36/99, FamRZ 2000, 37.

6 Überblick bei *Schütze*, ZPO, § 293 Rz. 46 ff.

7 BGH v. 26.10.1977 – IV ZB 7/77, NJW 1978, 496, 498; BGH v. 23.12.1981 – IVb ZR 643/80, NJW 1982, 1215 (jeweils in Statusfällen, in denen das deutsche Recht zum erwünschten Ergebnis führte); vgl. auch KG v. 27.6.2001 – 3 UF 3906/00, FamRZ 2002, 166 (schon wegen Zweifeln an der Weitergeltung eines afghanischen Gesetzes im Bürgerkrieg sei deutsches Recht anzuwenden). Wie der BGH auch Stein/Jonas/*Leipold*, § 293 ZPO Rz. 66; tendenziell auch *Thole*, ZHR 176 (2012), 15, 42 ff.

lich berufenen Recht fehlt, sondern lediglich Einzelfragen offen sind, kann es angemessener sein, im Rahmen dieser Rechtsordnung zu bleiben und sich um die größtmögliche Annäherung an den aktuellen Rechtsstand zu bemühen.[1] Bei allzu lückenhaften oder völlig unzureichenden Erkenntnissen mag der Wechsel des anzuwendenden Rechts durch kollisionsrechtliche Hilfsanknüpfung in Betracht kommen.[2] Der Rückgriff auf die lex fori sollte jedenfalls erst als ultima ratio nach sorgfältiger Eruierung dieser Möglichkeiten und keinesfalls schematisch erfolgen.[3]

IV. Revisibilität der Anwendung und Ermittlung ausländischen Rechts

9.20 Vergegenwärtigt man sich den für die Anwendung ausländischen Rechts geforderten hohen Standard und die höhere Fehleranfälligkeit, so ist es schon erstaunlich, dass die Anwendung ausländischen Rechts bisher nicht revisibel (§§ 545 a.f., 560 ZPO) und damit nicht derselben Richtigkeitskontrolle unterworfen war wie die Anwendung deutschen Rechts.[4] Mit dem FGG-Reformgesetz hat der Gesetzgeber § 545 Abs. 1 ZPO zum 1.9.2009 neu gefasst. Seither kann die Revision darauf gestützt werden, dass die Entscheidung auf einer Verletzung „des Rechts" beruht.[5] Ersatzlos entfallen ist die frühere Einschränkung im Normtext, wonach nur Bundesrecht (sowie unter bestimmten Voraussetzungen auch Landesrecht) revisibel war. Aus dieser Gesetzesänderung war sogleich der naheliegende Schluss gezogen worden, dass fortan auch die Verletzung ausländischen (Kollisions- oder Sach-)Rechts mit der Revision angegriffen werden könne.[6] Zwar erweisen sich die Gesetzgebungsmaterialien zur FGG-Reform hinsichtlich dieser Konsequenzen als unergiebig,[7] doch die Erweiterung der Überprüfbarkeit der Verletzung ausländischen Rechts kam keineswegs aus heiterem Himmel, sondern entsprach einer alten

---

1 *Kegel/Schurig*, § 15 V 2; *Geimer*, Rz. 2600. Vgl. auch BGH v. 23.12.1981 – IVb ZR 643/80, NJW 1982, 1215.

2 Dafür *Kindl*, ZZP 111 (1998), 177, 200.

3 Deutlich die Warnung vor einem vorschnellen Rückgriff auf die lex fori bei *Becker*, FS Martiny, S. 619, 633: „häufig ein bequemer Vorwand zu schnellstmöglichem Heimwärtsstreben, das mit prozessökonomischen Erwägungen ummantelt wird".

4 Anders im Arbeitsgerichtsverfahren (§ 73 Abs. 1 ArbGG) und auch schon im früheren FGG, vgl. BGH v. 12.7.1965 – IV ZB 497/64, NJW 1965, 2052.

5 Art. 29 Nr. 14a FGG-RG vom 17.12.2008, BGBl. 2008 I, 2586, 2702.

6 In diesem Sinne etwa *Aden*, RIW 2009, 475; *Adolphsen*, Kap. 2 § 5 III; *Eichel*, IPRax 2009, 389; *Geimer*, Rz. 2601; *Rosenberg/Schwab/Gottwald*, § 142 Rz. 5 (anders sodann aber *Nagel/Gottwald*, Rz. 54, 61 f.); *Hess*, § 1 Rz. 11, § 12 Rz. 19; *Hess/Hübner*, NJW 2009, 3132 f.; *Hübner*, S. 374 ff.; *Lindacher*, § 16 Rz. 33; *Wieczorek/Schütze*, § 293 ZPO Rz. 41; *M. Stürner*, FS R. Stürner, S. 1071, 1083; *Thole*, ZHR 176 (2012), 15, 57 ff.

7 Der Regierungsentwurf (BT-Drucks. 16/6308, S. 210) und der Bericht des Rechtsausschusses (BT-Drucks. 16/9733, S. 290, 301 f.) setzen sich nur mit der Überprüfbarkeit von Landesrecht auseinander.

rechtspolitischen Forderung seitens des Schrifttums.[1] Dass nunmehr auch **ausländisches Recht revisibel** ist, wird im Schrifttum allerdings gleichwohl bezweifelt, und zwar mit Hinweis auf das Schweigen der Gesetzesbegründung und die Aufrechterhaltung von § 560 ZPO.[2] Und dieser Position ist inzwischen – leider – auch der BGH in einem Beschluss gefolgt, den der Senat offenbar als Grundsatzentscheidung werten will.[3]

Stellt man diese Frage zunächst zurück und betrachtet die Rechtspraxis, so zeigt sich, dass der BGH schon bislang eine Reihe von Fallgruppen entwickelt hat, die ihm mittelbar durchaus eine gewisse Kontrolle hinsichtlich der Anwendung ausländischen Rechts eröffnen.[4] Ausgangspunkt ist dabei, dass die richtige **Anwendung des in Deutschland geltenden IPR und IZVR** im Revisionsverfahren (ebenso wie im Rechtsbeschwerdeverfahren) von Amts wegen überprüft wird.[5] So ist ausländisches Recht im Rahmen der kollisionsrechtlichen Fragestellung revisibel, also bei der Rückverweisung kraft ausländischen IPR (Art. 4 Abs. 1 EGBGB)[6] und wenn es um die Vereinbarkeit ausländischen Rechts mit dem deutschen ordre public geht (z.B. Art. 6 EGBGB; Art. 21 Rom I-VO). Außerdem können revisible prozessuale Fragen zur höchstrichterlichen Überprüfung oder eigenständigen Anwendung ausländischen Rechts nötigen, wie z.B. bei der Feststellung der Gegenseitigkeit i.S. von § 328 Abs. 1 Nr. 5 ZPO (s. Rz. 13.46 ff.), der anderweitigen Rechtshängigkeit im Ausland oder auch der internationalen Zuständigkeit.[7] Nachprüfbar muss zudem die Ermessensausübung bei der Ermittlung ausländischen Rechts im Rahmen von § 293 ZPO sein,[8] z.B. bei Nichteinholung einer Auskunft nach dem Londoner Übereinkommen oder eines Rechtsgutachtens.[9] Da es hierbei nicht ausbleibt, dass der die Grenzen dieses Ermessens nachprü-

          9.21

---

1 Beachte schon *Meili*, S. 144; *Riezler*, S. 508. Gleichsinnig aus dem neueren Schrifttum, statt vieler, etwa *von Bar/Mankowski*, § 5 Rz. 109; *Gotsche*, S. 83 ff.; *Jansen/Michaels*, ZZP 116 (2003), 3, 48 f.; *Kegel/Schurig*, § 59 I 3; *Mäsch*, EuZW 2004, 321; *Spickhoff*, ZZP 112 (1999), 265, 291; *Weckesser-Gegorgi*, S. 229 ff.

2 *Althammer*, IPRax 2009, 381, 389; *Roth*, JZ 2009, 585, 590 bei Fn. 34; *Schack*, Rz. 724; *Sturm*, JZ 2011, 74.

3 BGH v. 4.7.2013 – V ZB 197/12, BGHZ 198, 14; ebenso BGH v. 14.1.2014 – II ZR 192/13, NJW 2014, 1244, 1245. Dem BGH zustimmend *Jacobs/Frieling*, ZZP 127 (2014), 137; *Roth*, NJW 2014, 1224. Ablehnend hingegen *Hau*, IPRax 2014, 431; *Prütting*, EWiR 2014, 303; *Riehm*, JZ 2014, 73.

4 Übersicht bei *Schütze*, IZPR, Rz. 274 ff.; *Geimer*, Rz. 2605 ff.; *Kindl*, ZZP 111 (1998), 193 f.

5 Vgl. nur BGH v. 30.4.2013 – VII ZB 22/12, RIW 2013, 488, 491 m. w. Nachw.

6 *von Bar/Mankowski*, § 5 Rz. 110; MünchKommZPO/*Krüger*, § 560 Rz. 4.

7 *Geimer*, Rz. 2606 f. A.A. BGH v. 11.1.1984 – IVb ZR 41/82, NJW 1984, 1302, 1303. Ausdrücklich offenlassend, ausländisches Recht aber prüfend BGH v. 6.10.2004 – XII ZR 225/01, NJW-RR 2005, 81, 83.

8 BGH v. 23.6.2003 – II ZR 305/01, NJW 2003, 2685, 2686; *Pfeiffer*, NJW 2002, 3306 f.

9 BGH v. 15.12.1986 – II ZR 34/86, NJW 1987, 1145; BGH v. 23.4.2002 – XI ZR 136/01, WM 2002, 1186; BGH v. 14.1.2014 – II ZR 192/13, NJW 2014, 1244, 1245.

fende Revisionsrichter selbst zum ausländischen Recht Stellung nehmen muss,[1] dient diese Verfahrensrüge dazu, den BGH mittelbar mit der Nachprüfung ausländischen Rechts zu befassen. Gibt die angefochtene Entscheidung keinen Aufschluss darüber, dass der Tatrichter seiner Pflicht nachgekommen ist, ausländisches Recht zu ermitteln, geht der BGH davon aus, dass eine ausreichende Erforschung des ausländischen Rechts verfahrensfehlerhaft unterblieben ist.[2]

9.22 Vor diesem Hintergrund ist die Neufassung von § 545 Abs. 1 ZPO zu begrüßen und als Neuorientierung zugunsten der Revisibilität ausländischen Rechts ernst zu nehmen. Denn der Vorwurf, die Vorinstanz habe das ausländische Recht unzutreffend angewendet (was der BGH für irrelevant hält), lässt sich eben auch so lesen, dass dieses zuvor nicht hinreichend oder fehlerhaft ermittelt wurde (was der BGH für beachtlich hält). Unter welchen Voraussetzungen der BGH die eine oder die andere Lesart wählt, erscheint allerdings, wenn man die Judikatur analysiert, alles andere als absehbar. Für den Revisionskläger handelt es sich um eine Gratwanderung,[3] und er kann seine Erfolgsaussichten auch nicht annähernd sicher abschätzen.[4] Das aber läuft dem aus dem Rechtsstaatsprinzip folgenden Grundsatz der Rechtssicherheit zuwider, der sich im Bereich des Verfahrensrechts unter anderem in dem **Postulat der Rechtsmittelklarheit** ausdrückt: „Das rechtsstaatliche Erfordernis der Messbarkeit und Vorhersehbarkeit staatlichen Handelns führt zu dem Gebot, dem Rechtsuchenden den Weg zur Überprüfung gerichtlicher Entscheidungen klar vorzuzeichnen (...). Die rechtliche Ausgestaltung des Rechtsmittels soll dem Bürger insbesondere die Prüfung ermöglichen, ob und unter welchen Voraussetzungen es zulässig ist."[5]

9.23 Nimmt man dies ernst, so drängt es sich geradezu auf, die nicht hinreichend trennscharf mögliche Abgrenzung zwischen einer Revision wegen der Verletzung ausländischen Rechts und der Verfahrensrüge wegen unzureichender oder fehlerhafter Ermittlung des ausländischen Rechts endlich als unerträgliche Falle für den Rechtsmittelinteressenten zu begreifen und § 545 Abs. 1 ZPO – wortlautkonform – auch auf Ersteres zu erstrecken.[6] Davon ausgehend erweist sich die Frage, inwieweit der BGH mit Rechtsfragen ausländischen Rechts befasst werden kann, als **Sach- statt Verfahrensrüge** und als Aspekt der Revisionszulassung gemäß § 543 Abs. 2 ZPO.[7]

---

1 Beispielhaft BGH v. 10.4.2002 – XII ZR 178/99, NJW 2002, 3335 f., dort zum dominikanischen Zwangsvollstreckungsrecht; vgl. auch BGH v. 14.1.2014 – II ZR 192/13, NJW 2014, 1244, 1245.
2 BGH v. 30.4.2013 – VII ZB 22/12, RIW 2013, 488, 491 m. w. Nachw.
3 Treffend *Pfeiffer*, NJW 2002, 3306, 3307.
4 *Jansen/Michaels*, ZZP 116 (2003), 3, 46 f.
5 So die Plenarentscheidung BVerfG v. 30.4.2003 – 1 PBvU 1/02, BVerfGE 107, 395, 416.
6 Vgl. auch *Hübner*, S. 136 f.
7 Dazu *Hess/Hübner*, NJW 2009, 3132, 3133 ff.

§ 10 Internationales Beweisrecht

Literatur (vgl. auch die Nachweise zur internationalen Rechtshilfe zu § 3): *Ahrens*, Internationale Beweishilfe bei Beweisermittlungen im Ausland nach Art. 7 der Enforcementrichtlinie, FS Loschelder, 2010, S. 1; *Bareiß*, Pflichtenkollisionen im transnationalen Beweisverkehr, 2014; *Berger*, Grenzüberschreitende Beweisaufnahme zwischen Österreich und Deutschland, FS Rechberger, 2005, S. 39; *Coester-Waltjen*, Internationales Beweisrecht, 1983; *dies.*, Einige Überlegungen zur Beschaffung von Beweisurkunden aus dem Ausland, FS Schlosser, 2005, S. 147; *Daoudi*, Exterritoriale Beweisbeschaffung im deutschen Zivilprozess, 2000; *Dötsch*, Auslandszeugen im Zivilprozess, MDR 2011, 269; *Freitag*, Der Beweiswert ausländischer Urkunden vor dem deutschen Standesbeamten, StAZ 2012, 161; *Hau*, Gerichtssachverständige in Fällen mit Auslandsbezug, RIW 2003, 822; *ders.*, Grenzüberschreitende Beweisaufnahme im Europäischen Justizraum, ERA-Forum 2005, 224; *Heinze*, Beweissicherung im europäischen Zivilprozessrecht, IPRax 2008, 480; *Hess/Zhou*, Beweissicherung und Beweisbeschaffung im europäischen Justizraum, IPRax 2007, 183; *Huber*, Entwicklung transnationaler Modellregeln für Zivilverfahren am Beispiel der Dokumentenvorlage, 2008; *ders.*, Der optionale Charakter der Europäischen Beweisaufnahmeverordnung, ZEuP 2014, 642; *Lagarde*, L'obtention des preuves à l'étranger, FS Vrellis, 2014, S. 513; *Leipold*, Lex fori, Souveränität, Discovery, 1989; *ders.*, Neue Wege im Recht der internationalen Beweiserhebung, FS Schlechtriem, 2003, S. 91; *Leitzen*, Die grenzüberschreitende Beweisaufnahme in Zivilsachen, Jura 2007, 201; *Mahraun*, Bausteine eines europäischen Beweisrechts, 2007; *Mankowski*, Auslandszeugen, Prozesstaktik, Videovernehmung und weitere Optionen, RIW 2014, 397; *Müller*, Grenzüberschreitende Beweisaufnahme im Europäischen Justizraum, 2004; *Musielak*, Beweiserhebung bei auslandsbelegenen Beweismitteln, FS Geimer, 2002, S. 761; *Nagel/Bajons*, Beweis, Preuve, Evidence, 2003; *Schoibl*, Grenzüberschreitende Rechtshilfe im Europäischen Justizraum, FS Machacek und Matscher, 2008, S. 883; *Stadler*, Grenzüberschreitende Beweisaufnahme in der EU, FS Geimer, 2002, S. 1281; *Sujecki*, Das Verhältnis der Europäischen Beweisaufnahmeverordnung zu nationalen Beweisverfahren, EWS 2013, 80; *Thole*, Anscheinsbeweis und Beweisvereitelung im harmonisierten Europäischen Kollisionsrecht, IPRax 2010, 285; *Vorwerk*, Beweisaufnahme im Ausland: Neue Wege für den deutschen Prozess, AnwBl 2011, 369.

I. Anwendbares Recht

1. Grundlagen

Das internationale Beweisrecht gilt vielen Gerichten und Anwälten noch immer als eher obskur und der Rechtshilfeweg nach wie vor als beschwerlich. Solche Berührungsängste dürfen sich aber keinesfalls zulasten der beweispflichtigen Partei auswirken; denn diese hat ein **Recht auf Beweis**,[1] das im Justizgewährungsanspruch bzw. dem Anspruch auf rechtliches Gehör wurzelt und keineswegs bereits dann endet, wenn sich ein Beweismittel außerhalb des Gerichtsstaates befindet. **10.1**

Zunächst gilt es, sich des **anwendbaren Rechts** zu vergewissern. Während das Verfahrensrecht nach fast einhelliger Meinung, jedenfalls in seinem **10.2**

---

1 Grundlegend dazu *Habscheid*, ZZP 96 (1983), 306.

Kernbereich, vom Lex-fori-Prinzip bestimmt wird (Rz. 2.9 ff.), erweist sich das Beweisrecht als ein komplexes Gemenge verfahrens- und materiell-rechtlicher Normen, so dass bei jeder beweisrechtlichen Regel zunächst einmal die Qualifikationsfrage zu stellen ist. Mit der Zuordnung einer Beweisregel zum materiellen Recht oder zum Verfahrensrecht ist jedoch die Frage nach dem anzuwendenden Recht häufig noch nicht abschließend geklärt. Denn mit dem gewandelten Verständnis von der absoluten Dominanz der lex fori im Verfahrensrecht hat sich die Erkenntnis durchgesetzt, dass auch primär verfahrensrechtliche Fragen gewisse materiell-rechtliche Verknüpfungen aufweisen können, die die Anwendung oder zumindest die Berücksichtigung der lex causae und damit auch ausländischen Rechts gebieten. Selbst die Verfahrensgrundsätze, die prinzipiell der lex fori zu entnehmen sind, können von ausländischem Recht beeinflusst werden.

10.3 Im Schrifttum werden seit Jahrzehnten **Alternativmodelle** diskutiert,[1] die von der traditionellen Grenzziehung zwischen lex fori und lex causae nach Maßgabe der Zuordnung entweder zum materiellen Recht oder zum Verfahrensrecht absehen und stattdessen nach der **Zielsetzung der jeweiligen Beweisregel** differenzieren wollen. Die aus dieser Grundlage namentlich von *Coester-Waltjen* entwickelte „Beweiskollisionsregel" lautet: Soweit nicht die Erhaltung der Entscheidungseffizienz des Forums eine Anwendung der lex fori fordert, sind Regelungen, die eine Verkürzung der Wahrheitsermittlung ermöglichen sollen, insbesondere indem sie materiell-rechtliche Dispositionsbeschränkungen verlängern oder modifizieren, allein der lex causae zu entnehmen. Im Übrigen ist die lex fori maßgeblich.[2] In diesem Sinne funktionell auf die Verkürzung der Wahrheitsermittlung ausgerichtet sollen z.B. die Beweislast- und die Beweismaßregeln sowie die Beweisvermutungen sein; denn charakteristisch für diese sei, dass sie die gerichtliche Feststellung des Eintritts materieller Rechtsfolgen ermöglichen, ohne dass der auslösende Tatbestand mit absoluter Sicherheit nachgewiesen ist.[3] Unter Regelungen, die materiell-rechtliche Dispositionsbeschränkungen verlängern, werden in erster Linie Vorschriften über die Beweisbedürftigkeit nicht bestrittener Tatsachen verstanden, so z.B. die Beschränkung der Geständniswirkung und der Ausschluss des Anerkenntnisses im Scheidungsverfahren (vgl. § 113 Abs. 4 Nr. 5 und 6 FamFG).[4] Nach Ansicht von *Coester-Waltjen* ergibt die Analyse der einzelnen Beweisregeln, dass mit diesen beiden Kriterien oder Fallgruppen alle materiell-rechtlich verflochtenen beweisrechtlichen Regelungen erfasst werden können. Die zur Wahrung der Entscheidungseffizienz des Forums vorbehaltene Anwendung der lex fori werde demgemäß nur in seltenen Ausnahmefällen relevant.[5] Im Übrigen komme die lex fo-

---

1 Insbesondere *Coester-Waltjen*, Rz. 145 und 654; *Geimer*, Rz. 2260 ff.
2 *Coester-Waltjen*, Rz. 658.
3 *Coester-Waltjen*, Rz. 624 f.
4 *Coester-Waltjen*, Rz. 634, 600, dort noch zu § 617 ZPO a.F.
5 *Coester-Waltjen*, Rz. 646 f.

ri immer dann zum Zuge, wenn die fragliche Beweisregel keine materiell-rechtliche Verflochtenheit aufweist, sowie dann, wenn die Anwendung ausländischen Beweisrechts den ordre public des Gerichtsstaates berührt.[1] Eingeräumt wird allerdings, dass zur Wahrung des inneren Entscheidungseinklangs gelegentlich eine gewisse Anpassung der ausländischen Beweisregel erforderlich werden könne.[2]

Wenngleich der **traditionelle Ansatz** und das soeben skizzierte beweis-kollisionsrechtliche Alternativmodell in der Mehrzahl der Fälle zu demselben Ergebnis gelangen,[3] ist gegenüber Letzterem der Vorbehalt zu machen, dass nicht jede materiell-rechtliche Verknüpfung einer Beweisregel stark genug erscheint, um ihre Einbettung in die allgemeinen Verfahrensgrundsätze und damit in die lex fori aufzulösen.[4] Es ist auch nicht ersichtlich, dass höherrangiges Recht ein Abrücken von dem traditionellen Ansatz notwendig mache. Insbesondere überzeugt die These nicht, das Europarecht gebiete es, Fragen des Beweis- und Beweisverfahrensrechts dem Herkunftslandprinzip zu unterstellen, um den Zielsetzungen des europäischen Binnenmarktes und den Grundfreiheiten des AEUV gerecht zu werden.[5] Nicht zu verkennen ist aber schließlich auch, dass die starke Betonung der lex fori im Beweisrecht handfeste Anreize für das Forum shopping schafft (dazu Rz. 4.24), weil nicht zuletzt beweisrechtliche Fragen über Sieg oder Niederlage entscheiden können.[6]

10.4

2. Einzelfragen

a) Beweiserheblichkeit

Die primäre Frage nach den entscheidungserheblichen Tatsachen, also nach den Elementen des die begehrte Rechtsfolge auslösenden Tatbestandes beispielsweise einer Anspruchsgrundlage, ist von der lex causae (also etwa dem Vertrags- oder Deliktsstatut) zu beantworten.[7] Demgegenüber bestimmt sich die Frage, unter welchen Voraussetzungen eine Tatsache beweiserheblich erscheint, nach dem Verfahrensrecht der lex fori; denn die Regelung der Beweiserheblichkeit dient der Festlegung bzw. der Begrenzung des Prozessstoffs und damit der Entscheidungseffizienz.[8]

10.5

---

1 *Coester-Waltjen*, Rz. 648, 649 ff., 660.
2 *Coester-Waltjen*, Rz. 653 f.
3 So auch die Einschätzung von *Coester-Waltjen*, Rz. 665.
4 Ebenso *Schack*, Rz. 735 f.
5 So aber *Wolf*, in: Grunsky, Wege zu einem europäischen Zivilprozeßrecht, 1992, S. 35, 55 ff.
6 Beachte zu beweisrechtlichen Aspekten des Forum shopping aus neuerer Zeit *Willer*, ZZP 127 (2014), 99, 108 ff., dargestellt anhand von Beispielen zum deutsch-französischen Rechtsverkehr.
7 *Coester-Waltjen*, Rz. 266 ff.; vgl. OLG München v. 9.1.1996 – 25 U 4605/95, RIW 1996, 329.
8 *Coester-Waltjen*, Rz. 274 ff.; *Geimer*, Rz. 2279.

b) Beweisbedürftigkeit

10.6 Ob eine beweiserhebliche Tatsache auch beweisbedürftig ist, richtet sich als Ausfluss grundlegender Verfahrensmaximen nach der lex fori.[1] Diese bestimmt, wann eine nicht bestrittene Tatsache als zugestanden gilt (vgl. etwa § 139 Abs. 3 ZPO), welche Bindungswirkung einem gerichtlichen Geständnis zukommt (vgl. §§ 288 f. ZPO)[2] und wann eine Tatsache wegen Offenkundigkeit keines Beweises bedarf (vgl. § 291 ZPO).[3] Davon sollte man allerdings zugunsten der ausländischen lex causae abweichen, wenn diese wegen einer vom materiellen Recht her begründeten Beschränkung der Dispositionsfreiheit auch unbestrittene Tatsachen für beweisbedürftig erachtet.[4] Weniger klar erscheint, wie es sich im umgekehrten Fall verhalten soll, wenn das ausländische Recht großzügiger ist als das deutsche: So ist § 113 Abs. 4 Nr. 5 FamFG zwar gewiss bei Anwendung deutschen materiellen Eherechts anzuwenden, nicht aber unbedingt dann, wenn das in der Sache anwendbare ausländische Eherecht nicht der Untersuchungs-, sondern der Verhandlungsmaxime folgt.[5]

c) Beweisverbote

10.7 Die Zulässigkeit der Beweisführung wird im deutschen Recht namentlich begrenzt durch das Verbot des Ausforschungsbeweises, das eine zügige und faire Prozessführung garantieren soll und deshalb nach allgemeiner Meinung als Bestandteil deutschen Forumsrechts der Anwendung abweichender Verfahrensweisen der lex causae, z.B. im Rahmen der US-amerikanischen *pretrial discovery*,[6] entgegensteht.[7] Spezifische Beweisthemenverbote anderer Rechtsordnungen, die im materiellen Recht begründet sind, können Berücksichtigung finden, soweit sie mit der deutschen lex fori vereinbar sind.[8] Das wird z.B. für die Beschränkung des Beweises der anderweitigen Abstammung eines Kindes im französischen Recht befürwortet.[9]

d) Beweislast

10.8 Der Begriff der Beweislast umfasst zum einen den Fragenbereich, welche Partei die entscheidungs- und beweiserheblichen Tatsachen unter Beweis zu stellen, also die Beweismittel zu benennen hat (**Beweisführungslast**).

---

1 *Coester-Waltjen*, Rz. 279 ff.; *Geimer*, Rz. 2280.
2 *Grunsky*, ZZP 89 (1976), 256; *Nagel/Gottwald*, § 9 Rz. 37.
3 *Coester-Waltjen*, Rz. 288; *Schack*, Rz. 740.
4 In diesem Sinne *Coester-Waltjen*, Rz. 600 ff.; *Geimer*, Rz. 2277; *Nagel/Gottwald*, § 10 Rz. 42; *Schack*, Rz. 739.
5 Ebenso etwa *Nagel/Gottwald*, § 10 Rz. 42. Anders *Schack*, Rz. 739: es bleibe dann bei der deutschen Untersuchungsmaxime.
6 Dazu etwa *Böhm*, Rz. 388 ff.
7 *Coester-Waltjen*, Rz. 396; *Geimer*, Rz. 2294; *Schütze*, IZPR, Rz. 223.
8 *Coester-Waltjen*, Rz. 291 f.; *Geimer*, Rz. 2293. A.A. *Schütze*, IZPR, Rz. 223.
9 *Coester-Waltjen*, Rz. 291 f.; *Geimer*, Rz. 2293; *Schack*, Rz. 748.

Dem Träger dieser subjektiven Beweislast verbleibt zum anderen regelmäßig auch das Risiko der Unaufklärbarkeit des Sachverhalts trotz Beweisführung (**objektive Beweislast**). Nach wohl allgemeiner Meinung ist der gesamte Fragenbereich materiell-rechtlich zu qualifizieren bzw. eng mit dem materiellen Recht verknüpft und deshalb der lex causae zu entnehmen.[1] Für schuldrechtliche Ansprüche bestimmen Art. 18 Abs. 1 Rom I-VO und Art. 22 Abs. 1 Rom II-VO das nunmehr ausdrücklich. Soweit die Beweislast indes vom prozessualen Verhalten einer Partei abgeleitet wird, z.B. als Sanktion für Beweisvereitelung wie nach §§ 427, 444, 446 ZPO, ist die lex fori maßgebend.[2] Diese Einschränkung gilt auch für Art. 18 Abs. 1 Rom I-VO[3] und Art. 22 Abs. 1 Rom II-VO.[4]

e) Beweisvermutungen

Beweisvermutungen können die Beweisführung überflüssig machen oder die Beweislast modifizieren. Sie beruhen auf Rechts- oder Erfahrungssätzen und folgen teils der lex fori, teils der lex causae.[5]   10.9

Tatsächliche Vermutungen, wie z.B. die Fallgestaltungen des Prima-facie- oder Anscheinsbeweises, sind Schlussfolgerungen aus Erfahrungssätzen. Sie sind keine spezifischen Beweislastregeln, sondern als Ausfluss freier richterlicher Beweiswürdigung ein Erkenntnismittel für die richterliche Überzeugungsbildung. Auch wenn darin materiell-rechtliche Billigkeitserwägungen zum Ausdruck kommen, dienen sie in erster Linie der Entscheidungseffizienz und unterliegen daher der lex fori.[6]   10.10

Zu differenzieren ist hinsichtlich der **gesetzlichen Vermutungen**. Diese können die materiell-rechtlichen Tatbestandsvoraussetzungen beeinflussen, indem sie das Vorliegen einer Tatsache entweder unwiderlegbar oder bis zum Beweis des Gegenteils oder auch nur bis zur Erschütterung der Wahrscheinlichkeit annehmen (im deutschen Recht z.B. §§ 363, 891, 938, 1006, 1600c, d BGB); dann unterliegen sie der lex causae (vgl. Art. 18 Abs. 1 Rom I-VO und Art. 22 Abs. 1 Rom II-VO). Prozessuale gesetzliche Vermutungen, wie z.B. die Einwilligung in die Klageänderung nach § 267 ZPO oder die Echtheit des Urkundeninhalts nach § 440 Abs. 2 ZPO, folgen hingegen der lex fori.   10.11

---

1 *Coester-Waltjen*, Rz. 371, 397; *Geimer*, Rz. 2340; *Nagel/Gottwald*, § 9 Rz. 62; *Schütze*, IZPR, Rz. 231.
2 So auch *Thole*, IPRax 2010, 285, 288 f.; anders insoweit *Coester-Waltjen*, Rz. 385 ff.
3 MünchKommBGB/*Spellenberg*, Art. 18 Rom I-VO Rz. 16 f.; Palandt/*Thorn*, Rom I 18 Rz. 4.
4 MünchKommBGB/*Junker*, Art. 22 Rom II-VO Rz. 6.
5 *Coester-Waltjen*, Rz. 307 ff.; *Geimer*, Rz. 2283 ff.; *Schack*, Rz. 741 ff.
6 BGH v. 4.10.1984 – I ZR 112/82, NJW 1985, 554; *Nagel/Gottwald*, § 9 Rz. 39; *Schack*, Rz. 746. A.A. *Coester-Waltjen*, Rz. 331 ff.; *Geimer*, Rz. 2291: lex causae.

f) Beweismaß und Beweiswürdigung

10.12 Das **Beweismaß** bestimmt, mit welchem Wahrscheinlichkeitsgrad eine Tatsache nachgewiesen werden muss, damit sie als gegeben angenommen werden kann. So genügt nach deutschem Zivilprozessrecht für die richterliche Überzeugung i.S. von § 286 ZPO im Grundsatz ein für das praktische Leben brauchbarer Grad an Gewissheit, der etwaigen Zweifeln Schweigen gebietet, ohne diese völlig auszuschließen.[1] **Beweiswürdigung** ist die Prüfung, ob das Ergebnis der Beweisaufnahme dem Gericht den jeweils geforderten Überzeugungsgrad vermitteln kann.[2] Für die Beweiswürdigung ist die Maßgeblichkeit der lex fori allgemein anerkannt.[3] Der deutsche Richter hat also ungeachtet abweichender Beweisregeln der lex causae dem Grundsatz der freien Beweiswürdigung (§ 286 ZPO) zu folgen.[4] Hingegen wird die Geltung der lex fori auch für das Beweismaß wegen der Verknüpfung mit materiell-rechtlichen Erwägungen angezweifelt.[5] Allerdings stehen Überzeugungsmaßstab und Überzeugungsbildung in so enger Beziehung zueinander, dass sie nicht verschiedenen Rechtsordnungen entnommen werden sollten.

II. Beweisverfahren und Beweismittel

1. Beweisverfahren

10.13 Der lex fori vorbehalten ist, soweit das Verfahren im Inland stattfindet, der gesamte Regelungsbereich des eigentlichen Beweisverfahrens, also die **Vorbereitung und Durchführung der Beweiserhebung**.[6] Deutsche Gerichte haben ausschließlich nach den allgemeinen Grundsätzen und Förmlichkeiten (wie §§ 355 ff. ZPO) zu verfahren. Demnach kommt beispielsweise ein Kreuzverhör des anglo-amerikanischen Rechts (*cross examination*)[7] in einem deutschen Gerichtsverfahren auch dann nicht in Betracht, wenn in der Sache US-Recht anwendbar ist, die Beteiligten es verlangen und der Zeuge einverstanden ist.[8] Ausnahmen sind aber bei der Erledigung von Rechtshilfeersuchen vorgesehen (s. unten Rz. 10.37).

---

1 BGHZ 53, 245 = NJW 1970, 946, 948.
2 Rechtsvergleichend hierzu *Stürner*, FS Picker, 2010, S. 809.
3 BGH v. 30.7.1954 – VI ZR 32/53, JZ 1955, 702; *Geimer*, Rz. 2338; *Nagel/Gottwald*, § 9 Rz. 51; MünchKommZPO/*Prütting*, § 286 Rz. 20.
4 Vgl. OLG Düsseldorf v. 12.8.1992 – 5 UF 3/89, FamRZ 1993, 187, für den Beweis der Eheschließung im marokkanisch-islamischen Recht.
5 *Coester-Waltjen*, Rz. 358 ff.; *Geimer*, Rz. 2334 ff. Wie hier indes etwa *Schack*, Rz. 776; OLG Koblenz v. 5.2.1993 – 2 U 338/89, IPRax 1994, 302.
6 *Geimer*, Rz. 2268 ff.; *Schack*, Rz. 736; im Grundsatz auch *Coester-Waltjen*, Rz. 416.
7 Dazu *Böhm*, Rz. 566.
8 Vgl. *Coester-Waltjen*, Rz. 408 ff.

2. Zulässigkeit von Beweismitteln

Die Maßgeblichkeit des Forumsrechts sowohl für das Beweisverfahren als auch für das Beweismaß und die Beweiswürdigung präjudiziert die Kompetenz der lex fori, über die Zulässigkeit eines Beweismittels im Allgemeinen zu befinden und sich für eine bestimmte Verfahrensart zu entscheiden.[1]   **10.14**

Soweit Art. 18 Abs. 2 Rom I-VO und Art. 22 Abs. 2 Rom II-VO aus Gründen des *favor negotii* zum **Beweis eines Rechtsgeschäfts** oder einer Rechtshandlung auch die Beweismittel des Formstatuts zulassen, eröffnet dies weder die Beweisführung mit Beweismitteln, die der lex fori unbekannt sind, noch berührt es die Beschränkung der Beweismittel für bestimmte Verfahrensarten, wie z.B. im deutschen Urkundenprozess (vgl. §§ 595, 598 ZPO).[2] Vielmehr hat die Regelung nur zur Folge, dass bestimmte Beweisverbote des ausländischen Rechts, wie z.B. für den Zeugenbeweis nach Art. 1341 franz. Code civil, sich auch dann nicht gegen die deutsche lex fori durchsetzen, wenn sie kraft materiell-rechtlicher Qualifikation der lex causae unterstellt werden (vgl. Rz. 2.13 f.).   **10.15**

Unbeachtlich für den deutschen Richter sind ferner die dem Recht der lex causae geläufigen **Verbote sog. unsicherer Beweise**, wie das Verbot des Zeugnis vom Hörensagen im anglo-amerikanischen Prozess (sog. „Hearsay Evidence Rule")[3], oder der Ausschluss von Personen als Zeugen, die am Ausgang des Rechtsstreits ein unmittelbares Interesse haben bzw. mit den Parteien verwandt oder verschwägert sind (Zeugnisfähigkeit).[4]   **10.16**

3. Beweismittel mit Auslandsbezug

Spezifische internationalverfahrensrechtliche, aber auch völkerrechtlich relevante Fragen können sich bei den einzelnen Beweismitteln aus ihrem „Auslandsbezug" ergeben, der z.B. durch die Staatsangehörigkeit und den Aufenthalt der Beweisperson oder durch die Belegenheit des Beweismittels im Ausland bedingt sein kann. Dazu gehört auch das von der Beweisaufnahme im Ausland (s. unten Rz. 10.33 ff.) zu unterscheidende Problem der **Beschaffung von Beweismitteln aus dem Ausland**.[5] Die Einzelheiten sind strittig, so ihre prinzipielle Zulässigkeit, ihre Vor- oder Nachrangigkeit gegenüber der Inanspruchnahme von Rechtshilfe und ihre Grenzen.[6] Die Lösung ergibt sich aus der Abwägung zwischen einerseits dem Un-   **10.17**

---

1 Vgl. *Schütze*, IZPR, Rz. 224; *Nagel/Gottwald*, § 9 Rz. 2.
2 Vgl. *Geimer*, Rz. 2303 ff.
3 *Coester-Waltjen*, Rz. 294. Vgl. zum *hearsay* etwa *Böhm*, Rz. 607 ff.; *Murray*, FS Gottwald, 2014, S. 455.
4 *Nagel/Gottwald*, § 9 Rz. 77; *Schack*, Rz. 760.
5 Pointiert zur Unterscheidung von Beweisaufnahme im Ausland und Beweisbeschaffung aus dem Ausland etwa *Junker*, § 26 Rz. 2 f.
6 Vgl. dazu *Geimer*, FS Spellenberg, S. 407, 425 ff.; Stein/Jonas/*Berger*, § 363 ZPO Rz. 6 ff.; *Musielak*, FS Geimer, S. 761 ff.

mittelbarkeitsprinzip[1] und andererseits dem Territorialitätsprinzip (bzw. dem Souveränitätsanspruch des „Beweismittelbelegenheitsstaates") sowie aus der angemessenen Respektierung der Regelungsziele der einschlägigen Staatsverträge und der EuBewVO.[2] Freilich reicht der Vorrang der EuBewVO, zumindest wenn man die neuere Judikatur des EuGH zugrunde legt, nicht allzu weit (dazu sogleich Rz. 10.19 und 10.25).[3]

a) Zeugen

10.18 Ausländer unterliegen als Zeugen vor deutschen Gerichten denselben Rechten und Pflichten wie deutsche Staatsangehörige.[4] **Zeugenfähigkeit und Zeugnisverweigerungsrecht** richten sich ungeachtet abweichender Regelungen der lex causae oder des Heimatrechts des Zeugen nach deutschem Recht.[5]

10.19 Befindet sich der Zeuge im Ausland, wird er in der Regel dort im Wege der Rechtshilfe zu vernehmen sein (dazu Rz. 10.21).[6] Das Gericht kann stattdessen aber auch die **Ladung des Zeugen zur unmittelbaren Beweisaufnahme im Inland** veranlassen. Der EuGH hat klargestellt, dass die Bestimmungen der EuBewVO einer solchen Beweisbeschaffung aus dem Ausland nach nationalem Prozessrecht nicht entgegenstehen.[7] Das deutsche Recht verpflichtet das deutsche Gericht allerdings im Grundsatz nicht dazu, diesen Weg einzuschlagen und den ausländischen Zeugen zu laden, und zwar auch dann nicht, wenn eine Partei dies beantragt hat.[8] Dabei ist stets die Möglichkeit zu bedenken, dass es der Partei, die einen – ersichtlich schwer erreichbaren – Zeugen benennt, in Wahrheit in erster Linie darum gehen könnte, den Prozess zu verzögern.[9] Dass die Ladung wegen der fehlenden Erzwingbarkeit des Erscheinens keinen Erfolg verspricht, sollte jedoch nicht von vornherein behauptet werden.[10] Das zuvor abzuklären kann gegebenenfalls der beweispflichtigen Partei aufgegeben werden.[11] Die Partei kann den Zeugen auch von sich aus im Termin

---

1 Allgemein zum Recht auf unmittelbare Beweisaufnahme im Zivilprozess etwa BVerfG v. 30.1.2008 – 2 BvR 2300/07, NJW 2008, 2243 (kein Grundrecht).

2 Vgl. zum HBÜ z.B. *Musielak*, FS Geimer, S. 761, 766; zur EuBewVO vgl. *Hess/Müller*, ZZPInt 6 (2001), 149, 175.

3 Beachte hierzu auch *Huber*, ZEuP 2014, 642; *Sujecki*, EWS 2013, 80.

4 *Riezler*, S. 474 f.; *Nagel/Gottwald*, § 9 Rz. 72, 76.

5 Ausführlich *Coester-Waltjen*, Rz. 539 ff., 597.

6 *Leipold*, ZZP 105 (1992), 507; LG Aachen v. 31.12.1992 – 7 T 244/92, NJW-RR 1993, 1407.

7 EuGH v. 6.9.2012 – Rs. C-170/11 (*Lippens/Kortekaas*), NJW 2012, 3771. Dazu *Bach*, EuZW 2012, 833; *Huber*, ZEuP 2014, 642, 649 ff.; *Kern*, GPR 2013, 49; *Knöfel*, IPRax 2013, 231; *Sujecki*, EWS 2013, 80.

8 BGH v. 24.4.1980 – IX ZR 30/79, IPRax 1981, 57.

9 Beachte zu solchen Missbrauchsfällen *Mankowski*, RIW 2014, 397 f.

10 So aber BGH v. 24.4.1980 – IX ZR 30/79, IPRax 1981, 57; OLG Hamm v. 8.12.1987 – 10 U 31/87, NJW-RR 1988, 703.

11 Ebenso *Mankowski*, RIW 2014, 397 f.

stellen, d.h. selbst mitbringen. Das darf zwar nicht angeordnet,[1] wohl aber angeregt werden,[2] weil das über die Kostenerstattung entscheidende Gesetz (JVEG) grundsätzlich nur für Zeugen gilt, deren Ladung das Gericht veranlasst hat.[3]

Die **Ladung** eines im Ausland wohnenden Zeugen erfolgt auf dem Post-   10.20
weg, soweit dieser für die Zustellung gerichtlicher Schriftstücke eröffnet ist (Rz. 8.29, 8.31 f.), oder auf dem Rechtshilfeweg (Rz. 8.33). Für die Umgehung des Letzteren durch formlose „Einladung" ohne Androhung von Ordnungsmitteln besteht ungeachtet ihrer verbreiteten Praktizierung und Befürwortung im Schrifttum,[4] jedenfalls soweit es deutsche Staatsbürger betrifft,[5] selten Veranlassung. Wird der Zeuge kurzfristig benötigt, muss die an der Zeugenaussage interessierte Partei sich um sein Erscheinen bemühen. Macht der Zeuge das von einer gerichtlichen Mitteilung abhängig, kann man dem stattgeben.

Kommt der Zeuge nicht ins Inland und kann nicht auf die schriftliche   10.21
Zeugenbefragung ausgewichen werden (dazu sogleich Rz. 10.22), ist die **Vernehmung im Wege der Rechtshilfe** in aller Regel unumgänglich. Dem **Unmittelbarkeitsprinzip** kann gleichwohl Rechnung getragen werden, wenn das deutsche Gericht bei der Beweisaufnahme im Ausland anwesend sein oder sich sogar daran beteiligen darf. Dies ermöglichen Art. 8 HBÜ im Falle einer zustimmenden Erklärung des betreffenden Staates mit Beteiligungsrecht sowie Art. 12 EuBewVO i.V.m. § 1073 Abs. 1 ZPO (vgl. Rz. 10.42). In den EU-Mitgliedstaaten können deutsche Richter die Beweisaufnahme gegebenenfalls selbst durchführen (Rz. 10.44 ff.). Kommt das nicht in Betracht, darf der Zeuge deshalb nicht vorschnell als unerreichbar und der Beweisantritt analog § 244 Abs. 3 S. 2 bzw. Abs. 5 S. 2 StPO[6] abgelehnt werden.[7] Für Vorhalte muss nach Ansicht des BGH[8] eine erneute Vernehmung im Rechtshilfeweg beantragt werden. In Betracht kommt auch eine Videokonferenz, wie sie von der EuBewVO für den

---

1 BGH v. 24.4.1980 – IX ZR 30/79, IPRax 1981, 57, 58.
2 Vgl. OLG Saarbrücken v. 11.2.1998 – 1 U 293/97, NJW-RR 1998, 1685.
3 Vgl. dazu OLG Koblenz v. 20.2.1967 – 2 W 89/67, NJW 1967, 1866.
4 MünchKommZPO/*Damrau*, § 377 Rz. 5; *Nagel/Gottwald*, § 8 Rz. 123, *Musielak*, FS Geimer, S. 761, 770; *Daoudi*, S. 95 ff. A.A. Musielak/*Stadler*, § 363 ZPO Rz. 10; Stein/Jonas/*Berger*, § 363 ZPO Rz. 11; *Leipold*, Lex fori, S. 63.
5 *Schack*, Rz. 795; *Geimer*, Rz. 2320.
6 Vgl. zur grundsätzlichen Möglichkeit, aber auch zu den Grenzen eines Analogschlusses zu § 244 Abs. 3 S. 2 StPO *Dötsch*, MDR 2011, 269, 270 ff. Gegen das Heranziehen von § 244 Abs. 3 S. 2 StPO, aber für Abs. 5 S. 2 *Mankowski*, RIW 2014, 397, 398 f.
7 Für strenge Anforderungen an die Unerreichbarkeit etwa OLG München v. 14.2.2014 – 10 U 3074/13, RIW 2014, 460. Bedenklich weitgehend hingegen etwa OLG Koblenz v. 25.6.2007 – 12 U 748/05, OLGR 2008, 362: Einer kommissarischen Vernehmung des Zeugen komme keine genügende Beweiskraft zu, wenn die genaue Beurteilung der persönlichen Glaubwürdigkeit im Einzelfall erforderlich und nur in der mündlichen Verhandlung sachgerecht möglich ist.
8 BGH v. 11.7.1990 – VIII ZR 366/89, NJW 1990, 3088, 3090.

Rechtsverkehr zwischen den Mitgliedstaaten ausdrücklich befürwortet wird (vgl. Art. 10 Abs. 4, 17 Abs. 4 EuBewVO und § 59 ZRHO).[1]

10.22 Als Alternative sowohl zur Anreise eines Zeugen als auch zur Vernehmung im Wege der Rechtshilfe bleibt die **schriftliche Zeugenbefragung** nach § 377 Abs. 3 ZPO. Ihre Zulässigkeit außerhalb des offiziell gestatteten Postweges und der Rechtshilfe ist zwar ebenso streitig wie die Zeugenladung;[2] sie ist aber in geringerem Maße dem Vorwurf der Souveränitätsbeeinträchtigung ausgesetzt.[3] Die Annahme genereller Unzulässigkeit auch bei förmlicher Übermittlung der Fragen[4] erscheint überholt.[5] Je nach Beweisthema kann eine schriftliche Aussage in der Muttersprache des Zeugen mit kontrollierbarer Übersetzung womöglich effektiver sein als die Vernehmung vor dem deutschen Gericht unter Einsatz eines Dolmetschers.

b) Sachverständige

10.23 Für den Beweis durch Sachverständige sind Ausländer grundsätzlich ebenso tauglich wie deutsche Staatsangehörige (vgl. auch Rz. 9.12, dort speziell zu Rechtsgutachtern). Bei **inländischem Wohnsitz** unterliegen deutsche und ausländische Sachverständige unter den Voraussetzungen des § 407 ZPO derselben Verpflichtung zur Gutachtenerstattung. Ihre verfahrensrechtliche Stellung, namentlich in Abgrenzung zum Zeugenbeweis, ist Sache der lex fori.[6]

10.24 Gutachtenaufträge an **auslandsansässige Sachverständige** setzen deren Einverständnis voraus. Sie können davon abhängig gemacht werden, dass sich der Sachverständige zur mündlichen Erläuterung seines Gutachtens und der Befragung vor dem deutschen Gericht bereit erklärt.[7] Für den bei der Beauftragung – außerhalb des Geltungsbereichs der EuBewVO – zu beschreitenden Weg ist streitig, ob ein förmliches Rechtshilfeersuchen erforderlich ist.[8] Soll der auslandsansässige Sachverständige zur Begutachtung oder Herausgabe von Akten angehalten werden, muss allemal der Rechtshilfeweg beschritten sein.

---

1 Näher dazu *Mankowski*, RIW 2014, 397, 399 f.
2 Befürwortend Zöller/*Geimer*, § 363 ZPO Rz. 5. Ablehnend Musielak/*Stadler*, § 363 ZPO Rz. 10; *Leipold*, Lex fori, S. 63.
3 *Musielak*, FS Geimer, S. 761, 769; *Mankowski*, RIW 2014, 397, 401.
4 So noch BGH v. 10.5.1984 – III ZR 29/83, NJW 1984, 2039; in diesem Sinne auch § 62 ZRHO.
5 Musielak/*Damrau*, § 377 ZPO Rz. 7; *Daoudi*, S. 126; *Stadler*, FS Geimer, S. 1281, 1291.
6 *Nagel/Gottwald*, § 9 Rz. 193 f.
7 Vgl. BGH v. 24.4.1980 – IX ZR 30/79, IPRax 1981, 57.
8 Dafür *Musielak*, FS Geimer, S. 761, 772; *Daoudi*, S. 127 f. A.A. *Geimer*, Rz. 2387; *Leipold*, Lex fori, S. 46 f.; verneinend auch § 63 ZRHO. Offengelassen von BVerfG v. 26.8.2009 – 1 BvR 2111/08, juris.

Diskutiert wird, ob ein – im In- oder Ausland ansässiger – Sachverständiger mit der **Begutachtung eines im Ausland befindlichen Objektes** betraut werden darf, ohne die zuständigen Behörden des Belegenheitsstaates einzuschalten.[1] Richtigerweise ist der internationalen Rechtshilfe der Vorrang einzuräumen, sodass die gutachterliche Ermittlungstätigkeit eines Gerichtssachverständigen im Ausland im Rahmen einer „stillen Entsendung" unzulässig erscheint: Angesichts des Anlasses seiner gutachterlichen Ermittlungstätigkeit (gerichtlicher Beweisbeschluss, §§ 358a, 359 ZPO) und ihres Zwecks (Verwertung des Gutachtens im inländischen Verfahren) wäre der Gerichtssachverständige im Ausland nicht etwa privat, gewissermaßen touristisch, sondern als verlängerter Arm des deutschen Gerichts tätig, und daraus folgt die Notwendigkeit, das Einverständnis des betroffenen Staates einzuholen.[2] Für den innereuropäischen Bereich meint der EuGH zwar, dass die EuBewVO einer „**stillen Entsendung**" nicht entgegenstehe.[3] Allerdings liegt es näher, Art. 17 EuBewVO als abschließende Sonderregel zu deuten (vgl. Abs. 3 speziell zum Einsatz von Sachverständigen), und allemal ist die Stellungnahme des EuGH nicht geeignet, die völkerrechtlichen Bedenken gegen die Aktivität auf fremdem Territorium (womöglich sogar in Drittstaaten) auszuräumen. Vielmehr werden diese Bedenken vom EuGH nur am Rande angedeutet, ohne dass sie für seine Stellungnahme zur Interpretation der EuBewVO maßgeblich gewesen wären.[4]

10.25

c) Urkunden

Bei Urkunden kann sich der Auslandsbezug aus der Belegenheit im Ausland und/oder aus der Errichtung durch ausländische Behörden ergeben. Die Frage nach der Abgrenzung zum Augenscheinsobjekt ist anhand der lex fori zu beantworten. Die für die Beibringung und die Beweiskraft bedeutsame Unterscheidung zwischen **öffentlichen und privaten Urkunden** hängt in erster Linie von der Funktion der ausstellenden Behörde ab und ist deshalb – vorbehaltlich staatsvertraglicher Begriffsbestimmung[5] – dem Recht des Staates zu entnehmen, dem die ausstellende Behörde zuzuordnen ist.[6]

10.26

---

1 Befürwortend *Geimer*, Rz. 445, 2387, 2542; Stein/Jonas/*Berger*, § 363 ZPO Rz. 17; *Schack*, Rz. 790. A.A. Musielak/*Stadler*, § 363 ZPO Rz. 14.

2 Näher *Hau*, RIW 2003, 822 ff.; einschränkend *Geimer*, Rz. 445.

3 EuGH v. 21.2.2013 – Rs. C-332/11 (*ProRail*), EuZW 2013, 313 m. Anm. *Bach*; vgl. dazu auch *Huber*, ZEuP 2014, 642; *Sujecki*, EWS 2013, 80, 83 ff.; *Thole*, IPRax 2014, 255. Für Zulässigkeit auch schon OLG Oldenburg v. 29.11.2012 – 8 W 102/12, MDR 2013, 547, dort zu einem Ortstermin des vom deutschen Gericht bestellten Bausachverständigen zur Feststellung von Baumängeln an einem privaten Wohnhaus in den Niederlanden.

4 Dazu *Huber*, ZEuP 2014, 642, 657 f.

5 Z.B. Art. 1 Abs. 2 Haager Übereinkommen zur Befreiung ausländischer öffentlicher Urkunden von der Legalisation vom 5.10.1961, BGBl. 1965 II, 876.

6 Geimer/Schütze/*Schmidt*, IntRVerkehr, Nr. 761 S. 11.

10.27 Über Art und Umfang **prozessualer Vorlagepflichten** bestimmt die lex fori. Für materiell-rechtliche Vorlagepflichten ist hingegen die lex causae maßgebend (vgl. § 422 ZPO).[1] Soweit sie von den Parteien selbst zu erfüllen oder durchzusetzen sind, ist die Belegenheit der Urkunde im Ausland grundsätzlich unerheblich.[2] Deutsches Recht als lex fori entscheidet auch über die beweisrechtlichen Konsequenzen der Nichtvorlage (Rz. 10.8). Ausländische Behörden können im Wege der Rechtshilfe um Vorlage ersucht werden.[3] Die Vorlagepflicht eines Dritten kommt vorbehaltlich der Zumutbarkeit (§ 142 Abs. 2 ZPO) nicht nur auf der Grundlage der Gerichtspflichtigkeit kraft Inlandsaufenthalts in Betracht, sondern auch dann, wenn die Anordnung im Verhältnis zum Dritten durch die internationale Zuständigkeit der deutschen Gerichte gerechtfertigt ist.[4] Für die Übermittlung der Anordnung gilt dasselbe wie bei einem Zeugen (Rz. 10.20).[5]

10.28 Die für ihre Verwendung als Beweismittel entscheidende **Beweiskraft** einer ausländischen Urkunde richtet sich nach der lex fori.[6] Der Gebrauch einer fremden Sprache ist für ihre Verwertbarkeit zum Urkundsbeweis unschädlich (s. Rz. 8.54). Bei Privaturkunden unterscheidet das deutsche Recht nicht nach der Herkunft. Von ausländischen Behörden oder Amtsträgern errichtete Urkunden besitzen die den inländischen öffentlichen Urkunden zukommende Echtheitsvermutung nur, wenn sie legalisiert (§ 438 Abs. 2 ZPO) oder von der **Legalisation** befreit sind. Legalisation ist die Bestätigung der Amtsstellung des Unterzeichnenden und der Echtheit seiner Unterschrift durch den konsularischen oder diplomatischen Vertreter des Staates, in dem die Urkunde vorgelegt werden soll.[7] Das Gericht kann die Legalisation verlangen, soweit sie erforderlich ist; andernfalls entscheidet es über die Echtheit der Urkunde nach dem Grundsatz freier Beweiswürdigung.[8] Die unterschiedlich weit reichenden Befreiungen von der Legalisation sind Gegenstand zahlreicher zwei- oder mehrseitiger Staatsverträge.[9] Genannt seien das Haager Übereinkommen vom 5.10.1961,[10] das den Beglaubigungsvermerk des Errichtungsstaates genü-

---

1 *Nagel/Gottwald*, § 9 Rz. 139; *Geimer*, Rz. 2327.
2 *Coester-Waltjen*, FS Schlosser, S. 147, 152 ff.; *Nagel/Gottwald*, § 9 Rz. 143; *Leipold*, Lex fori, S. 66.
3 Für Personenstandsurkunden z.B. nach den CIEC-Übereinkommen vom 26.9.1957 (BGBl. 1961 II, 1067) und vom 8.9.1976 (BGBl. 1997 II, 775).
4 *Coester-Waltjen*, FS Schlosser, S. 147, 156 f.
5 Für Zulässigkeit formloser Anschreiben aber *Musielak*, FS Geimer, S. 761, 773 f.
6 *Nagel/Gottwald*, § 9 Rz. 126, 138; *Schütze*, IZPR, Rz. 227.
7 MünchKommBGB/*Spellenberg*, Art. 11 EGBGB, Rz. 186 ff. Zu den einschlägigen Befugnissen und Pflichten der deutschen Auslandsvertretungen nach § 13 KonsularG vgl. *Dahlhoff*, StAZ 1997, 1 ff.
8 Geimer/Schütze/*Schmidt*, IntRVerkehr, Nr. 760 S. 6 („Ermessen"). Vgl. BayObLG v. 19.11.1992 – 2Z BR 100/92, IPRax 1994, 122.
9 Zusammenstellung bei Geimer/Schütze/*Schmidt*, IntRVerkehr, Nr. 788, Texte Nr. 761 ff.
10 BGBl. 1965 II, 876.

gen lässt (die sog. **Apostille**), und das Europäische Übereinkommen vom
7.6.1968 für von diplomatischen oder konsularischen Vertretern errichtete Urkunden.[1]

d) Augenschein

Beim Beweis durch Augenschein richten sich die **Vorlagepflichten** für den   10.29
zu besichtigenden Gegenstand wie beim Urkundenbeweis entsprechend
ihrer prozessualen oder materiell-rechtlichen Natur nach der lex fori oder
nach der lex causae; für die übrigen Fragen gilt die lex fori.[2] Die EuBewVO
(Rz. 10.44 f.) eröffnet die Möglichkeit der **Augenscheinseinnahme im Ausland** durch das Prozessgericht. Nach § 372 Abs. 2 ZPO kommt die Beauftragung eines Sachverständigen im Einvernehmen mit dem ausländischen Staat in Betracht (Rz. 10.25), nicht jedoch der Einsatz sonstiger
Privater als informelle „Augenscheinsmittler".[3]

Zum Augenscheinsbeweis gehört nach dem deutschen Recht, das für die   10.30
Klassifizierung der Beweismittel maßgebend ist, auch die **Abstammungs-
untersuchung** nach § 372a ZPO bzw. § 178 FamFG. Die Zulässigkeit ihrer
Anordnung bestimmt sich ungeachtet abweichender Vorstellungen eines
ausländischen Abstammungsstatuts bzw. des Heimatrechts der Beweisperson ebenfalls nach deutschem Forumsrecht.[4] Befindet sich die Beweisperson im Ausland, hängen die Durchsetzbarkeit der Untersuchung bzw.
die Blutentnahme im Wege der Rechtshilfe allerdings von der Mitwirkungsbereitschaft des ersuchten Staates und von der Erzwingbarkeit der
Maßnahmen nach dessen Recht ab.[5] Verweigert die Beweisperson die Untersuchung, können daraus die nach deutschem Recht zulässigen Folgerungen gezogen werden.[6] Der Hinweis auf diese Konsequenzen ist ein Gebot prozessualer Fairness und berührt auch dann nicht die Souveränität
des Aufenthaltsstaates, wenn auf ein Rechtshilfeersuchen wegen offen-
sichtlicher Erfolglosigkeit verzichtet wird und wenn dem Betroffenen zugleich anheim gestellt wird, sich zur Vermeidung prozessualer Nachteile
einer Untersuchung im Inland zu stellen.

---

1 BGBl. 1971 II, 86.
2 *Nagel/Gottwald*, § 9 Rz. 163, 181; *Schütze*, IZPR, Rz. 228.
3 Vgl. *Musielak*, FS Geimer, S. 761, 774 f.
4 OLG Bremen v. 20.1.2009 – 4 UF 99/08, FamRZ 2009, 802; *Nagel/Gottwald*, § 9
   Rz. 164, 181; Stein/Jonas/*Berger*, § 372a ZPO Rz. 26 f. Kritisch gegenüber unbeschränkten Duldungspflichten ausländischer, sich im Ausland aufhaltender Antragsgegner in Statussachen *Knöfel*, FamRZ 2009, 1339 f. Beachte hierzu das Fallbeispiel bei *Junker*, § 26 Rz. 7.
5 OLG Bremen v. 20.1.2009 – 4 UF 99/08, FamRZ 2009, 802; vgl. auch Art. 10
   HBÜ und Art. 13 EuBewVO.
6 Vgl. BGH v. 9.4.1986 – IVb ZR 27/85, NJW 1986, 2371; OLG Hamm v. 26.4.1994
   – 29 U 293/88, IPRspr. 1994 Nr. 113.

e) Parteivernehmung

10.31 Zulässigkeit, Durchführung und Beweiswert von Parteivernehmungen sowie die Rechtsfolgen der Aussageverweigerung richten sich nach der lex fori.[1] Vor deutschen Gerichten sind also allein die vergleichsweise restriktiven Regelungen gemäß §§ 445 ff. ZPO maßgebend, und zwar auch dann, wenn die lex causae und/oder das Heimatrecht der Parteien dieses Beweismittel anders bewerten und einsetzen (so z.B. das französische Recht durch den sog. „zugeschobenen Parteieid").[2] Zu beachten ist aber die Rechtsprechung des EGMR zur Waffengleichheit (s. Rz. 3.48).

10.32 Die **Anordnung des persönlichen Erscheinens** (§§ 141, 273 Abs. 2 Nr. 3 ZPO) ist, soweit nicht wegen der Entfernung unzumutbar, auch gegenüber Parteien im Ausland zulässig[3] und jedenfalls dann unproblematisch, wenn die Partei die eigene Vernehmung angeboten hat. Anderenfalls ist die Anordnung in derselben Weise zu übermitteln wie eine Zeugenladung (Rz. 10.20). Angesichts des Souveränitätsverständnisses des Gesetzgebers (dazu Rz. 8.19) kann der Verzicht auf förmliche Ladung in § 141 Abs. 2 S. 2 Hs. 2 ZPO nicht für Ladungen im Ausland gelten.[4] Ist die Vernehmung einer Partei erforderlich, die nicht erscheinen kann, muss sie im Wege der Rechtshilfe durchgeführt werden (vgl. § 128 Abs. 3 FamFG).[5] Nicht möglich ist es, die Anordnung des persönlichen Erscheinens einer im Ausland lebenden ausländischen Partei durch Ordnungsmaßnahmen durchzusetzen.[6] In einem anderen EU-Mitgliedstaat kommt nunmehr allerdings auch die unmittelbare Beweisaufnahme durch das deutsche Prozessgericht in Betracht (Rz. 10.44 f.).

III. Beweisaufnahme im Ausland

1. Grundlagen

10.33 Rechtsgrundlage für Beweisaufnahmen im Ausland sind §§ 363, 364, 369 ZPO i.V.m. den einschlägigen Staatsverträgen nebst Ausführungsbestimmungen. Maßgeblich für den Rechtsverkehr mit den EU-Mitgliedstaaten ist seit dem 1.1.2004 die Verordnung Nr. 1206/2001 über die Zusammenarbeit zwischen den Gerichten der Mitgliedstaaten auf dem Gebiet der Beweisaufnahme in Zivil- und Handelssachen vom 28.5.2001 (**EuBewVO**),[7] deren Ausführungsbestimmungen in das 11. Buch der ZPO übernommen

---

1 *Geimer*, Rz. 2325; *Schütze*, IZPR, Rz. 226.
2 Dafür OLG Hamm v. 21.3.1994 – 2 U 103/92, IPRax 1996, 33, 37; *Nagel/Gottwald*, § 9 Rz. 116. Differenzierend *Schack*, Rz. 762 f.
3 *Daoudi*, S. 138; zweifelnd für Nichtdeutsche Musielak/*Stadler*, § 141 ZPO Rz. 5.
4 Vgl. Stein/Jonas/*Leipold*, § 141 ZPO Rz. 23. Anders OLG München v. 5.9.1995 – 28 W 2329/95, NJW-RR 1996, 59; Musielak/*Stadler*, § 141 ZPO Rz. 5.
5 Vgl. OLG Hamm v. 8.2.1989 – 8 UF 72/88, NJW 1989, 2203; *Daoudi*, S. 140.
6 OLG Hamm v. 2.10.2008 – 19 W 21/08, NJW 2009, 1090.
7 ABl. 2001 L 174/1.

worden sind (§§ 1072–1075). Wichtigster Staatsvertrag ist das Haager Übereinkommen vom 18.3.1970 über die Beweisaufnahme im Ausland in Zivil- und Handelssachen (**HBÜ**),[1] das die älteren Haager Übereinkommen über den Zivilprozess von 1905 und 1954 unter Fortgeltung der bilateralen Zusatzvereinbarungen abgelöst hat. Hinzu kommen eigenständige Rechtshilfeverträge (s. Rz. 8.24, dort zur Zustellungshilfe).

Ist mit dem Staat, in dem sich die Beweisperson oder ein anderes Beweismittel befinden, der Rechtshilfeverkehr gewährleistet, scheidet die förmliche Heranziehung nach Lage der Dinge aber gleichwohl aus, so hat die Beweisaufnahme im Ausland durch die **deutschen Auslandsvertretungen** oder durch **ausländische Behörden** zu erfolgen. Dieses Vorgehen hat Vorrang vor der unmittelbaren Beweisbeschaffung aus dem Ausland (s. Rz. 10.17), die sich bisweilen mehr oder weniger am Rande der Legalität bewegt.[2] Dieses Verständnis empfiehlt sich erst recht, wenn die unmittelbare Beweisaufnahme im Ausland eigens geregelt ist, wie im Geltungsbereich der EuBewVO (Art. 17, vgl. Rz. 10.44 ff.).[3] Die subsidiär in § 364 ZPO eröffnete Möglichkeit, die Beweisaufnahme im Ausland der **beweisführenden Partei** aufzuerlegen, kommt nur in Ausnahmefällen in Betracht.[4] Auch sie setzt voraus, dass der ersuchte Staat diese Verfahrensweise akzeptiert (klargestellt in § 56 ZRHO). **10.34**

Unterläuft der ausländischen Behörde bei der Beweisaufnahme ein **Verfahrensfehler**, sei es in Anwendung des eigenen Rechts, sei es in Anwendung deutschen Rechts, so hindert das die Verwertung nicht, wenn das Verfahren nach einer der beiden Rechtsordnungen unbedenklich ist (vgl. § 369 ZPO).[5] Im Übrigen entscheidet das erkennende Gericht nach pflichtgemäßem Ermessen, welchen Wert es einer verfahrensfehlerhaften Beweisaufnahme beimisst.[6] **10.35**

2. Verfahren

a) Konventionsrecht

Rechtshilfeersuchen sind unter Einschaltung der Prüfungsstellen (§ 28 ZRHO) entweder an die deutschen Auslandsvertretungen oder an die zuständige Behörde des ersuchten Staates zu richten. Soweit staatsvertraglich nichts anderes vereinbart ist, kommt gemäß § 363 Abs. 2 ZPO vorrangig die Inanspruchnahme des **konsularischen Dienstes** in Betracht, der **10.36**

---

1 BGBl. 1977 II, 1472, mit AusfG vom 22.12.1977, BGBl. 1977 I, 3105.
2 Vgl. *Leipold*, Lex fori, S. 48 ff., 66; Musielak/*Stadler*, § 363 ZPO Rz. 9. A.A. *Geimer*, Rz. 2380.
3 Anders *Stadler*, FS Geimer, S. 1281, 1289.
4 BGH v. 27.10.1988 – I ZR 156/86, NJW-RR 1989, 160; vgl. auch BGH v. 10.5.1984 – III ZR 29/83, NJW 1984, 2039; OLG Köln v. 16.6.1975 – 13 W 40/75, NJW 1975, 2349.
5 *Grunsky*, ZZP 89 (1976), 243; MünchKommZPO/*Heinrich*, § 369 Rz. 3 ff.
6 BGH v. 6.7.1960 – IV ZR 322/59, NJW 1960, 1950.

gemäß § 15 KonsularG zur Durchführung von Vernehmungen verpflichtet ist.[1] Die Einschaltung der Auslandsvertretungen ist auch wegen der einfacheren Kommunikation und der Beachtung des deutschen Verfahrensrechts zweckmäßig.[2] Ob überhaupt und in welchem Umfang die Auslandsvertretungen im Empfangsstaat Beweis erheben dürfen, ist von Staat zu Staat verschieden und hängt entweder von den staatsvertraglichen Vereinbarungen oder von der wechselnden Praxis ab (vgl. Art. 15 ff. HBÜ und den Länderteil der ZRHO).[3]

10.37 Soll oder muss die Beweisaufnahme durch ein ausländisches Gericht oder eine andere ausländische Behörde durchgeführt werden, wird das Ersuchen durch die Prüfungsstelle auf dem jeweils einschlägigen Übermittlungsweg an die Empfangsstelle des betreffenden Staates weitergeleitet (vgl. § 30 ZRHO). Für die Erledigung des Ersuchens sind grundsätzlich die **Beweisverfahrensvorschriften** des ersuchten Staates maßgebend. Die Rechtshilfeverträge machen aber traditionellerweise den Vorbehalt, dass auf Antrag des ersuchenden Gerichts „nach einer besonderen Form" verfahren werden kann, soweit dies mit dem Recht des ersuchten Staates vereinbar und ohne tatsächliche Schwierigkeiten praktizierbar ist (vgl. z.B. Art. 9 HBÜ, Art. 14 HZPÜ). Dies soll es ermöglichen, der unterschiedlichen Ausgestaltung der beiderseitigen Verfahrensrechte in gewisser Weise Rechnung zu tragen. So kann z.B. beim Zeugenbeweis die Beeidigung der Aussage erreicht werden, wenn diese zwar im Recht des ersuchenden, nicht aber im Recht des ersuchten Staates vorgesehen ist. Eine solche Sonderbehandlung wird von deutschen Gerichten bei ausgehenden Ersuchen, soweit ersichtlich, aber nicht in Anspruch genommen (vgl. § 21 ZRHO).

b) EuBewVO

aa) Überblick

10.38 Die EuBewVO hat die grenzüberschreitende Beweisaufnahme erheblich erleichtert. Sie gilt räumlich für alle Mitgliedstaaten der EU mit Ausnahme Dänemarks (Art. 1 Abs. 3 EuBewVO); die Maßgeblichkeit der EuBewVO-Regeln gegenüber Dänemark wurde bislang, anders als im Zustellungsrecht (dazu Rz. 8.25), auch nicht durch ein Abkommen vereinbart. Was die Beschränkung des sachlichen Anwendungsbereichs auf Zivil- und Handelssachen angeht, kann grundsätzlich auf die entsprechende Regelung in Art. 1 Abs. 1 Brüssel Ia-VO verwiesen werden (s. Rz. 4.29). Dabei ist aber zu berücksichtigen, dass die EuBewVO insbesondere familienrechtliche Angelegenheiten nicht ausklammert (und deshalb z.B. Abstammungssachen erfasst).

---

1 Vgl. Stein/Jonas/*Berger*, § 363 ZPO Rz. 23; *Nagel/Gottwald*, § 8 Rz. 116; *Geimer*, FS Spellenberg, S. 407, 411 ff., 415 f.
2 *Nagel/Gottwald*, § 8 Rz. 118.
3 Vgl. dazu die Zusammenstellung bei Stein/Jonas/*Berger*, § 363 ZPO Rz. 37.

Kernanliegen der EuBewVO sind die **Vereinfachung und Beschleunigung** 10.39
der grenzüberschreitenden Beweiserhebung. Um dies zu erreichen, weicht
sie erheblich von dem bisherigen, maßgeblich durch das HBÜ geprägten
Rechtshilfeverkehr auf konventionsrechtlicher Grundlage ab. Zum einen
kann das Prozessgericht zwar, wie schon bislang, das ausländische Gericht
um Rechtshilfe bitten (vgl. Art. 1 Abs. 1 lit. a EuBewVO). Alternativ wird
dem Prozessgericht nun aber auch die Möglichkeit eröffnet, unmittelbar in
dem anderen Mitgliedstaat Beweis zu erheben (vgl. Art. 1 Abs. 1 lit. b Eu-
BewVO; § 1073 Abs. 2 ZPO). Zum anderen eröffnet die Verordnung anstelle des herkömmlichen Systems Zentraler Behörden, das insbesondere noch
dem HBÜ zugrunde liegt, den sog. **unmittelbaren Geschäftsverkehr** zwischen den Gerichten (Art. 2 EuBewVO): Das Prozess- und das Rechtshilfe-
gericht können und sollen direkt miteinander kommunizieren; den in den
Mitgliedstaaten gleichwohl einzurichtenden Zentralstellen kommen nur
noch die in Art. 3 EuBewVO beschriebenen Aufgaben zu. Die Kommunikation zwischen den mitgliedstaatlichen Stellen wird durch einen Katalog
von Formblättern erleichtert, die im Anhang zur Verordnung zusammengestellt sind. Die Kommission hat im Internet neben einem Leitfaden
auch ein offizielles Handbuch zur EuBewVO freigeschaltet, das über Zuständigkeiten, Anschriften, technische Ausstattung und zu verwendende
Sprachen in sämtlichen Mitgliedstaaten informiert (vgl. Art. 19 und 22
EuBewVO).[1]

Noch immer wird die EuBewVO in den Mitgliedstaaten nicht mit der 10.40
gewünschten Effektivität angewendet.[2] Das Europäische Parlament verweist in seiner Entschließung ausdrücklich auf das **Europäische Justizielle Netz** (Rz. 9.16), dessen Möglichkeiten noch nicht ausgeschöpft werden.
Der Rat hat die Kommission ersucht, zu prüfen, ob gemeinsame zivil-
prozessrechtliche Mindeststandards oder Standardregeln für die Beweisaufnahme eingeführt werden müssen.[3] In Umsetzung des Stockholmer
Programms benennt der Aktionsplan der Kommission konkrete Maßnahmen, um Abhilfe zu schaffen.[4]

bb) Traditionelle Rechtshilfe

Die EuBewVO sieht zunächst Regelungen vor, die die herkömmliche Vor- 10.41
gehensweise, also die **Inanspruchnahme von Beweishilfe** durch ausländische Gerichte, zu verbessern suchen. In solchen Fällen aktiver Rechtshilfe bestimmt sich die Übermittlung eines dahingehenden Ersuchens,
was Form, Inhalt und Sprache angeht, nach Art. 4–6 EuBewVO. Art. 10
Abs. 1 EuBewVO schreibt für die Erledigung von Rechtshilfeersuchen ei-

---

1 Zugänglich unter https://e-justice.europa.eu.
2 Vgl. den gemäß Art. 23 EuBewVO erstellten Bericht der Kommission vom
  5.12.2007, KOM (2007), 769. Zu einer positiven Bewertung gelangt hingegen
  Knöfel, EuZW 2008, 267.
3 ABl. 2010 C 115/15 (unter 3.3.2).
4 Aktionsplan, KOM (2010), 171, S. 24 und 28.

ne Frist von 90 Tagen vor (vgl. aber auch Art. 9 und 15 EuBewVO). Freilich sind im Verzögerungsfall, abgesehen von der Begründungspflicht des ersuchten Gerichts nach Art. 15 EuBewVO, keine Sanktionen vorgesehen.

10.42 Das Rechtshilfeersuchen wird grundsätzlich nach dem **Recht des ersuchten Mitgliedstaates** erledigt (Art. 10 Abs. 2–4 EuBewVO). Nach diesem richtet sich also beispielsweise die Frage, ob ein Kreuzverhör in Betracht kommt. Anwesenheits- und Teilnahmerechte von Parteien und Gerichtspersonen sind in Art. 11 und 12 EuBewVO geregelt (vgl. dazu § 1073 ZPO). Auch die Möglichkeit des ersuchten Gerichts, Zwangsmaßnahmen anzuwenden, bestimmt sich nach dessen Verfahrensrecht (Art. 13 EuBewVO). Hinsichtlich etwaiger Aussageverweigerungsrechte sind sowohl das Recht des ersuchenden als auch das des ersuchten Gerichts zu beachten; denn diesbezüglich gilt für Zeugen, Sachverständige und Parteien gemäß Art. 14 Abs. 1 EuBewVO der **Grundsatz der Meistbegünstigung**. Wenn ein Verweigerungsrecht eingreift, wird das Rechtshilfeersuchen nicht erledigt. Weitere Gründe, die Kooperation zu verweigern, sind in Art. 14 Abs. 2 EuBewVO aufgeführt. Bemerkenswert ist, dass dort kein allgemeiner Ordre-public-Vorbehalt vorgesehen ist.

10.43 Die Regelung der **Kosten** findet sich in Art. 18 EuBewVO. Inwieweit ein Ersuchen von der Zahlung eines Vorschusses abhängig gemacht werden darf, regelt Art. 14 Abs. 2 lit. d EuBewVO, und zwar abschließend. Bemerkenswerterweise hat das ersuchende Gericht im Falle der Vernehmung eines Zeugen daher weder einen Vorschuss noch eine Entschädigung zu entrichten.[1]

cc) Unmittelbare Beweisaufnahme

10.44 Die unmittelbare Beweisaufnahme nach **Art. 17 EuBewVO** ist eine bahnbrechende Neuerung, weil es damit, abweichend vom Territorialitäts- und Souveränitätsprinzip, möglich wird, im Hoheitsgebiet eines anderen Mitgliedstaates selbst hoheitlich tätig zu werden.[2] Die unmittelbare Beweisaufnahme muss allerdings bei der Zentralstelle des ersuchten Staates beantragt werden (Art. 17 Abs. 1 EuBewVO). Diese kann die Genehmigung zwar von der Einhaltung bestimmter Bedingungen nach Maßgabe des eigenen Rechts abhängig machen (Art. 17 Abs. 4 EuBewVO).[3] Ablehnen kann sie das Ersuchen aber nur unter den Voraussetzungen des Art. 17 Abs. 5 EuBewVO, insbesondere wenn die beantragte unmittelbare Beweisaufnahme wesentlichen Rechtsgrundsätzen des eigenen Mitgliedstaates zuwiderlaufen würde. Damit wird im (Souveränitäts-)Interesse des ersuchten Mitgliedstaates ein begrenzter Ordre-public-Vorbehalt aufrechterhalten.

---

1 Dazu EuGH v. 17.2.2011 – Rs. C-283/09 (*Werynski/Mediatel 4B Spólka*), EuZW 2011, 261 m. Anm. *Sujecki*.
2 Ausführlich *Schoibl*, FS Machacek und Matscher, S. 883, 886 ff.
3 Kritisch hierzu *Schoibl*, FS Machacek und Matscher, S. 883, 894 f.

Statthaft ist die unmittelbare Beweisaufnahme im Übrigen nur dann, 10.45
wenn sie auf **freiwilliger Grundlage** und **ohne Zwangsmaßnahmen** stattfindet (Art. 17 Abs. 3 EuBewVO), wenn also die Parteien und alle von der
Beweisaufnahme direkt betroffenen Personen (z.B. Zeugen oder Eigentümer des Augenscheinobjekts) einverstanden sind. Im Falle der Vernehmung einer Person ist diese ausdrücklich darauf hinzuweisen (Art. 17
Abs. 2 EuBewVO). Scheitert eine unmittelbare Beweisaufnahme, etwa
wegen der fehlenden Mitwirkungsbereitschaft eines Zeugen, so muss das
erkennende Gericht ein traditionelles Rechtshilfeersuchen stellen, in
dessen Rahmen der ersuchte Staat notfalls Zwangsmaßnahmen ergreifen
kann (Rz. 10.42). Abgesehen von den seitens der Zentralstelle gestellten
Bedingungen nach Art. 17 Abs. 4 EuBewVO ist die Beweisaufnahme allein nach Maßgabe des Rechts des ersuchenden und erkennenden Mitgliedstaates durchzuführen (Art. 17 Abs. 6 EuBewVO).

Die mit Art. 17 EuBewVO geschaffenen Möglichkeiten zur Vereinfachung 10.46
und Beschleunigung der Beweisaufnahme im Ausland sind im Grundsatz
als abschließend zu betrachten. Daneben verbietet sich jede Art eigen-
mächtiger unmittelbarer Beweisaufnahme auf dem Hoheitsgebiet eines
anderen (Mitglied-)Staates, nach hier vertretener Ansicht insbesondere
auch die sog. **stille Entsendung** von Sachverständigen ins Ausland (s.
Rz. 10.25).

IV. Beweissicherung im Ausland

Muss ein im Ausland befindliches Beweismittel gesichert werden, bevor 10.47
das Hauptsacheverfahren im Inland anhängig ist oder – namentlich in Eil-
fällen bei drohendem Beweisverlust – anhängig gemacht werden kann, so
wird das Sicherungsverfahren sinnvollerweise bei dem Gericht vor Ort
beantragt. Die **Verwertbarkeit einer Beweissicherung** durch ein ausländisches Gericht in einem deutschen Hauptsacheverfahren gemäß oder
entsprechend § 493 ZPO hängt von der funktionellen Gleichwertigkeit
mit dem deutschen Pendant ab.[1] Allemal kann das Ergebnis im Wege des
Urkundsbeweises eingeführt und der freien Beweiswürdigung unterstellt
werden.[2]

Wird trotz Auslandsbelegenheit des Beweismittels ein **selbständiges Be-** 10.48
weisverfahren gemäß §§ 485 ff. ZPO im Inland eingeleitet, muss das damit befasste deutsche Gericht ein Rechtshilfeersuchen stellen oder die eigene unmittelbare Beweisaufnahme nach Art. 17 EuBewVO beantragen.[3]

---

1 Dazu *Spickhoff*, IPRax 2001, 39 f.; *Stürner*, IPRax 1984, 301.
2 *Geimer*, Rz. 2541; *Nagel/Gottwald*, § 15 Rz. 74. Anders im Rahmen des Kosten-
   erstattungsverfahrens OLG Köln v. 5.1.1983 – 17 W 482/82, NJW 1983, 2779 (abl.
   Meilicke, NJW 1984, 2017; *Stürner*, IPRax 1984, 301); OLG Hamburg v.
   29.9.1999 – 8 W 235/99, IPRax 2000, 530.
3 Vgl. *Leipold*, Lex fori, S. 46 f. Anders für die Tätigkeit in- oder ausländischer
   Sachverständiger *Geimer*, Rz. 445, 2387, 2542.

Letzteres kommt in Betracht, weil ein selbständiges Beweisverfahren ausweislich Art. 1 Abs. 2 EuBewVO von dieser erfasst wird.[1]

10.49   Probleme bereitet die Beweissicherung im Ausland, weil sich damit die Frage nach dem Verhältnis zwischen der EuBewVO und den **Zuständigkeitsvorschriften der Brüssel Ia-VO stellt**. Der EuGH hat die Anwendbarkeit von Art. 24 EuGVÜ auf ein selbständiges Beweisverfahren (in casu: eine vorprozessuale Zeugeneinvernahme nach niederländischem Recht) verneint,[2] und diese Position wird nunmehr für Art. 35 Brüssel Ia-VO bestätigt durch Erwägungsgrund Nr. 25 S. 2 zur Brüssel Ia-VO. Die weiteren Ausführungen in S. 1 und 3 dieses Erwägungsgrunds tragen aber kaum zur Klärung bei.[3] Relevant erscheinen diese Fragen freilich weniger aus Sicht von Mitgliedstaaten wie Deutschland, deren Verfahrensrechte eine Beweissicherung als ein strukturell der Beweisaufnahme zuzuordnendes Verfahren eigener Art begreifen, sondern eher aus Sicht der Staaten, die eine Beweissicherung als Maßnahme des einstweiligen Rechtsschutzes einordnen.

---

1 Vgl. die Schlussanträge von Generalanwältin *Kokott* vom 18.7.2007 in der (ohne Entscheidung des EuGH anderweitig erledigten) Rs. C-175/06 (*Tedeso/Tomasoni Fittings*); dazu etwa *Sujecki*, EuZW 2010, 448, 450.
2 EuGH v. 28.4.2005 – Rs. C-104/03 (*St. Paul Dairy Industries*), IPRax 2007, 208.
3 Kritisch daher *von Hein*, RIW 2013, 97, 108.

§ 11 Europäische Erkenntnisverfahren

Literatur: *Brokamp*, Das Europäische Verfahren für geringfügige Forderungen, 2008; *Bruchbacher/Denk*, Ausgewählte Aspekte bei der Anwendung des Europäischen Mahnverfahrens, (österr.) RZ 2013, 78; *Domej*, Alles klar? – Bemerkungen zum Verhältnis zwischen staatlichen Gerichten und Schiedsgerichten unter der neu gefassten EuGVVO, FS Gottwald, 2014, S. 97; *Eichel*, Neuer Schwung für das Mahnverfahren als Option der grenzüberschreitenden Anspruchsverfolgung, FamRZ 2011, 1441; *Eichstädt*, Der schiedsrechtliche Acquis communautaire – gleichzeitig ein Beitrag zur Frage von Maßnahmen der Europäischen Union zur Förderung der Schiedsgerichtsbarkeit, 2013; *Einhaus*, Qual der Wahl – Europäisches oder internationales deutsches Mahnverfahren?, IPRax 2008, 323; *ders.*, Erste Erfahrungen mit dem Europäischen Zahlungsbefehl – Probleme und Verbesserungsmöglichkeiten, EuZW 2011, 865; *Esplugues*, Civil and Commercial Mediation in Europe, 2014; *Ewert*, Grenzüberschreitende Mediation in Zivil- und Handelssachen, 2012; *Fabian*, Die Europäische Mahnverfahrensverordnung im Kontext der Europäisierung des Prozessrechts, 2010; *Garber*, Sprachregelungen im Europäischen Bagatellverfahren, in: Clavora/Garber, Sprache und Zivilverfahrensrecht, 2013, S. 123; *Haibach*, Zur Einführung des ersten europäischen Zivilprozessverfahrens, EuZW 2008, 137; *Hartley*, The Brussels I Regulation and Arbitration, ICLQ 63 (2014), 843; *Hau*, Das neue europäische Verfahren zur Beitreibung geringfügiger Forderungen, JuS 2008, 1056; *ders.*, Zur Fortentwicklung des europäischen Verfahrens für geringe Forderungen – die große Zukunft der kleinen Münze?, FS Gottwald, 2014, S. 255; *Heinig*, Die Konkurrenz der EuGVVO mit dem übrigen Gemeinschaftsrecht, GPR 2010, 36; *Hess*, Schiedsgerichtsbarkeit und europäisches Zivilprozessrecht, JZ 2014, 538; *ders.*, Europäische Perspektiven der Mediation in Zivilsachen, in: Dethloff, Freiwilligkeit, Zwang und Gerechtigkeit im Kontext der Mediation, 2013, S. 25; *Hess/Bittmann*, Die Verordnungen zur Einführung eines Europäischen Mahnverfahrens und eines Europäischen Verfahrens für geringfügige Forderungen, IPRax 2008, 305; *Huber*, Der Kommissionsvorschlag zur Reform der EU-Mahn- und der EU-Bagatellverordnung – Fortentwicklung oder Paradigmenwechsel?, GPR 2014, 242; *Kern*, Das europäische Verfahren für geringfügige Forderungen und die gemeineuropäischen Verfahrensgrundsätze, JZ 2012, 389; *Kodek*, Rechtsschutz im Europäischen Mahnverfahren – Zum Zusammenspiel von gerichtlichen Prüfpflichten und Handlungslasten des Schuldners, FS Stürner, 2013, S. 1263; *Kormann*, Das neue Europäische Mahnverfahren im Vergleich zu den Mahnverfahren in Deutschland und Österreich, 2007; *Kotzur*, Die Regelung der Kosten in der EuBagatellVO – Anreiz oder Unsicherheitsfaktor?, GPR 2014, 98; *Kreße*, Das Europäische Mahnverfahren, EWS 2008, 508; *Majer*, Grenzüberschreitende Durchsetzung von Bagatellforderungen, JR 2009, 270; *Mankowski*, Schiedsgerichte und die Verordnungen des europäischen Internationalen Privat- und Verfahrensrechts, FS von Hoffmann, 2011, S. 1012; *Meller-Hannich/Krausbeck*, „ADR" und „ODR": Kreationen der europäischen Rechtspolitik. Eine kritische Würdigung, ZEuP 2014, 8; *Nardone*, Das Europäische Verfahren für geringfügige Forderungen, Rpfleger 2009, 72; *Netzer*, Die Ausführungsbestimmungen zum Europäischen Verfahren für geringfügige Forderungen im deutschen Recht, ZNotP 2010, 183; *Nunner-Krautgasser/Anzenberger*, General Principles in European Small Claims Procedures – How far can Simplifications go? LeXonomica 2012, 133; *Pernfuß*, Die Effizienz des Europäischen Mahnverfahrens, 2009; *Preuß*, Erlass und Überprüfung des Europäischen Zahlungsbefehls, ZZP 122 (2009), 3; *Rechberger*, Die neue Generation, FS Leipold, 2009, S. 301; *Rellermeyer*, Grundzüge des Europäischen Mahnverfahrens, Rpfleger 2009, 11; *Rühl*, Die Richtlinie über alternative Streitbeilegung und die Verordnung über Online-Streitbeilegung, RIW 2013,

737; *Schoibl*, Miszellen zum Europäischen Bagatellverfahren, FS Leipold, 2009, S. 335; *Steindl*, Die EuGVVO 2012 und die Schiedsgerichtsbarkeit – Bestandsaufnahme und Ausblick, FS Torggler, 2013, S. 1181; *Sujecki*, Vereinheitlichung des Erkenntnisverfahrens in Europa, EWS 2008, 323; *ders.*, Änderung des Europäischen Verfahrens für geringfügige Forderungen, ZRP 2014, 84; *Unberath*, Internationale Mediation – Die Bestimmung des maßgeblichen Rechts, FS von Hoffmann, 2011, S. 500; *Vollkommer/Huber*, Neues Europäisches Zivilverfahrensrecht in Deutschland, NJW 2009, 1105.

I. Überblick

11.1   Vor allem mit der Brüssel I-VO (nunmehr der Brüssel Ia-VO) sowie der EuVTVO wurde die Rechtsverfolgung im europäischen Rechtsverkehr wesentlich erleichtert. Die Kommission ließ indes schon in ihrem Grünbuch vom 20.12.2002 über ein Europäisches Mahnverfahren und über Maßnahmen zur einfacheren und schnelleren Beilegung von Streitigkeiten mit geringem Streitwert erkennen, dass sie weiteren Handlungsbedarf sieht:[1] Erklärtes Ziel war es, nicht erst die Regeln über die Freizügigkeit nationaler Vollstreckungstitel, sondern bereits das bislang den mitgliedstaatlichen Rechtsordnungen überlassene Verfahren zur Erlangung des Vollstreckungstitels – also das **Erkenntnisverfahren** – zu vereinheitlichen. Herausgekommen sind das sog. Europäische Mahnverfahren (dazu sogleich) und das sog. Europäische Bagatellverfahren (Rz. 11.15 ff.). Zu erwähnen sind in diesem Zusammenhang aber auch die Aktivitäten im Bereich der Alternativen Streitbeilegung (Rz. 11.33 ff.).

II. Europäisches Mahnverfahren

11.2   Am 12.12.2006 wurde die Verordnung Nr. 1896/2006 zur Einführung eines Europäischen Mahnverfahrens verabschiedet (EuMahnVO).[2] Die für die Praxis maßgeblichen Bestimmungen gelten seit dem 12.12.2008 (Art. 33 Abs. 2 EuMahnVO); die deutschen Durchführungsregeln finden sich in §§ 1087–1096 ZPO. Im Europäischen Mahnverfahren können unbestrittene Geldforderungen in Gestalt eines **Europäischen Zahlungsbefehls** tituliert werden. In der Sache ging es um eine prozessuale Ergänzung der RL Nr. 2000/35/EG vom 29.6.2000 zur Bekämpfung von Zahlungsverzug im Geschäftsverkehr.[3] Das Europäische Mahnverfahren dient der schnellen und kostengünstigen Durchsetzung von grenzüberschreitenden Geldforderungen und schafft mit dem Europäischen Zahlungsbefehl erstmals einen echten Europäischen Vollstreckungstitel. Zwar ist von einem solchen auch schon in der EuVTVO die Rede, doch dies ist im Grunde ein Etikettenschwindel; denn dort geht es ausschließlich darum, nach Maßgabe des mitgliedstaatlichen Verfahrensrechts erwirkte – also nationale –

---

1 KOM (2002), 746.
2 ABl. 2006 L 399/1. Vorarbeiten: KOM (2004), 173, und KOM (2006), 57.
3 ABl. 2000 L 200/35.

Vollstreckungstitel in einem europarechtlich geregelten Verfahren „umzuetikettieren" (dazu Rz. 14.13 ff.).

1. Anwendungsbereich

Das Europäische Mahnverfahren entspricht in der Sache beschleunigten   **11.3**
Titulierungsverfahren, wie sie bereits in vielen Mitgliedstaaten nach nationalem Recht vorgesehen sind. Solche **mitgliedstaatlichen Verfahren** sollen von der EuMahnVO auch nicht verdrängt werden (Art. 1 Abs. 2 EuMahnVO; vgl. umgekehrt, freilich nur deklaratorisch, § 688 Abs. 4 ZPO).[1]
Für den internationalen Rechtsverkehr steht das im innerstaatlichen Bereich aus Gläubigersicht besonders attraktive Mahnverfahren nach autonomem deutschen Recht allerdings nur eingeschränkt zur Verfügung:[2]
Gemäß § 688 Abs. 3 ZPO ist es allein nach Maßgabe von § 32 AVAG statthaft, also im Verhältnis zu den EU-Mitgliedstaaten sowie den Vertragsstaaten der in § 1 Abs. 1 Nr. 1 AVAG aufgeführten Konventionen. Zur örtlichen und sachlichen Zuständigkeit vgl. §§ 689 Abs. 2 und 3, 703d ZPO.

In den **sachlichen Anwendungsbereich der EuMahnVO** fallen bezifferte   **11.4**
und bei Antragstellung fällige Geldforderungen (Art. 4)[3] aus dem Bereich des Zivil- und Handelsrechts mit Ausnahme der in Art. 2 Abs. 1 und 2 benannten Rechtsgebiete. Dabei kann weitgehend auf die Ausführungen zu Art. 1 Brüssel Ia-VO verwiesen werden (dazu Rz. 4.29 f.). Bemerkenswert erscheint aber, dass die EuMahnVO Ansprüche aus außervertraglichen Schuldverhältnissen nur unter bestimmten Voraussetzungen erfasst (Art. 2 Abs. 2 lit. d). Irrelevant ist, ob die zu titulierende Forderung im Unternehmens- oder im Verbrauchergeschäft entstanden ist. Ebenso wenig findet sich eine Wertobergrenze. Das Europäische Mahnverfahren ist also – wie §§ 688 ff. ZPO – für Geldforderungen in beliebiger Höhe statthaft.

In **räumlich-persönlicher Hinsicht** beschränkt sich das Europäische Mahn-   **11.5**
verfahren – anders als ursprünglich von der Kommission vorgeschlagen – auf Sachverhalte mit **grenzüberschreitendem Bezug** (Art. 2 Abs. 1 EuMahnVO). Ein solcher liegt vor, wenn zum Zeitpunkt des Antragseingangs mindestens eine der Parteien ihren Wohnsitz oder gewöhnlichen Aufenthalt in einem anderen Mitgliedstaat als dem Sitzstaat des befassten Gerichts hat (Art. 3 EuMahnVO).

---

1 Zu den europarechtlichen Anforderungen an die Ausgestaltung nationaler Mahnverfahren vgl. EuGH v. 14.6.2012 – Rs. C-618/10 (*Banco Español de Crédito*), NJW 2012, 2257. Dazu *Dutta*, ZZP 126 (2013), 153; *Hau*, JZ 2012, 964; *Stürner*, ZEuP 2013, 666.
2 Näher *Eichel*, FamRZ 2011, 1441.
3 Zur Beantragung und Titulierung noch unbezifferter Zinsen vgl. EuGH v. 13.12.2012 – Rs. C-215/11 (*Szyrocka/SiGer Technology*), EuZW 2013, 147, 149 f. m. Anm. *Sujecki*.

Beispiel: A möchte das Verfahren in Deutschland gegen B einleiten. Die EuMahn-VO ist anwendbar, wenn (1.) A in Deutschland ansässig ist und B etwa in Österreich, (2.) umgekehrt A in Österreich ansässig ist und B im Inland, (3.) A und B in Österreich ansässig sind, (4.) A oder B in Österreich ansässig ist und die andere Partei etwa in Frankreich, oder (5.) A oder B in Österreich ansässig ist und die andere Partei in einem Drittstaat (z.B. in der Schweiz). Demgegenüber genügt es für Art. 3 Abs. 1 EuMahnVO nicht, wenn A und B in Drittstaaten oder wenn beide im Forumstaat ansässig sind oder wenn eine Partei im Forumstaat und die andere in einem Drittstaat lebt. Das erscheint misslich, wenn sich vollstreckbares Vermögen in einem anderen Mitgliedstaat befindet, auf das nicht mit einem in Deutschland zu erwirkenden Europäischen Zahlungsbefehl zugegriffen werden kann.

11.6 Von der Eröffnung des räumlich-persönlichen Anwendungsbereichs zu trennen ist die Frage der **internationalen Entscheidungszuständigkeit**. Diese bestimmt sich gemäß Art. 6 Abs. 1 EuMahnVO grundsätzlich nach den Vorschriften der Brüssel Ia-VO (vgl. dort Art. 80 S. 2; zuvor: Brüssel I-VO). Mithin sind im Grundsatz die Gerichte am Wohnsitz des Antragsgegners international zuständig, wobei diese Zuständigkeit für das Europäische Mahnverfahren ausschließlich ist, sofern ein Verbraucher Antragsgegner ist (Art. 6 Abs. 2 EuMahnVO).[1]

2. Verfahrensgang

11.7 Das Verfahren beginnt damit, dass ein **Antrag auf Erlass eines Europäischen Zahlungsbefehls** bei dem **zuständigen Gericht** eingereicht wird. Zur Bestimmung der internationalen Entscheidungszuständigkeit s. schon Rz. 11.6; sachlich und örtlich ist in Deutschland gemäß § 1087 ZPO das AG Wedding (Berlin)[2] ausschließlich zuständig (anders für arbeitsrechtliche Streitigkeiten aber § 46b Abs. 2 ArbGG).

11.8 Für die **Verfahrenseinleitung** ist zwingend ein Formular zu verwenden (Art. 7 EuMahnVO). Der Antrag kann in Papierform oder durch andere im jeweiligen Mitgliedstaat verfügbare und zugelassene Kommunikationsmittel eingereicht werden (Art. 7 Abs. 5 EuMahnVO; vgl. dazu § 1088 ZPO). Beweismittel sind dabei lediglich zu bezeichnen (Art. 7 Abs. 2 lit. e EuMahnVO), Urkunden oder andere Beweismittel sind dem Antrag also nicht beizufügen. Allerdings muss der Antragsteller erklären, dass er sämtliche Angaben nach bestem Wissen und Gewissen gemacht und zur Kenntnis genommen hat, dass Falschangaben angemessene Sanktionen nach mitgliedstaatlichem Recht nach sich ziehen können (Art. 7 Abs. 3 EuMahnVO). Art. 7 EuMahnVO regelt die für die Antragstellung erforderlichen Angaben abschließend, sodass das mitgliedstaatliche Recht die Verfahrenseinleitung nicht von weiteren Angaben abhängig machen darf.[3] Anwaltszwang besteht im gesamten Europäischen Mahnverfahren nicht

---

1 Vgl. das Klausurbeispiel bei *Fuchs/Hau/Thorn*, Nr. 4.
2 Homepage mit näheren Informationen: http://www.berlin.de/sen/justiz/gerich te/ag/wedd/eumav.de.html.
3 EuGH v. 13.12.2012 – Rs. C-215/11 (*Szyrocka/SiGer Technology*), EuZW 2013, 147, 148 m. Anm. *Sujecki*.

(Art. 24 EuMahnVO). Ob Stellvertretung (etwa durch Inkassodienstleister) zulässig ist, bestimmt sich für Deutschland nach § 79 ZPO.[1]

Die **gerichtliche Prüfung des Antrags** beschränkt sich gemäß Art. 8 S. 1 EuMahnVO auf die Anwendbarkeit des Verfahrens, das Vorliegen einer grenzüberschreitenden Rechtssache, die gerichtliche Zuständigkeit sowie die formale Ordnungsmäßigkeit des Antrags. In der Sache prüft das Gericht (nicht notwendig ein Richter; vgl. Erwägungsgrund Nr. 16) nur, ob die bezifferte und fällige Geldforderung, ausgehend von den Angaben des Antragstellers, begründet erscheint. Es ist ausdrücklich vorgesehen, dass diese Prüfung im Rahmen eines automatisierten Verfahrens erfolgen kann (Art. 8 S. 2 EuMahnVO). Das weitere Vorgehen im Falle formaler Mängel des Antrags bestimmt sich nach Art. 9 EuMahnVO, im Falle vollständig oder teilweise unbegründeter Anträge nach Art. 10 und 11 EuMahnVO. Dem Antragsteller steht gegen die Zurückweisung des Antrags kein Rechtsmittel zu (Art. 11 Abs. 2 EuMahnVO). **11.9**

3. Europäischer Zahlungsbefehl

Liegen alle Voraussetzungen vor, so erlässt das Gericht unter Verwendung eines Formblattes den Europäischen Zahlungsbefehl (Art. 12 Abs. 1 EuMahnVO). Dieser wird zusammen mit einer Kopie des Antragsformulars und versehen mit einer Rechtsbehelfsbelehrung dem Antragsgegner zugestellt (Art. 12 Abs. 2–5 EuMahnVO); Einzelheiten der Zustellung regeln Art. 13–15 EuMahnVO und § 1089 ZPO. **11.10**

Binnen 30 Tagen ab Zustellung des Zahlungsbefehls kann der Antragsgegner **Einspruch** einlegen (Art. 16 Abs. 1 und 2 EuMahnVO). Dabei ist die Verwendung des ihm übermittelten Formulars ebenso wenig zwingend vorgeschrieben wie eine Begründung. Der Einspruch ist keine zuständigkeitsbegründende Einlassung i.S. von Art. 26 Brüssel Ia-VO (s. Rz. 6.30 ff.), und zwar selbst dann nicht, wenn der Antragsgegner den Mangel der Zuständigkeit in der Einspruchsschrift nicht geltend macht, sich darin aber schon zur Hauptsache äußert.[2] Der fristgerechte Einspruch hat zur Folge, dass das Verfahren vor den Gerichten des Ursprungsmitgliedstaates als ordentliches Zivilverfahren nach mitgliedstaatlichem Verfahrensrecht weitergeführt wird, es sei denn, der Antragsteller hat für diesen Fall ausdrücklich die Verfahrenseinstellung beantragt (Art. 17 EuMahnVO, § 1090 ZPO). **11.11**

Legt der Antragsgegner den Einspruch nicht oder verspätet ein, so erklärt das Gericht den Europäischen Zahlungsbefehl nach Überprüfung des Zustelldatums mittels eines Formulars für vollstreckbar (Art. 18 EuMahn- **11.12**

---

1 Für eine analoge Anwendung von § 79 Abs. 2 S. 2 Nr. 4 ZPO plädieren *Vollkommer/Huber*, NJW 2009, 1105, 1106.

2 Klarstellend EuGH v. 13.6.2013 – Rs. C-144/12 (*Goldbet Sportwetten/Sperindeo*), EuZW 2013, 628 m. Anm. *Sujecki*. Dazu auch *Eichel*, GPR 2014, 56; *Koutsoukou*, IPRax 2014, 44.

VO). Die **Vollstreckbarerklärung des Zahlungsbefehls** entfaltet ausweislich Art. 19 EuMahnVO Wirkung für alle Mitgliedstaaten, ohne dass ein Exequaturverfahren notwendig wäre (dazu und zu den beschränkten Rechtsschutzmöglichkeiten im Vollstreckungsstaat s. Rz. 14.16).

11.13 Nach Ablauf der Einspruchsfrist bleibt dem Antragsgegner ausnahmsweise noch eine Möglichkeit zur **Überprüfung des Zahlungsbefehls im Erststaat** nach Maßgabe von Art. 20 EuMahnVO (dazu § 1092 Abs. 1 und 2 ZPO). Erreichen kann er damit, wenn er Erfolg hat, die Nichtigerklärung des Zahlungsbefehls (Art. 20 Abs. 3 S. 2 EuMahnVO, § 1092 Abs. 3 ZPO). In Art. 20 Abs. 1 EuMahnVO geht es um bestimmte Fälle, in denen der Antragsgegner nach Zustellung des Zahlungsbefehls den Einspruch nicht rechtzeitig einlegen konnte, er sodann aber unverzüglich tätig wird, in Abs. 2 hingegen um Fälle, in denen der Europäische Zahlungsbefehl offensichtlich zu Unrecht erlassen wurde. In beiden Konstellationen hält der EuGH die Überprüfung nur unter strengen Voraussetzungen für denkbar; insbesondere sei die Nichteinhaltung der Einspruchsfrist aufgrund eines Fehlverhaltens des Vertreters des Antragsgegners kein außergewöhnlicher Umstand i.S. von Art. 20 Abs. 1 lit. b oder Abs. 2 EuMahnVO.[1] Von Art. 20 EuMahnVO nicht geregelt wird der Sonderfall, dass der Zahlungsbefehl entgegen Art. 12 Abs. 5 EuMahnVO nicht in Einklang mit den in Art. 13 ff. EuMahnVO vorgesehenen Vorgaben zugestellt worden war. Will der Antragsgegner dies nach Ablauf der Einspruchsfrist und Vollstreckbarerklärung rügen, soll nach Ansicht des EuGH nicht etwa Art. 20 EuMahnVO analog anwendbar sein; vielmehr müsse das mitgliedstaatliche Verfahrensrecht eine Rechtsschutzmöglichkeit eröffnen, damit der Antragsgegner die Ungültigkeit der Vollstreckbarerklärung geltend machen kann[2] – was der angestrebten Rechtsvereinheitlichung und -klarheit evident unzuträglich ist. Ausgehend von der Ansicht des EuGH erscheint es deutscher Sicht geboten, dem Antragsgegner eine sofortige Beschwerde gemäß § 567 Abs. 1 Nr. 1 ZPO zu eröffnen.

11.14 Die **Kosten des Mahnverfahrens** sowie eines eventuell folgenden ordentlichen Zivilverfahrens bestimmen sich nach dem Recht des Ursprungsmitgliedstaates (vgl. Art. 26 EuMahnVO). Allerdings darf die Einleitung des Europäischen Mahnverfahrens dem Antragsteller keinesfalls zusätzliche Kosten verursachen (Art. 25 Abs. 1 EuMahnVO).

III. Europäisches Bagatellverfahren

11.15 Der nächste Schritt nach Erlass der EuMahnVO war die VO Nr. 861/2007 vom 11.7.2007 zur Einführung eines europäischen Verfahrens für gering-

---

1 EuGH v. 21.3.2013 – Rs. C-324/12 (*Novontech-Zala/Logicdata*), IPRax 2014, 340 m. Anm. *Mock*, 309.
2 EuGH v. 4.9.2014 – Rs. C-119/13 und C-120/13 (*eco cosmetics* und *Raiffeisenbank St. Georgen*), EuZW 2014, 916 f. m. krit. Anm. *Sujecki*.

fügige Forderungen (EuBagatellVO).[1] Diese gilt seit dem 1.1.2009 (Art. 29 S. 2 EuBagatellVO), ebenso wie die in §§ 1097–1109 ZPO vorgesehenen deutschen Ausführungsbestimmungen. Beschleunigte Titulierungsverfahren für geringe Streitwerte nach mitgliedstaatlichem Recht (wie § 495a ZPO) stehen auch weiterhin zur Verfügung (Art. 1 Abs. 1 S. 2 EuBagatellVO).

1. Anwendungsbereich

Als geringwertig gilt der EuBagatellVO eine Klage, sofern ihr Wert – ohne Zinsen, Kosten und Auslagen – zum Zeitpunkt der Verfahrenseinleitung 2000 Euro nicht überschreitet (Art. 2 Abs. 1 S. 1 EuBagatellVO). Der **Streitwert** kann notfalls in einem Zwischenstreit gemäß Art. 5 Abs. 5 EuBagatellVO ermittelt werden. Wonach er sich bestimmt, regelt die EuBagatellVO nicht. Dies bleibt vielmehr dem nationalen Recht überlassen (Art. 19 EuBagatellVO), was misslich erscheint, weil damit eine uneinheitliche Anwendung der Verordnung in den Mitgliedstaaten vorprogrammiert ist. Das Bagatellverfahren ist, anders als das Mahnverfahren (vgl. Art. 4 EuMahnVO), grundsätzlich eröffnet, um **Ansprüche aller Art**, also auch andere als Geldzahlungsansprüche, durchzusetzen (arg. Art. 5 Abs. 5 EuBagatellVO); selbst positive oder negative Feststellungsklagen dürften erfasst sein.[2]

11.16

In den Anwendungsbereich fallen gemäß Art. 2 Abs. 1 S. 1 EuBagatellVO **Zivil- und Handelssachen**, ohne dass es auf die Art der Gerichtsbarkeit ankommt (vgl. Rz. 4.29 f., dort zur Parallelvorschrift in Art. 1 Brüssel Ia-VO). Irrelevant ist, ob die zu titulierende Forderung im Unternehmens- oder im Verbrauchergeschäft entstanden ist.[3] Ausdrücklich ausgeklammert werden Steuer- und Zollsachen, verwaltungsrechtliche Angelegenheiten und Staatshaftung sowie die in Abs. 2 genannten Rechtsgebiete. Das betrifft etwa unterhaltsrechtliche (lit. b), arbeitsrechtliche (lit. f) sowie persönlichkeitsrechtliche (lit. h) Ansprüche. Nicht allgemein ausgeschlossen sind hingegen, über Art. 2 Abs. 2 lit. d EuMahnVO hinausgehend, Ansprüche aus außervertraglichen Schuldverhältnissen.

11.17

Die Kommission hatte – wie schon zur EuMahnVO – geplant, den räumlich-persönlichen Anwendungsbereich des Bagatellverfahrens auch auf den rein innerstaatlichen Rechtsverkehr zu erstrecken, konnte sich damit jedoch abermals nicht durchsetzen: Es bleibt gemäß Art. 3 EuBagatellVO bei der Geltung für **grenzüberschreitende Rechtssachen**; insoweit gilt Entsprechendes wie für Art. 3 EuMahnVO (Rz. 11.5).

11.18

---

1 ABl. 2007 L 199/1. Weitere gängige Abkürzungen: EuGFVO, EuVgFVO, EuSCVO (für Europäische Small-Claims-Verordnung).
2 Vgl. *Leible/Freitag*, § 4 Rz. 274.
3 Missverständlich erscheint es daher, dass *Hess*, § 10 Rz. 84 ff., die EuBagatellVO unter der Rubrik „Europäisches Verbraucherprozessrecht" erörtert.

2. Verfahrensgang

11.19 Das Bagatellverfahren wird eingeleitet, indem der Kläger ein **Klageformular**, nämlich das in allen mitgliedstaatlichen Sprachen erhältliche Formblatt A (Anh. I zur EuBagatellVO), ausfüllt und dem zuständigen Gericht übermittelt. In Betracht kommt dafür gemäß Art. 4 Abs. 1 S. 1 EuBagatellVO neben dem Postweg auch jeder andere Übermittlungsweg (beispielsweise Fax oder E-Mail), der im Forumstaat zulässig ist; für Deutschland gilt § 1097 Abs. 1 ZPO. Im Klageformular muss der Kläger die Beweise zur Begründung seiner Forderung beschreiben; zweckdienliche Beweisschriftstücke können beigefügt werden (Art. 4 Abs. 1 S. 2 Hs. 2 EuBagatellVO). Dass Beweismittel auch noch im Laufe des weiteren Verfahrens nachgereicht werden dürfen, hebt Erwägungsgrund Nr. 12 hervor. Über zeitliche Grenzen und Präklusionsfragen schweigt sich die Verordnung leider aus.

11.20 Anders als Art. 6 Abs. 1 EuMahnVO äußert sich die EuBagatellVO nicht zur Bestimmung des zuständigen Gerichts. Diese Frage ist vielmehr, was die **internationale Zuständigkeit** angeht, in erster Linie nach Art. 4 ff. Brüssel Ia-VO, ergänzend nach nationalem Recht zu beantworten. Letzteres kommt in Betracht, wenn der Beklagte keinen Wohnsitz in einem Mitgliedstaat hat: Dann darf sich der Kläger gemäß Art. 6 Brüssel Ia-VO sogar auf die exorbitanten, im innereuropäischen Rechtsverkehr verpönten Gerichtsstände i.S. von Art. 5 Abs. 2 und 6 Abs. 2 Brüssel Ia-VO berufen, also beispielsweise in Deutschland auf den Vermögensgerichtsstand gemäß § 23 ZPO (s. Rz. 4.38). Eine Art. 6 Abs. 2 EuMahnVO oder Art. 6 Abs. 1 lit. d EuVTVO vergleichbare Bestimmung, die zuständigkeitsrechtlich auch drittstaatenansässige Verbraucher schützt, sieht die EuBagatellVO nicht vor. Den Schutz von Verbrauchern, die ihren Wohnsitz in einem Mitgliedstaat haben, sichert im Bagatellverfahren hingegen Art. 18 Abs. 2 Brüssel Ia-VO, freilich nur unter den Voraussetzungen des Art. 17 Brüssel Ia-VO (s. Rz. 5.7 ff.). Leider sind die Regelungen zum räumlich-persönlichen Anwendungsbereich und zur Zuständigkeit unzureichend abgestimmt, was zu seltsamen Konsequenzen führt.

Beispiel: Im Falle einer Verbrauchersache i.S. von Art. 17 Abs. 1 Brüssel Ia-VO begründet Art. 18 Abs. 1 Brüssel Ia-VO für eine in Deutschland zu erhebende Klage des dort wohnhaften Verbrauchers V zwar eine internationale Zuständigkeit gegen den in den USA ansässigen U. Der Rückgriff auf das Europäische Bagatellverfahren bleibt dem V indes versperrt, weil die Voraussetzungen von Art. 3 Abs. 1 EuBagatellVO nicht erfüllt sind. Anders verhält es sich merkwürdigerweise dann, wenn V in Österreich lebt, aber das Bagatellverfahren in Deutschland betreiben will, wo U über Vermögen verfügt: Dann läge eine grenzüberschreitende Rechtssache nach Maßgabe von Art. 3 EuBagatellVO vor, und die internationale Entscheidungszuständigkeit ließe sich wegen Art. 6 Abs. 1 Brüssel Ia-VO auf § 23 ZPO stützen. Eine solche Ungleichbehandlung europäischer Verbraucher je nachdem, ob sie im Gerichtsstaat leben oder nicht, leuchtet kaum ein.

11.21 Für die **sachliche** und (soweit von der Brüssel Ia-VO nicht mitgeregelt) die **örtliche Zuständigkeit** bleibt es bei der Anwendung der lex fori. In

Deutschland entscheidet streitwertbedingt regelmäßig das Amtsgericht (§ 23 Nr. 1 GVG; denkbare Ausnahme: § 71 Abs. 2 Nr. 3 GVG). Weil das Bagatellverfahren, anders als das Mahnverfahren, genuine Rechtsprechungsaufgabe i.S. von Art. 92 GG ist, obliegt es funktionell dem Richter (Ausnahme: § 1106 ZPO, § 20 Nr. 11 RPflG).

Scheitert die Klage nicht bereits nach Maßgabe von Art. 4 Abs. 3 EuBagatellVO (mit § 1097 Abs. 2 ZPO) oder Abs. 4, so bezieht das Gericht gemäß Art. 5 Abs. 2 EuBagatellVO binnen 14 Tagen den Beklagten in das Verfahren ein. Das Bagatellverfahren ist also – anders als das Europäische Mahnverfahren – **kontradiktorisch**: Der Beklagte erhält schon vor Erlass des Vollstreckungstitels Gelegenheit, sich zu beteiligen. Allerdings wird das Bagatellverfahren laut Art. 5 Abs. 1 S. 1 EuBagatellVO grundsätzlich schriftlich geführt, sodass sich der Beklagte zunächst nur auf diesem Wege verteidigen kann. Dabei steht es ihm frei, sich des ihm dazu vom Gericht übermittelten Formblatts C zu bedienen (Art. 5 Abs. 3 EuBagatellVO). Antwortet der Beklagte nicht innerhalb der ihm zur Verfügung stehenden Frist von 30 Tagen, so entscheidet das Gericht gemäß Art. 7 Abs. 3 EuBagatellVO zur Sache. Das Nähere bleibt dem nationalen Recht überlassen; der deutsche Gesetzgeber hält ein Urteil nach Aktenlage für sachgerecht (§ 1103 ZPO). **11.22**

Schon Art. 5 Abs. 2 und 3 EuBagatellVO belegen, dass die **Verfahrensbeschleunigung** ein wesentliches Anliegen der EuBagatellVO ist. Daher sind für die wichtigsten Prozesshandlungen sowohl der Parteien als auch des Gerichts knapp bemessene Fristen vorgesehen (zur Berechnung vgl. Erwägungsgrund Nr. 24). Dem nimmt der Verordnungsgeber mit Art. 14 Abs. 2 und 3 EuBagatellVO freilich wieder einiges an Schärfe. Art. 13 EuBagatellVO erlaubt besonders zügige Zustellungen, möglichst per Post mit Empfangsbestätigung (Erwägungsgrund Nr. 18 S. 2). **11.23**

Äußert sich der Beklagte fristgerecht, hält das Gericht die Sache aber noch nicht für spruchreif, so wirkt es gemäß Art. 7 Abs. 1 EuBagatellVO darauf hin, alsbald die **erforderliche Entscheidungsgrundlage** zu schaffen (oder eine gütliche Einigung herbeizuführen, Art. 12 Abs. 3 EuBagatellVO). Zu diesem Zweck fordert es die Parteien zu weiterem Tatsachenvortrag auf (Art. 7 Abs. 1 lit. a EuBagatellVO; vgl. auch Art. 12 Abs. 1) oder führt eine Beweisaufnahme durch (Art. 7 Abs. 1 lit. b, Art. 9 EuBagatellVO, § 1101 ZPO). Die Beweisaufnahme erfolgt im Freibeweisverfahren und vorzugsweise schriftlich oder unter Einsatz von Telekommunikationsmitteln. So kann das Gericht einen Zeugen schriftlich, telefonisch oder per Videokonferenz vernehmen (Art. 9 Abs. 1 EuBagatellVO). Einen angebotenen Sachverständigenbeweis kann das Gericht als nicht erforderlich ablehnen, und zwar – fragwürdigerweise – auch mit Rücksicht auf die entstehenden Kosten (Art. 9 Abs. 2 EuBagatellVO).[1] **11.24**

---

1 Näher zu dieser Problematik MünchKommZPO/*Hau*, Art. 9 EuBagatellVO (Anh. §§ 1097 ff.) Rz. 3; *Kern*, JZ 2012, 389, 396 f.

11.25 Trotz der Tendenz zur Schriftlichkeit kommt schließlich eine **mündliche Verhandlung** in Betracht (Art. 7 Abs. 1 lit. c, Art. 8 EuBagatellVO, § 1100 ZPO). Allerdings eröffnet die EuBagatellVO, anders als das deutsche Recht (§ 495a S. 2 ZPO), ausweislich Art. 5 Abs. 1 S. 2–4 EuBagatellVO kein Parteirecht auf eine mündliche Verhandlung. Nach S. 4 ist die Entscheidung des Gerichts, das eine solche ablehnt, nicht isoliert anfechtbar. Ob dies in Einklang mit Art. 6 EMRK bzw. Art. 47 Abs. 2 Grundrechte-Charta[1] steht, ist zweifelhaft.[2] Das Gericht wird beherzigen müssen, dass der Anspruch auf rechtliches Gehör, wie im Übrigen auch Erwägungsgrund Nr. 9 hervorhebt, bei der richterlichen Verfahrensgestaltung nicht blindlings Effizienzbestrebungen geopfert werden darf.[3]

11.26 **Anwaltliche Vertretung** ist im Bagatellverfahren nicht vorgeschrieben (Art. 10 EuBagatellVO), aber selbstverständlich zulässig und dürfte in vielen Fällen – trotz Art. 11 und 12 Abs. 2 EuBagatellVO – auch empfehlenswert sein. Die im grenzüberschreitenden Rechtsverkehr besonders bedeutsame **Sprachenfrage** regelt Art. 6 EuBagatellVO. Ausweislich Art. 6 Abs. 2 EuBagatellVO, der zumindest entsprechend auch für eine etwaige mündliche Verhandlung gilt, steht die Verfahrenseffizienz, nicht das Beharren auf der Amtssprache des Forums im Vordergrund.

3. Urteil

11.27 Die **Entscheidung des Gerichts** hat gemäß Art. 7 EuBagatellVO binnen 30 Tagen zu ergehen, und zwar als Urteil, das laut § 1102 ZPO, abweichend von § 310 Abs. 1 ZPO, nicht verkündet, sondern nur zugestellt wird. Für das Urteil selbst gibt es kein Formular. Die in Art. 20 Abs. 2 EuBagatellVO vorgesehene Bestätigung mittels Formblatt D dient nur der erleichterten Auslandsvollstreckung (Art. 21 Abs. 2 lit. b EuBagatellVO). Das dazu in § 1106 Abs. 2 ZPO vorgesehene Anhörungsgebot erscheint weder verordnungskonform noch sinnvoll.[4]

11.28 Ob gegen das Urteil ein **Rechtsmittel** eröffnet ist, überlässt Art. 17 EuBagatellVO der lex fori. Für Deutschland bleibt es also bei §§ 511 ff., 542 ff. ZPO. Verordnungsautonom sichert Art. 18 EuBagatellVO dem Beklagten (wohl auch: dem Widerbeklagten) aber immerhin das Recht, eine gerichtliche Prüfung durchführen zu lassen, wenn er geltend macht, dass seine Verteidigungsrechte nicht hinreichend gewahrt worden sind (dazu § 1104 ZPO).

11.29 Gemäß Art. 15 Abs. 1 EuBagatellVO ist das Urteil im Urteilsstaat schon vor Eintritt der Rechtskraft vollstreckbar, ohne dass dies eigens aus-

---

1 ABl. 2010 C 83/389.
2 Näher *Brokamp*, S. 113 ff.; MünchKommZPO/*Hau*, Art. 5 EuBagatellVO (Anh. §§ 1097 ff.) Rz. 2.
3 Zustimmend Rauscher/*Varga*, Art. 5 EG-BagatellVO Rz. 3 f.
4 Näher *Hess/Bittmann*, IPRax 2008, 305, 313; Rauscher/*Varga*, Art. 20 EG-BagatellVO Rz. 7 („sollte daher keine Anwendung finden").

zusprechen wäre, der Gläubiger Sicherheit leisten müsste oder der Schuldner die **Vollstreckung** abwenden könnte. Gleichwohl sieht § 1105 Abs. 1 ZPO klarstellend den Ausspruch der vorläufigen Vollstreckbarkeit vor. Das Vollstreckungsverfahren darf nur unter den Voraussetzungen von Art. 15 Abs. 2, Art. 23 EuBagatellVO auf Sicherungsmaßnahmen beschränkt, von einer Sicherheitsleistung abhängig gemacht oder ausgesetzt werden, wenn die Überprüfung gemäß Art. 18 EuBagatellVO beantragt wird (zum Verfahren beachte § 1105 Abs. 2 ZPO). Zu den Vollstreckungsmöglichkeiten in anderen Mitgliedstaaten s. Rz. 14.16.

Die notwendigen **Kosten des Bagatellverfahrens** (einschließlich der Kosten des Gegners) hat nach Maßgabe von Art. 16 und Art. 17 Abs. 2 EuBagatellVO grundsätzlich die unterlegene Partei zu tragen. **11.30**

IV. Offene Fragen und Ausblick

Wie gesehen, überlassen die EuMahnVO und die EuBagatellVO die nähere Ausgestaltung des Verfahrens immer wieder der jeweiligen **lex fori** (vgl. allgemein Art. 26 EuMahnVO und Art. 19 EuBagatellVO). Damit fangen die eigentlichen Probleme aber erst an. Zum einen gilt es diejenigen Punkte zu identifizieren, die abschließend durch das Europarecht geregelt sein sollen.[1] Beispielsweise wird man Art. 10 EuBagatellVO dahingehend verstehen müssen, dass auch das nationale Recht keine anwaltliche Vertretung im Bagatellverfahren vorschreiben darf.[2] Umgekehrt dürfte die bruchstückhafte Regelung der Widerklage in der EuBagatellVO (vgl. Art. 5 Abs. 6–7) kaum Anspruch auf Vollständigkeit erheben.[3] Schon weniger klar ist, inwieweit es den Mitgliedstaaten freisteht, über Art. 7 Abs. 3 und Art. 18 EuBagatellVO hinaus den Fall der Säumnis, etwa hinsichtlich sonstiger Schriftsatzfristen oder in der mündlichen Verhandlung, zu regeln. Der deutsche Gesetzgeber hat sich in § 1103 ZPO jedenfalls bewusst für eine allgemeine Vorschrift entschieden.[4] Zum anderen bleibt in den Fällen, in denen die EuMahnVO und die EuBagatellVO ersichtlich **Regelungslücken** lassen, stets zu klären, inwieweit sich aus Sinn und Zweck der jeweiligen Verordnung doch Vorgaben ableiten lassen, die gegen eine unbesehene Übernahme der nationalen Regeln streiten. **11.31**

---

1 Vgl. EuGH v. 13.12.2012 – Rs. C-215/11 (*Szyrocka/SiGer Technology*), EuZW 2013, 147 m. Anm. *Sujecki*, dort zur abschließenden Regelung der Antragsvoraussetzungen in Art. 7 EuMahnVO.

2 Daher ist § 78 Abs. 1 ZPO auch dann unanwendbar, wenn das Europäische Bagatellverfahren ausnahmsweise schon erstinstanzlich vor dem Landgericht ausgetragen wird; dazu MünchKommZPO/*Hau*, Art. 10 EuBagatellVO (Anh. §§ 1097 ff.) Rz. 2.

3 Näher MünchKommZPO/*Hau*, Art. 6 EuBagatellVO (Anh. §§ 1097 ff.) Rz. 8 ff.; Rauscher/*Varga*, Art. 5 EG-BagatellVO Rz. 13 ff.

4 Dazu MünchKommZPO/*Hau*, Art. 7 EuBagatellVO (Anh. §§ 1097 ff.) Rz. 8 ff.

11.32 Während die EuMahnVO längst zu einem praxisrelevanten Instrument der grenzüberschreitenden Forderungsdurchsetzung geworden ist, hat das Europäische Bagatellverfahren zumindest in Deutschland noch immer nicht die **praktische Bedeutung** erlangt, die ihm zukommen könnte.[1] Dies mag sich dadurch erklären, dass das Mahnverfahren nicht durch einen Höchstbetrag begrenzt ist und dass Gläubiger die Mühen einer internationalen Rechtsverfolgung am ehesten auf sich nehmen, wenn ein erheblicher Betrag auf dem Spiel steht. Gerade deshalb wird auch die „klassische" Klage nach nationalem Recht, gestützt auf die Gerichtsstände der Brüssel Ia-VO, ein wichtiges Instrument bleiben. Ob sich die Praxis das weitaus schlankere Bagatellverfahren als Alternative zunutze machen wird, hängt nicht zuletzt davon ab, inwieweit es dem EuGH gelingen wird, praktikable Lösungen klärungsbedürftiger Punkte zu entwickeln. Darauf will die Kommission aber offenbar nicht warten: Schon Ende 2013 hat sie nicht nur den Bericht gemäß Art. 28 EuBagatellVO vorgelegt, sondern sogleich einen ausführlichen **Vorschlag zur Änderung der EuBagatellVO** (samt punktueller Folgeänderungen von Art. 17 EuMahnVO) sowie eine Folgenabschätzung.[2] Neben Nachjustierungen eher technischer Details plant sie einige bedeutsame Neuerungen, namentlich eine erhebliche Erweiterung des Anwendungsbereichs, und zwar sowohl in räumlich-persönlicher Hinsicht als auch durch eine Anhebung der Streitwertgrenze auf 10 000 Euro. Demgegenüber sollen einige Aspekte der Verfahrensbeschleunigung, die im Lichte der Justizgrundrechte schon de lege lata fragwürdig erscheinen, künftig noch stärker betont werden.[3]

V. Exkurs: Alternative Streitbeilegung

1. Überblick

11.33 Strategien alternativer Streitbeilegung (sog. **Alternative Dispute Resolution** bzw. ADR) versprechen die Bewältigung von Konflikten, ohne dass auf staatliche Gerichte zurückgegriffen werden müsste. In der Tat gibt es für die Parteien mancherlei Gründe, den Rechtsweg trotz eines bereits ausgebrochenen Streits zumindest vorerst nicht zu beschreiten bzw. den Rechtsweg für einen zwischen ihnen als denkbar erachteten Streit von vornherein nur als Notbehelf auszugestalten. Ob sich diese Ziele auch und gerade im grenzüberschreitenden Rechtsverkehr tatsächlich verwirklichen lassen und ob eine der staatlichen Streitentscheidung in Qualität und Effizienz zumindest annähernd ebenbürtige Lösung denkbar ist, hängt wesentlich von den jeweils in Rede stehenden Rechts- und Tatsachenfragen ab. Jedenfalls ist nicht zu verkennen, dass Gesetzgeber in Zeiten leerer Kassen nicht zuletzt aus fiskalischen Gründen eine Vorliebe

---

1 Vgl. die statistischen Angaben bei *Hau*, FS Gottwald, S. 255, 256 ff.
2 Kommissionsbericht: COM (2013) 795; Kommissionsvorschlag: COM (2013) 794 vom 19.11.2013; Begleitdokument: SWD (2013) sowie SWD (2013) 460.
3 Vgl. die Darstellung und Kritik bei *Hau*, FS Gottwald, S. 255, 258 ff.; *Huber*, GPR 2014, 242; beachte auch die Übersicht bei *Sujecki*, ZRP 2014, 84.

dafür entwickeln, die Bürger auf außergerichtliche Stellen zu verweisen, statt die Haushalte der Justiz angemessen auszustatten. Handfeste volkswirtschaftliche Vorteile verspricht man sich aber auch davon, dass sachgerechte Streitbeilegungsmechanismen das Vertrauen der Verbraucher in den grenzüberschreitenden und/oder elektronischen Handels- und Rechtsverkehr stärken können.

Bedeutsame Übereinkommen sowie Modellgesetze zum Thema International Commercial Arbitration & Conciliation hat **UNCITRAL** (United Nations Commission on International Trade Law) erarbeitet.[1] Die außergerichtliche Streitbeilegung ist aber vor allem auch auf **europäischer Ebene** ein wichtiges Thema: Art. 81 Abs. 2 lit. g AEUV hebt „die Entwicklung von alternativen Methoden für die Beilegung von Streitigkeiten" eigens als Regelungsziel hervor. Zudem hat der EuGH mit seiner Judikatur Leitlinien dazu herausgearbeitet, unter welchen Voraussetzungen obligatorische Streitschlichtungsverfahren mit dem Anspruch auf effektiven gerichtlichen Rechtsschutz in Einklang stehen.[2]

11.34

2. Mediation

Im Anschluss an zwei **Empfehlungen**[3] hat die Kommission bereits am 19.4.2002 ihr Grünbuch über alternative Streitbeilegung im Zivil- und Handelsrecht vorgelegt.[4] Dabei ging es ihr darum, im Rahmen eines Konsultationsprozesses Wege zu finden, um zum einen die Flexibilität und Qualität der außergerichtlichen Streitbeilegung und zum anderen ihre Verzahnung mit herkömmlichen Gerichtsverfahren zu gewährleisten. Sodann hat die Kommission am 2.7.2004 einen **Verhaltenskodex für Mediatoren** veröffentlicht.[5] Dieser thematisiert die Kompetenz und die Ernennung des Mediators, dessen Neutralität und Unabhängigkeit sowie Standards betreffend die Mediationsvereinbarung, das Verfahren, dessen Beendigung, die Kosten sowie die Vertraulichkeit.

11.35

Ein wesentlicher Schritt war sodann die RL 2008/52/EG über bestimmte Aspekte der Mediation in Zivil- und Handelssachen vom 21.5.2008 (**Me-**

11.36

---

1 Beachte den Überblick unter www.uncitral.org/uncitral/uncitral_texts/arbitra tion.html.
2 EuGH v. 18.3.2010 – Rs. C-317/08 etc. (*Rosalba Alassini/Telecom Italia*), EuZW 2010, 550, 552.
3 Empfehlung 98/257/EG vom 30.3.1998 betreffend die Grundsätze für Einrichtungen, die für die außergerichtliche Beilegung von Verbraucherrechtsstreitigkeiten zuständig sind, ABl. 1998 L 115/31; Empfehlung 2001/310/EG vom 4.4.2001 über die Grundsätze für an der einvernehmlichen Beilegung von Verbraucherrechtsstreitigkeiten beteiligte außergerichtliche Einrichtungen, ABl. 2001 L 109/56. Dazu *Mayr/Weber*, ZfRV 2007, 163, 165 ff.
4 KOM (2002), 196.
5 In deutscher Sprache unter: http://ec.europa.eu/civiljustice/adr/adr_ec_code_con duct_de.pdf.

diations-RL;[1] diese war bis zum 21.5.2011 in das nationale Recht umzusetzen. In Deutschland erfolgte die Umsetzung durch das Gesetz zur Förderung der Mediation und anderer Verfahren der außergerichtlichen Konfliktbeilegung v. 21.7.2012,[2] dessen Art. 1 das MediationsG bildet. Art. 3 lit. a legt einen weiten Begriff der Mediation zugrunde; eingeschlossen ist auch die Mediation durch Richter, sofern diese nicht mit der (streitigen) Entscheidung in der betreffenden Angelegenheit befasst sind. Abweichend von den Plänen der Kommission beschränkt sich der Anwendungsbereich der Mediations-RL nur auf grenzüberschreitende Streitigkeiten (definiert in Art. 2). Der deutsche Gesetzgeber hat sich allerdings dafür entschieden, dieselben Regeln für internationale wie für rein innerdeutsche Sachverhalte vorzusehen.[3] In der Sache zielt die Mediations-RL ab auf Qualitätssicherung und Vertraulichkeitsschutz im Bereich der Wirtschaftsmediation, der die Kommission gerade im grenzüberschreitenden Verkehr besonderes Potential beimisst. Ein weiteres Kernanliegen ist die Möglichkeit, sog. Settlement-Vereinbarungen förmlich zu bestätigen, um einer solchen – etwa in Urteilsform oder als öffentliche Urkunde ergangenen – Bestätigung europaweite Anerkennung und Vollstreckbarkeit zu sichern (Art. 6).

11.37　Den vermutlich nur vorläufigen Schlusspunkt der Aktivitäten auf europäischer Ebene bilden zum einen die Richtlinie 2013/11/EU vom 21.5.2013 über die alternative Streitbeilegung in Verbraucherangelegenheiten (**ADR-RL**),[4] die bis 9.7.2015 umzusetzen ist (Art. 25 Abs. 1), und zum anderen die ergänzende, ab demselben Zeitpunkt anwendbare Verordnung Nr. 524/2013 vom 21.5.2013 über die Online-Streitbeilegung in Verbraucherangelegenheiten (**ODR-VO**, vgl. dort Art. 22 Abs. 2).[5] Im Wesentlichen geht es darum, dass Verbraucher auf freiwilliger Basis Beschwerden gegen Unternehmer bei Stellen einreichen können, die unabhängige, unparteiische, transparente, effektive, schnelle und faire Verfahren zur alternativen Streitbeilegung anbieten. Im Gegensatz zur Mediations-RL sind die beiden Rechtsinstrumente nicht speziell auf den grenzüberschreitenden Rechtsverkehr zugeschnitten, sondern betreffen gleichermaßen (de facto wohl sogar auch überwiegend) den rein innerstaatlichen Bereich.[6]

---

1 ABl. 2008 L 136/3. Beachte dazu *Eidenmüller/Prause*, NJW 2008, 2737; *Lahann*, ZEuS 2008, 359; *Probst*, JR 2009, 265; *Sujecki*, EuZW 2010, 7; *Wagner/Thole*, ZKM 2008, 36.
2 BGBl. 2012 I, 1577.
3 Beachte den Regierungsentwurf, BT-Drucks. 17/5335, S. 11.
4 ABl. 2013 L 165/63.
5 ABl. 2013 L 165/1.
6 Näher zu den IZVR-relevanten Aspekten der beiden Rechtsakte etwa *Gascón Inchausti*, GPR 2014, 197; *Meller-Hannich/Krausbeck*, ZEuP 2014, 8; *Rühl*, RIW 2013, 737.

3. Schiedsgerichtsbarkeit

Angesichts solcher vielfältigen Bemühungen verwundert es, wie wenig **11.38** Aufmerksamkeit das Europarecht ausgerechnet dem bislang erfolgreichsten ADR-Modell schenkt, nämlich der klassischen **Internationalen (Handels-)Schiedsgerichtsbarkeit**. Dies erstaunt in mehrfacher Hinsicht: zum einen, weil die Schiedsgerichtsbarkeit im grenzüberschreitenden Bereich den staatlichen Gerichten mehr und mehr den Rang abläuft;[1] zum anderen, weil es bereits Art. 220 EWG-Vertrag von 1957 zum Regelungsziel erklärt hatte, die Förmlichkeiten für die gegenseitige Anerkennung und Vollstreckung von Schiedssprüchen zu vereinfachen. Dennoch – und obwohl Forderungen nach einem eigenen Rechtsakt zur Internationalen Schiedsgerichtsbarkeit im Binnenmarkt immer wieder erhoben werden – hat sich in den letzten Jahrzehnten auf europäischer Ebene nichts wirklich Entscheidendes getan.[2]

Ebenso wie schon das EuGVÜ und die Brüssel I-VO klammert auch die **11.39** Brüssel Ia-VO die Schiedsgerichtsbarkeit aus ihrem Anwendungsbereich aus (Art. 1 Abs. 2 lit. d).[3] Die hochgesteckten Erwartungen, die viele mit der **Reform des Brüssel I-Systems** verbunden hatten, haben sich nicht erfüllt. Nicht aufgegriffen wurde insbesondere der Vorschlag der Kommission, eigens die Koordinierung von Parallelverfahren vor staatlichen und Schiedsgerichten zu regeln.[4] Der Verordnungsgeber konnte sich letztlich nur dazu entschließen, im neuen Erwägungsgrund Nr. 12 einige (bisweilen eher verwirrende) Leitlinien dazu zu skizzieren, wie er sich das Verhältnis zwischen den Vorschriften der Verordnung und der Schiedsgerichtsbarkeit vorstellt.[5] Nach wie vor ergeben sich daher eine Reihe schwieriger Abgrenzungs- und Koordinierungsprobleme.[6] Insbesondere fehlt eine Regelung, unter welchen Voraussetzungen von einer wirksamen Schiedsvereinbarung auszugehen ist. Dies ist schon deshalb bedauerlich, weil somit kein einheitlicher (und letztverbindlich vom EuGH zu interpretierender) Beurteilungsmaßstab dafür existiert, ob eine Schiedsvereinbarung wirksam ist und ob es daher überhaupt auf die Zuständigkeit der staatlichen Gerichte gemäß Art. 4 ff. Brüssel Ia-VO ankommt.

---

1 Vgl. zum Phänomen der „Flucht in die Schiedsgerichtsbarkeit" etwa *Callies*, in: Verhandlungen des 70. Deutschen Juristentages, 2014, Bd. I, S. A 28 ff.

2 Eingehend hierzu *Eichstädt*, passim; vgl. zudem etwa Leible/Terhechte/*Koehler*/*Müller*, § 26 Rz. 47 ff.

3 Beachte auch den Überblick über schiedsrelevante Anwendungsvorgaben in den anderen Rechtsakten bei *Mankowski*, FS von Hoffmann, S. 1012.

4 KOM (2010), 748, dort Art. 29.

5 Dazu *Domej*, FS Gottwald, S. 97; *Hartley*, ICLQ 63 (2014), 843; *von Hein*, RIW 2013, 97, 98 f.; *Hess*, JZ 2014, 538; *Lenaerts/Stapper*, RabelsZ 78 (2014), 252, 283 ff.; *Steindl*, FS Torggler, S. 1181.

6 Vgl. schon *Schlosser*, SchiedsVZ 2009, 129; BGH v. 5.2.2009 – IX ZB 89/06, RIW 2009, 238, dort zur Unanwendbarkeit von Art. 1 Abs. 2 lit. d Brüssel I-VO auf einstweilige Maßnahmen staatlicher Gerichte, wenn in der Hauptsache ein Schiedsgericht über den Bestand des zu sichernden Anspruchs zu entscheiden hat.

11.40   Rechtspolitisch zumindest zweifelhaft erscheint aber auch, dass Schiedsgerichte nicht zu **Vorabentscheidungsersuchen** gemäß Art. 267 AEUV berechtigt sind,[1] obwohl sie gerade im grenzüberschreitenden Bereich aktiv und dabei nicht selten mit klärungsbedürftigen Fragen des Europarechts konfrontiert werden. Immerhin bejaht der EuGH die Vorlageberechtigung dann, wenn das Schiedsgericht auf gesetzlicher Grundlage tätig wird, seine Zuständigkeit nicht vom Einvernehmen der Parteien abhängt und seine Entscheidungen für die Parteien verbindlich sind.[2]

---

1 EuGH v. 27.1.2005 – Rs. C-125/04 (*Transorient-Mosïque Voyages*), EuZW 2005, 319.
2 Dazu EuGH v. 13.2.2014 – Rs. C-555/13 (*Merck Canada/Accord Healthcare*), EuZW 2014, 301.

§ 12 Anerkennung ausländischer Entscheidungen

Literatur: *Adolphsen*, Perspektive der Europäischen Union – Gegenwartsfragen der Anerkennung im Internationalen Zivilverfahrensrecht, in: Hess, Die Anerkennung im Internationalen Zivilprozessrecht – Europäisches Vollstreckungsrecht, 2014, S. 1; *Azcárraga Monzonís*, New Developments in the Scope of the Circulation of Public Documents in the European Union, ZZPInt 18 (2013), 245; *Basedow*, Das Prinzip der gegenseitigen Anerkennung im internationalen Wirtschaftsverkehr, FS Martiny, 2014, S. 243; *Botthoff*, Der Schutz des Familienlebens nach Art. 8 EMRK und sein Einfluss auf die Anerkennung ausländischer Adoptionsentscheidungen, StAZ 2013, 77; *Breuer*, Übernationale Rechtsgrundlagen für die Anerkennung und Vollstreckbarkeit von Unterhaltstiteln, FamRB 2014, 30; *Britz*, Grundrechtsschutz in der justiziellen Zusammenarbeit – zur Titelfreizügigkeit in Familiensachen, JZ 2013, 105; *Buschbaum*, Rechtslagenanerkennung aufgrund öffentlicher Urkunden?, FS Martiny, 2014, S. 259; *Callewaert*, Grundrechtsschutz und gegenseitige Anerkennung im Raum der Freiheit, der Sicherheit und des Rechts, ZEuS 2014, 79; *Classen*, Gegenseitige Anerkennung und gegenseitiges Vertrauen im europäischen Rechtsraum, FS Schwarze, 2014, S. 556; *Esplugues Mota*, Enforcement of Foreign Mediation Settlements in the European Union, ZZPInt 18 (2013), 223; *Freitag*, Anerkennung und Rechtskraft europäischer Titel nach EuVTVO, EuMahnVO und EuBagatellVO, FS Kropholler, 2008, S. 759; *Geimer*, Europaweite Beachtlichkeit ausländischer Urteile zur internationalen Unzuständigkeit?, FS Kaissis, 2012, S. 287; *ders.*, Das Recht auf ein faires Verfahren im internationalen Kontext, FS Stürner, 2013, S. 1223; *ders.*, Das Anerkennungsregime der neuen Brüssel I-Verordnung (EU) Nr. 1215/2012, FS Torggler, 2013, S. 311; *Gottwald*, Die Anerkennung ausländischer Ehescheidungen – verfahrensrechtliche und kollisionsrechtliche Fragen, FS Rüßmann, 2013, S. 771; *Haecker*, Die Anerkennung ausländischer Entscheidungen in Ehesachen, 3. Aufl. 2009; *Hartenstein*, Die Anerkennung von Prozessurteilen und die europarechtsautonome Definition der Rechtskraft, RdTW 2013, 267; *Hau*, Zum Anwendungsbereich des obligatorischen Anerkennungsverfahrens für ausländische Ehestatusentscheidungen, FS Spellenberg, 2010, S. 435; *ders.*, Neue Regeln für die Anerkennung und Vollstreckung ausländischer Entscheidungen in Zivil- und Handelssachen in Europa, MDR 2014, 1417; *Heiderhoff*, Die Anerkennung ausländischer Entscheidungen in Ehesachen, StAZ 2009, 328; *Hess*, Mutual Recognition in the European Law of Civil Procedure, ZVglRWiss 111 (2012), 21; *Höffmann*, Class action settlements und ihre Anerkennung in Deutschland, 2012; *Kallweit*, Anerkennung und Vollstreckung ausländischer Urteile in Deutschland, Jura 2009, 585; *Klinck*, Das neue Verfahren zur Anerkennung ausländischer Entscheidungen nach § 108 II S. 1 FamFG, FamRZ 2009, 741; *Lakkis*, Gestaltungsakte im internationalen Rechtsverkehr, 2007; *Mansel*, Anerkennung als Grundprinzip des Europäischen Rechtsraums, RabelsZ 70 (2006), 651; *Nordmeier*, Unionsbürgerschaft, EMRK und ein Anerkennungsprinzip: Folgen der namensrechtlichen EuGH-Rechtsprechung für Statusentscheidungen, StAZ 2011, 129; *Nunner-Krautgasser*, Die Anerkennung ausländischer Entscheidungen, ÖJZ 2009, 533 und 793; *Schack*, Das Anerkennungsverfahren in Ehesachen nach § 107 FamFG, FS Spellenberg, 2010, S. 497; *ders.*, Wiedergänger der Haager Konferenz für IPR – Neue Perspektiven eines weltweiten Anerkennungs- und Vollstreckungsübereinkommens?, ZEuP 2014, 824; *ders.*, „Anerkennung" ausländischer Entscheidungen, FS Schilken, 2015, S. 445; *Schütze*, Doppelexequierung ausländischer Zivilurteile, FS Spellenberg, 2010, S. 511; *Sendmeyer*, Vertrauen und Kontrolle im IPR und IZVR – Anwendung fremden Rechts, Anerkennung ausländischer Urteile und Rechtslagen, JbJZivRWiss 2010, S. 335; *Thole*, Die Entwicklung der Anerkennung im autonomen Recht in Europa, in: Hess, Die Anerkennung im Internationalen Zivilprozessrecht – Europäisches Vollstreckungsrecht, 2014, S. 25; *Wagner*, Ausländische Entscheidungen, Rechtsgeschäfte und Rechtslagen im Familienrecht aus der Sicht des autonomen deutschen Rechts, FamRZ 2013, 1620; *ders.*, Anerkennung von Personenstandsurkunden in Europa, NZFam 2014, 121; *Weber*, Europäisches Zivilprozessrecht und Demokratieprinzip, 2009; *Willer*, Gegenseitiges Vertrauen in die Rechtspflege der Mitgliedstaaten als hinreichende Bedingung für die Anerkennung von Entscheidungen nach der EuGVVO?, ZZP 127 (2014), 99; *Winkelsträter*, Anerkennung und Durchführung internationaler Adoptionen in Deutschland, 2007; *Zeuner*, Rechtskraft und ihr Verhältnis zur Rechtshängigkeit im Rahmen des Europäischen Zivilprozessrechts, FS Kerameus, 2009, S. 1587.

I. Grundlagen

1. Grundbegriffe

12.1 Gerichtliche Entscheidungen sind staatliche Hoheitsakte, deren originäre Wirkungen dem **Territorialitätsprinzip** zufolge auf das Hoheitsgebiet des Gerichtsstaates beschränkt sind (s. Rz. 2.2 f.). Der Überwindung dieser territorial begrenzten Verwertbarkeit dienen die Institute der Anerkennung, Vollstreckbarerklärung und Vollstreckung. Berührt sind dabei jeweils die Rechtsordnungen zweier Staaten: einerseits des **Entscheidungs- bzw. Erststaates**, andererseits des **Anerkennungs- bzw. Zweitstaates**. Im Europarecht findet sich gleichbedeutend das Begriffspaar Ursprungsmitgliedstaat und ersuchter bzw. Vollstreckungsmitgliedstaat (vgl. Art. 2 lit. d und e Brüssel Ia-VO; Art. 2 Abs. 1 Nr. 4 f. EuUntVO; Art. 2 Nr. 5 f. Brüssel IIa-VO; Art. 3 Abs. 1 lit. e und f EuErbVO; Art. 4 Nr. 4 f. EuVTVO; Art. 5 Nr. 1 f. EuMahnVO).

12.2 Die **Anerkennung** einer ausländischen Entscheidung bedeutet nicht etwa, dass diese einer im Zweitstaat erlassenen Entscheidung gleichgestellt wird. Vielmehr werden ihre nach dem Erststaatsrecht bestehenden und nach dem Zweitstaatsrecht anerkennungsfähigen Wirkungen auf das Territorium des Zweitstaates erstreckt (zum Unterschied zwischen Gleichstellung und **Wirkungserstreckung** sogleich Rz. 12.6 ff.). Dabei wird die ausländische Entscheidung im Zweitstaat als solche respektiert und hinsichtlich ihres Zustandekommens und ihrer sachlichen Richtigkeit nur einer beschränkten Kontrolle unterzogen (**Verbot der *révision au fond***, s. Rz. 13.29). Das Europarecht ist mit der Einführung sog. **Europäischer Vollstreckungstitel** inzwischen einen großen Schritt weitergegangen, denn diese unterliegen im Zweitstaat grundsätzlich keiner Kontrolle (s. dazu und zur Kompromisslösung der Brüssel Ia-VO näher Rz. 14.13 ff.).

12.3 Unter der **Vollstreckbarerklärung** bzw. dem **Exequatur** versteht man den Verfahrensakt, durch den die Zwangsvollstreckung auf der Grundlage des ausländischen Titels im Inland zugelassen wird, also z.B. den Erlass des Vollstreckungsurteils nach §§ 722, 723 ZPO oder die Erteilung der Vollstreckungsklausel nach Art. 38 Brüssel I-VO/LugÜ 2007 (in der Brüssel Ia-VO nicht mehr vorgesehen; dazu Rz. 14.23), Art. 26 EuUntVO oder Art. 43 EuErbVO. Leider wird die Vollstreckbarerklärung selbst im Europa- und Konventionsrecht immer wieder unzutreffend als **Vollstreckung** bezeichnet; aber immerhin unterscheiden neuere Rechtsakte sauber zwischen beiden Instituten (so etwa Art. 16 Abs. 1 EuUntVO und die Überschrift zu Kapitel IV der EuErbVO).

Herkömmlich galt der Grundsatz: **keine Vollstreckbarerklärung ohne Anerkennung.** Demgemäß manifestiert das Exequatur zugleich das positive Ergebnis der Anerkennungsprüfung.[1] Dieses Verständnis, das beispielsweise in § 723 Abs. 2 S. 2 ZPO und § 110 Abs. 1 FamFG zum Ausdruck kommt, passt aber nur noch eingeschränkt für das Europarecht. Denn danach sind Anerkennungsversagungsgründe erst bzw. nur zu prüfen, wenn sich der Schuldner mit einem Rechtsbehelf gegen die bereits erfolgte Vollstreckbarerklärung zur Wehr setzt (vgl. Art. 41 S. 1 und Art. 45 Abs. 1 Brüssel I-VO; Art. 30 S. 1 und Art. 34 Abs. 1 EuUntVO; Art. 48 S. 1 und Art. 52 EuErbVO; dazu Rz. 14.9 ff.).[2] Charakteristisch für die bereits erwähnten Europäischen Vollstreckungstitel, aber auch für die Brüssel Ia-VO und im Grundsatz die EuUntVO ist sogar die Formel **Anerkennung und Vollstreckung ohne Vollstreckbarerklärung** (vgl. Art. 5 EuVTVO, Art. 19 EuMahnVO, Art. 20 Abs. 1 EuBagatellVO, Art. 39 Brüssel Ia-VO, Art. 17 EuUntVO; dazu Rz. 14.13 ff.). Im Übrigen gibt es auch sonstige Entscheidungen, die mangels vollstreckungsfähigen Inhalts keiner Vollstreckbarerklärung zugänglich sind, aber gleichwohl Beachtung im Inland – eben Anerkennung – verlangen. Beispiele hierfür sind Gestaltungs- und Feststellungsentscheidungen (insbesondere in Statussachen) sowie abweisende Sachentscheidungen.

12.4

2. Interessen

Vornehmes Ziel des Anerkennungsrechts ist die Wahrung des **internationalen Entscheidungseinklangs** (s. zu diesem Begriff Rz. 2.6). Dieser wird am empfindlichsten durch sog. „hinkende Rechtsverhältnisse" gestört. Davon ist die Rede, wenn Ehen, Eltern-Kind-Verhältnisse, Verträge etc. infolge sich widersprechender Entscheidungen in einem Staat als gültig, in einem anderen als ungültig angesehen werden. Anerkennung ist aber auch bei Leistungsentscheidungen geboten, soll nicht eine Partei in einem Land zu einem bestimmten Verhalten verpflichtet sein, das in einem anderen nicht geschuldet oder sogar untersagt ist. Für das Europarecht betont der EuGH als Leitgedanken den freien Verkehr von Entscheidungen und das **gegenseitige Vertrauen** in die Justiz *(favor executionis).*[3] Aller-

12.5

---

1 Vgl. etwa *Adolphsen,* in: Hess, Die Anerkennung im Internationalen Zivilprozessrecht, S. 1, 8; Handbuch IZVR/*Martiny,* Bd. III/1, Rz. 425.
2 Dazu *Freitag,* FS Kropholler, S. 759, 762 ff.
3 EuGH v. 4.5.2010 – Rs. C-533/08 *(TNT/AXA),* NJW 2010, 1736, 1738; EuGH v. 13.10.2011 – Rs. C-139/10 *(Prism Investments/van der Meer),* NJW 2011, 3506; EuGH v. 23.10.2014 – Rs. C-302/13 *(flyLAL/Air Baltic),* GRUR Int. 2014, 1172, 1176. Skeptisch, aber überspitzt zur Tragweite dieser Argumentation etwa *Willer,* ZZP 127 (2014), 99: das Verordnungsrecht beruhe nicht etwa auf gegenseitigem Vertrauen, sondern müsse dieses erst schaffen.

dings müssen grundsätzlich jedenfalls solche ausländischen Entscheidungen unbeachtlich bleiben, die mit grundlegenden **Gerechtigkeitsvorstellungen des Zweitstaates** unvereinbar sind (s. Rz. 13.29 ff.). Das Anerkennungsrecht hat daher die Aufgabe, einerseits die Wirkungserstreckung großzügig zu gestatten, um internationalen Entscheidungseinklang und Verfahrensökonomie zu sichern, andererseits festzulegen, wann diese Ziele zurücktreten müssen.

3. Anerkennung als Wirkungserstreckung

12.6 Anerkennung bedeutet nach zutreffender Auffassung – und zwar im Bereich der streitigen wie der freiwilligen Gerichtsbarkeit[1] – nicht etwa Gleichstellung mit einer vergleichbaren zweitstaatlichen Entscheidung, sondern Erstreckung derjenigen Wirkungen auf das Gebiet des Zweitstaates, die der Entscheidung im Erststaat zukommen (**Wirkungserstreckung**).[2] Das klingt auch im Gesetzesrecht an, wenn etwa § 723 Abs. 2 S. 1 ZPO bzw. § 110 Abs. 3 S. 2 FamFG darauf abstellen, ob die Entscheidung des ausländischen Gerichts „nach dem für dieses Gericht geltenden Recht die Rechtskraft erlangt hat".

12.7 Eine bedeutsame Konsequenz der Wirkungserstreckung lautet, dass die ausländischen Entscheidungswirkungen über diejenigen hinausgehen können, die nach dem Recht des Zweitstaates einer dort erlassenen Entscheidung zukämen. Man denke etwa an den Fall, dass nach ausländischem Verfahrensrecht, über § 322 Abs. 1 ZPO hinaus, auch Vorfragen in materielle Rechtskraft erwachsen. Die Erstreckung solcher **starken Wirkungen** ist hinzunehmen, und zwar richtigerweise soweit, wie der deutsche ordre public nicht entgegensteht. Das gilt gleichermaßen für das deutsche Anerkennungsrecht wie für das Europa- und Konventionsrecht.[3] Eine Absage erteilt ist damit der sog. Kumulationstheorie, wonach die ausländische Entscheidung im Inland keine weitergehende Wirkung entfalten könne als eine funktional vergleichbare deutsche Entscheidung.[4]

---

1 Vgl. BT-Drucks. 10/504, S. 93.

2 Näher dazu etwa MünchKommZPO/*Gottwald*, § 328 Rz. 3 ff.; Handbuch IZVR/ *Martiny*, Bd. III/1, Rz. 363 ff.; *Nunner-Krautgasser*, ÖJZ 2009, 793, 799; jeweils m. Nachw.

3 Beachte für das europäische Anerkennungsrecht etwa MünchKommZPO/*Gottwald*, Art. 33 EuGVO Rz. 3 f.; *Kropholler/von Hein*, EuZPR, vor Art. 33 EuGVO Rz. 9; Rauscher/*Leible*, Art. 33 Brüssel I-VO Rz. 3; *Spellenberg*, ZZPInt 6 (2001), 113 f. Ebenso zum autonomen Recht etwa *Fischer*, FS Henckel, 1995, S. 199, 204 ff.; MünchKommZPO/*Gottwald*, § 328 Rz. 5; Staudinger/*Spellenberg*, § 328 ZPO Rz. 125; *Thole*, in: Hess, Anerkennung, S. 25, 51 f.; *Winkelsträter*, S. 184 ff.

4 In diesem Sinne etwa *Schack*, Rz. 885 f., und zwar sowohl für das autonome als auch für das europäische Anerkennungsrecht.

Die anzuerkennenden ausländischen Entscheidungswirkungen können 12.8
aber auch hinter denjenigen des deutschen Rechts zurückbleiben (schwache Wirkungen). Dann wäre es schon mit dem rechtlichen Gehör unvereinbar, eine „Gleichstellung" anzustreben und der Entscheidung auf diese Weise im Inland Wirkungen zu unterstellen, mit denen die Beteiligten im ausländischen Verfahren nicht gerechnet haben. Demnach darf etwa eine ausländische „schwache" Adoption in Deutschland nicht etwa kraft Anerkennung (also ohne Umwandlung gemäß § 3 AdWirkG) als eine „Volladoption" behandelt werden,[1] das Zuerkennen eines geteilten Sorgerechts nicht als Zuerkennen eines Alleinsorgerechts[2] und eine im Ausland gerichtlich ausgesprochene Trennung von Tisch und Bett nicht als Ehescheidung. Das Verbot, mittels Anerkennung eine im Erststaat nicht vorgesehene Wirkung zu erzielen, wird in Art. 54 Abs. 1 S. 2 Brüssel Ia-VO für einen speziellen Fall, aber durchaus verallgemeinerungsfähig klargestellt.

Beispiel:[3] K hat im Ausland gegen B auf Zahlung von 10 000 Euro geklagt. B hatte im ausländischen Prozess mit einer Forderung aufgerechnet, die sich angeblich auf 12 000 Euro beläuft. Das ausländische Gericht hat der Klage des K stattgegeben, nachdem es zu der Überzeugung gelangt ist, dass dem B keine Gegenforderung zusteht. Nunmehr will B diese Forderung in Deutschland einklagen.

Var. 1: Das ausländische Verfahrensrecht sieht stärkere Wirkungen als § 322 Abs. 2 ZPO vor, indem es davon ausgeht, dass dem B in einem solchen Fall die Gegenforderung in vollem Umfang rechtskräftig aberkannt ist. – Dabei bleibt es dann auch aus deutscher Sicht: Ist die ausländische Entscheidung in Deutschland anzuerkennen, so ist hier davon auszugehen, dass die Gegenforderung vollständig aberkannt ist (abweichend von § 322 Abs. 2 ZPO also nicht nur in Höhe von 10 000 Euro, was bei konsequenter Anwendung der Kumulationstheorie gelten müsste). Die anzuerkennende Rechtskraft der ausländischen Entscheidung hindert B mithin daran, seine angebliche Gegenforderung im Inland einzuklagen. Dies ist hinzunehmen, denn dies fördert den internationalen Entscheidungseinklang mit dem Erststaat und erscheint für B hinnehmbar, der sich im erststaatlichen Verfahren auf diese weite Entscheidungswirkung einstellen konnte. Und erst recht ist nicht ersichtlich, warum der deutsche ordre public der Anerkennung entgegenstehen sollte.

Var. 2: Das ausländische Verfahrensrecht sieht schwächere Wirkungen als § 322 Abs. 2 ZPO vor, indem es anordnet, dass in einem solchen Fall die Gegenforderung nicht rechtskräftig aberkannt ist. – Dann bleibt es auch aus deutscher Sicht dabei: Ist die ausländische Entscheidung in Deutschland anzuerkennen, so lässt dies mithin die Gegenforderung unberührt. Die Anerkennung hindert B also nicht daran, seine angebliche Forderung im Inland einzuklagen.

---

1 Dazu *Winkelsträter*, S. 182 ff. Vereinfachend lässt sich sagen, dass die Rechtsbeziehungen zu den leiblichen Eltern bei einer Volladoption entfallen, bei einer sog. schwachen Adoption hingegen erhalten bleiben.
2 OLG Hamm v. 11.4.2014 – II-2 WF 57/14, FamRZ 2014, 1935, 1936 f. m. Anm. *Heiderhoff*.
3 Beachte auch *Junker*, § 27 Rz. 14 ff., der den Theoriestreit anhand des Beispiels erörtert, inwieweit ein zwischen Gläubiger und Schuldner ergehendes Urteil für den Bürgen wirkt.

12.9   Ferner folgt aus dem Prinzip der Wirkungserstreckung, dass es überhaupt nur dann anerkennungsfähige Wirkungen gibt, wenn die Entscheidung nach dem erststaatlichen Recht **internationale Geltung** beansprucht.[1] Das kann beispielsweise fraglich sein, wenn in den USA ein Nachlassabwickler eingesetzt wird, der nur in den USA tätig werden soll.[2] Weitere problematische Fallgruppen sind Erbfolgezeugnisse, Anordnungen einer Vormundschaft, Pflegschaft etc. sowie gerichtliche Genehmigungen.[3]

4. Anerkennung und Kollisionsrecht

12.10   Pointiert lässt sich formulieren, dass dem IZVR Vorrang vor dem IPR gebührt.[4] Das zeigt sich nach h.M. besonders deutlich bei der Anerkennung ausländischer Gestaltungsentscheidungen: Die Anerkennung einer im Ausland erfolgten gerichtlichen Gestaltung (beispielsweise der Auflösung einer Gesellschaft durch Richterspruch) im Inland ist verfahrensrechtlich zu deuten. Sie kann deshalb unter anderem davon abhängen, ob das ausländische Gericht für den Erlass der Entscheidung international zuständig war (zur Prüfung der sog. Anerkennungszuständigkeit s. Rz. 13.4 ff.). Demgegenüber setzt die Entscheidungsanerkennung nicht voraus, dass das ausländische Gericht dasjenige Sachrecht (im Beispiel: das Gesellschaftsstatut) angewendet hat, das aus Sicht der deutschen Kollisionsregeln einschlägig ist.[5] Eine „kollisionsrechtliche Relativierung" ist aber auch für die Anerkennung der Rechtskraftwirkung ausländischer Leistungs- oder Feststellungsurteile abzulehnen.[6] Die Anerkennung ist vielmehr unabhängig davon möglich, ob das ausländische Gericht das aus Sicht des deutschen IPR „richtige" Sachrecht zugrunde gelegt hat. Die früher in § 328 ZPO vorgesehene **kollisionsrechtliche Kontrolle** durch den Anerkennungsrichter wurde bereits anlässlich der IPR-Reform 1986 gestrichen.[7] Für Ehesachen schließt Art. 25 Brüssel IIa-VO eine solche Kontrolle ausdrücklich aus. Im Übrigen ist zu beachten, dass Art. 27 Nr. 4 EuGVÜ/ LugÜ 1988[8] nicht in Art. 34 Brüssel I-VO/LugÜ 2007 und sodann in

---

1   Vgl. OLG Düsseldorf v. 9.5.1997 – 3 Wx 261/96, FamRZ 1997, 1480.
2   Dazu *Gruber*, Rpfleger 2000, 250, 251 f. Anders Zöller/*Geimer*, § 328 ZPO Rz. 25: kraft Anerkennungsbefehls des deutschen Rechts sei Wirkungserstreckung auch dann möglich, wenn das Recht des Erststaats die Wirkungen auf sein Territorium begrenzt.
3   Näher etwa Prütting/Helms/*Hau*, § 108 FamFG Rz. 16 ff.
4   Treffend etwa *Schack*, Rz. 962; *Wagner*, FamRZ 2013, 1620, 1622.
5   Dazu *Geimer*, Rz. 40 ff.; *Nagel/Gottwald*, § 11 Rz. 126; *Schack*, Rz. 24, 1020.
6   *Geimer*, Rz. 44; *Nagel/Gottwald*, § 11 Rz. 125; *Schack*, Rz. 779.
7   Dazu BT-Drucks. 10/504, S. 88.
8   Wortlaut: „Eine Entscheidung wird nicht anerkannt, ... 4. wenn das Gericht des Ursprungsstaats bei seiner Entscheidung hinsichtlich einer Vorfrage, die den Personenstand, die Rechts- und Handlungsfähigkeit sowie die gesetzliche Vertretung einer natürlichen Person, die ehelichen Güterstände oder das Gebiet des Erbrechts einschließlich des Testamentsrechts betrifft, sich in Widerspruch zu einer Vorschrift des Internationalen Privatrechts des Staates, in dem die Anerkennung geltend gemacht wird, gesetzt hat, es sei denn, daß die Entscheidung

Art. 45 Brüssel Ia-VO übernommen wurde. In Betracht kommt daher allenfalls noch eine Überprüfung des Ergebnisses der ausländischen Rechtsanwendung nach Maßgabe des anerkennungsrechtlichen ordre public (Art. 45 Abs. 1 lit. a Brüssel Ia-VO; § 328 Abs. 1 Nr. 4 ZPO bzw. § 109 Abs. 1 Nr. 4 FamFG; nicht: Art. 6 EGBGB), wobei aber stets das Verbot der révision au fond zu berücksichtigen ist (s. Rz. 13.29).

Problematisiert wird das Verhältnis von Anerkennungs- und Kollisions-   12.11
recht in neuerer Zeit vor allem im Hinblick auf die sog. **kollisionsrechtliche Anerkennung von Rechtsvorgängen** wie Registereintragungen, die man nicht als „Entscheidung" ansieht und die daher keiner verfahrensrechtlichen Anerkennung zugänglich sind (s. dazu noch unten Rz. 12.39). Illustriert wird dies durch die Rechtssache *Grunkin-Paul*: Nach Auffassung des EuGH kann ein deutsches Standesamt wegen Art. 18 EGV (nunmehr: Art. 21 AEUV) verpflichtet sein, einen im früheren Aufenthaltsmitgliedstaat eines deutschen Kindes registrierten Doppelnamen einzutragen, obwohl dieser nicht in Einklang mit dem nach Art. 10 EGBGB berufenen deutschen Namensrecht steht.[1] Hier geht es also darum, inwieweit insbesondere auf dem Gebiet des Personen-, Familien- und Erbrechts die herkömmliche kollisionsrechtliche Prüfung solcher Vorgänge (in der Rs. *Grunkin-Paul* also: der Registereintragung) anhand der lex causae durch ein „Anerkennungsprinzip" abzulösen ist bzw. inwieweit ein solcher Paradigmenwechsel im Lichte der Grundfreiheiten womöglich europarechtlich geboten erscheint.[2]

II. Rechtsquellen

1. Überblick

Im Grundsatz steht es jedem Staat frei, in seinem autonomen Recht fest-   12.12
zulegen, ob und unter welchen Voraussetzungen auf seinem Staatsgebiet auch ausländischen Hoheitsakten Wirkungen zukommen sollen.[3] Die allgemeinen Regeln des Völkerrechts gebieten die Anerkennung nicht.[4]

---

nicht zu einem anderen Ergebnis geführt hätte, wenn die Vorschriften des internationalen Privatrechts dieses Staates angewandt worden wären; ...".
1 EuGH v. 14.10.2008 – Rs. C-353/06 (*Grunkin-Paul*), NJW 2009, 135. Dazu *Funken*, FamRZ 2008, 2091; *Koritz*, FPR 2008, 629; *Lipp*, FS Vrellis, 2014, S. 539, 544 ff.; *Mansel/Thorn/Wagner*, IPRax 2009, 1, 2 f.; *Rieck*, NJW 2009, 125.
2 Zur unterschiedlichen Verwendung des Begriffs „Anerkennung" im IPR und IZVR vgl. *Coester-Waltjen*, IPRax 2006, 392; *Wagner*, FamRZ 2006, 744, 747; *Wagner*, FamRZ 2013, 1620; *Sendmeyer*, JbJZivRWiss 2010, S. 335, 349 ff. Verfehlt KG v. 23.9.2011 – 1 W 70/08, NJW 2011, 535, dort zur „Anerkennung" eines nach französischem Recht beurkundeten Vaterschaftsanerkenntnisses.
3 Zu ausländischen Anerkennungsregimen vgl. aus neuerer Zeit etwa die weltweiten Länderberichte in YbPIL 15 (2013/2014), 255 ff. Beachte speziell zur US-amerikanischen Perspektive aus neuerer Zeit etwa *Hay*, FS Kaissis, 2012, S. 367; *Stewart*, YbPIL 12 (2010), 179; *Strong*, in: Hess, Die Anerkennung im Internationalen Zivilprozessrecht, 2014, S. 57.
4 Statt vieler: *Nagel/Gottwald*, § 11 Rz. 102.

Die Frage, ob Abweichendes für familienrechtliche Statusentscheidungen gilt,[1] ist wegen der ohnehin anerkennungsfreundlichen Position des deutschen Gesetzgebers (§§ 108 f. FamFG) zumindest aus deutscher Sicht in aller Regel ohne Belang (beachte aber auch noch Rz. 13.37, dort zu Vorgaben der EMRK). Allerdings gehen die Staaten seit jeher vielfach Verpflichtungen zur Anerkennung und zur Vollstreckbarerklärung bzw. Vollstreckung ausländischer Entscheidungen ein. Entsprechende Regelungen sind im Europarecht vorgesehen, zudem im multi- und bilateralen Konventionsrecht. Im Interesse größtmöglicher internationaler Entscheidungsfreizügigkeit orientiert sich das Verhältnis dieser Anerkennungsregeln zueinander grundsätzlich nicht am Vorrang-, sondern am Günstigkeitsprinzip (s. Rz. 12.25 ff.).

2. Europarecht

12.13 Die größte Bedeutung im innereuropäischen Anerkennungsverkehr hatte zunächst das EuGVÜ. Dieses praktisch äußerst erfolgreiche Übereinkommen wurde später von der Brüssel I-VO und diese inzwischen wiederum durch die **Brüssel Ia-VO** abgelöst (s. Rz. 1.20, 1.27).[2] Diese europäischen Rechtsinstrumente zielen ab auf die EU-weite Freizügigkeit von gerichtlichen Entscheidungen, aber auch von gerichtlichen Vergleichen und öffentlichen Urkunden (vgl. nunmehr Art. 2 lit. a–c Brüssel Ia-VO). Im Vergleich zum EuGVÜ hatte die Brüssel I-VO die Anerkennungshindernisse begrenzt und das Exequaturverfahren weiter beschleunigt; sodann hat die Brüssel Ia-VO das Exequaturerfordernis abgeschafft und funktional durch ein neuartiges Überprüfungsverfahren ersetzt (s. Rz. 14.20 ff.). Zur nach wie vor vorgesehenen Begrenzung des sachlichen Anwendungsbereichs auf Zivil- und Handelssachen vgl. Rz. 4.29 ff.[3] Als deutsches Durchführungsgesetz zur Brüssel I-VO diente das AVAG, während die Durchführungsbestimmungen zur Brüssel Ia-VO in die ZPO eingestellt sind (§§ 1110 ff.).[4]

12.14 Im Rahmen der Reform der Brüssel I-VO wurden Überlegungen ausgeklammert, einheitliche europäische Regelungen auch für die Anerkennung drittstaatlicher Entscheidungen zu schaffen.[5] Vielmehr definieren Art. 36 Abs. 1 und Art. 39 Brüssel Ia-VO den **räumlich-persönlichen An-**

---

1 Auch insoweit verneinend etwa *Schack*, Rz. 865.
2 Beachte zu den Verschiebungen zwischen der Brüssel I-VO und der Brüssel Ia-VO die Konkordanztabelle in ABl. 2012 L 351/29.
3 Vgl. etwa EuGH v. 18.10.2011 – Rs. C-406/09 (*Realchemie Nederland*), NJW 2011, 3568, dort zur Einordnung der Vollstreckung eines in einem Ordnungsmittelverfahren gemäß § 890 ZPO ergangenen Beschlusses als Zivil- und Handelssache. Ebenso schon BGH v. 25.3.2010 – I ZB 116/08, NJW 2010, 1883, 1884 f.
4 Gesetz zur Durchführung der Verordnung (EU) Nr. 1215/2012 sowie zur Änderung sonstiger Vorschriften v. 8.7.2014, BGBl. 2014 I, 890. Beachte dazu den Gesetzentwurf der Bundesregierung, BT-Drucks. 18/823.
5 Beachte die dahingehenden Vorschläge der Europäischen Gruppe für Internationales Privatrecht in IPRax 2011, 101. Vgl. aber Rz. 7.20 ff., dort zu den neu-

wendungsbereich der Brüssel Ia-Regeln zur Anerkennung und Vollstreckung ebenso wie zuvor das EuGVÜ und die Brüssel I-VO: Es kommt darauf an, ob die in Rede stehende Entscheidung aus einem der Mitgliedstaaten stammt (hierzu zählen alle EU-Staaten einschließlich Dänemarks[1]). Dabei ist es für die Anwendbarkeit der Anerkennungs- und Vollstreckungsregeln – anders als für den Anwendungsbereich der Zuständigkeitsvorschriften (Rz. 4.35 ff.) – ohne Belang, ob der Beklagte seinen Wohnsitz in einem EU- oder in einem Drittstaat hat (vgl. Erwägungsgrund Nr. 27).

Ob das Gericht des EU-Erststaates seine Entscheidungszuständigkeit auf das vereinheitlichte oder auf sein autonomes Zuständigkeitsrecht gestützt hat, ist für die Anwendbarkeit der Brüssel Ia-Anerkennungsregeln unerheblich. Das gilt selbst dann, wenn der Rückgriff auf autonome Gerichtsstände nicht in Einklang mit Art. 3 ff. Brüssel Ia-VO stand (vgl. noch Rz. 13.7).   **12.15**

Auch für die praktisch besonders wichtige grenzüberschreitende Durchsetzung von Unterhaltstiteln galten zunächst das EuGVÜ und später die Brüssel I-VO. Diese wurde sodann abgelöst durch die **EuUntVO** (s. Rz. 1.21, 4.55). Demgemäß klammert die Brüssel Ia-VO die von der EuUntVO erfassten Unterhaltssachen vollständig aus (Art. 1 Abs. 2 lit. e Brüssel Ia-VO). Die Anerkennung, Vollstreckbarerklärung sowie Vollstreckung von Entscheidungen (Art. 2 Abs. 1 Nr. 1 EuUntVO) der Gerichte bzw. sonstigen Behörden (Art. 2 Abs. 2 EuUntVO) in Unterhaltssachen ist geregelt in Art. 16 ff. EuUntVO (und in Art. 48 für gerichtliche Vergleiche und Urkunden i.S. von Art. 2 Abs. 1 Nr. 2 und 3); s. Rz. 14.18. Deutsches Durchführungsgesetz für die EuUntVO ist das AUG.[2]   **12.16**

Die Anerkennung und – soweit statthaft – Vollstreckung bzw. Vollstreckbarerklärung von Entscheidungen in Ehe- sowie Kindschaftssachen, die in anderen EU-Staaten (mit Ausnahme Dänemarks) ergangen sind, bestimmen sich nach Art. 21 ff. **Brüssel IIa-VO** (s. Rz. 1.21, 14.12 und 14.17). Deutsches Durchführungsgesetz ist das IntFamRVG.[3] Europäische Regelungen zur Anerkennung, Vollstreckbarerklärung sowie Vollstreckung gibt es inzwischen zudem für Erbsachen, nämlich in der **EuErbVO** (dort Art. 39 ff.; s. Rz. 1.26, 14.6).   **12.17**

---

geschaffenen Vorschriften der Brüssel Ia-VO zur Beachtung drittstaatlicher Rechtshängigkeit.

1 Vgl. zur Anwendbarkeit der Brüssel I-VO im Verhältnis zu Dänemark das Abkommen vom 19.10.2005 (ABl. 2005 L 299/62 sowie dazu den Ratsbeschluss in ABl. 2006 L 120/22) und zur Anwendbarkeit der Brüssel Ia-VO die Ergänzungen in ABl. 2013 L 79/4 sowie ABl. 2014 L 240/1.

2 BGBl. 2011 I, 898. Dazu *Andrae*, NJW 2011, 2545; *Heger/Selg*, FamRZ 2011, 1101; *Niethammer-Jürgens*, FamRBint 2011, 60; *Veith*, FRP 2013, 46.

3 BGBl. 2005 I, 162. Dazu *Schlauß*, Das neue Gesetz zum internationalen Familienrecht – Das Internationale Familienrechtsverfahrensgesetz (IntFamRVG), 2005; *Schulz*, FamRZ 2011, 1273.

12.18 Die Verordnung Nr. 805/2004 vom 21.4.2004 zur Einführung eines europäischen Vollstreckungstitels für unbestrittene Forderungen (**EuVTVO;**[1] Durchführungsrecht: §§ 1082 ff. ZPO) erlaubt die Anerkennung und Vollstreckung von Titeln, die in anderen EU-Staaten (Ausnahme: Dänemark, Art. 2 Abs. 3) erwirkt wurden. Dazu bedarf es weder einer Vollstreckbarerklärung (Art. 5 EuVTVO) noch einer Vollstreckungsklausel (§ 1082 ZPO); dazu Rz. 14.15. Entsprechendes gilt für Zahlungsbefehle nach der **EuMahnVO** und für Urteile nach der **EuBagatellVO** (s. Rz. 14.16). Zur Anerkennung, Vollstreckbarkeit und Vollstreckung von Beschlüssen zur vorläufigen Pfändung gemäß der **EuKontPfändVO** s. Rz. 15.20 ff.

3. Konventionsrecht

12.19 Als wichtige Ergänzung der EU-Regeln im Hinblick auf Entscheidungen, öffentliche Urkunden und Prozessvergleiche, die in der Schweiz, Island oder Norwegen erwirkt wurden, erweist sich das **LugÜ 2007** (s. Rz. 4.47 ff., 14.6; Ausführungsgesetz: AVAG). Vor allem für den transatlantischen Rechtsverkehr könnte künftig das **Haager Übereinkommen über Gerichtsstandsvereinbarungen (HGÜ)** vom 30.6.2005 bedeutsam werden, das aber noch nicht in Kraft getreten ist (s. Rz. 6.19).[2] Ungewiss ist derzeit die Perspektive für eine idealerweise weltweite neue Haager Konvention in allgemeinen Zivil- und Handelssachen, die sich auch mit der Anerkennung befassen soll (s. Rz. 4.58).

12.20 Mehrere **multilaterale Konventionen**, namentlich der Haager Konferenz, schreiben die Anerkennung und Vollstreckbarerklärung von Entscheidungen zu besonderen Rechtsgebieten vor. Zu erwähnen sind Übereinkommen zum Kinder- bzw. Erwachsenenschutz (Art. 23 ff. KSÜ,[3] Art. 22 ff. HErwSÜ[4]) und zu Minderjährigenadoptionen (Art. 23 ff. HAdoptÜ[5]). Erhebliche Bedeutung haben schon seit Jahrzehnten die Konventionen zur grenzüberschreitenden Durchsetzung von Unterhaltstiteln, nämlich das

---

1 ABl. 2004 L 143/15.
2 Zu den in das AVAG einzustellenden deutschen Durchführungsvorschriften vgl. den Regierungsentwurf in BT-Drucks. 18/2846.
3 Haager Übereinkommen über die Zuständigkeit, das anzuwendende Recht, die Anerkennung, Vollstreckung und Zusammenarbeit auf dem Gebiet der elterlichen Verantwortung und der Maßnahmen zum Schutz von Kindern v. 19.10.1996, BGBl. 2009 II, 603 (Denkschrift und erläuternder Bericht: BT-Drucks. 16/12068). Für Deutschland in Kraft seit 1.1.2011, BGBl. 2010 II, 1527. Ausführungsgesetz: IntFamRVG (BGBl. 2005 I, 162; BGBl. 2011 I, 898).
4 Haager Übereinkommen über den internationalen Schutz von Erwachsenen v. 13.1.2000, BGBl. 2007 II, 323. Für Deutschland in Kraft seit 1.1.2009. Ausführungsgesetz: HErwSÜAG (BGBl. 2007 I, 314).
5 Haager Übereinkommen über den Schutz von Kindern und die Zusammenarbeit auf dem Gebiet der internationalen Adoption v. 23.5.1993, BGBl. 2001 II, 1035.

HUntVÜ 1958[1] und das HUntVÜ 1973.[2] Zum 1.8.2014 ist der Nachfolgerechtsakt, das HUntVÜ 2007,[3] für die EU in Kraft getreten. Dieses Übereinkommen gilt seither im Verhältnis zu einer Reihe von Nicht-EU-Staaten (wie Albanien, Bosnien-Herzegowina, Norwegen und der Ukraine). Ferner sind für das Transportrecht Art. 31 Abs. 2–4 CMR zu beachten[4] und für den Bereich der Atomhaftung Art. 13 (d) des Pariser Übereinkommens.[5]

Deutschland hat mit mehreren heutigen EU-Staaten **bilaterale Anerkennungs- und Vollstreckungsverträge** abgeschlossen.[6] Sie sind inzwischen durch europäische Rechtsakte wie die Brüssel Ia-VO (vgl. Art. 69 f.) und die Brüssel IIa-VO (vgl. Art. 59) für Angelegenheiten, die von diesen Verordnungen erfasst werden, abgelöst worden.[7] Immerhin bleiben einige dieser Abkommen anwendbar auf Entscheidungen in Abstammungssachen[8] oder Güterrechtssachen.[9] Insgesamt bedeutsamer sind, vorbehaltlich der Einschlägigkeit multilateraler Übereinkommen (namentlich des LugÜ 2007), die Abkommen mit **Nicht-EU-Staaten**, nämlich Israel, Norwegen, der Schweiz sowie Tunesien.[10]

12.21

Weil die Außenkompetenz in IZVR-relevanten Fragen inzwischen in weiten Teilen nicht mehr den Mitgliedstaaten, sondern der EU zusteht (s. Rz. 1.40), ist es Deutschland an sich verwehrt, künftig weitere Abkommen mit Drittstaaten auf Gebieten abzuschließen, auf denen die EU bereits tätig geworden ist. Im Hinblick auf Ehesachen, Fragen der elterli-

12.22

---

1 Haager Übereinkommen über die Anerkennung und Vollstreckung von Entscheidungen auf dem Gebiet der Unterhaltspflicht gegenüber Kindern v. 15.4.1958, BGBl. 1961 II, 1006.
2 Haager Übereinkommen über die Anerkennung und Vollstreckung von Unterhaltsentscheidungen v. 2.10.1973, BGBl. 1986 II, 826.
3 Haager Übereinkommen über die Durchsetzung von Kindesunterhalt und anderer Formen des Familienunterhalts v. 23.11.2007, ABl. 2011 L 192/51. Dazu *Andrae*, FPR 2008, 196; *Hirsch*, FamRBint 2008, 70; *Janzen*, FPR 2008, 218; *Martiny*, FamRZ 2008, 1681, 1689; *Wagner*, ZKJ 2008, 353, 358 f.
4 Übereinkommen über den Beförderungsvertrag im internationalen Straßengüterverkehr v. 19.5.1956, BGBl. 1961 II, 1120, und 1980 II, 721. Beachte zum Vorrang der Brüssel I-Anerkennungsregeln aber EuGH v. 4.5.2010 – Rs. C-533/08 (*TNT/AXA*), NJW 2010, 1736.
5 Übereinkommen über die Haftung gegenüber Dritten auf dem Gebiet der Kernenergie v. 29.7.1960, BGBl. 1975 II, 959.
6 Nachw. etwa bei Prütting/Helms/*Hau*, § 97 FamFG Rz. 27.
7 Vgl. BGH v. 10.10.1977 – VIII ZB 10/76, NJW 1978, 1113, dort zur Anwendbarkeit des deutsch-belgischen Abkommens vom 30.6.1958 auf die Vollstreckbarerklärung der von einem belgischen Handelsgericht titulierten Gebührenforderung der Flugsicherungszentrale in Brüssel, die der EuGH zuvor als öffentlich-rechtlich qualifiziert und damit aus dem Anwendungsbereich des EuGVÜ ausgeklammert hatte (EuGH v. 14.10.1976 – Rs. C-29/76 [*Eurocontrol*], NJW 1977, 489).
8 Näher Staudinger/*Henrich*, Art. 19 EGBGB Rz. 115 ff.
9 Dazu *Roth*, IPRax 2013, 188.
10 Nachw. etwa bei Prütting/Helms/*Hau*, § 97 FamFG Rz. 28.

chen Verantwortung und Unterhaltssachen räumt die **Verordnung Nr. 664/2009** vom 7.7.2009 aber die Möglichkeit zum Abschluss solcher Abkommen ein, dies freilich nur unter Aufsicht der Kommission (s. Rz. 4.62).

4. Autonomes Recht

12.23   Das autonome Verfahrensrecht regelt die Anerkennung eher knapp in **§ 328 ZPO** sowie, für Entscheidungen in Familiensachen und der freiwilligen Gerichtsbarkeit, etwas ausführlicher in **§§ 107–109 FamFG**. Das Verfahren bzw. die Entbehrlichkeit der Vollstreckbarerklärung richtet sich nach §§ 722 f. ZPO und § 110 FamFG. Die begrüßenswerte Weltoffenheit der ZPO- und FamFG-Regeln wird bedauerlicherweise durch das Erfordernis der Gegenseitigkeit in vermögensrechtlichen Entscheidungen eingeschränkt (s. Rz. 13.46). Im Übrigen ist für Unterhaltssachen das **AUG** zu beachten: Dieses dient zwar in erster Linie als Durchführungsgesetz für die EuUntVO sowie einschlägige Konventionen und zudem der Rechtshilfe bei der Durchsetzung von Unterhaltsansprüchen (s. Rz. 7.38 f.); es regelt in § 64 aber auch die Vollstreckbarkeit von Unterhaltsentscheidungen aus bestimmten Staaten, mit denen keine Vollstreckungsabkommen bestehen (bedeutsam für Kanada, Südafrika und USA). Mit ausländischen Adoptionen befasst sich das Adoptionswirkungsgesetz (**AdWirkG**).[1]

12.24   Ob eine ausländische Entscheidung in den **sachlichen Anwendungsbereich** der ZPO- bzw. FamFG-Anerkennungsregeln fällt, wird nach Maßgabe des deutschen Rechts geprüft (vgl. § 13 GVG, § 3 EGZPO, § 1 FamFG).[2] Die anhand des Erststaatsrechts erfolgte Zuweisung eines Verfahrensgegenstandes an eine bestimmte Gerichtsbarkeit ist dabei grundsätzlich unerheblich. Demgemäß ist beispielsweise die in den USA erwirkte Verurteilung zu *punitive damages* (s. Rz. 13.36) anerkennungsrechtlich eine bürgerliche Rechtsstreitigkeit i.S. von § 328 ZPO, wenn – und soweit – sie aus deutscher Sicht so zu qualifizieren ist, nicht hingegen schon deshalb, weil sie von einem US-Zivilgericht ausgesprochen wurde.[3]

5. Günstigkeitsprinzip

12.25   Das Europa- und das Konventionsrecht wollen die Freizügigkeit von Entscheidungen grundsätzlich nicht etwa erschweren, sondern möglichst erhöhen. Bedeutung hat dies, wenn in einem Fall der Anwendungsbereich

---

1 BGBl. 2001 I, 2950.
2 Wie hier *Geimer*, Rz. 2867; Handbuch IZVR/*Martiny*, Bd. III/1, Rz. 500. A.A. *Schütze*, ZPO, § 328 Rz. 24 (Doppelqualifikation). Offengelassen von BGH v. 4.6.1992 – IX ZR 149/91, NJW 1992, 3096, 3102.
3 Vgl. BGH v. 4.6.1992 – IX ZR 149/91, NJW 1992, 3096. A.A. *Mörsdorf-Schulte*, Funktion und Dogmatik US-amerikanischer punitive damages, 1999, S. 296.

mehrerer Anerkennungsinstrumente eröffnet ist: Dann gilt für die Anerkennung und Vollstreckbarerklärung, anders als im Recht der internationalen Entscheidungszuständigkeit, keine strikte Rangordnung der Instrumente (Vorrangprinzip), sondern im Grundsatz das **Günstigkeitsprinzip**.[1] In diesem Sinne ist namentlich Art. 52 HUntVÜ 2007 zu verstehen, wo vom „Grundsatz der größten Wirksamkeit" die Rede ist. Im Hinblick auf Art. 71 Brüssel I-VO (nunmehr: Art. 71 Brüssel Ia-VO) hat der EuGH das Günstigkeitsprinzip aber erheblich eingeschränkt, indem er – im Hinblick auf Art. 31 CMR – ausgeführt hat, dass zwischen den EU-Staaten konventionsrechtliche Regeln nur anzuwenden sind, wenn diese „in hohem Maße vorhersehbar sind, eine geordnete Rechtspflege fördern, es erlauben, die Gefahr von Parallelverfahren so weit wie möglich zu vermeiden, und den freien Verkehr der Entscheidungen in Zivil- und Handelssachen sowie das gegenseitige Vertrauen in die Justiz im Rahmen der Union (*favor executionis*) unter mindestens ebenso günstigen Bedingungen gewährleisten" wie das Sekundärrecht.[2]

Überwiegend wird das Günstigkeitsprinzip dahingehend gedeutet, dass   **12.26** dem Anerkennungsinteressenten die Auswahl überlassen bleibt, auf welches Instrument er sich stützt.[3] Weitergehend wird aber bisweilen behauptet, der deutsche Anerkennungsrichter habe, soweit er nach mehreren Instrumenten zuständig ist, von Amts wegen das anerkennungsfreundlichste zu ermitteln und zugrunde zu legen.[4] Einvernehmen dürfte herrschen, dass die Instrumente grundsätzlich nur in toto zur Wahl stehen: Eine **Kombination** günstiger Anerkennungsvoraussetzungen oder Verfahrensregeln aus verschiedenen Instrumenten ist normalerweise nicht statthaft.[5] Allerdings erlaubt es Art. 71 Abs. 2 lit. b Unterabs. 2 Brüssel Ia-VO, einen Vollstreckungstitel, der nach den Bestimmungen eines Übereinkommens anerkennungsfähig ist, gemäß den Brüssel Ia-VO zu vollstrecken. Die praktische Bedeutung dieser Kombinationsmöglichkeit, wie überhaupt des Günstigkeitsprinzips, ist nicht allzu groß,[6] sollte aber auch nicht unterschätzt werden.[7]

---

1 Vgl., statt mancher, etwa *Wagner*, FamRZ 2013, 1620, 1621 f. Beachte zum Streitstand speziell bei der Anerkennung von Adoptionen *Botthoff*, StAZ 2014, 74, 75 ff.

2 EuGH v. 4.5.2010 – Rs. C-533/08 (*TNT/AXA*), NJW 2010, 1736; kritisch *Wagner*, NJW 2010, 1707, 1711.

3 Statt vieler: *Wagner*, FS Sonnenberger, 2004, S. 727, 734 f.

4 In diesem Sinne etwa OLG Hamm v. 8.7.2003 – 29 W 34/02, IPRax 2004, 437 f. (Anm. *Geimer*, 419).

5 Vgl. *Nagel/Gottwald*, § 11 Rz. 105 („Vermischungsverbot"); *Wagner*, FS Sonnenberger, 2004, S. 727, 735.

6 Treffend *Looschelders/Boos*, FamRZ 2006, 374, 381.

7 Zur Kombination von LugÜ 1988 und HUntVÜ 1973 vgl. BGH v. 28.11.2007 – XII ZB 217/05, NJW 2008, 1531. Zum Wahlrecht zwischen Brüssel I-VO und HUntVÜ 1973 vgl. BGH v. 14.3.2007 – XII ZB 174/04, NJW 2007, 3433; ferner etwa OLG Brandenburg v. 4.12.2007 – 7 W 93/07, FamRZ 2008, 1762.

12.27 Um die Unübersichtlichkeit nicht überhand nehmen zu lassen, gibt es verschiedene **Konkurrenzregeln**. So verdrängt die Brüssel Ia-VO, anders als die Haager Übereinkommen (Art. 11 HUntVÜ 1958, Art. 23 HUntVÜ 1973, Art. 52 HUntVÜ 2007), zwischen ihren Mitgliedstaaten geschlossene bilaterale Abkommen (Art. 69 Brüssel Ia-VO), und das HUntVÜ 2007 verdrängt das HUntVÜ 1958 und das HUntVÜ 1973 (Art. 48 HUntVÜ 2007). Das Günstigkeitsprinzip lässt sich im Übrigen zumindest nicht unbesehen auf das Verhältnis zwischen Europa- bzw. Konventionsrecht und autonomem Anerkennungsrecht übertragen: Während Art. 52 Abs. 2 HUntVÜ 2007 die Geltung des Prinzips ausdrücklich auch insoweit anordnet, dürfte aus Art. 71 Brüssel Ia-VO im Umkehrschluss folgen, dass im Anwendungsbereich des Verordnungsrechts kein Raum für einen Rückgriff auf nationales Recht – sei es günstiger oder ungünstiger – bleibt.[1] Eine punktuelle Bestätigung findet das Günstigkeitsprinzip im Anwendungsbereich der Brüssel Ia-VO allerdings für einstweilige Maßnahmen in Erwägungsgrund Nr. 33 S. 3 (zu den damit einhergehenden Problemen s. Rz. 15.16).

III. Gegenstand der Anerkennung

1. Gerichtliche Entscheidungen

12.28 Im Regelfall geht es im IZVR um die Anerkennung der Entscheidung eines **ausländischen staatlichen Gerichts**. Entscheidungen privater **Schiedsgerichte** unterfallen nicht den hier behandelten Verordnungen bzw. § 328 ZPO oder §§ 108 ff. FamFG, sondern § 1061 ZPO bzw. speziellen staatsvertraglichen Regelungen.[2]

12.29 Auf die vom ausländischen Verfahrensrecht vorgesehene **Bezeichnung** der gerichtlichen Entscheidung kommt es nicht an. Klargestellt wird dies beispielsweise in Art. 2 Abs. 1 lit. a Brüssel Ia-VO,[3] Art. 2 Nr. 4 Brüssel IIa-VO und Art. 2 Abs. 1 Nr. 1 EuUntVO. § 328 ZPO spricht demgegenüber zwar von „Urteilen ausländischer Gerichte", umfasst nach h.M. aber alle richterlichen Akte staatlicher Jurisdiktion ohne Rücksicht auf ihre Bezeichnung.[4] Unerheblich ist grundsätzlich auch, ob den zweitstaatlichen Vorstellungen die Form der Entscheidung entspricht, denn diese bestimmt sich allein nach der lex fori des Erststaates. Soweit insbesondere ausländische **Versäumnisentscheidungen** in einer vereinfachten oder abgekürzten Ausfertigung vorgelegt werden, berührt das weder ihre Entschei-

---

1 Wie hier etwa Rauscher/*Leible*, Art. 32 Brüssel I-VO Rz. 3; *Schlosser*, Art. 34–36 EuGVVO Rz. 1; *Thole*, in: Hess, Anerkennung, S. 25, 29 f.

2 Vgl. dazu etwa *Geimer*, Rz. 3879 ff., sowie die Kommentierungen zu § 1061 ZPO.

3 Vgl. etwa BGH v. 22.9.2005 – IX ZB 7/04, NJW-RR 2006, 143, dort zu einem von einem französischen Gerichtspräsidenten für vollstreckbar erklärten Beschluss des Anwaltskammerpräsidenten betreffend die Honorarforderung eines französischen Anwalts.

4 Zöller/*Geimer*, § 328 ZPO Rz. 66; *Gottwald*, ZZP 103 (1990), 263 f.

dungsqualität noch den deutschen ordre public, sondern allein die Frage der Nachprüfbarkeit im Hinblick auf eventuelle Anerkennungshindernisse.[1] Um umgekehrt die Vollstreckung deutscher Titel im Ausland zu erleichtern, stellt der deutsche Gesetzgeber besondere Anforderungen an das Abfassen von Entscheidungen (§§ 313a Abs. 4, 313b Abs. 3 ZPO, § 38 Abs. 5 Nr. 4 FamFG) bzw. sieht die Möglichkeit einer nachträglichen Vervollständigung vor (§ 313a Abs. 5 ZPO, § 38 Abs. 6 FamFG, § 30 AVAG).

Eine Entscheidung, die schon aus Sicht ihres Ursprungsstaates nicht gilt, weil sie entweder **nie wirksam geworden oder nachträglich weggefallen** ist, kann auch in anderen Staaten keine Wirkung entfalten, also nicht anerkannt werden (zur Vollstreckung s. Rz. 14.26 ff.).[2] Das wird bisweilen ausdrücklich klargestellt (so in Art. 20 Abs. 6 HUntVÜ 2007 und Art. 8 Abs. 3 HGÜ), gilt aber allgemein und vor allem unabhängig davon, ob man die Anerkennung als Wirkungserstreckung oder als Gleichstellung deutet (s. Rz. 12.6). Während die Brüssel Ia-VO und die Brüssel IIa-VO keine besondere **Bestandskraft** der ausländischen Entscheidung voraussetzen,[3] verlangt die h.M. für das autonome Anerkennungsrecht, dass die Entscheidung formell rechtskräftig sein bzw. diejenigen Eigenschaften besitzen muss, die das deutsche Recht mit dem Begriff der formellen Rechtskraft verbindet.[4] Freilich lässt sich aus § 723 Abs. 2 S. 1 ZPO bzw. § 110 Abs. 3 S. 2 FamFG eher auf das Gegenteil schließen.[5] Davon abgesehen ist stets zu klären, ob eine im Erststaat noch nicht unanfechtbar gewordene Entscheidung nach dem dortigen Verfahrensrecht überhaupt schon Wirkungen entfaltet, die sich auf den Zweitstaat erstrecken können.

12.30

2. Sonderfälle

Gegenstand der Anerkennung sind die prozessualen Wirkungen von Sachentscheidungen (zu den cinzelnen Wirkungen s. Rz. 12.41 ff.). Anerkennungsfähig sind deshalb auch **klageabweisende Entscheidungen**, die den materiellen Anspruch aberkennen.[6] Zu Entscheidungen im einstweiligen Rechtsschutz s. Rz. 15.14 ff.

12.31

---

1 Vgl. EuGH v. 6.9.2012 – Rs. C-619/10 (*Trade Agency/Seramico Investments*), EuZW 2012, 912, 915 m. Anm. *Bach*; *Kropholler/von Hein*, EuZPR, Art. 32 EuGVO Rz. 13.

2 Vgl. etwa BGH v. 7.4.2004 – XII ZB 51/02, FamRZ 2004, 1023; EuGH v. 28.4.2009 – Rs. C-420/07 (*Apostolides*), EuGRZ 2009, 210. Rechtsvergleichend *Harder*, YB-PIL 14 (2012/13), 103, 104 ff.

3 *Kropholler/von Hein*, EuZPR, Art. 32 EuGVO Rz. 21.

4 BGH v. 29.4.1999 – IX ZR 263/97, NJW 1999, 3198, 3200; Handbuch IZVR/*Martiny*, Bd. III/1, Rz. 487 f.; MünchKommZPO/*Gottwald*, § 328 Rz. 66; Stein/Jonas/*Roth*, § 328 ZPO Rz. 65 f.; *Schack*, Rz. 910.

5 Beachte auch Zöller/*Geimer*, § 328 ZPO Rz. 69; *Klinck*, FamRZ 2009, 741, 744; *Thole*, in: Hess, Anerkennung, S. 25, 32.

6 *Riezler*, S. 512; *Schack*, Rz. 900: „streitbeendende Entscheidungen".

12.32 Nicht anerkennungsfähig sind im Regelfall **Prozessurteile** wie z.B. Zwischenurteile zur Zulässigkeit oder Unzulässigkeit einer Klage. Das folgt freilich nicht etwa aus der Natur dieser Entscheidungen, vielmehr daraus, dass sie normalerweise keine über das Forum hinaus anerkennungsrelevanten Wirkungen entfalten. Besondere Schwierigkeiten können aber im Ausland ergangene **Entscheidungen zur internationalen (Un-)Zuständigkeit** bereiten.[1]

Beispiel: Stellt ein russisches Gericht rechtskräftig fest, dass die russischen Gerichte ausschließlich international zuständig sind, so bindet dies ein gleichwohl in Deutschland in derselben Angelegenheit angerufenes Gericht nicht etwa in dem Sinne, dass die Unzuständigkeit der deutschen Gerichte ohne weiteres feststünde. Umgekehrt gilt: hat das russische Gericht die Klage ohne Sachprüfung abgewiesen, weil es – etwa aufgrund einer Gerichtsstandsvereinbarung – nur die deutschen Gerichte für international zuständig hält, so ist diese Entscheidung für das deutsche Gericht, vor dem die Klage nunmehr erhoben wird, zwar beachtenswert, aber nicht präjudizierend. Dieses hat in beiden Konstellationen eigenständig die Zuständigkeitsfrage zu prüfen und kann dabei auch zu dem jeweils entgegengesetzten Ergebnis gelangen.

12.33 Entsprechendes soll nach herkömmlicher Auffassung auch für die Beachtlichkeit von Unzuständigkeitsentscheidungen **im Rahmen der Brüssel Ia-VO** gelten; denn auch das Europarecht sieht keine innereuropäische Bindung an ausländische Zuständigkeitsverweisungen vor (vgl. auch Rz. 7.36).[2] Dies ist aber zweifelhaft geworden durch eine viel diskutierte, noch zur Brüssel I-VO ergangene Entscheidung des EuGH.

Beispiel: Das deutsche Transportunternehmen B hat Fracht von Belgien nach Mexiko transportiert, wo sie beschädigt ankommt. Eigentümer K erhebt in Belgien eine Schadensersatzklage. Diese weist das belgische Gericht wegen fehlender internationaler Zuständigkeit rechtskräftig ab, wobei es darauf verweist, dass gemäß einer von ihm für wirksam erachteten Gerichtsstandsklausel der High Court of London ausschließlich zuständig sei. Statt in London zu klagen, erhebt K daraufhin Klage in Deutschland am allgemeinen Gerichtsstand von B. Ist das hier angerufene Gericht an die Feststellung des belgischen Gerichts zur Wirksamkeit der Gerichtsstandsklausel gebunden und muss deshalb die Klage abweisen, selbst wenn es die Klausel für unwirksam erachtet?

12.34 Der EuGH hat diese Frage in einem Fall, dem das Beispiel vereinfachend nachgebildet ist, bejaht.[3] Ausgehend von der Wirkungserstreckungslehre kommt dies allenfalls dann in Betracht, wenn das belgische Prozessrecht eine dahingehende Bindungswirkung vorsieht. Der EuGH geht darauf aber nicht ein, sondern spricht sich für eine autonome und weite Interpretation des Entscheidungsbegriffs aus (nunmehr: Art. 2 lit. a Brüssel Ia-

---

1 Grundlegend *Habscheid*, FS Nakamura, 1996, S. 203; *Geimer*, FS Kaissis, S. 287.
2 *Geimer/Schütze*, EuZVR, Art. 32 EuGVVO Rz. 20 f.
3 EuGH v. 15.11.2012 – Rs. C-456/11 (*Gothaer Allgemeine Versicherung u.a./Samskip GmbH*), EuZW 2013, 60. Dazu *Bach*, EuZW 2013, 56; *Hau*, LMK 2013, 341521; *Hartenstein*, RdTW 2013, 267; *Kremmel*, ELR 2013, 196; *Roth*, IPRax 2014, 136.

VO), der grundsätzlich auch Prozessurteile umfasse. Davon ausgehend postuliert der EuGH – mit denkbar knapper Begründung – eine weitreichende **grenzüberschreitende Verbindlichkeit eines Unzuständigkeitsentscheids**. Er stützt dies auf den Grundsatz gegenseitigen Vertrauens und das grundsätzliche Verbot einer Überprüfung der Anerkennungszuständigkeit (nunmehr: Art. 45 Abs. 3 Brüssel Ia-VO). Demgemäß komme es für die Reichweite der Bindung nicht etwa auf das Prozessrecht des Erststaats an, sondern auf einen autonomen, auch bloße Vorfragen umfassenden unionsrechtlichen Rechtskraftbegriff. Dieses Ergebnis mag zwar rechtspolitisch einleuchten; es ist allerdings nicht ersichtlich, auf welcher Grundlage sich eine derart weitgehende Bindungswirkung bereits de lege lata begründen lässt.[1] Im Übrigen gibt es zu denken, dass es im Ausgangsfall keineswegs zu einem negativen Kompetenzkonflikt und damit zu einer Justizverweigerung zulasten von K gekommen wäre, wenn sich das deutsche Gericht für zuständig erklärt hätte. Daher versteht es sich auch ausgehend von den Überlegungen des EuGH keinesfalls von selbst, warum deutsche Gerichte an die Einschätzung der belgischen Gerichte nicht nur hinsichtlich der Unzuständigkeit Belgiens, sondern auch hinsichtlich der dort allenfalls beiläufig interessierenden ausschließlichen Zuständigkeit in London gebunden sein sollen. Gewiss sind Gerichte gut beraten, ein obiter dictum ihrer ausländischen Kollegen, die mit derselben Sache bereits befasst waren, nicht einfach in den Wind zu schlagen – aber sollen sie daran wirklich im Rechtssinne gebunden sein?

Eine ausländische Entscheidung, die eine dort erlassene, eine deutsche **12.35** oder eine drittstaatliche Entscheidung abändert, kann nach den allgemeinen Regeln anerkannt werden. Nicht anerkennungsfähig ist hingegen eine ausländische Entscheidung, welche die Anerkennungsfähigkeit oder Vollstreckbarerklärung einer drittstaatlichen Entscheidung ausspricht; es gibt also richtigerweise **kein Doppelexequatur**.[2]

Beispiel: Wenn ein französisches Gericht die Anerkennungsfähigkeit einer türkischen Entscheidung festgestellt hat, diese aber aus deutscher Sicht, gemessen an § 328 ZPO, nicht anerkennungsfähig erscheint, so kommt in Deutschland auch keine mittelbare Anerkennung der türkischen Entscheidung dadurch in Betracht, dass die diesbezügliche französische Anerkennungsentscheidung anerkannt würde.

Dementsprechend fallen auch ausländische Entscheidungen staatlicher **12.36** Gerichte, die einen **Schiedsspruch bestätigen** oder für vollstreckbar erklären, aus den allgemeinen Bestimmungen für die Anerkennung und Voll-

1 Beachte auch *Bach*, EuZW 2013, 56; *Duintjer Tebbens*, FS Vrellis, 2014, S. 263; *Geimer*, FS Gottwald, 2014, S. 175, 179 f.; *Roth*, IPRax 2014, 136. Zur Übertragbarkeit auf die EuErbVO vgl. *Wall*, ZErb 2014, 272.

2 Grundlegend *Kegel*, FS Müller-Freienfels, 1986, S. 377. Ebenso etwa *Geimer*, FS Torggler, S. 311, 329; Handbuch IZVR/*Martiny*, Bd. III/1, Rz. 372; *Nunner-Krautgasser*, ÖJZ 2009, 793, 795; *Schack*, Rz. 1029. Anders aber *Schütze*, FS Spellenberg, S. 511, 517 ff.

streckbarerklärung von Urteilen heraus.[1] Die Anwendung der Brüssel Ia-
VO scheidet angesichts ihres Art. 1 Abs. 2 lit. d ohnehin aus.

12.37   Tauglicher Gegenstand einer zivilverfahrensrechtlichen Anerkennung
können auch **Entscheidungen ausländischer Behörden** sein, wenn diese
mit staatlicher Autorität ausgestattet sind und funktional Gerichten entsprechen (deutlich Art. 19 Abs. 3 HUntVÜ 2007). Dies kommt sowohl in
Angelegenheiten der streitigen als auch der freiwilligen Gerichtsbarkeit
in Betracht.[2] Anerkennungsfähig sind in Deutschland beispielsweise von
einem ungarischen Notar oder vom schwedischen Amt für Beitreibung
im summarischen Mahnverfahren erlassene Titel (vgl. Art. 3 Brüssel Ia-
VO), eine Ehescheidung durch den norwegischen Fylkesmann[3] oder ein
Adoptionsausspruch durch ein kasachisches Exekutivkomitee.[4] Für vollstreckbar erklärt – und damit inzident anerkannt – wurden ferner ein dy-
namisiertes Unterhaltsurteil aus Slowenien samt der Benachrichtigung
der dortigen Sozialbehörde, wonach die festgelegten Unterhaltsbeträge
entsprechend der Wandlung der Lebenshaltungskosten und der persönlichen Einkommen angepasst werden.[5]

12.38   Bisweilen ist im Europa- und Konventionsrecht – anders als im autonomen Recht – vorgesehen, dass auch ausländische **öffentliche Urkunden**
und **Prozessvergleiche** vollstreckt bzw. für vollstreckbar erklärt werden
können (vgl. etwa Art. 2 lit. b und c, Art. 58 und 59 Brüssel Ia-VO; Art. 48
EuUntVO; Art. 60 f. EuErbVO; Art. 19 Abs. 1 S. 2 HUntVÜ 2007; Art. 12
HGÜ).[6] Der verfahrensrechtlichen Anerkennung sind sie nach herkömmlicher Auffassung aber gleichwohl nicht zugänglich.[7] Unterstrichen wird
dies etwa durch Wortlaut und Regelungssystematik der Brüssel Ia-VO.
Demgegenüber verlangen Art. 46 Brüssel IIa-VO und Art. 48 Abs. 1 Eu-
UntVO ausdrücklich, dass die dort genannten Urkunden nicht nur für
vollstreckbar erklärt, sondern auch anerkannt werden.[8] Dies mag man
zwar dahingehend einschränkend interpretieren, dass es nur um die Übernahme der formellen Beweiskraftwirkung der Urkunde, nicht etwa des
materiell-rechtlichen Subsumtionsergebnisses gehe.[9] Es ist aber unverkennbar, dass die Kommission die Konstruktion einer Anerkennung von
Personenstands- und erbrechtlichen Urkunden für tragfähig hält und be-

---

1 So aber auch BGH v. 2.7.2009 – IX ZR 152/06, NJW 2009, 2826. Näher zu dieser
  Rechtsprechungsänderung *Plaßmeier*, SchiedsVZ 2010, 82.
2 Vgl. etwa *Wagner*, FamRZ 2006, 744, 746; MünchKommZPO/*Gottwald*, § 328
  Rz. 57.
3 OLG Schleswig v. 5.5.2008 – 12 Va 5/07, NJW-RR 2008, 1390.
4 OLG Zweibrücken v. 16.3.2004 – 5 UF 123/03, NJW-RR 2005, 159, 160.
5 BGH v. 14.2.2007 – XII ZR 163/05, NJW-RR 2007, 722.
6 Rechtsvergleichend speziell zur Durchsetzung von Mediationsvergleichen gemäß den einzelnen Verordnungen *Esplugues Mota*, ZZPInt 18 (2013), 223, 234 ff.
  Speziell zu class action settlements beachte *Höffmann*, S. 201 ff.
7 Richtig etwa MünchKommZPO/*Gottwald*, § 328 Rz. 74; Handbuch IZVR/*Martiny*, Bd. III/1, Rz. 543 ff.; *Schack*, Rz. 912.
8 Kritisch Rauscher/*Rauscher*, Art. 46 Brüssel IIa-VO Rz. 2.
9 So *Mansel/Thorn/Wagner*, IPRax 2011, 1, 5. Kritisch auch *Geimer*, Rz. 2865a ff.

strebt ist, diesen Ansatz weiter auszubauen.[1] Neue Fragen werfen die sog. Annahme öffentlicher Urkunden gem. Art. 59 EuErbVO sowie das Europäische Nachlasszeugnis iSv. Art. 62 ff. EuErbVO auf.[2]

Allgemein sind **Rechtsgeschäfte** nicht im verfahrensrechtlichen Sinne an-   **12.39** erkennungsfähig.[3] So wird eine im Ausland vorgenommene Vertragsadoption (außerhalb des Anwendungsbereichs des HAdoptÜ) nicht etwa nach §§ 108, 109 FamFG anerkannt, vielmehr wird ihre Wirksamkeit nach Maßgabe des kollisionsrechtlich berufenen Sachrechts ermittelt.[4] Entsprechendes gilt für eine Eheschließung,[5] ein Vaterschaftsanerkenntnis[6] oder Erklärungen eines Elternteils zum Sorgerecht.[7] Eine Ausnahme bilden wiederum Art. 46 Brüssel IIa-VO, aber auch Art. 19 Abs. 4 und Art. 30 HUntVÜ 2007, wonach bestimmte Parteivereinbarungen nicht nur für vollstreckbar erklärt, sondern zudem anerkannt werden sollen.[8] Beachte zum Problem der sog. „kollisionsrechtlichen Anerkennung" von Rechtsvorgängen schon oben Rz. 12.11.

Besondere Probleme bereiten sog. **Privatscheidungen**: Für deren Anerken-   **12.40** nung gilt die Brüssel IIa-VO nur dann, wenn eine wenigstens deklaratorische Behördenmitwirkung erfolgt ist und wenn die Behörde dabei für einen Mitgliedstaat – also nicht nur auf dessen Staatsgebiet – gehandelt hat (Gegenbeispiel: Registrierung einer Privatscheidung in der Pariser Botschaft eines Drittstaates); Anerkennungsmaßstab ist dann Art. 22 Brüssel IIa-VO.[9] Im Übrigen können drittstaatliche Privatscheidungen, auch wenn es zu keinerlei Mitwirkung einer Behörde gekommen ist, dem Verfahren nach § 107 FamFG (s. Rz. 12.53) unterworfen werden, sofern eine behördliche Mitwirkung nach dem ausländischen Recht wenigstens möglich ist.[10] Dass § 107 FamFG auf solche Privatscheidungen anwendbar ist, bedeutet allerdings nicht, dass die Anerkennungsfähigkeit nur verfahrensrechtlich (also anhand § 109 FamFG) zu prüfen wäre. Einschlägig sind

---

1 Näher *Wagner*, NZFam 2014, 121; *Azcárraga Monzonís*, ZZPInt 18 (2013), 245.
2 Einführend etwa *Dutta*, IPRax 2013, 4, 13 ff. Sehr skeptisch *Buschbaum*, FS Martiny, S. 259.
3 Statt mancher: *Wagner*, FamRZ 2013, 1620, 1623 f.
4 Vgl. etwa Staudinger/*Henrich*, Art. 22 EGBGB Rz. 85; beachte auch *Winkelsträter*, S. 180 f.
5 Klarstellend *Hohloch*, FPR 2011, 422, 426.
6 Vgl. AG Nürnberg v. 14.12.2009 – UR III 264/09, FamRZ 2010, 1579. Verfehlt KG v. 23.9.2010 – 1 W 70/08, NJW 2011, 535: Der Anwendungsvorrang des Europarechts gebiete es, ein nach französischem Recht vorgerichtlich wirksam beurkundetes Vaterschaftsanerkenntnis anzuerkennen und in das deutsche Geburtenbuch beizuschreiben. Zutreffend dagegen *Mansel/Thorn/Wagner*, IPRax 2011, 1, 7 ff.; *Nordmeier*, StAZ 2011, 129.
7 Vgl. *Dutta*, StAZ 2010, 193, 196.
8 Kritisch Rauscher/*Rauscher*, Art. 46 Brüssel IIa-VO Rz. 2.
9 Klarstellend *Helms*, FamRZ 2001, 257, 260; Staudinger/*Spellenberg*, Art. 21 EheGVO Rz. 10.
10 Noch weitergehend OLG Celle v. 6.7.2005 – 10 VA 2/04, OLGR Celle 2006, 13, 14.

vielmehr die Kollisionsnormen der Rom III-VO.[1] Ist danach deutsches Eherecht anwendbar, wird die Anerkennung einer im Ausland vorgenommenen reinen Privatscheidung stets scheitern; denn aus § 1564 BGB folgt, dass die Scheidung im Anwendungsbereich des deutschen Rechts den Gerichten vorbehalten ist.[2]

3. Anerkennungsfähige Entscheidungswirkungen

12.41   Im verfahrensrechtlichen Sinne anerkennungsfähige Entscheidungswirkungen sind die materielle Rechtskraft und die Vollstreckbarkeit, zudem die Gestaltungswirkung sowie die Interventions- bzw. Streitverkündungswirkung.[3] Zur Abkoppelung der Anerkennung von den Wertungen der lex causae vgl. oben Rz. 12.10.

12.42   Im Falle der Anerkennung muss die einer ausländischen Entscheidung zukommende **materielle Rechtskraft** im Inland beachtet werden. Der Umfang dieser Rechtskraftwirkung in subjektiver und objektiver Hinsicht sowie der Zeitpunkt ihres Eintritts richten sich nach dem Recht des Erststaates (Wirkungserstreckung, Rz. 12.6 ff.). Damit hängt die Frage zusammen, inwieweit eine anerkennungsfähige ausländische Entscheidung ein weiteres Erkenntnisverfahren im Inland sperrt. Der BGH verneint dies: Eine rechtskräftige ausländische Entscheidung führe nur dazu, dass eine neue inländische der ausländischen Sachentscheidung inhaltlich entsprechen müsse.[4] Damit bestünde letztlich ein Wahlrecht zwischen Anerkennung und erneutem Erkenntnisverfahren.[5] Dies ist abzulehnen, denn es ist nicht einsichtig, warum die anerkennungsfähige Rechtskraftwirkung einer ausländischen Entscheidung nur als Inhaltsbindung, nicht als Wiederholungsverbot (ne bis in idem) gedeutet werden sollte (vgl. auch noch Rz. 14.5).[6] Anzuerkennen ist ferner eine nach erststaatlichem Recht bestehende, rechtskraftbezogene oder rechtskraftfremde **Präklusionswirkung**, die die Berücksichtigung von im Erstverfahren nicht vorgetragenen Tatsachen auch in einem späteren zweitstaatlichen Verfahren ausschließt.

---

1 Näher etwa Althammer/*Mayer*, Art. 5 Rom III-VO Rz. 33 ff.; *Hau*, FamRZ 2013, 249, 250.

2 BGH v. 28.5.2008 – XII ZR 61/06, FamRZ 2008, 1409, 1412 m. Anm. *Henrich*.

3 Vgl. *Geimer*, Rz. 2799 ff.; Handbuch IZVR/*Martiny*, Bd. III/1, Rz. 374 ff.; *Nunner-Krautgasser*, ÖJZ 2009, 793, 796.

4 Vgl. – allerdings zum Sonderfall einer Sorgerechtsentscheidung – BGH v. 28.5.1986 – IVb ZR 36/84, NJW-RR 1986, 1130. In Unterhaltssachen ebenso OLG Zweibrücken v. 10.3.2005 – 5 WF 36/05, NJOZ 2005, 3309, 3312.

5 Vgl. auch OLG Bamberg v. 30.9.1998 – 2 UF 286/97, NJW-RR 1999, 515 f. (Elternteil kann wählen, ob er eine im Ausland ergangene Umgangsentscheidung im Inland anerkennen und vollstrecken lassen oder eine inländische Umgangsregelung anstreben will).

6 Näher *Hau*, Positive Kompetenzkonflikte, 1996, S. 107 f.; *Linke*, FS Schütze, 1999, S. 427; *Schütze*, IZPR, Rz. 373 ff.; Staudinger/*Spellenberg*, § 328 ZPO Rz. 142.

Ausländische **Gestaltungsentscheidungen**, die eine Rechtsänderung her- 12.43
beiführen, sind ebenfalls nach Maßgabe der internationalverfahrensrechtlichen Bestimmungen anerkennungsfähig.[1] Das ergibt sich für den
Hauptanwendungsfall, den eheauflösenden Scheidungsbeschluss, schon
aus § 107 FamFG. Ein weiteres Beispiel ist die Verurteilung zur Abgabe
einer Willenserklärung, wenn das erststaatliche Recht dem Urteil wie
§ 894 ZPO Gestaltungswirkung beimisst; in einem solchen Fall soll sich
ein Exequatur erübrigen.[2]

Drittwirkungen eines ausländischen Urteils können die Folge eines der 12.44
deutschen Nebenintervention oder Streitverkündung entsprechenden
Vorgangs nach ausländischem Prozessrecht sein. Die daraus nach dem
ausländischen Recht resultierenden Bindungswirkungen sind in einem
nachfolgenden Inlandsverfahren grundsätzlich zu beachten. Anerkennungsfähig sind aber auch die manchen Rechtsordnungen geläufigen Ga-
rantie- oder Gewährleistungsurteile, die im Zusammenhang mit dem
Hauptprozess bereits die Frage der Regresspflichtigkeit entschieden haben.[3] Für die Brüssel Ia-VO ergibt sich das explizit aus Art. 65 Abs. 2.

Nicht zu den anerkennungsfähigen Entscheidungswirkungen gehört die 12.45
sog. **Tatbestandswirkung**. Dabei geht es richtigerweise nicht um eine Anerkennung im hier interessierenden verfahrensrechtlichen Sinne, sondern
um die Auslegung der lex causae:[4] Es ist zu prüfen, ob auch eine ausländische Entscheidung den Tatbestand einer (deutschen oder vom deutschen
IPR berufenen ausländischen) Vorschrift erfüllt, die eine Entscheidung voraussetzt. Dabei handelt es sich um eine Frage der sog. **Substitution**.

Beispiele: Ob und unter welchen Voraussetzungen kann ein ausländisches Urteil
die Verjährungsverlängerung für rechtskräftig festgestellte Ansprüche (§ 197 Abs. 1
Nr. 3 BGB) auslösen[5] oder den Befreiungsanspruch des Bürgen nach rechtskräftiger
Verurteilung (§ 775 Abs. 1 Nr. 4 BGB) rechtfertigen? Genügt eine ausländische
„schwache" Adoption für den Erwerb der deutschen Staatsangehörigkeit nach § 6
StAG?[6] Reicht eine nach der lex fori des Erststaates nur mit Inter-partes-Wirkung
versehene ausländische Statusentscheidung für § 27 PStG aus?[7]

---

1 Stein/Jonas/*Roth*, § 328 ZPO Rz. 17; MünchKommZPO/*Gottwald*, § 328
Rz. 173; *Nunner-Krautgasser*, ÖJZ 2009, 793, 797.
2 Dazu *Schlosser*, FS Leipold, 2009, S. 435 ff.
3 Handbuch IZVR/*Martiny*, Bd. III/1, Rz. 402; OLG Düsseldorf v. 27.11.1996 – 3
W 124/96, IPRax 1998, 478.
4 Dazu *Geimer*, Rz. 2826; Handbuch IZVR/*Martiny*, Bd. III/1, Rz. 427 f.; *Nunner-
Krautgasser*, ÖJZ 2009, 793, 797; *Schack*, Rz. 870.
5 Str., vgl. etwa *Geimer*, Rz. 2828; *Linke*, FS Nagel, 1987, S. 209, 220; *Looschelders*, IPRax 1998, 296, 301; *Schack*, Rz. 870.
6 Dazu BVerwG v. 10.7.2007 – 5 B 4.07, FamRZ 2007, 1550 f.; OVG Hamburg v.
19.10.2006 – 3 Bf 275/04, IPRax 2008, 261, 266 ff. (krit. Anm. *Henrich*, 237).
7 Verneinend Staudinger/*Henrich*, Art. 20 EGBGB Rz. 107.

4. Zeitpunkt der Inlandswirkung

12.46 Die Frage der Anerkennungsfähigkeit kann sich im Inland alsbald nach Erlass des ausländischen Urteils oder auch erst Jahre später stellen. Das berührt jedoch nur die praktische Relevanz. Rechtlich gesehen vollzieht sich die Wirkungserstreckung auf das Inland in demselben Moment, in dem die in Rede stehende Urteilswirkung mit der jeweils erforderlichen Bestandskraft im Erststaat eintritt.[1] Die inzidente oder selbständige Feststellung der Anerkennung als Ergebnis der zweitstaatlichen Prüfung, die durch das Geltendmachen der ausländischen Entscheidung ausgelöst wird (s. sogleich Rz. 12.48 ff.), ist also nur deklaratorischer Natur. Das gilt auch für den Fall der zwingenden förmlichen Feststellung nach § 107 FamFG für Entscheidungen in Ehesachen (s. Rz. 12.53). Sie sind zwar bis dahin im Inland unbeachtlich, entfalten dann aber ihre Wirkung ex tunc ab dem Zeitpunkt, in dem die ausländische Entscheidung nach dem Recht des Entscheidungsstaates wirksam geworden ist.[2]

12.47 Von alledem zu unterscheiden ist die Frage, wie zu verfahren ist, wenn nach dem Erlass der ausländischen Entscheidung eine **Änderung des Anerkennungsrechts** eingetreten ist. In solchen Fällen sollte man, sofern keine speziellen Überleitungsvorschriften eingreifen, in Übereinstimmung mit dem Günstigkeitsprinzip (oben Rz. 12.25 ff.) das anerkennungsfreundlichere Recht heranziehen (s. zum ordre public Rz. 13.33).[3]

IV. Verfahrensfragen

1. Anerkennung ipso iure

12.48 Einen Beitrag zur anzustrebenden Entscheidungsfreizügigkeit verspricht man sich davon, dass die Anerkennung grundsätzlich **automatisch bzw. ipso iure** erfolgt, also im Anerkennungsstaat weder ein besonderes Anerkennungsverfahren noch einen förmlichen Gestaltungs- oder Feststellungsakt durch ein Anerkennungsgericht voraussetzt. Dieses Prinzip lässt sich vielfach belegen, und zwar sowohl im Europarecht (vgl. Art. 36 Abs. 1 Brüssel Ia-VO; Art. 21 Abs. 1 Brüssel IIa-VO; Art. 17 EuUntVO; Art. 39 Abs. 1 EuErbVO) als auch im Konventionsrecht (vgl. Art. 23 Abs. 1 KSÜ; Art. 23 Abs. 1 HAdoptÜ; Art. 22 Abs. 1 HErwSÜ). Für das autonome Recht wird der Grundsatz zwar nicht in der ZPO hervorgehoben, wohl aber – verallgemeinerungsfähig – in § 108 Abs. 1 FamFG.

2. Anerkennungsverfahren

12.49 Wird kein besonderes Anerkennungsverfahren durchgeführt (zu dieser Möglichkeit sogleich), hat ein Gericht oder eine Behörde, wenn sich in einem inländischen Verfahren die Frage der Anerkennungsfähigkeit stellt,

---

1 *Geimer*, Rz. 2798; Handbuch IZVR/*Martiny*, Bd. III/1, Rz. 298.
2 Prütting/Helms/*Hau*, § 107 FamFG Rz. 49.
3 Ebenso etwa *Schack*, Rz. 973; *Siehr*, IPRax 1989, 93.

diese inzident zu klären. Eigens klargestellt wird die gerichtliche Befugnis zur **Inzidentanerkennung** etwa in Art. 36 Abs. 3 Brüssel Ia-VO und Art. 21 Abs. 4 Brüssel IIa-VO. Welche Unterlagen die Partei vorzulegen hat, die sich auf die Anerkennung beruft, ergibt sich aus Vorschriften wie Art. 37 und 53 Brüssel Ia-VO bzw. Art. 37 ff. Brüssel IIa-VO. Praktisch wird die Inzidentanerkennung regelmäßig relevant, wenn sich eine Partei im Inlandsverfahren auf eine ausländische Entscheidung beruft, in der rechtskräftig über ein vorgreifliches Rechtsverhältnis oder über denselben Streitgegenstand befunden wurde. Die daraufhin vom Zweitgericht vorzunehmende Prüfung der Anerkennungsfähigkeit führt nur zu einer deklaratorischen Inzidentfeststellung, der keine Bindungswirkung über das laufende Verfahren hinaus zukommt.[1] Ein Sonderfall der Inzidentanerkennung ist die sog. **Anerkennungsprognose**, von der die Beachtung ausländischer Rechtshängigkeit abhängt (s. Rz. 7.22, 7.27).

12.50 Unbeschadet des Ipso-iure-Prinzips werden im Interesse der Rechtssicherheit vielfach **fakultative Anerkennungs- bzw. Delibationsverfahren** eröffnet, um die Anerkennungsfrage im Zweifelsfall förmlich und verbindlich klären zu können. Hierher gehören beispielsweise Art. 36 Abs. 2 Brüssel Ia-VO, Art. 21 Abs. 3 Brüssel IIa-VO, Art. 24 KSÜ und Art. 23 S. 1 HErwSÜ. Dabei erlaubt Art. 21 Abs. 3 Brüssel IIa-VO sowohl eine positive als auch eine negative Feststellung („Entscheidung über die Anerkennung oder Nichtanerkennung"). Demgegenüber sieht Art. 36 Abs. 2 Brüssel Ia-VO nur ein positives Feststellungsbegehren vor, nämlich dahingehend, „dass keiner der in Art. 45 genannten Gründe für eine Versagung der Anerkennung gegeben ist".[2] Allerdings ergibt sich ergänzend aus Art. 45 in Verbindung mit Art. 47 ff. Brüssel Ia-VO die Möglichkeit, die Anerkennung gerichtlich versagen zu lassen.[3] Die deutsche Durchführungsregelung hierzu findet sich in § 1115 ZPO (vgl. noch Rz. 14.23 f., dort zum parallel ausgestalteten Vollstreckungsversagungsverfahren und zum Verhältnis zwischen Anerkennungs- und Vollstreckungsversagung).

12.51 Werden ein **positives Anerkennungsfeststellungsverfahren** (Art. 36 Abs. 2 Brüssel Ia-VO) und ein **Anerkennungsversagungsverfahren** (Art. 45 Brüssel Ia-VO) eingeleitet, so entfaltet die zuerst ergehende Entscheidung Bindungswirkung im konkurrierenden Verfahren.[4] Weniger klar erscheint das Verhältnis zwischen dem positiven Anerkennungsfeststellungsverfahren bzw. dem Anerkennungsversagungsverfahren einerseits und der **Inzidentprüfung** i.S. von Art. 36 Abs. 3 Brüssel Ia-VO andererseits. Wenn es in dieser Vorschrift heißt, dass das Gericht „über die Anerkennung ent-

---

1 Zöller/*Geimer*, § 328 ZPO Rz. 277. Anders aber *Junker*, § 27 Rz. 13.
2 *Kropholler/von Hein*, EuZPR, Art. 33 EuGVO Rz. 7; *Thomas/Putzo/Hüßtege*, Art. 33 EuGVVO Rz. 5. A.A. *Geimer/Schütze*, EuZVR, Art. 33 EuGVVO Rz. 85; *Schlosser*, Art. 33 EuGVVO Rz. 4.
3 Näher zum Zusammenspiel beider Verfahren *Geimer*, FS Torggler, S. 311, 317 ff.
4 Zutreffend *Geimer*, FS Torggler, S. 311, 316, dort S. 322 f. auch zur wechselseitigen Rechtshängigkeitssperre.

scheidet", so deutet dies darauf hin, dass die Inzidentprüfung im Einzelfall zu einem positiven, aber eben auch zu einem negativen, die Anerkennungsfähigkeit verneinenden Ergebnis führen kann. Letzteres dürfte mithin nicht etwa dem Gericht vorbehalten sein, das gemäß § 1115 ZPO für das besonders geregelte Versagungsverfahren zuständig ist. Allerdings kann (will sagen: sollte) das nur inzident mit der Anerkennungsfrage befasste Gericht sein Verfahren gemäß Art. 38 lit. b Brüssel Ia-VO aussetzen, wenn entweder ein positives Feststellungs- oder ein Versagungsverfahren bereits anhängig ist. Überdies wird, soweit die speziellere Klärungsmöglichkeit gemäß Art. 36 Abs. 2 bzw. Art. 45, 47 ff. Brüssel Ia-VO eröffnet ist, aus Sicht des deutschen Rechts im Rahmen von Art. 36 Abs. 3 Brüssel Ia-VO in aller Regel kein Bedürfnis für einen auf verbindliche Entscheidung abzielenden Zwischenfeststellungsantrag gemäß § 256 Abs. 2 ZPO bestehen.

12.52   Für das **autonome deutsche Recht** sind fakultative Delibationsverfahren in § 108 Abs. 2 FamFG[1] und im AdWirkG geregelt. Im Übrigen kann die Frage der Anerkennungsfähigkeit zum Gegenstand einer positiven oder negativen (Zwischen-)Feststellungsklage nach § 256 ZPO gemacht werden.[2]

12.53   In **Ehestatussachen** soll es mit dem Ipso-iure-Prinzip und solchen fakultativen Delibationsverfahren allerdings nicht sein Bewenden haben. Vielmehr beharrt der deutsche Gesetzgeber hinsichtlich ausländischer Ehestatusentscheidungen ausweislich § 107 FamFG (früher: Art. 7 § 1 FamRÄndG) auf einem sog. **Feststellungsmonopol**: Die Anerkennung bleibt nicht etwa den damit jeweils befassten inländischen Stellen überlassen, sondern wird auf Antrag (§ 107 Abs. 4 FamFG) in einem besonderen Verfahren förmlich festgestellt. Dies erfolgt durch die Landesjustizverwaltungen bzw. OLG-Präsidenten (§ 107 Abs. 2 und 3 FamFG), und zwar verbindlich für alle deutschen Gerichte und sonstigen Behörden (§ 107 Abs. 9 FamFG). Regelungsziel sind vor allem der interne Entscheidungseinklang sowie Rechtssicherheit in Fragen des ehelichen Status. Das erscheint sinnvoll:[3] Gerade hinkende Ehen bereiten erhebliche Probleme, und daher soll eine Feststellung mit Wirkung erga omnes nicht davon abhängen, ob ein freiwilliges Anerkennungsverfahren durchgeführt wird. Zugleich sichert die Konzentration des Verfahrens besondere Sachkunde sowie zügige Erledigungen. Für gleichgeschlechtliche Ehen oder rechtlich verfestigte Lebensformen, die in einigen Rechtsordnungen als

---

1 Dazu *Klinck*, FamRZ 2009, 741. Beispiel: OLG Hamm v. 11.4.2014 – II-2 WF 57/14, FamRZ 2014, 1935 m. Anm. *Heiderhoff*.
2 Zöller/*Geimer*, § 328 ZPO Rz. 278.
3 Beachte *Schack*, FS Spellenberg, S. 497, 498 f. Zum Streit um die angebliche verfassungsrechtliche Bedenklichkeit vgl. die Nachw. bei *Hau*, FS Spellenberg, S. 435, 436.

Minus gegenüber der Ehe ausgestaltet sind, gilt nicht § 107, sondern § 108 FamFG.[1]

Auch für Ehesachen setzt sich im Anwendungsbereich der **Brüssel IIa-VO** ihr Art. 21 Abs. 1 gegen das Feststellungsmonopol des autonomen Rechts durch. Davon zu unterscheiden ist indes die Frage, ob das Verfahren nach § 107 FamFG im Hinblick auf Entscheidungen aus EU-Staaten wenigstens fakultativ zur Verfügung steht. Letzteres wird nach verbreiteter Auffassung verneint, zugleich aber gelehrt, dass eine Entscheidung gemäß Art. 21 Abs. 3 Brüssel IIa-VO nur inter partes wirke.[2] Bei näherer Betrachtung überzeugen weder das eine noch das andere und erst recht nicht die Kombination beider Thesen.[3]

12.54

Eine weitere Ausnahme vom Ipso-iure-Prinzip betrifft die **Vollstreckbarkeit**: Außerhalb des Anwendungsbereichs neuerer Rechtsinstrumente wird diese Wirkung ausländischer Entscheidungen erst aufgrund eines besonderen Akts auf das Inland erstreckt, nämlich durch die sog. Vollstreckbarerklärung bzw. das Exequatur (s. dazu und zur Entbehrlichkeit nach neueren Rechtsinstrumenten Rz. 14.3 ff.).

12.55

---

1 *Althammer*, IPRax 2009, 381, 386; *Haecker*, S. 20; *Hau*, FamRZ 2009, 821, 825; *Heiderhoff*, StAZ 2009, 328, 330 f.; MünchKommZPO/*Rauscher*, § 107 FamFG Rz. 4. Anders für Lebenspartnerschaften aber Musielak/*Borth/Grandel*, § 107 FamFG Rz. 1.

2 Vgl. etwa MünchKommZPO/*Gottwald*, Art. 21 EheGVO Rz. 7; *Helms*, FamRZ 2001, 257, 258; Thomas/Putzo/*Hüßtege*, Art. 21 EuEheVO Rz. 2, 7 und § 107 FamFG Rz. 4.

3 Näher *Hau*, FS Spellenberg, S. 435, 448 f. (dort 447 auch zur Möglichkeit eines fakultativen Delibationsverfahrens für Heimatstaatsentscheidungen i.S. von § 107 Abs. 1 S. 2 FamFG).

§ 13 Anerkennungshindernisse

Literatur (vgl. auch die Nachweise zu § 12): *Basedow*, Die Verselbständigung des europäischen ordre public, FS Sonnenberger, 2004, S. 291; *Büchler*, Islamisches Familienrecht und ordre public in Europa, FS Brudermüller, 2014, S. 61; *D'Alessandro*, The Impact of Article 6 of the European Convention of Human Rights on the Enforcement of Foreign Judgments rendered in a Non Contracting State, ZZPInt 15 (2010), 171; *Frank*, Die zeitliche Relativität des Ordre Public, FS Vrellis, 2014, S. 287; *Hau*, Der Anerkennungsverkehr zwischen Deutschland und Indien in Zivil- und Handelssachen, FS Schütze, 2015, S. 151; *Heiderhoff*, Fiktive Zustellung und Titelmobilität, IPRax 2013, 309; *dies.*, Spiegelbildgrundsatz und ordre public-Verstoß im Rahmen des § 109 Abs. 1 FamFG, IPRax 2014, 264; *Hohloch*, Zur Bedeutung des Ordre public-Arguments im Vollstreckbarerklärungsverfahren, FS Kropholler, 2008, S. 809; *Hüßtege*, Braucht die Verordnung über den Europäischen Vollstreckungstitel eine ordre-public-Klausel?, FS Jayme, 2004, Bd. I, S. 371; *Kayser/Dornblüth*, Anerkennung und Vollstreckbarerklärung italienischer Zahlungsbefehle nach der EuGVVO, ZIP 2013, 57; *Mankowski*, Ordre public im europäischen und deutschen Insolvenzrecht, KTS 2011, 185; *Mansel*, Vermögensgerichtsstand und Inlandsbezug bei der Entscheidungs- und Anerkennungszuständigkeit am Beispiel der Anerkennung US-amerikanischer Urteile in Deutschland, FS Jayme, 2004, Bd. I, S. 561; *Martiny*, Die Zukunft des europäischen ordre public im Internationalen Privat- und Zivilverfahrensrecht, FS Sonnenberger, 2004, S. 523; *Regen*, Prozessbetrug als Anerkennungshindernis, 2008; *Schönau*, Die Anerkennung von Urteilen aus Mehrrechtsstaaten nach § 328 Abs. 1 ZPO am Beispiel der USA und Kanadas, 2009; *Schütze*, Forum non conveniens und Verbürgung der Gegenseitigkeit im deutsch-amerikanischen Verhältnis, FS Kropholler, 2008, S. 905; *ders.*, Probleme der Verbürgung der Gegenseitigkeit bei der Anerkennung ausländischer Zivilurteile, FS Martiny, 2014, S. 825; *Siehr*, Der ordre public im Zeichen der Europäischen Integration: Die Vorbehaltsklausel und die EU-Binnenbeziehung, FS von Hoffmann, 2011, S. 424; *ders.*, Global jurisdiction of local courts and recognition of their judgments abroad, FS Magnus, 2014, S. 515; *Sonnentag*, Anerkennungs- und Vollstreckbarkeitshindernisse im autonomen deutschen Recht, ZVglRWiss 113 (2014), 83; *M. Stürner*, Europäisierung des (Kollisions-)Rechts und nationaler ordre public, FS von Hoffmann, 2011, S. 463; *R. Stürner*, Anerkennungsrechtlicher und europäischer Ordre Public als Schranke der Vollstreckbarerklärung, in: 50 Jahre BGH – Festgabe aus der Wissenschaft, Bd. III, S. 677; *ders.*, Die Vereinbarkeit von „treble damages" mit dem deutschen ordre public, FS Schlosser, 2005, S. 967; *Sujecki*, Die Möglichkeiten und Grenzen der Abschaffung des ordre public-Vorbehalts im Europäischen Zivilprozessrecht, ZEuP 2008, 458; *Tolani*, U.S. punitive damages before German courts – A comparative analysis with respect to the ordre public, Annual Survey of International & Comparative Law XVII (2011), 185.

I. Grundlagen

Vorschriften wie Art. 34 Brüssel I-VO, Art. 45 Abs. 1 Brüssel Ia-VO, Art. 22 f. Brüssel IIa-VO oder § 328 ZPO, § 109 FamFG benennen nicht etwa Anerkennungsvoraussetzungen, sondern **Anerkennungshindernisse bzw. -versagungsgründe**. Das belegt jeweils schon der Wortlaut: „… wird nicht anerkannt, wenn …", „wird … versagt, wenn …" bzw. „die Anerkennung … ist ausgeschlossen, wenn …". Diese Art der Formulierung kommt nicht von ungefähr, sondern ist mit Bedacht gewählt; denn daraus

13.1

lässt sich ableiten, dass das Anerkennungsrecht im Grundsatz von der Anerkennungsfähigkeit ausländischer Entscheidungen ausgeht: Das Eingreifen von Anerkennungshindernissen und damit die Nichtanerkennung bilden die im Zweifel begründungsbedürftige Ausnahme.[1] Auch der EuGH
legt die einschlägigen Vorschriften erklärtermaßen eng aus, weil dieser
ein Hindernis für die Verwirklichung eines der grundlegenden Ziele der
Verordnung sei.[2] Freilich schießt der EuGH über das Ziel hinaus, wenn er
daraus ohne weiteres ableitet, dass die gesetzlich geregelten Anerkennungsversagungsgründe keinerlei Analogie zugänglich seien.[3]

13.2   Dem geschilderten Regel-Ausnahme-Verhältnis steht nicht entgegen,
        dass das mit der Anerkennungsfrage befasste Gericht das Vorliegen eines
        Anerkennungshindernisses grundsätzlich **von Amts wegen** zu prüfen und
        zu beachten hat (zu den Besonderheiten bei Gehörsverletzungen s. so-
        gleich Rz. 13.23). Besteht nach Lage der Dinge ein solches Hindernis, so
        muss die Anerkennung zwingend versagt werden; die Frage steht mithin
        nicht zur Disposition der Beteiligten.[4] Das gilt grundsätzlich auch im An-
        wendungsbereich der Brüssel I-VO und nunmehr der Brüssel Ia-VO,[5] ob-
        wohl dort die Anerkennungshindernisse überhaupt nur dann zu prüfen
        sind, wenn sich der Schuldner mit einem besonderen Rechtsbehelf gegen
        die bereits erfolgte Vollstreckbarerklärung bzw. – nach neuem Recht – ge-
        gen die Anerkennung bzw. Vollstreckung der ausländischen Entscheidung
        zur Wehr setzt (vgl. Art. 41 S. 1 Brüssel I-VO bzw. Art. 45 Brüssel Ia-VO; da-
        zu Rz. 14.9 ff., 14.20 ff.). Klargestellt sei im Übrigen, dass amtswegige Prü-
        fung bzw. Beachtung keineswegs bedeutet, dass das Gericht Tatsachen,
        aus denen sich Anerkennungshindernisse möglicherweise ergeben könn-
        ten, amtswegig zu ermitteln hätte.[6]

13.3   Wenn eine vollständige Anerkennung scheitert, kommt noch eine **Teil-
        anerkennung** in Betracht, sofern die ausländische Entscheidung wenigs-
        tens hinsichtlich eines Teils oder hinsichtlich einzelner Entscheidungs-

---

1 Abweichend noch BGH v. 29.4.1999 – IX ZR 263/97, NJW 1999, 3198, 3202;
  Handbuch IZVR/*Martiny*, Bd. III/1, Rz. 311.
2 Vgl. jeweils zur Brüssel I-VO: EuGH v. 28.4.2009 – Rs. C-420/07 (*Apostolides*),
  EuGRZ 2009, 210 Rz. 55; EuGH v. 13.10.2011 – Rs. C-139/10 (*Prism Invest-
  ments/van der Meer*), NJW 2011, 3506; EuGH v. 26.9.2013 – Rs. C-157/12 (*Salzgitter Mannesmann/Laminorul*), NJW 2014, 203, 204; EuGH v. 23.10.2014 – Rs.
  C-302/13 (*flyLAL/Air Baltic*), GRUR Int. 2014, 1172, 1176.
3 EuGH v. 26.9.2013 – Rs. C-157/12 (*Salzgitter Mannesmann/Laminorul*), NJW
  2014, 203, 204. Pointiert *Mäsch*, EuZW 2013, 905: „Das ist, mit Verlaub,
  ein Argument aus der juristischen Mottenkiste. Es ist längst anerkannt, auch
  im Europarecht, dass Ausnahmevorschriften ebenfalls zu eng geraten sein können und unter Umständen per Analogie erweitert werden müssen."
4 MünchKommZPO/*Gottwald*, § 328 Rz. 76; Stein/Jonas/*Roth*, § 328 ZPO
  Rz. 29.
5 BGH v. 12.12.2007 – XII ZB 240/05, NJW-RR 2008, 586, 587 f.; BGH v. 14.6.2012
  – IX ZB 183/09, NJW-RR 2012, 1013, 1014; Thomas/Putzo/*Hüßtege*, Art. 33
  EuGVVO Rz. 1.
6 Zutreffend BGH v. 14.6.2012 – IX ZB 183/09, NJW-RR 2012, 1013, 1014.

wirkungen anerkennungsfähig ist.[1] Die Möglichkeit einer nur teilweisen Anerkennung, Vollstreckbarerklärung bzw. Vollstreckung wird bisweilen eigens hervorgehoben (vgl. Art. 36 Brüssel IIa-VO; Art. 21 HUntVÜ 2007; Art. 15 HGÜ).

II. Anerkennungszuständigkeit

1. Europa- und Konventionsrecht

Die **Brüssel Ia-VO**, die **Brüssel IIa-VO**, die **EuUntVO** und die **EuErbVO** 13.4 verwehren dem mit der Anerkennung befassten Richter grundsätzlich die Prüfung der sog. Anerkennungszuständigkeit (zum Begriff s. Rz. 4.7): Es ist also nicht zu klären, ob die Gerichte des Entscheidungsstaates zum Erlass der Entscheidung international zuständig waren. Dieses Verbot soll im Übrigen auch im Anwendungsbereich der **EuInsVO** gelten: Art. 16 Abs. 1 wird trotz seines missverständlichen Wortlauts („durch ein nach Art. 3 zuständiges Gericht") so verstanden, dass die Eröffnung des Hauptinsolvenzverfahrens von den Gerichten der übrigen Mitgliedstaaten anzuerkennen ist, ohne dass diese die Zuständigkeit des Eröffnungsstaates überprüfen dürfen.[2]

Wenige **Ausnahmen vom Kontrollverbot** sind für die **Brüssel Ia-VO** in 13.5 Art. 45 Abs. 1 lit. e aufgeführt. Überprüfbar sind danach zum einen die ausschließlichen Zuständigkeiten gemäß Art. 24 Brüssel Ia-VO. Einer Überprüfung im Anerkennungsstaat zugänglich sind zum anderen die Zuständigkeitsvorschriften in Versicherungs- und Verbrauchersachen, zudem neuerdings auch in Arbeitsrechtssachen (insoweit anders noch die Brüssel I-VO).[3] Diese Kontrolle greift, wie der Normtext nunmehr klarstellt, jeweils nur zugunsten des Versicherungsnehmers (bzw. einer diesem zuständigkeitsrechtlich gleichgestellten Person), des Verbrauchers oder des Arbeitnehmers.[4] Zu den anerkennungsrechtlichen Konsequenzen einer Verletzung der Hinweispflicht gemäß Art. 26 Abs. 2 Brüssel Ia-VO s. Rz. 6.33. Die Vertragsstaaten des **LugÜ 2007** haben sich in Art. 35 Abs. 1 S. 2 noch zwei weitere, freilich nicht allzu weitreichende Ausnahmen vorbehalten.

---

1 *Nagel/Gottwald*, § 11 Rz. 133. Vgl. auch BGH v. 12.8.2009 – XII ZB 12/05, NJW-RR 2010, 1, 2.

2 EuGH v. 2.5.2006 – Rs. C-341/04 (*Eurofood*), EuZW 2006, 337. Beachte aber auch *Laukemann*, IPRax 2014, 258, dort zur Diskussion über die Zulässigkeit einer Ordre-public-Kontrolle bei Erschleichung von Zuständigkeit und Restschuldbefreiung.

3 Näher *Geimer*, FS Gottwald, 2014, S. 175, 181 ff.; *Mankowski*, RIW 2014, 625, 629 f.

4 Zur Brüssel I-VO erreichte man diese Einschränkung durch eine teleologische Reduktion des Versagungsgrundes; so etwa OLG Düsseldorf v. 14.2.2006 – 3 W 188/05, NJW-RR 2006, 1079.

13.6 Soweit eine Zuständigkeitskontrolle in Betracht kommt, ist der Zweitrichter an die zuständigkeitsbegründenden tatsächlichen Feststellungen
des Erstrichters gebunden (Art. 45 Abs. 2 Brüssel Ia-VO/Art. 35 Abs. 2
LugÜ 2007). In Art. 45 Abs. 1 lit. e Brüssel Ia-VO/Art. 35 Abs. 1 LugÜ
2007 bewusst nicht genannt ist Art. 25 Brüssel Ia-VO/Art. 23 LugÜ 2007.
Daher besteht keinerlei Handhabe, Entscheidungen unter Hinweis darauf
die Anerkennung zu versagen, dass abredewidrig ein derogiertes Gericht
angerufen worden war. Beachte zur frühzeitigen Bewältigung von Kompetenzkonflikten zwischen prorogiertem und derogiertem Gericht aber
schon Rz. 7.14 ff.

13.7 Im Übrigen heben Art. 45 Abs. 3 Brüssel Ia-VO und Art. 24 S. 2 Brüssel IIa-VO eigens hervor, dass das Verbot auch nicht unter Rückgriff auf
den allgemeinen **Ordre-public-Vorbehalt** umgangen werden darf. Unerheblich ist dabei, ob das erststaatliche Gericht seine internationale Zuständigkeit aus den vereinheitlichten Zuständigkeitsregeln oder aber –
bei Beklagten mit Wohnsitz in Drittstaaten – aus dem nationalen Kom-
petenzrecht abgeleitet hat (arg.: Umkehrschluss aus Art. 45 Abs. 1 lit. e,
72 Brüssel Ia-VO). Dies gilt selbst dann, wenn sich das Gericht zu Unrecht – also entgegen Art. 5 Brüssel Ia-VO oder Art. 6 Brüssel IIa-VO – auf
nationales Recht gestützt hat; auch eine dahingehende Kontrolle durch
den Anerkennungsrichter scheidet folglich aus.[1] Daraus folgt im erststaatlichen Erkenntnisverfahren eine erhebliche Verteidigungslast, die
eben auch dann besteht, wenn der Beklagte die dortigen Gerichte zwar
für unzuständig hält, sich aber nicht sicher sein kann, dass diese die Zuständigkeitsfrage ebenso beurteilen werden wie er. Lediglich abgemildert
wird diese Last durch die Vorgaben zur amtswegigen Zuständigkeitsprüfung im Erstverfahren (Art. 28 Abs. 1 Brüssel Ia-VO, Art. 18 Brüssel IIa-
VO).

13.8 Die meisten **bilateralen Staatsverträge** und die **Haager Übereinkommen**
betrachten die fehlende Anerkennungszuständigkeit als Versagungsgrund. Hierzu enthalten sie entweder mehr oder weniger ausführliche Ka-
taloge, anhand derer der Zweitrichter zu prüfen hat, ob die erststaatliche
Inanspruchnahme internationaler Zuständigkeit hinzunehmen ist (vgl.
etwa Art. 20 HUntVÜ 2007), oder es wird auf die spiegelbildliche Anwendung der Vorschriften zur internationalen Entscheidungszuständigkeit
verwiesen (so etwa Art. 23 Abs. 2 lit. a KSÜ).

---

1 EuGH v. 28.3.2000 – Rs. C-7/98 (*Krombach*), NJW 2000, 1853, 1854; BGH v.
6.10.2005 – IX ZB 27/02, IHR 2006, 259. Bemerkenswert auch EuGH v. 16.3.2006
– Rs. C-234/04 (*Kapferer*), NJW 2006, 1577; BVerfG v. 26.6.2006 – 2 BvR 253/06,
NJW-RR 2006, 1499. Einschränkend im Hinblick auf Art. 6 EMRK insbesondere
Matscher, IPRax 2001, 428; *Schlosser*, Art. 34–36 EuGVVO Rz. 30. Beachte auch
Weber, Europäisches Zivilprozessrecht und Demokratieprinzip, S. 49 ff.

2. Autonomes Recht

Nach § 328 Abs. 1 Nr. 1 ZPO ist die Anerkennung einer ausländischen   **13.9**
Entscheidung ausgeschlossen, „wenn die Gerichte des Staates, dem das
ausländische Gericht angehört, nach den deutschen Gesetzen nicht zuständig sind", und ganz ähnlich ist § 109 Abs. 1 Nr. 1 FamFG formuliert.
Gefordert wird also grundsätzlich eine Kontrolle der Anerkennungszuständigkeit. Den Maßstab dafür entnimmt man einer entsprechenden
bzw. spiegelbildlichen Anwendung der deutschen Vorschriften über die
internationale Entscheidungszuständigkeit deutscher Gerichte (sog. **Spiegelbildprinzip**): Wird ein nach §§ 12 ff. ZPO bzw. §§ 98 ff. FamFG zuständigkeitsbegründender Umstand im Ausland verwirklicht, so ist die Anerkennungszuständigkeit des ausländischen Gerichts gegeben (vgl. schon
Rz. 4.7).

Eröffnet das Europa- oder Konventionsrecht (namentlich die Brüssel Ia-   **13.10**
VO) ausnahmsweise auch dann die Entscheidungszuständigkeit deutscher Gerichte, wenn dies nach den deutschen Regeln nicht der Fall wäre,
so sollte man auch diese weitergehenden Zuständigkeitsgründe im Interesse des internationalen Entscheidungseinklangs den Gerichten eines
Drittstaates für die Zwecke von § 328 Abs. 1 Nr. 1 ZPO bzw. § 109 Abs. 1
Nr. 1 FamFG spiegelbildlich zubilligen.[1]

Beispiele: Wegen einer gemeinschaftlich begangenen unerlaubten Handlung wurden in Argentinien der dort wohnhafte A sowie sein in Brasilien lebender Mittäter B
verurteilt, der über Vermögen in Deutschland verfügt. Die Anerkennungszuständigkeit des argentinischen Gerichts i.S. von § 328 Abs. 1 Nr. 1 ZPO für das Urteil gegen
B könnte aus deutscher Sicht auf der Grundlage einer spiegelbildlichen Anwendung von Art. 8 Nr. 1 Brüssel Ia-VO bejaht werden, obwohl das autonome deutsche
Zuständigkeitsrecht den Gerichtsstand der Streitgenossenschaft nicht vorsieht (s.
Rz. 5.66). – Oder: Hat sich Beklagte im drittstaatlichen Prozess bereits im schriftlichen Verfahren rügelos zur Sache eingelassen, so sollte dies für die Anerkennungszuständigkeit genügen, weil Art. 26 Brüssel Ia-VO (weitergehend als § 39 ZPO) im
spiegelbildlichen Fall auch eine Entscheidungszuständigkeit deutscher Gerichte
begründen würde (s. Rz. 6.34).

Zwei **anerkennungsfreundliche Ausnahmen** von § 109 Abs. 1 Nr. 1 FamFG   **13.11**
sind dort in Abs. 2 und 3 vorgesehen: Mit Rücksicht auf den internationalen Entscheidungseinklang wird von einer strengen Durchführung des
Spiegelbildprinzips abgesehen, um auf diese Weise hinkende Ehen bzw. Lebenspartnerschaften zu vermeiden.[2] Die gesetzlichen Vorschriften können
also für Entscheidungs- und Anerkennungszuständigkeit identisch sein,
müssen es aber nicht.[3]

---

1 Ebenso etwa *Heiderhoff*, IPRax 2014, 264, 266 f. Anders *Schärtl*, IPRax 2006,
   438; differenzierend *Kern*, ZZP 120 (2007), 31.
2 Dazu bereits BT-Drucks. 10/504, S. 90.
3 Vgl. *Geimer*, Rz. 858 ff.; rechtsvergleichend *Thole*, in: Hess, Anerkennung, S. 25,
   37 ff.

13.12 Für das Spiegelbildprinzip sprechen **rechtspolitisch** zum einen die grundsätzliche Gleichbehandlung deutscher und ausländischer Zuständigkeitsinteressen und zum anderen die so gewährleistete Rechts- bzw. Planungssicherheit.[1] Letzteres zeigt sich vor allem in der Konstellation, dass ein potentieller Kläger prüft, wo er das Verfahren einleiten soll und inwieweit er mit der Anerkennungsfähigkeit der Entscheidung in Deutschland rechnen darf. Der rechtspolitische Gegenvorschlag, es hinsichtlich der Anerkennungszuständigkeit künftig mit einer Ordre-public-Kontrolle bewenden zu lassen,[2] erscheint erwägenswert, sofern man dies so versteht, dass eine Entscheidung jedenfalls dann nie ordre-public-widrig sein kann, wenn das ausländische Gericht schon in spiegelbildlicher Anwendung der deutschen Regeln zuständig wäre. Die Wahrung des Spiegelbildprinzips wäre demnach eine ohne weiteres hinreichende, aber eben keine notwendige Voraussetzung der Anerkennung, weil wir auch eine weitergehende Inanspruchnahme internationaler Zuständigkeit durch das ausländische Gericht akzeptieren würden, solange dies nur mit dem deutschen ordre public vereinbar wäre.

13.13 Für die Wahrung des Spiegelbildprinzips ist es ohne Belang, ob der erststaatliche Richter seine Zuständigkeit im konkreten Fall auf einen aus deutscher Sicht irrelevanten Umstand gestützt hat.[3]

Beispiel: Es schadet nicht, wenn es einem US-Richter für die Begründung seiner Zuständigkeit genügt, dass dem Beklagten die Klageschrift im Forum übergeben werden konnte (s. Rz. 4.18), sofern die dortige Zuständigkeit aus deutscher Sicht etwa auf den Erfüllungsort der fraglichen Verpflichtung gestützt werden könnte.[4]

13.14 Grundsätzlich genügt für § 328 Abs. 1 Nr. 1 ZPO (bzw. in Unterhaltssachen für § 109 Abs. 1 Nr. 1 FamFG) in spiegelbildlicher Anwendung von § 39 ZPO auch eine **rügelose Einlassung** des Beklagten auf das erststaatliche Verfahren. Dabei ist allerdings eine Einschränkung zu machen: Waren die Gerichte des Erststaates aus ihrer (aber nicht aus deutscher) Sicht auch ohne die Einlassung international zuständig, so sollte man es dem Beklagten, der sich in der Sache eingelassen hat, nicht zum Nachteil gereichen lassen, dass er von der ohnehin aussichtslos erscheinenden Zuständigkeitsrüge abgesehen hat.[5] Problematisch ist, ob das vom BGH als Einschränkung des **Vermögensgerichtsstands** gemäß § 23 ZPO postulierte Erfordernis eines hinreichenden Inlandsbezugs (s. Rz. 5.57) auch auf die

---

1 Ähnlich *Thole*, in: Hess, Anerkennung, S. 25, 43 f.
2 Dafür etwa *Sonnentag*, ZVglRWiss 113 (2014), 83, 87 ff.
3 Vgl. Handbuch IZVR/*Martiny*, Bd. III/1, Rz. 658 ff.
4 Beachte speziell zu den Schwierigkeiten einer spiegelbildlich-doppelfunktionalen Anwendung von § 29 ZPO aber *Fernández Arroyo/Schmidt*, IPRax 2009, 499, dort anhand des Falls OLG Düsseldorf v. 7.12.2007 – I-7 U 228/05, IPRax 2009, 517.
5 Vgl. BGH v. 3.12.1992 – IX ZR 229/91, IPRax 1994, 204; *Schröder*, NJW 1980, 473 ff. A.A. *Schack*, Rz. 927; *Schütze*, ZZP 90 (1977), 67, 74.

Anerkennungszuständigkeit zu übertragen ist.[1] Die ausländischen Gerichte werden als unzuständig erachtet, soweit Deutschland – ausnahmsweise (vgl. § 106 FamFG) – von einer **ausschließlichen Zuständigkeit** der eigenen Gerichte ausgeht (s. Rz. 4.12 f.). Relevant kann das wegen § 32b Abs. 1 S. 1 ZPO werden (s. Rz. 5.46) sowie dann, wenn die Zuständigkeit der ausländischen Gerichte aufgrund einer aus deutscher Sicht verbindlichen Gerichtsstandsvereinbarung derogiert war.

Das Spiegelbildprinzip hat auch Bedeutung für den **maßgeblichen Zeitpunkt** der Zuständigkeitsprüfung: Eine Änderung der die Zuständigkeit begründenden Tatsachen während des ausländischen Erstverfahrens hat keinen Einfluss auf die Anerkennungszuständigkeit, wenn wir auch in Deutschland von einer **perpetuatio fori** ausgehen würden (vgl. Rz. 4.75 ff.).[2] Umgekehrt reicht es grundsätzlich aus, wenn die Zuständigkeit des ausländischen Gerichts aus Sicht des deutschen Rechts bis zum Erlass der Entscheidung eingetreten war. Allemal ginge es zu weit, wollte man das Vorliegen des die Anerkennungszuständigkeit begründenden Umstands noch für den Zeitpunkt fordern, in dem die Anerkennungsfrage in Deutschland relevant wird.

13.15

Ist die ausländische Entscheidung in einem **Mehrrechtsstaat** ergangen, so genügt es für § 328 Abs. 1 Nr. 1 ZPO bzw. § 109 Abs. 1 Nr. 1 FamFG, wenn der zuständigkeitsbegründende Bezug zum Territorium des Gesamtstaates (also des Völkerrechtssubjekts) besteht;[3] denn geboten ist nur eine Kontrolle der internationalen, nicht der innerstaatlichen oder gar örtlichen Anerkennungszuständigkeit. Dies gilt speziell im Hinblick auf die USA auch dann, wenn kein Bundes-, sondern ein einzelstaatliches Gericht entschieden hat.[4] Zur davon zu unterscheidenden Frage der Gegenseitigkeitsverbürgung s. unten Rz. 13.47.

13.16

Obwohl § 328 Abs. 1 Nr. 1 ZPO bzw. § 109 Abs. 1 Nr. 1 FamFG vornehmlich dem Schutz desjenigen dienen, gegen den das Verfahren im Ausland betrieben wurde, soll die fehlende Anerkennungszuständigkeit nach h.M. **von Amts wegen**, nicht nur auf Rüge zu beachten sein.[5] Anders als hinsichtlich der deutschen Entscheidungszuständigkeit (s. Rz. 4.70 f.) verlangt der BGH bei der Prüfung der Anerkennungszuständigkeit die positive Feststellung zuständigkeitsbegründender **doppelrelevanter Tatsachen**,

13.17

---

1 Dagegen *Basedow*, IPRax 1994, 183, 186; *Haas*, IPRax 2001, 197. A.A. *Mansel*, FS Jayme, S. 561, 572. Generell gegen § 23 ZPO als Anerkennungszuständigkeit *Schröder*, IPRax 1988, 144, 146.

2 Vgl. den Verweis auf § 261 Abs. 3 Nr. 2 ZPO bei BGH v. 5.3.2009 – IX ZR 150/05, NJW-RR 2009, 1652; zum HUntVÜ 1973 vgl. BGH v. 2.9.2009 – XII ZB 50/06, NJW 2010, 153, 154.

3 BGH v. 29.4.1999 – IX ZR 263/97, NJW 1999, 3198.

4 Wie hier etwa MünchKommZPO/*Gottwald*, § 328 Rz. 86; ausführlich *von Hoffmann/Hau*, RIW 1998, 344 ff. A.A. (differenzierend nach bundes- und einzelstaatlichen Entscheidungen) etwa *Schönau*, S. 108 ff.

5 Vgl. etwa Stein/Jonas/*Roth*, § 328 ZPO Rz. 80; *Schack*, Rz. 974. Einschränkend *Geimer*, Rz. 2903.

also z.B. der unerlaubten Handlung, von der sowohl die internationale Zuständigkeit als auch die Begründetheit des im Erststaat zugesprochenen Anspruchs abhängen.[1] An die Tatsachenfeststellungen des ausländischen Gerichts ist der deutsche Richter nicht gebunden.[2]

III. Rechtliches Gehör

13.18 Ein besonders geregeltes Anerkennungshindernis können **Gehörsverletzungen bei der Verfahrenseinleitung** im Erststaat auslösen. Dies gilt sowohl nach Europarecht (Art. 45 Abs. 1 lit. b Brüssel Ia-VO; Art. 22 lit. b und Art. 23 lit. c Brüssel IIa-VO; Art. 40 lit. b EuErbVO) als auch nach Konventionsrecht (vgl. etwa Art. 34 Nr. 2 LugÜ 2007; Art. 22 lit. e HUntVÜ 2007; Art. 9 lit. c HGÜ) sowie autonomem Recht (§ 328 Abs. 1 Nr. 2 ZPO, § 109 Abs. 1 Nr. 2 FamFG). Dabei handelt es sich um **Spezialausprägungen des verfahrensrechtlichen ordre public**: Es gilt die Anerkennung von Entscheidungen zu verhindern, auf die der unterlegene Beklagte bzw. Antragsgegner schon mangels rechtzeitiger Information von der Verfahrenseinleitung keinen hinreichenden Einfluss nehmen konnte. Hingegen werden im weiteren Verlauf des erststaatlichen Verfahrens womöglich erfolgte Gehörsverletzungen anhand der allgemeinen Ordre-public-Klauseln überprüft (s. unten Rz. 13.39 f.).[3] Zur Anerkennungsfähigkeit von Entscheidungen aus sog. Ex-parte-Verfahren s. Rz. 15.15 f.

13.19 Der Beklagte wird in der Regel durch förmliche Zustellung eines Schriftstücks von dem gegen ihn eingeleiteten Gerichtsverfahren informiert.[4] Dieses Schriftstück, bei dem es sich um eine Klageschrift mit Einlassungsaufforderung und Terminsladung oder auch um einen Mahnbescheid handeln kann,[5] muss nach § 328 Abs. 1 Nr. 2 ZPO bzw. § 109 Abs. 1 Nr. 2 FamFG ordnungsgemäß und so rechtzeitig zugestellt worden sein, dass sich der Beklagte – wenn er es denn wollte – verteidigen konnte. Im neueren Sekundärrecht (Brüssel Ia-VO, Brüssel IIa-VO, EuErbVO) hat man das Anerkennungshindernis hingegen – abweichend vom EuGVÜ – auf die **Rechtzeitigkeit der Zustellung** beschränkt.[6] Vollständig kann aber selbst Art. 45 Abs. 1 lit. b Brüssel Ia-VO die Frage der **Ordnungsgemäßheit** nicht ausblenden; denn allemal erforderlich ist eben eine Zustellung, und dies

---

1 BGH v. 25.11.1993 – IX ZR 32/93, IPRax 1995, 101.
2 BGH v. 26.3.1969 – VIII ZR 194/68, NJW 1969, 1536. Kritisch *Spickhoff*, ZZP 108 (1995), 475, 486 f.
3 Vgl. etwa den Fall BGH v. 14.6.2012 – IX ZB 183/09, NJW-RR 2012, 1013: ein polnisches Gericht lässt ein richterliches Hinweisschreiben dem in Deutschland ansässigen Antragsgegner nicht zustellen, sondern nur in die Gerichtsakte einlegen.
4 Beachte zum Sonderproblem fiktiver Zustellungen bereits oben Rz. 8.34 ff. sowie *Heiderhoff*, IPRax 2013, 309.
5 Vgl. BGH v. 21.1.2010 – IX ZB 193/07, NJW-RR 2010, 1001, 1002, dort zu einem italienischen Mahnbescheid (*decreto ingiuntivo*).
6 Dazu EuGH v. 28.4.2009 – Rs. C-420/07 (*Apostolides*), EuGRZ 2009, 210, 215 f. (Rz. 72 ff.).

setzt ein Handeln voraus, das auf die für die Veranlassung von Zustellungen zuständige Behörde zurückführbar ist und ihren Willen zur Zustellung erkennen lässt.[1]

Die Zustellung ist **rechtzeitig erfolgt**, wenn das Schriftstück dem Beklagten mit einem solchen zeitlichen Abstand zu dem durch Gesetz oder richterliche Anordnung bestimmten Einlassungszeitpunkt zugegangen ist, dass er nicht nur seine Verteidigungsbereitschaft erklären oder zum anberaumten Termin erscheinen konnte, sondern dass ihm auch eine angemessene Frist zur Vorbereitung einer effektiven Verteidigung zur Verfügung stand.[2] Die Bewertung dieser tatsächlichen Gegebenheiten ist Sache des Zweitrichters, der nicht an die Feststellungen des Erstgerichts gebunden ist.[3] Die im Zweitstaat geltenden Fristen können dabei eine Orientierungshilfe bieten, dürfen allerdings nicht als verbindlicher Mindeststandard herangezogen werden.[4] Hat sich der Beklagte im Erststaat nicht auf das Verfahren eingelassen und soll die daraufhin gegen ihn erlassene Entscheidung in einem anderen Mitgliedstaat anerkannt bzw. vollstreckt werden, so ist in der Bescheinigung gemäß Art. 54 Brüssel I-VO (nunmehr Art. 53 Brüssel Ia-VO) der Zeitpunkt zu nennen, an dem das verfahrenseinleitende Schriftstück zugestellt worden sein soll. Diese Bescheinigung macht nach Ansicht des EuGH allerdings im Anerkennungs- bzw. Vollstreckungsstaat nicht die Prüfung gemäß Art. 34 Nr. 2 Brüssel I-VO (Art. 45 Abs. 1 Nr. 2 Brüssel Ia-VO) entbehrlich, wenn der Beklagte vorträgt, dass ihm das verfahrenseinleitende Schriftstück in Wirklichkeit nicht zugestellt worden sei.[5] Immerhin soll die Vorlage der Bescheinigung aber dazu führen, dass die Partei, die sich auf die Unrichtigkeit der Bescheinigung beruft, dies darlegen und beweisen muss.[6]

13.20

Die den Versagungsgrund ausschließende **Einlassung** ist nicht identisch mit der zuständigkeitsbegründenden rügelosen Einlassung i.S. von Art. 26 Brüssel Ia-VO bzw. § 39 ZPO. Vielmehr genügt jedes Verhandeln, aus dem sich ergibt, dass der Beklagte Kenntnis vom Verfahren hat, sofern er nicht lediglich zum Ausdruck bringt, dass er sich wegen der unzulänglichen Benachrichtigung von der Verfahrenseinleitung nicht ausreichend am Verfahren beteiligen kann.[7] Schutzintensiver ist § 109 Abs. 1 Nr. 2

13.21

---

1 Vgl. BGH v. 12.12.2007 – XII ZB 240/05, NJW-RR 2008, 586, 588.
2 BGH v. 6.10.2005 – IX ZB 360/02, NJW 2006, 701; *Kropholler/von Hein*, EuZPR, Art. 34 EuGVO Rz. 34.
3 Zöller/*Geimer*, Art. 34 EuGVVO Rz. 31; Handbuch IZVR/*Martiny*, Bd. III/2, Kap. II, Rz. 124.
4 *Kropholler/von Hein*, EuZPR, Art. 34 EuGVO Rz. 35; *Geimer/Schütze*, EuZVR, Art. 34 EuGVVO Rz. 152.
5 EuGH v. 6.9.2012 – Rs. C-619/10 (*Trade Agency/Seramico Investments*), EuZW 2012, 912, 913 f. m. Anm. *Bach*; dazu auch *Roth*, IPRax 2013, 402; *Stürner*, GPR 2013, 229; *Sujecki*, EWS 2012, 534.
6 OLG Stuttgart v. 5.11.2013 – 5 W 13/13, Rz. 31 f. (in FamRZ 2014, 792 nur im Leitsatz abgedruckt).
7 Vgl. BGH v. 5.3.2009 – IX ZB 192/07, NJW-RR 2009, 1292; BGH v. 3.8.2011 – XII ZB 187/10, NJW 2011, 3103, 3104 f.

FamFG, wonach eine Einlassung dem Beteiligten nur dann schadet, wenn er sich im ausländischen Verfahren „zur Hauptsache geäußert" hat. Eine das Anerkennungshindernis ausräumende Einlassung kann auch das Erheben eines Rechtsbehelfs gegen ein bereits erlassenes Versäumnisurteil sein.[1]

13.22 Dem Missbrauch des Anerkennungshindernisses ist in Art. 45 Abs. 1 lit. b Brüssel Ia-VO und Art. 40 lit. b EuErbVO ein weiterer Riegel vorgeschoben worden für den Fall, dass der Beklagte gegen die Entscheidung keinen Rechtsbehelf eingelegt hat, obwohl er das hätte tun können.[2] Der Begriff des Rechtsbehelfs wird weit interpretiert; er erfasst namentlich auch Anträge auf Wiedereinsetzung.[3] Die Obliegenheit zur Einlegung eines solchen Rechtsbehelfs im Erststaat soll selbst dann gelten, wenn der Titelschuldner erstmals im Vollstreckbarerklärungsverfahren von dem Titel erfährt.[4] Eine Übernahme einer solchen **Rechtsbehelfsobliegenheit** in das autonome deutsche Recht wird bereits de lege lata für möglich erachtet,[5] dürfte aber eher de lege ferenda erwägenswert sein. Auch nach Art. 22 lit. b Brüssel IIa-VO wirkt es sich nicht negativ aus, wenn von einer Rechtsbehelfsmöglichkeit kein Gebrauch gemacht wird. Vielmehr entfällt das Anerkennungshindernis nur, wenn der Antragsgegner „mit der Entscheidung eindeutig einverstanden ist".[6]

13.23 Gehörsverletzungen werden nach § 328 Abs. 1 Nr. 2 ZPO und § 109 Abs. 1 Nr. 2 FamFG nur auf **Rüge des Betroffenen** berücksichtigt („und sich hierauf beruft"). Dieser kann also auf den Einwand verzichten mit der Folge, dass die Anerkennung trotz eines etwaigen Verstoßes in Betracht kommt.[7] Aus dem Umstand, dass in Art. 45 Abs. 1 lit. b Brüssel Ia-VO, Art. 22 lit. b Brüssel IIa-VO und Art. 40 lit. b EuErbVO von einer solchen Rügeobliegenheit keine Rede ist, wird diesbezüglich von der wohl noch h.M. auf eine **amtswegige Prüfung** geschlossen.[8]

---

1 Klarstellend BGH v. 15.5.2014 – IX ZB 26/13, NJW 2014, 2365, 2366.
2 Dazu EuGH v. 28.4.2009 – Rs. C-420/07 (*Apostolides*), EuGRZ 2009, 210; BGH v. 17.12.2009 – IX ZB 124/08, NJW-RR 2010, 571; BGH v. 3.8.2011 – XII ZB 187/10, NJW 2011, 3103, 3105.
3 Näher BGH v. 21.1.2010 – IX ZB 193/07, NJW-RR 2010, 1001, 1003 m. w. Nachw.
4 So BGH v. 21.1.2010 – IX ZB 193/07, NJW-RR 2010, 1001, 1003.
5 Dafür insbesondere *Geimer*, Rz. 2921; *Thole*, in: Hess, Anerkennung, S. 25, 47. A.A. aber etwa BayObLG v. 7.5.2003 – 3Z BR 177/02, FamRZ 2004, 274, 275; *Schack*, Rz. 941.
6 Vgl. *Helms*, FamRZ 2001, 257, 264; Staudinger/*Spellenberg*, Art. 22 EheGVO Rz. 68.
7 BT-Drucks. 10/504, S. 88.
8 BGH v. 12.12.2007 – XII ZB 240/05, NJW-RR 2008, 586, 587 f.; Thomas/Putzo/ *Hüßtege*, Art. 34 EuGVVO Rz. 4; *Schack*, Rz. 934. A.A. aber etwa *Geimer/Schütze*, EuZVR, Art. 34 EuGVVO Rz. 101; Rauscher/*Leible*, Art. 34 Brüssel I-VO Rz. 41; *Czernich/Tiefenthaler/Kodek*, Art. 34 EuGVVO Rz. 2.

IV. Rechtskraft- und Rechtshängigkeitskonflikte

Probleme entstehen, wenn sich die ansonsten anerkennungsfähige aus- **13.24**
ländische Entscheidung nicht mit einer anderen Entscheidung verträgt,
der aus Sicht des Zweitstaates der Vorrang gebührt. Im Grunde kommen
folgende **Konfliktsituationen** in Betracht: Vor allem kann die ausländische
Entscheidung im Widerspruch zu einer zweitstaatlichen Entscheidung stehen oder unter Nichtbeachtung zweitstaatlicher Rechtshängigkeit ergangen sein. Zudem ist denkbar, dass die ausländische Entscheidung mit einer
in einem dritten Staat ergangenen Entscheidung, die im Zweitstaat anzuerkennen ist, oder mit einer drittstaatlichen früheren Rechtshängigkeit
konkurriert. Seltener kommt es schließlich vor, dass zwei sich widersprechende Entscheidungen zur Anerkennung anstehen, die in demselben
Staat erlassen wurden.

Im **Europa- bzw. Konventionsrecht** sind die mit solchen Fällen befassten **13.25**
Vorschriften eng formuliert (vgl. Art. 45 Abs. 1 lit. c und d Brüssel Ia-VO;
Art. 22 lit. c und d Brüssel IIa-VO; Art. 40 lit. c und d EuErbVO; Art. 34
Nr. 3 und 4 LugÜ 2007). Sie sparen vor allem die Konstellation früherer
Rechtshängigkeit aus, da Regelungen wie Art. 29 Brüssel Ia-VO etc. der
Durchführung paralleler Verfahren bereits im Vorfeld entgegenwirken
sollen (konsequent anders das HUntVÜ 2007, das keine Rechtshängigkeitssperre vorsieht und daher ein diesbezügliches Anerkennungshindernis in Art. 22 lit. c benennt). Nach Ansicht des EuGH ist die Vorschrift
zu konkurrierenden ausländischen Entscheidungen (Art. 34 Nr. 4 Brüssel I-VO; nunmehr Art. 45 Abs. 1 lit. d Brüssel Ia-VO) weder direkt noch
analog anwendbar, wenn beide Entscheidungen aus demselben Mitgliedstaat stammen.[1]

Im Hinblick auf den **Europäischen Vollstreckungstitel**, den **Europäischen** **13.26**
Zahlungsbefehl sowie das **Urteil nach der EuBagatellVO** bildet die Exis-
tenz einer damit unvereinbaren zweit- bzw. drittstaatlichen Entscheidung
einen im Vollstreckungsstaat beachtlichen Grund, die Vollstreckung zu
verweigern, es sei denn, die Unvereinbarkeit konnte bereits im erststaatlichen Verfahren geltend gemacht werden (Art. 21 Abs. 1 EuVTVO; Art. 22
Abs. 1 EuMahnVO/EuBagatellVO).[2] An diesen Regeln ist bemerkenswert,
dass sie – anders als Art. 45 Abs. 1 lit. c Brüssel Ia-VO sowie Art. 22 lit. c
Brüssel IIa-VO – einer im Zweitstaat ergangenen Entscheidung nur dann
den Vorrang zubilligen, wenn diese vor der anzuerkennenden ausländischen Entscheidung ergangen ist. Im Interesse des Kindeswohls folgt
aus Art. 23 lit. e und f Brüssel IIa-VO, dass stets die jüngste Entscheidung
maßgeblich sein soll.

---

1 EuGH v. 26.9.2013 – Rs. C-157/12 (*Salzgitter Mannesmann/Laminorul*), NJW
2014, 203, 204. Zustimmend *Schnichels/Stege*, EuZW 2014, 808, 813. Für analoge Anwendbarkeit hingegen *Mäsch*, EuZW 2013, 905 f.
2 Dazu, dass aus dem Vollstreckungshindernis de lege lata kein Anerkennungshindernis abzuleiten ist, vgl. *Freitag*, FS Kropholler, S. 759, 764 ff.

13.27   Für das **autonome Recht** lösen die im Wesentlichen gleichlautenden § 328 Abs. 1 Nr. 3 ZPO und § 109 Abs. 1 Nr. 3 FamFG die Konkurrenzfrage zwar ungerecht,[1] aber eindeutig:[2] Einer inländischen Entscheidung wird stets Vorrang vor der Anerkennung einer ausländischen eingeräumt, und zwar unabhängig vom Erlasszeitpunkt. Das gilt auch, wenn die inländische Entscheidung unter Missachtung der ausländischen Rechtshängigkeit bzw. Rechtskraft erlassen worden ist. Ist es umgekehrt zu der ausländischen Entscheidung trotz eines in Deutschland früher rechtshängig gemachten und noch nicht abgeschlossenen Verfahrens gekommen, so löst die inländische Rechtshängigkeit ein Anerkennungshindernis aus. Konkurrieren mehrere miteinander unvereinbare ausländische Entscheidungen, so wird der jüngeren die Anerkennung versagt; auf den Zeitpunkt der Verfahrenseinleitung kommt es dabei nicht an.

13.28   Für die **Unvereinbarkeit** sollte nicht auf den engen Streit- bzw. Verfahrensgegenstandsbegriff abgestellt werden, sondern auf die Kernpunkte der konkurrierenden Verfahren bzw. Entscheidungen.[3] Kollisionen hinsichtlich Vorfragen können also genügen. Zu beachten ist aber auch die Natur der Entscheidung. So können namentlich Schutzmaßnahmen jederzeit abgeändert werden, wenn das Interesse des Kindes dies verlangt. Daher ist eine spätere ausländische Entscheidung nicht mit einer früheren inländischen unvereinbar, wenn sie sich eben auf veränderte Verhältnisse stützt.[4]

V. Ordre public

1. Grundlagen

13.29   Das Anerkennungsrecht ist geprägt von der Vorstellung, dass die Freizügigkeit von Entscheidungen zu einem geordneten internationalen Rechtsverkehr beiträgt und dass alle Rechts- und Gerichtssysteme im Ausgangspunkt zunächst als gleichwertig – aber eben auch als gleichermaßen fehleranfällig – zu denken sind. Daher sollen ausländische Entscheidungen im Regelfall anzuerkennen sein, und zwar selbst auf die Gefahr hin, dass sie sich im Einzelfall aus zweitstaatlicher Sicht als unrichtig erwei-

---

1 Näher etwa *Hau*, Positive Kompetenzkonflikte, 1996, S. 100 ff. Zustimmend *Sonnentag*, ZVglRWiss 113 (2014), 83, 92 m. w. Nachw.

2 Zum Ordre-public-Vorbehalt als ergänzender Auffangtatbestand vgl. *Hohloch*, FS Kropholler, S. 809, 811, 816.

3 Vgl. EuGH v. 4.2.1988 – Rs. C-145/86 (*Hoffmann/Krieg*), IPRax 1989, 159; ferner EuGH v. 6.6.2002 – Rs. C-80/00 (*WECO*), NJW 2002, 2087, dort zur Unvereinbarkeit zweier Entscheidungen im einstweiligen Rechtsschutz. Zum autonomen Recht: OLG Hamm v. 30.10.2000 – 1 U 1/00, FamRZ 2001, 1015; MünchKommZPO/*Gottwald*, § 328 Rz. 115; Thomas/Putzo/*Hüßtege*, § 328 ZPO Rz. 14.

4 Staudinger/*Henrich*, Art. 21 EGBGB Rz. 243 f. Vgl. auch BGH v. 17.6.2009 – XII ZB 82/09, NJW-RR 2009, 1300: keine Unvereinbarkeit von deutschem Unterhaltstitel mit österreichischer Entscheidung über Nachtragsklage.

sen könnten. Dadurch erklärt sich, dass dem Anerkennungsrichter eine Überprüfung der ausländischen Entscheidung in der Sache verwehrt ist: es gilt das sog. **Verbot einer *révision au fond*.** Hervorgehoben wird dies sowohl im Europarecht (Art. 52 Brüssel Ia-VO; Art. 42 EuUntVO; Art. 26 Brüssel IIa-VO; Art. 41 EuErbVO; Art. 21 Abs. 2 EuVTVO; Art. 22 Abs. 3 EuMahnVO; Art. 22 Abs. 2 EuBagatellVO) als auch im Konventionsrecht (Art. 36 und 45 Abs. 2 LugÜ 2007; Art. 28 HUntVÜ 2007; Art. 27 KSÜ; Art. 8 Abs. 2 S. 1 HGÜ). Für das autonome Recht ist das Verbot in § 109 Abs. 5 FamFG niedergelegt und gleichsinnig in § 723 Abs. 1 ZPO (was systematisch deplatziert erscheint, weil es um eine Frage der Anerkennung, nicht nur der Vollstreckbarerklärung geht). Untersagt ist damit zweierlei: zum einen, die Anerkennung oder Vollstreckung nur deshalb zu versagen, weil die vom ausländischen Gericht angewandten Rechtsvorschriften von denen abweichen, die der Anerkennungsrichter im Falle seiner eigenen Befassung mit dem Rechtsstreit angewandt hätte (vgl. zum Verbot einer kollisionsrechtlichen Kontrolle schon Rz. 12.10); und zum anderen darf der Anerkennungsrichter nicht nachprüfen, ob das ausländische Gericht den Fall rechtlich und tatsächlich fehlerfrei gewürdigt hat.[1]

Gleichwohl sehen die meisten der soeben genannten Rechtsinstrumente vor, dass die Anerkennung unter Berufung auf den ordre public des Anerkennungsstaates versagt werden darf (zu den Ausnahmen s. unten Rz. 13.45). Der **Ordre-public-Vorbehalt** wird von denjenigen, die sich in casu gegen die Anerkennung wenden, häufig bemüht, führt in der Praxis aber nur selten zum Erfolg;[2] denn es besteht Einigkeit, dass der ordre public nur in **extremen Fällen** als „Notbremse" eingreift, in denen zudem eine hinreichende Inlandsbeziehung des Sachverhalts ersichtlich ist.[3] Nicht jede Vorschrift des zweitstaatlichen Sach- oder Verfahrensrechts muss bzw. darf mit dem ordre public verteidigt werden. | 13.30

Zu beachten ist, dass der **anerkennungsrechtliche ordre public** nicht deckungsgleich ist mit dem **kollisionsrechtlichen ordre public** (Art. 6 EGBGB; Art. 21 Rom I-VO; Art. 26 Rom II-VO; Art. 12 Rom III-VO; Art. 35 EuErbVO): Denn es besteht ein Unterschied, ob ein deutsches Gericht eine ausländische Vorschrift nicht anwenden soll oder ob bereits eine ausländische Entscheidung ergangen ist, die diese Vorschrift angewendet hat. Im letztgenannten Fall kann die ausländische Entscheidung womöglich noch hinnehmbar sein, weil die Nichtanerkennung nunmehr den internationalen Entscheidungseinklang stören würde.[4] | 13.31

---

1 Vgl. etwa EuGH v. 6.9.2012 – Rs. C-619/10 (*Trade Agency/Seramico Investments*), EuZW 2012, 912, 914; EuGH v. 23.10.2014 – Rs. C-302/13 (*flyLAL/Air Baltic*), GRUR Int. 2014, 1172, 1176 f.

2 Belegt durch *Hohloch*, FS Kropholler, S. 809, 810 ff.

3 Dazu, dass unter Umständen bereits ein EU-Bezug ausreichen sollte, vgl. *Siehr*, FS von Hoffmann, S. 424, 432 ff.

4 Näher *von Hein*, RIW 2007, 249, 252 f.; Handbuch IZVR/*Martiny*, Bd. III/1, Rz. 1014; *Geimer*, Rz. 27: Theorie des *ordre public atténué de réconnaissance*.

13.32 Eine Anwendung des Ordre-public-Vorbehalts kommt nach alledem nur in Betracht, wenn das Ergebnis der Anerkennung bzw. Vollstreckung – also nicht die ausländische Entscheidung an sich – im konkreten Fall schlechterdings untragbar erscheint, weil sich ein eklatanter Widerspruch zu den Grundgedanken der deutschen Regelungen und den in ihnen enthaltenen Gerechtigkeitsvorstellungen abzeichnet.[1] Soweit die Verordnungen einen „offensichtlichen" Widerspruch zur öffentlichen Ordnung verlangen (vgl. Art. 45 Abs. 1 lit. a Brüssel Ia-VO, Art. 22 lit. a Brüssel IIa-VO), unterstreicht dies den **Ausnahmecharakter der Vorbehaltsklauseln.**[2] Dies vorausgesetzt, kann der ordre public sowohl dem Schutz Einzelner als auch dem Schutz deutscher Hoheitsinteressen oder des Rechtsverkehrs dienen. Und zumindest im Grundsatz kann der ordre public nicht nur unter Berufung auf genuin rechtliche Interessen mobilisiert werden, sondern womöglich auch wegen extrem schwerwiegender wirtschaftlicher Folgen,[3] soweit sich diese gewissermaßen zu einer Rechtsverletzung verdichten.

13.33 Maßgeblich für die Beurteilung ist nach h.M. der **Zeitpunkt** der Anerkennungsentscheidung.[4] Dies leuchtet ein, wenn sich die zweitstaatlichen Standards seit Erlass der ausländischen Entscheidung dahingehend verändert haben, dass nunmehr eine Anerkennung in Betracht kommt.[5] Denkbar ist aber auch der umgekehrte Fall, dass im Zweitstaat inzwischen etwas als nicht mehr hinnehmbar anstößig (nicht nur als politisch inkorrekt) empfunden wird, was in dem Zeitpunkt, in dem die ausländische Entscheidung erlassen wurde und damit ipso iure anzuerkennen war, noch toleriert worden wäre. Dann ist nicht einzusehen, dass die einmal eingetretene Anerkennungsfähigkeit nachträglich wieder entfallen sollte (vgl. auch Rz. 12.47).[6]

2. Materiell-rechtlicher ordre public

13.34 Den Prüfungsmaßstab für die Handhabung von § 328 Abs. 1 Nr. 4 ZPO und § 109 Abs. 1 Nr. 4 FamFG im Hinblick auf materiell-rechtliche Be-

---

1 Statt vieler: BGH v. 21.4.1998 – XI ZR 377/97, NJW 1998, 2358; BGH v. 14.6.2012 – IX ZB 183/09, NJW-RR 2012, 1013, 1014.

2 Deutlich zum Ausnahmecharakter etwa EuGH v. 6.9.2012 – Rs. C-619/10 (*Trade Agency/Seramico Investments*), EuZW 2012, 912, 914 f.; EuGH v. 23.10.2014 – Rs. C-302/13 (*flyLAL/Air Baltic*), GRUR Int. 2014, 1172, 1176.

3 Allzu lapidar anders EuGH v. 23.10.2014 – Rs. C-302/13 (*flyLAL/Air Baltic*), GRUR Int. 2014, 1172, 1177.

4 BGH v. 21.4.1998 – XI ZR 377/97, NJW 1998, 2358 (Differenzeinwand); OLG Stuttgart v. 12.10.2004 – 8 W 507/03, FamRZ 2005, 636, 637. Differenzierend *Frank*, FS Vrellis, S. 287.

5 *Schack*, Rz. 973. Anders aber Staudinger/*Spellenberg*, § 328 ZPO Rz. 485: auch das Vertrauen auf die Nichtanerkennung sei schutzwürdig.

6 *Schack*, Rz. 973; Staudinger/*Spellenberg*, § 328 ZPO Rz. 483. Anders *Frank*, FS Vrellis, S. 287, 295 f.

denken bestimmt das deutsche Recht.[1] Auch im Anwendungsbereich des **Europa- und Konventionsrechts** kommt es grundsätzlich auf die nationalen Vorstellungen des jeweiligen Anerkennungsstaates an.[2] Das im prinzipiellen Verzicht auf die Überprüfung der internationalen Zuständigkeit (s. Rz. 13.4 ff.) manifestierte wechselseitige Vertrauen der Mitgliedstaaten in die Rechtsprechung ihrer EU-Partner und die Zielsetzung der Verordnungen gebieten allerdings eine restriktive und möglichst einheitliche Handhabung des Vorbehalts, die im Einzelfall durchaus eine großzügigere Bewertung als im Rahmen des autonomen Anerkennungsrechts rechtfertigen kann.[3] Der EuGH nimmt daher in ständiger Rechtsprechung die Befugnis in Anspruch, über die Grenzen zu wachen, innerhalb derer die nationalen Gerichte den ordre public als Anerkennungshindernis einsetzen dürfen.[4] Das schafft aber noch keinen genuin „europäischen" ordre public.[5]

§ 328 Abs. 1 Nr. 4 ZPO und § 109 Abs. 1 Nr. 4 FamFG stellen klar, dass der ordre public namentlich im Falle eines **Verstoßes gegen Grundrechte** der Anerkennung entgegenstehen kann.[6] Obgleich dies in der Brüssel Ia-VO und der Brüssel IIa-VO – anders als in Art. 26 EuInsVO[7] – nicht ausdrücklich hervorgehoben wird, ist auch dort die Vereinbarkeit mit Grundrechten ein wichtiger Gesichtspunkt.[8] Bedeutsam werden solche Erwägungen immer wieder im Hinblick auf familienrechtliche Entscheidungen. Wird **13.35**

---

1 Vgl., jeweils zum Unterhaltsrecht und jeweils die Ordre-public-Widrigkeit verneinend, BGH v. 17.6.2009 – XII ZB 82/09, NJW-RR 2009, 1300 (rückwirkende Verurteilung zu Unterhaltszahlungen); BGH v. 12.8.2009 – XII ZB 12/05, NJW-RR 2010, 1, 3 (Berücksichtigung fiktiv erzielbaren Einkommens).

2 *Kropholler/von Hein*, EuZPR, Art. 34 EuGVO Rz. 5; MünchKommZPO/*Gottwald*, Art. 34 EuGVO Rz. 12; *Martiny*, FS Sonnenberger, S. 523, 532.

3 Vgl. auch BGH v. 24.2.1999 – IX ZB 2/98, IPRax 1999, 371.

4 EuGH v. 28.3.2000 – Rs. C-7/98 (*Krombach/Bamberski*), IPRax 2000, 406; EuGH v. 11.5.2000 – Rs. C-38/98 (*Renault/Maxicar*), IPRax 2001, 328; EuGH v. 2.4.2009 – Rs. C-394/07 (*Marco Gambazzi/DaimlerChrysler Canada*), NJW 2009, 1938, 1939; EuGH v. 28.4.2009 – Rs. C-420/07 (*Apostolides*), EuGRZ 2009, 210; EuGH v. 6.9.2012 – Rs. C-619/10 (*Trade Agency/Seramico Investments*), EuZW 2012, 912, 914 f.; EuGH v. 23.10.2014 – Rs. C-302/13 (*flyLAL/Air Baltic*), GRUR Int. 2014, 1172, 1176.

5 Vgl. *Martiny*, FS Sonnenberger, S. 523; *M. Stürner*, FS von Hoffmann, S. 463. Für eine „Verselbständigung" des europäischen ordre public aber *Basedow*, FS Sonnenberger, S. 291.

6 Beachte auch *D'Alessandro*, ZZPInt 15(2010), 171, dort zu der Sonderfrage, ob Art. 6 EMRK es gebieten kann, einem damit unvereinbaren Urteil eines drittstaatlichen Gerichts die Anerkennung zu versagen.

7 Ausführlich dazu *Mankowski*, KTS 2011, 185. Beachte auch BGH v. 8.5.2014 – IX ZB 35/12, NJW-RR 2014, 1135 f., dort zum Gebot übereinstimmender Auslegung der Ordre-public-Vorbehalte in der EuInsVO und der Brüssel I-VO.

8 Vgl. EuGH v. 2.4.2009 – Rs. C-394/07 (*Marco Gambazzi/DaimlerChrysler Canada*), NJW 2009, 1938, 1939; EuGH v. 6.9.2012 – Rs. C-619/10 (*Trade Agency/Seramico Investments*), EuZW 2012, 912, 915. Beachte auch BGH v. 20.5.2010 – IX ZB 121/07, NJW-RR 2010, 1221, dort zum LugÜ. Näher etwa *Leipold*, FS Stoll, 2001, S. 625, 637 ff.

beispielsweise einem Elternteil das Sorgerecht abgesprochen, weil er oder
sie einer bestimmten Religion nicht angehört, so widerspricht dies Art. 3
Abs. 2 S. 1, Art. 4 Abs. 1 und 2, Art. 6 Abs. 2 und 3 GG und ist deshalb nicht
anzuerkennen.[1] Ähnliche Fragen ergeben sich aus religiös motivierten
Scheidungsverboten; dann geht es um die Freiheit zur (neuen) Eheschließung nach Art. 6 Abs. 1 GG und um die Religionsfreiheit nach Art. 4
Abs. 1 und 2 GG.[2] Große Probleme bereitet in neuerer Zeit die Anerkennungsfähigkeit ausländischer Entscheidungen, die nicht in Einklang mit
dem deutschen Verbot der Leihmutterschaft stehen.[3]

13.36   Im Bereich des Vermögensrechts geraten namentlich US-amerikanische
Titel über **punitive damages** nach h.M. in Konflikt mit dem anerkennungsrechtlichen ordre public: Jedenfalls soweit sie über die Kompensation materieller und immaterieller Schäden hinaus pauschal, also völlig ungeachtet der Bedürfnisse oder der Verluste des Geschädigten gerade diesem
zugesprochen werden, widersprechen sie nach deutschen Vorstellungen
dem staatlichen Bestrafungsmonopol.[4] Verstärkt werden diese Vorbehalte
gegen *punitive damages* auf europäischer Ebene durch Erwägungsgrund
Nr. 32 zur Rom II-VO und durch die Empfehlung 2013/396/EU zum kollektiven Rechtsschutz (dort Nr. 31).[5] Der Anerkennung des in einem US-
Prozess titulierten Kostenerstattungsanspruchs steht aber nicht zwingend
entgegen, dass dort in der Hauptsache auch Strafschadensersatz zugesprochen wurde.[6] Im Rahmen des HGÜ verspricht man sich von Art. 11 eine
akzeptable Definition derjenigen Fälle, in denen die Anerkennung verweigert werden darf.

13.37   Grundrechtliche Vorgaben können umgekehrt auch **für die Anerkennung**
streiten und so bewirken, dass sich einfachgesetzliche Bestimmungen des
Anerkennungsstaates nicht durchsetzen. Dies belegt die Rechtsprechung
des EGMR, wonach die Nichtanerkennung einer Adoptionsentscheidung
gegen Art. 8 EMRK verstößt, wenn der angebliche Ordre-public-Verstoß
darauf gestützt wird, dass nach dem Sachrecht des Anerkennungsstaates
eine Volladoption durch eine unverheiratete Frau ausgeschlossen sei.[7]

---

1 OLG Koblenz v. 4.8.2004 – 11 UF 771/03, OLGR Koblenz 2005, 50, 52.
2 Vgl. *Scholz/Krause*, FuR 2009, 1, 5, dort zur Unscheidbarkeit einer Ehe.
3 Ausführlich dazu BGH v. 10.12.2014 – XII ZB 463/13; *Dethloff*, JZ 2014, 922,
   925 ff.; *Mayer*, RabelsZ 78 (2014), 551, 568 ff.
4 Grundlegend BGH v. 4.6.1992 – IX ZR 149/91, NJW 1992, 3096. Vgl. zum Streitstand seither etwa *Bachmann*, FS Schlosser, 2005, S. 1, 13 ff.; *Schack*, Rz. 960
   („heillos umstritten"); *Thole*, in: Hess, Anerkennung, S. 25, 48 f.; *Tolani*, Annual
   Survey of International & Comparative Law XVII (2011), 185, 200 ff. (grundsätzlich für Anerkennungsfähigkeit). Beachte auch *Gebauer*, ZEuP 2009, 412, sowie
   das Fallbeispiel bei *Fuchs/Hau/Thorn*, Nr. 7.
5 ABl. 2013 L 201/60.
6 OLG Stuttgart v. 27.7.2009 – 5 U 39/09, OLGR Stuttgart 2009, 795, dort auch
   zu weiteren anerkennungsrechtlichen Problemen der sog. *American rule of
   costs*.
7 EGMR v. 28.6.2007 – 76240/01, FamRZ 2007, 1529 f. Dazu *Botthoff*, StAZ 2013,
   77, 79 f.

Allgemein kann im Hinblick auf ausländische Statusentscheidungen berücksichtigt werden, dass die Versagung der Anerkennung zu einem auch unter Grundrechtsaspekten unerwünschten „hinkenden Rechtsverhältnis" führen würde.[1]

3. Verfahrensrechtlicher ordre public

Ist die ausländische Entscheidung in einem Verfahren zustande gekommen, das von zwingenden Bestimmungen des deutschen Gerichtsverfassungs- und Verfahrensrechts abweicht, so schließt dies die Anerkennung noch nicht aus; selbst erhebliche Unterschiede sind hinzunehmen.[2] So widerspricht etwa der Umstand, dass US-amerikanische Richter in einigen US-Bundesstaaten von der Bevölkerung gewählt werden, nicht per se dem deutschen ordre public.[3] Dieser wird erst dann verletzt, wenn das ausländische Verfahren derart von **wesentlichen Grundprinzipien des deutschen Rechts** abweicht, dass die ausländische Entscheidung nicht mehr als Ergebnis eines geordneten, rechtsstaatlichen Verfahrens angesehen werden kann.[4] Ein Verstoß gegen das Verfahrensrecht des Erststaates ist dabei weder hinreichend noch notwendig. **13.38**

Wichtiger Teil des verfahrensrechtlichen ordre public ist der **Anspruch auf rechtliches Gehör** (Art. 103 Abs. 1 GG). Diesbezüglich ergänzen die Ordre-public-Klauseln die bereits erörterten Sonderregelungen hinsichtlich des verfahrenseinleitenden Schriftstücks (s. oben Rz. 13.18 ff.). **13.39**

Beispiel: Die Anerkennung der in Polen erfolgten Vaterschaftsfeststellung gegen den in Deutschland lebenden angeblichen Vater ist trotz ordnungsgemäßer Verfahrenseinleitung zu versagen, wenn die Vaterschaft ohne Sachverständigengutachten nur gestützt auf die Aussage einer Zeugin vom Hörensagen festgestellt wird, obwohl der Antragsgegner jeden geschlechtlichen Verkehr mit der Mutter geleugnet und angeboten hatte, an der Erstellung eines Vaterschaftsgutachtens mitzuwirken.[5]

Unvereinbar mit der deutschen Vorstellung zur Gewährung rechtlichen Gehörs ist es auch, wenn der im Ausland in erster Instanz unterlegene Beklagte nach dortigem Verfahrensrecht zu wenig Zeit hatte, um den Vorschuss für die Durchführung des Berufungsverfahrens einzuzahlen, und die beantragte Fristverlängerung ohne weiteres versagt wurde.[6] Die Toleranzschwelle kann zudem überschritten sein, wenn der Beklagte im erst- **13.40**

---

1 BayObLG v. 21.6.2000 – 1Z BR 186/99, StAZ 2000, 300, 303; *Looschelders*, IPRax 2005, 28, 29; *Staudinger*, FamRBint 2007, 42, 46.
2 Statt vieler: BGH v. 2.9.2009 – XII ZB 50/06, NJW 2010, 153, 154 f.; BGH v. 14.6.2012 – IX ZB 183/09, NJW-RR 2012, 1013, 1014.
3 Näher *Sandrock*, RIW 2009, 577, 585.
4 BGH v. 18.10.1967 – VIII ZR 145/66, NJW 1968, 354, 355; BGH v. 14.6.2012 – IX ZB 183/09, NJW-RR 2012, 1013, 1014; BayObLG v. 8.5.2002 – 3Z BR 303/01, FamRZ 2002, 1637, 1639.
5 BGH v. 26.8.2009 – XII ZB 169/07, NJW 2009, 3306.
6 BGH v. 20.5.2010 – IX ZB 121/07, NJW-RR 2010, 1221.

staatlichen Verfahren wegen einer angeblichen Missachtung des Gerichts vom Verfahren ausgeschlossen und seine Beschwerde gegen den Ausschluss deshalb als unzulässig zurückgewiesen worden war.[1] Einen eigenen Versagungsgrund speziell für Adhäsionsentscheidungen, die in Abwesenheit des Beklagten ergehen, sieht nunmehr, in Anlehnung an die Judikatur des EuGH,[2] Art. 64 Brüssel Ia-VO vor.

13.41   Bedeutsam auf der Anerkennungsebene ist auch das **Recht auf ein faires Verfahren**, das auf europäischer Ebene durch Art. 47 Grundrechte-Charta und Art. 6 EMRK bekräftigt wird. Daraus leitet der EuGH insbesondere ab, dass gerichtliche Entscheidungen grundsätzlich zu begründen sind, damit der Beklagte die Gründe seiner Verurteilung verstehen und zweckdienliche Rechtsmittel einlegen kann.[3] Ergeht in einem Verfahren, auf das sich der Beklagte nicht eingelassen hat, eine Entscheidung, die keine Würdigungen zur Sache enthält, so soll dies eine Beschränkung des Grundrechts nahelegen. Allerdings räumt der EuGH ein, dass jede Prozessrechtsordnung im Interesse einer ordnungsgemäßen Rechtspflege gewährleisten muss, dass Verfahren zur Beitreibung unbestrittener Forderungen rasch, effektiv und kostengünstig vonstatten gehen. Und dies wiederum könne eine Beschränkung des Rechts auf eine Begründung gerichtlicher Entscheidungen rechtfertigen. Aus Sicht des deutschen Verfahrensrechts dürften diese Überlegungen des EuGH keinen Handlungsbedarf auslösen:[4] Denn erstens setzt ein Versäumnisurteil gegen den Beklagten eine Schlüssigkeitsprüfung voraus (§ 331 ZPO), zweitens steht dem Beklagten mit dem Einspruch i.S. von §§ 338 ff. ZPO gegen das Versäumnisurteil ein Rechtsbehelf zur Verfügung, der ihm keinerlei Ausführungen zur Unzulässigkeit oder Unbegründetheit der Klage abverlangt, und drittens sieht § 313b Abs. 3 ZPO ohnehin vor, dass das Versäumnisurteil mit Tatbestand und Entscheidungsgründen zu versehen ist, wenn eine Anerkennung im Ausland zu erwarten ist.

13.42   Als wenig hilfreich erweisen sich die These, eine **betrügerisch erlangte Entscheidung** verstoße per se gegen den ordre public,[5] bzw. die Vorstellung, es bedürfe für solche Fälle sogar eines eigenständigen Anerkennungsversagungsgrunds (so Art. 22 lit. b HUntVÜ 2007; Art. 9 lit. d HGÜ). Vielmehr kann die Anerkennung einer Entscheidung, deren (angebliche!) Er-

---

1 Beachte BGH v. 2.9.2009 – XII ZB 50/06, NJW 2010, 153, 155 ff. (dazu *Gottwald*, FamRZ 2009, 2074), dort zum HUntVÜ 1973. Ähnlich zur Brüssel I-VO zuvor EuGH v. 2.4.2009 – Rs. C-394/07 (*Marco Gambazzi/DaimlerChrysler Canada*), NJW 2009, 1938.

2 EuGH v. 28.3.2000 – Rs. C-7/98 (*Krombach/Bamberski*), IPRax 2000, 406.

3 Dazu und zum Folgenden EuGH v. 6.9.2012 – Rs. C-619/10 (*Trade Agency/Seramico Investments*), EuZW 2012, 912, 915. Vgl. auch EuGH v. 23.10.2014 – Rs. C-302/13 (*flyLAL/Air Baltic*), GRUR Int. 2014, 1172, 1177.

4 Ebenso *Bach*, EuZW 2012, 915, 916 f.; *Roth*, IPRax 2013, 402, 403 f.

5 Näher *Hau*, IPRax 2006, 20; ausführlich *Regen*, passim. Vorschnell etwa BGH v. 10.12.2009 – IX ZB 103/06, IPRspr 2009, 624. Vorsichtiger OLG Köln v. 17.11.2008 – 16 W 27/08, NJW-RR 2009, 1074, 1075.

schleichung erst auf der Anerkennungsebene geltend gemacht wird, durchaus noch hinnehmbar erscheinen, wenn die Möglichkeit zur Klärung dieses Vorwurfs bereits im Ausland bestand oder noch besteht, aber nicht genutzt wurde bzw. genutzt wird.[1] Wer sich im ausländischen Verfahren betrogen fühlt, ist gehalten, dies schon dort vorzubringen, soll sich dahingehenden Vortrag also nicht etwa für die Anerkennungsebene aufsparen dürfen. Denn es ist nicht ersichtlich, warum die Frage, ob ein betrügerisches Verhalten tatsächlich erweislich ist, im Anerkennungsstaat besser als im Erststaat aufgeklärt werden könnte.[2] Berührt ist der ordre public hingegen ausnahmsweise dann, wenn das ausländische Rechtssystem de jure oder de facto nicht in der Lage ist, während oder nötigenfalls nach Abschluss des Verfahrens angemessen auf den Verdacht betrügerischer Machenschaften zu reagieren.

Auch die Verletzung elementarer **Immunitätsgrundsätze** kann zur Anerkennungsverweigerung führen. Die aus zweitstaatlicher Sicht völkerrechtswidrige Inanspruchnahme der Gerichtsgewalt lässt sich also als Ordre-public-Widrigkeit begreifen, obwohl sie bisweilen als eigenständiges Anerkennungshindernis gedeutet wird.[3]   **13.43**

Der Einwand des verfahrensrechtlichen ordre public soll unbeachtlich bleiben, wenn der Beteiligte, der den Verstoß geltend macht, im Entscheidungsstaat nicht alles ihm Zumutbare unternommen hat, um angebliche Verfahrensfehler zu beseitigen.[4] Dabei kann er durchaus gehalten sein, **Rechtsmittel einzulegen**.[5] Die dagegen vorgebrachte Erwägung, nach einem Ordre-public-Verstoß sei eine weitere Gerichtspflichtigkeit im Ausland unzumutbar, ist in erster Linie für die Frage der Anerkennungszuständigkeit relevant, nicht jedoch für den ordre public.   **13.44**

4. Verzicht auf Ordre-public-Kontrolle

Die Verweigerung der Anerkennung und Vollstreckbarerklärung wegen Unvereinbarkeit der ausländischen Entscheidung mit dem ordre public   **13.45**

---

1 Wie hier OLG Stuttgart v. 5.11.2013 – 5 W 13/13 Rz. 38 ff. (in FamRZ 2014, 792 nur im Leitsatz abgedruckt). Auch BGH v. 15.5.2014 – IX ZB 26/13, NJW 2014, 2365, 2366, räumt ein, dass die Berufung der im Ausland beklagten Partei auf einen angeblichen Prozessbetrug kein Anerkennungshindernis auslöst, wenn sie entsprechenden Tatsachenvortrag in das ausländische Verfahren eingebracht hat oder dort hätte einbringen können.
2 Anders etwa *Mankowski*, KTS 2011, 185, 205 f.
3 Vgl. BGH v. 26.6.2003 – III ZR 245/98, NJW 2003, 3488; *Junker*, § 28 Rz. 13; Handbuch IZVR/*Martiny*, Bd. III/1, Rz. 566.
4 Deutlich BGH v. 14.6.2012 – IX ZB 183/09, NJW-RR 2012, 1013, 1014: „in erster Linie [hat] jede Partei selbst nach besten Kräften für ihre eigene ordnungsgemäße Vertretung in einem ihr bekannten Gerichtsverfahren zu sorgen".
5 BGH v. 26.8.2009 – XII ZB 169/07, NJW 2009, 3306, 3310; BGH v. 3.8.2011 – XII ZB 187/10, NJW 2011, 3103, 3105; OLG Karlsruhe v. 27.1.2014 – 8 W 61/13, FamRZ 2014, 864 f.; OLG Stuttgart v. 5.11.2013 – 5 W 13/13, Rz. 52 f. (in FamRZ 2014, 792 nur im Leitsatz abgedruckt). Anders aber *Schack*, Rz. 957.

des Zweitstaates ist, wie dargelegt, eine „Notbremse", die man sorgsam handhaben, die man aber grundsätzlich kaum für vollkommen entbehrlich erklären sollte. Gerade dies ist für den innereuropäischen Rechtsverkehr mit der Schaffung von im Zweitstaat weitestgehend prüfungsfreien **Europäischen Vollstreckungstiteln**, insbesondere nach Maßgabe der EuVTVO, EuMahnVO und EuBagatellVO, aber geschehen (dazu Rz. 14.13 ff.).[1] Hingegen wurde im Rahmen des Übergangs von der Brüssel I-VO zur Brüssel Ia-VO zwar auf das Erfordernis einer Vollstreckbarerklärung verzichtet, nicht hingegen, abweichend von den ursprünglichen Plänen der Kommission,[2] auf einen Ordre-public-Vorbehalt. Dieser wurde vielmehr in ein neu konzipiertes besonderes Anerkennungs- bzw. Vollstreckungsversagungsverfahren im Zweitstaat eingebettet (Art. 45 ff. Brüssel Ia-VO; dazu Rz. 14.20 ff.). Man mag lange streiten, ob im innereuropäischen Bereich angesichts des inzwischen erreichten Harmonisierungsgrads noch immer das Festhalten am ordre public oder eher der Verzicht darauf rechtspolitisch sinnvoll erscheint. Wichtiger ist die Frage, welche Grenzen bereits de lege lata zu ziehen sind, wenn ein solcher Titel womöglich Grundrechte oder die Souveränität des Zweitstaates verletzt, und wie eine solche Grenzziehung im Einzelfall verfahrensrechtlich umzusetzen wäre. Dies gehört nach wie vor zu den dringendsten und am intensivsten diskutierten Fragen des Europäischen IZVR.[3]

VI. Gegenseitigkeit

13.46 Nach **autonomem Recht** wird eine ausländische Entscheidung nur anerkannt, wenn der Erststaat seinerseits deutsche Entscheidungen anerkennt. Das folgt aus § 328 Abs. 1 Nr. 5 ZPO (mit der in Abs. 2 genannten Ausnahme) und aus § 109 Abs. 4 FamFG für Familienstreitsachen (Nr. 1; vgl. § 112 FamFG) sowie Lebenspartnerschaftssachen (Nr. 2–5). Der Sache nach handelt es sich um eine vorweggenommene Retorsionsmaßnahme: Der deutsche Gesetzgeber will andere Staaten dazu bewegen, ihre zu restriktive Anerkennungspraxis zu überdenken. Weil sich solche Staaten darauf aber kaum einlassen werden, solange wir nicht selbst den ersten Schritt tun, treffen solche Vorschriften den Falschen – nämlich denjenigen, der im Ausland eine Entscheidung (etwa in einer Unterhaltssache) erwirkt hat, die sodann in Deutschland weder anerkannt noch vollstreckt wird. Eine solche Pattsituation ist rechtspolitisch nicht wünschenswert,[4]

---

1 Klarstellend zur EuVTVO BGH v. 24.4.2014 – VII ZB 28/13, NJW 2014, 2363 ff., dort 2364 f. auch zur Vereinbarkeit mit Art. 6 EMRK und Art. 47 Grundrechte-Charta. Dazu *Kramme*, GPR 2014, 296; *Sujecki*, EuZW 2014, 559.
2 Vgl. den Verordnungsvorschlag v. 14.12.2010: KOM (2010) 748, S. 6 ff.
3 Vgl. etwa *Bach*, Grenzüberschreitende Vollstreckung in Europa, 2008, S. 362 ff.; *Geimer*, Rz. 3178 f.; *Heß*, § 10 Rz. 26 ff.; *Hüßtege*, FS Jayme, S. 371; *Sujecki*, ZEuP 2008, 458; *Weber*, S. 33 ff. Speziell zum Europäischen Mahnbefehl *Freitag*, IPRax 2007, 509, 511 ff.
4 Beachte zur rechtspolitischen Kritik, statt mancher, aus neuerer Zeit etwa *Sonnentag*, ZVglRWiss 113 (2014), 83, 92, 93 ff.; *Thole*, in: Hess, Anerkennung,

zumal im Verhältnis zu Staaten wie etwa Russland,[1] Indien[2] oder auch Liechtenstein,[3] mit denen Deutschland einen regen Personen- und Wirtschaftsverkehr unterhält. Der Versagungsgrund hat kein Pendant im **Europa- und Konventionsrecht**, das durch die Anordnung wechselseitiger Anerkennung und Vollstreckbarerklärung für den jeweiligen Anwendungsbereich die Gegenseitigkeit zwischen den Mitglied- bzw. Vertragsstaaten herstellt.

Die **Anerkennungsbereitschaft** drückt sich in dem einschlägigen ausländischen Gesetzes- oder Richterrecht aus; die Verbürgung der Gegenseitigkeit setzt also keine förmlichen Erklärungen voraus. Insbesondere wäre es verfehlt, die Bestätigung einer aus der Gesetzeslage ersichtlichen Anerkennungsbereitschaft durch nachgewiesene Gerichtspraxis zu verlangen. Die Verbürgung ist anzunehmen, wenn die Anerkennung einer deutschen Entscheidung in dem ausländischen Staat auf keine wesentlich größeren Schwierigkeiten stößt als die seiner Entscheidungen in Deutschland.[4] Bei dem damit erforderlichen Äquivalenztest kommt es nicht auf punktgenaue Vergleichbarkeit an, sondern auf eine Gesamtbeurteilung. Ausreichend ist schon sog. **partielle Gegenseitigkeit**, also die im Wesentlichen gleichwertige Anerkennung von Entscheidungen des Typs, dessen Anerkennung oder Vollstreckbarerklärung in Rede steht.[5] So kann die Gegenseitigkeit z.B. speziell für gewisse Vollstreckbarerklärungsverfahren[6] oder für bestimmte Gerichtsstände[7] verbürgt sein oder umgekehrt z.B. nur für Versäumnisurteile oder Vollstreckungsbescheide fehlen. In Mehrrechtssystemen wie den Vereinigten Staaten oder Kanada wird die Gegenseitigkeit nur im Verhältnis zur einzelnen Einheit (Bundesstaat, Provinz) untersucht.[8]

13.47

Die schon früher rechtspolitisch diskutierte **verwaltungsmäßige Feststellung der Gegenseitigkeitsverbürgung**[9] ist mit dem AUG zumindest für gesetzliche Unterhaltsansprüche verwirklicht worden. Davon profitiert der

13.48

S. 25, 50 f. Das Gegenseitigkeitserfordernis verteidigt als Gebot der prozessualen Gerechtigkeit und deutscher Interessen aber etwa *Schütze*, FS Martiny, S. 825, 827 f.

1 Vgl. OLG Celle v. 3.4.2014 – 15 UF 186/13, NJW-RR 2014, 1283, 1285.

2 Hierzu *Hau*, FS Schütze, S. 151, 156 ff.

3 Vgl. OLG Stuttgart v. 28.7.2014 – 5 U 146/12, NZFam 2014, 1016.

4 BGH v. 24.10.2000 – XI ZR 300/99, NJW 2001, 524; Zöller/*Geimer*, § 328 ZPO Rz. 264.

5 Näher dazu *Hau*, FS Schütze, S. 151, 157 ff., dort dargestellt anhand des deutsch-indischen Anerkennungsrechts.

6 BGH v. 5.3.2009 – IX ZR 150/05, NJW-RR 2009, 1652.

7 *Schütze*, ZPO, § 328 Rz. 78; *Schack*, Rz. 967.

8 BGH v. 5.3.2009 – IX ZR 150/05, NJW-RR 2009, 1652; Prütting/Helms/*Hau*, Anh. 2 zu § 110 Rz. 4. Ausführlich *Schönau*, S. 301 ff.

9 Vgl. Handbuch IZVR/*Martiny*, Bd. III/1, Rz. 1304. Beachte zu den Vor- und Nachteilen *Schütze*, FS Martiny, S. 825, 834 ff.

Rechtsverkehr mit Kanada, Südafrika sowie den USA (dazu Rz. 7.38).[1] Im Übrigen kann die **Prüfung im Einzelfall** erhebliche Probleme bereiten. Aktuelle ausländische gesetzliche Bestimmungen oder Referenzentscheidungen sind, sofern überhaupt vorhanden, häufig nicht ohne Weiteres zugänglich. In Kommentierungen zu § 328 ZPO enthaltene Länderlisten erlauben dem mit der Frage befassten Anwalt oder Gericht eine erste Einschätzung ohne nennenswerte Kosten. Solche Listen müssen jedoch teilweise auf sehr alte Nachweise oder bloße Mutmaßungen zurückgreifen.[2] Demgegenüber verursacht die Feststellung der Gegenseitigkeit durch Gutachter im Einzelfall erhebliche Kosten, zudem Mühe und Zeitverlust.[3] An die von Amts wegen zu treffende Feststellung dürfen nach alledem keine überspannten Anforderungen gestellt werden.[4] Dann erscheint es aber auch nur konsequent, im Zweifel von Anerkennungsfähigkeit auszugehen, wenn sich die Frage nicht abschließend klären lässt.[5]

---

1 Vgl. im Einzelnen die Bekanntmachung v. 18.6.2011 in BGBl. 2011 I, 1109.
2 S. etwa Zöller/*Geimer*, Anh. IV; MünchKommZPO/*Gottwald*, § 328 Rz. 129 ff. Wie sehr sich die Anerkennungsgerichte auf solche Hilfen verlassen, verdeutlicht etwa der Verweis auf (teilweise sehr alte) deutsche Quellen bei BGH v. 5.3.2009 – IX ZR 150/05, NJW-RR 2009, 1652.
3 Vgl. bereits BT-Drucks. 10/504, S. 88. Skeptisch zur „Macht der Gutachter" *Schütze*, FS Martiny, S. 825, 829 ff.
4 BGH v. 29.4.1999 – IX ZR 263/97, NJW 1999, 3198, 3202; Handbuch IZVR/*Martiny*, Bd. III/1, Rz. 1264.
5 Vgl. *Pfeiffer*, RabelsZ 55 (1991), 751 ff. Ablehnend, aber allzu formal *Schütze*, FS Kropholler, S. 905, 912 f.

§ 14 Vollstreckbarerklärung und Vollstreckung

Literatur (vgl. auch die Nachweise zu § 12 und § 13): *Ahrens*, Die grenzüberschreitende Vollstreckung von Unterlassungs- und Beseitigungstiteln, FS Schütze, 2015, S. 1; *Andenas/Hess/Oberhammer*, Enforcement Agency Practice in Europe, 2005; *Bach*, Grenzüberschreitende Vollstreckung in Europa, 2008; *Bajons*, Von der Internationalen zur Europäischen Urteilsanerkennung und -vollstreckung, FS Rechberger, 2005, S. 1; *Berglund*, Cross-Border Enforcement of Claims in the EU – History, Present Time and Future, 2. Aufl. 2014; *Bitter*, Vollstreckbarerklärung und Zwangsvollstreckung ausländischer Titel in der EU, 2009; *Bittmann*, Der Europäische Vollstreckungstitel – einfach und gut?, AnwBl 2011, 378; *Cuniberti*, Abolition de l'exequatur et présomption de protection des droits fondamentaux, Rev.crit. 103 (2014), 303; *Domej*, Internationale Zwangsvollstreckung zwischen Territorialitätsprinzip, Gläubigerinteressen und Schuldnerschutz, in: Hess, Die Anerkennung im Internationalen Zivilprozessrecht – Europäisches Vollstreckungsrecht, 2014, S. 109; *Dörndorfer*, Europäische Vollstreckung, JurBüro 2012, 4; *Dutta*, Grenzüberschreitende Forderungsdurchsetzung in Europa: Konvergenzen der Beitreibungssysteme in Zivil- und Verwaltungssachen?, IPRax 2010, 504; *Eichel*, Gerichtsgewalt und internationale Zuständigkeit für die Vollstreckung nach §§ 887 ff. ZPO bei ausländischem Leistungsort, IPRax 2013, 146; *Geimer*, Exequaturverfahren, FS Georgiades, 2005, S. 489; *ders.*, Über die Vollstreckungsgewalt der Staaten in Zivil- und Handelssachen, FS Kerameus, 2009, S. 379; *ders.*, Unionsweite Titelvollstreckung ohne Exequatur nach der Reform der Brüssel I-Verordnung, FS Schütze, 2015, S. 109; *Giebel*, Fünf Jahre Europäischer Vollstreckungstitel in der deutschen Gerichtspraxis – Zwischenbilanz und fortbestehender Klärungsbedarf, IPRax 2011, 529; *Gössl*, Die Vollstreckung von dynamischen Zinssätzen unter der neuen EuGVVO, NJW 2014, 3479; *Gottwald*, Die internationale Zwangsvollstreckung, IPRax 1991, 285; *Grothaus*, Inlandsvollstreckung mit Auslandswirkung – Die inländische Vollstreckung von Handlungs- und Unterlassungsentscheidungen mit ausländischem Leistungsort, 2010; *Halfmeier*, Die Vollstreckungsgegenklage im Recht der internationalen Zuständigkeit, IPRax 2007, 381; *Hau*, Enforcement shopping im Binnenmarkt, FS Schilken, 2015, S. 705; *Haubold*, Europäische Titelfreizügigkeit und Einwände des Schuldners in der Zwangsvollstreckung, FS Schütze, 2015, S. 163; *Heiderhoff*, Vermögenstransparenz zwischen Gläubigerinteresse und Datenschutz, in: Hess, Die Anerkennung im Internationalen Zivilprozessrecht – Europäisches Vollstreckungsrecht, 2014, S. 149; *Hess*, Europäischer Vollstreckungstitel und nationale Vollstreckungsgegenklage, IPRax 2004, 493; *ders.*, Europäisches Zwangsvollstreckungsrecht – Herausforderungen und rechtspolitische Perspektiven, DGVZ 2010, 45; *ders.*, Urteilsfreizügigkeit nach der VO Brüssel-Ia: beschleunigt oder ausgebremst?, FS Gottwald, 2014, S. 273; *ders./Spancken*, Die Durchsetzung von Unterhaltstiteln mit Auslandsbezug nach dem AUG, FPR 2013, 27; *Hilbig-Lugani*, Die Änderungen im AUG und AVAG durch das Durchführungsgesetz zum Haager Unterhaltsübereinkommen 2007, FamRBint 2013, 74; *Hohloch*, Internationale Vollstreckung familienrechtlicher Titel, FPR 2012, 495; *Hök*, Die grenzüberschreitende Forderungs- und Kontopfändung, MDR 2005, 306; *Kengyel/Harsági*, Grenzüberschreitende Vollstreckung in der Europäischen Union, 2011; *Kotrschal/Stalberg*, Die grenzüberschreitende Vollstreckung von Pfändungs- und Überweisungsbeschlüssen in Geldforderungen ausländischer Drittschuldner, BKR 2009, 38; *Kramer*, Cross-Border Enforcement and the Brussels I-Bis Regulation: Towards A New Balance Between Mutual Trust and National Control over Fundamental Rights, NILR 2013, 343; *Lange*, Internationale Rechts- und Forderungspfändung, 2004; *Mankowski*, Wie viel Bedeutung verliert die EuGVVO durch den Europäischen Vollstreckungstitel?, FS Kropholler, 2008, S. 829; *Meller-Han-*

nich, Materiellrechtliche Einwendungen bei der grenzüberschreitenden Vollstreckung und die Konsequenzen von „Prism Investment", GPR 2012, 90 und 153; *dies.*, Streitgegenstand und Vollstreckung bei der (grenzüberschreitenden) Unterlassungsklage, FS Schilken, 2015, S. 719; *Molitor*, Internationale Zwangsverwaltung, ZfIR 2013, 836; *Nelle*, Anspruch, Titel und Vollstreckung im internationalen Rechtsverkehr, 2000; *Peiffer*, Grenzüberschreitende Titelgeltung in der Europäischen Union, 2012; *Ptak*, Der Europäische Vollstreckungstitel und das rechtliche Gehör des Schuldners, 2014; *Püls*, Die Vollstreckung aus notariellen Urkunden in Europa, FS Spellenberg, 2010, S. 481; *Rauscher*, Vollstreckung von Zivilentscheidungen aus Europa und Drittstaaten in Deutschland – Ein Versuch der Systematisierung, IJPL 2011, 265; *Rechberger*, Über wiederkehrende Paradigmenwechsel im Europäischen Zivilprozessrecht, FS Gottwald, 2014, S. 517; *Reiser/Jent-Sørensen*, Exequatur und Arrest im Zusammenhang mit dem revidierten Lugano-Übereinkommen, SJZ 107 (2011), 453; *Riedel*, Grenzüberschreitende Zwangsvollstreckung, 2. Aufl. 2012; *Schilling*, Das Exequatur und die EMRK, IPRax 2011, 31; *Schimrick*, Die unmittelbar grenzüberschreitende Forderungsvollstreckung im internationalen und europäischen Rechtsraum, 2012; *Schlosser*, Grenzüberschreitende Vollstreckbarkeit von Nicht-Leistungsurteilen, FS Leipold, 2009, S. 435; *ders.*, Vollstreckbarerklärung nicht vollstreckungsfähiger Entscheidungen?, FS Kerameus, 2009, S. 1183; *Schramm*, Enforcement and the Abolition of Exequatur under the 2012 Brussels I Regulation, YbPIL 15 (2013/14), 143; *Schulz*, The abolition of exequatur and state liability for human rights violations through the enforcement of judgments in European family law, FS van Loon, 2013, S. 515; *Seidl*, Ausländische Vollstreckungstitel und inländischer Bestimmtheitsgrundsatz, 2010; *Solomon*, Haftung, Sicherheitsleistung und Undertakings im Internationalen Vollstreckungsrecht, in: Hess, Die Anerkennung im Internationalen Zivilprozessrecht – Europäisches Vollstreckungsrecht, 2014, S. 173; *Sonnabend*, Der Einziehungsprozess nach Forderungspfändung im internationalen Rechtsverkehr, 2007; *M. Stürner*, Rechtsschutz gegen fehlerhafte Europäische Vollstreckungstitel, GPR 2010, 43; *Timmer*, Abolition of Exequatur under the Brussels I Regulation: Ill Conceived and Premature?, JPIL 9 (2013), 129; *Wagner*, Vollstreckbarerklärungsverfahren nach der EuGVVO und Erfüllungseinwand – Dogmatik vor Pragmatismus?, IPRax 2012, 326; *Wendt*, Die EuGVVO – Regisseurin von Vollstreckungen in der EU, ZNotP 2011, 42.

I. Grundlagen

14.1   Deutsche Vollstreckungsorgane können nicht nur deutsche Titel durchsetzen, sondern auch solche, die im Ausland erwirkt wurden und hier anzuerkennen sind. Bestätigt wird dies etwa durch die – keineswegs abschließende – Aufzählung in § 794 Abs. 1 Nr. 6 ff. ZPO.[1] Während die Wirkungen ausländischer Entscheidungen normalerweise ipso iure anerkannt und dadurch auf das Gebiet des Anerkennungsstaates erstreckt werden (s. Rz. 12.48), gilt zumindest nach herkömmlicher Rechtslage eine bedeutsame Ausnahme für die Vollstreckbarkeit: Diese muss grundsätzlich erst durch einen besonderen Akt – die sog. **Vollstreckbarerklärung** bzw. das **Exequatur** – für das Gebiet des Zweitstaates verliehen werden, bevor dessen Vollstreckungsorgane die eigentliche Vollstreckung durchführen (zur Terminologie schon Rz. 12.1). Freilich gilt dieser Satz

---

1 In § 794 Abs. 1 ZPO wurden die Nr. 7–8 erst durch Gesetz v. 8.7.2014 eingefügt (BGBl. 2014 I, 890). Dazu BT-Drucks. 18/823, S. 18 f.

schon längst nicht mehr uneingeschränkt, vielmehr wird insbesondere in neueren Sekundärrechtsakten immer häufiger auf ein Exequatur verzichtet (dazu unten Rz. 14.13 ff.). Die **Vollstreckung ohne Vollstreckbarerklärung** lässt sich als Anerkennung der erststaatlichen Vollstreckbarkeit im Sinne einer Wirkungserstreckung deuten.[1] Nimmt man gleichwohl im Folgenden zunächst die Exequaturverfahren in den Blick (Rz. 14.3 ff.), so zeigt sich, dass sich diese, was ihre Ausgestaltung und Effizienz angeht, erheblich voneinander unterscheiden: Namentlich die Vorzüge der Brüssel I-VO und des LugÜ 2007 werden besonders deutlich, wenn man sie erst im Anschluss an die autonomen Regeln betrachtet.[2] Und erst vor dem Hintergrund zum einen dieser verschieden ausgestalteten Exequaturverfahren und zum anderen der Modelle zum Verzicht auf ein solches zeigt sich schließlich die Eigenart der nunmehr in der Brüssel Ia-VO vorgesehenen Kompromisslösung (dazu Rz. 14.20 ff.).

Die Regelungen zur Titelfreizügigkeit wurden offenkundig vor allem im **14.2** Interesse solcher Gläubiger geschaffen, die ihre Titel notgedrungen im Ausland durchsetzen müssen, weil sich eine Vollstreckung im Urteilsstaat als nicht möglich erweist. Von denselben Regelungen profitieren allerdings auch Gläubiger, die es sich leisten können oder sogar darauf anlegen, Titulierung und Vollstreckung in unterschiedlichen Staaten herbeiund durchzuführen: Ein gut informierter und beratener Gläubiger mag bei Zusammenschau der faktischen Gegebenheiten sowie der kollisions-, sach-, verfahrens- und kostenrechtlichen Gesichtspunkte kühl kalkulierend zu dem Ergebnis gelangen, dass Staat A zwar das ideale Forum für das beabsichtigte Erkenntnisverfahren wäre, sodann aber Staat B die effektivsten Vollstreckungsmöglichkeiten böte. Zum altbekannten Forum shopping bei der Auswahl des Titulierungsstaats (dazu Rz. 4.24) kann also ein **Enforcement shopping** treten.[3] Das erscheint im Grundsatz weder illegal noch illegitim; denn einem Gläubiger ist es nicht vorzuwerfen, wenn er zielgerichtet von der ihm vorteilhaften Titelfreizügigkeit und den verbleibenden Rechtsunterschieden im Vollstreckungsrecht Gebrauch machen möchte. Regelungsbedürftige Probleme bereitet allerdings die simultane Vollstreckung in verschiedenen Staaten.

---

1 So auch *Geimer*, FS Torggler, S. 311, 313, 324 f.

2 Im Folgenden können die Besonderheiten des AUG und der Exequaturverfahren nach den bi- oder multilateralen Staatsverträgen nur gelegentlich angesprochen, aber nicht näher erläutert werden; vgl. dazu etwa die Hinweise bei Prütting/Helms/*Hau*, § 110 FamFG Rz. 11 f. und Anh. 1 zu § 110 FamFG Rz. 10 ff.

3 Näher zu Spielarten, Bedenken und Abhilfemöglichkeiten auf zuständigkeits-, kollisions- und sachrechtlicher Ebene *Hau*, FS Schilken, S. 705. Vgl. aber auch schon *Schlosser*, FS Leipold, S. 435 f., sowie speziell zum insolvenzrechtlichen Forum shopping etwa *McCormack*, ICLQ 63 (2014), 815.

II. Vollstreckbarerklärung

1. Autonomes Recht

14.3   Nach §§ 722 f. ZPO bzw. § 110 FamFG richtet sich die Vollstreckbarerklärung von Entscheidungen aus Staaten, die weder der EU noch einem multilateralen Übereinkommen beigetreten sind, zu denen nicht formal die Gegenseitigkeit i.S. des AUG verbürgt ist und mit denen auch kein bilaterales Abkommen geschlossen wurde.[1] Danach setzt die Vollstreckbarerklärung jeweils die **Anerkennungsfähigkeit** und die **Rechtskraft** der ausländischen Entscheidung voraus (§ 723 Abs. 2 ZPO; § 110 Abs. 1 und Abs. 3 S. 2 FamFG). Ausländische Prozessvergleiche und vollstreckbare Urkunden sind nach h.M. im autonomen Recht keiner Vollstreckbarerklärung zugänglich.[2] Dies erscheint rechtspolitisch fragwürdig, ist aber de lege lata wohl hinzunehmen.

14.4   Die Vollstreckbarerklärung erfolgt sowohl nach der ZPO als auch nach dem FamFG in einem **kontradiktorischen Verfahren:** Klage- bzw. antragsbefugt ist, wer als Gläubiger oder Rechtsnachfolger Rechte aus der ausländischen Entscheidung ableitet, richtiger Gegner ist, gegen wen als Schuldner oder Rechtsnachfolger daraus Rechte abgeleitet werden. Verfahrensgegenstand ist nicht der dem Titel zugrunde liegende materiellrechtliche Anspruch, sondern der Anspruch des Titelgläubigers auf den rechtsgestaltenden Ausspruch der Vollstreckbarkeit;[3] die Klage bzw. der Antrag ist dementsprechend zu fassen. Abgesehen von den besonderen Zuständigkeitsvorschriften (§ 722 Abs. 2 ZPO; § 110 Abs. 3 S. 1 FamFG) richten sich das Verfahren und die Rechtsmittelmöglichkeiten nach den allgemeinen Regeln. Wird der Klage bzw. dem Antrag stattgegeben, weil sich das Exequaturgericht insbesondere von der Anerkennungsfähigkeit überzeugt hat, so wird die zu vollstreckende Verpflichtung entsprechend dem ausländischen Tenor in deutscher Sprache wiedergegeben.[4] Eine Umrechnung fremder Währungen findet nicht statt; diese obliegt vielmehr erst den Vollstreckungsorganen.[5]

14.5   Insgesamt ist das deutsche Exequaturverfahren ebenso teuer und zeitintensiv wie ein normales Erkenntnisverfahren. Dadurch erklärt sich, dass viele es dem Titelgläubiger freistellen wollen, stattdessen im Inland ein **neues Titulierungsverfahren** einzuleiten: Stelle sich in diesem heraus, dass die ausländische Entscheidung anerkennungsfähig ist, so soll den deutschen Gerichten nur eine davon abweichende Sachentscheidung ver-

---

1 Vgl. zur Maßgeblichkeit des autonomen Rechts für Altentscheidungen etwa BGH v. 14.2.2007 – XII ZR 163/05, NJW-RR 2007, 722 (Slowenien).

2 MünchKommZPO/*Gottwald*, § 328 Rz. 74 und § 722 Rz. 21; *Schack*, Rz. 912. Für Vollstreckbarerklärung hingegen Zöller/*Geimer*, § 328 ZPO Rz. 79.

3 BGH v. 17.7.2008 – IX ZR 150/05, NJW-RR 2009, 279 f.

4 MünchKommZPO/*Gottwald*, § 722 Rz. 41.

5 MünchKommZPO/*Gottwald*, § 722 Rz. 44; *Schack*, Rz. 1067 ff.

wehrt sein.[1] Das ist zwar durchaus verständlich und de lege ferenda erwägenswert, kann dogmatisch aber nicht überzeugen (vgl. auch Rz. 12.42). Denkbar erscheint hingegen, eine zunächst zutreffend gemäß §§ 722 f. ZPO auf Vollstreckbarerklärung gerichtete Klage auf die bereits im Ausland eingeklagte Leistung umzustellen, wenn sich im Exequaturverfahren herausstellt, dass die ausländische Entscheidung nicht anerkennungsfähig ist.[2]

2. Europarecht

Als im Jahr 2002 die Brüssel I-VO das EuGVÜ ablöste, wurde mit Art. 38 ff. Brüssel I-VO ein höchst gläubigerfreundliches und effizientes Exequaturverfahren geschaffen. Dieses ist, anders als das autonome deutsche Recht, bis zum Zeitpunkt der Vollstreckbarerklärung nicht kontradiktorisch ausgestaltet[3] und gilt überdies auch für öffentliche Urkunden und Prozessvergleiche (Art. 57 und 58 Brüssel I-VO). Seit dem Geltungsbeginn der Brüssel Ia-VO am 10. Januar 2015 unterfallen dem **Brüssel I-Exequaturverfahren** nur noch Entscheidungen, die in zuvor eingeleiteten Erkenntnisverfahren ergangen sind, sowie ältere öffentliche Urkunden und gerichtliche Vergleiche (Art. 66 Abs. 2, Art. 81 Abs. 2 Brüssel Ia-VO). Die Brüssel I-Regeln werden im Folgenden aber nicht nur deshalb skizziert, weil sie noch für solche Altfälle gelten, sondern auch deshalb, weil sie als Vorbild für das nach wie vor verbindliche **LugÜ 2007** (Art. 38 ff.) und zudem für die **EuErbVO** (Art. 43 ff.) gedient haben und weil erst vor dem Hintergrund der Brüssel I-VO die Besonderheiten der neuen exequaturfreien sekundärrechtlichen Modelle verständlich werden.

14.6

Die deutschen **Durchführungsbestimmungen** für die Brüssel I-VO waren im AVAG geregelt, und das gilt auch für die Altfälle. Zwar ist der Anwendungsbereich des AVAG ohne Überleitungsvorschrift zum 10.1.2015 dahingehend geändert worden, dass die Brüssel I-VO nicht mehr erfasst ist.[4] Damit will der Gesetzgeber aber offenbar nur die Aufmerksamkeit darauf lenken, dass die Durchführungsvorschriften zur Brüssel Ia-VO – und nur für diese – nicht im AVAG, sondern in §§ 1110 ff. ZPO geregelt sind. Für die Durchführung des Exequaturverfahrens in den Brüssel I-Altfällen müssen hingegen nach wie vor die AVAG-Regeln herangezogen werden.

14.7

Das Brüssel I-Exequaturverfahren wird eingeleitet, indem der Titelgläubiger gemäß Art. 38 Abs. 1 Brüssel I-VO einen **Antrag auf Vollstreckbarerklärung** stellt. Gemäß Art. 40 Abs. 3 Brüssel I-VO sind dem Antrag die in Art. 53 Brüssel I-VO genannten Urkunden beizufügen; Einzelheiten sind in Art. 53–56 Brüssel I-VO geregelt. In Deutschland wird der Antrag

14.8

---

1 Vgl. etwa MünchKommZPO/*Gottwald*, § 722 Rz. 47 und 49; OLG Zweibrücken v. 10.3.2005 – 5 WF 36/05, IPRspr 2005, 450.
2 Dazu (und zur begrenzten Möglichkeit einer solchen Klageänderung in der Berufungsinstanz) OLG Stuttgart v. 28.7.2014 – 5 U 146/12, NZFam 2014, 1016.
3 Dazu BGH v. 4.2.2010 – IX ZB 57/09, NJW-RR 2010, 571, 572.
4 Art. 5 des Gesetzes v. 8.7.2014, BGBl. 2014 I, 890.

an den Vorsitzenden einer Kammer des Landgerichts gerichtet. Verfügt der Schuldner nicht über einen Wohnsitz im Vollstreckungsstaat, so ist das Gericht örtlich zuständig, in dessen Bezirk die Zwangsvollstreckung durchgeführt werden soll. Dies folgt aus Art. 39 (mit Anh. II) Brüssel I-VO, der den gleichsinnigen § 3 AVAG verdrängt (vgl. § 55 Abs. 1 AVAG).

14.9 Sind die formellen Voraussetzungen erfüllt und ist die vom Gläubiger im Erststaat erstrittene Entscheidung nach dortigen Regeln vollstreckbar, überprüft der Exequaturrichter die ausländische Entscheidung – abweichend vom EuGVÜ und vom LugÜ 1988 – nicht etwa anhand der in Art. 34, 35 Brüssel I-VO aufgeführten Versagungsgründe: Eine derartige **Anerkennungskontrolle** ist ausweislich Art. 41 S. 1 Brüssel I-VO weder Voraussetzung der Vollstreckbarerklärung noch zulässig; selbst der ordre public des Zweitstaates hat in diesem Verfahrensabschnitt außer Betracht zu bleiben. Vielmehr muss der Exequaturrichter, wenn die formellen Voraussetzungen erfüllt sind, die Vollstreckbarkeit aussprechen, und zwar ohne Anhörung des Schuldners (Art. 41 S. 2 Brüssel I-VO).[1] In Deutschland erfolgt dies durch den Beschluss des Vorsitzenden, das ausländische Urteil mit der Vollstreckungsklausel zu versehen (§§ 8 Abs. 1, 9 AVAG). Diese Entscheidung wird dem Gläubiger sowie dem Schuldner nach Maßgabe von Art. 42 Brüssel I-VO und § 10 AVAG von Amts wegen zugestellt.

14.10 Eine Kontrolle von Anerkennungsversagungsgründen findet erst und nur statt, wenn der Schuldner daraufhin fristgerecht das gegen die Vollstreckbarerklärung vorgesehene **Rechtsbehelfsverfahren** einleitet.[2] Statthaft ist in Deutschland gemäß Art. 43 Abs. 2 (mit Anh. III) und Abs. 3 Brüssel I-VO in Verbindung mit §§ 11 ff., 55 Abs. 1 AVAG die Beschwerde zum OLG. Diese ist innerhalb eines Monats einzulegen, nachdem die Entscheidung dem im Vollstreckungsstaat wohnhaften Schuldner zugestellt wurde (Art. 43 Abs. 5 S. 1 Brüssel I-VO); eine Fristverlängerung wegen weiter Entfernung ist ausgeschlossen (§ 55 Abs. 2 S. 3 AVAG). Im Falle eines Schuldners mit Wohnsitz in einem anderen Mitglied- oder LugÜ-Vertragsstaat beträgt die – nicht verlängerbare – Frist zwei Monate (Art. 43 Abs. 5 S. 2 und 3 Brüssel I-VO). Lebt der Schuldner in einem Drittstaat, gilt an sich Abs. 5 S. 1, wobei die Brüssel I-VO eine Verlängerung wegen weiter Entfernung nicht verbietet. Der deutsche Gesetzgeber glaubt indes, die Frist auf zwei Monate ohne Verlängerungsmöglichkeit festlegen zu dürfen (§ 55 Abs. 2 S. 1 Nr. 2 und S. 3 AVAG). Der Beginn der Rechtsbehelfsfrist setzt eine ordnungsgemäße Zustellung der Entscheidung über die Zulassung der Zwangsvollstreckung unter Beachtung der Verfahrensvorschriften des

---

1 Beachte zur Verfassungs- und EMRK-Konformität dieses Modells etwa Schulze/Zuleeg/Kadelbach/*Staudinger*, § 22 Rz. 186; *Wudarski/Stürner*, IPRax 2013, 278, 280 f.

2 Einem konkurrierenden Gläubiger des Schuldners steht diese Möglichkeit nicht zu, vgl. EuGH v. 23.4.2009 – Rs. C-167/08 (*Draka NK Cables*), NJW 2009, 1937.

Vollstreckungsstaates voraus.[1] Es steht dem Schuldner nicht frei, von den Rechtsbehelfen der Brüssel I-VO abzusehen und sich stattdessen mit einer Klage gemäß § 826 BGB zur Wehr zu setzen.[2] Ob er der Klauselerteilung mit einer Schutzschrift vorbeugen kann, ist streitig.[3]

Geht beim OLG bis zum Ablauf der dem Schuldner zur Verfügung stehenden Frist keine Beschwerdeschrift ein, darf der Gläubiger die **Vollstreckung** aus dem ausländischen Urteil über die bis dahin bereits zulässigen Sicherungsmaßnahmen (Art. 47 Brüssel I-VO) hinaus fortsetzen. Legt der Schuldner hingegen fristgerecht Beschwerde ein, darf das damit befasste OLG die vom Gläubiger erwirkte Vollstreckbarerklärung gemäß Art. 45 Brüssel I-VO nur unter Berufung auf einen der in Art. 34 und 35 Brüssel I-VO genannten Anerkennungsversagungsgründe aufheben. Kann ein Anerkennungshindernis – namentlich eine Gehörsverletzung – im Erststaat noch ausgeräumt werden, so ist das Beschwerdeverfahren (unter Fristsetzung) auszusetzen.[4] Selbst im Falle einer Aussetzung des Verfahrens oder einer Anordnung, dass die Zwangsvollstreckung nicht über Maßregeln zur Sicherung hinausgehen darf, kann der Schuldner bereits zur Abgabe der eidesstattlichen Versicherung verpflichtet sein, wenn der Gläubiger einen entsprechenden Auftrag erteilt.[5]

14.11

Ein Exequaturverfahren ist im Sekundärrecht nicht nur in der auslaufenden Brüssel I-VO sowie neuerdings in Art. 43 ff. EuErbVO vorgesehen, sondern nach wie vor auch für Kindschaftssachen in der **Brüssel IIa-VO**. Auch das dort in Art. 28 ff. geregelte Prozedere ist um einiges effektiver ausgestaltet als die funktional entsprechende deutsche Vorschrift, also § 110 FamFG. Das Brüssel IIa-Verfahren gilt für vollstreckungsbedürftige Entscheidungen (Art. 2 Nr. 4 Brüssel IIa-VO) betreffend die elterliche Verantwortung, also Umgangsregelungen und Kindesherausgabeanordnungen, aber auch für Kostenentscheidungen (Art. 49 Brüssel IIa-VO), nicht hingegen für feststellende und gestaltende Entscheidungen (einschließlich der Zuweisung der elterlichen Sorge);[6] zu öffentlichen Urkunden und Parteivereinbarungen vgl. Art. 46 Brüssel IIa-VO. Voraussetzung der Vollstreckbarerklärung ist neben einem entsprechenden Antrag einer berechtigten Partei, dass die zu vollstreckende Entscheidung im Ursprungsmitgliedstaat vollstreckbar und bereits zugestellt ist (Art. 28 Abs. 1 Brüssel IIa-VO). Das weitere Exequaturverfahren ist in Art. 29 ff. Brüssel IIa-VO geregelt und bestimmt sich im Übrigen nach dem zweitstaatlichen Recht (in Deutschland: IntFamRVG). Das erstinstanzliche Exequaturverfahren ist nicht kontradiktorisch ausgestaltet (Art. 31 Abs. 1

14.12

---

1 Dazu EuGH v. 16.2.2006 – Rs. C-3/05 (*Verdoliva*), NJW 2006, 1114; dort noch zu Art. 36 EuGVÜ.
2 Richtig OLG Köln v. 17.11.2008 – 16 W 27/08, NJW-RR 2009, 1074, 1075.
3 Bejahend *Spernath*, Die Schutzschrift in zivilgerichtlichen Verfahren, 2009, S. 106 ff. m. Nachw. zum Streitstand.
4 Dazu BGH v. 21.1.2010 – IX ZB 193/07, NJW-RR 2010, 1001.
5 BGH v. 2.3.2006 – IX ZB 23/06, NJW-RR 2006, 996.
6 BGH v. 22.6.2005 – XII ZB 186/03, NJW 2005, 3424.

Brüssel IIa-VO, § 18 IntFamRVG). Es umfasst aber ausweislich Art. 31 Abs. 2 Brüssel IIa-VO – abweichend von Art. 41 Brüssel I-VO – eine gerichtliche Anerkennungsprüfung anhand Art. 22 ff. Brüssel IIa-VO. Um Gefahren von dem Kind abzuwenden oder eine Beeinträchtigung der Interessen der Beteiligten zu vermeiden, kann das Exequaturgericht gemäß § 15 IntFamRVG einstweilige Anordnungen treffen. Die eigentliche **Vollstreckung** richtet sich gemäß Art. 47 Abs. 1 Brüssel IIa-VO nach dem Recht des Vollstreckungsstaates, in Deutschland also grundsätzlich nach §§ 86 ff. FamFG (modifiziert durch § 44 IntFamRVG).

III. Vollstreckung ohne Vollstreckbarerklärung

1. EuVTVO

14.13   Auch nachdem das Brüssel I-Exequaturverfahren, wie dargestellt, die sperrigeren Regelungen des EuGVÜ abgelöst hatte, wurde überlegt, wie man die grenzüberschreitende Durchsetzung titulierter Forderungen noch weiter erleichtern könnte. Die prima facie kühne, aber in der Sache naheliegende Lösung bestand darin, im innereuropäischen Rechtsverkehr insgesamt auf die Vollstreckbarerklärung zu verzichten. Wenigstens punktuell realisiert wurde dies bereits 2003 in Art. 40 ff. Brüssel IIa-VO (dazu unten Rz. 14.17). Besonders augenfällig rückte sodann die EuVTVO aus dem Jahr 2005 insgesamt vom Exequaturerfordernis ab: Diese Verordnung erlaubt dem Gläubiger eine besonders effiziente Vollstreckung, wenn er in einem EU-Staat (Ausnahme: Dänemark, Art. 2 Abs. 3 EuVTVO) einen Titel erwirkt hat, der dort als Europäischer Vollstreckungstitel bestätigt worden ist (vgl. zu diesem eher missverständlichen Begriff schon Rz. 11.2).[1] In Betracht kommt die **Bestätigung als Europäischer Vollstreckungstitel** für vollstreckungsfähige Entscheidungen (Art. 4 Nr. 1 EuVTVO), gerichtliche Vergleiche und öffentliche Urkunden (Art. 4 Nr. 3 EuVTVO).

14.14   Für die Zwecke der EuVTVO muss sich der Titel auf eine **bestimmte Geldforderung** beziehen (Art. 4 Nr. 2 EuVTVO) und die titulierte Forderung muss **unbestritten** i.S. von Art. 3 Abs. 1 S. 2 EuVTVO sein. Dies ist der Fall, wenn der Schuldner der Forderung im gerichtlichen Verfahren ausdrücklich durch Anerkenntnis oder im Wege des Vergleichsschlusses zugestimmt hat, wenn er ihr im gerichtlichen Verfahren zu keiner Zeit widersprochen hat (Bsp.: rechtskräftiger Vollstreckungsbescheid), wenn gegen ihn ein Versäumnisurteil ergangen ist oder wenn er die Forderung ausdrücklich in einer öffentlichen Urkunde anerkannt hat. Die Bestätigung setzt einen Antrag des Gläubigers voraus, der nicht fristgebunden ist (Art. 6 Abs. 1 EuVTVO; zu Alttiteln vgl. Art. 26, 33 EuVTVO) und bereits zu Beginn des Titulierungsverfahrens gestellt werden kann. Die weiteren Bestätigungsvoraussetzungen sowie das Bestätigungsverfahren bestimmen sich für gerichtliche Entscheidungen nach Art. 6 ff. EuVTVO,

---

1 Beachte zur Auswertung der praktischen Erfahrungen mit der EuVTVO *Bittmann*, AnwBl 2011, 378; *Giebel*, IPRax 2011, 529.

für gerichtliche Vergleiche und öffentliche Urkunden nach Art. 24 f. EuVTVO (Ausführungsbestimmungen: §§ 1079 ff. ZPO).[1] Bemerkenswert sind die verfahrensrechtlichen Mindestanforderungen gemäß Art. 6 Abs. 1 lit. c (dazu schon Rz. 1.58 und 8.47) sowie der weitgehende zuständigkeitsrechtliche Verbraucherschutz gemäß Art. 6 Abs. 1 lit. d EuVTVO.[2]

Im Ursprungsstaat bestätigte Europäische Vollstreckungstitel sind in anderen Mitgliedstaaten gemäß Art. 20 Abs. 1 S. 2, Art. 24 Abs. 2, Art. 25 Abs. 2 EuVTVO zu vollstrecken, und zwar unter den gleichen Bedingungen wie dort erlassene Titel. Dazu bedarf es **keiner Vollstreckbarerklärung** (Art. 5 EuVTVO) und auch keiner Vollstreckungsklausel (§ 1082 ZPO). Die EuVTVO lässt es dem Gläubiger gemäß ihrem Art. 27 unbenommen, das Exequaturverfahren nach Maßgabe der Brüssel I-VO zu betreiben. Allerdings soll für Letzteres das Rechtsschutzbedürfnis entfallen, sobald eine Bestätigung als europäischer Vollstreckungstitel vorliegt.[3] Geht der Gläubiger nach der EuVTVO vor, so hat er die in Art. 20 Abs. 2 EuVTVO genannten Unterlagen beizubringen; soweit dort vorgesehen, sind fremdsprachige Unterlagen in beglaubigter Übersetzung vorzulegen (§ 1083 ZPO). Das eigentliche **Vollstreckungsverfahren** richtet sich nach zweitstaatlichem Recht (Art. 20 Abs. 1 S. 1 EuVTVO). Im Vollstreckungsstaat ist nur eine Prüfung dahingehend vorgesehen, ob eine Entscheidungskollision i.S. von Art. 21 Abs. 1 EuVTVO droht (s. Rz. 13.26). Art. 21 Abs. 2 EuVTVO verbietet den Vollstreckungsorganen ausdrücklich eine révision au fond, und selbst auf einen Ordre-public-Vorbehalt wurde bewusst verzichtet (dazu Rz. 13.45).[4] Vielmehr muss der Schuldner, soweit ihm dies überhaupt noch möglich ist, im Ursprungsstaat gegen den Titel vorgehen. Tut er dies, so kann die Vollstreckung im Vollstreckungsstaat gemäß Art. 23 EuVTVO ausgesetzt oder beschränkt werden (dazu: §§ 1084 f. ZPO). Zu § 1086 ZPO vgl. Rz. 14.33.

14.15

2. EuMahnVO und EuBagatellVO

Die Möglichkeit der Vollstreckung ohne vorherige Vollstreckbarerklärung ist dem Gläubiger auch dann eröffnet, wenn er in der EU (wiederum: mit Ausnahme Dänemarks, Art. 2 Abs. 3 EuMahnVO/EuBagatellVO) einen **Zahlungsbefehl im Europäischen Mahnverfahren** (s. Rz. 11.10 ff.) oder ein **Urteil im Europäischen Bagatellverfahren** (s. Rz. 11.27 ff.) erwirkt hat.

14.16

---

1 Zu Rechtsschutzfragen vgl. BGH v. 21.7.2011 – I ZB 71/09, NJW 2012, 858; kritisch dazu *Roth*, IPRax 2013, 239.
2 Dazu EuGH v. 5.12.2013 – Rs. C-508/12 (*Vapenik/Thurner*), NJW 2014, 841 = EuZW 2014, 147 m. Anm. *Sujecki*, dort zur Unanwendbarkeit von Art. 6 Abs. 1 lit. d EuVTVO im Falle einer vertragsrechtlichen Auseinandersetzung zwischen zwei Verbrauchern.
3 So BGH v. 4.2.2010 – IX ZB 57/09, NJW-RR 2010, 571, 572; zustimmend *Bittmann*, IPRax 2011, 55.
4 Klarstellend BGH v. 24.4.2014 – VII ZB 28/13, NJW 2014, 2363 ff., dort 2364 f. auch zur Vereinbarkeit mit Art. 6 EMRK und Art. 47 Grundrechte-Charta. Dazu *Kramme*, GPR 2014, 296; *Sujecki*, EuZW 2014, 559.

Die diesbezüglichen Vollstreckungsvoraussetzungen und die im Vollstreckungsstaat bestehenden Rechtsbehelfsmöglichkeiten sind jeweils in Anlehnung an die Regelungen der EuVTVO gefasst: Die Vollstreckung erfolgt unter den gleichen Bedingungen wie bei einem inländischen Titel (Art. 21 Abs. 1 S. 2 EuMahnVO/EuBagatellVO). Sie setzt weder eine Vollstreckbarerklärung (Art. 19 EuMahnVO, Art. 20 Abs. 1 EuBagatellVO) noch eine Vollstreckungsklausel voraus (§ 1093, § 1107 ZPO). Die vom Gläubiger beizubringenden Unterlagen nennt Art. 21 Abs. 2 EuMahnVO/EuBagatellVO. Soweit dort vorgesehen, sind fremdsprachige Unterlagen in beglaubigter Übersetzung ins Deutsche vorzulegen (§ 1094, § 1108 ZPO). Im Vollstreckungsstaat darf die Vollstreckung nur nach Maßgabe von Art. 22 und 23 EuMahnVO/EuBagatellVO abgelehnt, ausgesetzt oder beschränkt werden (dazu § 1096, § 1109 ZPO). Eine révision au fond ist ausdrücklich ausgeschlossen (Art. 22 Abs. 3 EuMahnVO, Art. 22 Abs. 2 EuBagatellVO), eine Ordre-public-Kontrolle ist nicht vorgesehen. Zu den im Erststaat eröffneten Rechtsschutzmöglichkeiten gemäß Art. 20 EuMahnVO bzw. Art. 18 EuBagatellVO s. Rz. 11.13 und 11.29.

3. Brüssel IIa-VO und EuUntVO

14.17 Im Anwendungsbereich der **Brüssel IIa-VO** ist das gemäß Art. 28 ff. grundsätzlich erforderliche Exequaturverfahren (s. oben Rz. 14.12) nach Maßgabe von Art. 40 ff. in bestimmten Fällen entbehrlich, und zwar für Entscheidungen über das Umgangsrecht (Art. 40 Abs. 1 lit. a, Art. 41 Brüssel IIa-VO) sowie Kindesrückgabeanordnungen i.S. von Art. 11 Abs. 8 Brüssel IIa-VO (Art. 40 Abs. 1 lit. b, Art. 42 Brüssel IIa-VO). Solche Entscheidungen sind ohne Weiteres in anderen Mitgliedstaaten zu vollstrecken, wenn der erststaatliche Richter eine besondere Bescheinigung gemäß Anhang III bzw. IV zur Brüssel IIa-VO ausgestellt hat.[1] Die Bescheinigung gibt vor allem darüber Auskunft, dass bestimmte verfahrenstechnische Mindeststandards eingehalten wurden. Das Ausstellen der Bescheinigung ist nicht anfechtbar (Art. 43 Abs. 2 Brüssel IIa-VO). Nach Art. 41 Abs. 1 S. 1 und Art. 42 Abs. 1 S. 1 Brüssel IIa-VO kann aber auch die Anerkennung nicht angefochten werden.[2] Ob damit jegliche Kontrollbefugnis im Vollstreckungsstaat ausgeräumt sein soll, wird indes bestritten. So wird daraus, dass das Vollstreckungsverfahren weiterhin dem Recht des Vollstreckungsstaates unterliegt (Art. 47 Abs. 1 Brüssel IIa-VO), abgeleitet, dass die Überprüfung des ordre public letztlich vom Exequatur- in das Vollstreckungsverfahren verlagert sei.[3]

---

1 Die Vereinbarkeit mit Art. 8 EMRK bestätigt EGMR v. 18.6.2013 – 3890/11 (*Povse/Österreich*), FamRZ 2013, 1793. Beachte dazu auch *Callewaert*, ZEuS 2014, 79, 84 ff., 88 f.; *Cuniberti*, Rev.crit. 103 (2014), 303; *Schulz*, FS van Loon, S. 515.
2 Dazu EuGH v. 11.7.2008 – Rs. C-195/08 (*Inga Rinau*), NJW 2008, 2973.
3 Vgl. *Helms*, FamRZ 2002, 1592, 1602; *Solomon*, FamRZ 2004, 1409, 1419; Rauscher/*Rauscher*, Art. 40 Brüssel IIa-VO Rz. 9.

Die Abschaffung des Exequaturverfahrens im innereuropäischen Rechts- **14.18** verkehr ist ausweislich ihres Art. 17 Abs. 2 auch ein erklärtes Anliegen der **EuUntVO**. Der Fortschritt gegenüber der EuVTVO, die ebenfalls Unterhaltstitel erfasst, besteht vor allem darin, dass Art. 17 ff. EuUntVO auch für solche Entscheidungen gelten, die im Ausland in streitig ausgetragenen Erkenntnisverfahren erwirkt worden sind. Eine Verweigerung oder Aussetzung der Vollstreckung kommt im Vollstreckungsstaat nur nach Maßgabe von Art. 21 EuUntVO in Betracht, wobei bewusst auf einen Ordre-public-Vorbehalt verzichtet wurde.[1] Besonderheiten gelten allerdings für Unterhaltstitel aus Dänemark und dem Vereinigten Königreich, für die nicht Art. 17 ff., sondern Art. 23 ff. EuUntVO gelten, sodass es bei dem Exequaturerfordernis und insbesondere auch bei der Ordre-public-Kontrolle bleibt.

4. Autonomes Recht

Der Gedanke, dass eine besondere Vollstreckbarerklärung entbehrlich sein **14.19** kann, ist auch dem autonomen Recht nicht völlig fremd. Dies belegt das Zusammenspiel von § 110 Abs. 1 und Abs. 2 FamFG: In denjenigen Fällen, in denen §§ 110 Abs. 2, 95 Abs. 1 FamFG nicht einschlägig sind, erfolgt die Vollstreckung ohne Exequatur.[2] Dabei dürfte es sich vor allem um Kindesherausgabe- und Umgangsrechtsentscheidungen handeln (soweit sie nicht in den Anwendungsbereich von § 1 IntFamRVG fallen). Das bedeutet ausweislich § 110 Abs. 1 FamFG allerdings nicht, dass die Prüfung der Vollstreckbarkeit obsolet geworden wäre. Vielmehr hat sich das mit der Vollziehung eines ausländischen Titels befasste Gericht vom Vorliegen der Anerkennungsvoraussetzungen und vom Fehlen von Anerkennungshindernissen zu überzeugen, bevor es Vollstreckungsmaßnahmen nach den allgemeinen Regeln ergreift.[3] Hieran zeigt sich, dass der in puncto Vollstreckungseffizienz durchaus sinnvolle Verzicht auf ein gesondertes Exequaturverfahren keineswegs zwingend mit dem Verlust jeder Kontrollmöglichkeit im Vollstreckungsstaat einhergeht.

IV. Kompromissmodell der Brüssel Ia-VO

Angesichts der bislang dargestellten Rechtsakte hatte sich die Frage **14.20** aufgedrängt, warum man bei den allgemeinen (streitigen) Zivil- und Handelssachen i.S. der Brüssel I-VO am Exequaturerfordernis festhalten sollte. Der Ende 2010 vorgelegte **Kommissionsvorschlag zur Brüssel I-Reform** konnte dafür keinen Grund mehr erkennen und sah eine Abschaffung der Vollstreckbarerklärung vor.[4] In der weiteren Diskussion erschien dieser

---

1 Näher etwa *Hess/Spancken*, FPR 2013, 27; Prütting/Helms/*Hau*, EuUntVO (Anh. 3 zu § 110 FamFG) Rz. 91 ff., 104 ff.
2 BT-Drucks. 16/6308, S. 222.
3 Näher etwa Prütting/Helms/*Hau*, § 110 FamFG Rz. 15.
4 S. im Einzelnen den Verordnungsvorschlag v. 14.12.2010: KOM (2010) 748, S. 6 ff. Beachte zuvor schon das Grünbuch v. 21.4.2009, KOM (2009), 175.

Punkt vielen sinnvoll bzw. zumindest hinnehmbar, nicht aber der damit nach dem Vorschlag einhergehende drastische Abbau von Anerkennungsversagungsgründen:[1] Die Kommission wollte im Zweitstaat nur noch eine Kontrolle anhand des verfahrensrechtlichen, nicht hingegen des materiell-rechtlichen ordre public zulassen. Völlig ausschließen wollte sie zudem die Prüfung der Anerkennungszuständigkeit wenigstens zugunsten von Versicherungsnehmern und Verbrauchern sowie den Einwand, dass das verfahrenseinleitende Schriftstück verspätet oder so zugestellt wurde, dass keine Verteidigung möglich war.

14.21 Mit diesen weitreichenden Plänen konnte sich die Kommission nicht durchsetzen. Herausgekommen ist Ende 2012 schließlich die **Kompromisslösung der Brüssel Ia-VO**, die als fairer Ausgleich zwischen Gläubiger- und Schuldnerinteressen gewertet wird.[2] Gemäß Art. 39 sind mitgliedstaatliche Entscheidungen (sowie öffentliche Urkunden und gerichtliche Vergleiche, Art. 58 f.) in den erfassten Zivil- und Handelssachen fortan ohne Exequatur vollstreckbar,[3] wovon man sich vor allem eine Reduzierung des Zeit- und Kostenaufwands verspricht (Erwägungsgrund Nr. 26).[4] Die Titel unterliegen aber im Rahmen des neu konzipierten Vollstreckungsversagungsverfahrens i.S. von Art. 46 ff. auf Antrag des Schuldners einer zweitstaatlichen Überprüfung (vgl. zur parallel ausgestalteten Anerkennungsversagung bereits Rz. 12.50 f.). Diese Kontrolle erfolgt im Wesentlichen anhand derselben Versagungsgründe wie zuvor die Brüssel I-VO (zur leicht modifizierten Prüfung der Anerkennungszuständigkeit s. Rz. 13.5), selbstverständlich nach wie vor unter Beachtung des Verbots einer révision au fond (Art. 52 Brüssel Ia-VO).

14.22 Die eigentliche **Vollstreckung** richtet sich gemäß Art. 41 Abs. 1 Brüssel Ia-VO nach den autonomen Vorschriften des Zweitstaats. Diese Verweisung umfasst grundsätzlich auch die Regelungen zur Verweigerung oder Aussetzung der Vollstreckung (Abs. 2) und zur Veranlassung von Sicherungsmaßnahmen (Art. 40 Brüssel Ia-VO). Deutschland verzichtet gemäß § 1112 ZPO auf eine Vollstreckungsklausel.[5] Die vom Gläubiger zur Einleitung der Vollstreckung vorzulegenden Unterlagen sind in Art. 42 Abs. 1 Brüssel Ia-VO aufgeführt. Eine besondere Rolle spielt dabei die in Art. 53 und im Anhang I vorgesehene formalisierte Bescheinigung, die im

---

1 Vgl. etwa die ausführlichen Nachweise zu dieser Diskussion bei *Domej*, RabelsZ 78 (2014), 508, 510 f.; *von Hein*, RIW 2013, 97, 108 f.; *Hess*, FS Gottwald, S. 273, 275 ff.; *Rechberger*, FS Gottwald, S. 517, 520 ff.
2 Ähnlich BT-Drucks. 18/823, S. 15. Ausführliche Bewertung bei *Adolphsen*, in: Hess, Die Anerkennung im Internationalen Zivilprozessrecht, S. 1, 18 ff.; *Domej*, RabelsZ 78 (2014), 508, 517 ff.; *Kramer*, NILR 2013, 343.
3 Auch ein fakultatives Exequaturverfahren ist ausgeschlossen. Klarstellend *Domej*, RabelsZ 78 (2014), 508, 513.
4 Sehr kritisch hierzu *Timmer*, JPIL 9 (2013), 129.
5 Dazu, aber auch zur Relevanz der sonstigen allgemeinen Vollstreckungsvoraussetzungen, BT-Drucks. 18/823, S. 21.

Erststaat zu erteilen ist (vgl. für Deutschland §§ 1110 f. ZPO[1]); denn im Normalfall soll die Vollstreckung ohne weiteres anhand der Angaben in diesem Formblatt erfolgen können. Insbesondere soll damit auch bescheinigt werden, dass der sachliche Anwendungsbereich der Brüssel Ia-VO eröffnet ist.[2] Die Vollstreckungsbehörde kann zwar eine Übersetzung der Bescheinigung verlangen (Art. 42 Abs. 3 Brüssel Ia-VO),[3] hingegen nur noch ausnahmsweise eine Übersetzung der ausländischen Entscheidung, wenn dies unabdingbar erscheint (Art. 42 Abs. 4 Brüssel Ia-VO; weniger gläubigerfreundlicher noch Art. 55 Abs. 2 Brüssel I-VO). Allerdings kann unter bestimmten Voraussetzungen der Schuldner auf einer Übersetzung der Entscheidung bestehen (Art. 43 Abs. 2 Brüssel Ia-VO). Soweit eine Übersetzung erforderlich ist, gelten Art. 57 Brüssel Ia-VO und speziell für Deutschland § 1113 ZPO.

Das **Vollstreckungsversagungsverfahren** ist in Art. 46 ff. Brüssel Ia-VO und für Deutschland ergänzend in § 1115 ZPO geregelt. Eingeleitet wird es durch einen an das örtlich zuständige Landgericht (§ 1115 Abs. 1 und 2 ZPO) gerichteten Antrag des Schuldners; hierfür besteht kein Anwaltszwang (§ 1115 Abs. 3, § 78 Abs. 2 ZPO). Erwägungsgrund Nr. 30 deutet an, dass das Recht des Vollstreckungsstaats eine Frist für die Einleitung des Vollstreckungsversagungsverfahrens vorsehen kann;[4] Deutschland hat davon aber keinen Gebrauch gemacht. Das Verfahren ist kontradiktorisch: zwar ist eine mündliche Verhandlung freigestellt, doch der Gläubiger ist als Antragsgegner zu hören (§ 1115 Abs. 4 S. 2 und 3 ZPO). Im Übrigen gelten die allgemeinen Regeln der ZPO.[5] Prüfungsmaßstab sind gemäß Art. 46 die in Art. 45 Brüssel Ia-VO aufgeführten Versagungsgründe (zu materiell-rechtlichen Einwendungen s. unten Rz. 14.29 ff.). Die Entscheidung muss unverzüglich ergehen (Art. 48 Brüssel Ia-VO), und zwar durch den Vorsitzenden einer Zivilkammer mit einem zu begründenden Beschluss (§ 1115 Abs. 4 S. 1 und 2 ZPO). Die im Erfolgsfall ergehende Gestaltungsentscheidung beseitigt die Vollstreckbarkeit mit Wirkung ex tunc,[6] dies allerdings nur für den konkreten Vollstreckungsstaat.[7] Rechtsbehelfe sind die sofortige Beschwerde (Art. 49 Brüssel Ia-VO, § 1115 Abs. 5 S. 1 und 2 ZPO mit Sonderregelung für die Beschwerdefrist) und gegebenenfalls die Rechtsbeschwerde (Art. 50 Brüssel Ia-VO, § 1115 Abs. 5 S. 3 ZPO). Zur

14.23

---

1 Näher zur Zuständigkeit und zur Ausgestaltung des grundsätzlich nicht kontradiktorischen Erteilungsverfahrens BT-Drucks. 18/823, S. 20 f.

2 Vgl. zur dahingehenden Prüfung BT-Drucks. 18/823, S. 21, sowie *Pohl*, IPRax 2013, 109, 113.

3 Laut BT-Drucks. 18/823, S. 21, soll eine Übersetzung der Bescheinigung gefordert werden, wenn diese über die routinemäßigen Eintragungen hinaus weitere Angaben enthält.

4 Vgl. *Domej*, RabelsZ 78 (2014), 508, 518.

5 BT-Drucks. 18/823, S. 22.

6 BT-Drucks. 18/823, S. 22.

7 Näher zur Rechtsnatur und zur räumlich begrenzten Wirkung der Entscheidung im Vollstreckungsversagungsverfahren *Geimer*, FS Torggler, S. 311, 332 f.

Möglichkeit einer Aussetzung des Vollstreckungsversagungsverfahrens beachte Art. 51 Abs. 1 Brüssel Ia-VO sowie § 1115 Abs. 6 ZPO.[1]

14.24   Unklar ist das **Verhältnis von Anerkennungsversagungs- und Vollstreckungsversagungsverfahren.** Offenbar geht die Brüssel Ia-VO von verschiedenen Verfahrensgegenständen aus. Es dürfte aber kaum gewollt sein, dass, nachdem die Anerkennung bereits versagt wurde, der erst in einem Folgeverfahren gestellte Antrag auf Vollstreckungsversagung ausgehend von einer abweichenden Beurteilung von Art. 45 Abs. 1 Brüssel Ia-VO abgewiesen werden kann. Ebenso wenig erscheint es sinnvoll, dass nach erfolgter Vollstreckungsversagung in einem Folgeverfahren noch darüber gestritten werden kann, ob wenigstens eine Anerkennung der ausländischen Entscheidung in Betracht kommt. Um solche Probleme zu vermeiden, sollte der Richter, der mit einem Versagungsantrag befasst wird, von vornherein darauf hinwirken, dass sich dieser sowohl auf die Anerkennung als auch auf die Vollstreckung bezieht.

14.25   Eine **rechtspolitische Bewertung der neuen Regelungen** führt zu einem zwiespältigen Ergebnis. Das neue Kompromissmodell erweist sich im Grunde vor allem als **Verschiebung der Verfahrensinitiative:** Im Anwendungsbereich der Brüssel I-VO oblag es zunächst dem Gläubiger, das Exequaturverfahren einzuleiten, und sodann dem Schuldner, mittels eines Rechtsbehelfs etwaige Versagungsgründe dagegen vorzubringen. Nunmehr kann der Gläubiger ohne weiteres zur Vollstreckung schreiten, und der Schuldner muss dem mit der Einleitung des Vollstreckungsversagungsverfahrens begegnen.[2] Letzteres bedeutet für den Schuldner freilich nicht nur eine Initiativlast, sondern auch eine neue Chance: Während der Schuldner früher erst reagieren konnte, nachdem der Gläubiger das Exequatur erwirkt hat, kann er nunmehr auch aus eigener Initiative eine Entscheidung über der Vollstreckung entgegenstehende Umstände herbeiführen, bevor der Gläubiger überhaupt Schritte in Richtung Vollstreckung unternommen hat.[3] Rechtspolitisch zweifelhaft erscheint hingegen, dass der deutsche Gesetzgeber mit § 1115 Abs. 1 ZPO die **Prüfung der Versagungsgründe vom OLG auf das LG verlagert** hat; denn dies läuft dem Bestreben entgegen, die für internationale Fälle erforderliche spezielle Sachkunde durch Zuständigkeitskonzentration zu fördern (s. Rz. 9.17 f.), und ist letztlich ein Rückfall in die Rechtslage zu Zeiten des EuGVÜ. Die Alternative, nach dem Vorbild von § 107 Abs. 3 FamFG eine Eingangszuständigkeit des OLG-Präsidenten zu schaffen, hätte Fachkompetenz gebündelt und trotzdem die Möglichkeit von zwei Rechtsbehelfsinstanzen erhalten. Ferner hätte man erwägen können, pro OLG-Bezirk nur ein LG (etwa dasjenige am Sitz des OLG) mit den Versagungsverfahren zu betrauen.

---

1 Hierzu BT-Drucks. 18/823, S. 23.
2 Darauf verweist *Geimer*, FS Torggler, S. 311, 331 f.
3 Zutreffend *Domej*, RabelsZ 78 (2014), 508, 518.

V. Einzelfragen

1. Wegfall der Vollstreckbarkeit im Erststaat

Fehlt dem Vollstreckungstitel schon aus Sicht des Erststaates (etwa mangels hinreichender Bestimmtheit) die Vollstreckbarkeit oder ist er dort bereits aufgehoben worden, so kann er auch in anderen Staaten keine Wirkung entfalten.[1] Soweit ein **Exequaturverfahren** durchzuführen ist, hat das damit befasste Gericht den Vortrag des Titelschuldners zu beachten, dass der ausländische Vollstreckungstitel bereits seine Vollstreckbarkeit verloren habe oder weggefallen sei;[2] dies muss der Titelschuldner also nicht etwa gesondert (gemäß bzw. analog § 767 ZPO) geltend machen.[3] Fällt der Vollstreckungstitel erst nach Vollstreckbarerklärung weg, kommen vorrangig §§ 27 ff. AVAG oder §§ 34, 35 IntFamRVG in Betracht. Im Übrigen wird diskutiert, ob eine Restitutionsklage analog § 580 Nr. 6 ZPO oder eher eine Klage gemäß (bzw. analog) § 767 ZPO statthaft ist.[4] Von alledem zu unterscheiden ist die Frage, inwieweit im Exequaturverfahren auch ein (angeblicher) Wegfall des titulierten Anspruchs geltend gemacht werden kann (dazu Rz. 14.29 ff.).

14.26

Der Wegfall der Vollstreckbarkeit im Erststaat muss auch beachtlich sein, sofern die Vollstreckung im Zweitstaat **ohne Vollstreckbarerklärung** zu erfolgen hat. Für die **Brüssel Ia-VO** ergibt sich das bereits aus Art. 39, wonach eben nur solche Entscheidungen, die im Erststaat vollstreckbar sind, in den anderen Mitgliedstaaten vollstreckt werden.[5] So betrachtet, spricht die eigens in Art. 44 Brüssel Ia-VO vorgesehene Aussetzungsmöglichkeit nur einen Teilaspekt an, und es erscheint sinnvoll, dass der deutsche Gesetzgeber mit § 1116 ZPO die Gesamtproblematik einheitlich geregelt hat.[6]

14.27

Die Rechtslage hinsichtlich der **sonstigen Sekundärrechtsakte** erweist sich als eher unübersichtlich. Nach Art. 6 Abs. 2 EuVTVO ist der Wegfall der Vollstreckbarkeit im Erststaat geltend zu machen und von den dort zuständigen Stellen zu bestätigen. Erst die Vorlage dieser Bestätigung ermöglicht die Einstellung der Vollstreckung im Zweitstaat (für Deutsch-

14.28

---

1 Vgl. etwa EuGH v. 28.4.2009 – Rs. C-420/07 (*Apostolides*), EuGRZ 2009, 210; BGH v. 7.4.2004 – XII ZB 51/02, FamRZ 2004, 1023; BGH v. 11.3.2010 – IX ZB 94/07, NJW-RR 2010, 1079, 1080.
2 Klarstellend – und insoweit unproblematisch – BGH v. 14.3.2007 – XII ZB 174/04, NJW 2007, 3433, dort zur Brüssel I-VO und zum HUntVÜ 1973. Nicht hierher gehört BGH v. 24.3.2010 – XII ZB 193/07, NJW 2010, 1750, wenn man davon ausgeht, dass die Rechtskraft der Ehescheidung nicht den ausländischen *Titel* über Trennungsunterhalt zum Erlöschen bringt, sondern den titulierten *Anspruch* (vgl. zu diesem Fall auch *Heiderhoff*, FamRZ 2010, 1060).
3 Zur Kostentragungspflicht s. *Hau*, IPRax 1998, 255, 256; vgl. zur Möglichkeit einer Erledigungserklärung nunmehr auch BGH v. 4.2.2010 – IX ZB 57/09, NJW-RR 2010, 571, 572.
4 Für Letzteres etwa Zöller/*Geimer*, § 722 ZPO Rz. 104; *Schack*, Rz. 1038.
5 *Geimer*, FS Torggler, S. 311, 325 f.
6 Dazu BT-Drucks. 18/823, S. 23.

land: § 1085 ZPO). Ist ein Europäischer Zahlungsbefehl nach Ablauf der Einspruchsfrist im Erststaat gemäß Art. 18 Abs. 1 EuMahnVO bereits für vollstreckbar erklärt worden, kann der Schuldner eine Überprüfung nur noch dort und nur unter den engen Voraussetzungen von Art. 20 EuMahnVO veranlassen (dazu Rz. 11.13), und zwar mit dem Ziel, den Zahlungsbefehl für nichtig zu erklären (Art. 20 Abs. 3 S. 2 EuMahnVO). Bis darüber im Erststaat entschieden ist, darf die Vollstreckung im Zweitstaat immerhin ausgesetzt bzw. beschränkt werden (Art. 23 EuMahnVO, § 1096 Abs. 1 ZPO). Entsprechendes gilt für den Rechtsschutz gegen das Urteil im Europäischen Bagatellverfahren (vgl. Art. 18 und 23 EuBagatell-VO, § 1109 Abs. 1 S. 2 ZPO; dazu Rz. 11.29).

2. Einwendungen gegen den titulierten Anspruch

14.29 Verteidigungsbedarf gegen die Vollstreckung ausländischer Titel kann sich aus Sicht des Schuldners nicht nur unter dem soeben diskutierten Gesichtspunkt des Wegfalls der Vollstreckbarkeit im Erststaat ergeben, sondern auch aus Einwendungen, die er im Vollstreckungsstaat gegen den im Ausland titulierten Anspruch geltend machen möchte. Um sich die Relevanz der Thematik vor Augen zu führen, denke man nur an die Vielfalt in Betracht kommender Einwände, etwa Erfüllung und Erfüllungssurrogate, Vergleich, Erlass und Stundung, Gläubigerwechsel etc.

14.30 Problematisch erscheint, ob und inwieweit solche Einwendungen **im Exequaturverfahren** beachtlich sein können. Für Deutschland eröffnet § 12 AVAG dem Schuldner die Möglichkeit, materiell-rechtliche Einwendungen im Rahmen der Beschwerde gegen die Vollstreckbarerklärung vorzutragen. Der Schuldner wird mit solchen Einwendungen sogar präkludiert, wenn er, statt diese im Exequaturverfahren vorzubringen, eine gesonderte Vollstreckungsabwehrklage erhebt (vgl. § 14 Abs. 1 AVAG).[1] Der deutsche Gesetzgeber meinte ausweislich § 55 AVAG a.F., dass dieselben Regeln auch im Exequaturverfahren **nach der Brüssel I-VO** gelten können. Dahinter stand die Überlegung, dass man dem Schuldner eine gesonderte Vollstreckungsabwehrklage ersparen wollte. Gegen § 55 AVAG a.F. (und Parallelvorschriften im AUG) regte sich indes Widerstand, und zwar mit Hinweis auf Art. 45 Abs. 1 Brüssel I-VO: Denn dessen Wortlaut legt es nahe, dass die im Exequaturverfahren beachtlichen Einwendungen dort abschließend benannt sind, materiell-rechtliche Einwendungen mithin außer Betracht bleiben müssen.[2] Der BGH war mehrfach mit der Problematik befasst und bekannte sich zu einer vermittelnden Ansicht, wonach der Schuldner im Exequaturverfahren jedenfalls einwenden dürfe,

---

1 Dazu BGH v. 2.3.2011 – XII ZB 156/09, NJW-RR 2011, 650 (Übergang der titulierten Forderung auf einen anderen Gläubiger); OLG Köln v. 17.11.2008 – 16 W 27/08, NJW-RR 2009, 1074 f.

2 Grundlegend *Nelle*, S. 435, 441 ff. Ausführlich sodann etwa *Bach*, S. 203 ff.; *Bitter*, S. 42 ff.; *Halfmeier*, IPRax 2007, 381; *Hess*, IPRax 2008, 25.

dass die titulierte Forderung nachträglich ganz oder teilweise erfüllt worden sei, wenn dieser Einwand unstreitig bleibt.[1]

Allerdings hätte der BGH gut daran getan, den EuGH um eine Vorabent-   **14.31**
scheidung zu ersuchen.[2] Klärung brachte erst die auf ein Ersuchen des niederländischen Hoge Raad hin ergangene Entscheidung des EuGH in der Rechtssache *Prism Investments*.[3] Der EuGH betont, dass es sich bei Art. 45 Brüssel I-VO um eine abschließende Vorschrift handele, die keinen Raum für eine weitergehende Prüfung lasse, ob der titulierte Anspruch bereits erfüllt ist. Daraufhin hat der deutsche Gesetzgeber § 55 AVAG dahingehend geändert, dass §§ 12 und 14 AVAG nicht mehr im Anwendungsbereich der Brüssel I-VO gelten; stattdessen wurde mit § 56 AVAG n.F. eine Sonderregelung für die Vollstreckungsabwehrklage geschaffen.[4]

Das wirft die Anschlussfrage auf, ob eine **Vollstreckungsabwehrklage**   **14.32**
überhaupt im Vollstreckungsstaat zu erheben ist oder ob es nicht vielmehr geboten erscheint, Streitigkeiten über materiell-rechtliche Einwendungen gegen den titulierten Anspruch im Erststaat auszutragen.[5] Allerdings unterstellt der EuGH, wie auch der deutsche Gesetzgeber, ohne Weiteres die Möglichkeit, die Vollstreckungsabwehrklage im Zweitstaat zu erheben.[6] Dann erscheint es nur konsequent, dies auch auf die gemäß der **Brüssel Ia-VO** zu vollstreckenden ausländischen Titel zu übertragen und in § 1117 ZPO nähere Regelungen zur Vollstreckungsabwehrklage vorzusehen,[7] wobei sich die internationale Entscheidungszuständigkeit

---

1 BGH v. 14.3.2007 – XII ZB 174/04, NJW 2007, 3433; BGH v. 12.8.2009 – XII ZB 12/05, NJW-RR 2010, 1, 4. Vgl. zum EuGVÜ BGH v. 25.2.2009 – XII ZB 224/06, NJW-RR 2009, 1000, 1001; zum HUntVÜ 1973 BGH v. 24.3.2010 – XII ZB 193/07, NJW 2010, 1750.

2 Die Verletzung der Vorlagepflicht monierte etwa *Hess*, IPRax 2008, 25, 30.

3 EuGH v. 13.10.2011 – Rs. C-139/10 (*Prism Investments/van der Meer*), NJW 2011, 3506. Dazu *Bach*, EuZW 2011, 871; *Eichel*, FamRZ 2013, 576; *Meller-Hannich*, GPR 2012, 90 und 153; *Streicher*, FamRBint 2012, 57; *Sujecki*, EWS 2012, 110; *Wagner*, IPRax 2012, 326. Vgl. im Anschluss an den EuGH sodann BGH v. 12.7.2012 – IX ZB 267/11, NJW 2012, 2663, 2664 f.

4 Beachte dazu und zu den entsprechenden Änderungen des AUG das Gesetz v. 20.2.2013, BGBl. 2013 I, 273. Dazu BT-Drucks. 17/10492, S. 12 f.; *Hilbig-Lugani*, FamRBint 2013, 74, 76 f.

5 Vgl. dazu schon *Halfmeier*, IPRax 2007, 381, 385 f.; *Hess*, IPRax 2008, 25, 28 f.

6 Vgl. EuGH v. 13.10.2011 – Rs. C-139/10 (*Prism Investments/van der Meer*), NJW 2011, 3506, 3507: „Ein solcher Grund kann hingegen vom Vollstreckungsgericht des Vollstreckungsmitgliedstaats geprüft werden. Denn sobald die Entscheidung in die Rechtsordnung des Vollstreckungsmitgliedstaats integriert wurde, gelten nach ständiger Rechtsprechung die Rechtsvorschriften dieses Mitgliedstaats über die Zwangsvollstreckung ebenso wie für Entscheidungen, die von nationalen Gerichten erlassen wurden (…)."

7 Skeptisch aber nach wie vor *Domej*, RabelsZ 78 (2014), 508, 516, die davor warnt, der beiläufigen Bemerkung des EuGH in der Rs. *Prism Investments* zur Beachtlichkeit materiell-rechtlicher Einwendungen im Vollstreckungsstaat allzu große Bedeutung zu schenken.

aus Art. 24 Nr. 5 Brüssel Ia-VO ergeben soll.[1] Mit Rücksicht auf das Verbot einer *révision au fond* (Art. 52 Brüssel Ia-VO) stellt die Präklusion gemäß §§ 1117 Abs. 1, 795 S. 1, 767 Abs. 2 ZPO immerhin sicher, dass nur solche Einwendungen beachtlich sind, die im ausländischen Titulierungsverfahren nicht vorgetragen werden konnten. Offenbar geht der deutsche Gesetzgeber ausweislich der Sonderregelung in § 1117 ZPO davon aus, dass die materiell-rechtlichen Einwendungen nicht in das Vollstreckungsversagungsverfahren gemäß Art. 46 ff. Brüssel Ia-VO und § 1115 ZPO gehören. Dies steht allerdings in einem gewissen Spannungsverhältnis zu Erwägungsgrund Nr. 30, den man so verstehen kann, dass der Schuldner Vollstreckungsversagungsgründe und materiell-rechtliche Einwendungen in demselben Verfahren geltend machen darf.[2]

14.33   Im Hinblick auf sonstige Europäische Titel, die **ohne Exequatur** zu vollstrecken sind, enthält Art. 22 Abs. 2 EuMahnVO eine aufschlussreiche Vorschrift: Auf Antrag des Schuldners wird die Vollstreckung im Zweitstaat verweigert, sofern der titulierte Betrag bereits „entrichtet" worden ist (dazu § 1096 Abs. 2 S. 1 ZPO). Daraus wird man im Umkehrschluss folgern müssen, dass Erfüllungssurrogate bzw. sonstige materiell-rechtliche Einwendungen im Erststaat geltend zu machen sind. Gleichwohl glaubt der deutsche Gesetzgeber, im Übrigen die Möglichkeit einer Vollstreckungsabwehrklage eröffnen zu dürfen (§ 1096 Abs. 2 S. 2 ZPO).[3] Weder die EuVTVO noch die EuBagatellVO enthalten eine Art. 22 Abs. 2 EuMahnVO entsprechende Regelung.[4] Daher stellt sich auch dort die Frage, ob im Vollstreckungsstaat eine Vollstreckungsabwehrklage möglich ist, was der deutsche Gesetzgeber wiederum bejaht (§ 1086, § 1109 Abs. 2 ZPO).[5]

3. Abänderung ausländischer Titel

14.34   Nach heute wohl einhelliger Auffassung bestehen grundsätzlich **keine völkerrechtlichen Bedenken** dagegen, dass inländische Gerichte im Ausland erwirkte Vollstreckungstitel abändern.[6] Kaum diskutiert wird bislang aber, ob der Schuldner im Vollstreckungsstaat auch eine Herabset-

---

1   Dazu und zum Folgenden BT-Drucks. 18/823, S. 23 f., dort unter Berufung auf Erwägungsgrund Nr. 30 zur Brüssel Ia-VO.

2   Dies betont *von Hein*, RIW 2013, 97, 110. Anders aber *Domej*, RabelsZ 78 (2014), 508, 515, und *Pohl*, IPRax 2013, 109, 114: die Frage nach der Beachtlichkeit materiell-rechtlicher Einwendungen im Vollstreckungsversagungsverfahren sei Sache des nationalen Gesetzgebers.

3   Für europarechtswidrig halten dies *Halfmeier*, IPRax 2007, 381, 388; *Hess*, § 10 Rz. 75, 77 ff.; *Preuß*, ZZP 122 (2009), 3, 29 ff. A.A. aber Rauscher/*Gruber*, Art. 22 EG-MahnVO Rz. 39 ff. m. w. Nachw.

4   Das kritisiert Rauscher/*Varga*, Art. 22 EG-BagatellVO Rz. 8.

5   Näher zum Streitstand über die Europarechtskonformität etwa *Bitter*, S. 80 ff.; *Halfmeier*, IPRax 2007, 381, 386 ff.

6   Siehe etwa BGH v. 1.6.1983 – IVb ZR 386/81, NJW 1983, 1976; OLG Köln v. 20.7.2004 – 25 UF 24/04, NJW-RR 2005, 876; *Hohloch*, DEuFamR 2000, 193, 196; *Schack*, Rz. 1109.

zung des titulierten Betrags geltend machen kann, wenn die Vollstreckung eines Europäischen Vollstreckungstitels ohne Exequaturerfordernis betrieben wird.[1] Insoweit dürften ähnliche Erwägungen anzustellen sein wie hinsichtlich der Frage, ob im Zweitstaat eine Vollstreckungsabwehrklage eröffnet werden darf (vgl. Rz. 14.32 f.).

Abänderbar sind ausländische Vollstreckungstitel nur dann, wenn sie **anerkennungsfähig** sind. Diese Frage ist anhand der jeweils einschlägigen Anerkennungsregeln zu klären, und zwar grundsätzlich inzident im Abänderungsverfahren.[2] Abänderbar sind aber auch im Ausland geschlossene Prozessvergleiche und errichtete Urkunden, sofern sie in Deutschland für vollstreckbar erklärt werden können (also nicht im Anwendungsbereich des autonomen Rechts; s. oben Rz. 14.3).[3] **14.35**

Die **internationale Zuständigkeit** für das Abänderungsverfahren ist nach Maßgabe der allgemeinen Regeln zu bestimmen (s. Rz. 5.77 ff.). Ist sie gegeben, so unterstehen das Abänderungsverfahren sowie die verfahrensrechtlichen Abänderungsvoraussetzungen (wie Abänderungszeitpunkt und -schwelle) der deutschen lex fori (§ 323 ZPO bzw. §§ 238 ff. FamFG).[4] **14.36**

4. Bestimmtheit und Ergänzung ausländischer Titel

Die Praxis der Tenorierung von Vollstreckungstiteln unterscheidet sich von Land zu Land: Sie ist zunächst auf das in der Sache angewendete Recht, zudem aber auch auf die Gepflogenheiten des jeweiligen Ursprungsstaates zugeschnitten.[5] Eine besondere Vielfalt zeigt sich dabei hinsichtlich Unterhaltstiteln, die häufig indexiert werden (vgl. Art. 19 Abs. 1 S. 1 HUntVÜ 2007), aber auch bei Schadensersatztiteln. **14.37**

Beispiel: Der BGH hatte sich mit der Vollstreckbarerklärung eines französischen Urteils zu befassen, das dem Opfer eines Flugzeugabsturzes einen bestimmten Betrag als Schadensersatz zusprach, dies allerdings ohne nähere Bezifferung „nach Abzug der Leistung der Kassen" (gemeint: unter Anrechnung von Leistungen der französischen Sozialversicherungsträger).[6]

Kommt die Vollstreckung eines solchen Titels in Deutschland in Betracht, so sind Komplikationen vorprogrammiert; denn das deutsche Vollstreckungsrecht ist hochgradig formalisiert und stellt schon deshalb strenge Anforderungen in puncto Bestimmtheit bzw. Bestimmbarkeit von Titeln. Ausländische Vollstreckungstitel, die gemessen an den deutschen Stan- **14.38**

---

1 Zur EuVTVO bejahend, aber ohne Problembewusstsein, *Strasser*, FPR 2007, 451, 454.

2 Staudinger/*Kropholler*, Anh. III zu Art. 18 EGBGB Rz. 9.

3 Zum Streitstand Prütting/Helms/*Hau*, Anh. 1 zu § 110 FamFG Rz. 32.

4 Sehr streitig ist, welches Recht die sachrechtlichen Voraussetzungen (Maßstäbe der Änderung und neuer Inhalt) beherrscht; dazu etwa *Hohloch*, DEuFamR 2000, 193, 198 ff.; *Schack*, Rz. 1114 ff.

5 Rechtsvergleichend *Seidl*, S. 35 ff.

6 BGH v. 21.11.2013 – IX ZB 44/12, NJW 2014, 702.

dards einen zu **unbestimmten Inhalt** haben oder von einer Bedingung mit unbestimmtem Inhalt abhängen, können im Inland nicht ohne Weiteres für vollstreckbar erklärt bzw. vollstreckt werden. Begründet wird dies entweder unter Berufung auf den deutschen ordre public[1] oder – vorzugswürdig – auf ein ungeschriebenes, gleichwohl auch im Anwendungsbereich des Europa- und Konventionsrechts beachtliches Vollstreckungserfordernis.[2]

14.39   Unbestimmte (namentlich indexierte) ausländische Titel können allerdings im Inland noch **nachträglich konkretisiert** werden, sofern sich die maßgeblichen Kriterien entweder aus den zugrunde liegenden ausländischen Vorschriften oder aus im Inland zugänglichen und sicher feststellbaren Umständen ergeben (wie Lebenshaltungsindices oder Diskontsätzen ausländischer Notenbanken).[3] Unter ebendiesen Voraussetzungen soll sich auch noch die Bezeichnung der Parteien nachträglich konkretisieren lassen.[4] Die gebotene Konkretisierung hat grundsätzlich im **Exequaturverfahren** zu erfolgen, ist also nicht erst den deutschen Vollstreckungsorganen zu überantworten.[5]

14.40   Probleme bereiten unzureichend bestimmte ausländische Titel, die **ohne Exequatur** vollstreckbar sind.[6] Eine geeignete Möglichkeit, den EuGH damit zu befassen, hat der BGH versäumt: Er hat die deutschen Standards zur Bestimmbarkeit (in casu: des Vollstreckungsschuldners) ohne Weiteres auf ein Versäumnisurteil angewendet, das in den Niederlanden als Europäischer Vollstreckungstitel bestätigt worden war, und kurzerhand unter Berufung auf Art. 20 Abs. 1 EuVTVO gebilligt, dass das deutsche Vollstreckungsgericht die vom Gläubiger beantragte Forderungspfändung verweigert hat.[7] Für unzureichend bestimmte ausländische Unterhaltstitel, die gemäß der EuUntVO ohne Exequatur zu vollstrecken sind, versucht der deutsche Gesetzgeber, mit dem in § 34 AUG vorgesehenen Konkretisierungsverfahren Abhilfe zu schaffen.[8] Im Rahmen der Brüssel Ia-VO ist zu erwägen, für solche Zwecke das dort in Art. 54 vorgesehe-

---

1 Deutlich etwa OLG Karlsruhe v. 8.1.2002 – 9 W 51/01, FamRZ 2002, 1420.
2 So *Wagner*, FS Sonnenberger, 2004, S. 727, 736 f.; *Seidl*, S. 213 ff.
3 Grundlegend BGH v. 6.11.1985 – IVb ZR 73/84, FamRZ 1986, 45; seither etwa BGH v. 2.9.2009 – XII ZB 50/06, NJW 2010, 153, 154. Die Konkretisierungsmöglichkeit wurde bejaht von OLG Zweibrücken v. 10.3.2005 – 5 WF 36/05, OLGR Zweibrücken 2005, 534 (Zahlung von 25 % des monatlichen Nettoeinkommens). Verneint wurde sie von AG Wiesbaden v. 2.5.2005 – 536 F 147/04, FamRZ 2006, 562 (Zahlung eines Viertels der „Gesamteinkünfte"); OLG Karlsruhe v. 8.1.2002 – 9 W 51/01, FamRZ 2002, 1420 (Unterhalt abhängig von „ernsthaftem zielstrebigen Studium").
4 Dazu *Roth*, IPRax 2007, 423.
5 BGH v. 21.11.2013 – IX ZB 44/12, NJW 2014, 702 f.; *Seidl*, S. 120 ff., 186 ff.
6 Näher *Seidl*, S. 231 ff.
7 BGH v. 26.11.2009 – VII ZB 42/08, NJW 2010, 2137 f.
8 Dazu Prütting/Helms/*Hau*, AUG (Anh. 2 zu § 110 FamFG) Rz. 38.

ne Anpassungsverfahren (vgl. dazu Erwägungsgrund Nr. 28 sowie § 1114 ZPO) heranzuziehen.[1]

5. Annexunterhaltstitel

Bei der besonders praxisrelevanten grenzüberschreitenden Durchsetzung von Unterhaltstiteln ergeben sich immer wieder Schwierigkeiten, wenn die Titulierung im Rahmen eines ausländischen **Statusverfahrens** (namentlich eines Ehescheidungsverfahrens) erfolgt ist:[2] Das Anerkennungsmonopol der Landesjustizverwaltungen gemäß § 107 FamFG (s. Rz. 12.53) erfasst zwar nicht den Ausspruch zur Unterhaltspflicht.[3] Fraglich kann aber sein, ob dessen Anerkennung und Vollstreckbarerklärung nur in Abhängigkeit von der Anerkennung der Statusentscheidung erfolgen darf. Dieses Problem stellt sich nicht im Anwendungsbereich der Brüssel IIa-VO, die kein obligatorisches Anerkennungsverfahren kennt und § 107 FamFG verdrängt (s. Rz. 12.54). Zudem kann § 107 FamFG von vornherein kein Anerkennungshindernis hinsichtlich einer Unterhaltsentscheidung begründen, sofern das **Europa- oder Konventionsrecht** zur Anerkennung und Vollstreckbarerklärung verpflichtet, ohne dabei auf die damit verbundene Statusfrage Rücksicht zu nehmen.[4] Von Bedeutung ist dies auch im Hinblick auf andere Statusentscheidungen: Eine Entscheidung, die Kindesunterhalt zuspricht, ist nach Maßgabe des Europa- bzw. Konventionsrechts für vollstreckbar zu erklären, ohne dass das deutsche Exequaturgericht dem entgegensetzen könnte, dass die ausländische Vaterschaftsfeststellung nicht anerkennungsfähig sei.[5]

14.41

Gleichwohl verbleiben Fälle, in denen § 107 FamFG einschlägig und kein Europa- oder Konventionsrecht anwendbar ist, das die vorbehaltslose Anerkennung und Vollstreckbarerklärung der Unterhaltsentscheidung gebietet. In solchen Fällen kann die Unterhalts- von der Statusentscheidung abhängen, sodass beispielsweise die Vollstreckbarerklärung eines Titels über **Geschiedenenunterhalt** erst erfolgt, sobald die Anerkennung der Ehescheidung feststeht. Anders verhält es sich aber wiederum, wenn **Kindesunterhalt** anlässlich einer Ehescheidung tituliert wird; denn die Voll-

14.42

---

1 Dies erwägt auch *von Hein*, RIW 2013, 97, 110; ebenso wohl *Pohl*, IPRax 2013, 109, 113. Näher zur Anwendbarkeit des Anpassungsverfahrens und zu Rechtsschutzfragen *Gössl*, NJW 2014, 3479, 3481 ff. Beachte auch BT-Drucks. 18/823, S. 21 f.
2 Monographisch dazu *Lippke*, Der Status im Europäischen Zivilverfahrensrecht, 2008.
3 Klarstellend etwa BGH v. 14.2.2007 – XII ZR 163/05, NJW-RR 2007, 722.
4 Richtig etwa *Martiny*, FamRZ 2008, 1681, 1686.
5 A.A. – unter Berufung auf eine angebliche Kompetenz zur Inzidentprüfung – OLG Hamm v. 8.7.2003 – 29 W 34/02, IPRax 2004, 437 f. (Anm. *Geimer*, 419); OLG Hamm v. 26.4.2005 – 29 W 18/04, NJW-RR 2006, 293; OLG Dresden v. 9.11.2005 – 21 UF 670/05, FamRZ 2006, 563 (unter Berufung auf den ordre public). Im Ergebnis wie hier hingegen OLG München v. 1.7.2002 – 25 W 1526/02, IPRax 2004, 120.

streckbarkeit des Titels über den Kindesunterhalt berührt nicht das Anliegen von § 107 FamFG, einander widersprechende Entscheidungen über
die Wirksamkeit einer ausländischen Ehescheidung im Inland zu vermeiden.[1] Von alledem zu trennen ist die Frage, ob sich diejenigen Anerkennungshindernisse, die gegen die Anerkennung der Statusentscheidung ins
Feld geführt werden, nach Lage der Dinge auch gegen die Unterhaltsentscheidung als solche richten (Fehleridentität).[2]

VI. Grundfragen der Internationalen Zwangsvollstreckung

1. Überblick

14.43   Auch wenn sich die Vollstreckbarerklärung nach Europa- oder Konventionsrecht bestimmt, richtet sich die eigentliche Zwangsvollstreckung
grundsätzlich nach den allgemeinen Regeln des Zweitstaates. Eigens klargestellt wird dies etwa in Art. 40 Abs. 1 S. 1 Brüssel Ia-VO, Art. 47 Abs. 1
Brüssel IIa-VO, Art. 20 Abs. 1 EuVTVO sowie Art. 21 Abs. 1 EuMahnVO/
EuBagatellVO. Eine Europäisierung des Vollstreckungsrechts wird zwar
seit geraumer Zeit diskutiert,[3] wurde bislang aber allenfalls ansatzweise
realisiert.[4] Die Zwangsvollstreckung als solche ist also nach wie vor **Domäne der nationalen Rechte**, die sich als erstaunlich vielgestaltig erweisen,[5] was Anreize zum Enforcement shopping schafft (s. oben Rz. 14.2).
Die Rechtsunterschiede beginnen bereits mit der Ausgestaltung von Verfahren zur Ermittlung des Schuldnervermögens. Auf europäischer Ebene
hat die Kommission schon 2008 das Grünbuch „Effiziente Vollstreckung
gerichtlicher Entscheidungen in der EU – Transparenz des Schuldnervermögens"[6] vorgelegt; ein Verordnungsentwurf steht aber noch immer
aus. Verabschiedet wurde inzwischen immerhin die **EuKontPfändVO**, die
ab Januar 2017 anwendbar sein wird. Bei dieser Verordnung handelt es
sich allerdings um ein Instrument des einstweiligen Rechtsschutzes (s.
Rz. 15.20), aus dem sich nur begrenzt Folgerungen für die allgemeinen
Lehren des Internationalen Vollstreckungsrechts ableiten lassen.[7]

---

1 Richtig BGH v. 14.2.2007 – XII ZR 163/05, NJW-RR 2007, 722. Gegenbeispiel:
  BGH v. 26.8.2009 – XII ZB 169/07, NJW 2009, 3306, dort zur Titulierung von
  Kindesunterhalt nach Vaterschaftsfeststellung.
2 Vgl. den Fall BGH v. 26.8.2009 – XII ZB 169/07, NJW 2009, 3306, dort allerdings
  noch zur Brüssel I-VO, die – anders als heute die EuUntVO – noch einen Ordre-
  public-Vorbehalt vorsah.
3 Beachte *Hess*, FS Kropholler, S. 795; *Schilken*, ZZP 109 (1996), 315, 330 ff.
4 Eingehend dazu Leible/Terhechte/*Stamm*, § 28.
5 Ernüchternd etwa das Fazit der rechtsvergleichenden Analysen bei *Andenas/
  Nazzini*, in: Andenas/Hess/Oberhammer, S. 53, 101.
6 KOM (2008) 128. Dazu *Bruns*, ZEuP 2010, 809; *Heiderhoff*, in: Hess, Die Anerkennung im Internationalen Zivilprozessrecht, S. 149, 163 ff.; *Hess*, DGVZ 2010,
  45, 49 ff.; *Kengyel/Harsági*, Grenzüberschreitende Vollstreckung in der Europäischen Union, S. 385, 398 ff.
7 Klarstellend *Domej*, in: Hess, Anerkennung im Internationalen Zivilprozessrecht, S. 109, 110 f.

Für die eigentliche Vollstreckung sind daher in vielen Fällen nach wie vor **14.44** keine besonderen europa- oder konventionsrechtlichen Vorgaben einschlägig, wenn man einmal von menschenrechtlichen Mindestgarantien und dem Schutz vor unstatthafter Diskriminierung absieht. Im Anschluss an die Vollstreckbarerklärung eines **ausländischen Titels** kann es daher sein, dass sich die weitere Vollstreckung allein nach innerstaatlichem Recht bestimmt und keine internationalverfahrensrechtlichen Fragen mehr aufwirft.

Umgekehrt ist durchaus denkbar, dass die **Vollstreckung inländischer Ti- 14.45 tel im Inland** IZVR-relevant ist, und zwar aus mancherlei Gründen: Der internationale Bezug kann sich beispielsweise daraus ergeben, dass der Gläubiger, der Schuldner und/oder der Drittschuldner im Ausland ansässig oder dass der titulierte Anspruch darauf gerichtet ist, eine Handlung – ausschließlich oder auch – im Ausland vorzunehmen oder zu unterlassen (zur völkerrechtlichen Zulässigkeit s. Rz. 3.34).[1] Denkbar ist zudem etwa, dass eine gemäß § 767 ZPO gegen den titulierten Anspruch vorgebrachte Einwendung einen grenzüberschreitenden Bezug vermittelt[2] oder dass bei der Berechnung des pfändbaren Schuldnereinkommens neben inländischen auch ausländische gesetzliche Renten zu berücksichtigen sind.[3] Weitere Fälle, in denen das inländische Vollstreckungsverfahren gewissermaßen international gefärbt ist, wurden bereits angesprochen; erwähnt seien die Frage nach den völkerrechtlichen Grenzen der Inlandsvollstreckung gegen ausländische Staaten (Rz. 3.1 ff.) oder die Frage der Sicherheitsleistung durch eine ausländische Bank (Rz. 8.17).

Ähnlich wie im Erkenntnisverfahren muss auch auf der Vollstreckungs- **14.46** ebene festgelegt werden, inwieweit die lex fori – hier: die lex loci executionis – oder die lex causae den Ausschlag geben (s. schon Rz. 2.9 ff.). So wird man ohne Weiteres nach der **lex loci executionis** bestimmen, welche Vollstreckungsorgane zuständig sind, welche Zwangsmittel ihnen zu Gebote stehen, welche Vollstreckungsobjekte inwieweit dem Vollstreckungszugriff unterliegen oder welche Rechtsbehelfe eröffnet sind.[4] Demgegenüber kommt es auf die **lex causae** an, wenn beispielsweise die Erfüllungswir-

---

1 Näher zur internationalen Handlungs- und Unterlassungsvollstreckung etwa *Ahrens*, FS Schütze, S. 1; *Grothaus*, Inlandsvollstreckung mit Auslandswirkung, S. 73 ff.; *Nagel/Gottwald*, § 17 Rz. 38 ff. In mehrfacher Hinsicht zweifelhaft BGH v. 25.3.2010 – I ZB 116/08, NJW 2010, 1883, 1884 f., dort zu § 890 ZPO.

2 Vgl. BGH v. 25.9.2008 – IX ZB 205/06, NJW 2008, 3640: der Schuldner macht geltend, dass der titulierte Anspruch infolge einer inzwischen im Ausland erwirkten Restschuldbefreiung entfallen sei. Beachte zur internationalen Zuständigkeit BGH v. 3.4.2014 – IX ZB 88/12, NJW 2014, 2798, 2800, dort für eine auf eine Aufrechnung gestützte Vollstreckungsgegenklage.

3 Vgl. BGH v. 18.9.2014 – IX ZB 68/13, WM 2014, 2094, 2096 f.

4 Näher etwa *Bitter*, S. 132 ff.; *Garnett*, Substance and Procedure in Private International Law, 2012, Rz. 6.78 ff.; *Nagel/Gottwald*, § 19 Rz. 5. Streitig ist die Anknüpfung von Schuldnerschutzvorschriften; dazu *Domej*, ZEuP 2013, 496, 514 f., und in: Hess, Anerkennung im Internationalen Zivilprozessrecht, S. 109, 120 f.; *Hess*, § 10 Rz. 161 f.

kung zu beurteilen ist. Schwieriger zu beantworten ist die Frage nach der Qualifikation und sachgerechten Anknüpfung von Vorschriften wie § 717 oder § 945 ZPO, die sich mit der Haftung für vorschnelle Vollstreckungsmaßnahmen befassen.[1]

14.47 Wiederum wie im Erkenntnisverfahren ist auch im Hinblick auf den Erlass von Vollstreckungsmaßnahmen die **internationale Zuständigkeit** der deutschen Vollstreckungsorgane zu klären. Maßgeblich dafür sind nicht etwa Art. 4 ff. Brüssel Ia-VO; insbesondere Art. 24 Nr. 5 Brüssel Ia-VO betrifft richtigerweise nicht die eigentliche Anordnung von Vollstreckungsmaßnahmen.[2] Einschlägig sollen vielmehr (ungeschriebene) Zuständigkeitsregeln des nationalen Vollstreckungsrechts sein, die nach h.M. insbesondere am völkerrechtlichen Territorialitätsprinzip auszurichten sind:[3] Die internationale Zuständigkeit für das Zwangsvollstreckungsverfahren setzt voraus, dass sich der Gegenstand der Vollstreckung im Inland befindet; denn die staatliche Zwangsgewalt ist auf das Inland beschränkt und Vollstreckungsmaßnahmen deutscher Hoheitsträger dürfen nicht die Souveränität ausländischer Staaten verletzen.[4] Eine ungeklärte, aber durchaus diskussionswürdige Frage lautet, ob bzw. inwieweit man es den Parteien – entsprechend dem auf Erkenntnisverfahren zugeschnittenen Art. 25 Brüssel Ia-VO – freistellen sollte, die Vollstreckungsmöglichkeit mittels Vereinbarung von vornherein auf das in bestimmten Staaten vorhandene Vermögen zu konzentrieren.

2. Internationale Forderungspfändung

14.48 Probleme bereitet die Bestimmung der internationalen Vollstreckungszuständigkeit speziell im praxisrelevanten Fall der **Forderungspfändung**; denn hierfür lässt sich die zuständigkeitsrelevante Belegenheit des Vollstreckungsobjekts, anders als bei körperlichen Gegenständen, nicht tatsächlich, sondern nur juristisch wertend ermitteln. Dementsprechend unterscheiden sich die einschlägigen nationalen Regelungen erheblich.[5] Zur Zuständigkeitsregelung der **EuKontPfändVO** s. Rz. 15.22.

---

1 Ausführlich zum Streitstand *Solomon*, in: Hess, Anerkennung im Internationalen Zivilprozessrecht, S. 173, 177 ff.

2 Klarstellend *Eichel*, IPRax 2013, 146, 147 f.

3 Kritisch hierzu allerdings *Domej*, in: Hess, Anerkennung im Internationalen Zivilprozessrecht, S. 109, 111 ff., die nicht das Territorialitätsprinzip („ein Phantom"), sondern die Interessen von Gläubiger, Schuldner und Drittschuldner in den Mittelpunkt rücken möchte.

4 Zu diesem Grundsatz etwa BGH v. 13.8.2009 – I ZB 43/08, NJW-RR 2010, 279, dort zur Vollstreckung vertretbarer Handlungen mit Auslandsbezug (Erstellung eines Buchauszugs durch einen Sachverständigen in den Geschäftsräumen einer in Österreich ansässigen Schuldnerin). Beachte aus dem Schrifttum etwa *Geimer*, Rz. 3231 ff.; *Schack*, Rz. 1064.

5 Vgl. etwa *von Rumohr*, TranspR 2010, 179, dort zur Frage, inwieweit eine Pfändung in New York schon deshalb erfolgen kann, weil ein internationaler Geldtransfer – ohne weiteren Bezug zu den USA – in US-Dollar erfolgt.

Es ist weitgehend unstreitig, dass deutsche Gerichte jedenfalls dann für **14.49** die Pfändung international zuständig sind, wenn sich der (Wohn-)Sitz des Drittschuldners im Inland befindet. Dies folgert man aus § 828 Abs. 2 Var. 2 ZPO, der auf § 23 S. 2 ZPO verweist und die zu pfändende Forderung des Schuldners beim Drittschuldner lokalisiert.[1] Damit nicht zu verwechseln ist die Missbilligung des deutschen Vermögensgerichtsstands gemäß § 23 S. 1 ZPO durch Art. 5 Abs. 2 Brüssel Ia-VO (s. Rz. 5.55), die sich nur auf die Gerichtspflichtigkeit des Beklagten im Erkenntnisverfahren bezieht.[2] Ist zwar der Schuldner, nicht aber der Drittschuldner im Inland ansässig, so ist ebenfalls die internationale Zuständigkeit gegeben, doch das Verfahren wird durch die Notwendigkeit erschwert, das Arrestatorium (vgl. § 829 Abs. 1 S. 1 und Abs. 3, § 835 Abs. 3 S. 1 ZPO) ins Ausland zuzustellen.[3] Die in § 829 Abs. 2 S. 3 ZPO vorgesehene Möglichkeit der Zustellung durch Aufgabe zur Post (vgl. Rz. 8.34) betrifft nur die Zustellung an den Schuldner.

Fraglich kann sein, ob im Falle eines **wirksamen Immunitätsverzichts** (s. **14.50** Rz. 3.25) damit zugleich die internationale Zuständigkeit der deutschen Vollstreckungsgerichte zur Vollstreckung in Forderungen des ausländischen Staats begründet ist. Der BGH hat dies in einem Fall verneint, in dem Anleihegläubiger die Vollstreckung in Steuer- und Zollforderungen der Republik Argentinien gegen in Deutschland ansässige Drittschuldner betreiben wollten: Solche Steuer- und Zollforderungen seien als in Argentinien belegen anzusehen; daher fehle die internationale Zuständigkeit deutscher Vollstreckungsbehörden zur Durchführung von Vollstreckungsmaßnahmen, ohne dass es auf die Reichweite des Immunitätsverzichts ankomme.[4]

Die Frage nach der internationalen Zuständigkeit für den Erlass des **14.51** Pfändungs- und Überweisungsbeschlusses ist von der weiteren Frage zu trennen, in welchem Staat der Gläubiger die gepfändete und ihm zur Einziehung überwiesene Forderung einklagen kann, wenn der Drittschuldner – aus welchen Gründen auch immer – nicht freiwillig an ihn leistet. Mit dieser sog. **Einziehungsklage** wird im Grunde ein normales Erkenntnisverfahren eingeleitet, das freilich verschiedene IZVR-relevante Fragen aufwerfen kann (vgl. etwa § 841 ZPO).[5] Die internationale Zuständigkeit bestimmt sich nach den allgemeinen Regeln, insbesondere also Art. 4 ff. Brüssel Ia-VO bzw. autonomem Recht. Klärungsbedürftig kann im Ein-

---

1 Siehe *Geimer*, Rz. 1224 ff.; *Leible/Freitag*, § 6 Rz. 168; *Nagel/Gottwald*, § 17 Rz. 59; *Schack*, Rz. 1086.

2 Richtig OLG Saarbrücken v. 11.7.2000 – 5 W 369/99, IPRax 2001, 456, m. unzutreffend krit. Anm. *Jestaedt*, 438, 440.

3 Zu den damit verbundenen Problemen etwa *Leible/Freitag*, § 6 Rz. 163 f., 171 ff.

4 BGH v. 25.11.2010 – VII ZB 120/09, NJW-RR 2011, 647 = JZ 2011, 858 m. krit. Anm. *Roth*.

5 Grundlegend zu diesen Aspekten *Sonnabend*, passim. Zumindest missverständlich *Kotrschal/Stalberg*, BKR 2009, 38, 43.

zelfall sein, ob Gerichtsstands- und Schiedsvereinbarungen aus dem Verhältnis zwischen Schuldner und Drittschuldner auch für den Gläubiger gelten und ob sich dieser auf Klägergerichtsstände stützen darf, die dem Schuldner für eine Klage gegen den Drittschuldner zugute kämen.[1] Klagt der Gläubiger im ausländischen Wohnsitzstaat des Drittschuldners, so werden die dortigen Gerichte den Gläubiger nur dann für prozessführungsbefugt erachten, wenn sie den deutschen Überweisungsbeschluss anerkennen.

---

1 Ausführlich *Sonnabend*, S. 127 ff.

§ 15 Einstweiliger Rechtsschutz

Literatur: *Garber*, Einstweiliger Rechtsschutz nach der EuGVVO, 2011; *Hess*, Die Europäische Kontenpfändung aus der Perspektive eines Europäischen Vollstreckungsrechts, FS Kropholler, 2008, S. 795; *ders.*, Der Vorschlag der EU-Kommission zur vorläufigen Kontenpfändung – Ein weiterer Integrationsschritt im Europäischen Zivilprozessrecht, FS Kaissis, 2012, S. 399; *ders./Raffelsieper*, Eckpunkte der Kontenpfändungsverordnung, in: Hess, Die Anerkennung im Internationalen Zivilprozessrecht – Europäisches Vollstreckungsrecht, 2014, S. 214; *Kimmerle*, Befriedigungsverfügungen nach Art. 24 EuGVÜ/Art. 31 EuGVO, 2013; *Kofmel Ehrenzeller*, Der vorläufige Rechtsschutz im internationalen Verhältnis, 2005; *Nioche*, La décision provisoire en droit international privé européen, 2012; *Nunner-Krautgasser*, Der geplante Rechtsakt zur europäischen Kontenpfändung, in: Hess, Die Anerkennung im Internationalen Zivilprozessrecht – Europäisches Vollstreckungsrecht, 2014, S. 125; *Pérez-Ragone/Chen*, Europäischer einstweiliger Rechtsschutz – eine dogmatische Systembildung im Lichte der EuGH-Entscheidungen, ZZPInt 17 (2012), 231; *Pfeiffer/Wais*, Einstweilige Maßnahmen im Anwendungsbereich der EuGVO, IJPL 2012, 274; *Schlosser*, Der Überraschungseffekt der Zwangsvollstreckung – national und international, RIW 2002, 809; *Schneider*, Die Leistungsverfügung im niederländischen, deutschen und europäischen Zivilprozessrecht, 2013; *Stamm*, Plädoyer für einen Verzicht auf den Europäischen Beschluss zur vorläufigen Kontenpfändung, IPRax 2014, 124; *Stürner/Kawano*, Comparative Studies on Enforcement and Provisional Measures, 2011; *Tsikrikas*, Internationale Zuständigkeit zum Erlass einstweiliger Maßnahmen nach den Regeln der EuGVO, ZZPInt 17 (2012), 293; *Wolf/Lange*, Das Europäische System des einstweiligen Rechtsschutzes, RIW 2003, 55; *Zerr*, Prozesstaktik bei Arrestverfahren innerhalb Europas nach der Neufassung der EuGVVO, EuZW 2013, 292.

I. Überblick

Die nationalen Verfahrensrechtsordnungen tragen dem Bedürfnis Rechnung, einstweiligen Rechtsschutz bereits vor Erlass einer abschließenden Entscheidung zu erlangen. In komplexen und langwierigen grenzüberschreitenden Auseinandersetzungen kann das so gesicherte **Interesse des Gläubigers** noch um einiges bedeutsamer sein als in reinen Inlandsfällen. Umgekehrt ist das nicht weniger schutzwürdige **Interesse des Gegners** zu berücksichtigen, dass die Entscheidung in der Hauptsache nicht unwiderruflich durch ein beschleunigtes Verfahren mit limitierten Verteidigungsmöglichkeiten vorweggenommen wird bzw. dass der Antragsteller wenigstens den dadurch entstehenden Schaden ersetzen muss.

15.1

In diesem Zusammenhang stellen sich Fragen auf verschiedenen Ebenen. Vor dem Erlass von einstweiligen Maßnahmen geht es vor allem um die internationale Zuständigkeit (dazu sogleich), aber auch um sonstige prozessuale Aspekte (Rz. 15.8 ff.). Auch die weitere Kernfrage, ob eine Maßnahme in anderen Staaten anerkannt und nötigenfalls vollstreckt werden kann (Rz. 15.14 ff.), gilt es sinnvollerweise nicht erst dann zu bedenken, wenn sie bereits erlassen ist, sondern bereits bei der Klärung, wo sie überhaupt herbeigeführt werden soll.

15.2

II. Internationale Zuständigkeit

15.3 Die internationale Zuständigkeit für einstweilige Anordnungen bestimmt sich im **Europa- und Konventionsrecht** üblicherweise nach den
allgemeinen Regeln. Häufig wird zusätzlich die Möglichkeit eröffnet,
dass danach unzuständige Gerichte auch die Zuständigkeitsregeln der lex
fori heranziehen dürfen, um Rechtsschutzlücken zu vermeiden. In diesem doppelten Sinne ist namentlich **Art. 35 Brüssel Ia-VO** zu verstehen:
Zum einen sollen die verordnungseigenen Zuständigkeitsvorschriften
auch für den einstweiligen Rechtsschutz gelten, zum anderen soll ausnahmsweise ein Rückgriff auf nationales Zuständigkeitsrecht möglich
bleiben, sofern im Einzelfall ein besonderes Regelungs- oder Sicherungsbedürfnis besteht. Wenn demnach die Brüssel Ia-VO die Inanspruchnahme der Zuständigkeitsregeln des autonomen Rechts erlaubt, so gilt dies
zum einen grundsätzlich auch für die exorbitanten Zuständigkeiten i.S.
von Art. 5 Abs. 2 Brüssel Ia-VO,[1] aus deutscher Sicht namentlich für § 23
ZPO,[2] und zum anderen womöglich selbst dann, wenn für die Hauptsacheentscheidung ein ausschließlicher Gerichtsstand in einem anderen
Mitgliedstaat vorgesehen ist.[3]

15.4 Die in einem **Gerichtsstand des nationalen Rechts** beantragten einstweiligen Maßnahmen müssen nach der schon zum EuGVÜ entwickelten
Rechtsprechung des EuGH allerdings „gebietsbezogen" sein, nämlich eine „reale Verknüpfung" zwischen dem Gegenstand der Maßnahme und
dem Gebiet des fraglichen Mitgliedstaates aufweisen.[4] Was dies im Einzelnen bedeuten soll, war schon zum EuGVÜ und zur Brüssel I-VO unklar
bzw. streitig.[5] Nunmehr stellt sich die weitere Frage, ob diese Rechtsprechung für die Brüssel Ia-VO relevant bleibt, nachdem die Anerkennung
und Vollstreckung von Maßnahmen, die auf nationales Zuständigkeitsrecht gestützt sind, ohnehin ausscheidet (s. unten Rz. 15.16).[6] Zum Verhältnis zwischen der EuBewVO und den Zuständigkeitsvorschriften der
Brüssel Ia-VO hinsichtlich **Beweissicherungsverfahren** vgl. Rz. 10.49.

---

1 EuGH v. 17.11.1998 – Rs. C-391/95 (*Van Uden Maritime/Deco-Line*), EuZW
    1999, 413.
2 OLG Düsseldorf v. 28.1.1999 – 5 U 128/98, RIW 1999, 873; *Geimer/Schütze*,
    EuZVR, Art. 31 EuGVVO Rz. 61 ff.
3 Vgl. EuGH v. 12.7.2012 – Rs. C-616/10 (*Solvay/Honeywell Fluorine Products*),
    EuZW 2012, 837, 839 f.: Art. 22 Nr. 4 Brüssel I-VO (nunmehr Art. 24 Brüssel Ia-
    VO) habe keinen Vorrang vor Art. 31 Brüssel I-VO (nunmehr Art. 35 Brüssel Ia-
    VO).
4 EuGH v. 17.11.1998 – Rs. C-391/95 (*Van Uden Maritime/Deco-Line*), EuZW
    1999, 413; EuGH v. 27.4.1999 – Rs. C-99/96 (*Mietz/Intership Yachting*), EuZW
    1999, 727.
5 Näher etwa *Hess*, § 6 Rz. 247 f.; *Wolf/Lange*, RIW 2003, 55.
6 Für Fortgeltung *von Hein*, RIW 2013, 97, 107. Anders *Domej*, RabelsZ 78 (2014),
    508, 544 f., die es allerdings für unzulässig hält, dass Leistungsverfügungen unter
    Rückgriff auf das nationale Zuständigkeitsrecht ergehen.

Für das **internationale Familien- und Erbrecht** sind Art. 35 Brüssel Ia-VO **15.5**
entsprechende Regelungen in Art. 20 Brüssel IIa-VO, Art. 14 EuUntVO
und Art. 19 EuErbVO vorgesehen. Auch diese werden üblicherweise
dahingehend verstanden, dass sich die internationale Zuständigkeit für
einstweilige Maßnahmen grundsätzlich nach den allgemeinen Regeln bestimmt, dass aber ein danach an sich unzuständiges Gericht ausnahmsweise auch auf die Zuständigkeitsregeln der lex fori zurückgreifen darf.
Während Art. 20 Brüssel IIa-VO in den Ehesachen i.S. von Art. 1 Abs. 1
lit. a Brüssel IIa-VO kaum relevant wird, ist seine Bedeutung in Kindschaftssachen recht groß. Hierfür gestattet Art. 20 in dringenden Fällen
eine von Art. 8 ff. Brüssel IIa-VO unabhängige Zuständigkeit zum Erlass
einstweiliger Maßnahmen im Anwesenheitsstaat des Kindes. Zu den Voraussetzungen hat der EuGH bedeutsame Leitlinien formuliert.[1]

In einigen **Haager Übereinkommen** sind besondere Vorschriften zur inter- **15.6**
nationalen Zuständigkeit für Schutzmaßnahmen vorgesehen, so in Art. 11
und 12 KSÜ oder Art. 10 und 11 HErwSÜ. Davon abweichend klammert
Art. 7 HGÜ einstweilige Sicherungsmaßnahmen aus und verweist auf das
nationale Recht.

Im Anwendungsbereich des **autonomen deutschen Rechts** folgt im FamFG **15.7**
die Zuständigkeit für einstweilige Anordnungen gemäß § 50 derjenigen
zur Hauptsache, und das gilt gleichermaßen für die internationale Zuständigkeit (arg. § 105 FamFG). Auch die Gerichtsstände der ZPO (§§ 919, 942)
werden doppelfunktional angewendet, aber ohne den Ausschließlichkeitsanspruch der örtlichen Zuständigkeit gemäß § 802 ZPO.[2]

III. Weitere verfahrensrechtliche Aspekte

Ist die internationale Zuständigkeit für den Erlass einer einstweiligen **15.8**
Maßnahme gegeben, so richten sich die einzelnen Voraussetzungen grundsätzlich nach der jeweiligen lex fori. Zur Gerichtsbarkeit s. Rz. 3.20.

Allerdings hat der EuGH klargestellt, dass die nationalen Regelungen **15.9**
europarechtskonform sein müssen, insbesondere nicht auf einen Verstoß
gegen das Primärrecht hinauslaufen dürfen.[3] Daher hat der EuGH eine
frühere deutsche Regelung beanstandet, wonach ein Grund für den Erlass
eines Arrests immer schon dann gegeben war, wenn das im Hauptsacheverfahren zu erwartende Urteil im Ausland vollstreckt werden müsste
(§ 917 Abs. 2 ZPO in der bis 1998 geltenden Fassung). Darin sah der

---

1 Dazu EuGH v. 2.4.2009 – Rs. C-523/07 („A"), NJW 2009, 1868; EuGH v.
23.12.2009 – Rs. C-403/09 PPU (Detièek/Sgueglia), FamRZ 2010, 525; EuGH v.
15.7.2010 – Rs. C-256/09 (Purrucker/Vallés Pérez I), NJW 2010, 2861.
2 Wie hier etwa Schack, Rz. 477 f. A.A. Kropholler/von Hein, EuZPR, Art. 23 EuG-
VO Rz. 104.
3 EuGH v. 10.2.1994 – Rs. C-398/92 (Mund & Fester/Hatrex), NJW 1994, 1271. Kritisch Schack, ZZP 108 (1995), 47; Mankowski, NJW 1996, 306; Kohler, ZEuP
1995, 482, 488; Thümmel, NJW 1996, 1933 f.

EuGH eine mit dem primärrechtlichen **Diskriminierungsverbot** (inzwischen: Art. 18 AEUV) unvereinbare Benachteiligung auslandsansässiger Schuldner. Der deutsche Gesetzgeber hat darauf reagiert und die Vorschrift schließlich auf Fälle beschränkt, in denen zum potentiellen Vollstreckungsstaat keine Gegenseitigkeit verbürgt ist, die deutsche Hauptsacheentscheidung dort also nicht vollstreckt werden kann.[1]

15.10 Die Last, eine **Prozesskostensicherheit** zu stellen (s. Rz. 8.16), kommt nach dem Wortlaut von § 110 ZPO nur im Klageverfahren in Betracht (und gemäß § 113 Abs. 1 S. 2 FamFG im Hauptsacheverfahren bei Ehe- und Familienstreitsachen). Im Eilverfahren ist eine Sicherheitsleistung regelmäßig schon deshalb nicht erforderlich, weil es an einem Antrag des Gegners fehlt („auf Verlangen"). Wird das Verfahren jedoch in ein kontradiktorisches Verfahren übergeleitet, so ist der (Arrest-/Verfügungs-)Kläger nach herrschender, wenngleich stark umstrittener Ansicht auf Verlangen des Beklagten ebenfalls zur Sicherheitsleistung verpflichtet.[2] Trotz des Beschleunigungsbedürfnisses sind die Verfahren des einstweiligen Rechtsschutzes nicht in dem Katalog der Befreiungsgründe des § 110 Abs. 2 ZPO aufgeführt. Es bleibt daher dem Kläger überlassen, der Anordnung beschleunigt nachzukommen.

15.11 Häufig werden einstweilige Maßnahmen **zeitgleich in mehreren Staaten** oder parallel zu einem ausländischen Hauptsacheverfahren angestrengt.[3] Dagegen bestehen grundsätzlich keine Bedenken. Insbesondere Art. 29 Brüssel Ia-VO steht nicht entgegen, denn die Streitgegenstände von Hauptsache und einstweiligem Rechtsschutzverfahren bzw. von verschiedenen einstweiligen Rechtsschutzverfahren sind nicht identisch. Speziell zur Konkurrenz eines einstweiligen Verfahrens gemäß Art. 20 Brüssel IIa-VO mit dem in einer Kindschaftssache in einem anderen Mitgliedstaat ausgetragenen Hauptsacheverfahren hat der EuGH klargestellt, dass das lediglich auf eine einstweilige Maßnahme abzielende Verfahren, selbst wenn es früher eingeleitet wurde, keine Rechtshängigkeitssperre gemäß Art. 19 Brüssel IIa-VO auslöse.[4] In Art. 20 Abs. 2 Brüssel IIa-VO findet sich, anders als in den anderen Verordnungen, eine besondere Klarstel-

---

1 Zunächst durch Gesetz v. 6.8.1998, BGBl. 1998 I, 2033, sodann durch Gesetz v. 4.11.2003, BGBl. 2003 I, 2166. Beispiel: OLG Celle v. 3.4.2014 – 15 UF 186/13, NJW-RR 2014, 1283, 1285, dort zur Verhängung eines Arrests wegen drohender Vermögensverschiebung nach Russland.
2 Wie hier etwa LG Hamburg v. 24.1.2003 – 327 O 386/02, IPRax 2004, 528; *Geimer*, Rz. 2006; MünchKommZPO/*Schulz*, § 110 Rz. 4; *Leible*, NJW 1995, 2817; *Lindacher*, § 13 Rz. 3; *Schack*, Rz. 631 Fn. 1; *Schütze*, IZPR, Rz. 423; *M. Stürner*, IPRax 2004, 513. Anders aber etwa OLG Frankfurt v. 14.11.2000 – 11 U 33/00, IPRax 2002, 222; *Nagel/Gottwald*, § 4 Rz. 59; *Rosenberg/Schwab/Gottwald*, § 86 Rz. 6; Stein/Jonas/*Bork*, § 110 ZPO Rz. 14.
3 Näher *Pfeiffer/Wais*, IJPL 2012, 274, 289 ff.
4 EuGH v. 9.11.2010 – Rs. C-296/10 (*Purrucker/Vallés Pérez II*), NJW 2011, 363.

lung zum Vorrang der Entscheidung in der Hauptsache.[1] Zu *antisuit injunctions* vgl. Rz. 7.31 ff.

Diskutiert wird, ob sich in Eilverfahren gewisse Besonderheiten hinsichtlich der **Ermittlung ausländischen Rechts** ergeben (allgemein dazu Rz. 9.1 ff.). Verbreitet wird eine generelle Beschränkung der Ermittlungspflicht auf präsente Erkenntnisquellen befürwortet oder die Anwendung ausländischen Rechts davon abhängig gemacht, dass der Antragsteller es dem Gericht darlegt und glaubhaft macht.[2] Das ist jedoch ebenso verfehlt wie der gleichfalls befürwortete generelle Rückgriff auf die lex fori, also deutsches Sachrecht. Eine verstärkte Mitwirkung ist dem Antragsteller in solchen Verfahren zwar zuzumuten, nicht jedoch eine Beweisführung über Rechtsfragen nach Maßgabe des § 294 ZPO.[3] Zur pflichtgemäßen Ermessensausübung des Gerichts bei der Ermittlung ausländischen Rechts gehört aber auch die Entscheidung, ob die Eilbedürftigkeit des konkreten Falles und der Zweck des summarischen Verfahrens hinreichend erschöpfende Ermittlungen erlauben.[4] Nur wenn in angemessener Zeit keine ausreichenden Erkenntnisse zu gewinnen sind, kann auf deutsches Recht zurückgegriffen werden.[5] Dabei muss auch eine eventuelle Haftung des Antragstellers nach § 945 ZPO oder § 119 Abs. 1 S. 2 FamFG in Erwägung gezogen werden, wenn sich die Eilmaßnahme nach Prüfung im Hauptverfahren auf korrekter Rechtsgrundlage als nicht gerechtfertigt erweist.[6] In Betracht kommt auch die Abweisung des Eilantrags, wenn seine Berechtigung nach der lex causae zweifelhaft erscheint, obwohl ihm nach deutschem Recht stattzugeben wäre.[7]

15.12

Dem Ziel, die Vollstreckbarkeit der im Eilwege getroffenen Entscheidung in anderen Staaten sicherzustellen, dient die in § 30 Abs. 4 AVAG vorgesehene Möglichkeit, die Entscheidung auf Antrag noch nachträglich mit einer **Begründung** zu versehen.

15.13

IV. Anerkennung und Vollstreckung

Grundsätzlich sind einstweilige Maßnahmen, die in einem summarischen Verfahren ergangen sind, nach den allgemeinen Regeln anerkennungs-

15.14

---

1 Kritisch dazu, dass entsprechende Vorschriften zum Verhältnis von Hauptsache- und Verfügungsverfahren in der Brüssel Ia-VO fehlen, *Domej*, RabelsZ 78 (2014), 508, 547 f.

2 So z.B. OLG Frankfurt v. 7.11.1968 – 6 U 78/68, NJW 1969, 991; OLG Hamm v. 11.11.1969 – 4 U 236/69, AWD 1970, 31. Zustimmend *Nagel/Gottwald*, § 11 Rz. 44; *Schütze*, ZPO, § 293 Rz. 14.

3 *Mankowski/Kerfack*, IPRax 1990, 372; *Dethloff*, RabelsZ 62 (1998), 286, 293.

4 *Lindacher*, FS Schumann, 2001, S. 283, 290 f.

5 *von Bar/Mankowski*, § 5 Rz. 102; *MünchKommZPO/Prütting*, § 293 Rz. 56.

6 *Mankowski/Kerfack*, IPRax 1990, 376 f.; *Schack*, IPRax 1995, 158, 161.

7 *Lindacher*, 2001, FS Schumann, S. 283, 291.

fähig. Dies gilt im Bereich des **Europarechts** gemäß Art. 32 Brüssel I-VO[1] bzw. nunmehr Art. 36 Brüssel Ia-VO (vgl. dort Art. 2 lit. a Unterabs. 2 S. 1), Art. 21 Brüssel IIa-VO, Art. 17 und 23 EuMahnVO sowie Art. 39 EuErbVO. Soweit eine Vollstreckung in Betracht kommt, sind Art. 42 Abs. 2 und Art. 43 Abs. 3 Brüssel Ia-VO zu beachten.

15.15 Zum EuGVÜ hatte der EuGH aus dem dort in Art. 27 Nr. 2 (nunmehr in Art. 45 Abs. 1 lit. b Brüssel Ia-VO) vorgesehenen Anerkennungsversagungsgrund einschränkend abgeleitet, dass nur Entscheidungen aus einem kontradiktorisch angelegten Verfahren (mag es infolge Säumnis des Beklagten auch einseitig geblieben sein) anerkannt und für vollstreckbar erklärt werden können. Nicht anerkennungsfähig waren daher Entscheidungen aus sog. **Ex-parte-Verfahren**, also etwa aus Arrest- und Verfügungsverfahren ohne mündliche Verhandlung.[2] Dies hatte zur Folge, dass eine einstweilige Maßnahme, deren Erlass zur Wahrung des Überraschungseffektes ohne Anhörung des Gegners angestrebt wird, von vornherein nur in dem Mitgliedstaat beantragt werden sollte, in dem sie auch vollzogen werden kann. Obwohl die erwähnte EuGH-Judikatur nach Inkrafttreten der Brüssel I-VO von manchen für überholt erachtet wurde,[3] hat der BGH ihre Verbindlichkeit für die Brüssel I-VO bestätigt.[4]

15.16 Für die **Brüssel Ia-VO** wollte der Verordnungsgeber den Streit zur Anerkennungsfähigkeit beenden, und zwar mit der neuen Definition in Art. 2 lit. a Unterabs. 2 S. 2 sowie dem Hinweis in Erwägungsgrund Nr. 33. Uneingeschränkt der Anerkennung und Vollstreckung zugänglich sind demnach nur noch solche einstweiligen Maßnahmen, die ein gemäß Art. 4 ff. Brüssel Ia-VO (also nicht kraft nationalen Rechts) zuständiges Gericht erlassen hat, und dies auch nur dann, wenn dem Antragsgegner entweder vor Erlass rechtliches Gehör gewährt wurde oder ihm die Maßnahme noch vor ihrer Vollstreckung zugestellt wird.[5] Allerdings weist Erwägungsgrund Nr. 33 S. 3 seltsamerweise darauf hin, dass die Neuregelung die weitergehende Anerkennung und Vollstreckung gemäß einzelstaatlichem Recht nicht ausschließen solle. Unklar ist freilich schon, ob dieser Rückgriff auf nationales Anerkennungsrecht nur für Ex-parte-Entscheidungen ermöglicht werden soll oder zudem auch für solche Maßnahmen,

---

1 Vgl. etwa EuGH v. 23.10.2014 – Rs. C-302/13 (*flyLAL/Air Baltic*), GRUR Int. 2014, 1172, 1176; OLG Nürnberg v. 22.12.2010 – 14 W 1442/10, IHR 2011, 125, dort zu einer englischen „worldwide asset freezing order".

2 EuGH v. 21.5.1980 – Rs. C-125/79 (*Denilauler/Couchet Frères*), IPRax 1981, 95. Beachte aus neuerer Zeit etwa *Kayser/Dornblüth*, ZIP 2013, 57, 58 f., dort speziell zu italienischen Zahlungsbefehlen.

3 Vgl. *Geimer/Schütze*, EuZVR, Art. 31 EuGVVO Rz. 97; *Heinze*, ZZP 120 (2007), 303; *Nunner-Krautgasser*, ÖJZ 2009, 793, 794 f. Anders ausdrücklich *Schlosser*, Art. 32 EuGVVO Rz. 6.

4 BGH v. 21.12.2006 – IX ZB 150/05, NJW-RR 2007, 1573. An seine Judikatur in der Rs. C-125/79 (*Denilauler*) anknüpfend aber auch EuGH v. 2.4.2009 – Rs. C-394/07 (*Marco Gambazzi/DaimlerChrysler Canada*), NJW 2009, 1938, 1939 (dort zu Säumnisentscheidungen).

5 Zu verfahrenstaktischen Folgerungen daraus *Zerr*, EuZW 2013, 292, 293 ff.

die ausweislich Art. 2 lit. a Unterabs. 2 S. 2 Brüssel Ia-VO nicht nach den vereinheitlichten Regeln anerkennungsfähig sind, weil sie gemäß Art. 35 Brüssel Ia-VO auf nationales Zuständigkeitsrecht gestützt wurden.[1] Aber auch, wenn man von dieser Frage einmal absieht, stiftet Erwägungsgrund Nr. 33 mehr Verwirrung als Nutzen: Letztlich verhindert die Brüssel Ia-VO nicht etwa die Möglichkeit eines Forum shopping, sondern schafft durch den ergänzenden Rückgriff auf nationale Anerkennungsregeln zusätzliche Unübersichtlichkeit und gefährdet somit die wünschenswerte Rechtsklarheit.[2]

Eine ähnliche Einschränkung der Anerkennungsfähigkeit hatte der EuGH bereits zuvor für **Kindschaftssachen** entwickelt: Art. 21 ff. Brüssel IIa-VO sollen nicht auf einstweilige Maßnahmen hinsichtlich des Sorgerechts nach Art. 20 anwendbar sein, sofern ein nach Maßgabe von Art. 8 ff. in der Hauptsache unzuständiges Gericht entschieden hat.[3] Die Frage nach der europaweiten Anerkennung und Vollstreckung stellt sich naturgemäß nicht, wenn es um eine Maßnahme geht, die das Europarecht selbst vorsieht, also im Falle der **EuKontPfändVO** (dazu sogleich).   15.17

Grundsätzlich beziehen die Anerkennungsregeln der **Haager Übereinkommen** zum Kinder- und zum Erwachsenenschutz sowie zum Unterhaltsrecht auch vorläufig vollstreckbare Entscheidungen und einstweilige Maßnahmen ein.[4] Das kann freilich nur gelten, wenn solchen Maßnahmen überhaupt eine über den Erlassstaat hinausreichende Wirkung zukommt; daran fehlt es etwa in den Fällen von Art. 12 KSÜ und Art. 11 HErwSÜ („auf das Hoheitsgebiet dieses Staates beschränkte Maßnahmen").   15.18

Von der soeben erörterten Frage nach der Anerkennungsfähigkeit einer ausländischen einstweiligen Maßnahmen ist die Frage zu unterscheiden, ob eine solche **im Anerkennungsstaat** angeordnet werden darf, solange noch nicht endgültig feststeht, dass eine ausländische Entscheidung dort vollstreckt werden kann. Damit befasst sich etwa Art. 44 Abs. 1 lit. a Brüssel Ia-VO.   15.19

V. Vorläufige europäische Kontenpfändung

Schuldner können Kontenguthaben schnell und ohne nennenswerten Aufwand transferieren und damit dem Gläubigerzugriff entziehen. Dies erweist sich als ernsthafte Belastung des grenzüberschreitenden Rechts-   15.20

---

1 Gegen eine dahingehende Deutung von Erwägungsgrund Nr. 33 S. 3 *Domej*, RabelsZ 78 (2014), 508, 545.
2 Kritisch auch *von Hein*, RIW 2013, 97, 108.
3 EuGH v. 15.7.2010 – Rs. C-256/09 *(Purrucker/Vallés Pérez I)*, NJW 2010, 2861; im Anschluss daran: BGH v. 9.2.2011 – XII ZB 182/08, NJW 2011, 855.
4 Dazu etwa BGH v. 2.9.2009 – XII ZB 50/06, NJW 2010, 153, 154.

verkehrs und Achillesferse des europäischen Zivilrechtsraums,[1] sodass
EU-einheitliche Maßnahmen sinnvoll erscheinen. Daher hat die Kommission 2011 einen Verordnungsvorschlag vorgelegt.[2] Dieser war zwar
teils heftiger Kritik ausgesetzt[3] und hat im Laufe des Gesetzgebungsver-
fahrens auch einige Änderungen erfahren, wurde letztlich aber doch im
Wesentlichen realisiert. Herausgekommen ist die **EuKontPfändVO**, also
die Verordnung Nr. 655/2014 vom 15.5.2014 zur Einführung eines Europäischen Beschlusses zur vorläufigen Kontenpfändung im Hinblick auf
die Erleichterung der grenzüberschreitenden Eintreibung von Forderungen in Zivil- und Handelssachen,[4] die ab dem 18.1.2017 anzuwenden sein
wird. Dänemark und das Vereinigte Königreich beteiligen sich nicht (vgl.
Erwägungsgründe Nr. 49–51).[5]

15.21 Mit der EuKontPfändVO betritt die EU, ähnlich wie einige Jahre zuvor
mit den Europäischen Erkenntnisverfahren der EuMahnVO und EuBagatellVO (s. § 11), abermals Neuland, diesmal im Bereich des einstweiligen
Rechtsschutzes, der bislang weithin eine Domäne der Mitgliedstaaten
war. Mit dem neuen Verfahren kann ein Gläubiger einen **Europäischen
Beschluss zur vorläufigen Kontenpfändung** erwirken, um zu verhindern,
dass die spätere Vollstreckung seiner Forderung dadurch gefährdet wird,
dass Gelder von dem in einem Mitgliedstaat geführten Bankkonto des
Schuldners überwiesen oder abgehoben werden (vgl. Art. 1 Abs. 1).[6] Ähnlich wie die EuMahnVO und die EuBagatellVO ist die EuKontPfändVO
zum einen kein geschlossenes Regelwerk, sondern auf die Ergänzung
durch nationales Recht – die *lex loci executionis* – angewiesen (vgl. Art. 46
Abs. 1), und zum anderen für den Gläubiger nur eine zusätzliche Verfah-
rensoption, die nationale Funktionsäquivalente nicht verdrängt (Art. 1
Abs. 2).

15.22 Der sachliche **Anwendungsbereich** wird in Art. 2, die erfassten grenzüberschreitenden Rechtssachen werden in Art. 3 im Einzelnen umschrieben.
Näher geregelt werden sodann das Verfahren zur Erwirkung des Beschlusses (Kapitel 2, Art. 5 ff.), dessen Anerkennung, Vollstreckbarkeit und Vollstreckung in anderen Mitgliedstaaten (Kapitel 3, Art. 22 ff.) sowie Rechtsbehelfe (Kapitel 4, Art. 33 ff.). Ausweislich Art. 5 kann der Gläubiger die

---

1 Grünbuch zur effizienten Vollstreckung von Urteilen in der Europäischen Union
  – Vorläufige Kontenpfändung, KOM (2006) 618, S. 2.
2 KOM (2011) 445, 1.2 und 3.1.2. Beachte dazu das Impact Assessment im Commission Staff Working Paper SEC (2011) 937.
3 Sehr kritisch noch in letzter Minute vor Erlass der Verordnung etwa *Stamm*,
  IPRax 2014, 124, und *Schumacher/Köllensperger*, JBl 2014, 413. Zumindest skeptisch *Domej*, ZEuP 2013, 496. Deutlich aufgeschlossener hingegen *Hess*, FS
  Kaissis, S. 399; *Nunner-Krautgasser*, in: Hess, Anerkennung im Internationalen
  Zivilprozessrecht, S. 125.
4 ABl. 2014 L 189/59. Weitere vorgeschlagene Abkürzungen wie „BKPVO",
  „EuBvKpfVO" oder „EuBvKVO" steigern nur unnötig die Verwirrung der Rechtsanwender.
5 Dazu *Kyriakides*, CJQ 33 (2014), 375.
6 Beachte den Überblick bei *Hess/Raffelsieper*, S. 214.

vorläufige Kontenpfändung entweder erwirken, wenn er bereits über einen Zahlungstitel verfügt, oder auch schon zuvor, wenn es ihm nach Maßgabe von Art. 7 gelingt, sein Sicherungsbedürfnis darzulegen (dazu Erwägungsgrund Nr. 12). Die **Zuständigkeit** für den Erlass des Beschlusses im einen oder anderen Fall richtet sich nach Art. 6, wonach die Zuständigkeit grundsätzlich derjenigen in der – noch ausstehenden oder bereits entschiedenen – Hauptsache folgt (dazu Erwägungsgrund Nr. 13).

Es wird sich zeigen, ob es dem Verordnungsgeber mit den teils sehr detail- 15.23
verliebten, teils allzu holzschnittartigen Vorgaben der EuKontPfändVO
gelungen ist, die **Gläubiger- und Schuldnerinteressen** sowohl fair als auch
praktikabel auszubalancieren.[1] Der Kommission ging es erklärtermaßen
nicht nur um die Unterbindung von Vermögensverschiebungen, sondern
auch darum, ein als unerwünscht verstandenes Forum shopping im Bereich der Kontenpfändung einzudämmen.[2] Und nicht zuletzt erweist sich
die EuKontPfändVO als Versuch, einen Ausgleich dafür zu schaffen, dass
die Brüssel Ia-VO die Freizügigkeit von einstweiligen Maßnahmen nur
sehr eingeschränkt zulässt (s. Rz. 15.16).

---

1 Optimistisch *Hess/Raffelsieper*, S. 214, 221 f.
2 KOM (2011) 445, 1.2 und 3.1.2. Beachte dazu das Impact Assessment im Commission Staff Working Paper SEC (2011) 937.

Verzeichnis der zitierten Normen

Die Fundstellen beziehen sich auf die Randzahlen.

I. Deutsches Recht

II. Europarecht

III. Konventionsrecht

IV. Ausländisches Recht

Sachverzeichnis

Die Fundstellen beziehen sich auf die Randzahlen.